Kauderwelsch plus
Band 7

Basilius-Kathedrale, Moskau

Impressum

Kauderwelsch plus

Elke Becker
Russisch – Wort für Wort
plus
Wörterbuch Russisch

erschienen im
Reise Know-How Verlag Peter Rump GmbH
Osnabrücker Str. 79, D-33649 Bielefeld
info@reise-know-how.de

2. Auflage 2018

Wörterbuch © 2014 LINGEA s.r.o., Brünn, Tschechische Republik
Bearbeitung Josef Overberg, Oliver A. Iggesen, Mischa Demidov
Layout Peter Rump
Layout-Konzept Günter Pawlak, FaktorZwo! Bielefeld
Umschlag © Oleg-Gribanov@fotolia.com
Fotos Titelfoto: © elen31@Fotolia.com (Basilius-Kathedrale, Moskau)
© Fotografen@Fotolia.com (Namensangabe am jeweiligen Foto)
Gesamtherstellung Himmer GmbH Druckerei & Verlag, Augsburg

ISBN: 978-3-89416-912-1
Printed in Germany

Wer im Buchhandel kein Glück hat, bekommt unsere Bücher zuzüglich Porto- und Verpackungskosten auch direkt über unseren Internet-Shop: ***www.reise-know-how.de***

Die Internetseiten mit Aussprachebeispielen und der Zugriff auf diese über QR-Codes sind eine freiwillige, kostenlose Zusatzleistung des Verlages. Der Verlag behält sich vor, die Bereitstellung des Angebotes und die Möglichkeit der Nutzung zeitlich und inhaltlich zu beschränken.
Der Verlag übernimmt keine Garantie für das Funktionieren der Seiten und keine Haftung für Schäden, die aus dem Gebrauch der Seiten resultieren. Es besteht ferner kein Anspruch auf eine unbefristete Bereitstellung der Seiten.

Der Verlag möchte die **Reihe Kauderwelsch** weiter ausbauen und **sucht Autoren!** Mehr Informationen finden Sie unter ***www.reise-know-how.de/verlag/mitarbeit***

Kauderwelsch plus

Elke Becker

Russisch

Wort für Wort

Wörterbuch Russisch

Kauderwelsch heißt:

- Schnell mit dem **Sprechen** beginnen, auch wenn nicht immer alles korrekt ist.
- Von der **Grammatik** wird nur das Wichtigste in einfachen Worten erklärt.
- Alle Beispielsätze werden doppelt ins Deutsche übertragen: erst **Wort-für-Wort,** dann in normales Deutsch. Die Wort-für-Wort-Übersetzung hilft, die neue Sprache schneller zu durchschauen, außerdem lassen sich dadurch leichter einzelne Wörter im fremdsprachigen Satz austauschen.
- Es geht um die **Alltagssprache,** also das, was man tatsächlich auf der Straße hört.
- Die **Autoren** sind entweder Reisende, die die Sprache im Land selbst gelernt haben, oder Muttersprachler.

Kauderwelsch-Sprachführer sind keine Lehrbücher, aber viel mehr als traditionelle Reisesprachführer. Wer ein wenig Zeit investiert, einige Vokabeln lernt und die Sprache im Land anwendet, wird **Türen öffnen,** ein Lächeln ins Gesicht zaubern und reichere Erfahrungen machen.

Talk to each other!

Kauderwelsch zum Anhören

Einzelne Sätze und Ausdrücke aus diesem Buch können Sie sich **kostenlos anhören.** Diese **Aussprachebeispiele** erreichen Sie über die im Buch abgedruckten QR-Codes oder diese Adresse: www.reise-know-how.de/kauderwelsch-plus/007

Die Aussprachebeispiele im Buch sind Auszüge aus dem umfassenden Tonmaterial, das unter dem Titel **„Kauderwelsch Aussprachetrainer Russisch"** separat erhältlich ist – als Download über Onlinehörbuchshops (ISBN 978-3-95852-110-0) oder als CD im Buchhandel (ISBN 978-3-95852-360-9). Beide Versionen erhalten Sie auch über unsere Internetseite:

- **www.reise-know-how.de**

Alle Sätze, die Sie auf dem Aussprachetrainer hören können, sind in diesem Buch mit einem 👂 gekennzeichnet.

Inhalt

Inhalt

Konversation

Wörterbuch

Kreml-Mauer an der Moskwa

Vorwort

Wohin man auch immer reisen mag: Land und Leute kann man nur dann wirklich erleben, wenn man auch ihre Sprache spricht. Das braucht keineswegs auf akademisch perfekte Art und Weise zu geschehen. Wichtig ist, dass man sich zumindest mit ein paar Brocken verständlich machen kann. Und wenn dies dann die Anregung zu einer intensiveren Beschäftigung mit einer fremden Sprache ist – um so besser! Nur so öffnen sich Türen, die jedem „sprachlosen“ Touristen verschlossen scheinen.

Schon wenige Sätze in russischer Sprache genügen, um sich mit sicherem Gefühl auch einmal ohne Reiseleiter oder Dolmetscher zu bewegen, und vor allem um die Herzen der Menschen im Sturm zu erobern. Die russischen Menschen sind nicht nur sehr gastfreundlich, sondern auch sehr stolz auf ihre Heimat und ihre Sprache und empfinden deshalb die Bemühungen eines Reisenden, vor allem aus dem westlichen Ausland, als besondere Wertschätzung ihnen gegenüber.

Wer sich entschieden hat, Russland ganz auf eigene Faust zu bereisen, der wird ohne Grundkenntnisse der russischen Sprache nicht auskommen.

Der vorliegende Kauderwelschband „Russisch“ vermittelt rasch Grundkenntnisse dieser Sprache in den verschiedensten (touristischen) Alltagssituationen. Dies geschieht mit Hilfe einer unkomplizierten Lautschrift, die leicht lesbar ist und keine Vorkenntnisse erfordert. Die Grammatikübersicht versetzt den Leser in die Lage, Grundstrukturen zu erkennen und somit eine Vielzahl von Sätzen selbst zusammenzustellen. Tipps und Ratschläge zu Alltagssituationen ergänzen die einzelnen Kapitel.

Und nun viel Vergnügen beim Lernen und Reisen, wenn es heißt: Добро пожаловать! Dabró pashálawat'! – Herzlich willkommen!

Hinweise zur Benutzung

Der Kauderwelsch-Band „Russisch" ist in drei wichtige Abschnitte gegliedert: Grammatik, Konversation und Wörterlisten.

Die **Grammatik** beschränkt sich auf das Wesentliche und ist so einfach gehalten wie möglich. Deshalb sind auch nicht sämtliche Ausnahmen und Unregelmäßigkeiten der Sprache erklärt. Natürlich kann man die Grammatik auch überspringen und sofort mit dem Konversationsteil beginnen. Wenn dann Fragen auftauchen, kann man immer noch in der Grammatik nachsehen.

In der **Konversation** finden Sie Sätze aus dem Alltagsgespräch, die Ihnen einen ersten Eindruck davon vermitteln sollen, wie die russische Sprache „funktioniert" und die Sie auf das vorbereiten sollen, was Sie später in Russland hören werden. Sie können die Beispielsätze als einen Fundus von Satzschablonen und -mustern benutzen, die Sie selbst Ihren Bedürfnissen anpassen.

Das **Wörterbuch** im zweiten Teil diese Bandes helfen Ihnen dabei. Sie enthalten einen umfangreichen Wortschatz von je ca. 5.000 Wörtern Russisch-Deutsch und Deutsch-Russisch. Ein separates Wörterbuch ist daher nicht notwendig.

Jede Sprache hat ein typisches Satzbaumuster. Um die sich vom Deutschen unterscheidende Wortfolge russischer Sätze zu verstehen und so bald eigene Sätze bilden zu können, ist die **Wort-für-Wort-Übersetzung** gedacht. Jedem russischen Wort entspricht ein Wort in der Wort-für-Wort-Übersetzung.

Wird ein russisches Wort im Deutschen durch zwei Wörter übersetzt, werden diese in der Wort-für-Wort-Übersetzung mit einem Bindestrich verbunden.

Я встречаюсь
Já fßtritsch'ájuß'
ich (ich-)treffe-sich
ich treffe mich

Я - немец / немка / австриец
Já n'ém'iz / n'émka / afßtr'íjiz.
ich Deutscher / Deutsche / Österreicher
Ich bin Deutscher / Deutsche / Österreicher.

Werden Wörter angegeben, die man untereinander austauschen kann, steht ein Schrägstrich zwischen diesen.

In der russischen Sprache muss man zwischen der männlichen oder weiblichen Form der Wörter wählen. Je nach dem, ob ein Mann oder eine Frau spicht, ändern sich die Wortendungen. Im russischen Satz und in der Wort-für-Wort-Übersetzung werden beide Formen wie folgt angegeben:

Я писал / писала тебе
Já p'ißál / p'ißála t'ib'é.
ich schrieb(m/w) dir
Ich habe dir geschrieben.

Я рад / рада
Já rát / ráda.
ich froh(m/w)
Ich bin froh.

Ты согласен/согласна
Tý ßagláß'in / ßagláßna?
du einverstanden(m/w)
Bist du einverstanden?

Bei den Verben wird in der Wort-für-Wort-Übersetzung das Personalpronomen zusätz-

Dies gilt allerdings nicht für die Vergangenheitsformen der Verben, da hier die Wortform selbst keine Information über die grammatische Person des Satzgegenstands enthält (sondern nur über dessen grammatische Zahl).

lich in Klammern angegeben, wenn es im Russischen reduziert wird.

Пойдёмте купаться!
Pajd'ómt'i kupátza!
(wir-)gehen! baden
Gehen wir / Lasst uns baden!

Im Russischen gibt es Fälle für die Flektion der Haupt-, Eigenschafts- und Fürwörter. Um welchen Fall es sich handelt, kann man an der kleinen hochgestellten Zahl ablesen.

С удовольствием!
ß-udawól'ßtw'ijim!
mit-Vergnügen^{5}
Mit Vergnügen! / Sehr gern!

Land & Leute

Wer spricht heute wo in der ehemaligen Sowjetunion noch Russisch?

Zur 1991 gegründeten GUS (Gemeinschafr unabhängiger Staaten) gehören auch heute noch alle ehemaligen Sowjetrepubliken außer den drei baltischen Republiken (Litauen, Lettland, Estland) und Georgien. Die Länder der GUS zählen 268 Mio. Einwohner; davon sind 143 Mio. Einwohner Russlands. Von diesen sind 125 Mio. Russen und sprechen Russisch. Die restlichen rund 23 Mio. Menschen gehören über 100 verschiedenen kleinen Völkern und Sprachgruppen an, sprechen aber auch Russisch. Weitere 25 Mio. Russen wohnen noch in den 14 ehemaligen Sowjetrepubliken. Die GUS hat mit den Jahren an Bedeutung verloren.

Da Russisch die Amtssprache in allen ehemaligen Sowjetrepubliken war, beherrscht jeder Erwachsene dort noch die russische Sprache. Sie war unumgänglich in Schule, Beruf oder auf Ämtern - kurz im gesamten öffentlichen Leben. Wenn sich angesichts der politischen Veränderungen die Bewohner dieser jungen Republiken nun auf ihre eigene Sprache als Staatssprache besinnen, so kann die russische Sprache doch eine gute Verständigungsbrücke zwischen Ausländern und Einheimischen bilden, denn überall auf der ganzen Welt freuen sich Menschen kleinerer Sprachgruppen, wenn man ein Gespräch wie folgt anfängt: „Wie heißt '*danke*' in Ihrer Sprache?".

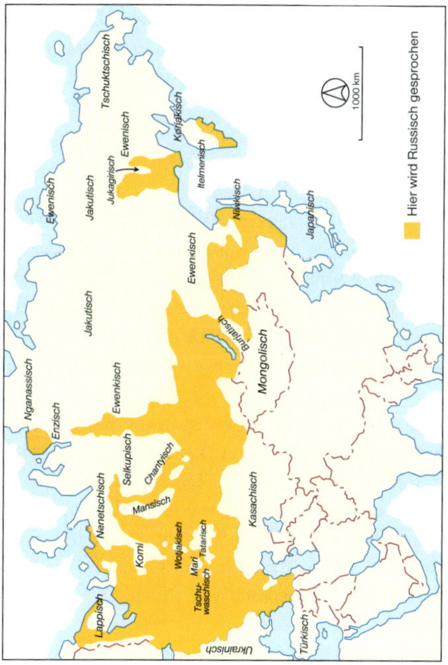

Die russische Sprache

Man kann im Russischen die Aussprache erfreulicherweise ziemlich verlässlich von der Schreibweise in der kyrillischen Schrift ablesen, auch wenn dies auf den ersten Blick ganz anders zu sein scheint. Allerdings muss man dazu zwei grundsätzliche Prinzipien des russischen Lautsystems kennen, die ganz anders sind als in der deutschen Sprache. Diese Grundregeln werden in den folgenden Abschnitten näher erläutert.

Die Unterschiede zwischen den Dialekten sind im Russischen viel geringer als im Deutschen. Man unterscheidet eine nord-, mittel- und südrussische Dialektgruppe. Das wichtigste Merkmal der beiden erstgenannten Dialektgruppen ist die Aussprache des unbetonten o als unverändertes, volles o im Norden, aber als abgeschwächtes, mehr oder weniger gemurmeltes a in der Mitte des Landes. Da Moskau zur mittelrussischen Dialektzone gehört, ist diese etwas kompliziertere Aussprachenorm leider auch in die russische Standardsprache eingegangen und muss nun von Ihnen beim Lernen berücksichtigt werden. Die südrussischen Dialekte bilden übrigens eine Übergangszone zum Ukrainischen.

Insgesamt gehört das Russische gemeinsam mit dem Ukrainischen und dem Weißrussischen zur ostslawischen Untergruppe der slawischen Sprachen. Diese Sprachfamilie ist durchaus, wenn auch entfernt, mit dem Deutschen verwandt und somit gar nicht so exotisch, wie man manchmal glaubt.

Zahlen

Um Ihnen den Umgang mit Zahlen zu erleichtern, wird auf jeder Seite die Seitenzahl auch auf Russisch (in kyrillischer Schrift und Lautschrift) angegeben. Im Wörterbuch erfolgt diese Angabe nicht.

Die russisch-kyrillische Schrift

Die kyrillische Schrift löste im 10. Jh. eine ältere, die so genannte glagolitische Schrift ab. Die damals neue Schrift wurde nach dem Slawenapostel Kyrill benannt. Er lebte im 9. Jh., hatte damals jedoch nicht die kyrillische, sondern die glagolitische Schrift geschaffen.

Die kyrillische Schrift ist eng mit der christlich-orthodoxen Kultur verbunden und wird nicht nur von den Russen, sondern auch von den Ukrainern, Weißrussen, Bulgaren, Serben und Makedoniern verwendet. Die Aussprache weicht dabei von Sprache zu Sprache aber ein wenig ab. Außerdem gibt es sprachspezifische Sonderzeichen.

In Russland wurde die Schrift erst unter Zar Peter dem Großen und dann noch einmal nach der Oktoberrevolution 1917 vereinfacht. Von den nicht-slawischen Sprachen der ehemaligen Sowjetunion werden heute noch Kasachisch und Kirgisisch mit kyrillischen Buchstaben geschrieben, dazu außerdem das Mongolische sowie zahreiche Minderheitensprachen in der Russischen Föderation.

А, а	a	К, к	ka	Х, х	cha
Б, б	be	Л, л	el	Ц, ц	ze
В, в	we	М, м	em	Ч, ч	tsch'e
Г, г	ge	Н, н	en	Ш, ш	scha
Д, д	de	О, о	o	Щ, щ	schsch'
Е, е	je	П, п	pe	Ъ, ъ	tw'órdyj znak
Ё, ё	jo	Р, р	er	Ы, ы	y
Ж, ж	she	С, с	es	Ь, ь	m'áchk'ij znak
З, з	se	Т, т	tc	Э, э	c (ä)
И, и	i	У, у	u	Ю, ю	ju
Й, й	i krátkoji	Ф, ф	ef	Я, я	ja

Der Name des Buchstabens ь lautet übersetzt „weiches Zeichen", der des ъ „hartes Zeichen". Beide beeinflussen die Aussprache des jeweils vorangehenden Mitlauts. Näheres erfahren Sie im Abschnitt „Harte & weiche Mitlaute".

Lautschrift & Aussprache

Die in diesem Buch verwendete Lautschrift orientiert sich am Deutschen, sofern dies möglich und sinnvoll ist. Sie kann daher auch von Anfängern ohne viel Lernaufwand gelesen werden, aber zielt dennoch auf eine möglichst präzise Wiedergabe der russischen Aussprache ab. Man muss jedoch wissen, dass es einige russische Laute im Deutschen nicht gibt, wie etwa den behelfsmäßig als y wiedergegebenen Buchstaben ы. Außerdem gibt es bei den Mit- und den Selbstlauten jeweils ein grundsätzliches Aussprachephänomen, die man beide kennen sollte, um die tatsächliche Aussprache korrekt aus der Lautschrift (und erst recht aus der kyrillischen Schrift) ablesen zu können.

Mitlaute (Konsonanten)

Allen Schreckensmeldungen über die slawischen Zischlaute zum Trotz ist das System der russischen Mitlaute recht einfach zu bewältigen. Man sollte aber den prinzipiellen Unterschied zwischen harten und weichen Mitlauten kennen.

harte & weiche Mitlaute

Vergleichbar ist im Deutschen die Aussprache des Namens „Antje“.

Die meisten russischen Mitlaute kommen gewissermaßen in doppelter Ausführung vor, nämlich in einer harten und einer weichen Variante. Die harten Konsonanten werden etwa so wie im Deutschen ausgesprochen und in der Lautschrift nicht besonders gekennzeichnet. Die weichen Mitlaute haben dagegen stets den Nachklang eines „j“. In unserer Lautschrift werden sie einheitlich und in jeder Wortposition mit dem Apostroph ' wiedergegeben. So schreiben wir das Wort нет „nein" in unserer Lautschrift als n'et, denn es beginnt mit dem weichen Mitlaut n'. In anderen Umschriften findet man es auch als „njet" geschrieben. Dies kommt zwar der tatsächlichen Aussprache auch einigermaßen nahe, aber es liegt im Russischen hier eben kein separater Laut „j" vor, sondern der n-Laut selbst wird etwas weiter hinten am Gaumen gebildet, nämlich an der Stelle, wo man sonst das „j" erzeugt.

Leider werden die weichen Konsonanten in der kyrillischen Schrift nur auf indirekte Weise dargestellt. Am Wort- bzw. Silbenende verwendet man das „weiche Zeichen" ь, um das unmittelbar vorangehende Konsonantzeichen als weichen Mitlaut zu kennzeichnen. Dementsprechend schreibt man мать für mát' „Mutter", das ein weiches t' am Wortende hat.

In manchen Wörtern steht das „weiche Zeichen" aber nicht für eine weiche Aussprache des Endkonsonanten, sondern zeigt nur bestimmte grammatische Endungen an. In unserer Lautschrift steht in solchen Fällen kein '.

Bei weichen Mitlauten, auf die im Wort ein Selbstlaut folgt, wird die weiche Aussprache aber nicht durch ein Sonderzeichen angezeigt. Dies liegt daran, dass nach weichen Konsonanten nur bestimmte Vokalbuchstaben, und nach harten Konsonanten nur bestimmte andere Vokalbuchstaben stehen können. Vokalzeichen, die zu harten Konsonanten passen, sind die dunklen Selbstlaute а a, о o, у u, ы y. Zu weichen Konsonanten passen hingegen die hellen Vokalzeichen е e und и i. Daher kann man also beim Wort нет „nein" die Aussprache als n'ét direkt an der Buchstabenkombination н + е erkennen: Erst das nachfolgende е macht deutlich, dass hinter dem н ein weiches n' steckt.

Die Aussprache von weichen Konsonanten vor i *unterscheidet sich für das deutsche Ohr nicht sonderlich von unserer Aussprache eines beliebigen Konsonanten vor* i. *Aus deutscher Sicht könnte man sich in der*

Nun können aber die dunklen Selbstlaute a, o, u durchaus auch mit weichen Mitlauten

Lautschrift also den Apostroph bei solchen Kombinationen sparen. Aufgrund der russischen Lautsystematik schreiben wir ihn aber trotzdem: вино *„Wein"* w'inó.

kombiniert werden. Dazu benötigt man aber die statt der normalen die „weichen" Vokalbuchstaben я (für a), ё (für o) und ю (für u). So wird пять „fünf" als p'át' wiedergegeben (п + я = p' + a). Am Wort- bzw. Silbenanfang stehen die „weichen" Vokalbuchstaben hingegen für ein echtes j (plus den entsprechenden Vokal). So liest man also я „ich" als já, und юбилей „Jubiläum" als jub'il'éj. Und so erklärt sich auch die (ziemlich seltene) Verwendung des „harten Zeichens" ъ: Man benötigt es in der russischen Schrift immer dann, wenn auf einen harten Konsonanten ein j folgt, der Konsonant durch diese Lautkombination also nicht erweicht wird: объяснить „erklären" abjaßn'ít' (und eben nicht -b'a-).

In der folgenden Konsonantentabelle wird nicht zwischen harten und weichen Mitlauten unterschieden. Man muss sich also zu den einzelnen harten Konsonanten das entsprechende weiche Gegenstück (mit '), sofern vorhanden, hinzudenken.

б	b	бабушка bábuschka „Oma"
в	w	вода wadá „Wasser"
г	g	гора gará „Berg"
	w	in der Genitiv-Endung -ого / -его und in diese enthaltenden Wörtern wie w: сегодня ß'iwódn'a „heute"
д	d	да dá „ja"
ж	sh	stimmhaftes Gegenstück zu „sch" wie das zweite „g" in „Gara**g**e": жаба shába „Kröte" Dieser Laut ist immer hart!
з	s	stets stimmhaftes „s" wie in „**S**onne" (norddeutsche Asspr.): коза kasá „Ziege"

й	j	nur am Wort- bzw. Silbenende (wird am Wort- bzw. Silbenanfang durch die „weichen" Vokalzeichen ersetzt): май máj „Mai"
к	k	колено kal'éna „Knie"
л	l	als harter Mitlaut ein „dickes", weiter hinten gesprochenes „l", wie in engl. „we**ll**" oder wie in „Kö**l**sch" (Kölner Ausspr.), als weicher Mitlaut wie in „Li**l**ie": лебедь l'éb'it' „Schwan"
м	m	много mnóga „viel"
н	n	нога nagá „Fuß, Bein"
п	p	пить p'ít' „trinken"
р	r	16 - 23. работа rabóta „Arbeit"
с	ß	stets stimmlos wie in „Wa**ss**er": сон ßón „Schlaf, Traum"
т	t	тетрадь t'itrát' „Heft"
ф	f	фильм f'íl'm „Film"
х	ch	als harter Mitlaut wie in „a**ch**": хлеб chl'ép „Brot"; als weicher wie in „i**ch**": химия ch'ím'ija „Chemie"
ц	z	wie in „Ka**tz**e": цирк zyrk „Zirkus" Dieser Laut ist immer hart!
ч	tsch'	weicher als in „**Tsch**eche": час tsch'áß „Stunde" Dieser Laut ist immer weich!
ш	sch	шея schéja „Hals" Dieser Laut ist immer hart!
щ	schsch'	weicher als stimmloses „sch" und deutlich gelängt gesprochen: ещё jischsch'ó „noch" Dieser Laut ist immer weich!

Da ч *sowieso immer weich ist, schreibt man an dieser Stelle* а *und nicht das „erweichende"* я.

Ansonsten werden noch doppelt geschriebene Konsonanten oft deutlich gelängt gesprochen: Россия Raßß'ija *„Russland"*

Stimmhafte Mitlaute werden wie im Deutschen am Wortende stimmlos gesprochen: город górat „Stadt". Tritt aber an ein solches Wort eine vokalische grammatische Endung an, so tritt der ursprüngliche stimmhafte Mitlaut wieder in Erscheinung: города garadá „Städte“.

Benachbarte Mitlaute passen sich oft in der Stimmhaftig- bzw. -losigkeit aneinander an. Daher schreiben wir auch für водка lautgemäß wótka „Wodka“ (d wird zu stimmlosem t aufgrund des ebenfalls stimmlosen k). Verhältniswörter bilden oft mit ihrem Bezugswort eine lautliche Einheit und zeigen daher stimmhafte und stimmlose Anpassungsvarianten. Wir kennzeichnen solche lautliche Einheiten in der Lautschrift mit einem Bindestrich: в Москве w-Maßkw'é „in Moskau“, aber в Самаре f-ßamár'e „in Samara“.

Selbstlaute (Vokale)

Das Russische hat sechs Vokallaute (a, e, i, o, u, y), die aber mit zehn verschiedenen Buchstaben geschrieben werden. Der Grund für dieses Missverhältnis ist, dass die Buchstaben я (ja), е (je), ё (jo), ю (ju) nur Varianten der entsprechenden Grundselbstlaute darstellen, die entweder im Wortinneren nach weichen Mitlauten stehen oder am Wort- bzw. Silbenanfang die Kombination von j mit dem jeweiligen Vokal ausdrücken. So schreibt man есть jéßt' „es gibt“ mit dem j-haltigen Buchstaben е, aber das mit bloßem e anlautende это éta „dies“ mit dessen „hartem“ Gegenstück э. Auch и i und ы y bilden im Prinzip ein solches Paar, denn i steht nur nach weichem Mitlaut oder am Wortanfang (dann aber ohne vorhergehendes j), und y nur nach hartem Mitlaut (und nie am Anfang). Allerdings unterscheiden sich die beiden deutlich in der Aussprache, was bei den anderen Paaren nicht der Fall ist.

reduzierte Selbstlaute

Im Russischen werden nur die betonten Vokale deutlich und mit ihrem vollen Lautwert ausgesprochen. Dies gilt natürlich auch für den einzigen Vokal in einsilbigen Wörtern. Die unbetonten Vokale hingegen werden abgeschwächt ausgesprochen, d. h. kürzer und mit mehr oder weniger von ihrem eigentlichen Lautwert abweichender, eher undeutlich „gemurmelt" wirkender Klangfarbe. Ein vergleichbarer Fall im Deutschen ist etwa das Endungs-e in „Lieb**e**", das auch nur noch eine reduzierte Variante eines echten „e" darstellt. In russischen Wörtern hat immer nur eine einzige Silbe die volle, nicht-reduzierte Aussprache, während alle anderen reduziert sind. In einigen Fällen klingen diese dann für uns wie ganz andere Vokale: Ein reduziertes „o" klingt dann eher wie ein a, und ein reduziertes „e" eher wie ein i. In unserer Lautschrift halten wir uns an die tatsächliche Aussprache, auch wenn dies in diesem Fall nur Näherungswerte sein können. Wir haben nämlich in unserer Schrift gar nicht so viele Buchstaben zur Verfügung, um alle diese Abstufungen der Klangfarbe wiedergeben zu können. Auch schwankt die Aussprache von reduzierten Silben manchmal etwas. In der Lautschrift schreiben wir volle, betonte Vokale immer mit Akzentzeichen (á, ý usw.), und alle reduzierten, unbetonten ohne Akzent. Auch der einzige Vokal in einsilbigen Wörtern trägt somit in der Lautschrift den Akzent.

Bei einigen Buchstaben ist der Unterschied in der Klangfarbe zum Glück minimal, bei anderen aber recht deutlich.

Beispiele:
обед ab'ét *„Mittagessen"*,
перевести p'ir'iw'ißt'í *„übersetzen"*

Wir schreiben beide Varianten des reduzierten „a“ trotz der Unterschiede als a. *Russen sprechen sie auch gleich aus, wenn sie langsam und deutlich sprechen wollen.*

In manchen Russischbüchern wird э *mit dem deutschen offenen „ä“ gleichgesetzt. Wie Sie aber hier sehen, ist das so nicht der Fall. Nur der Buchstabenname klingt klar nach* ä. *Ansonsten ist die Verteilung der Aussprachevarianten genau wie beim* e.

а, я	á, a	unbetont am Wortanfang und in der Silbe direkt vor dem Akzent wie leicht abgeschwächtes „a“, in anderen Silben und bes. am Wortende fast wie „e“ in „Lieb**e**“: трава trawá „Gras“, дорога daróga (genauer: daróg^{e}) „Landstraße“
	i	unbetont nach weichem Mitlaut (außer am Wortende) halbwegs zwischen „i“ und „e“: счастливый schsch'ißl'íwyj „glücklich“, язык jisýk „Sprache, Zunge“
е, э	é, i	betont vor hartem Mitlaut offenes „e“ wie in „B**e**tt“ (bzw. ähnlich „ä“), vor weichem Mitlaut geschlossenes „e“ wie in „B**ee**t“ (aber kürzer): этот état (genauer: ätat) „dieser“, эти ét'i (genauer: eet'i) „diese *(Mz)*“, unbetont zwischen „i“ und „e“: через tsch'ér'iß „durch“
	y	unbetont nach sch, sh, z: жена shyná „Ehefrau“
и	í, i	писать p'ißát' „schreiben“
	ý, y	betont und unbetont nach sch, sh, z: шить schýt' „nähen“
о	ó, a	unbetont genau wie unbetontes a: плохой plachój „schlecht“, место m'éßta (genauer: m'éßt^{e}) „Ort“
ё	(j)ó	„weiche“ Variante von o, kommt nur betont vor: тётя t'ót'a „Tante“
у, ю	ú, u	бумага bumága „Papier“
ы	ý, y	diesen Vokal gibt es im Deutschen nicht; er wird mit der Zungenstellung wie beim „u“ (also weit hinten im Mundraum), aber ohne dessen Lippenrundung gebildet und klingt wie eine eher dumpfe Mischung aus „u“ und „i“

(also keinesfalls wie „ü“!):
мышь mýsch „Maus“,
красивый kraß'íwyj „schön“

Betonung

Die Betonung russischer Wörter ist frei, d. h. der Akzent kann auf alle Silben des Wortes fallen. Zugleich kann die betonte Silbe bei der Beugung eines Wortes wechseln. Oftmals ist bei gebeugten Wörtern – anders als im Deutschen – auch die grammatische Endung betont. Dazu kommt dann noch die reduzierte Aussprache unbetonter Selbstlaute (in solchen Fällen also im Wortstamm). Beides zusammen kann dazu führen, dass die gebeugte Form deutlich anders klingt als die entsprechende Grundform: озеро ós'ira „der See“, озёр as'ór „der Seen“ *(2. Fall, Mz.)*.

Achten Sie bitte sorgfältig auf die korrekte Betonungsstelle, denn Fehler können hier den Sinn eines Wortes komplett entstellen: мука bedeutet mit der Betonung múka „Qual“, aber mit der Betonung muká „Mehl“!

Oleg-Gribanov@Forolia.com

Wörter, die weiterhelfen

Auf einen Blick das Vokabular, das Sie gleich nach der Ankunft gebrauchen können:

да – нет	**dá – n'ét**	ja – nein
спасибо – пожалуйста	**ßpaßíba – pashálßta**	danke – bitte
Добрый день	**Dóbryj d'én'!**	Guten Tag!
До свидания	**Da-ßwidánija!**	Auf Wiedersehen!

Nahezu jede Frage lässt sich mit einer der folgenden Einleitungen höflich beginnen:

Извините, пожалуйста, ...
Isw'inít'i, pashálßta, ...
Entschuldigen Sie bitte ...

Простите, пожалуйста, ...
Praßt'ít'i, pashálßta, ...
Verzeihen Sie bitte ...

Скажите, пожалуйста, ...
ßkashýt'i, pashálßta, ...
Sagen Sie bitte ...

Покажите, пожалуйста, ...
Pakashýt'i, pashálßta, ...
Zeigen Sie bitte ...

Дайте, пожалуйста, ...
Dájt'i, pashálßta, ...
Geben Sie bitte ...

In sämtliche folgende Satzkonstruktionen kann man alle (sinnvollen) Wörter aus der Wörterliste unverändert einsetzen.

Есть...	**Jéßt'...?**	*Gibt es ...?*

Есть свободная комната?
Jéßt' ßwabódnaja kómnata?
es-gibt freies Zimmer
Gibt es ein freies Zimmer?

Пиво есть?
Píwa jéßt'?
Bier es-gibt
Gibt es Bier?

кофе	**kóf'i**	Kaffee	рынок	**rýnak**	Markt
чай	**tsch'áj**	Tee	врач	**wrátsch'**	Arzt

Да, это есть.
Dá, éta jéßt'.
ja dieses es-gibt
Ja, das gibt es.

Нет, этого нет.
N'ét, étawa n'ét.
nein dieses[2] es-gibt-nicht
Nein, das gibt es nicht.

У вас есть ?	**U-wáß jéßt' ...?**	*Haben Sie ...?*

У вас есть билеты?
U-wáß jéßt' b'il'éty?
bei euch[2] es-gibt Fahrkarten
Haben Sie Fahrkarten?

У вас есть план города?
U-wáß jéßt' plán górada?
bei euch[2] es-gibt Plan Stadt[2]
Haben Sie einen Stadtplan?

Да, это у нас есть.
Dá, éta u-náß jéßt'.
ja dieses bei uns[2] es-gibt
Ja, das haben wir.

Нет, этого у нас нет.
N'ét, étawa u-náß n'ét.
nein dieses[2] bei uns[2] gibt-nicht
Nein, haben wir nicht.

Где...?	**Gd'é ...?**	*Wo ist / gibt es ...?*

Где гостиница?
Gd'é gaßt'ín'iza?
wo Hotel
Wo ist ein Hotel?

Где такси?
Gd'é takß'í?
wo Taxi
Wo gibt es ein Taxi?

Где находится...? Gd'é nachód'itza ...? *Wo befindet sich ...?*

Где находится музей?
Gd'é nachód'itza mus'éj?
wo (es-)befindet-sich Museum
Wo befindet sich das Museum?

Где находится больница?
Gd'é nachód'itza baln'íza?
wo (es-)befindet-sich Krankenhaus
Wo ist das Krankenhaus?

аптека	**apt'éka**	Apotheke
банк	**bánk**	Bank;
аэропорт	**aerapórt**	Flughafen
вокзал	**wagsál**	Bahnhof
посольство	**paßól'ßtwa**	Botschaft
консульство	**kónßul'ßtwa**	Konsulat
полиция	**pal'ízyja**	Polizei
почта	**pótsch'ta**	Post
телефон	**t'il'ifón**	Telefon
ресторан	**r'istarán**	Restaurant
туалет	**tual'ét**	Toilette
мастерская	**maßt'irßkája**	Werkstatt

Damit Sie nicht auf Gesten angewiesen sind, hier noch ein paar Orientierungshilfen:

здесь / вот; там	**sd'éß / wót; tám**	hier / hier ist ...; dort
справа; слева	**ßpráwa; ßl'éwa**	rechts; links
направо; налево	**naprávva; nal'éwa**	nach rechts; nach links
прямо; назад	**pr'áma; nazát**	geradeaus; zurück
далеко; близко	**dal'ikó; bl'ißka**	weit; nah
перекрёсток	**p'ir'ikr'óßtak**	Kreuzung
светофор	**ßw'itafór**	Ampel
за городом	**sá-garadam**	außerhalb der Stadt
в центре	**f-zéntr'i**	im Zentrum

Сколько стоит...?	**ßkól'ka ßtóit ...?**	*Wie viel kostet ...?*

Сколько стоит комната?
ßkól'ka ßtóit kómnata?
wie-viel (es-)kostet Zimmer
Wie viel kostet ein Zimmer?

Сколько стоит билет?
ßkól'ka ßtóit b'il'ét?
wie-viel (sie-)kostet Fahrkarte
Wie viel kostet die / eine Fahrkarte?

Сколько это стоит?
ßkól'ka éta ßtóit?
wie-viel dieses (es-)kostet
Wie viel kostet das?

Это стоит ...
Éta ßtóit ...
dieses (es-)kostet
Das kostet ...

Hauptwörter

Im Russischen gibt es männliche, weibliche und sachliche Hauptwörter. Das grammatische Geschlecht des Wortes kann man an seiner Endung (v. a. in der russischen Schrift) erkennen. Endet ein Wort auf einen Konsonanten, wie интернет intirnét (Internet), dann ist es männlich. Steht am Wortende ein -a, wie in гостиница gaßt'ín'iza (Hotel), dann ist es weiblich; -o und -e am Ende markieren sachliche Substantive, wie in окно aknó (Fenster), море mór'i(Meer).

Hier sind die kyrillisch-schriftlichen Endungen relevanter als die in der Lautschrift! Bei einem reduziertem Selbstlaut wie in место m'éßta *bleibt das gramma-sche Geschlecht trotzdem sächlich.*

театр	**t'iátr**	*Theater*
трамвай	**tramwáj**	*Straßenbahn*
комната	**kómnata**	*Zimmer*
неделя	**n'id'él'a**	*Woche*
место	**m'éßta**	*Platz*
море	**mór'i**	*Meer*

In allen anderen Fällen wird das grammatikalische Geschlecht in Klammern dazugeschrieben. Es betrifft hauptsächlich Substantive, die auf ein Weichheitzeichen (ь) enden.

рубль	**rúbl'**	Rubel *(m)*
карандаш	**karandásch**	Bleistift *(m)*
тетрадь	**t'itrát'**	Heft *(w)*
рожь	**rósch**	Roggen *(w)*

Einige männliche Hauptwörter enden mit einem -а aus. In diesen Fällen wird das Geschlecht dazugeschrieben.

Bei sächlichen Hauptwörtern wie место m'éßta *ändert sich in der Mehrzahl die Betonung (*места m'ißtá*). Das führt dazu, dass der in der Einzahl betonte Selbstlaut nunmehr reduziert wird:* é > i.

папа	**pápa**	Papa *(m)*
мужчина	**muschsch'ína**	Mann *(m)*
юноша	**júnascha**	Junge *(m)*

Mehrzahl

Für die Bildung der Mehrzahl von männlichen und weiblichen Substantiven wird -ы -y oder -и -i benutzt.

Einzahl		**Mehrzahl**		
театр	**t'iátr** *m*	театры	**t'iátry**	Theater
трамвай	**tramwáj** *m*	трамваи	**tramwáji**	Straßenbahn
рубль	**rúbl'** *m*	рубли	**rubl'í**	Rubel
комната	**kómnata** *w*	комнаты	**kómnaty**	Zimmer
неделя	**n'id'él'a** *w*	недели	**n'id'él'i**	Woche
тетрадь	**t'itrát'** *w*	тетради	**t'itrád'i**	Heft

Die Endungen für sächliche Substantive sind -а a und -я 'a.

место	**m'éßta**	места	**mißtá**	Ort, Platz
море	**mór'i**	моря	**mar'á**	Meer

Einige männliche Hauptwörter bilden die Mehrzahl ebenfalls mit -a. Hier ändert sich auch die Betonung:

город	**górat**	города	**garadá**	Stadt
дом	**dóm**	дома	**damá**	Haus
адрес	**ádr'iß**	адреса	**adr'ißá**	Adresse
глаз	**gláß**	глаза	**glasá**	Auge
поезд	**pójißt**	поезда	**pajisdá**	Zug

Wie im Deutschen existieren auch im Russischen Hauptwörter, die es nur in der Einzahl bzw. nur in der Mehrzahl gibt:

деньги	**d'éng'i** *Mz*	Geld
каникулы	**kan'ikuly** *Mz*	Ferien

Artikel

Erfreulicherweise gibt es im Russischen weder einen bestimmten Artikel („der", „die", „das") noch einen unbestimmten Artikel (also auch kein „ein", „eine"). So kann вокзал wagsál „der Bahnhof" sein, aber auch „ein Bahnhof", oder es kann einfach nur mit „Bahnhof" übersetzt werden. Welche der drei Bedeutungen jeweils richtig ist, ergibt sich aus dem Textzusammenhang.

Aber: Braucht man das Wörtchen „ein" als Mengenangabe, so muss man das Zahlwort один ad'ín *eins* verwenden, z. B:
один литр ad'ín l'ítr *ein Liter*.

Dieses & Jenes

Die hinweisenden Fürwörter stehen immer vor dem Hauptwort, auf das sie sich beziehen, und richten sich in Zahl und Geschlecht nach diesem. Steht das Hauptwort jedoch in der Mehrzahl, gibt es nur jeweils eine Form (also kein Unterschied zwischen männlichem, weiblichem und sächlichem Geschlecht).

	diese(r, -s)	jene(r, -s)	so eine(r, -s)
männlich	этот **état**	тот **tót**	такой **takój**
weiblich	эта **éta**	та **tá**	такая **takája**
sächlich	это **éta**	то **tó**	такое **takóji**
Mehrzahl	эти **ét'i**	те **t'é**	такие **tak'íji**

этот трамвай	**état tramwáj** *m*	diese Straßenbahn
такая книга	**takája kn'íga** *w*	solch ein Buch
то кино	**tó k'inó** *s*	jenes Kino
эти дети	**ét'i d'ét'i** *Mz*	diese Kinder

Mit это éta (dieses) kann man sogar schon kleine Sätze bilden. Im Deutschen wird es dann mit „das ist" oder „es ist" übersetzt:

Это мой друг	Это моя подруга
Éta mój drúk.	**Éta majá padrúga.**
dieses mein Freund	*dieses meine Freundin*
Das ist mein Freund.	Das ist meine Freundin.

Eigenschaftswörter

Die Eigenschaftswörter stehen immer vor dem Hauptwort, auf das sie sich beziehen, und richten sich in Zahl und Geschlecht nach diesem. Die meisten Eigenschaftswörter enden auf -ый -yj. Darüber hinaus enden einige auf die stets betonte Endung -ой -ój. Endet der Stamm des Eigenschaftswortes auf -г -g, -к k, -х -ch oder einen Zischlaut, so folgt die Endung -ий -ij. Die Endungen lauten dann jeweils wie in der folgenden Tabelle angegeben.

Im Wörterbuchteil sind Eigenschaftswörter nur in der männlichen Form angegeben.

schön	groß	hoch	
красивый **kraß'íw-yj**	большой **bal'sch-ój**	высокий **wyßók'-ij**	*männlich*
красивая **kraß'íw-aja**	большая **bal'sch-ája**	высокая **wyßók-aja**	*weiblich*
красивое **kraß'íw-aji**	большое **bal'sch-óji**	высокое **wyßók-aji**	*sächlich*
красивые **kraß'íw-yji**	большие **bal'sch-ýji**	высокие **wyßók'-iji**	*Mehrzahl*

kraß'íwyj tsch'ilaw'ék	ein schöner Mann	красивый человек
kraß'íwaja d'éwuschka	ein schönes Mädchen	красивая девушка
kraß'íwaji m'ésta	ein schöner Ort	красивое место
kraß'íwyji d'ét'i	schöne Kinder	красивые дети

Sätze ohne Verben

Nun kann man kleine Sätze aus Haupt- und Eigenschaftswort bilden. Als Ergänzung des Verbs „sein" muss sich Letzteres in Zahl und Geschlecht nach dem Hauptwort richten.

Oft wird die Verbindung zwischen Haupt- und Eigenschaftswort durch einen Bindestrich – angegeben.

Этот дом – большой.
État dóm bal'schój.
dieses Haus groß(m)
Dieses Haus ist groß.

Человек – красивый.
Tsch'ilaw'ék kraß'íwyj.
Mann schön(m)
Der Mann ist schön.

Девушка – красивая.
D'éwuschka kraß'íwaja.
Mädchen schön(w)
Das Mädchen ist schön.

Место красивое.
M'eßta kraß'íwaji.
Ort schön(s)
Der Ort ist schön.

Этот новый дом – большой.
État nówyj dóm bal'schój.
dieses neue Haus groß(m)
Dieses neue Haus ist groß.

Старый человек – красивый.
ßtáryj tsch'ilaw'ék kraß'íwyj.
alter Mann schön(m)
Der alte Mann ist schön.

Im Buch werden die männliche und weibliche Form immer durch einen Schrägstrich getrennt angegeben:
Я устал / устала
Já ußtál / ußtála

Ist der Satzgegenstand (Subjekt) ein persönliches Fürwort („ich“, „du“ ...), richtet sich das Eigenschaftswort danach, ob die handelnde Person ein Mann oder eine Frau ist.

Я устал.
Já ußtál.
ich müde(m)
Ich bin müde.
(sagt ein Mann)

Я устала.
Já ußtála.
ich müde(w)
Ich bin müde.
(sagt eine Frau)

Ты симпатичен.
Tý ß'impat'ítsch'in.
du nett(m)
Du bist nett!
(zu einem Mann)

Ты симпатична.
Tý ß'impat'itsch'na.
du nett(w)
Du bist nett!
(zu einer Frau)

Um diese Sätze in die Vergangenheits- und Zukunftszeit zu stellen, braucht man (wie im Deutschen) die entsprechenden Vergangenheits- und Zukunftsformen von быть být' *sein*.

Liste wichtiger Eigenschaftswörter		
хороший; плохой	**charóschyj; plachój**	gut; schlecht
большой; маленький	**bal'schój; mál'ink'ij**	groß; klein
молодой / новый; старый	**maladój / nówyj; ßtáryj**	jung / neu; alt
тёплый; холодный	**t'óplyj; chalódnyj**	warm; kalt
близкий; дальний	**bl'íßk'ij; dáln'ij**	nah; fern
красивый; страшный	**kraß'iwyj; ßtràschnyj**	schön; hässlich
больной; здоровый	**bal'nój; zdarówyj**	krank; gesund
дорогой; дешёвый	**daragój; d'ischówyj**	lieb / teuer; billig
богатый; бедный	**bagátyj; b'édnyj**	reich; arm
сильный; слабый	**ß'íl'nyj; ßlábyj**	stark; schwach
простой; сложный	**praßtój; ßlóshnyj**	einfach; schwierig
лёгкий; тяжёлый	**l'óch'k'ij; t'ishólyj**	leicht; schwer
полный; пустой	**pólnyj; pußtój**	voll; leer
голодный; сытый	**galódnyj; ßýtyj**	hungrig; satt
чистый; грязный	**tsch'íßtyj; gr'ásnyj**	sauber; schmutzig
длинный; короткий	**dl'ínyj; karótk'ij**	lang; kurz
высокий; низкий	**wysók'ij; n'íßk'ij**	hoch; niedrig / tief
быстрый; медленный	**býßtryj; m'édl'inyj**	schnell; langsam
счастливый	**schsch'ißl'íwyj**	glücklich
печальный	**p'itsch'ál'nyj**	traurig
интересный	**int'ir'éßnyj**	interessant
скучный	**ßkútsch'nyj**	langweilig
умный; глупый	**úmnyj; glúpyj**	klug; dumm
светлый; тёмный	**ßw'étlyj; t'ómnyj**	hell; dunkel

Farben		
белый; жёлтый	**b'élyj; shóltyj**	weiß; gelb
оранжевый; красный	**aránshywyj; kráßnyj**	orange; rot
розовый; зелёный	**rósawyj; s'il'ónyj**	rosa; grün
синий; фиолетовый	**ß'ín'ij; f'ial'étawyj**	blau; violett
коричневый; серый	**kar'ítsch'n'iwyj; ß'éryj**	braun; grau
чёрный; цветной	**tsch'órnyj; zwitnój**	schwarz; bunt

Steigern & Vergleichen

Zur Bildung der 1. Steigerungsstufe (Komparativ) wird das unveränderliche более ból'iji *mehr* bzw. менее m'én'iji *weniger* vor das Eigenschaftswort gestellt, welches sich in Zahl und Geschlecht nach dem dazugehörigen Hauptwort richtet.

Für die 2. Steigerungsstufe (Superlativ) wird самый ßámyj *am meisten* vor das entsprechende Eigenschaftswort gestellt. Es richtet sich wie das Eigenschaftswort selbst in Zahl und Geschlecht nach dem dazugehörigen Hauptwort.

более сладкий **ból'iji ßlátk'ij** *mehr süß(m)* süßerer	самый сладкий **ßámyj ßlátk'ij** *am-meisten(m) süß(m)* süßester
более сладкая **ból'iji ßlátkaja** *mehr süße(w)* süßere	самая сладкая **ßámaja ßlátkaja** *am-meisten(w) süße(w)* süßeste

менее красивый человек
m'én'iji kraß'íwyj tsch'ilaw'ék
weniger schöner(m) Mann
ein weniger schöner Mann

более красивая девушка
ból'iji kraß'íwaja d'éwuschka
mehr schönes(w) Mädchen
ein schöneres Mädchen

самое красивое место
ßámaji kraß'íwaji m'ésta
am-meisten(s) schöner(s) Ort
der schönste Ort

самые красивые дети
ßámyji kraß'íwyji d'ét'i
am-meisten(Mz) schöne(Mz) Kinder
die schönsten Kinder

Von einigen Eigenschaftswörtern wird die 1. Steigerungsstufe unregelmäßig gebildet; die 2. Steigerungsstufe bleibt jedoch regelmäßig.

хороший **charóschyj** gut	лучший **lúttschyj** besser	самый хороший **ßámyj charóschyj** bester
плохой **plachój** schlecht	худший **chúttschyj** schlechter	самый плохой **ßámyj plachój** schlechtester
большой **bal'schój** groß	больший **ból'schyj** größer	самый большой **ßámyj bal'schój** größter
маленький **mál'ink'ij** klein	меньший **m'én'schyj** kleiner	самый маленький **ßámyj mál'ink'ij** kleinster
старый **ßtáryj** alt	старший **ßtárschyj** älter	самый старший **ßámyj ßtárschyj** ältester

Ist aber das gesteigerte Eigenschaftswort der Form nach ein Umstandswort (z. B. in Sätzen vom Typ „das ist ..." + Eigenschaftswort), bekommt die 1. Steigerungsform eine abweichende Endung:

Это лучше / хуже
Éta lúttschy / chúshy
Das ist besser / schlechter

больше / меньше
ból'schy /m'én'schy
größer / kleiner

старше
ßtárschy
älter

vergleichen

Sind zwei Dinge, die man miteinander vergleicht, an einer Eigenschaft ungleich, wird „als" mit чем tsch'ém ausgedrückt.

Санкт-Петербург более красивый чем Омск.
ßánkt P'it'irbúrk ból'iji kraß'íwyj tsch'ém Ómßk.
Sankt Petersburg mehr schön(m) alsOmsk
Sankt Petersburg ist schöner als Omsk.

Тамара более красивая чем Мария.
Tamára ból'iji kraß'íwaja tsch'ém Maríja.
Tamara mehr schön(w) als Maria
Tamara ist schöner als Maria.

Die Gleichheit zweier Dinge hinsichtlich einer Eigenschaft wird durch die Konstruktion такой же takój-shy ... как kák *so ... wie* ausgedrückt, die das entsprechende Eigenschaftswort wie eine Klammer umschließt. Такой takój richtet sich in Zahl und Geschlecht nach dem jeweiligen Satzgegenstand (Subjekt).

Санкт-Петербург такой же красивый как Париж.
ßánkt P'it'irbúrk takój-shy kraß'íwyj kák Parísh.
Sankt Petersburg so schön(m) wie Paris
Sankt Petersburg ist genauso schön wie Paris.

Тамара такая же красивая как Мария.
Tamára takája-shy kraß'íwaja kák Maríja.
Tamara so schön(w) wie Maria
Tamara ist genauso schön wie Maria.

Dimitry Pichugin@Fotolia.com

Ukok-Plateau im Altai-Gebirge, Südwest-Sibirien

Umstandswörter

Ein Umstandswort der Art und Weise (Frage: „wie?“, „auf welche Art und Weise?“) lässt sich leicht aus dem entsprechenden Eigenschaftswort (Frage: „was für ein?“) ableiten. Hierzu wird die männliche Endung des Eigenschaftswortes (-ый -yj, -ий -ij, -ой -oj) im Regelfall durch die Endung -о -o ersetzt.

хороший день
charóschyj d'én'
guter Tag
ein guter Tag

Он работает хорошо!
Ón rabótajit charaschó!
er (er-)arbeitet gut(Umst.)
Er (er)arbeitet gut!

wichtige Umstandswörter und Ähnliches

правильно; неправильно	**práw'il'na, n'ipráw'il'na**	richtig; falsch
высоко; глубоко	**wyßakó; glubakó**	hoch; tief
хорошо; плохо	**charaschó; plócha**	gut; schlecht
быстро; медленно	**býstra; m'édl'inna**	schnell; langsam
холодно; тепло	**chóladna; t'ipló**	kalt; warm
весело; грустно	**w'éß'ila; grúßna**	fröhlich; traurig
грязно; чисто	**gr'ásna; tsch'ißta**	schmutzig; sauber
никогда; всегда	**n'ikagdá; fß'igdá**	niemals; immer
раньше; позже	**rán'schy; póshshy**	früher; später
сегодня; завтра	**ß'iwódn'a; sáftra**	heute; morgen
здесь; там	**sd'éß'; tám**	hier; dort
много; мало	**mnóga; mála**	viel; wenig
все; ничего	**fß'ó; n'itsch'iwó**	alles; nichts
очень; слишком	**ótsch'in'; ßl'íschkam**	sehr ...; zu sehr ...

очень хорошо
ótsch'in' charaschó
sehr gut(Umst.)
sehr gut

слишком большой
ßl'íschkam bal'schój
zu-sehr groß
zu groß

Fürwörter

Im Russischen wird für die höfliche Anrede die 2. Person Mehrzahl вы wý *ihr* verwendet. Passend dazu verwendet man auch die Verbform der 2. Person Mehrzahl.

já	ich	**mý**	wir
tý	du	**wý**	ihr / Sie
ón / aná / anó	er / sie / es	**an'í**	sie *(Mz)*

Die besitzanzeigenden Fürwörter stehen vor dem Hauptwort, auf das sie sich beziehen, und richten sich in Zahl und Geschlecht nach diesem. Die 3. Person Einzahl und Mehrzahl (его jiwó, её jijó, их ích) sind jedoch unveränderlich.

	mein	dein	sein	ihr (Ez)
m	мой **mój**	твой **twój**	его **jiwó**	её **jijó**
w	моя **majá**	твоя **twajá**	его **jiwó**	её **jijó**
s	моё **majó**	твоё **twajó**	его **jiwó**	её **jijó**
Mz	мои **mají**	твои **twají**	его **jiwó**	её **jijó**

Beachten Sie: их ích *(ihr, Mz) wird mit rauem „ch" wie im deutschen Wort „ach" ausgesprochen.*

unser	euer / Ihr	ihr (Mz)
наш **násch**	ваш **wásch**	их **ích**
наша **náscha**	ваша **wáscha**	их **ích**
наше **násche**	ваше **wásche**	их **ích**
наши **náschy**	ваши **wáschy**	их **ích**

мой друг	**mój drúk** *m*	mein Freund
твоя подруга	**twajá padrúga** *w*	deine Freundin
наше такси	**náschy taksí** *s*	unser Taxi
ваши дети	**wáschy d'ét'i** *Mz*	eure Kinder / Ihre Kinder

Tätigkeitswörter

Die Grundform (Infinitiv) eines Verbs besteht aus einem Stamm und einer Endung. Die häufigsten Endungen lauten -ать / -ять -at' / -jat' und -ть -it', etwas seltener sind -ти -et', -чь -ti und -tsch', z. B.: делать d'élat' *machen*, уметь um'ét' *können*, говорить gawarít' *sprechen*.

Gegenwart

Je nach Endung der Grundform kann man zwischen drei Beugungstypen unterscheiden:
е e-Beugung: Bei Verben, die auf -ать / -ять -at' / -jat' enden, wird das -ть -t' durch die Beugungsendungen ersetzt (-а- / -я- -a- / -ja- bleiben dabei erhalten).
ё jo-Beugung: Bei einigen Verben auf -ать / -ять -at' / -jat' ist die Endung der Grundform betont, daher verwandelt sich das -е- -je- der Endungen in -ё- -jo-.
и i-Beugung: Bei Verben auf -ить -it' wird diese Grundformendung durch die jeweiligen Beugungsendungen ersetzt.

e-Beugung	jo-Beugung	i-Beugung	
делать **d'élat'** *machen*	вставать **fßtawát'** *aufstehen*	говорить **gawar'ít'** *sprechen*	я ja
дела-ю **d'éla-ju**	вста-ю **fßta-jú**	говор-ю **gawar'-ú**	ты ty
дела-ешь **d'éla-jisch**	вста-ёшь **fßta-jósch**	говор-ишь **gawar'-ísch**	

он, она, оно ón, aná, anó	дела-ет **d'éla-jit**	вста-ёт **fßta-jót**	говор-ит **gawar'-ít**
мы mý	дела-ем **d'éla-jim**	вста-ём **fßta-jóm**	говор-им **gawar'-ím**
вы wý	дела-ете **d'éla-jit'i**	вста-ёте **fßta-jót'i**	говор-ите **gawar'-ít'i**
они an'í	дела-ют **d'éla-jut**	вста-ют **fßta-jút**	говор-ят **gawar'-át**

Die Bindestriche stehen hier nur zur Anschaulichkeit.

Verben endend auf -еть -et' werden mal nach der е- e-Beugung, mal nach der и- i-Beugung gebeugt.

Verben, die auf -овать -owat' oder евать-ewat' enden, werden nach der е-e-Beugung gebeugt. Sie verändern bei der Beugung jedoch ihren Stamm, indem -ов -ow- bzw. ев -ew- zu -у- -u- werden. Die Endungen der е-Beugung bleiben jedoch erhalten, z. B.: танцевать tanzywát' *tanzen*, я танцую ja tanzúju *ich tanze*, ты танцуешь ty tanzújisch *du tanzt*, они танцуют an'í tanzújut *sie tanzen*.

Aspekte

Beachten Sie: Die Gegenwart kann nur von Verben im unvollendeten Aspekt gebildet werden. Der gleiche Satz an Endungen bezeichnet bei Verben im vollendeten Aspekt die Zukunftszeit.

Der „Aspekt" ist eine grammatische Erscheinung in slawischen Sprachen, die es im Deutschen nicht gibt. Für die meisten Verben gibt es im Russischen jeweils zwei Varianten, eine so genannte „vollendete" und eine „unvollendete" Form.

Der Aspekt fügt einem Verbs verschiedene Bedeutungsnuancen hinzu. Diese Zusatzinformationen werden aber oft auch aus dem Sinnzusammenhang deutlich. Es ist daher nicht so schlimm, wenn man ein Verb im falschen Aspekt verwendet. Der Einfachheit halber ist es anfangs auch möglich, die Verben nur im unvollendeten Aspekt zu verwenden.

unvollendeter Aspekt

Der „unvollendete" Aspekt betont die Dauer einer Handlung, ...
- die zur Zeit noch im Gang ist oder war;
- die sich regelmäßig wiederholt.

Von Verben im unvollendeten Aspekt können alle drei Zeitstufen (Gegenwart, Vergangenheit und Zukunft) gebildet werden.

Unvollendete Verben stehen oft in Verbindung mit für sie typischen Zeitangaben:

часто; долго	**tsch'áßta; dólga**	oft; lange
ежедневно; сегодня	**jishydn'éwna; ß'iwódn'a**	täglich; heute
всегда; обычно	**fß'igdá; abýtsch'na**	immer; gewöhnlich
редко; иногда	**r'étka; inagdá**	selten; manchmal

Я работаю.
Já rabótaju.
ich (ich-)arbeite
Ich arbeite.
(regelmäßig)

Я читаю книгу.
Já tsch'itáju knígu.
ich (ich-)lese Buch[4]
Ich lese das / ein Buch.
(jetzt gerade)

Каждый день я делаю зарядку.
Káshdyj d'én' já d'élaju sar'átku.
jeder Tag ich (ich-)mache Aufladen[4]
Ich mache jeden Tag Gymnastik.

Die Zukunftsform von vollendeten Verben bildet man nach dem Beugungsschema der Gegenwart für unvollendete Verben.

Beim Berichten von Ereignissen in der Vergangenheit sind sie allerdings schon häufig.

vollendeter Aspekt

Der „vollendete" Aspekt betont Resultat oder zeitliche Begrenzung einer Handlung, die ...
... einmalig und bereits abgeschlossen ist;
... einmalig ist und beendet werden soll.

Verben im vollendeten Aspekt werden nicht so häufig verwendet. Von ihnen kann auch nur die Zukunft und die Vergangenheit gebildet werden.

Verben im vollendeten Aspekt sind in den Wörterlisten und in der Wort-für-Wort-Übersetzung mit „v" gekennzeichnet. Alle nicht näher gekennzeichneten Verben stehen im unvollendeten Aspekt.

Мы проработали два часа.
Mý prarabótal'i dwá tsch'ißá.
wir arbeiteten(Mz, v) zwei Stunden
Wir arbeiteten zwei Stunden.
(... und jetzt sind wir fertig)

Я прочитаю книгу.
Já pratsch'itáju knígu.
ich (ich-)werde-lesen(v) Buch[4]
Ich werde das Buch (durch)lesen.
(... dann kannst du es wiederhaben)

Вчера он сделал ошибку.
Ftsch'irá ón sd'élal aschýpku.
gestern er machte(m, v) Fehler[4]
Gestern machte er einen Fehler.
(... nur einmal)

Vergangenheit

Die Vergangenheit wird für alle Verben (ob nun „vollendet" oder „unvollendet") gleich gebildet: Man geht von der Grundform des Tätigkeitswortes aus und ersetzt die Grundform-Endung -ть -t' durch die Endung der Vergangenheit. Aus делать d'élat' *machen* wird so делал d'élal *machte*, aus говорить gawarít' *sprechen* wird говорил gawaríl *sprach*.

Man unterscheidet aber bei den Endungen, anders als in der Gegenwartszeit, nicht zwischen der 1., 2. und 3. Person selbst.

Einzahl: -л **-l** *m*, -ла **-la** *w*, -ло **-lo** *s*
Mehrzahl: ли **-li**

Man unterscheidet, ob die handelnde Person

männlich, weiblich oder sächlich ist (bei 1. bis 3. Person Einzahl), bzw. ob es sich um eine Mehrzahl von handelnden Person handelt. Die russische Vergangenheitsformen können mit allen deutschen Zeiten der Vergangenheit übersetzt werden, z. B. kann он писал ón p'ißál je nach Sinnzusammenhang übersetzt werden mit:

er schrieb (einfache Vergangenheit)
er hat geschrieben (vollendete Gegenwart)
er hatte geschrieben (vollendete Vergangenheit)

Die Formen der Vergangenheit richten sich wie bei den Eigenschaftswörtern in Zahl und Geschlecht nach dem Satzgegenstand (Subjekt), unabhängig von dessen grammatischer Person („ich", „du", „er / sie / es", usw.):
Я писал письмо.
Já p'ißál p'iß'mó.
„Ich schrieb einen Brief." (sagt Mann);
Я писала письмо.
Já p'ißála p'iß'mó.
„Ich schrieb einen Brief." (sagt Frau).

Тамара писала письмо.
Tamára p'ißála p'iß'mó.
Tamara schrieb(w) Brief[4]
Tamara schrieb einen Brief.

Иван писал письмо.
Iwán p'ißál p'iß'mó.
Iwan schrieb(m) Brief[4]
Iwan hat einen Brief geschrieben.

Тамара и Иван писали письмо.
Tamára í Iwán p'ißál'i p'iß'mó.
Tamara und Iwan schrieben(Mz) Brief[4]
Tamara und Iwan hatten einen Brief geschrieben.

Zukunft

Die Zukunft von Verben im unvollendeten Aspekt bildet man mit der Zukunftsform des Hilfsverbs быть být' *sein*. Dazu wird быть být' mit der Grundform des entsprechenden Verbs kombiniert. Die Konstruktion ist also wie im Deutschen, z. B. „ich werde gehen“, „du wirst gehen“ – Hier die Zukunftsform:

быть **být'** – *sein (Zukunft)*		
я буду	**já búdu**	ich werde
ты будешь	**tý búd'isch**	du wirst
он / она будет	**ón / aná búd'it**	er / sie wird
мы будем	**mý búd'im**	wir werden
вы будете	**wý búd'it'i**	ihr werdet
они будут	**an'í búdut**	sie werden

Я буду учиться русскому языку.
Já búdu utsch'ítza rúßkamu jisykú.
ich (ich-)werde lernen-sich russische[3] Sprache[3]
Ich werde Russisch lernen.

Die Zukunft von vollendeten Verben bildet man, indem man sie wie unvollendete Verben in der Gegenwart beugt! Man vergleiche die Zukunft des Verbs „machen“ im unvollendeten (делать) (d'élat') und vollendeten (сделать) (sd'élat') Aspekt:

я буду делать	я сделаю
já búdu d'élat'	**já sd'élaju**
ich (ich-)werde machen	*ich (ich-)werde-machen(v)*
ich werde machen	ich werde machen

Modalverben: können, wollen, müssen

Die Beugung der Verben ist schwierig genug. Wer es sich einfacher machen möchte, kann sich mit Hilfe der Modalverben elegant aus der Affäre ziehen: Man braucht nämlich nur das gebeugte Modalverb mit der Grundform des gewünschten Verbs zu kombinieren. Irgendein Modalverb passt immer!

любить l'ub'ít' *kann als Modalverb verwendet werden, aber auch als Vollverb.*

wollen, lieben, können, dürfen

хотеть **chat'ét'** *wollen, möchte*	любить **l'ub'ít'** *lieben, mögen*
я хочу **já chatsch'ú**	я люблю **já l'ubl'ú**
ты хочешь **tý chótsch'isch**	ты любишь **tý l'úb'isch**
он / она хочет **ón / aná chótsch'it**	он / она любит **ón / aná l'úb'it**
мы хотим **mý chat'ím**	мы любим **mý l'úb'im**
вы хотите **wý chat'ít'i**	вы любите **wý l'úb'it'i**
они хотят **an'í chat'át**	они любят **an'í l'úb'at**

мочь **mótsch'** *können, dürfen*	уметь **um'ét'** *können, wissen*
я могу **já magú**	я умею **já um'éju**
ты можешь **tý móshysch**	ты умеешь **tý um'éjisch**
он / она может **ón / aná móshyt**	он / она умеет **ón / aná um'éjit**
мы можем **mý móshym**	мы умеем **mý um'ejim**
вы можете **wý móshyt'i**	вы умеете **wý um'éjit'i**
они могут **an'í mógut**	они умеют **an'í um'éjut**

Я хочу купить билеты.
Já chatsch'ú kupít' b'il'éty.
ich (ich-)will kaufen Fahrkarten[4]
Ich möchte Fahrkarten kaufen.

Modalverben: können, wollen, müssen

Он хочет идти домой.
Ón chótsch'it itt'í damój.
er (er-)will gehen nach-Hause
Er möchte nach Hause gehen.

Я люблю путешествовать.
Já l'ubl'ú put'ischéßtwawat'.
ich (ich-)liebe reisen
Ich reise gern.

Я люблю слушать музыку.
Já l'ubl'ú ßlúschat' músyku.
ich (ich-)liebe hören Musik[4]
Ich höre gern Musik.

Я люблю тебя.
Já l'ubl'ú t'ib'á.
ich (ich-)liebe dich[4]
Ich liebe dich.

Я люблю исскуство.
Já l'ubl'ú ißkúßtwa.
ich (ich-)liebe Kunst[4]
Ich liebe Kunst.

Neben den gebeugten Formen von мочь mótsch' *(können, dürfen) wird häufig die unpersönliche Nebenform* можно móshna *(man darf / kann) verwendet.*

Можно?
Móshna?
man-kann
Darf man / ich?

Можно курить?
Móshna kur'ít'?
man-kann rauchen
Darf man / ich rauchen?

Можно войти?
Móshna wajt'í?
man-kann eintreten
Darf man eintreten?

Можно! / Нельзя!
Móshna! / N'ils'á!
man-kann / man-darf-nicht
Ja. / Man darf nicht!

Где можно купить водку?
Gd'é móshna kupít' wótku?
wo man-kann kaufen Wodka[4]
Wo kann man Wodka kaufen?

уметь um'ét' *heißt „können" im Sinne von „zu etwas fähig sein", „etwas gelernt haben".*

Я умею плавать.
Já um'éju pláwat'.
ich (ich-)kann schwimmen
Ich kann schwimmen.

Ты хорошо умеешь танцевать.
Tý charaschó um'éjisch tanzywát'.
du gut(Umst.) (du-)kannst tanzen
Du kannst gut tanzen.

gerne wollen, müssen

Neben den „normalen" Modalverben gibt es im Russischen weitere Konstruktionen, z. B.: die folgenden zwei:

Man kombiniert das im 3. Fall gebeugte persönliche Fürwort („mir", „dir" ...) mit einem unpersönlichen, unveränderlichen Ausdruck. Danach folgt ein Vollverb in der Grundform.

Fürwörter im 3. Fall					
мне	**mn'é**	mir	нам	**nám**	uns
тебе	**tib'é**	dir	вам	**wám**	euch
ему / ей	**jimú** *m/s*, **jéj** *w*	ihm, ihr	им	**ím**	ihnen

хочется **chótsch'itza**
gerne (etwas tun) wollen / möchte(n)
надо **náda**
(etwas tun) müssen

Мне хочется спать.
Mn'é chótsch'itza ßpát'.
mir[3] (es-)will-sich schlafen
Ich möchte schlafen.

Ему хочется есть
Jimú chótsch'itza jéß't'.
ihm[3] (es-)will-sich essen
Er möchte essen.

Нам хочется пить.
Nám chótsch'itza pít'.
uns[3] (es-)will-sich trinken
Wir möchten trinken.

надо náda „es muss" wird sehr häufig auch ohne das gebeugte Fürwort als ganz unpersönlicher Ausdruck verwendet. Der entsprechende verneinte Ausdruck „man kann / darf nicht" heißt нельзя nilzjá.

Мне надо пойти.
Mn'é náda pajt'í.
mir³ es-muss losgehen(v)
Ich muss (jetzt) gehen.

Надо подождать.
Náda padashdát'.
es-muss warten(v)
Wir müssen warten.

Надо пойти.
Náda pajt'í.
es-muss losgehen(v)
Ich muss / Wir müssen jetzt losgehen.

Здесь нельзя курить.
Sd'éß' n'il's'á kurít'.
hier es-darf-nicht rauchen
Hier darf man nicht rauchen.

sollen, müssen

Eine andere Konstruktion für „sollen" / „müssen" ist die Kombination des ungebeugten persönlichen Fürwortes mit должен dólshyn („geschuldet"). Es folgt das Vollverb in der Grundform. Da должен dólshyn ursprünglich ein Eigenschaftswort ist, richtet es sich in Zahl und Geschlecht nach dem Satzgegenstand (Subjekt).

	Einzahl	Mehrzahl
m	должен **dólshyn**	должны **dalshný**
w	должна **dalshná**	должны **dalshný**
s	должно **dalshnó**	должны **dalshný**

Мы должны купить еду.
Mý dalshný kupít' jidú.
wir geschuldet(Mz) kaufen Essen
Wir sollen einkaufen.

Я должен уехать.	Я должна уехать.
Já dólshyn ujéchat'.	**Já dalshná ujéchat'.**
ich geschuldet(m) wegfahren(v)	*ich geschuldet(w) wegfahren(v)*
Ich muss wegfahren. *(sagt ein Mann)*	Ich muss wegfahren. *(sagt eine Frau)*

etwas benötigen, brauchen

Folgendes ist keine Modalkonstruktion. Das im 3. Fall gebeugte persönliche Fürwort („mir", „dir" usw.) wird mit нужен nushen *(etwas) benötigen, brauchen* kombiniert. Nun wird allerdings ein Hauptwort verlangt, eben das, was man braucht bzw. benötigt.

мне, тебе, ему	ей	нам, вам, им	
mn'é, t'ib'é, jimú *m/s*,	**jéj** *w*,	**nám, wám, ím**	
	&		
нужен	нужна	нужно	нужны
núshyn *m*,	**nushná** *w*,	**núshna** *s*,	**nushný** *Mz*

núshyn *„man braucht" richtet sich in Zahl und Geschlecht nach dem ergänzten Hauptwort.*

Мне нужна виза.
Mn'é nushná w'ísa.
mir³ es-braucht(w) Visum
Ich brauche ein Visum.

Мне нужны деньги
Mn'é nushný d'éng'i.
mir³ es-braucht(Mz) Gelder(Mz)
Ich brauche Geld.

Sein & Haben

Die deutschen Gegenwartsformen von „sein" (bin, bist, ist, sind, seid, sind) existieren im Russischen nicht. Sätze, die im Deutschen das Verb „sein" verlangen, stehen im Russischen ganz ohne Verb:

Он большой.
Ón bal'schój.
er groß(m)
Er ist groß.

Она большая.
Aná bal'schája.
sie groß(w)
Sie ist groß.

Wenn jedoch das Vorhandensein einer Sache bezeichnet werden soll, wird есть jeß't' *es gibt* verwendet:

Есть ещё свободное место?
Jéßt' jischsch'ó ßwabódnaji m'éßta?
es-gibt noch freier Platz
Ist noch ein Platz frei?

Zur Erinnerung: Die Vergangenheitsformen richten sich in Zahl und Geschlecht nach dem Satzgegenstand (Subjekt). – Die Zukunftsformen von быть být' *„sein" stehen im Kapitel „Zukunft".*

Will man diese Sätze in die Vergangenheit setzen, benötigt man jedoch die Vergangenheitsformen von „sein". Sie lauten:

	Einzahl	Mehrzahl
m	был **býl**	были **býl'i**
w	была **bylá**	были **býl'i**
s	было **býla**	были **býl'i**

Она была красивая.
Aná bylá kraß'íwaja.
sie war(w) schön(w)
Sie war schön.

Это хорошо.
Éta charaschó!
dieses gut(Umst.)
Das ist gut!

Это было хорошо.	Это будет хорошо.
Éta býla charaschó!	**Éta búd'it charaschó!**
dieses war(s) gut(Umst.)	*dieses wird-sein gut(Umst.)*
Das war gut!	Das wird gut werden!

haben, besitzen

Für das deutsche „haben" im Sinne von „besitzen" hat sich die russische Sprache einen Kunstgriff erdacht. Wörtlich sagt ein Russe nämlich „bei mir, bei dir ..." und meint damit „ich habe, du hast ...". Da das Verhältniswort u *bei* im Russischen den 2. Fall verlangt, steht auch das persönliche Fürwort im 2. Fall.

y ... **u ...** (*+ persönliches Fürwort im 2. Fall*)

у меня **u-m'in'á**	ich habe	у нас **u-náß**	wir haben
у тебя **u-t'ib'á**	du hast	у вас **u-wáß**	ihr habt
у него **u-n'iwó** *m/s*	er / es hat	у них **u-n'ích**	sie haben
у неё **u-n'ijó** *w*	sie hat	у них **u-n'ích**	sie haben

In der Gegenwart kann außerdem das unveränderliche есть jéßt' *es gibt* hinzugefügt werden, wenn man den „Besitz" betonen möchte.

У меня есть автомашина.
U-m'in'á jéßt' aftamaschýna.
bei mir[2] es-gibt Auto
Ich habe (besitze) ein Auto.

У нас есть дом.
U-náß jéßt' dóm.
bei uns[2] es-gibt Haus
Wir haben (besitzen) ein Haus.

Für die Vergangenheit wird zusätzlich был byl *war* (Vergangenheit von „sein“) nachgestellt, welches sich in Zahl und Geschlecht nach dem Ding richtet, das man hatte bzw. besaß.

У меня была автомашина.
U-m'in'á bylá aftamaschýna.
bei mir[2] war(w) Auto
Ich hatte (besaß) ein Auto.

У нас был дом.
U-náß býl dóm.
bei uns[2] war(m) Haus
Wir hatten (besaßen) ein Haus.

Die Zukunftsform („ich werde haben / besitzen“ usw.) bildet man, indem man будет búd'it *es wird (sein)* für die Einzahl und будут búdut *sie werden (sein)* für die Mehrzahl nachstellt.

У неё будет брат.
U-n'ijó búd'it brát.
bei ihr[2] (es-)wird-sein Bruder
Sie wird einen Bruder haben (bekommen).

У меня будут каникулы.
U-m'in'á búdut kan'íkuly.
bei mir[2] (sie-)werden-sein Ferien
Ich werde Ferien haben (bekommen).

Verben der Richtung & Bewegung

Neben den Aspektpaaren gibt es Verben, die immer im unvollendeten Aspekt stehen und Paare bilden, die sich nach Art der Bewegung und Richtung unterscheiden:

„Bestimmte" Verben bezeichnen eine Bewegung, die ...
... einmalig erfolgt;
... in Richtung und Zeit bestimmt ist;
... mit einem bestimmten Ziel erfolgt.

„Unbestimmte" Verben bezeichnen eine Bewegung, die ...
... mehrmalig erfolgt;
... nicht zielgerichtet ist (hin und her);
... gewohnheitsmäßig erfolgt (darf dann auch zielgerichtet sein);
... eine allgemeine Fähigkeit beschreibt.

	bestimmt	**unbestimmt**
fahren	ехать **jéchat'**	ездить **jésd'it'**
fliegen	лететь **l'it'ét'**	летать **l'itát'**
gehen	идти **itt'í**	ходить **chad'ít'**
schwimmen	плыть **plýt'**	плавать **pláwat'**
tragen, bringen	нести **n'ißt'í**	носить **naß'ít'**

Сегодня я иду в театр. *bestimmt*
ß'iwódn'a já idú f-t'iátr.
heute ich (ich-)gehe in-Theater[4]
Heute gehe ich ins Theater.

Я часто хожу в театр. *unbestimmt*
Já tsch'áßta chashú f-t'iátr.
ich oft (ich-)gehe in-Theater[4]
Ich gehe oft ins Theater.

bestimmt Мы едем на выставку.
Mý jéd'im na-wýßtafku.
wir (wir-)fahren in Ausstellung[4]
Wir fahren zur Ausstellung.

unbestimmt Он ездит на пляж.
Ón jésd'it na-pl'ásch.
er (er-)fährt an Strand[4]
Er fährt oft an den Strand.

bestimmt Он идёт домой.
Ón id'ót damój.
er (er-)geht nach-Hause
Er geht nach Hause.

unbestimmt Он ходит по двору.
Ón chód'it pa-dwarú.
er (er-)geht durch-Hof[4]
Er läuft auf dem Hof umher.

Jens Bernhardt@Fotolia.com

Sandskulptur in Sankt Petersburg

Rückbezügliche Verben

Die rückbezüglichen Verben erkennt man in der Grundform (Infinitiv) meistens an der zusätzlichen Endung -ся -ß'a (-za) *sich*. Diese Endung kann an viele Verben einfach angehängt werden, sofern dies einen Sinn ergibt:

развлекать **raswl'ikát'** amüsieren	развлекаться **raswl'ikátza** sich amüsieren
знакомить **snakóm'it'** bekannt machen	знакомиться **snakóm'itza** sich bekannt machen
встретить **fßtr'ét'it'** treffen	встретиться **fßtr'ét'itza** sich treffen
занимать **san'imát'** beschäftigen	заниматься **san'imátza** sich beschäftigen mit

Das rückbezügliche Verb kann aber eine völlig andere Bedeutung haben als das entsprechende nicht-rückbezügliche Verb (also ohne -ся -ß'a(-za):

договаривать **dagawár'iwat'** zu Ende reden	договариваться **dagawár'iwatza** sich verabreden
прощать **praschsch'át'** verzeihen	прощаться **praschsch'átza** sich verabschieden

Verben, die im Russischen rückbezüglich sind, müssen dies nicht notwendigerweise auch im Deutschen sein:

учиться	начинаться
utsch'ítza	**natsch'inátza**
lernen	beginnen, anfangen

Die rückbezüglichen Verben werden wie „normale“ Verben gebeugt, die Endung -ся -ß'a (sich) wird einfach daran angehängt. Einzige Besonderheit: Nach Selbstlauten ändert sich -ся -ß'a zu -сь -ß'. Hier ein Beispiel mit встерчаться fßtr'itsch'átza *sich treffen*:

Gegenwart	Vergangenheit
я встречаю-сь **já fßtr'itsch'áju-ß'**	встречал-ся **fßtr'itsch'ál-ß'a** *m*
ты встречаешь-ся **tý fßtr'itsch'ájisch-ß'a**	встречала-сь **fßtr'itsch'ála-ß'** *w*
он / она встречает-ся **ón / aná fßtr'itsch'ájit-za**	встречал-ся/ась **fßtr'itsch'ál-ß'a/aß'**
мы встречаем-ся **mý fßtr'itsch'ájim-ß'a**	встречали-сь **fßtr'itsch'áli-ß'** *Mz*
вы встречаете-сь **wý fßtr'itsch'ájit'i-ß'**	
они встречают-ся **an'í fßtr'itsch'ájut-za**	

Für die Zukunftszeit beugt man быть být' *sein* in der Zukunft und stellt das betreffende rückbezügliche (meist unvollendete) Verb nach:

Я буду встречаться с друзьями.
Já búdu fßtr'itsch'átza s-drusjám'i.
ich (ich-)werde treffen-sich mit-Freunden[5]
Ich werde mich mit Freunden treffen.

Unregelmäßige Verben

Im Russischen gibt es eine Reihe unregelmäßiger Verben. Die beiden wichtigsten Gruppen sind:

1. Gruppe: Nur die 1. Person Einzahl („ich") Gegenwart ist unregelmäßig, alle anderen Formen werden regelmäßig gebeugt. Unregelmäßig ist jedoch nicht die Beugungsendung, sondern nur der Stamm. In diese Gruppe gehören vor allem Verben auf -ить -it'.

Die unregelmäßigen Verbformen sind in den Wörterlisten immer angegeben.

2. Gruppe: Alle Formen der Gegenwart sind unregelmäßig, weil sie einen anderen Stamm als die Grundform (Infinitiv) haben. Die Beugungsendungen sind immer regelmäßig.

	1. Gruppe	2. Gruppe
	ходить **chad'ít'** *gehen*	ехать **jéchat'** *fahren*
я **já**	хожу **chashú**	еду **jédu**
ты **tý**	ходишь **chód'isch**	едешь **jéd'isch**
он / она **ón / aná**	ходит **chód'it**	едет **jéd'it**
мы **mý**	ходим **chód'im**	едем **jéd'im**
вы **wý**	ходите **chód'it'i**	едете **jéd'it'i**
они **an'í**	ходят **chód'at**	едут **jédut**

Beachten Sie: Die Vergangenheitsformen von идти itt'í *„gehen" sind sehr unregelmäßig und lauten* шёл / шла / шли schól / schlá / schlí *(m / w / Mz).*

Satzstellung

Zum Zweck der besonderen Betonung kann das Russische von dieser Reihenfolge allerdings abweichen, was durch die starke Beugung der Hauptwörter noch begünstigt wird. Die genannte Reihenfolge ist aber am neutralsten.

Die Satzstellung im normalen Aussagesatz folgt in der Regel dem Schema: Subjekt (Satzgegenstand) – Prädikat (Satzaussage) – Objekt (Satzergänzung). Auch in Neben- und Fragesätzen ändert sich diese Reihenfolge nicht. Die Satzaussage kann nicht wie im Deutschen auseinandergerissen werden.

Subjekt	Prädikat	Objekt
Ольга	читает	журнал.
Ólga	**tsch'itájit**	**shurnál.**
Olga	*(sie-)liest*	*Zeitschrift*[4]
Olga liest eine / die Zeitschrift.		
Она	хочет читать	журнал.
Aná	**chótsch'it tsch'itát'**	**shurnál.**
sie	*(sie-)will lesen*	*Zeitschrift*[4]
Sie möchte eine / die Zeitschrift lesen.		

Am Satzanfang stehen meistens Zeitbestimmungen, am Satzende dagegen in der Regel die Ortsangaben:

Zeitangabe	Aussagesatz	Ortsangabe
Сегодня	Ольга хочет читать журал	дома.
ß'iwód'n'a	**Ólga chótsch'it tsch'itát' shurnál**	**dóma.**
heute	*Olga (sie-)will lesen Zeitschrift*[4]	*zu-Hause*
Olga möchte heute die Zeitschrift zu Hause lesen.		
Heute möchte Olga die Zeitschrift zu Hause lesen.		
Zu Hause möchte Olga heute die Zeitschrift lesen.		

Im Deutschen kann man durch die Satzstellung betonen, im Russischen geschieht dies auch durch die Betonung des betreffenden Wortes.

Auffordern & Befehlen

Die Befehlsform von vollendeten und unvollendeten Verben wird gebildet, indem man von der Verbform der 3. Person Mehrzahl (z. B. они делают an'í d'élajut *sie machen*) die Endung abstreicht – das sind entweder -ять / -ать -jat' / -at' oder -ють / -уть -jut' / -ut' – und durch die entsprechende Endung für die Befehlsform ersetzt:

bei Selbstlaut:	-й **-j** *Ez.*	-йте **-jt'i** *Mz.; höflich!*
bei Mitlaut:	-и **-i** *Ez.*	-ите **-it'i** *Mz.; höflich!*

они делают	**an'í d'élajut**	sie machen
делай!	**d'éla-j!**	mach!
делайте!	**d'éla-jt'i!**	macht! / machen Sie!
они говорят	**an'í gawar'át**	sie reden
говори!	**gawar'-í!**	rede!
говорите!	**gawar'- ít'i!**	redet! / reden Sie!

Die Befehlsform ist in der Wort-für-Wort-Übersetzung mit einem Ausrufezeichen in Klammern gekennzeichnet.

Дайте мне, пожалуйста, книгу!
Dájt'i mn'é, pashálßta, kn'ígu!
gebt(!) mir³ bitte Buch⁴
Gebt / Geben Sie mir bitte das Buch!

Помоги / помогите мне!
Pamag'í / Pamag'ít'i mn'é!
hilf(!, v) / helft(!, v) mir³
Hilf / helfen Sie mir!

Подождите минутку!
Padashd'ít'i m'inútku!
wartet(!, v) Minütchen⁴
Warten Sie einen Augenblick!

Повторите, пожалуйста, это слово!
Paftar'it'i, pashálßta, éta ßlówa!
wiederholt(!) bitte dieses[4] Wort[4]
Wiederholen Sie bitte dieses Wort!

Иди сюда!	**Id'í ß'udá!**	Komm hierher!
Идите сюда!	**Id'ít'i ß'udá!**	Kommen Sie hierher!
Входи!	**Fchad'í!**	Tritt ein!
Входите!	**Fchad'ít'i!**	Treten Sie ein!

Eine Aufforderung beginnt man mit folgenden höflichen Einleitungen und пожалуйста pashálßta *bitte*:

Прости / простите, пожалуйста, ...! **Praßt'í / praßt'ít'i, pashálßta, ...!** Verzeihe / Verzeihen Sie, bitte, ...!
Извини / извините ...! **Isw'in'í / isw'in'ít'i ...!** Entschuldige / Entschuldigen Sie ...!
Скажи / скажите ...! **ßkashý / ßkashýt'i ...!** Sag / Sagen Sie ...!
Покажи / покажите ...! **Pakashý / pakashýt'i ...!** Zeig / Zeigen Sie ...!
Разреши / разрешите ...! **Rasr'ischý / rasr'ischýt'i ...!** Gestatte / Gestatten Sie ...!

Bindewörter

Die Bindewörter werden genauso wie im Deutschen verwendet:

и	**í**	und / auch
как	**kák**	wie
а / но	**á / nó**	aber
или; или ... или	**íl'i; íl'i ... íl'i**	oder; entweder ... oder
ни ... ни	**n'í ... n'í**	weder ... noch
когда	**kagdá**	als *(zeitl.)*
если	**jéßl'i**	falls / wenn
что	**schtó**	dass
чтобы	**schtóby**	um zu / dass
тогда / потом	**tagdá / patóm**	dann
потому что	**patamú-schto**	weil
по этому	**pa-étamu**	deshalb

Он сказал, что он придёт сегодня.
Ón ßkasál, schtó ón pr'id'ót ß'iwódn'a.
er sagte(m) dass er (er-)kommt(v) heute
Er hat gesagt, dass er heute kommen wird.

Или сегодня или завтра придёт моя семья.
Íl'i ß'iwódn'a íl'i saftra pr'id'ót majá ß'imjá
oder heute oder morgen (sie-)kommt meine Familie
Meine Familie kommt entweder heute oder morgen her.

Идите прямо, потом налево.
Id'ít'i pr'áma, patóm nal'éwa!
geht(!) geradeaus dann links
Gehen Sie geradeaus, dann links!

Die sechs Fälle

Im Russischen werden, wie im Deutschen auch, Haupt- und Eigenschaftswörter, Fürwörter und sogar Zahlen gebeugt. Hier soll nur die Beugung der Hauptwörter und der persönlichen Fürwörter erklärt werden.

Insgesamt gibt es sechs Fälle im Russischen. Der Gebrauch des 1. bis 4. Falls ist dem Gebrauch im Deutschen sehr ähnlich.

1. Fall = Nominativ	Werfall	wer? / was?	„der Freund“
2. Fall = Genitiv	Wesfall	wessen?	„des Freundes“
3. Fall = Dativ	Wemfall	wem?	„dem Freund“
4. Fall = Akkusativ	Wenfall	wen? / was?	„den Freund“
5. Fall = Instrumental		mit wem?	„mit dem Freund“
6. Fall = Präpositiv		wo? / worüber?	„auf dem Tisch“

Damit man erkennt, um welchen Fall es sich handelt, ist in der Wort-für-Wort-Übersetzung die Fall-Angabe hinter dem gebeugten Wort als hochgestellte Zahl ergänzt.

1. Fall (Nominativ)

Der 1. Fall ist das ungebeugte Wort. In dieser Form stehen Hauptwörter im Wörterbuch.

2. Fall (Genitiv)

Mit dem 2. Fall drückt man Besitzverhältnisse aus, z. B. „die Schwester der Mutter“.

автомашина друга
aftamaschýna drúga
Auto Freund[2]
Auto des Freundes

книга подруги
kn’iga padrúg’i
Buch Freundin[2]
Buch der Freundin

три килограмма
tr'í k'ilagráma
drei Kilo[2]
drei Kilo

пять литров бензина
p'át' l'ítraf b'ins'ína
fünf Liter(Mz)[2] Benzin[2]
fünf Liter Benzin

Nach einigen Zahlen und nach unbestimmten Mengenangaben steht das gezählte Hauptwort im 2. Fall.

Сколько литров?
ßkól'ka l'ítraf?
wie-viel Liter(Mz)[2]
Wie viele Liter?

несколько друзей
n'éßkal'ka drus'éj
einige Freunde[2]
einige Freunde

много туристов
mnóga tur'íßtaf
viele Touristen[2]
viele Touristen

Откуда вы?
Atkúda wý?
woher ihr
Woher sind Sie?

Я из Москвы.
Já is-Maßkwý.
ich aus Moskau[2]
Ich bin aus Moskau.

Я из города Билефельд.
Já is-górada B'il'if'él't.
ich aus Stadt[2] Bielefeld
Ich bin aus Bielefeld.

от Москвы до Новгорода
at-Maßkwý da-Nówgarada
von Moskau[2] bis Nowgorod[2]
von Moskau bis (nach) Nowgorod

у меня
u-m'in'á
bei mir[2]
ich habe

Eine ganze Reihe von Verhältniswörtern verlangt den 2. Fall für die von ihnen abhängigen Haupt-, Eigenschafts- und Fürwörter. Insbesondere steht der 2. Fall dabei im Zusammenhang mit der Frage „woher?“.

3. Fall (Dativ)

Der 3. Fall steht vor allem bei so wichtigen Verben wie „geben“, „helfen“, „sagen“ usw.

Я дал / дала другу книгу.
Já dál / dalá drúgu kn'ígu.
ich gab(m/w) Freund[3] Buch[4]
Ich habe dem Freund das Buch gegeben.

Я пишу подруге.
Já p'ischú padrúg'i.
ich (ich-)schreibe Freundin[3]
Ich schreibe der Freundin.

4. Fall (Akkusativ)

Der 4. Fall gibt wie im Deutschen die direkte Satzergänzung (Objekt) wieder.

Я вижу друга.
Já w'íshu drúga.
ich (ich-)sehe Freund[4]
Ich sehe den / einen Freund.

Я писал / писала открытку.
Já p'ißál / p'ißála atkrýtku.
ich schrieb(m/w) Postkarte[4]
Ich schrieb eine Postkarte.

Der 4. Fall wird auch von gewissen Verhältniswörtern verlangt. Insbesondere steht er im Zusammenhang mit der Frage „wohin?".

Он читает книгу.
Ón tsch'itájit knígu.
er (er-)liest Buch[4]
Er liest ein / das Buch.

Он читает книги.
Ón tsch'itájit kníg'i.
er (er-)liest Bücher[4]
Er liest Bücher.

Я еду в Москву.
Já jédu w-Maßkwú
ich (ich-)fahre nach-Moskau[4]
Ich fahre nach Moskau.

5. Fall (Instrumental)

Der 5. Fall existiert im Deutschen nicht. Er kennzeichnet das Instrument, mit dem die Handlung bewirkt wird. Das kann ein Gegenstand oder auch eine Person sein. Der 5. Fall antwortet auf die Fragen „womit?" bzw. „mit wem?". Er steht nach bestimmten Verben, z. B. заниматься san'imátza *sich beschäftigen mit* sowie nach bestimmten Verhältniswörtern.

Я занимаюсь музыкой.
Já san'imájuß' músykaj.
ich (ich-)beschäftige-sich Musik[5]
Ich beschäftige mich mit Musik.

Я говорю с другом.
Já gawar'ú s-drúgom.
ich (ich-)spreche mit-Freund[5]
Ich spreche mit einem Freund.

6. Fall (Präpositiv)

Der 6. russische Fall ist im Deutschen ebenfalls nicht bekannt. Er steht immer nach Verhältniswörtern. Oft antworten diese auf die Frage „wo?" (dienen also als Ortsangaben).

Я живу в Германии.
Já shywú w-G'irmán'ii.
ich (ich-)wohne in-Deutschland[6]
Ich wohne in Deutschland.

Я был / была в школе.
Já býl / bylá f-schkól'i.
ich war(m/w) in-Schule[6]
Ich war in der Schule.

В городе есть кино.
W-górad'i jéßt' kinó.
in-Stadt[6] *es-gibt Kino*
In der Stadt gibt es ein Kino.

Он рассказывает о каникулах.
Ón raßkázywajit a-kan'íkulach.
er (er-)erzählt über Ferien[6]
Er erzählt von den Ferien.

Beugung der Hauptwörter

Das Beugungssystem ist im Russischen ziemlich kompliziert, da es nicht nur in männlich, weiblich und sächlich eingeteilt wird, sondern auch zwischen belebten (z. B. „Bruder") und unbelebten Hauptwörtern (z. B. „Theater") unterschieden wird, und auch danach, ob die Endung weich (-я) (-ja) oder hart (-a) (-a) ist. Bis auf eine Ausnahme sind hier nur die harten Formensätze dargestellt. Für die Übersichtlichkeit sind die Beugungsendungen hier mit einem Bindestrich abgetrennt dargestellt.

Die sechs Fälle

Beugung in der Einzahl

	männlich unbelebt	männlich belebt	weiblich	weiblich auf -ь/-’	sächlich
1.	театр **t’iátr**	брат **brát**	комната **kómnat-a**	тетрадь **t’itrát’**	место **m’éßt-a**
2.	театра **t’iátr-a**	брата **brát-a**	комнаты **kómnat-y**	тетради **t’itrád’-i**	метса **m’éßt-a**
3.	театру **t’iátr-u**	брату **brát-u**	комнате **kómnat’-i**	тетради **t’itrád-i**	месту **m’éßt-u**
4.	театр **t’iátr**	брата **brát-a**	комнату **kómnat-u**	тетрадь **t’itrát’**	место **m’éßt-a**
5.	театром **t’iátr-am**	братом **brát-am**	комнатой **kómnat-aj**	тетрадью **t’itrád-ju**	местом **m’éßt-am**
6.	театре **t’iátr-’i**	брате **brá’-’i**	комнате **kómnat-’i**	тетради **t’itrád-’i**	месте **m’éßt-’i**
	Theater	**Bruder**	**Zimmer**	**Heft**	**Ort**

Der einzige Unterschied zwischen belebten und unbelebten männlichen Hauptwörtern besteht in der 4. Fall Einzahl: Ein belebtes männliches Hauptwort wird wie im 2. Fall gebeugt, während ein unbelebtes männliches Hauptwort wie im 1. Fall gebeugt wird.

Beugung in der Mehrzahl

	männlich	weiblich	weiblich, auf -ь/-’	sächlich
1.	театры **t’iátr-y**	комнаты **kómnat-y**	тетради **t’itrád’-i**	места **m’ißt-á**
2.	театров **t’iátr-af**	комнат **kómnat**	тетрадей **t’itrád’-ij**	мест **m’eßt**
3.	театрам **t’iátr-am**	комнатам **kómnat-am**	тетрадям **t’itrád’-am**	местам **m’ißt-ám**
4.	(= 1. *oder* 2.)	(= 1. *oder* 2.)	(= 1. *oder* 2.)	(= 1. *oder* 2.)
5.	театрами **t’iátr-ami**	комнатами **kómnat-ami**	тетрадями **t’itrád’-am’i**	местами **m’ißt-ám’i**
6.	театрах **t’iátr-ach**	комнатах **kómnat-ach**	тетрадях **t’itrád’-ach**	местах **m’ißt-ách**
	Theater *(Mz)*	**Zimmer** *(Mz)*	**Hefte**	**Orte**

Bezeichnet das Hauptwort ein Lebewesen, ist der 4. Fall mit dem 2. Fall identisch; ansonsten ist der 4. Fall mit dem 1. Fall identisch. (Unsere Beispiele sind alle unbelebte Hauptwörter; hier sind also 4. und 1. Fall identisch.)

Weibliche und sächliche Hauptwörter sind im 2. Fall Mehrzahl oft endungslos.

Beugung der persönlichen Fürwörter

Manche Beugungsformen von Fürwörtern sind Ihnen schon aus vorangehenden Kapiteln bekannt: 2. Fall (Kapitel „haben") у меня u-m'in'á *bei mir*, у тебя u- t'ib'á *bei dir* ...; 3. Fall (Kapitel „Modalverben") мне mn'é *mir*, тебе t'ib'é *dir* .... Der 4. Fall: ist mit dem 2. Fall identisch. Sie müssen also nur noch den 5. und 6. Fall hinzulernen.

1.	я **já** *ich*	ты **tý** *du*	он; оно **ón** *er*, **anó** *es*	она **aná** *sie*
2. / 4.	меня **m'in'á**	тебя **t'ib'á**	(н)его **jiwó (n'iwó)**	(н)её **jijó (n'ijó)**
3.	мне **mn'é**	тебе **t'ib'é**	(н)ему **jimú (n'imú)**	(н)ей **jéj (n'éj)**
5.	мной **mnój**	тобой **tabój**	(н)им **ím (n'ím)**	(н)ею **jéju (n'éju)**
6.	мне **mn'é**	тебе **t'ib'é**	нём **n'óm**	ней **n'éj**
1.	мы **mý** *wir*	вы **wý** *ihr*	они **an'í** *sie*	сам **(ßám)** *sich*
2. / 4.	нас **náß**	вас **wáß**	(н)их **ích (n'ích)**	себя **ß'ib'á**
3.	нам **nám**	вам **wám**	(н)им **ím (n'ím)**	себе **ß'ib'é**
5.	нами **nám'i**	вами **wám'i**	(н)ими **ím'i (n'ím'i)**	собой **ßabój**
6.	нас **náß**	вас **wáß**	них **n'ích**	себе **ß'ib'é**

Das (н) (n') wird mit Präpositionen verwendet. Zum Beispiel:

её пальто / у неё в гостях.
jijó pal'tó / u -n'ijò f-gaßt'ách
ihr Mantel / bei ihr zu Hause

им гордиться / с ним играть
im gard'ítza / ß-n'ím igrát'
auf ihn stolz sein / mit ihm spielen

Я люблю тебя.
Já l'ubl'ú t'ib'á.
ich (ich-)liebe dich[4]
Ich liebe dich.

Это мне очень нравиться.
Éta mn'é ótsch'in' nráw'itza.
das mir[3] *sehr (es-)gefällt-sich*
Das gefällt mir sehr.

у него
u-n'iwó
bei ihm[2]
er hat

у неё
u-n'ijó
bei ihr[2]
sie hat

между ними
m'éshdu n'ím'i
unter ihnen[5]
unter ihnen

Typisch ist der Ausdruck für „ich und du".

мы с тобой
mý ß-tabój
wir mit-dir[5]
ich und du

мы с вами
mý ß-wám'i
wir mit-euch[5]
ich / wir und ihr (Sie)

про себя
pra-ß'ib'á
für sich[2]
leise

у себя
u-ß'ib'á
bei sich[2]
bei sich zu Hause

Das rückbezügliche Fürwort wird nicht nur in der 3. Person verwendet, sondern immer dann, wenn eine Satzergänzung (Objekt) mit dem Satzgegenstand (Subjekt) identisch ist.

Он купил мне книгу.
Ón kup'íl mn'é kn'ígu.
er kaufte(m) mir[3] *Buch*[4]
Er hat mir ein Buch gekauft.

Я купил / купила себе книгу.
Já kup'íl / kup'íla ß'ib'é knígu.
ich kaufte(m/w) sich[3] *Buch*[4]
Ich habe mir selbst ein Buch gekauft.

Verneinung

Verben werden mit vorangestelltem не n'é *nicht* verneint. Oft steht auch noch нет n'ét *nein* zur Verstärkung am Beginn des verneinten Satzes:

Die Wortreihenfolge im verneinten Satz verändert sich nicht, nur das Verneinungswort steht an einer anderen Position als im Deutschen.

Нет, я не понимаю.
N'ét, já n'é pan'imáju.
nein ich nicht (ich-)verstehe
Nein, ich verstehe nicht.

Я не получил / получила письмо.
Já n'é palutsch'íl / palutsch'íla p'iß'mó.
ich nicht erhielt(m/w) Brief[4]
Ich habe den Brief nicht erhalten.

Да нет!
Dá n'ét!
ja nein
Nicht doch!

Комната мне не нравится.
Kómnata mn'é n'é nráw'itza.
Zimmer mir[3] *nicht (es-)gefällt-sich*
Das Zimmer gefällt mir nicht.

besondere Verneinungen

Auch bei speziellen Verneinungswörtern verneint man die Satzaussage noch mit не n'é.

никто, никого	**n'iktó, n'ikawó**	niemand
ничто, ничего	**n'ischtó, n'itsch'iwó**	nichts
никогда	**n'ikagdá**	niemals
нигде	**n'igd'é**	nirgendwo, nirgends
никуда	**n'ikudá**	nirgendwohin

Ничего не поделаешь!
N'itsch'iwó n'é pad'élajisch!
nichts[2] *nicht (du-)wirst-machen(v)*
Da kann man eben nichts machen!

In der Umgangssprache bedeutet ничего! n'itsch'íwó! *so viel wie „Macht nichts!". Grammatisch gesehen ist es eine Form im 2. Fall.*

Ничего нет.
N'itsch'iwó n'ét.
nichts[2] nicht
Es gibt nichts.

Я никого не видел / видела.
Já n'ikawó n'é w'íd'il / w'íd'ila.
ich niemanden[2/4] nicht sah(m/w)
Ich habe niemanden gesehen.

Я нигде не мог / могла купить пиво.
Já n'igd'é n'é mok / maglá kup'ít' p'íwa.
nirgends ich nicht konnte(m/w) kaufen(v) Bier[4]
Nirgends konnte ich Bier kaufen.

Verneinung von „sein" und „haben"

Bekannterweise haben im Russischen Sätze, in denen im Deutschen das Verb „sein"(+ Eigenschafts- oder Hauptwort) steht, in der Gegenwartszeit überhaupt kein Verb. Solche Sätze werden mit нет n'ét verneint.

Ebenso werden Sätze, in denen im Deutschen das Verb „haben" steht, in der Gegenwartszeit mit нет n'ét verneint. Ein Hauptwort, das dabei als Satzergänzung (Objekt) dient, wird dann allerdings im 2. Fall gebeugt.

Zur Erinnerung: Das Russische verwendet an dieser Stelle die Konstruktion „bei mir, bei dir" usw. Eine wortgetreue Übersetzung ins Deutsche verlangt hier ebenfalls das Verb „sein", das im Russischen in der Gegenwartszeit eben wegfällt.

Нигде нет хлеба.
N'igd'é n'ét chl'éba.
nirgendwo gibt-nicht Brot[2]
Nirgends gibt es Brot.

У меня нет времени.
U-m'in'á n'ét wr'ém'in'i.
bei mir[2] gibt-nicht Zeit[2]
Ich habe keine Zeit.

In der Vergangenheits- und Zukunftszeit werden „sein" und „haben" wie alle Verben mit vorangestelltem не n'é verneint. Ein Hauptwort als Satzergänzung steht dabei im 2. Fall.

Нигде не было хлеба.
N'igd'é n'é-byla chl'éba.
nirgendwo nicht-war Brot²
Nirgends gab es Brot.

У меня не будет времени.
U-m'in'á n'i-búd'it wrém'in'i.
bei mir² nicht (es-)wird-sein Zeit²
Ich werde keine Zeit haben.

Nikolai-Korzhov@Fotolia.com

Kein Anglerlatein!

Verhältniswörter

Wie im Deutschen ziehen auch im Russischen Verhältniswörter bestimmte Fälle nach sich. Abhängige Hauptwörter usw. müssen also entsprechend gebeugt werden.

mit dem 2. Fall stehen:

без	**b'eß**	ohne	от	**ot**	von ... weg
для	**dl'a**	für	после	**póßl'i**	nach *(Zeit)*
до	**do**	bis	против	**prót'if**	gegenüber
из	**iß**	aus	с	**ß**	von ... an
кроме	**króm'i**	außer	у	**u**	bei *(Ort)*
около	**ókala**	um	вместо	**wm'éßta**	anstatt

из любви
is-l'ubw'í
aus Liebe[2]
aus Liebe

от города
at-górada
von-weg Stadt[2]
von der Stadt weg

после обеда
póßl'i ab'éda
nach Mittagessen[2]
nachmittags

с утра
ß-utrá
von-an-morgens[2]
von morgens an

до отхода поезда
da-atchóda pójisda
bis Abfahrt[2] *Zug*[2]
bis zur Abfahrt des Zuges

у родителей
u-rad'ít'il'ej
bei Eltern[2]
bei den Eltern

mit dem 3. Fall stehen:

благодаря	**blagadar'á**	dank
по	**po**	durch, auf, über, entlang
к	**k**	zu, nach *(Richtung)*

Мы гуляли по улицам.
Mý gul'ál'i pa-úl'izam.
wir spazierten(Mz) durch Straßen[3]
Wir spazierten durch die Straßen.

Я иду к другу.
Já idú g-drúgu.
ich gehe zu-Freund[3]
Ich gehe zu dem / einem Freund.

mit dem 4. Fall stehen:

в	**w / f**	in, nach *(Ort)*; am *(Zeit)*
через	**tsch'ér'iß**	innerhalb von / in *(Zeit)*; über / durch *(Ort)*
на	**na**	in / auf *(Ort)*; in *(Zeit)*
по	**po**	bis ... einschließlich

через улицу
tsch'ér'iß úl'izu
über Straße[4]
über die Straße

через два часа
tsch'ér'iß dwá tsch'ißá
innerhalb zwei Stunden[2]
innerhalb von zwei Stunden

Я еду в Москву.
Já jédu w-Maßkwú.
ich (ich-)fahre nach-Moskau[4]
Ich fahre nach Moskau.

в среду
f-ßr'édu
am-Mittwoch[4]
am Mittwoch

Я кладу книгу на стол.
Já kladú knígu na-ßtól.
ich (ich-)lege Buch[4] *auf Tisch*[4]
Ich lege das Buch auf den Tisch.

по июль
pa-ijúl'
bis Juli[4]
bis einschließlich Juli

mit dem 5. Fall stehen:

перед	**p'ér'it**	vor *(Ort)*	над	**nat**	über *(Ort)*
между	**m'éshdu**	zwischen	с	**ß**	mit

перед домом
p'ér'it dómam
vor Haus[5]
vor dem Haus

Лампа висит над столом
Lámpa w'iß'ít nat-ßtalóm.
Lampe (sie-)hängt über Tisch[5]
Die Lampe hängt über dem Tisch.

между народами
m'éshdu naródam'i
zwischen Völkern[5]
zwischen den Völkern

с подругой / с другом
ß-padrúgoj / s-drúgom
mit-Freundin[5] / Freund[5]
mit einer Freundin / einem Freund

mit dem 6. Fall stehen:

при	**pri**	bei	о	**o**	über
в	**w / f**	in, nach *(Ort)*	на	**na**	auf, an *(Ort)*

При доме находится сад.
Pr'i-dóm'i nachód'itza ßát.
bei Haus[6] (er-)befindet-sich Garten
Am Haus befindet sich ein Garten.

Он живёт в Москве.
Ón shyw'ót w-Maßkw'é.
er (er-)wohnt in-Moskau[6]
Er wohnt in Moskau.

Санкт Петербург лежит на Неве.
ßánkt P'it'irbúrk l'ishýt na-N'iw'é.
Sankt Petersburg (es-)liegt an Newa[6]
Sankt Petersburg liegt an der Newa.

Я учусь в университете.
Já utschúß' w-uniw'irß'it'ét'i.
ich (ich-)lerne-sich an-Universität[6]
Ich studiere an der Universität.

An viele Verhältniswörter wird ein die Aussprache erleichterndes -o angehängt, wenn das nachfolgende Wort mit zwei oder mehreren Mitlauten anfängt:

во всех странах мира
wa-fß'éch ßtránach m'íra
in allen[6] *Ländern*[6] *Welt*[2]
in allen Ländern der Welt

Fragen

Eine Entscheidungsfrage wird mit да dá *ja* oder нет n'ét *nein* beantwortet. Sie wird ohne Fragewörter gebildet. Die Wortstellung bleibt zumeist wie im jeweiligen Aussagesatz. Im Russischen erkennt man solche Fragen leicht am Tonfall.

Он был в театре?
Ón býl f-t'iátr'i?
er war(m) in-Theater[6]
War er im Theater?

Да он был в театре.
Dá, ón býl f-t'iátr'i.
ja er war(m) in-Theater[6]
Ja, er war im Theater.

Fragen haben leicht ansteigende Betonung bei dem Satzglied, worauf die Frage zeigt:

Вы были у него?
Wý býl'i u-n'iwó?
wart(Mz) ihr bei ihm²
Waren Sie bei ihm?

Да, я был / была у него.
Dá, já býl / bylá u-n'iwó.
ja ich war(m/w) bei ihm²
Ja, ich war bei ihm.

Поезд уехал?
Pójißt ujéchal?
fuhr-ab(m, v) Zug
Ist der Zug weg?

Да, поезд уехал.
Dá, pójißt ujéchal.
ja Zug fuhr-ab(v, v)
Ja, der Zug ist weg.

У вас есть комната?
U-wáß jéßt' kómnata?
bei euch² es-gibt Zimmer
Haben Sie ein Zimmer?

Нет, у меня нет комнаты.
Njét, u-m'in'á n'ét kómnaty.
nein bei mir² es-gibt-nicht Film²
Nein, ich habe keinen Film.

Вы курите?
Wý kúr'it'i?
(ihr-)raucht-ob ihr
Rauchen Sie?

Ergänzungsfragen

когда; с каких пор	**kagdá; ß-kak'ich pór**	wann; seit wann
какой; который	**kakój; katóryj**	welcher; was für ein
у кого	**u-kawó**	bei wem (= wer hat?)
почему	**patsch'imú**	warum
сколько	**ßkól'ka**	wie viel
где; откуда	**gd'é; atkúda**	wo; woher
куда; как	**kudá; kák**	wohin; wie
сколько раз	**ßkól'ka ráß**	wie oft

Das Hauptwort, das auf сколько ßkól'ka folgt, wird im 2. Fall gebeugt.

Folgende zwei Fragewörter werden wie Eigenschaftswörter gebeugt:

какой	какая	какое	какие
kakój *m*,	**kakája** *w*,	**kakóji** *s*,	**kak'íji** *Mz*
welcher			
который	которая	которое	которые
katóryj *m*,	**katóraja** *w*,	**katóraji** *s*,	**katóryji** *Mz*
was für ein			

какое человей? | какая женщина?
kakój tsch'ilaw'ék? | **kakája shénschsch'ina?**
welcher Mann? | welche Frau?

Beugungsformen der beiden wichtigsten Fragewörter

1.	кто	**któ**	wer	что	**schtó**	was
2.	кого	**kawó**	wessen	чего	**tsch'iwó**	wovon
3.	кому	**kamú**	wem	чему	**tsch'imú**	womit
4.	кого	**kawó**	wen	что	**schtó**	was
5.	кем	**k'ém**	mit wem	чем	**tsch'ém**	womit
6.	о ком	**a-kóm**	über wen	о чём	**a-tsch'óm**	worüber

Куда ведёт эта дорога?
Kudá w'id'ót éta daróga?
wohin (er-)führt dieser Weg
Wohin führt dieser Weg?

Где находится собор?
Gd'é nachód'itza ßabór?
wo (sie-)befindet-sich Kathedrale
Wo befindet sich die Kathedrale?

Как пройти на почту?
Kák prajt'í na-pótsch'tu?
wie (es-)geht-hin(v) auf Post[4]
Wie komme ich zur Post?

У кого есть два лишних билета?
U-kawó jéß't' dwá l'íschn'ich b'il'éta?
bei wem[2] es-gibt zwei überzählige[2] Karten[2]
Wer hat zwei Karten übrig?

Когда начинается представление?
Kagdá natsch'inájitza pr'itßtawl'én'iji?
wann (sie-)beginnt-sich Vorstellung
Wann beginnt die Vorstellung?

Когда вы идёте домой?
Kagdá wý id'ót'i damój?
wann ihr (ihr-)geht nach-Hause
Wann gehen Sie nach Hause?

Куда вы едите?
Kudá wý jéd'it'i?
wohin ihr (ihr-)fahrt
Wohin fahren Sie?

Что тебе нравиться?
Schtó t'ib'é nráw'itza?
was dir (es-)gefällt-sich
Was gefällt dir?

Как вас зовут?
Kák wáß sawút?
wie euch (sie-)nennen
Wie heißen Sie?

Кто это?
Któ éta?
wer dieses
Wer ist das?

Что это?
Schtó éta?
was dieses
Was ist das?

Кто там?
Któ tám?
wer dort
Wer ist dort?

Что там?
Schtó tám?
was dort
Was ist dort?

Что случилось?
Schtó ßlutsch'ílaß'?
was geschah(s)-sich
Was ist los?

Trifft man alte Bekannte oder Freunde:

Кого я вижу!
Kawó já w'íshu!
wen[4] ich (ich-)sehe
Wen sehe ich denn da!

In der Umgangssprache wird häufig чего tsch'iwó (2. Fall) anstelle von что schtó in der Bedeutung „Was?“, „Wie bitte?“, „Was gibt“s?“ gebraucht.

Zahlen & Zählen

Die Zahlwörter 1 und 2 (ebenso 21, 22, 31, 32 usw.) richten sich wie Eigenschaftswörter nach dem Geschlecht des dazugehörigen Hauptwortes. Alle anderen Zahlen sind im Geschlecht unveränderlich. Die Zahlen von 10 bis 19 endet immer auf -надцать -názat'.

0	ноль	**nól'**
1	один, одна, одно	**ad'ín** *m*, **adná** *w*, **adnó** *s*
2	два / две	**dwá** *m* / *s*, **dw'é** *w*
3	три	**tr'í**
4	четыре	**tsch'itýr'i**
5	пять	**p'át'**
6	шесть	**schéßt'**
7	семь	**ß'ém'**
8	восемь	**wóß'im'**
9	девять	**d'éw'it'**
10	десять	**d'éß'it'**
11	одиннадцать	**ad'ínnazat'**
12	двенадцать	**dw'inázat'**
13	тринадцать	**tr'inázat'**
14	четырнадцать	**tsch'itýrnazat'**
15	пятнадцать	**p'itnázat'**
16	шестнадцать	**schyßnázat'**
17	семнадцать	**ß'imnázat'**
18	восемнадцать	**waß'imnázat'**
19	девятнадцать	**d'iw'itnázat'**
20	двадцать	**dwázat'**

Die Weichheitszeichen sind nur dann hörbar, wenn die Zahl für sich allein gesprochen wird oder als letztes Wort am Satzende steht. Im Satz oder innerhalb einer zusammengesetzten Zahl kann man sie nicht mehr hören.

10	десять	**d'éß'it'**
20	двадцать	**dwázat'**
30	тридцать	**tr'ízat'**
40	сорок	**ßórak**
50	пятьдесят	**p'id'iß'át**
60	шестьдесят	**schyßd'iß'át**
70	семьдесят	**ß'émd'iß'it**
80	восемьдесят	**wóß'imd'iß'it**
90	девяносто	**d'iw'inóßta**
100	сто	**ßtó**
200	двести	**dw'éßt'i**
300	триста	**tr'íßta**
400	четыреста	**tsch'itýr'ißta**
500	пятьсот	**p'itßót**
1.000	тысяча	**týß'itsch'a**
10.000	десять тысяч	**déß'it' týß'itsch'**
100.000	сто тысяч	**ßtó týß'itsch'**
1.000.000	один миллион	**ad'ín m'ill'ión**

Zahlen setzt man zusammen nach dem Schema: *Tausender – Hunderter – Zehner – Einer.*

zwanzig eins 21 двадцать один **dwázat' ad'ín**
zwanzig zwei 22 двадцать два **dwázat' dwá**
hundert zwanzig eins 121 сто двадцать один **ßtó dwázat' ad'ín**
2333 две тысячи триста тридцать три
dw'é týß'itsch'i tr'íßta tr'ízat' tr'í
zwei tausend[2] dreihundert dreißig drei

Zählen

Beim Zählen steht раз ráß *„(ein)mal"* *oft anstelle von* раз ad'ín *„eins"*

Раз, два, три!
Ráß, dwá, tr'í!
mal zwei drei
Eins, zwei, drei!

один рубль
ad'ín rúbl'
ein(m) Rubel
ein Rubel

одна машина
adná maschýna
eine(w) Auto
ein Auto

одно место
adnó aknó
ein(s) Fenster
ein Fenster

два рубля
dwá rubl'á
zwei(m) Rubel(Ez)[2]
zwei Rubel

две машины
dw'é maschýny
zwei(w) Auto(Ez)[2]
zwei Autos

два окна
dwá akná
zwei(s) Fenster(Ez)[2]
zwei Fenster

семнадцать рублей
ß'imnázat' rubl'éj
siebzehn Rubel(Mz)[2]
17 Rubel

шесть машин
schéßt' maschýn
sechs Autos(Mz)[2]
sechs Autos

Das zu zählende Hauptwort muss je nach Zahlwort in einem bestimmten Fall gebeugt werden: Das Zahlwort 1 (21, 31, 41 ...) verlangt den 1. Fall Einzahl (sofern der Ausdruck als Satzgegenstand fungiert oder für sich allein steht), die Zahlwörter 2, 3, 4 (bzw. 22–24, 32–34 ...) verlangen den 2. Fall Einzahl, und die Zahlwörter 5–20 (bzw. 25–30, 35–40 ...) verlangen den 2. Fall Mehrzahl. Die letztgenannten verhalten sich also wie Mengenangaben.

Altersangabe

Сколько тебе / вам лет?
ßkól'ka t'ib'é / wám l'ét?
wie-viel dir[3] */ euch*[3] *Sommer(Mz)*[2]
Wie alt bist du / sind Sie?

Мне двадцать один год.
Mn'é dwázat' ad'ín gót.
mir[3] *zwanzig ein(m) Jahr*
Ich bin 21 Jahre alt.

Мне тридцать два года.
Mn'é tr'ízat dwá góda.
mir[3] *dreißig zwei Jahr(Ez)*[2]
Ich bin 32 Jahre alt.

Ему пятьдесят лет.
Jimú p'id'iß'át l'ét.
ihm[3] *fünfzig Sommer(Mz)*[2]
Er ist 50 Jahre alt.

Bei der Angabe des Alters verwendet man für die Zahl(en) 1 (21, 31 usw.) год gót *„Jahr", für 2, 3, 4 (22–24, 32–34 usw.)* года góda *„des Jahres", für 5–20 (25–30 usw.)* лет l'ét *(wörtl.: „der Sommer" = 2. Fall Mz).*

Ordnungszahlen

Jede hat eine männliche, weibliche, sächliche und eine Mehrzahl-Form. Sie richten sich in Zahl und Geschlecht nach dem Hauptwort.

Für 11–19 ersetzt man -надцать -názat' *durch* -надцатый -názatyj.

1.	первый	**p'érwyj**
2.	второй	**ftarój**
3.	третий	**tr'ét'ij**
4.	четвёртый	**tsch'itw'órtyj**
5.	пятый	**p'átyj**
6.	шестой	**schyßtój**
7.	седьмой	**ß'id'mój**
8.	восьмой	**waß'mój**
9.	девятый	**d'iw'átyj**
10.	десятый	**d'iß'átyj**
11.	одиннадцатый	**ad'ínnazatyj**
12.	двенадцатый	**dw'inázatyj**
20.	двадцатый	**dwázatyj**
30.	тридцатый	**tr'izátyj**
40.	сороковой	**ßarakawój**
50.	пятидесятый	**p'it'id'iß'átyj**
60.	шестидесятый	**schyßt'id'iß'átyj**
70.	семидесятый	**ß'im'id'iß'átyj**
80.	восьмидесятый	**waßm'id'iß'átyj**
90.	девяностый	**d'iw'inóßtyj**
100.	сотый	**ßótyj**

Bei den zweistelligen Ordnungszahlen steht zuerst der Zehner als Grundzahl und danach der Einer als Ordnungszahl.

двадцать первый
dwázat' p'érwyj
zwanzig erster
einundzwanzigster

тридцать второй
tr'ízat' ftarój
dreißig zweiter
zweiunddreißigster

Zeit & Datum

Erst einmal die allgemeinen Zeitangaben (vielfach Umstandswörter) auf einen Blick:

вчера; сегодня	**ftsch'irá; ß'iwódn'a**	gestern; heute
завтра; послезавтра	**sáftra; póßl'i-sáftra**	morgen; übermorgen
утро; день	**útra; d'én'** *m*	der Morgen; der Tag
вечер; ночь	**w'étsch'ir; nótsch'** *w*	der Abend; die Nacht
утром; в полдень	**útram; fpóld'in'**	morgens; mittags
после обеда	**póßl'i ab'éda**	nachmittags
вечером	**w'étsch'iram**	abends
ночью; днём	**nótsch'ju; dn'óm**	nachts; tagsüber
ежедневно	**jishydn'éwna**	täglich
сегодня утром	**ß'iwódn'a útram**	heute morgen
вчера вечером	**ftsch'irá w'étsch'iram**	gestern abend
завтра утром	**sáftra útram**	morgen früh
завтра вечером	**sáftra w'étsch'iram**	morgen abend
рано; поздно	**rána; pósna**	früh (zeitig); spät
раньше; позже	**rán'schy; póshshy**	früher; später
сейчас; никогда	**ß'itscháß, n'ikagdá**	jetzt; nie
иногда; часто	**inagdá, tsch'áßta**	manchmal; oft
скоро; недавно	**skóra; n'idáwna**	bald; vor kurzem
...тому назад; после	**... tamú nasát; póßl'i**	vor ...; nach

три дня тому назад
tr'í dn'á tamú nasát
drei Tag[2] jenem[3] rückwärts
vor drei Tagen

три дня подряд
tr'í dn'á padr'át
drei Tag[2] in Reihe
drei Tage lang

через день / неделю / год
tsch'ér'iß d'én' / n'id'él'u / gót
in Tag[4] / Woche[4] / Jahr[4]
in einem Tag / einer Woche / einem Jahr

Uhrzeit

час	минута	секунда
tsch'áß	**m'inúta**	**ß'ikúnda**
Stunde	Minute	Sekunde

по-московскому времени
pa-maßkóffßkamu wr'ém'in'i
(nach) Moskauer Zeit

Beantwortet man die Frage nach der Uhrzeit, muss man wie beim Zählen beachten, dass je nach dem Zahlwort час tsch'áß *„Stunde / Uhr" gebeugt werden muss.*

Который час?
Katóryj tsch'áß?
welche Stunde
Wie spät ist es?

Ноль часов
nól' tsch'ißóf
null Stunden(Mz)[2]
0 (= 24) Uhr

(один) час
(ad'ín) tsch'áß
eins(m) Stunde
1 Uhr

два / три / четыре часа
dwá / trí / tsch'itýr'i tsch'ißá
zwei / drei / vier Stunde(Ez)[2]
2 / 3 / 4 Uhr

пять / ... / двадцать часов
p'át' / ... / dwázat' tsch'ißóf
fünf / ... / zwanzig Stunden(Mz)[2]
5 / ... / 20 Uhr

двацать один час
dwázat' ad'ín tsch'áß
zwanzig eins(m) Stunde
21 Uhr

двадцать два / три / четыре часа
dwázat' dwá / trí / tsch'itýr'i tsch'iß'á
zwanzig zwei / drei / vier Stunde(Ez)[2]
22 / 23 / 24 Uhr

Die Zeitangaben „Viertel nach", „Viertel vor", „halb", „zehn vor" usw. sind sehr kompliziert zu bilden. Deshalb behilft man sich am besten mit exakten Minutenangaben. Hierbei muss man beachten, dass bei der Minutenangabe auch минута m'inúta *Minute* je nach Zahlwort gebeugt wird: минуты m'inúty (2. Fall Einzahl), минут m'inút (2. Fall Mehrzahl). Allerdings kann, wie im Deutschen, „Minuten" auch ganz entfallen.

Von den 24 Zeitzonen, in die die Erde eingeteilt ist, entfallen allein 11 Zeitzonen auf das riesige Russland. Das heißt, wenn man in Sankt Petersburg einen abendlichen Bummel macht, beginnt im östlichsten Teil des Landes schon der nächste Morgen (die Stadt Anadyr liegt auf dem gleichen Breitengrad wie Neuseeland und die Fidschi-Inseln). Die Zeitverschiebung zwischen der Moskauer und der Mitteleuropäischen Zeit beträgt zwei Stunden (18:00 in Deutschland = 20:00 in Moskau).

(в) час
(f-)tsch'áß
(um) Stunde
(um) 1 Uhr

(в) три часа пятнадцать минут
(f-)trí tsch'ißá p'itnázat' minút
(um) drei Stunde(Ez)² fünfzehn Minuten(Mz)²
(um) 3:15 Uhr

(в) десять часов сорок пять минут
(f-)d'éß'it' tsch'ißóf ßórak p'át' m'inút
(um) zehn Stunden(Mz)² vierzig fünf Minuten(Mz)²
(um) 10:45 Uhr

(в) двадцать два часа две минуты
(f-)dwázat' dwá tsch'ißá dw'é m'inúty
(um) zwanzig zwei Uhr(Ez)² zwei Minute(Ez)²
(um) 22:02 Uhr

Jahreszeiten

весна	**w'ißná**	Frühling	осень	**óß'in'**	Herbst
лето	**l'éta**	Sommer	зима	**s'imá**	Winter

Feiertage

праздник	**prásn'ik**	Feiertag
троица	**trójiza**	Pfingsten
пасха	**páßcha**	Ostern
рождество	**rashd'ißtwó**	Weihnachten
семейный праздник	**ß'im'éjnyj prásn'ik**	Familienfeier

первое января **p'érwaji janwar'á** 1. Januar
новый год **nówyj gót** Neujahrsfest Mischung aus Weihnachten und Silvester
седьмое января **ß'id'móji janwar'á** 7. Januar, Weihnachtsfest der russisch-orthodoxen Kirche
восьмое марта **waß'móji márta** 8. März, Frauentag
первое и второе мая **p'érwaji í ftarójі mája** 1. / 2. Mai Tage der Arbeit
девятое мая **d'iw'átaji mája** 9. Mai, Tag des Sieges im Zweiten Weltkrieg
двенадцатое июня **dw'inázataji ijún'a** 12. Juni, Unabhängigkeitserklärung Russlands (1991)
седьмое ноября **ß'id'móji najibr'á** 7. / 8. November, Oktoberrevolution

Wochentage

понедельник **pan'id'éln'ik** Montag	вторник **ftórn'ik** Dienstag	среда **ßr'idá** Mittwoch	четверг **tsch'itw'érk** Donnerstag
пятница **p'átn'iza** Freitag	суббота **ßubóta** Samstag	воскресенье **waßkr'iß'én'ji** Sonntag	

Monate

январь	**jinwár'**	Januar	июль	**ijúl'**	Juli
февраль	**f'iwrál'**	Februar	август	**áfgußt**	August
март	**mart**	März	сентябрь	**ß'int'ábr'**	September
апрель	**apr'él'**	April	октябрь	**akt'ábr'**	Oktober
май	**maj**	Mai	ноябрь	**najábr'**	November
июнь	**ijún'**	Juni	декабрь	**d'ikábr'**	Dezember

Alle Monatsnamen sind männlich.

Datum

Какое сегодня число?
Kakóji ß'iwódn'a tsch'ißló?
welches heute Datum
Welches Datum ist heute?

In der Antwort verwendet man die sächliche Ordnungszahl. Der Monat wird im 2. Fall Einzahl gebeugt. Wenn der Monatsname auf -т -t endet, sowie beim Mai, hängt man für den 2. Fall -а -a an, in allen anderen Fällen я -ja.

Сегодня девятое апреля.
ß'iwódn'a d'iw'átaji apr'él'a.
heute neuntes(s) April[2]
Heute ist der neunte April.

второе марта
ftarój i márta
zweites(s) März[2]
zweiter März

Pavel Losevsky@Fotolia.com

Kleines Open-Air Konzert in Moskau

Maßeinheiten & Mengenangaben

Auch die Maßeinheiten und Mengenangaben werden gebeugt. Ihr Fall richtet sich nach der Zahl, die vor der Maßeinheit steht. Die so „gemessenen“ Dinge stehen immer im 2. Fall.

один литр воды
ad'ín l'ítr wadý
ein Liter Wasser[2]
ein Liter Wasser

три литра воды
tr'í l'ítra wadý
drei Liter(Ez)[2] *Wasser(Ez)*[2]
drei Liter Wasser

много **mnóga**	viel(e)	немного **n'imnóga**	einige
мало **mála**	wenig(e)	немало **n'imála**	einige
сколько **ßkól'ka**	wie viel(e)	несколько **n'éßkal'ka**	einige

Hauptwörter, die auf unbestimmte Mengenangaben folgen, stehen im 2. Fall Mehrzahl:

несколько друзей
n'éßkal'ka drus'éj
einige Freunde(Mz)[2]
einige Freunde

много книг
mnóga kn'ik
viele Bücher(Mz)[2]
viele Bücher

сто грамм **ßtó grám**	100 Gramm	*hundert Gramm(Mz)*[2]
один килограмм **ad'ín k'ilagrám**	1 Kilogramm	*ein Kilogramm*
полкило **pól-k'iló**	1/2 Kilo	*halb-Kilo*
один литр **ad'ín l'ítr**	1 Liter	*e* *in Liter*
два литра **dwá l'ítra**	2 Liter	*zwei Liter(Ez)*[2]
пол-литра **pól-l'ítra**	1/2 Liter	*halb-Liter(Ez)*[2]
один метр **ad'ín m'étr**	1 Meter	*ein Meter*
сто метров **ßtó m'étraf**	100 Meter	*hundert Meter(Mz)*[2]
один километр **ad'ín k'ilam'étr**	1 Kilometer	*in Kilometer*
десять километров **d'éß'it' k'ilamétraf**	10 Kilometer	*zehn Kilometer(Mz)*[2]

одна штука **adná schtúka**	1 Stück
одна банка **adná bánka**	1 Dose / Einmachglas
одна пара **adná pára**	1 Paar
одна коробка **adná karópka**	1 Schachtel
один пакет **ad'ín pak'ét**	1 Tüte
половина **palaw'ína**	die Hälfte

filtv@Fotolia.com

Roter Platz in Moskau

Kurz-Knigge

Wenn man in einer russischen Großstadt wie Moskau oder St. Petersburg unterwegs ist, kann es vorkommen, dass Leute unfreundlich oder sogar mürrisch sind. Nehmen Sie es nicht persönlich. Sobald Sie aufrichtig versuchen, sie auf Russisch anzusprechen, erleben Sie eine unverfälschte russische Gastfreundlichkeit.

In Gesprächen mit Leuten soll man darauf achten, dass konservative Werte in Russland sehr verbreitet sind. Vermeiden Sie große politische Diskussionen. Sprechen Sie stattdessen über Urlaub und Reisen. Neuerdings hat jede russische Familie unvergessliche Eindrücke von den westlichen Resorts.

Wenn man in einer russischen Familie zu Gast ist, soll man Fotos der eigenen Verwandschaft auf jeden Fall dabei haben. Um einen guten Eindruck zu machen, empfiehlt es sich, viel und gerne zu essen. Vegetarier sollen darauf gefasst sein, dass es einer Legitimation bedarf, warum sie kein Fleisch essen. Sobald die Stimmung steigt, lieben es die Russen, ihre Meinung offen und direkt auszusprechen. So können Sie oft zu hören kriegen: Вы не правы! Wý n'é práwy (*Sie haben unrecht*). Das ist nur ein Teil der russischen Rhetorik und keine Beleidigung. Wenn Sie das alles mitgemacht haben, sind Sie der russischen Seele einen Schritt näher gekommen.

Handzeichen

Wenn man „auf russisch" per Anhalter fährt, hält man die Hand und den Arm langgestreckt schräg nach unten. Auch Taxen halten auf dieses Zeichen an.

Hält man die Faust geballt und den Daumen nach oben ausgestreckt, so wie es im Westen beim Trampen üblich ist, so bedeutet das „Super" (классно / клёво kláßna / kl'ówa). Stellt man sich aber so an die Straße, werden sich die Autofahrer fragen, warum man ihnen „Gute Fahrt!" wünscht.

Wird der Daumen zwischen dem Zeige- und Mittelfinger bei geballter Faust durchgestreckt, so ist das ein Zeichen für „keine Schnitte" (фиг f'ík). Vorsicht: Dieses Handzeichen ist anstößig und kann Leute beleidigen.

Namen & Anrede

Russische Personennamen bestehen aus Vornamen, Vatersnamen und Familiennamen. Der Vatersname wird für alle Kinder vom Vornamen des Vaters gebildet. Je nach Geschlecht des Kindes wird entweder eine weibliche oder männliche Endung an den Vatersnamen gehängt, ebenso an den Familiennamen (der weitervererbt wird).

имя **ím'a** (Vorname)	отчество **ótsch'ißtwa** (Vatersname)	фамилия **fam'íl'ija** (Familienname)
Дмитрий **Dm'ítr'ij**	Сергеевич **ß'irg'éjiw'itsch'**	Песков **P'ißkóf**
Тамара **Tamára**	Сергеевна **ß'irg'éjiwna**	Пескова **P'ißkòwa**

Lernt man Leute näher kennen, so wird man über die Vielfalt ihrer Vornamen verblüfft sein, mit denen sie von Freunden angeredet werden. Es handelt sich dabei aber einfach nur um Varianten ein- und desselben Vornamens. Die Vorliebe für Kosenamen ist eine russische „Spezialität", mit der sowohl Kinder als auch Erwachsene bedacht werden:

Александр = Саша / Шура **Al'ikßándr = ßáscha / Schúra**
Владимир = Володя / Вова **Wlad'ím'ir = Walód'a / Wówa**
Людмила = Люда / Люся / Мила **L'udm'íla = L'úda / L'úß'a / M'íla**

Die höfliche Anredeform für eine oder mehrere Personen lautet im Russischen вы wý *ihr / Sie.*

Где вы живёте?
Gd'é wý shyw'ót'i?
wo ihr (ihr-)wohnt
Wo wohnt ihr / wohnen Sie?

Может быть мы перейдём на ты?
Móshyt být' mý p'ir'id'óm na-tý?
(es-)kann sein wir (wir-)gehen-über(v) auf du
Wollen wir uns nicht duzen?

Eine allgemein gültige Anrede mit „Frau" oder „Herr" gibt es im Russischen nicht. Eine auf Behörden, Ämtern oder beim Arzt übliche (sehr förmliche) Anrede für Einheimische (auf die der Familienname folgt) ist:

гражданин ...	**graschdan'ín ...**	Bürger ...
гражданка ...	**graschdánka ...**	Bürgerin ...
гражданин Песков	**graschdan'ín P'ißkof**	Bürger Peskov

Im Zweifelsfalle sollte man immer die höfliche Form der Anrede wählen, um nicht als arrogant missverstanden zu werden.

Die zu Zeiten des Sozialismus übliche Anrede mit dem allseits bekannten Wort товарищ taw'ár'isch' *„Genosse, Genossin" wird praktisch nur noch in ironischer Bedeutung verwendet und sollte deshalb unbedingt vermieden werden.*

Folgende sehr förmliche Anrede ist üblich für Personen aus dem Ausland. Man kann damit aber auch Einheimische ansprechen.

господин ... **gaßpad'ín ...**	Herr ...
госпожа ... **gaßpashá ...**	Frau / Fräulein ...
госпожа Майер **gaßpashá Májir**	Frau / Fräulein Meyer

Im Dienstleistungsbereich gibt es besondere Anredemöglichkeiten: Junge Frauen können mit „Fräulein" angesprochen werden, Männer mit ihrer Berufsbezeichnung:

Девушка! **D'éwuschka!**	Fräulein! (= junges Mädchen)
Официант! **Af'izánt!**	Herr Ober!

In Alltagssituationen (z. B. im Betrieb, vor der Haustür usw.) sprechen sich Russen untereinander mit Vornamen und Vatersnamen an, d. h. ohne zusätzliche Anrede wie „Herr" oder „Frau". Dabei wird die Höflichkeitsform beibehalten:

Здравствуйте, Тамара Сергеевна!
Sdráßtwujt'i, Tamára ß'irg'éjiwna!
Seien Sie gegrüßt, Tamara Sergejevna!

Floskeln & Redewendungen

Freundlichkeit wird auch in Russland groß

geschrieben, wie man richtig „guten Tag“ sagt und sich verabschiedet:

begrüßen & verabschieden

Доброе утро!	**Dóbraji útra!**	Guten Morgen!
Добрый день!	**Dóbryj d'én'!**	Guten Tag!
Добрый вечер!	**Dóbryj w'étsch'ir!**	Guten Abend!
Здравствуй!	**Sdráßtwuj!**	Sei gegrüßt!
Здравствуйте!	**Sdráßtwujt'i!**	Seien Sie / Seid gegrüßt!

Junge Leute oder Freunde begrüßen sich mit:

Привет!
Pr'iw'ét!
Gruß
Hallo!

Как дела?
Kak d'ilá?
wie Angelegenheiten
Wie geht's?

Я рад / рада видеть вас / тебя!
Já rát / ráda w'íd'it' wáaß / t'ib'á!
ich froh(m/w) sehen euch4 / dich4
Schön, euch (Sie) / dich wiederzusehen!

Добро пожаловать!
Dabró pashálawat'!
gut(Umst.) kommen
Willkommen!

Как (вы) поживаете?
Kák (wý) pashywáit'i?
wie (ihr) (ihr-)lebt
Wie geht's euch / Ihnen?

Спасибо, хорошо!	**ßpaß'íba, charaschó!**	Danke gut.
К сожалению плохо.	**K-ßashal'én'ju plócha.**	Leider schlecht.
Что случилось?	**Schtó ßlutsch'ílaß?**	Was ist los?
До свидания!	**Da-ßw'idán'ja!**	Auf Wiedersehen!
До завтра!	**Da-sáftra!**	Bis morgen!
До скорого!	**Da-ßkórawa!**	Auf bald!
Пока!	**Paká!**	Tschüss!
Всего хорошего!	**Fß'lwó charóschywa!**	Alles Gute!
Доброй ночи!	**Dóbraj nótsch'i!**	Gute Nacht!

Мы ещё увидимся?
Mý jischsch'ó uw'íd'imß'a ?
(wir-)werden-sehen-sich(v) wir noch
Sehen wir uns wieder?

Передайте привет своей жене / своему мужу!
P'ir'idájt'i pr'iw'ét ßwajéj shyn'é / ßwajimú múshu!
übergebt(!) Gruß[4] eurer[3] Frau[3] / eurem[3] Mann[3]
Grüßen Sie Ihre Frau / Ihren Mann!

Мне пора!
Mn'é pará!
mir[3] Zeitpunkt
Es wird Zeit!

Я должен / должна идти.
Já dólshyn / dalshná itt'í.
ich geschuldet(m/w) gehen
Ich muss jetzt los.

Мне хочется дать вам / тебе мой адрес.
Mn'é chótsch'itza dát' wám / t'ib'é mój ádr'iß.
mir[3] (es-)will-sich geben euch[3] / dir[3] meine[4] Adresse[4]
Ich möchte Ihnen / dir gern meine Adresse geben.

Я вернусь снова.
Já w'irnúß' ßnówa.
ich (ich-)werde-zurückkommen(v) wieder
Ich werde wiederkommen.

Мы обязательно придём ещё раз.
Mý ab'isát'il'na pr'id'óm jischschó ráß.
wir bestimmt(Umst) (wir-)kommen noch-Mal
Wir kommen bestimmt wieder!

Счастливого пути!
Schsch'ißl'íwawa put'í!
glücklichen[2] Weges[2]
Gute Reise!

Созвонимся!
ßaswan'imß'a
anrufen(wir) uns
Lass uns telefonieren!

До свидания!
Da-ßw'idán'ja!
bis zum Wiedersehen
Auf Wiedersehen!

Die Folgenden bedeuten alle:
„Ich finde dich sehr nett!“:

Ты милый человек / милая женщина!
Tý m'ílyj tsch'ilaw'ék / m'ílaja shén'sch'ina!
du lieber Mann / liebe Frau

Ты очень симпатичный парень!
Tý ótsch'in' ß'impat'ítsch'nyj pár'in'!
du sehr sympatischer junger Mann

Ты очень симпатичная девушка!
Tý ótsch'in' ß'impat'ítsch'naja d'éwuschka!
du sehr sympatische junge Frau

bitten

Eine Bitte kann mit „Gestatten Sie ...?“, „Erlauben Sie ...?“ usw. eingeleitet werden, was im Deutschen etwas steif klingt, im Russischen aber geläufig ist. Gleichzeitig tritt es an die Stelle der Anrede mit „Frau“ bzw. „Herr“.

У меня большая просьба!
U-m'in'á bal'schája próß'ba!
bei mir[2] große Bitte
Ich habe eine große Bitte!

Дайте мне, пожалуйста ...
Dájt'i mn'é, pashálßta ...
gebt(!) mir[3] bitte
Geben Sie mir bitte ...

пожалуйста pashálßta *heißt „bitte“ als Aufforderung und ist auch die Antwort auf* спасибо ßpaß'íba *„danke“.*

Можете ли вы мне / нам помочь?
Móshyt'i-l'i wý mn'é / nám pamótsch'?
(ihr-)könnt ihr mir[3] / uns[3] helfen(v)
Können Sie mir / uns helfen?

Um Erlaubnis bitten is am einfachsten mit dem Ausdruck можно Móshna ...? (Darf man ...?).

Разрешите ... ?
Rasr'ischýt'i ...?
gestattet(!)
Gestatten Sie ...?

Могу ли я ... ?
Magú-l'i já ...?
(ich-)kann-ob ich
Darf / Kann ich ...?

Можно курить ?
Móshna kurít'?
man-kann rauchen
Darf ich rauchen?

Разрешите войти?
Rasr'ischýt'i wajt'í?
(ihr-)gestattet hereinkommen
Darf ich hereinkommen?

Можно фотографировать?
Móshna fatagraf'írawat'?
man-kann fotografieren
Darf ich fotografieren?

danken

Спасибо!
ßpaß'íba!
danke
Danke!

Большое спасибо!
Bal'schóji ßpaß'íba!
großer Dank
Vielen Dank!

Сердечное спасибо!
ß'ird'étsch'naji ßpaß'íba!
herzlicher Dank
Herzlichen Dank!

Спасибо, вам тоже!
ßpaß'íba, wám tóshy!
danke euch[3] auch
Danke, gleichfalls!

Вы очень добры!
Wý ótsch'in' dabrý!
ihr sehr gut(Mz)
Sie sind sehr nett!

Я благодарю вас от всего сердца!
Já blagadar'ú wáß at-fß'iwó ß'érza!
ich (ich-)danke euch[4] von ganzem[2] Herz[2]
Ich danke Ihnen sehr / von ganzem Herzen!

Не за что!
N'ésaschta!
nicht-für-das
Keine Ursache! / Gern geschehen!

wünschen

(Я) поздравляю с днём рожденья!
(Já) pasdrawl'áju ß-dn'óm rashd'én'ja!
(ich) (ich-)gratuliere mit-Tag[5] Geburt[2]
Ich gratuliere zum Geburtstag!

(Я) желаю вам / тебе ...!
(Já) shyláju wám / t'ib'é...!
(ich) (ich-)wünsche euch[3] / dir[3] ...
Ich wünsche Ihnen / dir ...!

... счастья	... здоровья!	... успехов!
... schsch'áßt'ja!	**... sdarów'ja!**	**... ußpéchaf!**
Glück[2]	*Gesundheit[2]*	*Erfolge[2]*
... Glück!	... Gesundheit!	... Erfolg!

Всего хорошего!
Fß'iwó charóschywa!
alles[2] gutes[2]
Alles Gute!

Желаю удачи!
Shyláju udátsch'i!
(ich) wünsche Glück[2]
Viel Glück!

Много счастья!
Mnóga schsch'áßt'ja!
viel Glück[2]
Viel Glück!

Счастливого пути!
Schsch'ißl'íwawa put'í!
glückliche[2] Reise[2]
Gute Reise!

Сердечные поздравления!
ß'ird'étsch'nyji pasdrawl'én'ija!
herzliche Glückwünsche
Herzlichen Glückwunsch!

„Gesundheit" wünscht man sich wie im Deutschen beim Niesen.

Будьте здоровы!
Bútt'i sdarówy!
seid(!) gesund(Mz)
Gesundheit!

Желаю поправиться!
Shyláju papráw'itza!
(ich-)wünsche bessern-sich
Gute Besserung!

На здоровье!
Na-sdarów'ji!
auf-Gesundheit[4]
Zum Wohl! / Prost!

С праздником!
ßprásn'ikam!
mit-Feiertag[5]
Frohes Fest!

С Новым Годом!
ßnówym gódam!
mit-neuem[5] *Jahr*[5]
Frohes neues Jahr!

Я желаю счастливого Нового Года!
(Já) shyláju schsch'ißl'íwawa nówawa góda!
(ich) (ich-)wünsche glückliches[2] *neues*[2] *Jahr*[2]
Ich wünsche ein glückliches neues Jahr!

Большое спасибо за поздравления!
Bal'schóji ßpaß'íba sá pasdrawl'én'ija.
großer Dank für Gratulationen[4]
Vielen Dank für Ihre Gratulation!

bedauern, sich entschuldigen

Извините!
Isw'in'ít'i!
entschuldigt(!)
Entschuldigung!

Простите!
Praß't'ít'i!
verzeiht(!)
Verzeihung!

Это ужасно!
Éta ushášna.
dieses schrecklich(Umst.)
Das ist ja schrecklich!

Как жаль!
Kák shál'!
Wie schade!

Очень жаль!
Ótsch'in' shál'!
sehr schade
(Das ist) sehr schade!

Мне очень жаль!
Mn'é ótsch'in' shál'!
mir[3] sehr schade
Es tut mir sehr Leid!

К сожалению, я не могу остаться / прийти!
K-ßashyl'én'iju, já n'é magú aßtátza / pr'ijt'í!
zu-Bedauern[3] ich nicht (ich-)kann bleiben-sich / kommen(v)
Leider kann ich nicht bleiben / kommen!

zustimmen & loben

Да!	**Dá!**	Ja!
Я знаю.	**Já snáju.**	Ich weiß.
Мы знаем.	**Mý snájim.**	Wir wissen.
Конечно!	**Kan'éschna!**	Natürlich!

С (большим) удовольствием!
ß(-bal'schým) udawól'ßtw'ijim!
mit(-großem[5]) Vergnügen[5]
Mit (großem) Vergnügen!

Хорошо!	**Charaschó!**	Gut!
В порядке!	**F-par'átk'e!**	In Ordnung!
Разумеется!	**Rasum'éjitza!**	Selbstverständlich!
Правильно!	**Práw'il'na!**	Richtig!
Это верно!	**Éta w'érna!**	Das stimmt!
(Это) красиво.	**(Éta) kraß'íwa!**	Das ist schön / hübsch!
(Это) прекрасно	**(Éta) pr'ikráßna!**	Das ist herrlich!
(Это) отлично!	**(Éta) atl'ítsch'na!**	Das ist ausgezeichnet / toll!

Я / ты прав / права!
Já / tý práf / prawá!
ich / du richtig(m/w)
Ich habe / Du hast Recht!

Мы / вы правы!
Mý / wý práwy!
wir / ihr richtig(Mz)
Wir haben / Ihr habt Recht!

Это мне очень нравится
Éta mn'é (ótsch'in') nráw'itza!
dieses mir³ (sehr) gefällt-sich
Das gefällt mir (sehr) gut!

Пойдёт.	**Pajd'ót.**	Na ja / Es geht so / Okay.
Возможно.	**Wasmóshna.**	Vielleicht.
Вероятно.	**W'irajátna.**	Wahrscheinlich.
Я не знаю.	**Já n'é snáju.**	Ich weiß nicht.

ablehnen & sich beschweren

Нет (спасибо)!	**N'ét (ßpaß'íba)!**	Nein (danke)!
Конечно нет!	**Kan'éschna n'ét!**	Natürlich nicht!
Никогда!	**N'ikagdá!**	Niemals!
Ни в коем случае!	**Ní f-kójim ßlútsch'iji!**	Auf keinen Fall!
Неправильно!	**N'ipráw'il'na!**	Falsch!
Этого не было!	**Étawa n'ébyla!**	Das stimmt nicht!
Напротив!	**Naprót'if!**	Im Gegenteil!

Я / ты не прав / права.
Já / tý n'é práf / prawá.
ich / du nicht richtig(m/w)
Ich habe / Du hast nicht Recht.

Это невозможно.
Éta n'iwasmóshna.
dieses nicht-möglich(Umst.)
Es / Das ist unmöglich.

Это мне не нравится.
Éta mn'é n'é nráw'itza.
dieses mir³ nicht (es-)gefällt-sich
Das gefällt mir nicht.

У меня нет желания.
U-m'in'á n'ét shylán'ija.
bei mir² es-gibt-nicht Lust²
Ich habe keine Lust.

Вы ошибаетесь!
Wý aschybájit'iß'!
ihr (ihr-)irrt-sich
Sie irren sich!

Я хочу пожаловаться (в ...).
Já chatsch'ú pashálawatza (w ...)
ich (ich-will) beschweren-sich (bei + 2. Fall)
Ich möchte mich (bei ...) beschweren.

Sich vorstellen

Я рад / рада с вами познакомиться.
Já rát / radá ß-wám'i pasnakóm'itza.
ich froh(m/w) mit-euch[5] kennen-lernen-sich
Ich freue mich, Sie kennen zu lernen.

Разрешите представить: господин Майер.
Rasr'ischýt'i pr'itßtáw'it': gaspad'ín Májir.
(ihr-)gestattet vorstellen Herr Meyer
Darf ich vorstellen: Herr Meyer.

Очень приятно.
Ótsch'in' pr'ijátna.
sehr angenehm(Umst.)
Sehr angenehm.

Мне тоже.
Mn'é tóshy.
mir[3] auch
Ebenfalls.

Можете вы меня познакомить с господином Песковым?
Móshyt'i wý m'in'á pasnakóm'it' ß-gaßpad'ínam P'ißkówym?
(ihr-)könnt ihr mich[4] bekannt-machen mit-Herrn[5] Peskowym[5]
Würden Sie mich mit Herrn Peskowym bekannt machen?

Разрешите представится?
Rasr'ischýt'i pr'itßtáw'itza?
(ihr-)gestattet vorstellen-sich
Darf ich mich vorstellen?

Моя фамилия Хильдебранд.
Majá fam'íl'ija Ch'il'debránt.
mein Familienname Hildebrand
Mein Name ist Hildebrand.

Это моя жена / мой муж.
Éta majá shyná / mój músch.
dieses meine Frau / mein Mann.
Das ist meine Frau / mein Mann.

Das erste Gespräch

So könnte Ihr erstes Gespräch beginnen:

Как вас / тебя зовут?
Kák wáß / t'ib'á sawút?
wie euch[2] / dich[2] (sie-)nennen
Wie heißen Sie / heißt du?

Mit einem Smartphone können Sie sich die mit einem gekennzeichneten Sätze dieses Kapitels anhören. Scannen Sie einfach den QR-Code mit Hilfe einer kostenlosen App (z. B. „Barcoo" oder „Scanlife").

Меня зовут Мария.
M'in'á sawút Mar'íja.
mich[2] (sie-)nennen Maria
Ich heiße Maria.

Откуда вы / ты?
Atkúda wý / tý?
woher ihr / du
Woher sind Sie / bist du?

Я / мы из Германии / Австрии / Швейцарии.
Já / mý is-G'irmán'ii / Áfßtr'ii / Schw'izár'ii.
ich / wir aus Deutschland[2] / Österreich[2] / Schweiz[2]
Ich bin / Wir sind aus Deutschland / Österreich / der Schweiz.

Bei unbekannteren Orten, oder wenn der Ortsname gebeugt werden muss, ist es einfacher und auch verständlicher, die Bezeichnung „Stadt", „Ort" oder „Dorf" vor den Ortsnamen zu stellen. Diese wird dann gebeugt, der Ortsname bleibt dagegen unverändert.

Из какого города вы приехали?
Iß-kakówa górada wý pr'ijéchal'i?
aus welcher[2] Stadt[2] ihr kamt-her(Mz)
Aus welcher Stadt kommen Sie?

Я / мы из Мюнхена.
Já / mý is-M'únch'ina.
ich / wir aus München[2]
Ich bin / Wir sind aus München.

Я из города Мюнхен / Гамбург.
Já is-górada M'únch'in / Gámburk.
ich aus Stadt[2] München / Hamburg
Ich bin aus München / Hamburg.

Где ты здесь живёшь?
Gd'é tý sd'éß' shyw'ósch?
wo du hier (du-)wohnst
Wo wohnst du hier?

Где вы здесь живёте?
Gd'é wý sd'éß' shyw'ót'i?
wo ihr hier (ihr-)wohnt
Wo wohnen Sie hier?

Я живу / мы живём здесь в гостинице.
Já shywú / mý shyw'óm sd'éß' w-gaßt'ín'ize.
ich (ich-)wohne / wir (wir-)wohnen hier in-Hotel[6]
Ich wohne / Wir wohnen hier im Hotel.

Что ты здесь делаешь?
Schtó tý sd'éß' d'élajisch?
was du hier (du-)machst
Was machst du hier?

Что вы здесь делаете?
Schtó wý sd'éß' d'élajit'i?
was ihr hier (ihr-)macht
Was machen Sie hier?

Я турист / туристка.
Já tur'íßt / tur'íßtka.
ich Tourist / Touristin
Ich bin Tourist(in).

Я здесь работаю.
Já sd'éß' rabótaju.
ich hier (ich-)arbeite
Ich bin beruflich hier.

Я приехал / приехала по делам.
Já pr'ijéchal / pr'ijéchala pa-d'élam.
ich kam-her(m/w) durch Sachen[5]
Ich bin geschäftlich hier.

Вы живёте одни?
Wý shyw'ót'i adn'í?
ihr (ihr-)lebt allein(Mz)
Leben Sie allein?

Ты живёшь один / одна?
Tý shyw'ósch ad'ín / adná?
du (du-)lebst allein(m/w)
Lebst du allein?

Да, я живу один / одна.
Dá, já shywú ad'ín / adná.
ja ich (ich-)lebe allein(m/w)
Ja, ich lebe allein.

Нет, я женат / замужем.
N'ét, já shynát / sámushym.
nein ich verheiratet(m/w)
Nein, ich bin verheiratet.

У вас есть дети?
U-waß jeß't' d'ét'i?
bei euch[2] es-gibt Kinder
Haben Sie Kinder?

У нас нет детей.
U-náß n'ét d'it'éj.
bei uns[2] gibt-nicht Kinder[2]
Wir haben keine Kinder.

У вас есть брат или сестра?
U-wáß jéßt' brát íl'i ß'ißtrá?
bei euch[2] es-gibt Bruder und Schwester
Haben Sie Geschwister?

У меня есть брат / сестра.
U-m'in'á jéßt' brát / ß'ißtrá.
bei mir[2] es-gibt Bruder / Schwester
Ich habe einen Bruder / eine Schwester.

Кем ты работаешь / вы работаете?
K'ém tý rabótajisch / wý rabótajit'i?
als-wer[5] du (du-)arbeitest / ihr (ihr-)arbeitet
Was arbeitest du / arbeiten Sie?

Я (по профессии) ...
Já (pa-praf'éß'iji) ...
ich (durch Beruf[2]) ...
Ich bin (von Beruf) ...

служащий / служащая **ßlúshaschsch'ij / ßlúshaschsch'aja** *m/w* Angestellter / Angestellte
рабочий / рабочая **rabótsch'ij / rabótsch'aja** *m/w* Arbeiter / -in
безработный; частник **b'israbótnyj; tsch'áßn'ik** arbeitslos; Selbstständiger
врач; хирург **wrátsch'** *m + w*; **ch'irúrk** *m + w* Arzt; Chirurg
ремесленик; домохозяйка **r'im'éßl'in'ik** *m*; **dómachas'ájka** *w* Handwerker; Hausfrau
инженер **inshyn'ér** *m + w* Ingenieur

журналист / журналистка **shurnal'ißt / shurnal'ißtka** *m/w* Journalist / -in
фермер **f'érm'ir** *m* Landwirt
учитель / учительница **utsch'ít'il' / utschít'il'n'iza** *m/w* Lehrer / -in
пенсионер / пенсионерка **p'inß'ian'ér / p'inß'ian'érka** *m/w* Rentner / -in
ученик / ученица **utsch'in'ík / utsch'in'íza** *m/w* Schüler / -in
студент / студентка **ßtud'ént / ßtud'éntka** *m/w* Student / -in
бизнесмен, предприниматель **b'isn'ißm'én, pr'idpr'in'imát'il'** *m* Unternehmer

Вам нравится в Москве?
Wám nráw'itza w-Maßkw'é?
euch[3] (es-)gefällt-sich in-Moskau[6]
Gefällt es Ihnen in Moskau?

Да, мне очень нравится.
Dá, mn'é ótsch'in nráw'itza.
ja mir[3] sehr (es-)gefällt-sich
Ja, es gefällt mir sehr.

Zu Gast sein

Mit einem Smartphone können Sie sich die mit einem gekennzeichneten Sätze dieses Kapitels anhören.

Wird man nach Hause eingeladen, freuen sich die Gastgeber über kleine подарки padárk'i (Geschenk, z. B. Kosmetika, Kaffee oder frische Blumen) immer richtig. Es ist ratsam, vor Reiseantritt ein paar Kleinigkeiten zum Verschenken einzukaufen. Die Geste zählt!

Я вас приглашаю!
Já wáß pr'iglascháju!
ich euch[4] (ich-)lade-ein
Ich lade Sie / euch ein!

Будьте нашим гостем!
Bútt'i náschym góßt'im!
seid(!) unser[5] Gast[5]
Seien Sie doch bitte unser Gast!

Приходите к нам домой завтра вечером.
Pr'ichad'ít'i k-nám damój, sáftra w'étsch'iram.
kommt(!) zu-uns[5] nach-Hause morgen abends
Kommen Sie doch morgen Abend zu uns nach Hause!

Что вы делаете сегодня вечером?
Schtó wý d'élajit'i ß'iwódn'a w'étsch'iram?
was ihr (ihr-)macht heute abends
Was macht ihr / machen Sie heute Abend?

Хотите пойти с нами?
Chat'ít'i pajt'í ß-nám'i?
(ihr-)wollt losgehen(v) mit-uns[5]
Wollt ihr mit uns mitkommen?

С удовольствием!
ß-udawól'ßtw'ijim!
mit-Vergnügen[5]
Mit Vergnügen!

Большое спасибо за приглашение.
Bal'schóji ßpaß'íba sá pr'iglasch'éniji.
großer Dank für Einladung[4]
Vielen Dank für die Einladung!

Большое спасибо, но я не могу.
Bal'schóji ßpaß'íba, nó já n'é magú.
großer Dank aber ich nicht (ich-)kann
Vielen Dank, aber ich kann leider nicht kommen.

Мы принесли / я принёс / принесла маленький подарок.
Mý pr'in'ißl'í / ja pr'in'óß / pr'in'ißlá mál'in'k'ij padárak.
wir brachten-mit(Mz) / ich brachte-mit(m/w) kleines[4] *Geschenk*[4]
Wir haben / Ich habe ein kleines Geschenk mitgebracht.

Вы голодны?
Wý galadný?
ihr hungrig(Mz)
Sind Sie hungrig?

Ты голоден / голодна?
Tý gólad'in / galadná?
du hungrig(m/w)
Bist du hungrig?

Ещё что-нибудь?
Jischsch'ó schtó-n'ibút'?
noch irgendetwas
Möchten Sie noch etwas?

Спасибо, с удовольствием.
ßpaß'íba, ß-udawól'ßtw'ijim.
danke gern
Ja, bitte!

Нет, спасибо! Я действительно не могу больше.
N'ét, ßpaß'íba! Já d'ijßtw'ít'il'na n'é magú ból'schy!
nein danke ich wirklich nicht (ich-)kann mehr
Nein danke. Ich kann wirklich nicht mehr!

Большое спасибо за вкусную еду / за прекрасный вечер.
Bal'schóji ßpaß'íba sá fkúßnuju jidú / sá pr'ikráßnyj w'etsch'ir!
großer Dank für gutes[4] *Essen*[4] */ für herrlichen*[4] *Abend*[4]
Vielen Dank für das gute Essen / den wunderschönen Abend!

Можно приготовить для вас немецкое блюдо?
Móshna pr'igatów'it' dl'á wáß n'im'ézkaji bl'úda?
man-kann vorbereiten deutsches[4] *Gericht*[4] *für euch*[4]
Darf ich für Sie (euch) ein deutsches Gericht kochen?

Zu Gast sein

Вот мои фотографии из дома.
Wót mají fatagráf'ii is-dóma.
hier-sind Fotografien aus zu-Hause[2]
Hier sind Fotos von zu Hause.

Я дружу с ...
Já drushú ß- ...
ich (ich-)bin-befreundet mit ...
Ich bin befreundet mit ...

Familie / Verwandtschaft

дедушка; бабушка	**d'éduschka; bábuschka**	Opa; Oma
родители; родственники	**rad'ít'il'i; rótßtw'in'ik'i**	Eltern; Verwandte
отец / папа; мать / мама	**at'éz / pápa; mát' / máma**	Vater; Mutter
дядя; тётя	**d'ád'a; t'ót'a**	Onkel; Tante
зять; золовка	**s'át'; salófka**	Schwager; -in
муж; жена	**músh; shyná**	Ehemann; -frau
брат; сестра	**brát; ß'ißtrá**	Bruder; Schwester
ребёнок; дети	**r'ib'ónak; d'ét'i**	Kind; Kinder
сын; дочь	**ßýn; dótsch'**	Sohn; Tochter
племянник; племянница	**pl'im'ánn'ik; pl'im'ánn'iza**	Neffe; Nichte
внук; внучка	**wnúk; wnútsch'ka**	Enkel; Enkelin
женаты / замужем	**shynáty / sámushym**	verheiratet *m/w*
обручён / обручена	**abrutsch'ón / abrutsch'iná**	verlobt *m/w*
разведён / разведена	**rasw'id'ón / rasw'id'iná**	geschieden *m/w*
одинок / одинока	**ad'inók / adinóka**	ledig, allein *m/w*
овдовел / овдовела	**awdaw'él / awdaw'éla**	verwitwet *m/w*

Liebesgeflüster

Falls Sie für jemanden mehr Gefühle entwickelt haben, oder jemand für Sie, kann Ihnen dieses Kapitel weiterhelfen:

презерватив	**pr'is'irwat'íf**	Kondom
защита	**saschsch'íta**	Verhütung
СПИД	**ßpít**	Aids
любовь	**l'ubóf'**	Liebe
флирт; флиртовать	**fl'írt; fl'irtawát'**	Flirt; flirten
поцелуй; целовать	**pazylúj; zylawát'**	Kuss; küssen

Ты мне нравишься.
Tý mn'é nráw'ischß'a.
du mir[3] (du-)gefällst-sich
Ich mag dich.

Я тебя люблю.
Já t'ib'á l'ubl'ú.
ich dich[4] (ich-)liebe
Ich liebe dich.

Хочешь со мной переспать?
Chótsch'isch ßa-mnój p'ir'ißpát'?
(du-)willst schlafen mit-mir[5]
Willst du mit mir schlafen?

У меня есть презерватив.
U-m'in'á jéßt' pr'is'irwat'íf.
bei mir[2] es-gibt Kondom
Ich habe ein Kondom.

Сегодня нет.
ß'iwódn'a njét.
heute nicht
Heute nicht.

Оставь меня в покое.
Aßtáf' m'in'á f-pakóji!
lass(!) mich[2] in-Ruhe[6]
Lass mich in Ruhe!

Schimpfen & Fluchen

Man(n) schimpft und flucht in Russland gern und oft. Wenn auch die Hemmschwelle dafür niedriger liegt als im Deutschen, so sind doch folgende Ausdrücke nicht für den „touristischen" Gebrauch gedacht, sondern vielmehr für das Verstehen einer Situation:

	К чёрту!	**K-tsch'órtu!**	Zum Teufel!
	Ё-моё!	**Jó-majó!**	Mist!
	Сволочь!	**ßwólatsch'!**	Gesindel!
	Дурак!	**Durák!**	Blödmann!
wörtl.: (du) Scheiße	(Ты) говно!	**(Tý) gawnó!**	Arschloch!
	Пошёл вон!	**Pasch'ól wón!**	Hau ab!

Toilette

Für „Toilette" sagt man туалет tual'ét, und ein wenig vornehmer уборная ubórnaja. Es gibt Sitz-, aber auch Hocktoiletten. Vergessen Sie nie Toilettenpapier mitzunehmen!

туалет / уборная	**tual'ét / ubórnaja**	Toilette
мужской туалет	**muschßkój tual'ét**	Männertoilette
муж.	**(musch.)**	Herren *(Aufschrift:* М *)*
женский туалет	**shénßk'ij tual'ét**	Frauentoilette
жен.	**(shen.)**	Damen *(Aufschrift:* Ж *)*
занято - свободно	**sán'ita – ßwabódna**	besetzt – frei
туалетная бумага	**tual'étnaja bumága**	Toilettenpapier

Где здесь туалет?
Gd'é sd'éß' tual'ét?
wo hier Toilette
Wo ist hier eine Toilette?

У вас есть туалетная бумага?
U-wáß jéßt' tual'étnaja bumága?
bei euch[2] es-gibt toilettisches Papier
Haben Sie Toilettenpapier?

Unterwegs

Um unnötiges Suchen zu vermeiden, soll man bedenkenlos Leute ansprechen. Alle Russen sind in dieser Hinsicht verständnisvoll und hilfsbereit.

... in der Stadt

Как мне пройти к ...?
Kak mn'é prajt'í k- ...?
wie mir[3] hingehen zu ...(+ 3. Fall)
Wie komme ich zum / zur ...?

Можно пройти пешком?
Móshna prajt'í p'ischkóm?
man-kann hingehen zu-Fuß
Kann man zu Fuß gehen?

Далеко ещё до ...?
Dal'ikó jischschó dó ...?
weit noch bis ... (+ 2. Fall)
Ist es noch weit bis zum / zur ...?

Поезжайте на автобусе!
Pajishsh'ájt'i na-aftóbuß'i!
fahrt-hin(!) auf Autobus[6]
Nehmen Sie den Bus!

Ещё сто метров / один километр.
Jischschó ßtó m'étraf / ad'ín k'ilam'étr.
noch hundert Meter(Mz)[2] / ein Kilometer
(Es sind) noch 100 Meter / ein Kilometer.

Ещё пять минут.
Jischsch'ó p'át' m'inút.
noch fünf Minuten(Mz)[2]
(Es sind) noch 5 Minuten.

Как называется эта улица?
Kák nasywájitza éta úl'iza?
wie (sie-)nennt-sich diese Straße
Wie heißt diese Straße?

Это улица ...?
Éta úl'iza ...?
dieses Straße
Ist das die ... Straße?

Можно осмотреть ...?
Móshna aßmatr'ét' ...?
man-kann besichtigen(v) (+ 4. Fall)
Kann man ... besichtigen?

... открыт / работает?
... atkrýt / rabótajit?
... geöffnet / arbeitet
Ist ... geöffnet?

Когда открывается ...?
Kagdá atkrywájitza ...?
wann (es-)öffnet-sich
Wann ist ... geöffnet?

Где ...?
Gd'é ...?
wo
Wo ist ...?

выход; вход	**wýchat; fchót**	Ausgang; Eingang
мост; перекрёсток	**móßt; p'ir'ikr'óßtak**	Brücke; Kreuzung
светофор; улица	**ßw'itafór; úl'iza**	Ampel; Straße
переулок; путь	**p'ir'iúlak; pút'** *m*	Gasse; Weg / Route
площадь	**plóschsch'at'** *w*	Platz
город	**górat**	Stadt
деревня; место	**d'ir'éwn'a; m'éßta**	Dorf; Ort / Stelle
план города	**plán górada**	Stadtplan
достопримечательности	**daßtapr'im'itsch'át'il'naßt'i**	Sehenswürdigkeiten
памятник; икона	**pám'itn'ik; ikóna**	Denkmal; Ikone
собор; церковь	**ßabór; zérkaf'** *w*	Kathedrale; Kirche
дворец культуры	**dwar'éz kul'túry**	Kulturpalast
музей; дворец	**muséj; dwar'éz**	Museum; Palast
парк; замок	**párk; sámak**	Park; Schloss
стадион; театр	**ßtad'ión; t'iátr**	Stadion; Theater
университет	**un'iw'irß'it'ét**	Universität;
зоопарк	**saapárk**	Zoo
экскурсия	**ekßkúrß'ija**	Ausflug
экскурсия по городу	**ekßkúrß'ija pa-góradu**	Stadtrundfahrt

Richtungshinweise

направо / налево	**naprа́wa / nal'éwa**	(nach) rechts / links
прямо	**pr'а́ma**	geradeaus
назад / обратно	**nasát / abrátna**	zurück
далеко	**dal'ikó**	weit
недалеко / близко	**n'idal'ikó / bl'íßka**	nah
здесь; там	**sd'éß'; tám**	hier; dort / da
сразу здесь	**ßrásu sd'éß'**	gleich hier
за углом	**sa-uglóm**	um die Ecke
напротив	**naprót'if**	gegenüber
всё дальше	**fß'ó dál'schy**	immer weiter

Идите прямо до светофора!
Id'ít'i pr'áma da-ßw'itafóra!
geht(!) geradeaus bis Ampel[2]
Gehen Sie geradeaus bis zur Ampel.

Потом идите налево.
Patóm id'ít'i nal'éwa.
dann geht(!) links
Dann gehen Sie links.

Поезжайте через мост и потом сверните направо.
Pajishsháјt'i tsch'ér'iß móßt í patóm ßw'irn'ít'i napráwa.
fahrt-weiter(!) über Brücke[4] *und dann biegt-ab(!) rechts*
Fahren Sie über die Brücke und biegen Sie dann rechts ab.

Вам нужно проехать ещё одну остановку.
Wám náda prajéchat' jischsch'ó adnú aßtanófku!
euch[3] *es-muss fahren(v) noch ein Haltestelle*
Fahren Sie noch eine Haltestelle weiter!

Идите всегда прямо.
Id'ít'i fß'igdá pr'áma.
geht(!) immer geradeaus
Gehen Sie immer geradeaus.

следующая улица
ßl'édujuschsch'aja úl'iza
nächste Straße
die nächste Straße

Покажите это, пожалуйста, на карте!
Pakashýt'i éta pashálußta na-kárt'i!
zeigt(!) dieses[4] *bitte auf Karte*[6]
Zeigen Sie das bitte auf der Karte!

Die Metro ist mehr als ein Verkehrsmittel. Sie ist gewissermaßen auch eines der erlebenswertesten Museen. Anfang der 1930er Jahre war sie von Stalin als Prestigeobjekt geplant worden. Die einzelnen Metro-Stationen bieten ein zarenwürdiges Ambiente: Marmor, Kronleuchter und riesige Gemälde in prunkvollen Sälen

Ein paar Tipps: In den Eingangshallen der Metro kann man an Schaltern Einzel-, Mehrfahr- und Zeitkarten kaufen. Bei Intourist oder im Hotel sollte man nach einem Streckenplan der Metro fragen У вас есть план метро? (U-wáß jéßt' plán m'itró?). *So kann man die Stationsnamen auf dem Plan mit den Aufschriften auf den Schildern vergleichen oder Fahrgästen auf diesem Plan zeigen, wohin man fahren möchte.*

... mit öffentlichen Verkehrsmitteln

автобус	**aftóbuß**	Bus
метро	**m'itró**	U-Bahn
трамвай	**tramwáj**	Straßenbahn
троллейбус	**tral'éjbuß**	Trolleybus
остановка	**aßtanófka**	Haltestelle

Этот трамвай идёт к ...?
État tramwáj id'ót k- ...?
diese Straßenbahn (sie-)geht nach (+ 3. Fall)
Fährt diese Straßenbahn nach ...?

идти	**itt'í** *II, best.*	gehen,
ехать	**jéchat'** *best.*	fahren
входить	**fchad'ít'** *III,*	einsteigen
выходить	**wychad'ít'** *III*	aussteigen
отъезжать	**atjishshát'**	abfahren
прибывать	**pr'ibywát'**	ankommen

Когда отходит автобус номер ...?
Kagdá atchód'it aftóbuß nóm'ir ...?
wann (er-)geht-ab Autobus Nummer ...
Wann fährt der Bus Nr. ... ab?

Сколько ещё остановок до ...?
ßkól'ka jischsch'ó aßtanówak dó ...?
wie-viele noch Haltestellen[2] bis (+ 2. Fall)
Wie viele Haltestellen sind es noch bis ...?

Ещё ... остановки.
Jischsch'ó ... aßtanófk'i.
noch ... Haltestelle[2]
(Es sind) noch ... Haltestellen.

Скажите, пожалуйста, когда нам выходить!
ßkashýt'i pashálßta kagdá nám wychad'ít'
sagt(!) bitte wann uns[3] aussteigen
Sagen Sie uns, wann wir aussteigen müssen!

Разрешите пройти!
Rasr'ischýt'i prajt'í!
gestattet(!) durchgehen(v)
Lassen Sie mich bitte durch!

... mit dem Taxi

(маршрутное) такси
(marschrútnaji) takß'í
(Sammel-)Taxi

стоянка такси
ßtajánka takß'í
Taxistand

Taxen erkennt man am schachbrettartigen Muster auf Türen, Dach und Kofferraum. Wenn man keine Wucherpreise zahlen möchte, sollte man kein Taxi vor touristischen Brennpunkten anheuern! Den Preis unbedingt beim Einsteigen vereinbaren! Es halten auch Privatwagen, die für faire Preise ihre Dienste anbieten, wenn Sie der Sache trauen wollen.

Вы свободны?
Wý ßwabódny?
ihr frei(Mz)
Sind Sie frei?

Сколько стоит такси до ...?
ßkól'ka ßtóit takß'í dó ...
wie-viel (es-)kostet Taxi bis (+ 2. Fall)
Wie viel kostet ein / das Taxi bis zum / zur ...

... красной площади ?
... kráßnaj plóschsch'id'i?
... roten^{2} Platz^{2}
... Roten Platz?

Я хочу / мы хотим на ...?
Já chatsch'ú / mý chat'ím na- ...
ich (ich-)will / wir (wir-)wollen auf (+ 4. Fall)
Ich möchte / Wir möchten nach ...

Пожалуйста, остановите здесь / сейчас!
Pashálßta aßtanaw'ít'i sd'éß' / ß'itsch'áß!
bitte haltet-an(!) hier / jetzt
Bitte halten Sie hier / jetzt an!

... mit der Eisenbahn

Die gigantischen Entfernungen, die für Touristen ein Abenteuer bedeuten, stellen für den Alltag des Landes eine immense Belastung dar. Ob nun Industrietransporte oder Versorgung der Bevölkerung – Haupttransportmittel für Waren und Personen über große Entfernungen ist nach wie vor die Bahn.

вокзал	**wagsál**	Bahnhof
платформа / перон	**platfórma / p'irón**	Bahnsteig
путь	**pút'**	Gleis
шелезая дорога	**shyl'ésnaja daróga**	Eisenbahn
поезд	**pójißt**	Zug
скорый поезд	**ßkóryj pójißt**	Schnellzug
спальный вагон	**ßpál'nyj wagón**	Schlafwagen
вагон-ресторан	**wagón-r'ißtarán**	Speisewagen
касса	**káßßa**	Schalter / Kasse
справочое бюро	**ßpráwatsch'naji b'uró**	Auskunftsbüro
зал ожидания	**sál ashydán'ija**	Wartesaal
станция	**ßtánzyja**	Station
багаж	**bagásch**	Gepäck
камера хранения	**kám'ira chran'én'ija**	Gepäckaufbewahrung
расписание	**raßp'ißán'iji**	Fahrplan
отправление	**atprawl'én'iji**	Abfahrt
прибытие	**pr'ibýt'iji**	Ankunft

Für den Vorort- und Kurzstreckenverkehr ist die електричка il'iktr'ítsch'ka („Elektrische") zuständig, deren Wagen meist recht spartanisch eingerichtet sind.

Сколько стоит билет до ...?
ßkól'ka ßtóit b'il'ét dó ...?
wie-viel (sie-)kostet Fahrkarte bis (+ 2. Fall)
Was kostet die Fahrkarte nach ...?

Когда приезжает поезд из ...?
Kagdá pr'ijishsh'ájit pójißt íß ...?
wann (er-)kommt-an Zug aus (+ 2. Fall)
Wann kommt der Zug aus ... an?

билет	**b'il'ét**	Fahrkarte
обратный билет	**abrátnyj b'il'ét**	Rückfahrkarte
опоздание	**apasdán'iji**	Verspätung
точно	**tótsch'na**	pünktlich
мягкий вагон (СВ)	**m'ách'k'ij wagón (Es-We)**	erste Klasse
купейный вагон (купе)	**kup'éjnyj wagón (kupé)**	zweite Klasse
плацкартный вагон (плацкарт)	**plazkártnyj wagón (plazkárt)**	dritte Klasse
туда и обратно	**tudá í abrátna**	hin- und zurück

Поезд опаздывает?
Pójißt apásdywajit?
Zug (er-)verspätet
Hat der Zug Verspätung?

Нужно сделать пересадку?
Núshna sd'élat' p'ir'ißátku?
es-braucht machen(v) Umsteigen[4]
Muss man / ich umsteigen?

Где поезд останавливается?
Gd'é pójißt aßtanáwl'iwajitza?
wo Zug (er-)hält-an-sich
Wo hat der Zug Aufenthalt?

Этот поезд на ...?
État pójißt na- ...?
dieser Zug auf (+ 4. Fall)
Ist das der Zug nach ...?

Yulaki Khvenchuk@Fotolia.com

Russische Eisenbahn

Die längste Eisenbahnstrecke der Welt (9500 km) Strecke Moskau – Wladiwostok ist unter dem Namen „Transsibirische Eisenbahn“ oder kurz „Transsib“ bekannt. Eine komplette Fahrt dauert noch immer sieben Tage und Nächte.

In der Transsib gibt es einen Speise-, Post-, Schlaf- und Liegewagen für die Passagiere. Die oberen Liege- bzw. Schlafplätze können tagsüber weggeklappt werden, so dass alle auf den unteren Betten sitzen können. In jedem Wagen kümmert sich ein проводник prawadn'ík *(Schaffner) um seine Fahrgäste. Er heizt den Waggon, teilt das Bettzeug aus und kocht Tee (oder Wasser für die Teebeutel) Man isst das mitgebrachte Essen im Abteil. So hat man Verpflegung, Unterkunft und Geselligkeit in einem.*

Сколько (времени) длится путешествие до ...?
ßkól'ka (wr'ém'in'i) dl'ítza put'ischéßtw'iji dó ...?
wie-viel (Zeit[2]) (sie-)dauert-sich Reise bis (+ 2. Fall)
Wie lange dauert die Reise nach ...?

Здесь есть ещё свободное место?
Sd'éß' jéßt' jischsch'ó ßwabódnaji m'éßta?
hier es-gibt noch freier Platz
Ist hier noch ein Platz frei?

Извините, пожалуйста, это моё место.
Isw'in'ít'i pashálßta, éta majó m'éßta.
entschuldigt(!) bitte dieses mein Platz
Entschuldigen Sie bitte, das ist mein Platz.

Можно открыть / закрыть дверь / окно?
Móshna atkrýt' / sakrýt' dw'ér' / aknó?
man-kann öffnen / schließen Tür[4] / Fenster[4]
Kann ich die Tür / Fenster öffnen / schließen?

Мне холодно / жарко.
Mn'é chóladna / shárka.
mir[3] kalt(Umst.) / warm(Umst.)
Mir ist kalt / warm.

Можно получить чай / одеяло?
Móshna palutsch'ít' tsch'áj / ad'ijála?
man-kann bekommen Tee[4] / Decke[4]
Kann ich Tee / eine Decke bekommen?

Я хочу получить другую постель.
Já chatsch'ú palutsch'ít' drugúju paßt'él'.
ich (ich-)will bekommen anderes[4] Bettzeug[4]
Ich möchte andere Bettwäsche haben.

Я хочу поднять / опустить полку.
Já chatsch'ú padn'át' / apußt'ít' pólku.
ich (ich-)will hochheben / herunterlassen Fach[4]
Ich möchte die Liege zuklappen / aufklappen.

... mit dem Auto

водительское удостоверение (права) **wad'ít'il'ßkaji udaßtaw'ir'én'iji (prawá)** Führerschein / Fahrerlaubnis
техпаспорт **t'éch-páßpart** Fahrzeugschein
(авто)машина **(afta)maschýna** Auto
автоприцеп **aftapr'izép** Wohnwagen
автофургон **aftafurgón** Wohnmobil
шофёр **schaf'ór** Fahrer
водитель **wad'ít'il'** Fahrer
дорога **daróga** Weg / Landstraße
улица **úl'iza** Stadtstraße
автомагистраль **aftamag'ißtrál'** Autobahn
автостоянка **aftaßtajánka** Parkplatz
охраняемая (авто)стоянка **(achran'ájimaja) aftaßtajánka** (bewachter) Parkplatz
паркавать / запаркаваться **parkawát' / saparkawátza** *II*, parken
повернуть **paw'irnút'** abbiegen
ехать дальше **jéchat' dál'schy** weiterfahren
ехать обратно **jéchat' abrátna** zurückfahren

Wer Russland zum allerersten Mal bereist, der sollte sich besser nicht auf eine Fahrt mit dem eigenen Wagen einlassen.

Sonst gilt: Eventuelle Karosserieschäden sollte man sich an der Grenze bei Einreise unbedingt schriftlich bestätigen lassen, da es sonst bei der Ausreise Probleme geben kann.

Unterwegs

Сколько километров до ближайшего города?
ßkól'ka k'ilam'étraf da-bl'ishájschywa górada?
wie-viele Kilometer(Mz)[2] bis nächste[2] Stadt[2]
Wie viele Kilometer sind es noch bis zur nächsten Stadt?

В гостинице есть гараж?
W-gaßt'ín'izy jéßt' garásch?
in-Hotel[6] es-gibt Garage
Gibt es eine Garage im Hotel?

Где ближайшая автостоянка?
Gd'é bl'ishájschaja aftaßtajánka?
wo nächstgelegener Parkplatz
Wo ist der nächste Parkplatz?

Verkehrszeichen & Hinweisschilder

объезд	**abjéßt**	Umleitung
стоп	**ßtóp**	Halt
проезд запрещён	**prajéßt sapr'ischsch'ón**	Durchfahrt verboten
переход	**p'ir'ichót**	Fußgängerübergang
внимание	**wn'imán'iji**	Achtung
ремонтные работы	**r'imóntnyji rabóty**	Baustelle
улица с односторонним движением	**úl'iza ß-adnastarónn'im dw'ishén'ijim**	Einbahnstraße
открыто	**atkrýta**	geöffnet
закрыто	**sakrýta**	geschlossen

Tankstelle

автозаправка / бензоколонка	**aftasapráfka / b'insakalónka**	Tankstelle
давление воздуха	**dawl'én'iji wósducha**	Luftdruck
бензин	**b'ins'ín**	Benzin
АИ 93	**AI d'iw'inóßta tr'í**	Benzin, 93 Oktan
АИ 95	**AI d'iw'inóßta p'át'**	Super, 95 Oktan
АИ 98	**AI d'iw'inóßta wóß'im'**	bleifrei, 98 Oktan
дизель	**d'ís'il'** *m*	Diesel
моторное масло	**matórnaji máßla**	Motorenöl
дистиллированная вода	**d'ißt'il'irówannaja wadá**	destilliertes Wasser
канистра	**kan'ißtra**	Kanister
заправлять	**saprawl'át'**	tanken

Achtung: Die Einfuhr von Kraftstoff in Reservekanistern istnicht erlaubt. Diesel ist überall erhältlich, hochwertiger Ottokraftstoff eher im Westen Russlands. Möglichst immer volltanken. In Moskau, Sankt Petersburg und anderen Großstädten kann oft auch mit Kreditkarte gezahlt werden.

Пожалуйста, полный бак!
Pashálßta pólnyj bák!
bitte voller Tank
Bitte volltanken!

Panne

Die ГИБДД GIBDD, Abkürzung für:
Государственная инспекция безопасности дорожного движения.
Gaßudárßtw'innaja inßpékzyja b'isapáßnaßt'i daróshnawa dw'ishén'ija
ist die Verkehrspolizei und Straßenwacht Russlands.

авария **awár'ija** Autopanne
ремонт **r'imónt** Reparatur
срочный ремонт **ßrótsch'nyj r'imónt** Schnellreparatur
автомастреская / авторемонт **aftamast'irßkája / aftar'imónt** Reparaturwerkstatt
эвакуатор **ewakuátar** *m* Abschleppwagen
буксировочны трос **bukß'irówatsch'nyj tróß** Abschleppseil
домкрат **damkrát** Wagenheber
запасное колесо **sapaßnóji kal'ißó** *w* Ersatzrad
страхование **ßtrachawán'iji** Versicherung

У моей машины прокол шины.
U-majéj maschýny prakól schýny.
bei meinem² Auto² Loch Reifen²i
Mein Auto hat eine Reifenpanne.

Вы можете это сделать?
Wý móshyt'i éta sd'élat'?
ihr (ihr-)könnt das⁴ werden-machen(v)
Können Sie das reparieren?

Вы можете отбуксировать машину в ближайший авторемонт?
Wý móshyt'i atbukß'írawat' maschýnu w-bl'ishájschyj aftar'imónt?
ihr (ihr-)könnt abschleppen(v) Wagen[4] in-nächste[4] Autowerkstatt[4]
Könnten Sie den Wagen zur nächsten Werkstatt abschleppen?

Сколько времени продлится ремонт?
ßkól'ka wr'ém'in'i pradl'ítza r'imónt?
wie-viel Zeit(Mz)[2] (sie-)wird-dauern-sich(v) Reparatur
Wie lange wird die Reparatur dauern?

У вас есть оригинальная запчасть?
U-wáß jéßt' ar'ig'inál'naja saptsch'áßt'?
bei euch[2] es-gibt originales Ersatzteil
Haben Sie ein Original-Ersatzteil?

Am besten fährt es sich in Gemeinschaft mit anderen Autotouristen, so dass man sich im Notfall gegenseitig helfen kann. Der Zustand der russischen Straßen ist mancherorts noch immer schlecht; andererseits sind in den letzten Jahren auch viele Strecken gut ausgebaut worden. Ein reichhaltiger Ersatzteilkasten ist aber nach wie vor empfehlenswert.

Unfall

дорожное происшествие / авария	**daróshnaji praischéßtw'iji / awár'ija**	Verkehrsunfall
врач	**wrátsch'**	Arzt
скорая помощь	**ßkóraja pómasch'** *w*	Erste Hilfe (Rettungswagen)

У нас было дорожное происшествие.
U-náß býla daróshnaji praischéßtw'iji.
bei uns[2] war(s) landstraßliches Ereignis
Wir hatten einen Verkehrsunfall.

У меня свидетели!
U-m'injá ßw'id'ét'il'i!
bei mir[2] Zeugen
Ich habe Zeugen!

Пожалуйста, вызовите скорую помощь!
Pashálßta wýsaw'it'i ßkóruju pómasch'!
bitte ruft-an(!) / ruft(!) schnelle[4] Hilfe[4]
Bitte rufen Sie den ärztlichen Notdienst!

Пожалуйста, напишите ваше имя и адрес!
Pashálßta nap'ischýt'i wáschy ím'a í ádr'iß!
bitte schreibt-auf(!, v) euer[4] Name[4] und Adresse[4]
Bitte schreiben Sie Ihren Namen und Ihre Adresse auf!

Я (не) виновен / виновна.
Já (n'é) w'inów'in / w'inówna.
ich (nicht) schuldig(m/w)
Ich habe (keine) Schuld.

... mit dem Flugzeug

An allen Flughäfen in Russland wird streng kontrolliert. Oft bildet sich eine Schlage für das Eintreten in das Flughafengebäude. Doppellte und dreifache Kontrollen sind üblich. Planen Sie Ihre Zeit dafür richtig ein.

самолёт ; аэропорт	**ßamal'ót; aerapórt**	Flugzeug; Flughafen
авиакомпания	**aw'iakampán'ija**	Fluglinie
авибилет	**aw'iabil'ét**	Flugticket
стюардесса	**ßt'uard'éßa**	Stewardess
летать; вылетать	**l'it'át'; wyl'itát'**	fliegen; abfliegen
взлетать	**wsl'itát'**	starten

Мне плохо. Когда самолёт пойдёт на посадку?
Mn'é plócha. Kagdá ßamal'ót pajd'ót na-paßátku?
mir[3] schlecht(Umst.) wann Flugzeug (es-)geht auf Landung[4]
Mir ist schlecht. Wann landet das Flugzeug?

... mit dem Schiff

порт	**pórt**	Hafen
корабль / судно	**karábl' / ßúdna**	Schiff
лодка; паром	**lótka; paróm**	Boot; Fähre
параход	**parachót**	Dampfschiff
теплоход	**t'iplachót**	Motorschiff

экскурсия по порту	**ekßkúrß'ija pa-pórtu**	Hafenrundfahrt
пристань	**pr'íßtan'**	Anlegestelle
остров	**óßtraf**	Insel
берег; земля	**b'ér'ik; s'iml'á**	Ufer; Land
озеро; море	**ós'ira; mór'i**	(der) See; Meer
река; вода	**r'iká; wadá**	Fluss; Wasser

Когда прибудет судно?
Kagdá pr'ibúd'it ßúdna?
wann (es-)kommt-an Schiff
Wann kommt das Schiff an?

Когда отплывает теплоход?
Kagdá atplywájit t'iplachót?
wann (es-)legt-ab Motorschiff
Wann legt das Schiff ab?

Unterkunft

So finden Sie gleich nach Ihrer Ankunft vor Ort ganz schnell ein passendes Zimmer im Hotel:

гостиница	**gaßt'ín'iza**	Gasthof, Hotel
отель	**atél'**	Hotel

Mit einem Smartphone können Sie sich die mit einem gekennzeichneten Sätze dieses Kapitels anhören.

Где можно переночевать?
Gd'é móshna p'ir'inatsch'iwát'?
wo man-kann übernachten
Wo kann man übernachten?

Я заказал / заказала одноместный / двухместный номер.
Já sakasál / sakasála adnam'éßtnyj / dwuchm'éßtnyj nóm'ir.
ich bestellte(m/w) einplatziges[4] / zweiplatziges[4] Zimmer[4]
Ich habe ein Einbett- / Zweibettzimmer reserviert.

Мне нужнет номер на сутки.
Mn'é núshyn nóm'ir na-ßútk'i.
mir[3] es-braucht Zimmer auf 24-Stunden
Ich möchte ein Zimmer für eine Nacht.

... на две ночи.
... na-dw'é nótsch'i.
... auf zwei[4] Nächte[4]
... für zwei Nächte.

Завтрак включён в эту цену?
Sáftrak fkl'utsch'ón w-étu zénu?
Frühstück eingeschlossen in-diesen[4] Preis[4]
Ist das Frühstück im Preis enthalten?

Можно посмотреть номер?
Móshna paßmatr'ét' nóm'ir?
man-darf ansehen Zimmer[4]
Kann ich das Zimmer sehen?

Я хочу номер с душем / другой номер.
Já chatsch'ú nóm'ir ß-dúschym / drugój nóm'ir.
ich (ich-)will Zimmer[4] mit-Dusche[5] / anderes[4] Zimmer[4]
Ich möchte ein Zimmer mit Dusche / ein anderes Zimmer.

этаж	**itásch**	Etage / Stockwerk
первый этаж	**p'érwyj itásch**	1. Stock = Erdgeschoss
регистрация	**r'ig'ißtrázyja**	Rezeption
администрация	**adm'in'ißtrázyja**	Administration
столовая	**ßtalówaja**	Speisesaal
багаж	**bagásch**	Gepäck
ключ	**kl'útsch'**	Schlüssel
ванна; душ	**wánna; dúsch**	Bad; Dusche
горячая вода	**gar'átsch'ija wadá**	warmes Wasser
холодная вода	**chalódnaja wadá**	kaltes Wasser
кровать	**krawát'** *w*	Bett
покрывало	**pakrywála**	Bettdecke
номер / комната	**nóm'ir / kómnata**	Zimmer
обслуживание	**abßlúshywan'iji**	Service
полотенце	**palat'énzy**	Handtuch

Во сколько завтрак / обед / ужин?
Wa-ßkól'ka sáftrak / ab'ét / úshyn?
in-wie-viel Frühstück / Mittagessen / Abendessen
Um wie viel Uhr gibt es Frühstück / Mittagessen / Abendessen?

Телевизор / лампа не работает.
T'il'iw'ísor / lámpa n'é rabótajit.
Fernsehgerät / Lampe nicht (es-/sie-)arbeitet
Das Fernsehgerät / die Lampe ist defekt.

Мне надо уезжать.
Mn'é náda ujishsh'át'.
mir[3] es-muss abreisen
Ich möchte abreisen.

Когда я должен / должна заплатить?
Kagdá já dólshyn / dalshná saplat'ít'?
wann ich geschuldet(m/w) bezahlen(v)
Wann muss ich bezahlen?

предварительно	сейчас	в день отъезда
pr'idwar'ít'il'na	**ß'itsch'áß**	**f-d'én' atjésda**
im voraus	jetzt	bei Abreise

Разбудите меня, пожалуйста, в ... завтра утром!
Raßbud'ít'i m'in'á pashálßta w- ... sáftra útram!
weckt(!) mich[4] bitte in ... morgen früh
Wecken Sie mich bitte morgen früh um ...!

Camping

молодёжная турбаза	**malad'óshnaja turbása**	Jugendherberge
кемпинг	**k'émp'ing**	Camping(platz)
умывальная	**umywál'naja**	Waschraum
питьевая вода	**p'it'jiwája wadá**	Trinkwasser
палатка	**palátka**	Zelt
рюкзак	**r'uksák**	Rucksack
спальный мешок / спальник	**ßpál'nyj m'ischók / ßpál'n'ik**	Schlafsack

Где можно поставить палатку / приготовить еду?
Gd'é móshna paßtáw'it' palátku / pr'igatów'it' jidú?
wo man-kann hinstellen Zelt[4] / vorbereiten Essen[4]
Wo kann ich das Zelt aufstellen / Essen kochen?

Im Restaurant

Wichtige Vokabeln, wenn es darum geht, unterwegs zu essen:

завтрак	**sáftrak**	Frühstück
обед	**ab'ét**	Mittagessen
ужин	**úshyn**	Abendbrot
завтракать	**sáftrakat'**	frühstücken
обедать	**ab'édat'**	zu Mittag essen
ужинать	**úshynat'**	zu Abend essen
вилка; нож	**w'ílka; nósch**	Gabel; Messer
ложка; тарелка	**lóschka; tar'élka**	Löffel; Teller
чашка; стакан	**tsch'áschka; ßtakán**	Tasse; Glas
меню	**m'in'ú**	Speisekarte
главное блюдо	**gláwnaji bl'úda**	Hauptgericht
закуска; десерт	**sakúßka; d'iß'ért**	Vorspeise; Dessert
ресторан; кафе	**r'ißtarán; kafé**	Restaurant; Café
буфет	**buf'ét**	(Steh-)Imbiss
закусочная	**sakúßatsch'naja**	Imbissstube
пельменная	**p'il'm'énnaja**	Pelmeni-Imbiss
столовая; чайная	**ßtalówaja; tsch'ájnaja**	Speisesaal; Teestube
кондиторская; бар	**kand'ít'irßkaja; bár**	Konditorei; Bar
пивная / кабак	**p'íwnaja / kabák**	Kneipe / Spelunke

Официант!
Af'izánt!
Ober
Herr Ober!

Девушка!
D'éwuschka!
junges-Mädchen
Fräulein!

Будьте добры ...!
Bútt'i dabrý ...!
seid(!) gut(Mz) ...
Seien Sie so gut ...!

Кто здесь обслуживает
Któ sd'éß' apßlúshywajit?
wer hier (er-/sie-)serviert
Wer bedient hier?

Здесь свободно?
Sd'éß' ßwabódna?
hier frei(Umst.)
Ist hier frei?

Я голоден / голодна.
Já gólad'in / galadná.
ich hungrig(m/w)
Ich habe Hunger.

Mit einem Smartphone können Sie sich die mit einem gekennzeichneten Sätze dieses Kapitels anhören.

Spezialitäten

щи	schsch'í	Weißkohlsuppe
уха	uchá	Fischsuppe
борщ	bórschsch'	Gemüsesuppe mit Kohl, Roter Bete u. ä.
шашлык	schaschlýk	Lammspieß (kaukasisches Gericht)
плов	plóf	gekochter Reis mit Lammfleisch
пельмени	p'il'm'én'i	kleine, mit Fleisch gefüllte Teigtaschen (sibirisches Gericht)
чебуреки	tsch'ibur'ék'i	mit Lammfleisch gefüllte Teigtaschen (kaukasische Mehlspeise)
окрошка	akróschka	kalte Suppe aus Eiern, Fleischwurst, Sahne und Gurken
голубцы	galupzý	Hackfleisch mit Reis eingerollt in Weißkohlblättern
рассольник	raßßól'n'ik	Fleischsuppe mit sauren Gurken
солянка	ßal'ánka	Fisch- oder Fleischsuppe mit scharfen Gewürzen
белеши	b'il'ischý	mit Fleisch gefüllte Teigtaschen
пончики	póntsch'ik'i	Donuts, „Berliner“

Что вы можете нам посоветовать?
Schtó wý móshyt'i nám paßaw'étawat'?
was ihr (ihr-)könnt uns[3] empfehlen(v)
Was können Sie uns empfehlen?

Я – вегетарианец!
Já w'ig'itar'ián'iz!
ich Vegetarier
Ich bin Vegetarier.

Принесите, пожалуйста, одну / две порции ...
Pr'in'iß'ít'i, pashálßta, adnú pórzyju / dw'é pórzyji ...
bringt(!) bitte eine[4] Portion[4] / zwei[4] Portionen[4] ...
Bringen Sie bitte eine Portion / zwei Portionen ...

Что это?
Schtó éta?
was dieses
Was ist das?

Это мясное блюдо?
Éta m'ißnóji bl'úda?
dieses fleischliches Gericht
Ist das ein Fleischgericht?

Это очень вкусно.
Éta ótsch'in' fkúßna.
dieses sehr lecker(Umst.)
Das schmeckt sehr gut.

Hinter den uns geläufigen Wörtern шницель schn'ízyl' *(m)* und котлеты katl'éty *(Mz)* verbergen sich verschiedene Arten von Fleischklößchen. Will man das, was der Name vermuten lässt, bestelle man отбивной шницель atb'iwnój schn'ízyl'.

Хорошо, возмём!
Charaschó, wasm'óm!
gut (wir-)nehmen
Das nehmen wir!

Я возьму два шашлыка.
Já was'mú dwá schaschlyká.
ich (ich-)nehme zwei Schaschlik[2]
Ich nehme zwei Schaschlik.

Приятного апетита!
Pr'ijátnawa app'it'íta!
guten[2] Appetits[2]
Guten Appetit!

Спасибо, вам тоже!
ßpaß'íba, wám tóshy!
danke euch[3] auch
Danke gleichfalls!

Пожалуйста, счёт!
Pashálßta, schsch'ót!
bitte Rechnung
Die Rechnung, bitte!

Сколько с меня?
ßkól'ka ß-m'in'á?
wie-viel von-mir[2]
Was muss ich zahlen?

Это для вас!
Éta dl'á wáß!
das für sie
Das ist für Sie!

In der Regel gibt man ein Trinkgeld чаевые (tsch'ijiwýji) in Höhe von 10 bis 15% vom Gesamtpreis.

Getränke

безалкогольные напитки	**b'isalkagól'nyji nap'ítk'i**	Alkoholfreies
(минеральная) вода	**(m'in'irál'naja) wadá**	(Mineral-)Wasser
молоко; какао	**malakó; kakáo**	Milch; Kakao
сироп; фруктовый сок	**ß'iróp; fruktówyj ßók**	Sirup; Saft
лимонад; квас	**l'imanát; kwáß**	Limonade; Kwas*
кофе; чай	**kóf'i; tsch'áj**	Kaffee; Tee
с молоком / сахаром	**ß-malakóm / ßácharam**	mit Milch / Zucker
без сахара	**b'iß-ßáchara**	ohne Zucker
алкогольные ..напитки	**alkagól'nyji nap'ítk'i**	Alkoholisches
пиво	**p'íwa**	Bier
белое вино	**b'élaji w'inó**	Weißwein
красное вино	**kráßnaji w'inó**	Rotwein

шампанское	**schampánßkaji**	Champagner
коньяк; коктейль	**kan'ják; kaktél'** *m*	Kognak; Cocktail
ром; джин	**róm; dshýn**	Rum; Gin
водка; со льдом	**wótka; ßa-l'dóm**	Wodka; mit Eis

квас kwáß ist ein leicht angegorenes Getränk aus getrocknetem Schwarzbrot mit Hefe und Rosinen. Man kann es in Flaschen abgefüllt in jedem Supermarkt finden.

одну чашку чая / кофе
adnú tsch'áschku tsch'ája / kóf'i
eine Tasse[4] Tee[2] / Kaffee
eine Tasse Tee / Kaffee

один стакан вина / сока
ad'ín ßtakán w'iná / ßóka
ein Glas[4] Weines[2] / Saftes[2]
ein Glas Wein / Saft

бутылку вина / водки
butýlku w'iná / wótk'i
eine Flasche[4] Weines[2] / Wodkas[2]
eine Flasche Wein / Wodka

три кружки пива
tr'í krúschk'i p'íwa
drei Krüge[2] Bieres[2]
drei (Krüge) Bier

Мне хочется пить
Mn'é chótsch'itza p'ít'.
mir[3] (es-)will-sich trinken
Ich habe Durst.

За ваше здоровье!
Sá wáschy sdarów'ji!
für eure[4] Gesundheit[4]
Zum Wohl!

На здоровье!
Na-sdarów'ji!
auf-Gesundheit[4]
Prost!

За вас!
Sá wáß!
für euch[4]
Auf euch / Sie!

Einkaufen

Das eine oder andere müssen und wollen Sie sicherlich kaufen.

магазин	**magas'ín**	Geschäft
универмаг	**un'iw'irmák**	Kaufhaus
универсам / супермаркет	**un'iw'irßám / ßup'irmárk'it**	Supermarkt
продовольственный / магазин /. гастроном	**pradawól'ßtw'innyj /. magas'ín / gaßtranóm**	Lebensmittelladen
булочная	**búlotsch'naja**	Bäckerei
рынок	**rýnak**	Wochenmarkt
книжный магазин	**kn'ìshnyj magas'ín**	Buchhandlung
магазин сувениров	**magas'ín ßuw'in'íraf**	Souvenirladen
чёрный рынок	**tsch'órnyj rýnak**	Schwarzmarkt
киоск	**k'ióßk**	Kiosk

Я хочу пойти что-нибудь купить.
Já chatsch'ú pajt'í schtó-n'ibút' kup'ít'.
ich (ich-)will gehen irgendetwas[4] kaufen(v)
Ich möchte shoppen gehen.

Где можно купить / достать ...?
Gd'é móshna kup'ít' / daßtàt'...?
wo man-kann kaufen(v) / kriegen(v) ... (+4. Fall)
Wo kann man ... kaufen / bekommen?

Магазин открыт / закрыт?
Magas'ín atkrýt / sakrýt?
Laden geöffnet / geschlossen
Ist der Laden geöffnet / geschlossen?

Сколько мне ждать?
ßkól'ka mn'é shdát'?
wie-viel mir[3] warten
Wie lange muss ich warten?

Einkaufen

Сколько стоит ...?
ßkól'ka ßtóit ...?
wie-viel (es-)kostet ...
Wie viel kostet ...?

Это (очень) дорого.
Éta (ótsch'in') dóraga.
das (sehr) teuer
Das ist (sehr) teuer.

Я хочу просто посмотреть.
Já chatsch'ú próßta paßmatr'ét'.
ich (ich-)will einfach ansehen(v)
Ich möchte das nur ansehen.

Можно попробовать / примерить?
Móshna papróbawat' / pr'im'ér'it'?
man-darf kosten / anprobieren
Darf ich das kosten / anprobieren?

Я это беру.
Já éta b'irú.
ich dieses[4] werde-nehmen(v)
Ich nehme das.

Я это не возьму.
Já éta n'i-was'mú.
ich dieses[4] nicht nehme
Ich nehme das nicht.

Что ещё желаете?
Schtó jischsch'ó shylájit'i?
was noch (ihr-)wünscht
Darf es sonst noch etwas sein?

Это всё / хорошо.
Éta fß'o / charaschó.
Das ist alles / gut so.

Достаточно.
Daßtátatsch'na.
Das reicht. / Genug.

Я ищу журнал.
Já ischsch'ú shurnál.
ich (ich-)suche Zeitung[4]
Ich suche eine Zeitung.

Дайте мне, пожалуйста, открытку.
Dájt'i mn'é, pashálßta, atkrýtku.
gebt(!) mir[3] bitte Postkarte[4]
Geben Sie mir bitte eine Postkarte.

Мне нужно три килограмма яблок.
Mn'é núshna tr'í k'ilagráma jáblak.
mir[3] es-braucht drei Kilogramm Äpfel[2]
Ich brauche drei Kilo Äpfel.

словарь	**ßlawár'**	Wörterbuch
дорожная карта	**daróshnaja kárta**	Straßenkarte
план города	**plán górada**	Stadtplan
карандаш; журнал	**karandásch; shurnál**	Bleistift; Zeitschrift
газета; сигареты	**gas'éta; ß'igar'éty**	Zeitung; Zigaretten

Lebensmittel & Gewürze

хлеб; булочка	**chl'ép; búlatsch'ka**	Brot; Brötchen
масло; яйца	**máßla; jájza**	Butter; Eier
мороженое; рыба	**maróshynaji; rýba**	(Speise-)Eis; Fisch
мясо; печенье	**m'áßa; p'itsch'én'ji**	Fleisch; Gebäck
птица; овощи	**pt'íza; ówaschsch'i**	Geflügel; Gemüse
гуляш; жаркое	**gul'ásch; shyrkóji**	Gulasch; Braten
мёд; курица	**m'ot; kúr'iza**	Honig; Huhn
картофель; сыр	**kartóf'il'** *m*; **ßýr**	Kartoffeln; Käse
котлеты; пирог	**katl'éty; p'irók**	Fleischklöße; Kuchen
мармелад; молоко	**marm'ilát; malakó**	Marmelade; Milch
фрукты; перец	**frúkty; p'ér'iz**	Obst; Pfeffer
рис; говядина	**r'íß; gaw'ád'ina**	Reis; Rindfleisch
ромштекс; сливки	**ramschtékß; ßl'ífk'i** *Mz*	Rumpsteak; Sahne
соль; шницель	**ßól'** *w*; **schn'ízyl'** *m*	Salz; Schnitzel
горчица; суп	**gartsch'íza; ßúp**	Senf; Suppe
торт; колбаса; сахар	**tórt; kalbaßá; ßáchar**	Torte; Wurst; Zucker

Bank, Geld & Post

Alles zum Thema Bank und Geld:

банк	**bánk**	Bank
наличные деньги / нал	**nal'ítsch'nyji d'én'g'i / nál**	Bargeld
пункт обмена валюты	**púnkt abm'éna wal'úty**	Wechselstube
мелочь	**m'élatsch'** *w*	Kleingeld
банкнота	**banknóta**	Geldschein
валюта	**wal'úta** *Ez*	Devisen, Fremdwährung
чек	**tsch'ék**	Quittung
кредитная карточка	**kr'id'ítnaja kártatsch'ka**	Kreditkarte
курс	**kúrß**	Wechselkurs
банкомат	**bankamát**	Geldautomat
обменять деньги	**abm'in'át' d'én'g'i**	Geld tauschen
снять деньги	**ßn'át' d'én'g'i**	Geld abheben

Vorsicht: das Wort банка bánka bedeutet „Glasdose"!

Можно здесь обменять деньги?
Móshna sd'éß' abm'in'át' d'én'g'i?
man-kann hier umtauschen Gelder(Mz)[4]
Kann ich hier Geld umtauschen?

1		2–4, 22–24 ...		5–20, 25–30 ...	
рубль	**rúbl'**	рубля	**rubl'á**	рублей	**rubl'éj**
копейки	**kap'éjka**	копейки	**kap'éjk'i**	копеек	**kap'éjik**

Сколько рублей я получу за ...
ßkól'ka rubl'éj já palutsch'ú sá ...
wie-viel Rubel(Mz)[2] *ich werde-bekommen(v) für*
Wie viele Rubel bekomme ich für ...?

... сто евро	**... ßtó jéwra**	... 100 Euro
... сто долларов	**... ßtó dóllaraf**	... 100 Dollar
... сто швейцарских франков	**... ßtó schw'ijzárßk'ich fránkaf**	... 100 Schweizer ...Franken

Мне надо обменять сто евро.
Mn'é náda abm'in'át' ßtó jéwra.
mir^{3} es-muss umtauschen hundert^{4} Euro
Ich möchte 100 Euro umtauschen.

Post

Мне нужно отправить это письмо / этот пакет ...
Mn'é núshna atpráw'it' éta p'iß'mó / état pak'ét ...
mir^{3} es-braucht abschicken dieser^{4} Brief^{4} / dieses^{4} Paket^{4}
Ich möchte diesen Brief / dieses Paket ... abschicken.

в Германию / Австрию / Швейцарию.
w-G'irmán'iju / Áfßtr'iju / Schw'ijzár'iju
in-Deutschland^{4} / in-Schweiz^{4} / in-Österreich^{4}
nach Deutschland / nach Österreich / in die Schweiz ...

почта	**pótsch'ta**	(Haupt-)Post
почтовое отделение	**patschtówaji add'il'én'iji**	Poststelle
авиапочта	**aw'iapótsch'ta**	Luftpost
(почтовая марка)	**(patsch'tówaja) márka**	Briefmarke
письмо	**p'ißmó**	Brief
открытка	**atkrýtka**	Postkarte
бандероль	**band'iról'** *w*	Päckchen
пакет	**pak'ét**	Paket
конверт	**kanw'ért**	Umschlag
бланк	**blánk**	Formular
адрес	**ádr'iß**	Adresse
отправитель	**atpraw'ít'il'**	Absender
получатель	**palutsch'át'il'**	Empfänger
почтовый ящик	**patsch'tówyj jáschsch'ik**	Briefkasten

Telefonieren & Internet

Telefonieren

телефон	**t'il'ifón**	Telefon
позвонить по телефону	**paswan'ít' pa-t'il'ifónu**	telefonieren
телефон-автомат	**t'il'ifón-aftamát**	Münzfernsprecher
сотовый телефон	**ßótawyj t'il'ifón**	Handy
сим-карта / симка	**ßím-kárta / ßímka**	SIM-Karte
код назначения	**kót nasnatsch'én'ija**	Vorwahl
номер телефона	**nóm'ir t'il'ifóna**	Telefonnummer
разговор по телефону	**rasgawór pa-t'il'ifónu**	Telefongespräch
месный разговор	**m'éßnyj rasgawór**	Ortsgespräch
международный разговор	**m'éshdunaródnyj rasgawór**	Auslandsgespäch

Где можно позвонить по телефону?
Gd'é móshna paswan'ít' pa-t'il'ifónu?
wo man-kann klingeln durch Telefon[3]
Wo kann ich telefonieren?

Напишите мне номер телефона / код назначения ...
Nap'ischýt'i mn'é nóm'ir t'il'ifóna / kót nasnatsch'én'ija ... .
schreibt-auf(!) mir Nummer[4] *Telefon*[2] / *Code*[4] *Bestimmung*[2] *(+ 2. Fall)*
Schreiben Sie mir bitte die Telefonnummer / Vorwahl von ... auf.

Номер не отвечает.
Nóm'ir n'é atw'itsch'ájit.
Nummer nicht (sie-)antwortet
Es antwortet keiner.

Занято!
Sán'ita!
besetzt(Umst.)
Besetzt!

Ало?
Aló?
hallo
Hallo?

Мария у телефона.
Mar'íja u-t'il'ifóna.
Maria bei Telefon[2]
Hier ist Maria.

С кем я говорю?
ß-k'ém já gawar'ú?
mit-wem[5] *ich (ich-)spreche*
Mit wem spreche ich?

Мне нужнен господин / госпожа ...
Mn'é núshyn gaßpad'ín / nushná gaßpashá ...
mir[3] es-braucht(m) Herr / es-braucht(w) Frau
Ich möchte Herrn / Frau ... sprechen.

Internet

Где мне найти интернет-кафе?
Gd'é mn'é najt'í intirnét-kafé?
wo mir finden Internet-Café[4]
Wo finde ich hier ein Internet-Cafe?

Я хотел бы попасть в интернет.
Já chat'él-by papáßt' w-intirnét.
ich gewollt-würde hineinkommen in Internet[4]
Ich möchte im Internet surfen.

Сколько стоит минута / полчаса интернета?
ßkól'ka ßtóit m'inúta / póltsch'ißa intirnéta?
wie-viel (sie-)kostet Minute / halbe Stunde Internet[2]
Was kostet die Nutzung pro Minute / halbe Stunde?

Вы мне можете помочь с регистрацией?
Wý mn'é móshyt'i pamótsch' ß-r'ig'ißtrázyjij?
ihr mir[3] (ihr-)könnt helfen mit Registrierung[5]
Können Sie mir bei der Anmeldung helfen?

Можно включить немецкую клавиатуру?
Móshna wkl'utsch'ít' n'im'ézkuju klawiatúru?
man-kann einschalten deutsche[4] Tastatur[4]
Kann ich auf eine deutsche Tastatur wechseln?

Я хочу проверить електронную почту.
Já chatsch'ú praw'ér'it' il'ektrónnuju pótsch'tu.
ich (ich-)will prüfen elektronische[4] Post[4]
Ich möchte meine meine E-Mails checken?

Я могу распечатать мои письма?
Já magú raßp'itsch'átat' mají p'íßma?
ich (ich-)kann ausdrucken meine[4] Briefe[4]
Kann ich meine E-Mails ausdrucken?

Behörden

Reist man in einer Gruppe, so werden alle Formulare für den Aufenthalt von der Reiseleitung ausgefüllt.

Мне нужна вуза в ...
Mn'é nushná w'ísa w- ...
mir[3] es-braucht Visum in
Ich brauche ein Visum nach ...

Мне надо зарегистрироваться.
Mn'é náda sar'ig'ißtr'írawatza.
mir[3] braucht registrieren-sich
Ich muss mich anmelden.

Это возможно?
Éta wasmóshna?
dieses möglich
Ist das möglich?

Я могу здесь подождать?
Já magú sd'éß' padashdát'?
ich (ich-)kann hier warten
Darf ich hier warten?

фамилия, имя	**fam'íl'ija, ím'a**	Familienname; Vorname
адрес; улица	**ádr'iß, úl'iza**	Adresse; Straße
приезд; въезд	**pr'ijéßt, wjéßt**	Ankunft; Einreise
регистрация	**r'ig'ißtrázyja**	Anmeldung
паспорт	**páßpart**	Reisepass
бланк	**blánk**	Formular
место жительства	**méßta shýt'il'ßtwa**	Wohnort
подпись	**pótp'iß'** *w*	Unterschrift
отъезд	**atjéßt**	Abreise
выезд	**wýjißt**	Ausreise

Я хочу ещё остаться на два дня / на неделю.
Já chatsch'ú jischsch'ó aßtátza na-dwá dn'á / na-n'id'él'u.
ich (ich-)will noch bleiben-sich auf zwei[4] Tage[4] / auf Woche[4]
Ich möchte noch zwei Tage / eine Woche bleiben.

Мне надо лететь / ехать уже завтра.
Mn'é náda l'it'ét' / jéchat' ushé sáftra.
mir[3] es-muss fliegen(best.) / fahren(best.) schon morgen
Ich muss morgen weiterfliegen / -fahren.

Помогите мне, пожалуйста, заполнить декларацию!
Pamag'ít'i mn'é, pashálßta, sapóln'it' d'iklarázyju!
helft(!) mir[3] bitte ausfüllen Erklärung[4]
Helfen Sie mir bitte, die Zollerklärung auszufüllen!

Grenz- & Zollkontrolle

паспортный контроль	**páßpartnyj kantról'**	Passkontrolle
таможенный контроль	**tamóshynnyj kantról'**	Zollkontrolle
(таможенная) декларация	**(tamóshynnaja) d'iklarázyja**	(Zoll-)Erklärung
заграничный паспорт	**sagran'ítsch'nyj / páßpart**	Reisepass *(amtl.)*
загранпаспорт	**sagranpáßpart**	Reisepass *(Umg.)*
чемодан	**tsch'imadán**	Koffer
сумка	**ßúmka**	Reisetasche
таможенная пошлина	**tamóshynnaja póschl'ina**	Zollgebühr

Мне нечиго декларировать.
Mn'é n'étsch'iwa d'iklar'írawat'
mir[3] nichts[3] deklarieren
Ich habe nichts zu verzollen.

Это подарки / личные вещи!
Éta padárk'i / l'ítschnyji w'éschsch'i!
dieses Geschenke / persönliche Dinge
Das sind Geschenke / persönliche Dinge.

Я протестую!
Já prat'ißtúju!
ich protestiere
Ich protestiere!

Polizei

Вызовите полицию / охрану!
Wýsaw'it'i pal'ízyju / aohránu!
ruft(!, v) Polizei / Sicherheit
Rufen Sie die Polizei!

Где здесь по близости полиция?
Gd'é sd'éß' pa-bl'ísaßt'i pal'ízyja?
wo hier durch-Nähe[3] Polizei
Wo ist die nächste Polizeiwache?

На меня напали!
Na-m'ín'á napál'i!
auf mich[4] überfielen(Mz)
Ich wurde überfallen!

Меня обокрали!
M'ín'á abakrál'i!
mich[4] bestahlen(Mz)
... bestohlen!

Я потерял / потеряла свои документы.
Já pat'ir'ál / pat'ir'ála ßwají dakum'énty.
ich verlor(m/w) eigene[4] Dokumente[4]
Ich habe meine Papiere verloren.

Fotografieren

Bei der Verständigung über Fotos hilft:

фотоаппарат	**fóta-apparát**	Fotokamera
цифровая камера	**zyfrawája kám'ira**	Digitalkamera
объектив; батарейки	**abjikt'íf; batar'éjk'i**	Objektiv; Batterien
фотовспышка	**fóta-fßpýschka**	Blitzgerät
карта памяти	**kárta pám'at'i**	Speicherkarte
проявление	**prajiwl'én'iji**	Entwicklung
отпечаток	**atp'itsch'átak**	Papierabzüge
диафильм	**d'iaf'íl'm**	Diafilm
формат; фотография	**farmát; fatagráf'ija**	Format; Fotografie
видеокамера	**w'id'iokám'ira**	Videokamera
видеокассета	**w'id'iokaßß'éta**	Videokasette
фотографировать	**fatagraf'írawat'**	fotografieren
снимать	**ßn'imát'**	filmen
проявлять	**prajiwl'át'**	entwickeln

Можно здесь фотографировать?
Móshna sd'éß' fatagraf'írawat'?
man-kann hier fotografieren(v)
Darf man hier fotografieren?

Можно вас сфотографировать?
Móshna wáß ßfatagraf'írawat'?
man-kann Sie[4] fotografieren(v)
Darf ich Sie fotografieren?

Я хочу распечатать каждую фотографию с этой карты.
Já chatschú raßp'itsch'átat' káshduju fatagráf'iju ß-étaj kárty.
ich (ich-)will ausdrucken jedes[4] Foto[4] von dieser[2] Karte[2]
Ich möchte je einen Ausdrucke von den Fotos auf dieser Karte

Сколько времени займёт печать снимков?
ßkól'ka wr'ém'in'i sajm'ót p'itsch'át' ßn'ímkaf?
wie-viel Zeit[2] (es-)einnimmt ausdrucken Abzüge
Wie lange dauert das Ausdrucken von Fotos?

Rauchen

Die Raucher unter Ihnen brauchen noch folgendes Vokabular:

Можно здесь курить?
Móshna sd'éß' kur'ít'?
man-kann hier rauchen
Darf man hier rauchen?

Куруть запрещено!
Kur'ít' sapr'íschsch'inó!
Rauchen verboten!

У вас есть зажигалка?
U-wáß jéßt' sashygálka?
bei euch[2] es-gibt Feuerzeug

сигареты	**ßigar'éty**	Zigaretten
папиросы	**pap'iróßy**	Papierossy
трубка; табак	**trúpka; tabák**	Pfeife; Tabak
зажигалка	**sashygálka** *w, Mz*	Feuerzeug
спички	**ßp'ítschk'i**	Streichhölzer

Krank sein

Medizinische Betreuung ist flächendeckend gewährleistet.

поликлиника	**pal'ikl'ín'ika**	Poliklinik
больница	**bal'n'íza**	Krankenhaus
регистрация	**r'ig'ißtrázyja**	Aufnahme
врач	**wrátsch'**	Arzt
часы приёма	**tsch'ißý pr'ijóma**	Sprechstunde
приёмная	**pr'ijómnaja**	Wartezimmer
На помощь!	**Na-pómasch'!**	Hilfe!
Скорее врача!	**ßkar'éji wratsch'á!**	Schnell, einen Arzt!
Осторожнее!	**Aßtaróshn'iji!**	Vorsichtiger!

Вызовите врача / скорую помощь!
Wýsaw'it'i wratsch'á / ßkóruju pómasch'!
ruft(!) Arzt[4] / schnelle[4] Hilfe[4]
Rufen Sie einen Arzt / einen Krankenwagen!

beim Arzt

Я болен / больна.
Já ból'in / bal'ná.
ich krank(m/w)
Ich bin krank

На что жалуетесь?
Na-schtó shálujit'iß?
auf was (ihr-)leidet-sich
Was fehlt Ihnen?

У меня болит ...	**U-m'in'á bal'ít ...**	Mir tut ... weh.
рука; живот	**ruká; shywót**	Arm / Hand; Bauch
нога; грудь	**nagá; grút'**	Bein / Fuß; Brust

шея; сердце	**schéja; ß'érzy**	Nacken; Herz
голова; желудок	**galawá; shelúdak**	Kopf; Magen
горло; ухо	**górla; úcha**	Hals; Ohr
спина; плечо	**ßp'iná; pl'itsch'ó**	Rücken; Schulter

У меня ...	**U-m'in'á ...**	Ich habe ...
алергия; понос	**al'irg'ija; panóß**	Allergie; Durchfall
воспаление	**waßpal'én'iji**	Entzündung
температура	**t'imp'iratúra**	Fieber
жар; грип	**shár; gr'íp**	Grippe
сердечные боли	**ß'ird'étsch'nyji ból'i** *Mz*	Herzschmerzen
кашель	**káschyl'** *m*	Husten
головная боль	**galawnája ból'** *w*	Kopfschmerzen
боль в желудке	**bol' w-shylútk'i** *w*	Magenschmerzen
боли	**ból'i** *Mz*	Schmerzen
тошнота	**taschnatá**	Übelkeit

У меня болит здесь!
U-m'in'á bal'ít sd'éß'!
bei mir[2] (es-)schmerzt hier
Hier tut es mir weh!

У меня одноразовые шприцы.
U-m'in'á adnarásawyji schpr'izý.
bei mir[2] einmalige Spritzen
Ich habe Einwegspritzen mit.

Я больной / больная диабетом.
Já bal'én / bal'ná d'iab'étam.
ich krank(m/w) Diabetes[5]
Ich bin Diabetiker.

Mit einem Smartphone können Sie sich die mit einem gekennzeichneten Sätze dieses Kapitels anhören.

Мне нужна справка для моего страхования.
Mn'é nushná ßpráfka dl'á majiwó ßtrachawán'ija.
mir[3] es-braucht(w) Beleg für meine[2] Versicherung[2]
Ich brauche eine Quittung für meine Versicherung!

beim Zahnarzt

(зубной) врач	**subnój (wrátsch)**	Zahnarzt
зуб; пломба	**súp; plómba**	Zahn; Füllung

Запломбируйте, не вырывайте, пожалуйста!
Saplamb'írujt'i, n'é wyrywájt'i pashálßta!
plombiert(!) nicht zieht-heraus(!) bitte
Den Zahn bitte plombieren, nicht ziehen!

аптека	**apt'éka**	**Apotheke**
градусник	**grádußn'ik / t'irmóm'itr**	Fieberthermometer
пластырь; вата	**pláßtyr'** *m*; **wáta**	Pflaster; Watte
мазь; таблетка	**máß'; tabl'étka**	Salbe; Tablette
капли; бинт	**kápli** *Mz*; **bínt**	Tropfen; Verband
свечка	**ßw'étsch'ka**	Zäpfchen
снотворное (средство)	**ßnatwórnaji (ßr'étßtwa)**	Schlafmittel
(женские) подкладки	**(shénßk'iji) patklátk'i**	Damenbinden
пелёнки	**p'il'ónk'i**	Windeln
принимать внутрь	**pr'in'imát' wnútr'**	zum Einnehmen
наружное	**narúshnaji**	zum Einreiben
.. дла детей	**.. dl'á d'it'éj**	.. für Kinder

Дайте мне что-нибудь от головной боли / поноса.
Dájt'i mn'é schtó-n'ibút' at-galawnój ból'i / panóßa.
gebt(!) mir[3] etwas gegen kopflichen[2] Schmerz[2] / Durchfall[2]
Geben Sie mir bitte etwas gegen Kopfschmerzen / Durchfall.

Как принимать лекарство?
Kák pr'in'imát' l'ikárßtwa?
wie einnehmen Medikament[4]
Wie muss man dieses Medikament einnehmen?

Die Autorin

Elke Becker, Jahrgang 1957. Meine Schulzeit habe ich in der DDR verbracht. Weil ich oft und gerne auf Reisen ging, begann ich mit Begeisterung, Sprachen zu lernen: Russisch, Englisch, Französisch. Fast regelmäßig verbrachte ich meine Ferien in der ehemaligen Sowjetunion. Nach einem Berufsabschluss als Mess- und Regeltechnikerin beschloss ich, Sprachen zu studieren.

Anstelle meines weiteren Lebenslaufes ist vielleicht Folgendes interessanter: Ich reise immer noch gerne, vor allem auch nach Russland. Es ist ein tolles Land mit herrlichen Landschaften und liebenswerten Leuten.

Wörterbuch
Russisch – Deutsch
Deutsch – Russisch

Ein gutes Wörterbuch ist in der Fremde mehr wert als ein Schwert.
(arabische Redensart)

Das russische Alphabet

А, а; Б, б; В, в; ,Г, г; Д, д; Е, е (Ё, ё); Ж, ж; З, з; И, и; Й, й; К, к; Л, л; М, м; Н, н; О, о; П, п; Р, р; С, с; Т, т; У, у; Ф, ф; Х, х; Ц, ц; Ч, ч; Ш, ш; Щ, щ; Ъ, ъ; Ы, ы; Ь, ь; Э, э; Ю, ю; Я, я.

Abkürzungen im Wörterbuch

j. = jemand
j-m = jemandem
j-n = jemanden
j-s = jemandes
etw. = etwas
Ez = Einzahl (Singular)
Mz = Mehrzahl (Plural)
m = männlich (Maskulinum)
s = sächlich (Neutrum)
w = weiblich (Femininum)
Nom = Nominativ
Akk = Akkusativ
Dat = Dativ
Gen = Genitiv
Inf = Grundform (Infinitiv)
uv = unvollendet (imperfektiv)
vo = vollendet (perfektiv)
adj = Eigenschaftswort (Adjektiv)
adv = Umstandswort (Adverb)
conj = Bindewort (Konjunktion)
interj = Ausruf (Interjektion)
n = Hauptwort (Nomen)
num = Zahlwort (Numerale)
part = Partikel
prep = Verhältniswort (Präposition)
pron = Fürwort (Pronomen)
v = Tätigkeitswort (Verb)
NoD = norddeutsch
ÖrD = österreichisches Deutsch
SüD = süddeutsch
SwD = schweizerdeutsch
ugs. = umgangssprachlich
abbr = Abkürzung

Zeichenerklärung

1, 2, 3, ...	die Zahlen listen unterschiedliche Bedeutungen eines Stichwortes auf.
~	Symbol (Tilde) dient als Platzhalter für das Stichwort in festen Redewndungen.
A + ~	Großbuchstabe + Tilde: Platzhalter, aber das Stichwort beginnt in der Redewendung mit einem Großbuchstaben.
▸	Beginn der Auflistung von festen Redewendungen und Beispielsätzen.
♦	zeigt Wechsel der Wortklasse an.

A

а [á] *conj* aber, sondern ♦ *interj* aha (ich verstehe)
абзáц [absáz] *m* (-а) Absatz *m* (eines Textes)
абонемéнт [aban'im'ént] *m* (-а) Dauerkarte *w*
абóрт [abórt] *m* (-а) Abtreibung *w*
абрикóс [abr'ikóß] *m* (-а; 2 мн. -ов) Aprikose *w* (Frucht), (ÖrD) Marille *w*
абсолю́тный [apßal'jútnyj] *adj* (-ая, -ое) absolut, völlig, gänzlich, vollkommen (Unsinn usw.)
авáнс [awánß] *m* (-а) Anzahlung *w*, Pfand *s*, Vorschuss *m*
авари́йный [awar'íjnyj] *adj* (-ая, -ое) Not-, Pannen-
авáрия [awár'ija] *w* (-и) Autounfall *m*, Unfall *m* (Autounfall usw.), Havarie *w* ► **потерпéть авáрию** einen Unfall haben (Auto)
áвгуст [áwgußt] *m* (-а) August *m*
авиабилéт [aw'iab'il'ét] *m* (-а) Flugticket *s*, Flugkarte *w*, Flugschein *m* (Ticket)
авиакомпáния [aw'iakampán'ija] *w* (-и) Fluggesellschaft *w*
авокáдо [awakáda] *s* (нескл.) Avocado *w*
австри́йский [afßtr'íjßk'ij] *adj* (-ая, -ое) österreichisch
Áвстрия [áfßtr'ija] *w* (-и) Österreich *s*
автобагáжник [aftabagáshn'ik] *m* (-а) Dachgepäckträger *m*
автóбус [aftóbuß] *m* (-а) Bus *m* (Verkehrsmittel) ► **~ (дáльнего слéдования)** Reisebus *m*
автодомкрáт [aftadamkrát] *m* Wagenheber *m*
автозапрáвка [aftasapráfka] *w* (-и; 2 мн. -вок) Tankstelle *w*
автомагистрáль [aftamag'ißtrál'] *w* (-и) Autobahn *w*, Schnellstraße *w*
автомастерскáя [aftamaßt'irßkája] *w* (-ой) Autowerkstatt *w*
автомáт [aftamát] *m* (-а) **1** Automat *m* (Maschine) **2** Maschinenpistole *w* ► **билéтный ~** Fahrkartenautomat *m*; **монéтный ~** Münzautomat *m*, Automat *m* (Zigaretten usw.)
автомоби́ль [aftamab'íl'] *m* (-я) Auto *s*, Wagen *m* (Kraftwagen), Pkw *m* ► **грузовóй ~** Lastwagen *m*, Lkw *m*
автомóйка [aftamójka] *w* (-и; 2 мн. -мóек) Waschanlage *w*, Autowaschanlage *w*
áвтор [áftar] *m* (-а) Autor *m*, Schreiber *m* (eines Briefes usw.)
авторитéт [aftar'it'ét] *m* (-а) Autorität *w*, Kapazität *w* (Autorität)
авторýчка [aftarútsch'ka] *w* (-и) Feder *w* (Schreibgerät) ► **шáриковая ~** Kugelschreiber *m*
автостоя́нка [aftaßtajánka] *w* (-и; 2 мн. -нок) Parkplatz *m*
автострáда [aftaßtráda] *w* (-ы) Schnellstraße *w*, Autobahn *w*
агéнтство [ag'énßtwa] *s* (-а) Agentur *w*
агресси́вный [agr'ißß'íwnyj] *adj* (-ая, -ое) aggressiv, raubtierhaft (Verhalten usw.)
ад [át] *m* (-а, 6 об áде/в адý) Hölle *w*, Inferno *s* (auch Brand usw.)
адвокáт [adwakát] *m* (-а) Anwalt *m*, Rechtsanwalt *m*
администрáция [adm'in'ißtrázyja] *w* (-и) Verwaltung *w*
áдрес [ádr'iß] *m* (-а; -á) Adresse *w*, Anschrift *w*
адресáт [adr'ißát] *m* (-а) Empfänger *m*, Adressat *m* (eines Briefes usw.)
азиáтский [as'iázk'ij] *adj* (-ая, -ое) asiatisch
Áзия [ás'ija] *w* (-и) Asien *s*
акт [ákt] *m* (-а) **1** Akt *m* (Tat), Handlung *w* **2** Akt *m* (Aufzug)
актёр [akt'ór] *m* (-а) Schauspieler *m*
акти́вный [akt'íwnyj] *adj* aktiv, tatkräftig, tätig
актуáльный [aktuál'nyj] *adj* (-ая, -ое) aktuell
акýла [akúla] *w* (-ы) Hai *m*
áкция [ákzyja] *w* (-и) **1** Aktion *w* (Tätigkeit usw.) **2** Aktie *w* ► **(промо-)áкция** Sonderangebot *s*
алкогóлик [alkagól'ik] *m* (-а) Alkoholiker *m*
алкогóль [alkagól'] *m* (-я) Alkohol *m* (Getränk), Spirituose *w*
алкогóльный [alkagól'nyj] *adj* (-ая, -ое) alkoholisch
аллерги́я [all'irg'íja] *w* (-и) Allergie *w gegen etw.*
аллéя [all'éja] *w* (-и) Allee *w*
алмáз [almáß] *m* (-а) Diamant *m*
алфави́т [alfaw'ít] *m* (-а) Alphabet *s*, Abc *s*
альпини́ст [al'p'in'íßt] *m* (-а) Bergsteiger *m*
алюми́ний [al'um'ín'ij] *m* (-я) Aluminium *s*
Амéрика [am'ér'ika] *w* (-и) Amerika *s*
ананáс [ananáß] *m* (-а) Ananas *w*
áнгел [áng'il] *m* (-а) Engel *m*
англи́йский [angl'íjßk'ij] *adj* (-ая, -ое) englisch ► **~ (язы́к)** Englisch(e) *s*
Áнглия [ángl'ija] *w* (-и) England *s*
анекдóт [an'igdót] *m* (-а) Witz *m*
анкéта [ank'éta] *w* (-ы) Fragebogen *m*
аннули́ровать [annul'írawat'] *v* (-рую, -руешь) annullieren

антéнна [anténna] *w* (-ы) Antenne *w*, Fühler *m*
антибиóтики [ant'ib'iót'ik'i] *m Mz* (-ов) Antibiotikum *s*
антúчный [ant'ítsch'nyj] *adj* (-ая, -ое) antik (zu Antike gehörend)
антрáкт [antrákt] *m* (-а) Pause *w* (während Vorstellung usw.)
апельсúн [ap'il'ß'ín] *m* (-а) Orange *w*, Apfelsine *w*
аппетúт [ap'it'ít] *m* Appetit *m*, Esslust *w*, Lust zu essen
аплодúровать [aplad'írawat'] *v* (-рую, -руешь) applaudieren *j-m*
аппарáт [apparát] *m* (-а) **1** Anlage *w*, Vorrichtung *w* (technische usw.), Apparat *m* (Gerät usw.), Gerät *s* (elektrisches usw.) **2** Trakt *m*, Apparat *m* (im Körper)
аппетúт [app'it'ít] *m* (-а) Appetit *m auf etw. Akk* ► **Приятного ~а!** Guten Appetit!, Mahlzeit!
апрéль [apr'él'] *m* (-я) April *m*
аптéка [apt'éka] *w* (-и) Apotheke *w*
аптéкарь [apt'ékar'] *m* (-я) Apotheker *m*
арáхис [arách'iß] *m* (-а) Erdnuss *w* (Frucht)
арбúтр [arb'ítr] *m* (-а) Schiedsrichter *m* (im Sport)
арбýз [arbúß] *m* (-а) Melone *w*, Wassermelone *w*
арéнда [ar'énda] *w* (-ы) **1** Pacht *w* (Mietverhältnis), Vermietung *w* **2** Miete *w* (Verhältnis) ► **сдать в арéнду** vermieten *etw. Akk an j-n*
арендовáть [ar'indawát'] *v* (-дую, -дуешь) mieten *etw. Akk*
арестовáть [ar'ißtawát'] *v* (-тую, -туешь) **1** ins Gefängnis bringen *j-n*, einsperren *j-n* **2** fassen (Täter usw.), fangen (Verdächtige usw.), verhaften *j-n*
áрка [árka] *w* (-и; 2 мн. áрок) Bogen *m* (Tragwerk), Gewölbe *s*
áрмия [árm'ija] *w* (-и) **1** Armee *w*, Heer *s*, Militär *s* (Streitkräfte) **2** Wehrdienst *m*
аромáт [aramát] *m* (-а) Aroma *s*, Duft *m* (eines Parfüms usw.), Geruch *m* (Duft)
артúкль [art'íkl'] *m* (-я) Artikel *m* (grammatischer)
артúкул [art'íkul] *m* (-а) Artikel *m* (Ware)
артишóк [art'ischók] *m* (-а) Artischocke *w*
архитéктор [arch'it'éktar] *m* (-а) Architekt *m*
архитектýра [arch'it'iktúra] *w* (-ы) Architektur *w*, Baukunst *w*
ас [áß] *m* (-а) Meister *m in etw. Dat* (Könner)
ассистéнт [aßß'ißt'ént] *m* (-а) Assistent *m*, Helfer *m*
ассоциáция [aßßaziázija] *w* (-и) Verein *m*
асфáльт [aßfál't] *m* (-а) Asphalt *m*
атáка [atáka] *w* (-и) Angriff *m* (Aggression)
атаковáть [atakawát'] *v* (-кýю, -кýешь) angreifen *j-n/etw.* (militärisch)
атлéтика [atl'ét'ika] *w* (-и) Athletik *w*
аттестáт [att'ißtát] *m* (-а) Bescheinigung *w*, Zeugnis *s*, Urkunde *w*, Zertifikat *s*
афúша [af'íscha] *w* (-и) Plakat *s*
аэропóрт [airapórt] *m* (-а) Flughafen *m* ► **терминáл ~а** Flughafenterminal *m,s*
аэростáт [airaßtát] *m* (-а) Ballon *m*, Luftschiff *s*

Б

бáбочка [bábatsch'ka] *w* (-и) **1** Schmetterling *m* **2** Fliege *w* (Krawatte) ► **ночнáя ~** Nachtfalter *m*
бáбушка [bábuschka] *w* (-и) Großmutter *w*
багáж [bagásch] *m* (-á) Gepäck *s*, Gepäckstück *s* ► **сдать ~** Gepäck einchecken; **ручнóй ~** Handgepäck *s*; **получúть ~** Gepäck abholen
багáжник [bagáshn'ik] *m* (-а) Kofferraum *m*
бáза [bása] *w* (-ы) **1** Basis *w* **2** Basis *w* (eines Objekts usw.), Grundfläche *w* **3** Base *s* (im Baseball)
базáр [basár] *m* (-а) Basar *m*, Gebrauchtwarenladen *m*, Markt *m* (Platz), Marktplatz *m*
базилúк [bas'il'ík] *m* Basilikum *s*
бак [bák] *m* (-а) Tank *m* (für Benzin usw.), Kraftstofftank *m*
баклажáн [baklashán] *m* (-а) Aubergine *w*
бáлка [bálka] *w* (-и) Träger *m* (Bauteil), Balken *m* (Träger)
балкóн [balkón] *m* (-а) Balkon *m*
балл [báll] *m* (-а) Grad *m* (Temperatur usw.), Punkt *m* (Bewertung)
бáмпер [bámp'ir] *m* (-а) Puffer *m*, Stoßstange *w*
банáн [banán] *m* (-а, 2 мн. -ов) Banane *w*
бандáж [bandásch] *m* (-á) Bandage *w*, Verband *m*
бандерóль [band'iról'] *w* (-и) Postsendung *w*
банк [bánk] *m* (-а) Bank *w* (Institution)
бáнка [bánka] *w* (-и) Blechbüchse *w*, Blechdose *w*, Gefäß *s* (Behälter)
банкомáт [bankamát] *m* (-а) Bankautomat *m*, Geldautomat *m*
бáня [bán'a] *w* (-и) Bad *s* (Baden)
бар [bár] *m* Bar *w* (Lokal), Barraum *m*, Thekenraum *m*, Saloon *m*
барабáн [barabán] *m* (-а) Trommel *w*
барáн [barán] *m* (-а) Widder *m* (Tier)

бара́нина [barán'ina] *w* (-ы) Hammelfleisch *s*

бассе́йн [baßß'éjn] *m* (-а) **1** Schwimmbecken *s* **2** Einzugsgebiet *s* (eines Flusses) ► **откры́тый ~** Freibad *s*

батаре́йка [batar'éjka] *w* (-и) Batterie *w* (elektrische) ► **Б~ у меня́ разря́жена.** Mein Akku ist leer.

батаре́я [batar'éja] *w* (-и) **1** Batterie *w* (elektrische) **2** Heizkörper *m* ► **разря́женная ~** leere Batterie

бато́н [batón] *m* (-а) Brotlaib *m*, Laib *m*, Stangenbrot *s*

ба́шня [báschn'a] *w* (-и, 2 мн. -шен) Turm *m* (Bau) ► **обзо́рная ~** Aussichtsturm *m*

бег [b'ék] *m* (-а, 6 о бе́ге/ на бегу́) Lauf *m* (physische Aktivität)

бе́гать [b'égat'] *v* (-аю, -аешь) herumlaufen (ziellos), laufen (Fitness usw.), joggen

бе́глый [b'églyj] *adj* (-ая, -ое) **1** fließend, flüssig (Rede usw.) **2** kursorisch, flüchtig (nicht gründlich)

беда́ [b'idá] *w* (-ы́) Katastrophe *w*, Unglück *s* (Tragödie usw.), Klemme *w*, Patsche *w* (Situation)

бе́дный [b'édnyj] *adj* (-ая, -ое) **1** arm (ohne Geld usw.) **2** mitleiderregend (bedauernswert)

бежа́ть [b'ishát'] *v* (бегу́) auf der Flucht sein, laufen (Person usw.), rennen

без [b'éß] *prep* ohne *j-n/etw.*

безалкого́льный [b'isalkagól'nyj] *adj* (-ая, -ое) alkoholfrei

безвку́сный [b'isfkúßnyj] *adj* (-ая, -ое) **1** fade (Geschmack usw.), (SüD, ÖrD) fad **2** geschmacklos (Witz usw.), abgeschmackt, kitschig

безвозме́здно [b'iswasm'ésna] *adv* umsonst, gratis, kostenlos

бе́здна [b'ésna] *w* (-ы) Abgrund *m*, Tiefe *w* (tiefe Stelle usw.)

безобра́зный [b'isabrásnyj] *adj* (-ая, -ое) **1** unverschämt (Benehmen usw.) **2** scheußlich, hässlich

безопа́сность [b'isapáßnaßt'] *w* (-и) Sicherheit *w etw. Gen* (von Betrieb usw.), Sicherheit *w* (Zustand)

безопа́сный [b'isapáßnyj] *adj* (-ая, -ое) sicher (gefahrlos) ► **находи́ться в безопа́сном ме́сте** in Sicherheit *w* sein

безотве́тственный [b'isatw'éztw'innyj] *adj* (-ая, -ое) unbedachtsam (Person), unbesonnen (Mensch)

безотлага́тельный [b'isatlagát'il'nyj] *adj* (-ая, -ое) dringend, unaufschiebbar

безрабо́тица [b'israbót'iza] *w* (-ы) Arbeitslosigkeit *w*

безрабо́тный [b'israbótnyj] *adj* (-ая, -ое) arbeitslos (Person) ♦ *m* Arbeitslose *m*

безу́мный [b'isúmnyj] *adj* (-ая, -ое) närrisch, verrückt, töricht, albern

безусло́вный [b'isußlównyj] *adj* (-ая, -ое) **1** bedingungslos, vorbehaltlos **2** unbedingt (Reflex usw.)

белоку́рый [b'ilakúryj] *adj* (-ая, -ое) hellhaarig

бе́лый [b'élyj] *adj* **1** weiß **2** hellhäutig (Rasse usw.) ♦ *m* Weiße *m*

бельё [b'il'ó] *s* (-я́) Wäsche *w* (Textilien) ► **посте́льное ~** Bettwäsche *w*; **(ни́жнее) ~** Unterwäsche *w*, Unterkleidung *w*

бензи́н [b'ins'ín] *m* (-а/-у) Benzin *s* ► **У меня́ ко́нчился ~.** Ich habe kein Benzin mehr.

бензоба́к [b'insabák] *m* (-а) Tank *m* (für Benzin usw.), Kraftstofftank *m*

бензоколо́нка [b'insakalónka] *w* (-и; 2 мн. -нок) Tankstelle *w*

бе́рег [b'ér'ik] *m* (-а, 6 о бе́реге/на -у́) Ufer *s*

бережли́вый [b'ir'ishl'íwyj] *adj* (-ая, -ое) sparsam (Person)

бе́режный [b'ér'ishnyj] *adj* (-ая, -ое) umsichtig, bedächtig (Person usw.), vorsichtig

бере́менная [b'ir'ém'innaja] *adj* (-енна) schwanger, gravid

бере́чь [b'ir'étsch'] *v* (-егу́, -ежёшь) schonen *j-n/etw.*, schützen *j-n/etw.*, sparen *etw. Akk* (Wasser usw.)

бескро́вный [b'ißkrównyj] *adj* (-ая, -ое) blass

беспереса́дочный [b'ißp'ir'ißádatsch'nyj] *adj* (-ая, -ое) direkt (Verbindung usw.)

беспла́тный [b'ißplátnyj] *adj* (-ая, -ое) kostenlos, kostenfrei, frei (umsonst)

беспоко́ить [b'ißpakóit'] *v* (-о́ю, -о́ишь) **1** belästigen *j-n*, stören *j-n* (mit Lärm usw.) **2** erschrecken *j-n*

беспоря́док [b'ißpar'ádak] *m* (-дка) Chaos *s*, Unordnung *w*

беспреры́вный [b'ißpr'irýwnyj] *adj* (-ая, -ое) unaufhörlich, ständig, pausenlos, ununterbrochen

бессмы́сленный [b'ißßmýßl'innyj] *adj* (-ая, -ое) unsinnig, sinnlos

бесце́нный [b'ißzénnyj] *adj* (-ая, -ое) kostbar

бето́н [b'itón] *m* (-а) Beton *m*

бе́шенство [b'éschynßtwa] *s* (-а) **1** Tollwut *w* **2** Wut *w*, Zorn *m*

бе́шеный [b'éschynyj] *adj* (-ая, -ое) **1** tollwütig **2** wütend **3** fieberhaft (Tätigkeit usw.)

библиоте́ка [b'ibl'iat'éka] *w* (-и) Bibliothek *w*

биéние [b'ijén'iji] s (-я) Schlag *m* (des Herzens usw.)
бизнесмéн [b'isnißm'en] *m* (-a) Geschäftsmann *m*, Unternehmer *m*
бики́ни [b'ik'ín'i] s (нескл.) Bikini *m*
билéт [b'il'ét] *m* (-a) **1** Fahrkarte *w*, Fahrschein *m*, Karte *w* (für Kino usw.), Eintrittskarte *w* **2** Ausweis *m* ► **абонемéнтный (проездно́й) ~** Dauerkarte *w* (Fahrkarte usw.); **проездно́й ~** Fahrkarte *w*, Fahrschein *m*; **обра́тный ~** Rückfahrkarte *w*; **лотерéйный ~(ик)** Los *s* (Lotterieschein), Lotterielos *s*; **входно́й/пропускно́й ~** Karte *w* (für Kino usw.), Eintrittskarte *w*
бинт [b'ínt] *m* (-á) Verband *m* (Bandage)
би́сер [b'íß'ir] *m* (-a) Perle *w* (aus Glas usw.)
бистро́ [b'ißtró] *s* (нескл.) Imbiss *m* (Bahnhof)
би́тва [b'ítwa] *w* (-ы) Schlacht *w*
бить [b'ít'] *v* (бью, бьёшь) **1** schlagen *an etw. Akk* (an die Tür usw.) **2** schlagen *j-n*, prügeln *j-n* **3** schlagen (Uhr usw.) **4** prägen (Münzen usw.) ► **~ нога́ми** *uv во что* treten *j-n/etw., in etw. Akk* (in Bauch usw.)
благодари́ть [blagadar'ít'] *v* (-рю́, -ри́шь) danken *j-m für etw.*, sich bedanken *bei j-m für etw.*, verdanken *j-m etw. Akk*
благода́рный [blagadárnyj] *adj* (-ая, -ое) dankbar *für etw.* ► **быть благода́рен** *кому за что* dankbar sein *j-m für etw.*
благодаря́ [blagadar'á] *prep* dank *j-m/etw.*, mithilfe *j-m/etw.*
благоприя́тный [blagapr'ijátnyj] *adj* (-ая, -ое) günstig (Bedingungen usw.)
благоскло́нность [blagaßklónnaßt'] *w* (-и) Gunst *w*, Nachsicht *w*
бланк [blánk] *m* (-a) Formular *s*
блéдный [bl'édnyj] *adj* (-ая, -ое) blass
блéндер [bl'énd'ir] *m* (-a) Mixer *m*
блестéть [bl'ißt'ét'] *v* (блещу́, блести́шь) **1** glänzen (in der Sonne usw.), glitzern **2** sich auszeichnen *in etw. Dat*
бли́зкий [bl'íßk'ij] *adj* (-ая, -ое) **1** nahe (nicht weit entfernt) **2** eng (Zusammenhang usw.) ► **с бли́зкого расстоя́ния** aus der Nähe *w*
близнéц [bl'isn'éz] *m* (-á) Zwilling *m*
блокира́тор [blak'irátar] *m* (-a) Parkkralle *w*, Kralle *w* (Vorrichtung)
блоки́ровать [blak'írawat'] *v* (-ру́ю, -ру́ешь) blockieren *etw. Akk*
блокно́т [blaknót] *m* (-a) Block *m* (Heft usw.), Notizblock *m*, Papierblock *m*, Notizbuch *s*
блоха́ [blachá] *w* (-и́; бло́хи) Floh *m*
блужда́ть [blushdát'] *v* (-а́ю, -а́ешь) **1** umherirren **2** schweifen (Gedanken usw.)
блу́зка [blúßka] *w* (-и) Bluse *w*
блю́до [bl'júda] *s* (-a) **1** Gang *m* (Gericht), Gericht *s*, Speise *w*, Mahlzeit *w* (warme usw.) **2** Platte *w*, Tablett *s* (zum Servieren), Schüssel *w*, Schale *w* (kleines Gefäß) ► **горя́чее ~** Hauptgericht *s*
бобр [bóbr] *m* (-á) Biber *m* (Tier)
бог [bóch] *m* (бо́га; бо́ги) Gott *m* ► **сла́ва ~у** zum Glück, glücklicherweise
бога́тый [bagátyj] *adj* (-ая, -ое) prosperierend, blühend (Geschäfte usw.), reich (Mensch usw.), reichlich
бо́дрствующий [bódrßtwujuschsch'ij] *adj* (-ая, -ее) wach
бой [bój] *m* (бо́я) Kampf *m*
бойфрéнд [bajfrent] *m* (-a) Freund *m* (Partner)
бок [bók] *m* (-a) **1** Hüfte *w* **2** Seite *w* (Seitenteil usw.)
бока́л [bakál] *m* (-a) Kelch *m*, Pokal *m* (Trinkgefäß)
бо́лее [ból'iji] *prep* über *wie viel* (mehr als)
болéльщик [bal'él'schsch'ik] *m* (-a) Fan *m von j-m/etw.*
болéть[1] [bal'ét'] *v* (-éю, -éешь) **1** krank sein **2** wehtun
болéть[2] [bal'ét'] *v* (-ли́т) ermutigen (beim Fußballspiel usw.)
болт [bólt] *m* (-a) Schraube *w*
болта́ть [baltát'] *v* (-а́ю, -а́ешь) **1** plaudern, quatschen (Unsinn reden), schwatzen **2** schwatzen *über etw. Akk*
боль [ból'] *w* (-и) Schmerz *m* (körperlich), Schmerzen *m Mz*
больни́ца [bal'n'íza] *w* (-ы) Krankenhaus *s*
больно́й [bal'nój] *adj* **1** krank **2** schmerzend
бо́льше [ból'schy] *adv* mehr ► **~ всегó** am meisten; **не ~** höchstens
большинство́ [bal'schynßtwó] *s* (-á) Mehrheit *w j-s/etw.*, Majorität *w j-s/etw.* ► **в большинствé слу́чаев** meist, meistens
большо́й [bal'schój] *adj* (-а́я, -о́е) groß (Maß, Menge), hoch (Summe usw.)
бордéль [bardel'] *m* (-я) Bordell *s*
борода́ [baradá] *w* (-ы́) Bart *m*
боро́ться [barótza] *v* (борю́сь, бо́решься) ringen *mit j-m um etw.*
борт [bórt] *m* (-a, 4 на́ борт/на бо́рт, 6 о бо́рте/на борту́) **1** Bord *m*, Deck *s* **2** Bande *w* (im Eishockey) ► **на ~у́** *чего* an Bord *etw. Gen*
борьба́ [bar'bá] *w* (-ы́) **1** Kampf *m* **2** Ringkampf *m*
босо́й [baßój] *adj* (-а́я, -о́е) barfuß, barfüßig
босоно́жки [baßanóshk'i] *w Mz* (-жек) Sandalen *w Mz*
боти́нок [bat'ínak] *m* (-а; -нки, -нок) Schuh *m*
бо́чка [bótsch'ka] *w* (-и) Bottich *m*, Fass *s*, Fässchen *s*

боя́ться [bajátza] *v* (боюсь, боишься) **1** fürchten *etw. Akk*, befürchten *etw. Akk*, fürchten *j-n/etw.* **2** besorgt sein *um j-n/etw.*

брак[1] [brák] *m* (-а) Ehe *w*, Trauung *w* ► **вступа́ть в ~** *uv* heiraten (Ehe schließen); **вступи́ть в ~** heiraten (Ehe schließen)

брак[2] [brák] *m* (-а) **1** Schund *m*, Ausschuss *m* **2** Ausschuss *m*, Schund *m*

брани́ть [bran'ít'] *v* (-ню́, -ни́шь) schimpfen *mit j-m*

брасле́т [braßl'ét] *m* (-а) Armband *s*

брат [brát] *m* (-а; бра́тья, -ьев) Bruder *m* ► **двою́родный ~** Cousin *m*; **(родно́й) ~** Geschwister *s*

брать [brát'] *v* (беру́, берёшь) **1** nehmen (in die Hand) **2** wegnehmen *j-m etw. Akk* (entziehen) **3** beziehen (Gehalt usw.)

бре́мя [br'ém'a] *s* (-мени) Belastung *w* (Schwierigkeit usw.), Last *w* (Sorge usw.)

бренд [brent] *m* (-а) Marke *w* (Ware)

брить [br'ít'] *v* (бре́ю, бре́ешь) rasieren *j-n/etw.*

бро́ви [brów'i] *w Mz* Augenbrauen *w Mz*

брони́рование [bran'írawan'iji] *s* Reservierung *w*, Buchung *w*

брони́ровать [bran'írawat'] *v* reservieren *etw. Akk* (Tisch usw.), buchen *etw. Akk* (Reise usw.)

бро́сить [bróß'it'] *v* (бро́шу, бро́сишь) **1** hineinwerfen *etw. Akk in etw. Akk*, einwerfen *etw. Akk in etw. Akk*, werfen *etw. Akk*, schmeißen *etw. Akk* **2** wegwerfen (zum Abfall tun) **3** aufgeben *etw. Akk*, einstellen *etw. Akk* (Tätigkeit usw.), aufhören *mit etw.* **4** werfen *etw. Akk irgendwohin*, schleudern *etw. Akk irgendwohin*, werfen *etw. Akk irgendwohin* (Schatten usw.) **5** verlassen *j-n/etw.*

бры́згать [brýsgat'] *v* (-зжу, -зжешь / -аю, -аешь) **1** spritzen (Wasser usw.) **2** hervorsprudeln (Wasser usw.), spritzen (sprudeln) **3** spritzen (Fett usw.)

брю́ки [br'júk'i] *Mz* (брюк) Hose *w* ► **(спорти́вные) ~** Trainingshose *w*

буди́льник [bud'íl'n'ik] *m* (-а) Wecker *m*

бу́дущее [búduschsch'iji] *s* (-его) Zukunft *w*

бу́дущий [búduschsch'ij] *adj* (-ая, -ее) zukünftig, künftig

бу́ква [búkwa] *w* (-ы) Buchstabe *m* ► **произноси́ть** *что* **по ~м** buchstabieren *etw. Akk*; **прописны́е бу́квы** Großbuchstaben *m Mz*

буке́т [buk'ét] *m* (-а) Strauß *m* (Blumen), Blumenstrauß *m*

була́вка [buláfka] *w* (-и; 2 мн. -вок) Nadel *w* (Stecknadel), Stecknadel *w* ► **англи́йская ~** Sicherheitsnadel *w*

бу́лочка [búlatsch'ka] *w* (-и; 2 мн. -чек) Brötchen *s*, Hörnchen *s*

бу́лочная [bulaschnaja] *w* (-ой) Bäckerei *w*

бульо́н [bul'jón] *m* (-а) Bouillon *w*, Brühe *w*

бума́га [bumága] *w* (-и) **1** Papier *s* **2** Schriftstück *s*, Urkunde *w*, Dokument *s* (Schriftstück) ► **туале́тная ~** Toilettenpapier *s*

бума́жка [bumáshka] *w* (-и) Banknote *w*, Schein *m* (Geld)

бу́рый [búryj] *adj* (-ая, -ое) braun

бу́ря [búr'a] *w* (-и) Gewitter *s*

бу́синка [búß'inka] *w* (-и) Perle *w* (aus Glas usw.)

буты́лка [butýlka] *w* (-и) Flasche *w*, Buddel *w*

буфе́т [buf'ét] *m* (-а) Bistro *s*, Imbiss *m* (Bahnhof), Kantine *w* ► **холо́дный ~** kaltes Büfett

бы́вший [býwschyj] *adj* (-ая, -ее) ehemalig, früher

бык [býk] *m* (-á) Rind *s* (Büffel usw.), Stier *m* (Bulle)

бы́стро [býßtra] *adv* **1** schnell **2** scharf (abbiegen usw.)

бы́стрый [býßtryj] *adj* (-ая, -ое) flott (Schritt usw.), schnell, rapid, rapide

быть [být'] *v* (есть, суть) sein ► **то есть** nämlich; **~ оде́тым** *во что* tragen (Kleider), anhaben; **Так и ~.** Es ist mir egal.; **Мне хо́лодно.** Mir ist kalt.

бюро́ [b'uró] *s* (нескл.) **1** Büro *s* (Geschäftsstelle) **2** Vorstand *m* (einer Partei usw.) ► **информацио́нное ~** Information *w*

бюстга́льтер [b'usgál'tir] *m* (-а) Büstenhalter *m*, BH *m*

В

в [w] *prep* **1** in **2** pro, um (drei Uhr usw.) ► **в тре́тий раз** zum dritten Mal; **в полпя́того** um halb fünf; **ко́мнаты в аре́нду** Zimmer zu vermieten; **Я приду́ в четвёртом часу́.** Spätestens um fünf bin ich da.; **в три часа́** um drei Uhr; **в шко́ле** in der Schule; **в ху́дшем/лу́чшем слу́чае** im schlimmsten/besten Fall *m*; **в понеде́льник/вто́рник** am Montag/Dienstag

ваго́н [wagón] *m* (-а) Eisenbahnwagen *m*, Wagen *m* (Eisenbahn) ► **спа́льный ~** Schlafwagen *m*

ва́жный [wáshnyj] *adj* (-ая, -ое) wichtig, bedeutsam (Entscheidung usw.) ► **быть ва́жным** liegen *an etw. Dat* (wichtig sein); **быть ~** *что/кто для кого* liegen *j-m an etw. Dat* (schätzen)

ва́за [wása] *w* (-ы) Vase *w*

вали́ться [wal'ítza] *v* strömen

валю́та [wal'júta] *w* (-ы) Devise *w*, Valuten *w Mz* (Währung), Währung *w*
ва́нна [wánna] *w* (-ы) **1** Bad *s* (Baden) **2** Badewanne *w*, Wanne *w*
ва́нная [wánnaja] *w* (-ой) Bad *s* (Raum), Badezimmer *s*
варе́нье [war'én'ji] *s* (-я; 2 мн. -ний) Eingemachte *s*
вари́ть [war'ít'] *v* (варю́, ва́ришь) kochen *etw. Akk* (im Wasser usw.)
ва́та [wáta] *w* (-ы) Watte *w*
ваш, ва́ши *pron* Ihr, Ihre
вблизи́ [wbl'is'í] *adv* aus der Nähe *w*, nahe (nicht weit entfernt) ♦ *prep* in der Nähe *von etw.*, nahe
введе́ние [ww'id'én'iji] *s* (-я) Einleitung *w*
ввиду́ [ww'idú] *prep* wegen *j-s/etw.*
ввод [wwót] *m* (-а) Anschluss *m* (zu einem Leitungsnetz), Eingabe *w*, Zuleitung *w* (Rohr usw.)
вдави́ть [wdaw'ít'] *v* (вдавлю́, вда́вишь) drücken *etw. Akk in etw. Akk*
вдоба́вок [wdabáwak] *adv* zusätzlich *zu etw.* (als Zusatz), extra (noch dazu)
вдова́ [wdawá] *w* (-ы́; вдо́вы) Witwe *w*
вдове́ц [wdaw'éz] *m* (-вца́) Witwer *m*
вдоль [wdól'] *prep* entlang *etw. Dat*
вдруг [wdrúk] *adv* aus heiterem Himmel, unversehens, plötzlich
вегетариа́нский [w'ig'itar'jianßk'ij] *adj* (-ая, -ое) fleischlos, vegetarisch
веде́ние [w'id'én'iji] *s* Fahren *s*, Führung *w* (eines Betriebes usw.), Leitung *w* (einer Firma usw.), Management *s* (Tätigkeiten)
ве́домство [w'édamßtwa] *s* (-а) Verwaltung *w*
ведро́ [w'idró] *s* (-а́; вёдра) Eimer *m*, Kübel *m* ► **му́сорное ~** Mülleimer *m*, Abfalleimer *m*
веду́щий[1] [w'idúschsch'ij] *adj* (-ая, -ее) **1** führend (Persönlichkeit usw.), Leit- **2** führend (Läufer usw.)
веду́щий[2] [w'idúschsch'ij] *m* (-его) Moderator *m*
ве́жливость [w'éshl'iwaßt'] *w* (-и) Höflichkeit *w*
ве́жливый [w'éshl'iwyj] *adj* (-ая, -ое) höflich
везде́ [w'isd'é] *adv* überall
везти́[1] [w'ißt'í] *v* (-зу́, -зёшь) fahren *j-n/etw. irgendwohin*, transportieren *j-n/etw. irgendwohin*
везти́[2] [w'ißt'í] *v* (-зёт) Erfolg haben *bei etw.*, Glück haben
везу́чий [w'isútsch'ij] *adj* (-ая, -ее) glücklich (Gewinner usw.)
век [w'ék] *m* (-а, 6 о ве́ке/на веку́; -а́) Jahrhundert *s*
ве́ко [w'éka] *s* (-а; ве́ки) Lid *s*
веле́ть [w'il'ét'] *v* (-лю́, -ли́шь) befehlen *j-m etw. Akk*
великоле́пный [w'il'ikal'épnyj] *adj* (-ая, -ое) **1** herrlich, toll, cool **2** großartig (Bauwerk usw.), überwältigend, pompös, pomphaft
величина́ [w'il'itsch'iná] *w* (-ы́; -и́ны) **1** Größe *w* **2** Kapazität *w* (Autorität)
велосипе́д [w'ilaß'ip'ét] *m* (-а) Fahrrad *s*
ве́на [w'éna] *w* (-ы) Vene *w*, Ader *w*
вентили́ровать [w'int'il'írawat'] *v* (-рую, -руешь) **1** belüften (Zimmer usw.) **2** auslassen (Wut usw.)
ве́ра [w'éra] *w* (-ы) Glaube *m*, Konfession *w*, Glaubensbekenntnis *s*
ве́рить [w'ér'it'] *v* (-рю, -ришь) **1** glauben *j-m/etw.* **2** glauben *an etw. Akk*
вермише́ль [w'irm'ischél'] *w* (-и) Nudeln *w Mz*
верне́е [w'irn'éji] *part* genauer (gesagt)
верну́ть [w'irnút'] *v* (-ну́, -нёшь) zurückgeben *j-m etw. Akk*, zurückzahlen (Geld)
ве́рный [w'érnyj] *adj* (-ая, -ое) **1** treu (genau), getreu **2** treu *j-m* (zuverlässig)
вероя́тный [w'irajátnyj] *adj* (-ая, -ое) glaubhaft, glaubwürdig, wahrscheinlich
верте́ть [w'irt'ét'] *v* (верчу́, ве́ртишь) **1** umdrehen *etw. Akk*, herumdrehen *etw. Akk* (um die Achse) **2** wedeln (mit dem Schwanz usw.)
вертолёт [w'irtal'ót] *m* (-а) Hubschrauber *m*
ве́рхний [w'érchn'ij] *adj* (-яя, -ее) ober, Ober-, ober(er,e,es), Überkopf-
верху́шка [w'irchúschka] *w* (-и) **1** Gipfel *m etw. Gen*, Spitze *w etw. Gen* (Turm usw.) **2** Elite *w*, Spitze *w* (Posten)
верши́на [w'irschýna] *w* (-ы) **1** Höhepunkt *m* (Phase) **2** Gipfel *m etw. Gen* (Berg usw.), Spitze *w etw. Gen* (Turm usw.)
вес [w'éß] *m* (-а/-у; -а́, -о́в) Gewicht *s etw. Gen* (Schwere), Schwere *w* (Gewicht)
весёлый [w'iß'ólyj] *adj* (-ая, -ое) fröhlich, heiter (Stimmung), lustig (amüsant)
ве́сить [w'éß'it'] *v* (ве́шу, ве́сишь) wiegen (Gewicht haben)
весло́ [w'ißló] *s* (-а́; вёсла) Paddel *s*, Ruder *s*, Skull *s* (Ruder)
весна́ [w'ißná] *w* (-ы) Frühling *m*
вести́ [w'ißt'í] *v* (веду́, ведёшь) **1** betreiben *etw. Akk*, leiten *etw. Akk* (Firma usw.) **2** leiten (Wasser usw.) **3** leiten *etw. Akk durch etw.* (durchziehen usw.) **4** führen *irgendwohin/durch etw.* (Weg) ► **~ себя́** sich benehmen, sich verhalten
весть [w'éßt'] *w* Nachricht *w*, Neuigkeit *w* (Auskunft usw.)

весы́ [w'ißý] *Mz* (-óв) Waage *w* (Gerät) ► **В~** *Mz* Waage *w* (Sternzeichen)
весь, вся *pron* all
ветвь [w'étf'] *w* (-и; -и, -éй) Zweig *m*, Ast *m*
вéтер [w'ét'ir] *m* (вéтра) Wind *m*
вéтка [w'étka] *w* (-и) **1** Zweig *m*, Ast *m* **2** Verbindungsstraße *w*
вéтреный [w'étr'inyj] *adj* (-ая, -ое) windig
ветчинá [w'ittsch'iná] *w* (-ы́) Schinken *m*
вéчер [w'étsch'ir] *m* (-а; -á) Abend *m* ► **Дóбрый ~.** Guten Abend.
вечери́нка [w'itsch'ir'ínka] *w* (-и) Party *w*
вéчером [w'étsch'iram] *adv* abends, gegen Abend
вéчный [w'étsch'nyj] *adj* (-ая, -ое) ewig
вéшалка [w'éschalka] *w* (-и, 2 мн. -лок) Kleiderbügel *m*, Bügel *m* (für Kleider) ► **~-крючóк** Kleiderhaken *m*, Haken *m* (Hängeisen)
вéшать [w'éschat'] *v* (-аю, -аешь) **1** aufhängen *etw. Akk* (Gardinen usw.), hängen *etw. Akk* (Wäsche usw.) **2** hängen *j-n* (hinrichten)
веществó [w'ischsch'ißtwó] *s* (-á) Stoff *m* (chemischer usw.)
вещь [w'éschsch'] *w* (-и; -и, -éй) Sache *w* (Gegenstand), Ding *s* (nützliches usw.) ► **вéщи** Sachen *w Mz*
взаи́мный [wsaímnyj] *adj* (-ая, -ое) gegenseitig, reziprok
взвéсить [wsw'éß'it'] *v* (-éшу, -éсишь) **1** wiegen *j-n/etw.* (Gewicht feststellen) **2** in Erwägung ziehen *etw. Akk*, erwägen *etw. Akk*
взгляд [wsgl'át] *m* (-а) **1** Blick *m auf etw. Akk* **2** Ansicht *w von etw., über etw. Akk*, Meinung *w über etw. Akk*
взлетéть [wsl'it'ét'] *v* (взлечý, взлети́шь) abheben (Flugzeug usw.), hochfliegen, (in die Luft) steigen (Rauch, Ballon usw.) ► **~ на вóздух** in die Luft fliegen (Gebäude usw.)
взлом [wslóm] *m* (-а) Einbruch *m* (in ein Haus usw.)
взломáть [wslamát'] *v* (-áю, -áешь) **1** durchbrechen (Absperrung usw.) **2** aufbrechen *etw. Akk* (öffnen)
взлóмщик [wslómschsch'ik] *m* (-а) Räuber *m*
взойти́ [wsajt'í] *v* (-йдý, -йдёшь) **1** hinaufgehen **2** aufgehen (Sonne usw.) **3** aufgehen (Teig) **4** aufgehen (Samen usw.)
взрóслый [wsróßlyj] *adj* erwachsen, groß, reif (Mensch usw.) ♦ *m* Erwachsene *m*
взять [ws'át'] *v* (возьмý, возьмёшь) **1** nehmen *etw. Akk* (in die Hand) **2** sich leihen *etw. Akk von j-m*, sich ausleihen *etw. Akk von j-m* **3** mitnehmen *j-n/etw. irgendwohin* (mit dem Auto usw.) **4** wegnehmen *j-m etw. Akk* (entziehen) **5** nehmen (Essen usw.) **6** in Anspruch nehmen (Zeit) ► **~ на себя́** nehmen (Risiko usw.); **~ напрокáт** mieten *etw. Akk*; **~** *что* **с собóй** mitnehmen *etw. Akk*
взя́ться [ws'átza] *v* (возьмýсь, возьмёшься) **1** herangehen *an etw. Akk* (Arbeit usw.), sich machen *an etw. Akk*, schreiten *zu etw.*, sich einlassen *auf etw. Akk* (beginnen) **2** erscheinen
вид [w'ít] *m* **1** Anblick *m etw. Gen* (Erblicken) **2** Aussicht *w* (ins Weite usw.), Ausblick *m* (schöner usw.) **3** Art *w* (Typus usw.), Sorte *w* (Typ usw.) **4** Aussehen *s* **5** Aspekt *m* (eines Verbs) ► **~ы** Aussichten *w Mz* (Chancen); **имéя в ~ý** *что* angesichts *etw. Gen*; **Что вы имéете в ~ý?** Was meinen Sie damit?
ви́деть [w'íd'it'] *v* (ви́жу, ви́дишь) sehen *j-n/etw.*
ви́димость [w'íd'imaßt'] *w* (-и) **1** Sichtweite *w* **2** Schein *m* (Eindruck usw.), Anschein *m*
ви́дный [w'ídnyj] *adj* (-ая, -ое) **1** sichtbar **2** führend (Persönlichkeit usw.), Spitzen-, prominent ► **быть ви́ден** in Sichtweite sein
ви́за [w'ísa] *w* (-ы) Visum *s* ► **въезднáя ~** Einreisevisum *s*
визи́т [w'is'ít] *m* (-а) Besuch *m j-s/etw.*
визи́тка [w'is'ítka] *w* (-и) Visitenkarte *w*, Besuchskarte *w*
ви́лка [w'ílka] *w* (-и; 2 мн. -лок) Gabel *w* ► **штéпсельная ~** Stecker *m*
ви́лла [w'ílla] *w* (-ы) Villa *w*
винá [w'iná] *w* (-ы́; ви́ны) Schuld *w an etw. Dat* (Verantwortung usw.), Schuld *w* (Fehler)
винó [w'inó] *s* (-á; ви́на) Wein *m*
винoвáтый [w'inawátyj] *adj* (-ая, -ое) schuldbewusst, schuldig *etw. Gen* ► **Я не виновáт!** Es ist nicht meine Schuld!
винóвник [w'inówn'ik] *m* (-а) Schuldige *m*, Übeltäter *m*
виногрáд [w'inagrát] *m* (-а) **1** Trauben *w Mz* **2** Weinrebe *w*
виногрáдник [w'inagrádn'ik] *m* (-а) Weinberg *m*, Weingarten *m*
винт [w'ínt] *m* Schraube *w* ► **воздýшный ~** Luftschraube *w*
винтóвка [w'intófka] *w* (-и) Gewehr *s*
висéть [w'iß'ét'] *v* (вишý, виси́шь) hängen
витри́на [w'itr'ína] *w* (-ы) Schaufenster *s*, Vitrine *w*
ви́шня [w'ischn'a] *w* (-и; 2 мн. -шен) Sauerkirsche *w* (Frucht), Kirsche *w* (saure)
включáтель [fkl'utsch'át'il'] *m* (-я) Schalter *m* (elektrischer)
включи́ть [fkl'utsch'ít'] *v* (-чý, -чи́шь) **1** angliedern *etw. Akk an etw. Dat*, einbeziehen *etw. Akk in etw. Akk*, eingliedern *etw. Akk in etw. Akk* (in System usw.), zuordnen *etw.*

Akk etw. Dat **2** anstellen, einschalten, anschalten (Gerät usw.) **3** anschließen *etw. Akk an etw. Akk* ▶ **~** *vo* **свет** (Licht) einschalten, (Licht) anmachen; **~ (скóрость)** (den Gang) einlegen/schalten

вкус[1] [fkúß] *m* (-а) **1** Geschmack *m* (des Essens usw.) **2** Geschmack *m* (Sinn), Geschmackssinn *m* ▶ **быть на ~** *какой* schmecken *nach etw.* (Beigeschmack haben)

вкус[2] [fkúß] *m* (-а) Eleganz *w*, Geschmack *m* (Vorliebe)

вкýсный [fkúßnyj] *adj* (-ая, -ое) köstlich, lecker, deliziös (Geschmack), schmackhaft

влáга [wlága] *w* (-и) Feuchtigkeit *w* (Wassertropfen usw.)

владéлец [wlad'él'iz] *m* (-льца) Besitzer *m*

владéть [wlad'ét'] *v* (-éю, -éешь) **1** beherrschen (Fremdsprache usw.) **2** besitzen *etw. Akk*

влáжный [wláshnyj] *adj* (-ая, -ое) feucht

власть [wláßt'] *w* (-и; -и, -éй) Macht *w* ▶ **óрганы влáсти** Behörden *w Mz*

влéво [wl'éwa] *adv* nach links (wohin)

влезть [wl'éßt'] *v* (-зу, -зешь) **1** hinaufklettern *etw. Akk*, klettern *auf etw. Akk* (hinauf) **2** hineinkriechen *irgendwohin*, klettern *irgendwohin* (durchs Fenster usw.)

влечéние [wl'itsch'én'iji] *s* (-я) Hang *m* (Tendenz) *zu etw.*, Neigung *w zu etw.*

влить [wl'ít'] *v* (волью, вольёшь) **1** gießen *etw. Akk in etw. Akk* (Wasser in die Tasse usw.) **2** eingliedern *etw. Akk in etw. Akk* (in System usw.)

влия́ние [wl'iján'iji] *s* (-я) Einfluss *m*

вложи́ть [wlashýt'] *v* (вложý, влóжишь) **1** einlegen *etw. Akk in etw. Akk* **2** verwenden *etw. Akk auf etw. Akk* (Mühe, Geld usw.)

вломи́ться [wlam'ítza] *v* (вломлю́сь, влóмишься) einbrechen *in etw. Akk* (Dieb usw.)

вмéсте [wm'éßt'i] *adv* beisammen, zusammen (arbeiten usw.), gemeinsam

вмести́ть [wm'ißt'ít'] *v* (вмещý, вмести́шь) **1** einräumen *etw. Akk irgendwohin* (hineinstellen usw.), hineinpressen *j-n/etw. irgendwohin* **2** aufnehmen (Platz bieten)

вмéсто [wm'éßta] *adv* statt *etw. Gen*, anstelle *von etw.*, anstatt *etw. Gen* ♦ *prep* für *j-n* (anstatt usw.), statt *etw. Gen*, anstelle *etw. Gen*, anstatt *etw. Gen* ▶ **~ тогó** stattdessen, dafür

внаём [wna'óm] **сдать ~** pachten *etw. Akk*

вне [wn'é] *adv* heraus *aus etw.* ♦ *prep* außerhalb *etw. Gen*, außerhalb (der Stadt usw.)

внедорóжник [wn'idaróshn'ik] *m* (-а) Geländewagen *m*, Jeep *m*

внезáпный [wn'isápnyj] *adj* (-ая, -ое) abrupt (unerwartet), plötzlich

внести́ [wn'ißt'í] *v* (-сý, -сёшь) **1** hineintragen *etw. Akk irgendwohin*, hineinbringen *etw. Akk irgendwohin* (Freude usw.) **2** anlegen *etw. Akk irgendwo* (in einer Bank usw.), einlegen *etw. Akk irgendwo* (Geld), einzahlen *etw. Akk auf etw. Akk*

внéшность [wn'éschnaßt'] *w* (-и) Aussehen *s*, Äußere *s*

вниз [wn'íß] *adv* herunter (zum Sprecher), hinunter (von Sprecher), nach unten, abwärts

внизý [wn'isú] *adv* unten ♦ *prep* unterhalb

внимáние [wn'imán'iji] *s* (-я) **1** Aufmerksamkeit *w*, Acht *w* **2** Rücksicht *w auf etw. Akk* ▶ **уделя́ть ~** *комý/чемý* Aufmerksamkeit widmen *j-m/etw.*; **отвлéчь ~** *j-s* Aufmerksamkeit ablenken; **обрати́ть** *чьё* **~** *на что* aufmerksam machen *j-n auf etw. Akk*; **обращáть ~** *на когó/что* achten *auf j-n/etw.*, beachten *etw. Akk* (Aufmerksamkeit widmen); **заслýживать внимáния** wert sein *etw. Gen* (verdienen); **В~!** Vorsicht!, Achtung!

внимáтельно [wn'imát'il'na] *adv* **1** aufmerksam, sorgfältig **2** schonend ▶ **~ слýшать** aufpassen *auf etw. Akk*

внук [wnúk] *m* (-а) Enkel *m*

внýтренний [wnútr'inn'ij] *adj* (-яя, -ее) **1** binnenländisch, inner(er,e,es), Innen-, intern **2** inländisch (Produkt usw.), innerstaatlich, Inlands- **3** innerlich (Gefühle usw.), Innen-

внутри́ [wnutr'í] *adv* **1** drinnen, innen **2** drinnen (im Haus, unter dem Dach) ♦ *prep* innerhalb *etw. Gen*, im Inneren *etw. Gen*

внýчка [wnútsch'ka] *w* (-и) Enkelin *w*

вóвремя [wówr'im'a] *adv* pünktlich, rechtzeitig

водá [wada] *w* (-ы) Wasser *s* ▶ **сóдовая (~)** Soda *s* (Getränk), Sodawasser *s*; **питьевáя ~** Trinkwasser *s*

води́тель [wad'ít'il'] *m* (-я) Fahrer *m*, Lenker *m*

води́тельский [wad'ít'il'ßk'ij] *adj* (-ая, -ое) Führer- ▶ **води́тельские правá** Führerschein *m*

води́ть [wad'ít'] *v* (вожý, вóдишь) **1** führen *j-n irgendwohin*, leiten *j-n irgendwohin* **2** fahren *etw. Akk* (Auto)

вóдный [wódnyj] *adj* (-ая, -ое) Wasser- ▶ **вóдные ви́ды спóрта** Wassersportarten *w Mz*

водонепроницáемый [wadan'ipran'izájimyj] *adj* (-ая, -ое) wasserdicht

водопáд [wadapát] *m* (-а) Wasserfall *m*

водопровóд [wadaprawót] *m* (-а) Wasserleitung *w*

водохрани́лище [wadachran'íl'ischsch'i] *s* (-а) Stausee *m*

воева́ть [wajiwát'] *v* (вою́ю, вою́ешь) 1 kämpfen (mit Waffen) 2 Krieg führen *gegen j-n*, bekriegen *j-n*

военнослу́жащий [wajinnaßlúshaschschij] *m* (-его) Soldat *m*

вождь [wóscht'] *m* (-я́) 1 Führer *m*, Leiter *m* (einer Bewegung usw.), Chef *m* 2 Häuptling *m*

возбуди́ть [wasbud'ít'] *v* (-ужу́, -уди́шь) 1 erregen *etw. Akk* (hervorrufen), erwecken *etw. Akk* (Interesse usw.) 2 erregen *j-n* (sexuell)

возде́йствие [wasd'éjßtw'iji] *s* (-я) Wirkung *w*, Auswirkung *w*

возде́йствовать [wasd'éjßtwawat'] *v* (-твую, -твуешь) beeinflussen *j-n/etw.*, wirken (Wirkung haben)

во́здух [wósduch] *m* (-а) Luft *w* ► **освежи́тель ~а** Lufterfrischer *m*; **набра́ть ~** einatmen (Atem holen)

возду́шный [wasdúschnyj] *adj* (-ая, -ое) 1 Luft- 2 Flug-, Luft- 3 locker (Gebäck usw.)

вози́ть [was'ít'] *v* (вожу́, во́зишь) fahren *j-n/etw. irgendwohin*, transportieren *j-n/etw. irgendwohin*

во́зле [wósl'i] *adv* daneben, nebenan (in der Nähe) ♦ *prep* an

возмо́жность [wasmóshnaßt'] *w* (-и) 1 Eventualität *w*, Möglichkeit *w* (Auswahl) 2 Möglichkeit *w* (Chance) ► **дать ~** ermöglichen *(j-m) etw. Akk*

возмо́жный [wasmóshnyj] *adj* (-ая, -ое) eventuell, Eventual-, möglich ► **быть возмо́жным** gehen (möglich sein)

вознагради́ть [wasnagrad'ít'] *v* (-ажу́, -ади́шь) belohnen *j-n für etw., mit etw.* (zum Dank)

вознагражде́ние [wasnagrashd'én'iji] *s* (-я) 1 Belohnung *w* (belohnt werden) 2 Ersatz *m für etw.*

возни́кнуть [wasn'íknut'] *v* (-ну, -нешь) entstehen (sich entwickeln)

возобнови́ть [wasabnaw'ít'] *v* (-влю, -ви́шь) erneuern (Beziehung usw.), wiederherstellen (Ordnung)

во́зраст [wósraßt] *m* (-а) Alter *s* (einer Person), Lebensalter *m*

война́ [wajná] *w* (-ы; во́йны) Krieg *m*, Kriegführung *w*

во́йско [wójßka] *s* (-а; войска́) Armee *w*, Heer *s*, Militär *s* (Streitkräfte)

войти́ [wajt'í] *v* (войду́, войдёшь) 1 eintreten *in etw. Akk*, betreten *etw. Akk*, hereinkommen *in etw. Akk*, treten *in etw. Akk* 2 zusteigen *in etw. Akk* ► **Войди́те!** Herein!

вокза́л [wagsál] *m* (-а) Bahnhof *m* ► **автобусный ~** Busbahnhof *m*; **гла́вный ~** Hauptbahnhof *m*

вокру́г [wakrúk] *adv* rings, ringsum ♦ *prep* um *etw. Akk* (räumlich)

волк [wólk] *m* (-а; -и, -о́в) Wolf *m*

волна́ [walná] *w* (-ы; во́лны) Schwingung *w*, Welle *w* (Wasser)

волне́ние [waln'én'iji] *s* (-я) 1 Erregung *w* (Emotionen), Unruhe *w* (innere), Rastlosigkeit *w* 2 Wellenbewegung *w* 3 Aufheben *s*

во́лос [wólaß] *m* (-а; -ы) Haar *s* (einzelnes, auf dem Kopf) ► **~ы** Haar *s* (blondes, lockiges usw.), Haare *s Mz* (auf der Brust usw.)

волочи́ть [walatsch'ít'] *v* (-очу́, -о́чишь/очи́шь) schleifen *etw. Akk* (Sack usw.), schleppen

волше́бный [walschébnyj] *adj* (-ая, -ое) 1 Wunder-, zauberisch, Zauber-, magisch 2 zauberhaft, wundervoll

во́льный [wól'nyj] *adj* (-ая, -ое) frei (uneingeschränkt usw.)

во́ля [wól'a] *w* (-и) 1 Spielraum *m* (für Entscheidungen usw.) 2 Wille *m*

вон [wón] *adv* heraus (vom Sprecher), hinaus (zum Sprecher), nach draußen

воня́ть [wan'át'] *v* (-я́ю, -я́ешь) stinken *nach etw.*

воображе́ние [waabrashén'iji] *s* (-я) Fantasie *w*, Vorstellungsvermögen *s*

вообще́ [waapschsch'é] *adv* 1 insgesamt 2 jedes Mal, jeweils 3 sonst ♦ *part* überhaupt (insgesamt)

вооружённый [waarush'ónnyj] *adj* (-ая, -ое) bewaffnet

воплоти́ть [waplat'ít'] *v* (-ощу́, -оти́шь) ausdrücken, darstellen *j-n* (spielen)

вопреки́ [wapr'ik'í] *prep* trotz *etw. Gen*

вопро́с [wapróß] *m* (-а) 1 Frage *w* 2 Angelegenheit *w*, Frage *w* (Problem usw.)

вор [wór] *m* (-а; -ы, -о́в) Dieb *m*

ворва́ться [warwátza] *v* (-ву́сь, -вёшься) 1 einbrechen *in etw. Akk* (Feind usw.), stürzen *irgendwohin* (in ein Zimmer usw.) 2 sich hineindrängen *irgendwohin*, sich hineinzwängen *in etw. Akk* (rücksichtslos usw.)

воробе́й [warab'éj] *m* (-бья́) Sperling *m*, Spatz *m*

воро́та [waróta] *Mz* (-о́т) Tor *s*

воротни́к [waratn'ík] *m* (-а́) Kragen *m*

восемна́дцать [waß'imnázat'] *num* (-и) achtzehn

во́семь [wóß'im'] *num* (восьми́) acht

во́семьдесят [wóß'im'd'iß'it] *num* (восьми́десяти) achtzig

воскресе́нье [waßkr'iß'én'ji] *s* (-я; 2 мн. -ний) Sonntag *m*

воспале́ние [waßpal'én'iji] *s* (-я) Entzündung *w* ► **~ лёгких** Lungenentzündung *w*

воспита́ние [waßp'itán'iji] *s* (-я) Erziehung *w*

воспита́ть [waßp'itát'] *v* (-а́ю, -а́ешь) erziehen *j-n*

воспомина́ние [waßpam'inán'iji] *s* (-я) Andenken *s* (Gedenken), Erinnerung *w an j-n/etw.*

воспринима́ть [waßpr'in'imát'] *v* (-а́ю, -а́ешь) wahrnehmen

восстанови́ть [waßßtanaw'ít'] *v* (-овлю́, -о́вишь) erneuern (Vertrag usw.)

восто́к [waßtók] *m* (-а) Osten *m* ► **на ~е** im Osten

восто́рг [waßtórk] *m* (-а) Begeisterung *w für etw.*, Eifer *m für etw.*, Euphorie *w*, Jubel *m*

восто́чный [waßtótsch'nyj] *adj* (-ая, -ое) orientalisch, östlich

восхище́ние [waßch'ischsch'én'iji] *s* (-я) Bewunderung *w für j-n*

восхо́д [waßchót] *m* (-а) Tagesanbruch *m* ► **~ со́лнца** Sonnenaufgang *m*

вот [wót] *adv* hier ♦ *interj* schau (mal), sieh mal ► **В~ вам.** Hier bitte. (Schenken usw.)

вошь [wósch] *w* (вши) Laus *w*

впервы́е [fp'irwýji] *adv* erstmals, zum ersten Mal

вперёд [fp'ir'ót] *adv* nach vorne, vorwärts, nach vorn ► **Иди́те ~.** Gehen Sie voraus.

впереди́ [fp'ir'id'í] *adv* vorn, vorne

впечатле́ние [fp'itsch'atl'én'iji] *s* (-я) Eindruck *m*, Erlebnis *s* ► **произвести́ ~** beeindrucken *j-n*; **производи́ть ~** wirken *auf j-n irgendwie* (Eindruck machen)

вполне́ [fpaln'é] *adv* absolut, völlig, ganz, durchaus (möglich usw.)

впра́во [fpráwa] *adv* **1** rechts **2** nach rechts

впро́чем [fprótsch'im] *conj* trotzdem, dennoch ♦ *part* übrigens, im Übrigen

враг [wrák] *m* (-а́) Feind *m*

вра́жеский [wráshyßk'ij] *adj* (-ая, -ое) feindlich

врата́рь [wratár'] *m* (-я́) Torwart *m*

врать [wrát'] *v* (вру, врёшь) lügen *j-m*

врач [wrátsch'] *m* (-а́) Arzt *m*, Doktor *m* ► **кабине́т ~а́** Sprechzimmer *s*, Arztpraxis *w*; **зубно́й ~** Zahnarzt *m*

враща́ть [wraschsch'át'] *v* (-а́ю, -а́ешь) umdrehen *etw. Akk*, herumdrehen *etw. Akk* (um die Achse)

вред [wr'ét] *m* (-а́) Beschädigung *w*, Schaden *m* (Einbuße)

вреди́ть [wr'id'ít'] *v* (-ежу́, -еди́шь) schaden *j-m/etw.*

вре́дный [wr'édnyj] *adj* (-ая, -ое) schädlich

времена́ми [wr'im'inám'i] *adv* ab und zu, bisweilen

вре́менный [wr'ém'innyj] *adj* (-ая, -ое) **1** einstweilig, vorübergehend, provisorisch, vorläufig **2** provisorisch (noch nicht fest), vorläufig (Abkommen usw.)

вре́мя [wr'ém'a] *s* (-мени; -мена́) **1** Zeit *w* **2** Tempus *s* ► **свобо́дное ~** frei, Freizeit *w*, Feierabend *m* (nach der Arbeit); **в друго́е ~** ein anderes Mal; **в после́днее ~** in letzter Zeit; **всё ~** immer (dauernd), stets, ständig; **~ го́да** Jahreszeit *w*; **~ рабо́ты** Öffnungszeiten *w Mz*; **~ от вре́мени** ab und zu; **во ~** *чего* während, im Laufe *etw. Gen*, im Verlauf *etw. Gen*; **проше́дшее ~** Vergangenheit *w* (Zeitform); **послеобе́денное ~** Nachmittag *m*; **~ отправле́ния/прибы́тия** Abfahrtszeit *w*/Ankunftszeit *w*

все [fß'é] *pron* alle

всё [fß'ó] *pron* alles ► **~ включено́** kompletter Service; **пре́жде всего́** vor allem (Betonung), zuerst

всегда́ [fß'igdá] *adv* immer (stets)

всего́ [fßiwó] *adv* insgesamt, zusammen (betragen usw.)

вселе́нная [fß'il'énnaja] *w* (-ой) Kosmos *m*, Weltraum *m*

всео́бщий [fß'iópschsch'ij] *adj* (-ая, -ее) **1** allgemein **2** generell (Maßnahme usw.)

всерьёз [fß'ir'óß] *adv* ernst (gemeint usw.) ► **Вы ~?** Ist das Ihr Ernst?, Meinen Sie das ernst?

всесторо́нний [fß'ißtarónjij] *adj* (-яя, -ее) allseitig

вско́ре [fßkór'i] *adv* bald, in Kürze, demnächst

вслепу́ю [fßl'ipúju] *adv* blind

вслух [fßlúch] *adv* laut

вспо́мнить [fßpómn'it'] *v* (-ню, -нишь) **1** sich erinnern *an j-n/etw.* **2** gedenken

вспоте́ть [fßpat'ét'] *v* (-е́ю, -е́ешь) ins Schwitzen kommen, schwitzen

встать [fßtát'] *v* (-а́ну, -а́нешь) aufstehen

встрево́жить [fßtr'iwóshyt'] *v* (-жу, -жишь) alarmieren *j-n* (Nachricht usw.), beunruhigen *j-n*

встре́тить [fßtr'ét'it'] *v* (-е́чу, -е́тишь) **1** treffen *j-n*, begegnen *j-m* **2** empfangen *j-n* (Gäste usw.), grüßen (offiziell, formell), willkommen heißen *j-n*

встре́ча [fßtr'étsch'a] *w* (-и) **1** Begegnung *w*, Treffen *s*, Verabredung *w mit j-m*, Termin *m mit j-m* (bei Arzt usw.) **2** Kampf *m* (Wettkampf), Spiel *s* (Match) ► **назна́чить встре́чу** *с кем* sich verabreden *mit j-m*

вступи́ть [fßtup'ít'] *v* (-уплю́, -у́пишь) **1** eintreten *in etw. Akk*, betreten *etw. Akk*, hereinkommen *in etw. Akk*, treten *in etw. Akk*

2 beitreten *etw. Dat* ► **~ в брак** *с кем* heiraten *j-n* (die Ehe eingehen)
вступле́ние [fßtupl'én'iji] *s* (-я) 1 Einleitung *w*, Vorwort *s* 2 Eintritt *m* (Eintreten)
вся́кий [fß'ák'ij] *pron* (-ая, -ое) beliebig, verschiedenerlei, mancherlei, allerlei
вто́рник [ftórn'ik] *m* (-а) Dienstag *m*
второ́й [ftarój] *num* (-а́я, -о́е) zweit(er,e,es)
второстепе́нный [ftaraßt'ip'énnyj] *adj* (-ая, -ое) 1 minderwertig 2 nebensächlich, untergeordnet (unwichtig usw.), zweitrangig (Angelegenheit usw.)
вуз [wúß] *m* (-а) Universität *w*, Uni *w*
ву́зовец [wúsaw'iz] *m* (-вца, 7 -вцем; 2 мн. -вцев) Student *m* (an der Uni)
вулка́н [wulkán] *m* (-а) Vulkan *m*
вульга́рный [wul'gárnyj] *adj* (-ая, -ое) beleidigend (Wort), Schimpf-, unanständig (Bemerkung usw.), vulgär
вход [wchót] *m* (-а) 1 Eingang *m*, Eintritt *m* (ins Museum usw.) 2 Eintritt *m* (Eintreten) ► **~ свобо́дный** Eintritt frei
вчера́ [ftsch'irá] *adv* gestern ► **~ ве́чером** gestern Abend
вчера́шний [ftsch'iráschn'ij] *adj* (-яя, -ее) gestrig
въезд [wjést] *m* (-а) 1 Einfahrt *w* 2 Auffahrt *w* (zur Autobahn) ► **~ на автостра́ду** Autobahnauffahrt *w*
вы [wý] *pron* (вас) ihr (2. Person Pl., Duzen), Sie ► **обраща́ться на ~** *к кому* siezen *j-n*
выбира́ть [wyb'irát'] *v* (-а́ю, -а́ешь) 1 wählen, auswählen 2 wählen *j-n* (abstimmen)
вы́бор [wýbar] *m* (-а) Wahl *w*
вы́брать [wýbrat'] *v* (-беру, -берешь) auswählen, wählen (Möglichkeit usw.)
вы́бросить [wýbraß'it'] *v* (-ошу, -осишь) 1 auswerfen (hinauswerfen) 2 anspülen *j-n/etw. irgendwohin* 3 wegwerfen (zum Abfall tun)
вы́веска [wýw'ißka] *w* (-и) Schild *s* (Reklameschild usw.)
вы́вих [wýw'ich] *m* (-а) Verstauchung *w*
вы́вихнуть [wýw'ichnut'] *v* (-ну, -нешь) sich verrenken *etw. Akk*
вы́вод [wýwat] *m* (-а) 1 Schluss *m* (gezogener usw.), Entschluss *m* 2 Auslass *m* ► **сде́лать ~** zu dem Schluss kommen
вы́воз [wýwaß] *m* (-а) Ausfuhr *w*, Export *m*
вы́глядеть [wýgl'id'it'] *v* (-яжу, -ядишь) aussehen *irgendwie*
вы́гнать [wýgnat'] *v* (-гоню, -гонишь) hinausjagen *j-n aus etw.*, hinauswerfen *j-n aus etw.*, verdrängen *j-n von etw.*, verweisen *j-n aus/von etw.* (aus dem Raum usw.)
вы́года [wýgada] *w* (-ы) Nutzen *m von etw.*, Profit *m* (Nutzen), Vorteil *m* ► **извлека́ть по́льзу/вы́году** *из чего* Nutzen ziehen *aus etw.*; **предоста́вить вы́годы** *vo кому/чему, для кого/чего* begünstigen *j-n*
выгоня́ть [wygan'át'] *v* (-я́ю, -я́ешь) destillieren, brennen (Alkohol)
вы́грузить [wýgrus'it'] *v* (-ужу, -узишь) entladen, abladen (Ladung usw.)
вы́дать [wýdat'] *v* (-ам, -ашь) 1 herausgeben (aushändigen usw.) 2 ausstellen *etw. Akk* (Urkunde usw.) 3 verraten, preisgeben (Geheimnis usw.)
выдаю́щийся [wydajúschsch'ijß'a] *adj* (-аяся, -ееся) 1 hervorragend 2 berühmt (bedeutend), prominent
вы́двинуть [wýdw'inut'] *v* (-ну, -нешь) 1 ausziehen (herausziehen) 2 befördern *j-n zu etw.* (zum Direktor usw.)
вы́делить [wýd'il'it'] *v* (-лю, -лишь) 1 unterscheiden *j-n/etw. von j-m/etw.* (anders machen) 2 abgrenzen *etw. Akk* (Aufgabengebiete usw.) 3 beiseitelegen (Geld usw.), abzweigen
вы́держать [wýd'irshat'] *v* (-жу, -жишь) 1 aushalten *etw. Akk*, ertragen *etw. Akk* 2 ausdauern, durchhalten (nicht nachgeben usw.), überstehen *etw. Akk* (eine Krise usw.) 3 sich bewähren *als etw. Nom*
вы́думать [wýdumat'] *v* (-аю, -аешь) sich ausdenken *etw. Akk* (Ausrede usw.)
вы́думка [wýdumka] *w* (-и) 1 Invention *w* 2 Erfindung *w* (Erdichtung)
вы́езд [wýjist] *m* (-а) Ausfahrt *w*
вы́ехать [wýjichat'] *v* (-еду, -едешь) ausfahren *aus/von etw.*, hinausfahren *aus/von etw.* (mit dem Auto usw.)
вы́жить [wýshyt'] *v* (-иву, -ивешь) überleben
вы́звать [wýswat'] *v* (-зову, -зовешь) 1 auslösen *etw. Akk*, hervorrufen *etw. Akk* (Zustand usw.), verursachen 2 vorladen *j-n* 3 rufen *j-n* (Arzt usw.) 4 auffordern *j-n zu etw.*, herausfordern *j-n* (zum Duell usw.) 5 aufrufen *j-n* 6 aufrufen *j-n*, ausrufen *j-n* (durch Lautsprecher)
выздоровле́ние [wysdarawl'én'iji] *s* (-я) Erholung *w* (von Krankheit), Rekonvaleszenz *w*
вы́зов [wýsaf] *m* (-а) 1 Aufforderung *w* (zur Zahlung usw.), Vorladung *w* 2 Herausforderung *w für j-n* (schwierige Aufgabe usw.)
вы́играть [wýigrat'] *v* (-аю, -аешь) gewinnen *etw. Akk, in etw. Dat* (Wettkampf usw.), siegen *in etw. Dat*
вы́игрыш [wýigrysch] *m* (-а) Gewinn *m* (im Lotto usw.)
вы́йти [wýjt'i] *v* (вы́йду, вы́йдешь) 1 ausgehen *aus etw.*, hinausgehen *aus etw.*, herauskommen *aus etw.*, aussteigen *aus etw.* (Zug usw.) 2 klappen, gelingen (Sache usw.) 3 austreten *aus etw. Dat* (aus Partei

usw.) 4 entstehen *aus etw.* ► **~ за́муж** *за кого* heiraten *j-n* (Ehefrau werden)

выключа́тель [wykl'utsch'át'il'] *m* (-я) Schalter *m* (elektrischer)

вы́ключенный [wýkl'utsch'innyj] *adj* (-ая, -ое) aus (nicht angeschaltet), ausgeschaltet

вы́ключить [wýkl'utsch'it'] *v* (-чу, -чишь) 1 ausschalten, ausschalten *etw. Akk* (Maschine usw.) 2 herausziehen (Stecker usw.) ► **~ (ско́рость)** den Gang ausschalten

вы́копать [wýkapat'] *v* (-аю, -аешь) ausgraben (aus der Erde usw.), ausheben (Graben), graben (Loch)

вы́крик [wýkr'ik] *m* (-а) Schrei *m*

вы́лезти [wýl'ißt'i] *v* (-зу, -зешь) klettern *aus etw.* (herauskommen usw.)

вы́лететь [wýl'it'it'] *v* (-лечу, -летишь) 1 abfliegen (Flugzeug usw.), fliegen *etw. Nom aus etw.*, ausfliegen *etw. Nom aus etw.*, hinausstürzen 2 hinausfliegen, gefeuert werden

вы́лить [wýl'it'] *v* (-лью, -льешь) ausgießen *etw. Akk*, ausschütten *etw. Akk*

вы́ломить [wýlam'it'] *v* (-млю, -мишь) aufbrechen *etw. Akk* (öffnen)

вы́нести [wýn'ißt'i] *v* (-су, -сешь) 1 ertragen, aushalten (Beschwerden usw.) 2 ausstehen *j-n* 3 anspülen *j-n/etw. irgendwohin*, hinaustragen, hinausbringen ► **Я э́того уже́ не вы́несу.** Ich halte es nicht mehr aus.

вы́нужденный [wýnushd'innyj] *adj* (-ая, -ое) erzwungen, Not-

вы́нуть [wýnut'] *v* (-ну, -нешь) 1 herausziehen *etw. Akk aus etw.*, ziehen *etw. Akk aus etw.* 2 herausnehmen *etw. Akk aus etw.*, heraustun *etw. Akk aus etw.*, herausholen *etw. Akk aus etw.*

вы́пасть [wýpaßt'] *v* (-аду, -адешь) ausfallen

вы́печь [wýp'itsch'] *v* (-еку, -ечешь, -екут) backen

вы́писать [wýp'ißat'] *v* (-ишу, -ишешь) 1 (sich) herausschreiben *etw. Akk* 2 abmelden *j-n/etw.*, entlassen (aus dem Krankenhaus usw.) 3 abonnieren *etw. Akk*

вы́писка [wýp'ißka] *w* (-и) 1 Auszug *m* (Urkunde) 2 Abnahme *w* (von Waren usw.) 3 Entlassung *w* (aus dem Krankenhaus usw.) 4 Auschecken *s* (aus dem Hotel usw.) ► **~ со счёта** Kontoauszug *m*

вы́пить [wýp'it'] *v* (-пью, -пьешь) 1 austrinken *etw. Akk* (Tee usw.) 2 trinken *auf j-n/etw.*

вы́платить [wýplat'it'] *v* (-ачу, -атишь) auszahlen *j-m etw. Akk* (Gehälter usw.)

выполне́ние [wypaln'én'iji] *s* (-я) Durchführung *w etw. Gen*, Ausführung *w etw. Gen*

вы́полнить [wýpaln'it'] *v* (-ню, -нишь) erfüllen *etw. Akk* (Traum usw.)

выпра́шивать [wypráschywat'] *v* (-аю, -аешь) betteln *bei j-m um etw.* (bitten)

вы́прямленный [wýpr'iml'innyj] *adj* (-ая, -ое, -ен, -ена) aufgerichtet, aufrecht (Stellung usw.)

вы́пуск [wýpußk] *m* (-а) 1 Produktion *w* 2 Emission *w* (von Wertpapieren)

выпуска́ть [wypußkát'] *v* (-а́ю, -а́ешь) herstellen (Produkt usw.), erzeugen, produzieren (industriell usw.)

выпускни́к [wypußkn'ík] *m* (-а́) Absolvent *m* ► **~ ву́за** Akademiker *m*

выраже́ние [wyrashén'iji] *s* (-я) 1 Ausdruck *m* (im Gesicht usw.) 2 Ausdruck *m* (Wort usw.), Aussage *w* (Mitteilung), Äußerung *w*, Redensart *w* 3 Ausdruck *m* (Kennzeichen)

вырази́тельный [wyras'ít'il'nyj] *adj* (-ая, -ое) markant

вы́разить [wýras'it'] *v* (-ажу, -азишь) ausdrücken

вы́расти [wýraßt'i] *v* (-ту, -тешь) 1 wachsen (größer werden) 2 erwachsen werden 3 wachsen (entstehen)

выра́щивать [wyráschsch'iwat'] *v* (-аю, -аешь) züchten *etw. Akk*, anbauen *etw. Akk* (Pflanzen usw.), anpflanzen *etw. Akk* (Kartoffeln usw.)

вы́рез [wýr'iß] *m* (-а) Ausschnitt *m* (eines Kleides usw.)

вы́ругать [wýrugat'] *v* (-аю, -аешь) ausschimpfen *j-n*, beschimpfen *j-n*

вы́свободить [wýßwabad'it'] *v* (-ожу, -одишь) befreien *j-n/etw. aus etw.* (herausziehen usw.), befreien *j-n/etw.*

вы́селиться [wýß'il'itza] *v* (-люсь, -лишься) ausziehen (aus dem Haus usw.)

вы́сказать [wýßkasat'] *v* (-ажу, -ажешь) 1 erheben *etw. Akk* (Widerspruch usw.) 2 sagen *j-m etw. Akk*

вы́слать [wýßlat'] *v* (вышлю, вышлешь) 1 abschicken *etw. Akk*, absenden *etw. Akk*, versenden *etw. Akk* 2 ausweisen *j-n* (aus einem Land), verweisen *j-n* (eines Landes usw.), verbannen *j-n* 3 entsenden *j-n irgendwohin*, aussenden *j-n irgendwohin* (einen Boten usw.)

высле́живать [wyßl'éshywat'] *v* (-аю, -аешь) verfolgen (Wild usw.)

высо́кий [wyßók'ij] *adj* (-ая, -ое) 1 groß (hoch usw.), hoch (Berg usw.) 2 hoch (Summe usw.)

высота́ [wyßatá] *w* (-ы́; -о́ты) Höhe *w* (Maß) ► **~ над у́ровнем мо́ря** Höhe *w* (über dem Meeresspiegel)

вы́спаться [wýßpatza] *v* (-плюсь, -пишься) (sich) ausschlafen

вы́ставка [wýßtafka] *w* (-и) Ausstellung *w*, Exposition *w* (Ausstellung usw.)

вы́стирать [wýßt'irat'] *v* (-аю, -аешь) waschen *etw. Akk* (Wäsche)

вы́стоять [wýßtajit'] *v* (-ою, -оишь) durchhalten, durchkommen *in etw. Dat* (Erfolg haben)

вы́стрел [wýßtr'il] *m* (-а) Schuss *m* (aus Pistole usw.)

вы́стрелить [wýßtr'il'it'] *v* (-лю, -лишь) schießen (losschießen)

выступле́ние [wyßtupl'én'iji] *s* (-я) **1** Rede *w* **2** Darbietung *w*

вы́сунуть [wýßunut'] *v* (-ну, -нешь) herausstrecken *etw. Akk*

вы́сушить [wýßuschyt'] *v* (-ушу, -ушишь) austrocknen, trocknen *etw. Akk* (trocken machen)

вы́сший [wýßschyj] *adj* (-ая, -ее) **1** höher (Wert usw.) **2** höchst(er,e,es) (hierarchisch), oberst(er,e,es)

вы́тащить [wýtaschsch'it'] *v* (-щу, -щишь) **1** herausbrechen *etw. Akk aus etw.* **2** befreien *j-n/etw. aus etw.* (herausziehen usw.), herausfischen *etw. Akk aus etw.*, herausschleppen *j-n/etw.* **3** ziehen (Waffe) **4** wegoperieren *etw. Akk*

вытека́ть [wyt'ikát'] *v* (-а́ет) **1** entspringen (Fluss usw.) **2** folgen *aus etw.*, sich ergeben *aus etw.* (Schluss usw.)

вы́учиться [wýutsch'itza] *v* (-учусь, -учишься) lernen *etw. Akk* (Handwerk)

вы́хлоп [wýchlap] *m* (-а) Auspuff *m*

вы́ход [wýchat] *m* (-а) **1** Ausgang *m* **2** Ausstieg *m* (aus Bus usw.) **3** Ausweg *m* ► **авари́йный ~** Notausgang *m*

выходи́ть [wychad'ít'] *v* gerichtet werden *irgendwohin* ► **~ за́муж** *за кого* heiraten *j-n* (die Ehe eingehen)

выходны́е [wychadnýji] *m Mz* (-ы́х) Wochenende *s*

вы́числить [wýtsch'ißl'it'] *v* (-лю, -лишь) in Zahlen ausdrücken, rechnen *etw. Akk*, ausrechnen *etw. Akk* (Rechenaufgabe), berechnen *etw. Akk* (Umfang usw.)

вы́чистить [wýtsch'ißt'it'] *v* (-ищу, -истишь) reinigen *etw. Akk*, putzen *etw. Akk*

вы́ше [wýschy] *adv* höher, oben (im Text)

вы́яснить [wýjißn'it'] *v* (-ню, -нишь) erklären *etw. Akk j-m* (Problematik usw.), klarstellen *etw. Akk*, klären *etw. Akk*, sich klarmachen *etw. Akk*

вяза́ть [w'isát'] *v* (вяжу́, вя́жешь) **1** binden, knüpfen **2** stricken

вя́знуть [w'ásnut'] *v* (-ну, -нешь) stecken *irgendwo* (festsitzen)

Г

газ [gáß] *m* **1** Gas *s* (Stoff) **2** Gas *s* (Pedal usw.), Gashebel *s*, Gaspedal *s*

газе́та [gas'éta] *w* (-ы) Zeitung *w* ► **ежедне́вная ~** Tageszeitung *w*

газо́н [gasón] *m* (-а) Grasnarbe *w*, Rasen *m*

галере́я [gal'ir'éja] *w* (-и) Galerie *w* ► **торго́вая ~** Passage *w* (Ladenpassage), Einkaufspassage *w*

га́лстук [gálßtuk] *m* (-а) **1** Krawatte *w*, Schlips *m* **2** Tuch *s* (Kopftuch usw.)

гара́ж [garásch] *m* (-а́, 7 -о́м) Garage *w*

гара́нтия [garánt'ija] *w* (-и) **1** Garantie *w*, Haftung *w* **2** Bürgschaft *w für etw.* (Geld usw.)

гардеро́б [gard'iróp] *m* (-а) Ankleideraum *m*, Garderobe *w* (Raum)

гарни́р [garn'ír] *m* (-а) Beilage *w*, Garnierung *w* (Gemüse usw.)

гаси́ть [gaß'ít'] *v* (гашу́, га́сишь) löschen (Feuer)

гвоздь [gwóst'] *m* Nagel *m* (Metallstift), Spike *m*

где [gd'é] *adv* wo ► **~ уго́дно** wo (auch) immer

где́-либо [gd'él'iba] *adv* irgendwo ♦ *conj* wo auch immer

где́-нибудь [gd'én'ibut'] *adv* irgendwo

где́-то [gd'éta] *adv* irgendwo

гекта́р [g'iktár] *m* (-а; 2 мн. гекта́ров) Hektar *s,m*

гель [g'él'] *m* (-я) Gel *s*

генера́л [g'in'irál] *m* (-а) General *m*

герб [g'érp] *m* (-а́) Wappen *s*

Герма́ния [g'irmán'ija] *w* (-и) Deutschland *s*

геро́й [g'irój] *m* (-я) Held *m*

ги́бель [g'íb'il'] *w* (-и) **1** Tod *m* **2** Vernichtung *w*

ги́бкий [g'ípk'ij] *adj* (-ая, -ое) **1** biegsam, elastisch **2** flexibel

гига́нт [g'igánt] *m* (-а) Gigant *m*, Koloss *m* (Gebilde), Riese *m* (Wesen)

гигиени́ческий [g'ig'ijin'ítsch'ißk'ij] *adj* (-ая, -ое) hygienisch

гид [g'ít] *m* (-а) Reiseführer *m*

гимн [g'ímn] *m* (-а) Hymne *w*

гимна́зия [g'imnás'ija] *w* (-и) Gymnasium *s*

гимна́стика [g'imnáßt'ika] *w* (-и) Gymnastik *w*

гипс [g'ípß] *m* (-а) Gips *m*

гита́ра [g'itára] *w* (-ы) Gitarre *w*

глава́[1] [glawá] *w* (-ы́) Kapitel *s*

глава́[2] [glawá] *w* (-ы́) Chef *m*

главный [gláwnyj] *adj* (-ая, -ое) **1** bedeutendst(er,e,es), wichtigst(er,e,es), Grund-, Haupt- **2** Führungs- ► **главным образом** vor allem
глагол [glagól] *m* (-а) Verb *s*
гладить [glád'it'] *v* (глажу, гладишь) **1** bügeln **2** streicheln
гладкий [glátk'ij] *adj* (-ая, -ое) glatt (Oberfläche usw.)
глаз [gláß] *m* (-а/-у, 6 о глазе/в глазу) Auge *s* ► **капли для ~** Augentropfen *Mz*
глина [gl'ína] *w* (-ы) Ton *m* (Erde)
глинтвейн [gl'intw'éjn] *m* (-а) Glühwein *m*
глоток [glatók] *m* (-тка) Schluck *m etw. Gen*
глубина [glub'iná] *w* (-ы) Tiefe *w*
глубокий [glubók'ij] *adj* (-ая, -ое) tief
глупец [glup'éz] *m* (-пца) Dummkopf *m*, Idiot *m*, Blödmann *m*
глупость [glúpaßt'] *w* (-и) Blödsinn *m*, Dummheit *w*, Stupidität *w*, Unsinn *m*
глупый [glúpyj] *adj* (-ая, -ое) blöd, blöde, dumm, doof
глухой [gluchój] *adj* (-ая, -ое) **1** taub **2** abgelegen, entlegen ♦ *m* Gehörlose *m*, Taube *m*
глушитель [gluschýt'il'] *m* (-я) Schalldämpfer *m*
гнать [gnát'] *v* (гоню, гонишь) treiben (Kühe usw.)
гнездо [gn'isdó] *s* (-а; гнёзда) Nest *s*
гнилой [gn'ilój] *adj* (-ая, -ое) faul (Obst usw.), verfault
говно [gawnó] *s* (-а) Scheiße *w*
говорить [gawar'ít'] *v* (-рю, -ришь) sagen *etw. Akk* (aussprechen), sprechen *mit j-m von etw., über etw. Akk*, reden *mit j-m von etw., über etw. Akk* (etwas äußern)
говядина [gaw'ád'ina] *w* (-ы) Rindfleisch *s*
год [gót] *m* (-а/-у, 6 в году/о годе) Jahr *s* ► **в этом ~у** dieses Jahr, in diesem Jahr; **в прошлом ~у** voriges Jahr; **~ рождения** Geburtsjahr *s*
годиться [gad'ítza] *v* (гожусь, годишься) passen *j-m* (gefallen)
годный [gódnyj] *adj* (-ая, -ое) geeignet *für etw., zu etw.* (fähig)
годовой [gadawój] *adj* (-ая, -ое) jährlich, Jahres-
годовщина [gadawschsch'ína] *w* (-ы) Jahrestag *m etw. Gen*
гол [gól] *m* (-а) Tor *s* (Treffer)
голень [gól'in'] *w* (-и) Schienbein *s*, Unterschenkel *m*
голова [galawá] *w* (-ы) **1** Kopf *m* **2** Spitze *w etw. Gen* (Vorderteil) ► **прийти в голову** einfallen *j-m* (Idee usw.)
головка [galófka] *w* (-и) **1** Kopf *m* (oberer Teil) **2** Eichel *w* (Körperteil)
голод [gólat] *m* (-а) Hunger *m*, Hungersnot *w*
голодный [galódnyj] *adj* (-ая, -ое) hungrig
гололёд [galal'ót] *m* (-а) Glatteis *s*
голос [gólaß] *m* (-а; -а, -ов) Stimme *w*
голосовать [galaßawát'] *v* (-сую, -суешь) stimmen *für etw., gegen etw.* (bei Abstimmung)
голубой [galubój] *adj* (ая, ое) blau ♦ *m* schwul
голубь [gólup'] *m* (-я; -и, -ей) Taube *w*
голый [gólyj] *adj* (-ая, -ое) **1** kahl, nackt (Stelle usw.) **2** nackt (Körper)
гонки [gónk'i] *w Mz* (ок) Rennen *s*
гора [gará] *w* (-ы, 4 гору) Berg *m*, Hügel *m* ► **с горы** bergab; **в ~х** im Gebirge; **горы** Berge *w Mz*, Gebirge *s*, Bergkette *w*; **в/на гору** bergauf
гораздо [garásda] *adv* viel *irgendwie* (schlimmer usw.), weitaus *irgendwie*
гордый [górdyj] *adj* (-ая, -ое) stolz *auf j-n/etw.* (mit Recht)
гореть [gar'ét'] *v* (-рю, -ришь) brennen (Feuer usw.)
горизонт [gar'isónt] *m* (-а) Horizont *m* ► **~ы** Aussichten *w Mz* (Chancen)
горло [górla] *s* (-а) Hals *m* (Körperteil), Kehle *w*
горный [górnyj] *adj* (-ая, -ое) Berg-, gebirgig, bergig
город [górat] *m* (-а; -а, -ов) Stadt *w*
горох [garóch] *m* (-а/-у) Erbsen *w Mz*
горошек [garóschyk] *m* (-шка/-шку) Punkt *m* (Tupfen)
горчица [gartsch'íza] *w* (-ы) Senf *m*
горшок [garschók] *m* (-шка) **1** Topf *m* (zum Kochen) **2** Töpfchen *s* (für Kinder) ► **цветочный ~** Blumentopf *m*
горький [gór'k'ij] *adj* (-ая, -ое) bitter (Getränk usw.)
горячий [gar'átsch'ij] *adj* (-ая, -ее) **1** heiß (Gegenstand usw.), kochend (heiß) **2** heiß (Liebe usw.), warm (Empfang usw.)
господин [gaßpad'ín] *m* (-а; -ода) Herr *m*
господствовать [gaßpóztwawat'] *v* (-твую, -твуешь) dominieren *etw. Akk*, herrschen (in einem Land usw.), regieren
госпожа [gaßpashá] *w* (-й) Frau *w*, Dame *w* (Person)
гостиная [gaßt'ínaja] *w* (-ой) Wohnzimmer *s*
гостиница [gaßt'ín'iza] *w* (-ы) Hotel *s*
гость [góßt'] *m* (-я; -и, -ей) Besucher *m*, Besuch *m* (Gast), Gast *m* (Besuch)
государственный [gaßudárßtw'innyj] *adj* (-ая, -ое) Staats-, staatlich
государство [gaßudárßtwa] *s* (-а) Staat *m*

гото́вить [gatów'it'] *v* (-влю, -вишь) **1** kochen *etw. Akk* (im Wasser usw.), kochen (zubereiten) **2** vorbereiten *etw. Akk*, bereiten *etw. Akk*

гото́виться [gatów'itza] *v* (-влюсь, -вишься) im Begriff sein *etw. Akk zu tun*, vorhaben *etw. Akk zu tun*, lernen (für eine Prüfung usw.)

гото́вый [gatówyj] *adj* (-ая, -ое) **1** fertig **2** vorbereitet *auf etw. Akk, für etw.*, bereit *zu etw.* **3** bereit *etw. Akk zu tun*

грабёж [grab'ósch] *m* (-á) Raub *m*

граби́тель [grab'ít'il'] *m* (-я) Bandit *m*, Räuber *m*

гра́бить [gráb'it'] *v* (-блю, -бишь) plündern, rauben, Raub verüben

град [grát] *m* (-а) Hagel *m* (Niederschläge), Hagelschlag *m*

гра́дус [gráduß] *m* (-а) Grad *m* (Temperatur usw.)

гра́дусник [grádußn'ik] *m* (-а) Thermometer *s*

граждани́н [grashdan'ín] *m* (-а; гра́ждане, гра́ждан) Bürger *m*

гражда́нство [grashdánßtwa] *s* (-а) Staatsangehörigkeit *w*

грамма́тика [grammát'ika] *w* (-и) Grammatik *w*

грампласти́нка [gramplaßt'ínka] *w* (-и) Schallplatte *w*, Platte *w* (Schallplatte)

грани́ца [gran'íza] *w* (-ы) **1** Grenze *w* (Landesgrenze) **2** Schranke *w etw. Gen*, Grenze *w etw. Gen* (Beschränkung usw.), Limit *s etw. Gen* ► **определи́ть грани́цы** begrenzen; **вы́ехать за грани́цу** ins Ausland fahren

гре́бень [gr'éb'in'] *m* (-бня) Kamm *m*

гре́йпфрут [gr'éjpfrut] *m* (-а) Grapefruit *w*

греть [gr'ét'] *v* (гре́ю, гре́ешь) wärmen

грех [gr'éch] *m* (-á) Sünde *w*

гриб [gr'íp] *m* (-á) **1** Pilz *m* (Röhrling usw.) **2** Röhrling *m*

гриль [gr'íl'] *m* (-я) Grill *m* (im Backofen usw.) ► **жа́рить на гри́ле** grillen *etw. Akk*

грипп [gr'íp] *m* (-а) Grippe *w*

гроб [gróp] *m* (-а, 6 о гро́бе/в гробу́) Sarg *m*

гроза́ [grasá] *w* (-ы́) **1** Gewitter *s* **2** Schrecken *m* (Person)

грози́ть [gras'ít'] *v* (грожу́, грози́шь) drohen *j-m mit etw.*, androhen *j-m etw. Akk*

гром [gróm] *m* (-а) Donner *m*

гро́мкий [grómk'ij] *adj* (-ая, -ое) laut

громкоговори́тель [gramkagawar'ít'il'] *m* (-я) Lautsprecher *m*

гру́бый [grúbyj] *adj* (-ая, -ое) **1** derb, grob (Manieren usw.) **2** grob, rau (Oberfläche usw.) **3** grob (unhöflich) **4** Brutto- **5** grob (ungefähr)

грудь [grút'] *w* (груди́) **1** Brust *w* (Körperteil) **2** Brust *w* (weibliche), Busen *m*

груз [grúß] *m* (-а) Fracht *w* (Ware usw.), Frachtgut *s*, Ladung *w* (Frachtgut), Last *w* (auf dem Wagen usw.)

грузови́к [grusaw'ík] *m* (-á) Lastkraftwagen *m*, Lkw *m*, Lastwagen *m*

гру́ппа [grúppa] *w* (-ы) **1** Clique *w* (Freundeskreis), Bande *w* (Jugendlicher usw.), Team *s*, Gruppe *w* (von Fachleuten usw.) **2** Kategorie *w*, Klasse *w* (Kategorie) **3** Gruppierung *w* (politische usw.)

гру́стный [grúßnyj] *adj* (-ая, -ое) traurig

гру́ша [grúscha] *w* (-и) Birne *w*

гря́зный [gr'ásnyj] *adj* (-ая, -ое) **1** schmutzig (unsauber) **2** schlammig (Weg usw.), matschig

грязь [gr'áß'] *w* (-и) **1** Schlamm *m* **2** Schmutz *m*, Unreinheit *w*

губа́ [gubá] *w* Lippe *w*

губерна́тор [gub'irnátar] *m* (-а) Gouverneur *m*

губи́ть [gub'ít'] *v* (гублю́, гу́бишь) beschädigen

гу́бка [gúpka] *w* (-и) Schwamm *m*

гудо́к [gudók] *m* (-дка́) Hupe *w*

гуля́ть [gul'át'] *v* (-я́ю, -я́ешь) spazieren, herumgehen (stundenlang usw.)

густо́й [gußtój] *adj* (-а́я, -о́е) dicht, dick (Suppe usw.)

гусь [gúß'] *m* (-я/-я́; -и, -е́й) Gans *w* (Vogel)

Д

да [dá] *part* ja (Zustimmung)

давле́ние [dawl'én'iji] *s* (-я) **1** Druck *m* (Kraft) **2** Druck *m* (Zwang), Zwang *m* (rücksichtsloser usw.)

давно́ [dawnó] *adv* längst

да́же [dáshy] *adv* sogar ► **~ (и)** auch; **и ~** ohne *etw. Akk zu tun*

да́йвинг [dájw'ink] *m* (-а) Tauchen *s*

далёкий [dal'ók'ij] *adj* (-ая, -ое) **1** abgelegen (Stelle usw.), entfernt (Ort usw.) **2** (lang) vergangen

да́льше [dál'schy] *adv* weiter, weiterhin

да́нные [dánnyji] *s Mz* (-ых) Daten *Mz* ► **ли́чные ~** Personaldaten *w Mz*

да́нный [dánnyj] *adj* (-ая, -ое) gegeben

дар [dár] *m* (-а) Geschenk *s*

да́ром [dáram] *adv* umsonst, gratis, kostenlos

да́та [dáta] *w* (-ы) Datum *s*

дать [dát'] *v* (дам, дашь, даст) geben *j-m etw.*, spenden *etw. Akk*, stiften *etw. Akk* ► **~ взя́тку** *vo* bestechen *j-n*

да́ча [dátsch'a] *w* (-и) Wochenendhaus *s*

два [dwá] *num* (двух) zwei ► **~ ра́за** zweimal

два́дцать [dwázat'] *num* (-й) zwanzig

двена́дцать [dw'inázat'] *num* (-и) zwölf

дверь [dw'ér'] *w* (-и) Tür *w*

дви́гатель [dw'ígat'il'] *m* (-я) Motor *m*

дви́гать [dw'ígat'] *v* (-аю, -аешь) **1** bewegen *etw. Akk*, schieben *etw. Akk*, ziehen *etw. Akk* **2** antreiben (Auto usw.)

дви́гаться [dw'ígatza] *v* (-аюсь, -аешься / дви́жусь, дви́жешься) sich bewegen

движе́ние [dw'ishén'iji] *s* (-я) **1** Bewegung *w* **2** Verkehr *m* ► **кругово́е ~** Kreisverkehr *m*

дви́нуть [dw'ínut'] *v* (-ну, -нешь) bewegen *etw. Akk*

двойно́й [dwajnój] *adj* (-а́я, -о́е) **1** doppelt, zweifach **2** dual **3** doppelt, Doppel-

двор [dwór] *m* (-а́) Hof *m* (Platz)

дворе́ц [dwar'éz] *m* (-рца́) Palast *m*

деви́за [d'iw'ísa] *w* (-ы) Devise *w*

де́вушка [d'éwuschka] *w* (-и) **1** Fräulein *s*, Mädchen *s* **2** Freundin *w* (Partnerin)

девяно́сто [d'iw'inóßta] *num* (-а) neunzig

девятна́дцать [d'iw'itnázat'] *num* (-и) neunzehn

де́вять [d'éw'it'] *num* (-й, 7 -ью) neun

девятьсо́т [d'iw'it'ßót] *num* (девятисо́т) neunhundert

де́душка [d'éduschka] *w* (-и) Großvater *m*

дежу́рный [d'ishúrnyj] *m* Pförtner *m*

де́йственный [d'éjßtw'innyj] *adj* (-ая, -ое) beeindruckend, wirksam (Maßnahme, Plan usw.)

де́йствие [d'éjßtw'iji] *s* (-я) **1** Handlung *w* **2** Betrieb *m etw. Gen* (Tätigkeit usw.) **3** Akt *m* (Aufzug) **4** Gültigkeit *w*, Geltung *w*

действи́тельный [d'ijßtw'ít'il'nyj] *adj* (-ая, -ое) **1** real (tatsächlich), wirklich **2** gültig **3** ordentlich (vorschriftsmäßig)

де́йствовать [d'éjßtwawat'] *v* (-твую, -твуешь) **1** handeln, umgehen *irgendwie mit etw.* **2** gelten (Anordnung usw.)

дека́брь [d'ikábr'] *m* (-я́) Dezember *m*

деклара́ция [d'iklarázyja] *w* (-и) Deklaration *w*, Erklärung *w* (Mitteilung), Proklamation *w*, Ankündigung *w*

де́лать [d'élat'] *v* (-аю, -аешь) machen *etw. Akk* (durchführen), tun *etw. Akk*, machen (entstehen lassen) ► **Не де́лайте э́того!** Macht es nicht!; **Что мне ~?** Und was soll ich machen?

деликате́сы [d'il'ikateßy] *m Mz* (-ов) Feinkost *w*, Delikatessen *w Mz* (Würste usw.) ► **магази́н деликате́сов** Feinkostgeschäft *s*

делика́тный [d'il'ikátnyj] *adj* (-ая, -ое) **1** delikat, heikel **2** diskret, schonend, taktvoll

дели́ть [d'il'ít'] *v* (делю́, де́лишь) **1** teilen *etw. Akk in etw. Akk* (in Teile) **2** dividieren *etw. Akk durch etw.* (Zahlen) **3** teilen *etw. Akk mit j-m* (gemeinsam nutzen)

де́ло [d'éla] *s* (-а; дела́) **1** Arbeit *w* (Tätigkeit) **2** Angelegenheit *w*, Sache *w* (Sachverhalt) **3** Tat *w* **4** Rechtsfall *m*, Rechtsstreit *m* ► **ула́дить ~** wiedergutmachen *etw. Akk*, beheben *etw. Akk* (Fehler usw.); **на са́мом де́ле** wirklich (in Wirklichkeit); **Как (ва́ши) дела́?** Wie geht es Ihnen?

делово́й [d'ilawój] *adj* (-а́я, -о́е) **1** tüchtig **2** amtlich, behördlich, offiziell, Arbeits-

демокра́тия [d'imakrát'ija] *w* (-и) Demokratie *w*

демонстра́ция [d'imanßtrázyja] *w* (-и) **1** Vorführung *w* **2** Demonstration *w* (Protest)

день [d'én'] *m* (дня; дни, дней) Tag *m* ► **в пе́рвой полови́не дня** vormittags, am Vormittag; **~ рожде́ния** Geburtstag *m*; **пе́рвая полови́на дня** Vormittag *m*; **в три часа́ дня** nachmittags um drei; **два/три ра́за в ~** zweimal/dreimal täglich; **До́брый ~!** Guten Tag.

де́ньги [d'én'g'i] *w Mz* (де́нег) Geld *s* ► **внести́ ~** beisteuern *zu etw.*, beitragen *zu etw.* (finanziell); **нали́чные (~)** Bargeld *s*

дере́вня [d'ir'éwn'a] *w* (-и) **1** Dorf *s* **2** Land *s* (ländliches Gebiet)

де́рево [d'ér'iwa] *s* (-а; дере́вья, -ьев) **1** Baum *m* **2** Holz *s*

держа́тель [d'irshát'il'] *m* (-я) Halter *m*

держа́ть [d'irshát'] *v* (держу́, де́ржишь) **1** halten *etw. Akk* (in der Hand) **2** halten *j-n irgendwohin* ► **~ сло́во** das Wort halten

де́рзкий [d'érßk'ij] *adj* (-ая, -ое) dreist, verwegen, frech

дёрнуть [d'órnut'] *v* (-ну, -нешь) zerren *an etw. Dat*, reißen *an etw. Dat*

дерьмо́ [d'ir'mó] *s* (-а́) Scheiße *w*

десе́рт [d'iß'ért] *m* (-а) Dessert *s*, Nachtisch *m*, Kuchen *m*, Nachspeise *w*

десятиле́тие [d'iß'it'il'ét'iji] *s* (-я) Dekade *w*, Jahrzehnt *s*

де́сять [d'éß'it'] *num* (-й, 7 -ью) zehn ► **в ~ часо́в у́тра** um zehn Uhr vormittags

дета́ль [d'itál'] *w* (-и) **1** Detail *s*, Einzelheit *w* **2** Einzelteil *s*

детёныш [d'it'ónysch] *m* (-а) Junge *s*

де́тский [d'ézk'ij] *adj* (-ая, -ое) Kinder-, Säuglings-, Baby- ► **~ городо́к** Spielplatz *m*

де́тство [d'éztwa] *s* (-а) Kindheit *w*

дефе́кт [d'if'ékt] *m* (-а) Makel *m*, Schaden *m* (Fehler)

дешёвый [d'isch'ówyj] *adj* (-ая, -ое) billig, preisgünstig, preiswert

де́ятельность [d'éjit'il'naßt'] *w* (-и) Tätigkeit *w* (Sichbeschäftigen), Aktivität *w* (Handlung usw.)

джем [dshém] *m* (-а) Konfitüre *w*

джи́нсы [dshýnßy] *Mz* (-ов) Jeans *Mz*

диабе́т [d'iab'ét] *m* (-а) Diabetes *m*

дива́н [d'iwán] *m* (-а) Armsessel *m*, Sofa *s*, Couch *w*

дие́та [d'ieta] *w* (-ы) Diät *w* ► **Я на диéте.** Ich halte Diät.

диза́йн [d'isájn] *m* (-а) Design *s*

ди́кий [d'ík'ij] *adj* (-ая, -ое) **1** wild (Tier usw.) **2** wild (wachsend) **3** wild (Raubtier usw.)

дире́ктор [d'ir'éktar] *m* (-а; -á, -óв) Direktor *m* ► **~ шкóлы** Rektor *m* (einer Grundschule usw.), Schulleiter *m*

диск [d'íßk] *m* (-а) **1** Scheibe *w* (Gegenstand) **2** CD *w*

дискоте́ка [d'ißkat'éka] *w* (-и) Disco *w*, Diskothek *w* (Club)

диску́ссия [d'ißkúßß'ija] *w* (-и) Diskussion *w*, Gespräch *s*, Unterhaltung *w*

диста́нция [d'ißtánzyja] *w* (-и) Abstand *m* (räumlicher, zeitlicher), Entfernung *w*, Distanz *w* (räumliche usw.)

дичь [d'ítsch'] *w* (-и) Wildbret *s*, Wild *s* (Fleisch) ► **(охóтничья) ~** jagdbares Wild *s*

длина́ [dl'iná] *w* (-ы́) Länge *w*

дли́нный [dl'ínnyj] *adj* (-ая, -ое) lang (räumlich)

дли́ться [dl'ítza] *v* (дли́тся) dauern

для [dl'á] *prep* **1** für *j-n* (Geschenk, Nachricht usw.) **2** für *etw.* (Zweck usw.)

дневни́к [dn'iwn'ík] *m* (-á) Tagebuch *s*

днём [dn'óm] *adv* tags, während des Tages, tagsüber

дно [dnó] *s* (дна) Boden *m* (von einem Gefäß usw.)

до [dó] *prep* **1** bis (dauern usw.) **2** in (die Stadt usw.), nach (Land usw.) ► **~ сих пор** bisher, bis jetzt; **откры́то с… ~…** geöffnet von… bis…; **Д~ свида́ния.** Auf Wiedersehen.

доба́вить [dabáw'it'] *v* (-влю, -вишь) **1** hinzufügen *etw. Akk* (sagen) **2** zugeben *etw. Akk irgendwohin* (hinzufügen) **3** den Lohn erhöhen *j-m*

добавле́ние [dabawl'én'iji] *s* (-я) **1** Ergänzung *w* (Zusatz usw.) **2** Zutat *w*, Ingredienz *w* **3** Anhang *m* (Nachtrag)

доба́вочный [dabáwatsch'nyj] *adj* (-ая, -ое) ergänzend, Ergänzungs-, nachträglich, zusätzlich

доби́ться [dab'ítza] *v* (-бьюсь, -бьёшься) **1** erreichen *etw. Akk*, sich erkämpfen, erringen **2** erreichen, erhalten

до́брый [dóbryj] *adj* (-ая, -ое) gut (qualitätvoll usw.) ► **Д~ день!** Guten Tag.

добы́ть [dabýt'] *v* (-бýду, -бýдешь) **1** fördern (Kohle usw.) **2** auftreiben *etw. Akk*, beschaffen *etw. Akk* (Geld usw.)

добы́ча [dabýtsch'a] *w* (-и) **1** Gewinnung *w* (von Kohle usw.) **2** Beute *w* (Fang) **3** Beute *w* (Diebesgut)

довезти́ [daw'ißt'í] *v* (-зý, -зёшь) bringen *j-n/etw. irgendwohin* (mit dem Auto usw.)

дове́рие [daw'ér'iji] *s* (-я) Vertrauen *s*

дове́рить [daw'ér'it'] *v* (-рю, -ришь) **1** beauftragen *j-n mit etw.*, überlassen *j-m etw. Akk* (in Obhut geben) **2** sich anvertrauen *j-m mit etw.*, anvertrauen *j-m etw. Akk* (Geheimnis usw.)

довести́ [daw'ißt'í] *v* (-едý, -едёшь) **1** treiben *j-n zu etw./in etw. Akk* (veranlassen) **2** führen *j-n irgendwohin*, leiten *j-n irgendwohin*, bringen **3** bringen (in Verlegenheit usw.)

дово́льный [dawól'nyj] *adj* (-ая, -ое) zufrieden *mit j-m/etw.*

догна́ть [dagnát'] *v* (-гоню́, -гóнишь) einholen *j-n*

догово́р [dagawór] *m* (-а) Vereinbarung *w*, Vertrag *m*

договори́ть [dagawar'ít'] *v* (-рю́, -ри́шь) **1** verabreden *etw. Akk* (Treffen usw.), vereinbaren *etw. Akk* **2** ausreden (zu Ende reden), zu Ende erzählen

договори́ться [dagawar'ítza] *v* (-рю́сь, -ри́шься) **1** aushandeln *etw. Akk*, sich verabreden *zu etw., auf etw. Akk*, vereinbaren *etw. Akk*, abpsrechen *etw. Akk* (Termin usw.) **2** sich verständigen *irgendwie*

дое́хать [dajéchat'] *v* (-éду, -éдешь) ankommen *in etw. Dat, an etw. Dat* (mit dem Auto usw.)

дожда́ться [dashdátza] *v* (-дýсь, -дёшься) erleben *etw. Akk*

дождеви́к [dashd'iw'ík] *m* (-á) Regenmantel *m*

дождь [dóscht'] *m* (-я́) Regen *m* ► **кратковре́менный ~** Schauer *m*, Regenschauer *m*

дозво́ленный [daswól'innyj] *adj* (-ая, -ое) angängig, erlaubt

дойти́ [dajt'í] *v* (дойдý, дойдёшь) **1** gelangen *irgendwohin* (zu Fuß), kommen *irgendwohin* **2** kapieren *j. etw. Akk*

доказа́тельство [dakasát'il'ßtwa] *s* (-а) Beweis *m etw. Gen*, Nachweis *m für etw.*, Indiz *s*

доказа́ть [dakasát'] *v* (-ажý, -áжешь) **1** nachweisen *etw. Akk* **2** beweisen *etw. Akk*, nachweisen *etw. Akk* **3** beweisen *etw. Akk* (Fähigkeiten usw.)

докла́д [daklát] *m* (-а) Referat *s* (Vortrag), Vortrag *m* (wissenschaftlicher), Vorlesung *w* (an der Uni usw.)

докуме́нт [dakum'ént] *m* (-a) **1** Dokument *s*, Urkunde *w* **2** Ausweis *m*, Personalausweis *m*, (ugs.) Perso *m*, Dokument *s* ► **(ли́чные) ~ы** Dokumente *s Mz*, Papiere *s Mz*

долг[1] [dólk] *m* (-a) Verpflichtung *w*

долг[2] [dólk] *m* (-a) Passiva *Mz*, Schuld *w* (Betrag) ► **в ~áх** verschuldet

до́лгий [dólg'ij] *adj* (-ая, -ое) lang (zeitlich)

до́лжен [dólshyn] *v* **1** ***быть*** **~** müssen *etw. Akk tun*, sollen, haben + *zu* + *Inf.* **2** ***быть*** **~** schuldig sein *j-m etw. Akk*, schulden *j-m etw. Akk*

до́лжность [dólshnaßt'] *w* (-и) Posten *m* (Stellung), Rang *m* (militärischer)

доли́на [dal'ína] *w* (-ы) Tal *s*

до́ля [dól'a] *w* (-и) **1** Anteil *m an etw. Dat*, Bruchteil *m etw. Gen* (kleiner Teil) **2** Schicksal *s* **3** Lappen *m* (eines Organs usw.)

дом [dóm] *m* (-a/-y; -á) **1** Gebäude *s*, Haus *s* **2** Heim *s*

дома́шний [damáschn'ij] *adj* (-яя, -ее) Haus-, häuslich ► **дома́шнего изготовле́ния** hausgemacht

домога́ться [damagátza] *v* (-áюсь, -áешься) verlangen *etw. Akk* (fordern), beanspruchen *etw. Akk*

домо́й [damój] *adv* nach Haus(e), heim

домохозя́йка [damachas'ájka] *w* (-и) Hausfrau *w*

донести́ [dan'ißt'í] *v* **1** bringen *j-m etw. Akk* (ein Buch usw.) **2** anzeigen *j-n* (Täter usw.)

допла́та [dapláta] *w* (-ы) schuldiger Betrag *m*, Zuschlag *m*, Aufschlag *m* (Preis), Aufpreis *m*

дополне́ние [dapaln'én'iji] *s* (-я) Ergänzung *w*

допо́лнить [dapóln'it'] *v* (-ню, -нишь) auffüllen (Bestände, Vorräte usw.), ergänzen, vervollständigen ► **~ то́пливо** auftanken

допро́с [dapróß] *m* (-a) Verhör *s*

допу́стим [dapúßt'im] *adv* möglicherweise, eventuell, ruhig, meinetwegen ♦ *part* möglicherweise, vielleicht

допусти́ть [dapußt'ít'] *v* (-ущу́, -у́стишь) zugeben, zugestehen, einsehen

доро́га [daróga] *w* (-и) **1** Straße *w* (Verkehrsweg), Weg *m* (Pfad usw.) **2** Weg *m* (Richtung) ► **желе́зная ~** Eisenbahn *w*, Bahn *w* (Schienenverkehrsmittel); **кана́тная ~** Schwebebahn *w*

дорого́й [daragój] *adj* **1** lieb **2** aufwendig, aufwändig, kostspielig, teuer

доса́дный [daßádnyj] *adj* (-ая, -ое) peinlich

доска́ [daßká] *w* (-и́) **1** Brett *s* (aus Holz), Planke *w*, Platte *w* (aus Metall usw.), Steinplatte *w* **2** Tafel *w* (zum Schreiben), Wandtafel *w* **3** Nudelbrett *s* ► **глади́льная ~** Bügelbrett *s*

досмо́тр [daßmótr] *m* (-a) Durchsuchung *w* (Haussuchung usw.), Kontrolle *w* (Zollkontrolle usw.)

досро́чный [daßrótsch'nyj] *adj* (-ая, -ое) vorzeitig

доста́вить [daßtáw'it'] *v* (-влю, -вишь) **1** befördern *etw. Akk irgendwohin* (Güter usw.), transportieren *etw. Akk irgendwohin*, zustellen *j-m etw. Akk* **2** gönnen *j-m etw.* (gewähren), leisten *j-m etw. Akk* (Dienst usw.), bieten *j-m etw. Akk* (Möglichkeit usw.)

доста́вка [daßtáfka] *w* (-и) Distribution *w* (von Gütern), Zufuhr *w*, Versorgung *w* (mit Lebensmitteln usw.)

доста́ток [daßtátak] *m* (-тка) Fülle *w*, genug *etw. Gen*

доста́точный [daßtátatsch'nyj] *adj* (-ая, -ое) ausreichend, genügend, hinreichend

достижи́мый [daßt'ishýmyj] *adj* (-ая, -ое) erreichbar, realisierbar (Plan usw.)

дости́чь [daßt'ítsch'] *v* (-и́гну, -и́гнешь) erlangen *etw. Akk*

досто́йный [daßtójnyj] *adj* (-ая, -ое) wert *etw. Gen*, würdig *etw. Gen* (wert), würdig (Person usw.)

достопримеча́тельность [daßtapr'im'itsch'át'il'naßt'] *w* (-и) Sehenswürdigkeit *w* ► **осмо́тр достопримеча́тельностей** Besichtigungsfahrt *w*

до́ступ [dóßtup] *m* (-a) Zutritt *m* (Erlaubnis usw.) ► **получи́ть ~** Zutritt *zu etw.* bekommen

досту́пный [daßtúpnyj] *adj* (-ая, -ое) **1** zugänglich (betretbar) **2** erreichbar ► **~ по цене́** erschwinglich; **публи́чно ~** für die Öffentlichkeit zugänglich

досу́г [daßúk] *m* (-a) frei, Freizeit *w*, Feierabend *m* (nach der Arbeit)

дохо́д [dachót] *m* (-a) Einkommen *s*

дочь [dótsch'] *w* (до́чери) Tochter *w*

драгоце́нность [dragazénnaßt'] *w* (-и) Juwel *s* (Halskette usw.), Kleinod *m*, Schmuck *m* (Ring usw.)

дра́ка [dráka] *w* (-и) Kampf *m* (Schlägerei), Schlägerei *w*, Prügelei *w*

дра́ма [dráma] *w* (-ы) Drama *s*, Schauspiel *s*

драмати́ческий [dramat'ítsch'ißk'ij] *adj* (-ая, -ое) dramatisch

дра́ться [drátza] *v* (деру́сь, дерёшься) sich prügeln *mit j-m*, (sich) raufen *mit j-m* (kämpfen)

дре́вний [dr'ewn'ij] *adj* (-яя, -ее) alt (historisch), altertümlich, archaisch, bejahrt

дробь [dróp'] *w* Bruch *m* (Zahlen), Bruchzahl *w*

дрожа́ть [drashát'] *v* (-жу́, -жи́шь) zittern

друг [drúk] *m* **1** Freund *m* (Bekannter) **2** Freund *m* (Partner), Partner *m* (Ehepartner) ► **~ с ~ом** miteinander; **~ ~а** einander

другóй [drugój] *adj* **1** ander(er,e,es) (Exemplar usw.), die anderen (der Rest) **2** ander(er,e,es) (Seite usw.) ► **другúе** die anderen; **ктó-нибудь ~** jemand anders

дрýжеский [drúshyßk'ij] *adj* (-ая, -ое) freundschaftlich

дуб [dúp] *m* (-а) Eiche *w*, Eich(en)baum *m*

дугá [dugá] *w* (-й) Bogen *m* (Biegung)

дýмать [dúmat'] *v* (-аю, -аешь) **1** denken *an etw. Akk* (im Kopf haben), überlegen *etw. Akk*, nachdenken *über etw. Akk* **2** meinen, glauben (Ansicht haben), denken (Meinung haben) **3** nachdenken *über etw. Akk* ► **Дýмаю, что да/нет.** Ich glaube schon./Das glaube ich nicht.

дурáк [durák] *m* (-á) Dummkopf *m*, Idiot *m*, Blödmann *m*

дуть [dút'] *v* (дýю, дýешь) blasen, wehen

дух [dúch] *m* **1** Geist *m*, Sinn *m* (Gedanken usw.) **2** Gespenst *s*, Geist *m* (übernatürliches Wesen)

духú [duch'í] *Mz* (-óв) Parfüm *s*

духóвка [duchófka] *w* (-и) Ofen *m* (zum Backen usw.), Backofen *m*

душ [dúsch] *m* (-а) Dusche *w* ► **принять ~** eine Dusche nehmen, (sich) duschen

душá [duschá] *w* (-й) Seele *w*

дуэ́ль [duél'] *w* (-и) Duell *s*, Kampf *m*

дым [dým] *m* (-а/-у) Rauch *m*

дыня [dýn'a] *w* (-и) Kürbis *m* (Pflanze), Zuckermelone *w*

дырá [dyrá] *w* (-ы) Loch *s*

дыхáние [dychán'iji] *s* (-я) Atem *m*, Atmung *w*

дышáть [dyschát'] *v* (дышý, дышишь) atmen

дьявол [d'jáwal] *m* (-а) Teufel *m*

дядя [d'ád'a] *m* (-и) Onkel *m*

Е

еврéй [jiwr'éj] *m* (-я; -éи, -ев) Jude *m*

éвро [jéwra] *s* (нескл.) Euro *m*

Еврóпа [jiwrópa] *w* (-ы) Europa *s*

европéйский [jiwrap'éjßk'ij] *adj* (-ая, -ое) europäisch

егó [jiwó] *pron* sein

едá [jidá] *w* (-ы) Essen *s*, Nahrung *w*

единúца [jid'in'íza] *w* (-ы) **1** Eins *w* (Ziffer) **2** Einheit *w* (Meter usw.), Maßeinheit *w* **3** Fünf *w* (Schulnote)

единодýшный [jid'inadúschnyj] *adj* (-ая, -ое) einig, einstimmig

едúнственный [jid'ínßtw'innyj] *adj* (-ая, -ое) einzig

едúнство [jid'ínßtwa] *s* (-а) Einheit *w* (Verbundenheit), Einheitlichkeit *w*, Uniformität *w*

ёж [jósch] *m* (ежá) Igel *m* ► **морскóй ~** Seeigel *m*

ежеднéвно [jishydn'éwna] *adv* täglich (jeden Tag)

ежемéсячно [jishym'éß'itsch'na] *adv* monatlich

еженедéльник [jishyn'id'él'n'ik] *m* (-а) **1** Wochenzeitschrift *w* **2** Terminkalender *m*

ездá [jisdá] *w* (-ы) Fahrt *w*

éздить [jésd'it'] *v* (éзжу, éздишь) fahren *etw. Akk* (Fahrrad usw.)

éле [jél'i] *adv* kaum, mit Mühe

емáйл [imájl] *m* (-а) E-Mail *w* ► **отпрáвить ~ комý** E-Mail schicken *j-m*

éсли [jéßl'i] *conj* wenn, falls ► **~ бы** wenn (konditional)

естéственный [jiß't'éßtw'innyj] *adj* (-ая, -ое) natürlich (Tod usw.)

есть [jéßt'] *v* essen, konsumieren *etw. Akk* (Lebensmittel) ► **Мне хóчется ~.** Ich habe Hunger., Ich bin hungrig.

éхать [jéchat'] *v* (éду, éдешь) **1** fahren *irgendwohin* (sich bewegen) **2** fahren *mit etw.* (transportiert werden) ► **~ зáдним хóдом** zurückfahren (Wagen usw.), rückwärtsfahren (Auto usw.); **~ зáйцем** schwarzfahren; **Поéдем на таксú.** Wir nehmen ein Taxi.

ещё [jischsch'ó] *adv* **1** noch (ein Bier usw.), mehr (brauchen usw.) **2** vorläufig, für jetzt, vorerst ► **(всё) ~** noch (dauern usw.); **~ (раз)** noch einmal, nochmals; **~ нет** noch nicht, bisher nicht

Ж

жáдный [shádnyj] *adj* (-ая, -ое) **1** geizig **2** gierig (Blick usw.), habgierig, habsüchtig

жáжда [sháshda] *w* (-ы) **1** Durst *m* **2** Verlangen *s nach etw.* (heftiges usw.)

жалéть [shyl'ét'] *v* (-éю, -éешь) bedauern *etw. Akk*

жáлко [shálka] **Как ~!** Das ist schade.

жáло [shála] *s* (-а) Stachel *m* (einer Wespe usw.)

жáловаться [shálawatza] *v* (-луюсь, -луешься) **1** sich beschweren *bei j-m über etw. Akk* **2** verklagen *j-n* **3** verpetzen *j-n*

жарá [shyrá] *w* (-ы) Hitze *w*

жáреный [shár'inyj] *adj* (-ая, -ое) gebraten

жа́рить [shár'it'] *v* (-рю, -ришь) **1** braten (in der Pfanne), rösten (Kaffee usw.) **2** brennen (Sonne usw.) ▶ **~ на гри́ле** grillen *etw. Akk*

жарко́е [shyrkóji] *s* (-óго) Braten *m*

жать[1] [shát'] *v* (жму, жмёшь) drücken

жать[2] [shát'] *v* (жну, жнёшь) mähen *etw. Akk* (Getreide), mähen (Gras)

жва́чка [shwátsch'ka] *w* (-и) Kaugummi *m*

ждать [shdát'] *v* (жду, ждёшь) **1** warten *auf j-n/etw.* **2** erwarten *etw. Akk* (voraussetzen usw.) ▶ **~ с ра́достью** sich freuen *auf etw. Akk*; **Не на́до меня́ ~.** Ihr braucht nicht auf mich zu warten.

жева́ть [shywát'] *v* (жую́, жуёшь) kauen *etw. Akk*

жела́ние [shylán'iji] *s* (-я) **1** Lust *w an etw. Akk*, Wunsch *m* (Sehnsucht) **2** Verlangen *s* (geäußerter Wunsch), Wunsch *m* (Verlangen)

жела́ть [shylát'] *v* (-áю, -áешь) wünschen *j-m etw. Akk* (erhoffen)

желе́зо [shyl'ésa] *s* (-a) Eisen *s*

жёлтый [sh'óltyj] *adj* (-ая, -ое) gelb ▶ **~ свет** Gelb *s* (Ampel)

желу́док [shylúdak] *m* (-дка) Magen *m*

жёлчь [sh'óltsch'] *w* (-и) Galle *w* (Sekret)

же́мчуг [shémtsch'uk] *m* (-а; -á, -óв) Perle *w*

жена́ [shyná] *w* (-ы́; жёны) Ehefrau *w*, Frau *w* (Gattin)

жена́тый [shynátyj] *adj* (-ая, -ое) verheiratet

жени́ться [shyn'ítza] *v* (женю́сь, же́нишься) **1** heiraten (Ehe schließen) **2** heiraten *j-n*

жени́х [shyn'ích] *m* (-á) Bräutigam *m*, Verlobte *m*

же́нский [shénßk'ij] *adj* (-ая, -ое) Damen-, weiblich, Frauen-

же́нщина [shénschsch'ina] *w* (-ы) Frau *w*

же́ртва [shértwa] *w* (-ы) **1** Opfergabe *w*, Opfer *s* (an die Götter usw.) **2** Opfer *s etw. Gen* (Geschädigte)

же́ртвовать [shértwawat'] *v* (-твую, -твуешь) opfern *etw. Akk*

жёсткий [sh'óßtk'ij] *adj* (-ая, -ое) **1** steif (Material usw.) **2** zäh (Fleisch usw.)

жесто́кий [shyßtók'ij] *adj* (-ая, -ое) brutal, roh (Tat usw.), drastisch, grausam

жесть [shéßt'] *w* (-и) Blech *s* (Material), Metallblech *s*

жестя́нка [shyßt'ánka] *w* (-и) Blechbüchse *w*, Blechdose *w*, Konserve *w*, Dose *w*

жечь [shétsch'] *v* (жгу, жжёшь) brennen

живо́й [shywój] *adj* (-áя, -óе) **1** lebend, lebendig **2** lebhaft (Kind usw.), vital **3** lebhaft (Erinnerung usw.) ♦ *adv* am Leben ▶ **в живы́х** am Leben

живопи́сец [shywap'íß'iz] *m* (-сца) Maler *m* (Künstler)

жи́вопись [shýwap'iß'] *w* (-и) Malerei *w*

живо́т [shywót] *m* (-á) Bauch *m*

живо́тное [shywótnaji] *s* (-ого) Tier *s*

жи́дкий [shýtk'ij] *adj* (-ая, -ое) **1** flüssig **2** dünn, wässrig (Suppe usw.), wässerig

жи́дкость [shýtkaßt'] *w* (-и) Flüssigkeit *w*

жизнь [shýsn'] *w* (-и) Leben *s* ▶ **ли́чная ~** Privatleben *s*

жиле́т [shyl'ét] *m* (-а) Weste *w*

жило́й [shylój] *adj* (-áя, -óе) bewohnbar, Wohn(ungs)- ▶ **жила́я ко́мната** Wohnzimmer *s*

жир [shýr] *m* (-а/-у) Fett *s*, Talg *m* (von Rindern usw.)

жи́рный [shýrnyj] *adj* (-ая, -ое) fett (Fleisch usw.), fettig (Gericht usw.)

жи́тель [shýt'il'] *m* (-я) Bewohner *m* (von Haus usw.), Einwohner *m* (von Land usw.) ▶ **коренно́й ~** Eingeborene *m*

жи́тельство [shýt'il'ßtwa] *s* (-а) Aufenthalt *m*

жить [shýt'] *v* (живу́, живёшь) **1** leben (am Leben sein) **2** wohnen *irgendwo* ▶ **Я живу́ в гости́нице Алкро́н.** Ich wohne im Hotel Alcron.

жре́бий [shr'éb'ij] *m* (-я) Los *s* (Losen) ▶ **тяну́ть ~** losen

жук [shúk] *m* (-á) Käfer *m*

журна́л [shurnál] *m* (-а) Journal *s*, Magazin *s* (Zeitschrift), Illustrierte *w*, Zeitschrift *w*

журнали́ст [shurnal'íßt] *m* (-а) Journalist *m*

З

за [sá] *prep* **1** hinter (einem Haus usw.) **2** für *etw.* (Preis usw.) ▶ **~ ночь** über Nacht

заба́вный [sabáwnyj] *adj* (-ая, -ое) amüsant (Geschichte usw.), witzig, humorvoll, humorig

забасто́вка [sabaßtófka] *w* (-и) Streik *m für etw.*

забинтова́ть [sab'intawát'] *v* (-тýю, -тýешь) verbinden (mit Verband)

заби́ть [sab'ít'] *v* (-бью, -бьёшь) **1** einschlagen *etw. Akk in etw. Dat* **2** erschlagen *j-n/etw.*, totschlagen *j-n/etw.* **3** schlachten

заблужде́ние [sablushd'én'iji] *s* (-я) Irrtum *m*, Trugschluss *m* ▶ **вы́вести из заблужде́ния** *кого* über seinen Irrtum aufklären *j-n*

заболева́ние [sabal'lwán'iji] *s* (-я) Erkrankung *w*, Krankheit *w*

заболе́ть [sabal'ét'] *v* **1** erkranken *an etw. Dat* **2** zu schmerzen anfangen

забо́та [sabóta] *w* (-ы) **1** Sorge *w um j-n/etw.* **2** Pflege *w j-s*, Sorge *w für j-n*

забо́титься [sabót'itza] *v* (-óчусь, -óтишься) achten *auf etw. Akk* (aufpassen), betreuen *j-n/etw.*, sorgen *für j-n/etw.*, pflegen *j-n/etw.*

забра́ть [sabrát'] *v* (-берý, -берёшь) **1** nehmen, wegnehmen *j-m etw. Akk* (entziehen) **2** abholen *j-n/etw.*, holen *j-n/etw.* **3** einnehmen (mit Gewalt)

забы́ть [sabýt'] *v* (-бýду, -бýдешь) vergessen *etw. Akk* (sich nicht erinnern)

заведе́ние [saw'id'én'iji] *s* (-я) Lokal *s*

заве́довать [saw'édawat'] *v* (-дую, -дуешь) führen *etw. Akk* (Unternehmen usw.)

заве́рить [saw'ér'it'] *v* (-рю, -ришь) **1** versichern *j-n etw. Gen* (bestätigen) **2** bestätigen *etw. Akk* (amtlich usw.), bescheinigen *etw. Akk*

заверну́ть [saw'irnút'] *v* (-нý, -нёшь) **1** einpacken *etw. Akk*, hüllen *etw. Akk in etw. Akk*, einwickeln *etw. Akk in etw. Akk* **2** abbiegen **3** umschlagen (Ärmel usw.)

заверши́ть [saw'irschýt'] *v* (-шý, -ши́шь) beenden *etw. Akk* (stoppen), krönen *etw. Akk mit etw.* (Laufbahn usw.)

зави́сеть [saw'íß'it'] *v* (-и́шу, -и́сишь) abhängen *von j-m/etw.*, ankommen *auf j-n/etw.*, liegen *an j-m/etw.* (an Umständen usw.)

зави́симый [saw'íß'imyj] *adj* (-ая, -ое) abhängig *von j-m/etw.* (von Umständen usw.)

за́висть [sáw'ißt'] *w* (-и) Neid *m*

завладе́ть [sawlad'ét'] *v* (-е́ю, -е́ешь) beherrschen *etw. Akk* (ein Land usw.)

заво́д [sawót] *m* (-а) Betrieb *m* (Fabrik usw.), Fabrik *w*

завоева́ть [sawajiwát'] *v* (-оюю, -оюешь) **1** erobern **2** erkämpfen *etw. Akk*, verdienen *etw. Akk* (Anerkennung)

за́втра [sáftra] *adv* morgen ♦ *s* Morgen *s*, der morgige Tag *m*

за́втрак [sáftrak] *m* (-а) Frühstück *s* ► **второ́й ~** Imbiss *m* (Gericht), Pausenbrot *s* (in der Schule usw.)

за́втракать [sáftrakat'] *v* (-аю, -аешь) frühstücken

завяза́ть [saw'isát'] *v* (-яжý, -я́жешь) **1** binden (Krawatte), zubinden **2** verbinden **3** Ende machen *etw. Dat*

зага́дка [sagátka] *w* (-и) Rätsel *s*

зага́дочный [sagádatsch'nyj] *adj* (-ая, -ое) geheimnisvoll, rätselhaft

заглуши́ть [sagluschýt'] *v* (-шý, -ши́шь) **1** betäuben *etw. Akk*, lindern *etw. Akk* (Schmerz usw.), stillen (Schmerz usw.), beruhigen **2** unterdrücken (Bemühung usw.) **3** übertönen

заголо́вок [sagalówak] *m* (-вка) **1** Schlagzeile *w*, Überschrift *w* **2** Briefkopf *m*

загора́ть [sagarát'] *v* (-а́ю, -а́ешь) bräunen (in der Sonne), sich sonnen

грани́ца [sagran'íza] *w* (-ы) Ausland *s*

заграни́чный [sagran'ítsch'nyj] *adj* (-ая, -ое) ausländisch, Auslands-

загрузи́ть [sagrus'ít'] *v* (-ужý, -ýзишь) **1** auslasten *etw. Akk* (Kapazitäten usw.) **2** belasten *j-n mit etw.* **3** einspielen (Daten)

загрязни́ть [sagr'isn'ít'] *v* (-ню́, -ни́шь) **1** kontaminieren, verunreinigen, verseuchen, verschmutzen (Umwelt) **2** beflecken *etw. Akk mit etw.*

зад [sát] *m* (-а) Rückseite *w* (eines Gebäudes), Hinterseite *w*

зада́ние [sadán'iji] *s* (-я) Aufgabe *w* (für die Schule), Aufgabenstellung *w* ► **дома́шние зада́ния** Hausaufgaben *w Mz*

зада́ча [sadátsch'a] *w* (-и) **1** Aufgabe *w* (Pflicht usw.) **2** Rechenaufgabe *w*

задержа́ть [sad'irshát'] *v* (-ержý, -е́ржишь) **1** verlangsamen (Prozess usw.), verzögern *j-n/etw.* **2** festnehmen *j-n* **3** zurückhalten, aufhalten (Atem usw.) **4** unterbrechen *etw. Akk* (Tätigkeit usw.) **5** anhalten *etw. Akk*, stoppen *etw. Akk* (Bewegung usw.)

заде́ржка [sad'érshka] *w* (-и) Verspätung *w*, Verzögerung *w*

за́дний [sádn'ij] *adj* (-яя, -ее) hinter(er,e,es) ► **~ план** Hintergrund *m*

задо́р [sadór] *m* (-а) Begeisterung *w* (Verve usw.), Feuereifer *m*

заду́маться [sadúmatza] *v* (-аюсь, -аешься) nachdenken *über etw. Akk*

заём [sa'óm] *m* (за́йма; за́ймы) Anleihe *w*, Darlehen *s*

зае́хать [sajéchat'] *v* (-е́ду, -е́дешь) fahren *in etw. Akk* (mit dem Auto)

заже́чь [sashétsch'] *v* (-жгý, -жжёшь, -жгýт) **1** anzünden *etw. Akk* (Zigarette usw.) **2 ~ (свет)** (Licht) einschalten, (Licht) anmachen

зажига́лка [sashygálka] *w* (-и) Feuerzeug *s*

зажи́м [sashým] *m* (-а) Klammer *w* (Gerät)

заи́мствовать [saímßtwawat'] *v* (-твую, -твуешь) übernehmen

заинтересова́ть [saint'ir'ißawát'] *v* (-сýю, -сýешь) interessieren *j-n für etw., an etw. Dat* (j-n gewinnen suchen), *j-s* Interesse wecken

зайти́ [sajt'í] *v* (-йдý, -йдёшь) **1** hineingehen *in etw. Akk* **2** untergehen (Sonne)

зака́з [sakáß] *m* (-а) Auftrag *m* (Bestellung), Bestellung *w*

заказа́ть [sakasát'] *v* (-ажý, -а́жешь) bestellen *etw. Akk*

зака́зчик [sakástsch'ik] *m* (-а) Kunde *m*, Klient *m*

заключа́ться [sakl'utsch'átza] *v* (-а́ется) bestehen *in etw. Dat* (von einem Problem usw.)

зако́н [sakón] *m* (-а) Gesetz *s*

зако́нный [sakónnyj] *adj* (-ая, -ое) **1** legal, gesetzlich **2** berechtigt (zuständig), legitim (gesetzlich)

зако́нчить [sakóntsch'it'] *v* (-чу, -чишь) **1** enden, zu Ende sein **2** beenden *etw. Akk* (Arbeit usw.), zu Ende bringen *etw. Akk*, vollenden *etw. Akk* ▶ **~ (учёбу)** das Studium abschließen

закры́тый [sakrýtyj] *adj* (-ая, -ое) **1** geschlossen **2** Innen- (im Gebäude) **3** verhüllt (von Nebel usw.)

закры́ть [sakrýt'] *v* (-ро́ю, -ро́ешь) **1** schließen *etw. Akk* (Fenster usw.), zumachen *etw. Akk* (Tür usw.) **2** sperren **3** schließen (Betrieb) **4** bedecken *j-n mit etw.*, zudecken *j-n/etw. mit etw.*

заку́ска [sakúßka] *w* (-и) **1** Vorspeise *w* **2** Häppchen *s* **3** Erfrischung *w* (Getränk usw.)

зал [sál] *m* (-а) Halle *w*, Vestibül *s*, Saal *m* ▶ **тренажёрный ~** Fitnesscenter *s*; **~ ожида́ния** Wartezimmer *s*, Warteraum *m*; **зри́тельный ~** Zuschauerraum *m*

залечи́ться [sal'itsch'ítza] *v* (-ечу́сь, -е́чишься) heilen (Wunde usw.)

зали́в [sal'íf] *m* (-а) Bucht *w*, Golf *m* (Bucht)

зало́г [salók] *m* (-а) Bürgschaft *w für etw.* (Geld usw.), Pfand *s*, Sicherheit *w* (Geld usw.)

заложи́ть [salashýt'] *v* (-ожу́, -о́жишь) **1** legen *etw. Akk in etw. Akk* (in Mappe usw.) **2** versetzen (in Leihhaus)

зало́жник [salóshn'ik] *m* (-а) Geisel *w*

замани́ть [saman'ít'] *v* (-аню́, -а́нишь) anlocken *j-n*

зама́ранный [samárannyj] *adj* (-ая, -ое) beschmutzt, verschmutzt (unsauber), schmutzig

заме́длить [sam'édl'it'] *v* (-лю, -лишь) **1** verlangsamen *etw. Akk* **2** verzögern *etw. Akk* (hinauszögern)

заме́на [sam'éna] *w* (-ы) Ersetzen *s etw. Gen durch etw.*, Wechsel *m* (Ablösung)

замени́ть [sam'in'ít'] *v* (-еню́, -е́нишь) **1** ersetzen *j-n/etw. durch j-n/etw.*, wechseln *etw. Akk für etw.*, auswechseln *etw. Akk gegen etw.*, austauschen *etw. Akk gegen etw.* (Ersatzteil usw.) **2** auswechseln *j-n* **3** tauschen *etw. Akk* (Kabel usw.), umstellen *etw. Akk* (Reihenfolge ändern)

заменя́ть [sam'in'át'] *v* (-я́ю, -я́ешь) **1** ablösen *j-n* (Tätigkeit übernehmen) **2** vertreten *j-n* (Lehrer usw.)

замёрзнуть [sam'órsnut'] *v* (-ну, -нешь) **1** einfrieren (zu Eis werden), frieren (Wasser usw.), gefrieren **2** erfrieren

замести́тель [sam'ißt'ít'il'] *m* (-я) **1** Ersatzmann *m* **2** Vertreter *m* (Ersatz)

заме́тить [sam'ét'it'] *v* (-е́чу, -е́тишь) bemerken *etw. Akk*, bemerken *j-n/etw.* (sehen usw.), merken *j-n/etw.*, erblicken *j-n/etw.*

заме́тка [sam'étka] *w* (-и) Bemerkung *w* (schriftlich), Notiz *w*

замеча́тельный [sam'itsch'át'il'nyj] *adj* (-ая, -ое) bemerkenswert, großartig (Pläne usw.), hervorragend, toll

замо́к[1] [samók] *m* (-мка́) Schloss *s* (Türschloss)

за́мок[2] [sámak] *m* (-мка) Burg *w*, Schloss *s* (Palast)

заморо́женный [samaróshynnyj] *adj* (-ая, -ое) Gefrier-, tiefgekühlt, tiefgefroren

заморо́зить [samarós'it'] *v* (-о́жу, -о́зишь) **1** einfrieren (Lebensmittel usw.) **2** lähmen (Verkehr usw.)

за́мужем [sámushym] *adj* verheiratet

заму́жняя [samúshn'ija] *adj* verheiratet

за́мысел [sámyß'il] *m* (-сла) Absicht *w*

за́навес [sánaw'iß] *m* (-а) Vorhang *m*

занести́ [san'ißt'í] *v* (-су́, -сёшь) **1** tragen *etw. Akk irgendwohin* (mitbringen) **2** aufzeichnen, vermerken, eintragen *etw. Akk irgendwohin* (schriftlich) **3** einschleppen *etw. Akk irgendwohin* (Krankheit usw.)

занима́ться [san'imátza] *v* **1** sich befassen *mit etw.*, sich beschäftigen *mit etw.*, sich widmen *etw. Dat*, sich hingeben *etw. Dat* (Tätigkeit usw.) **2** lernen (für eine Prüfung usw.) ▶ **~ предпринима́тельством** Unternehmen betreiben

заня́тия [san'át'ija] *s* (-ий) Unterricht *m* (Unterrichtsstunde)

за́нятый [sán'ityj] *adj* (-ая, -ое) **1** besetzt, reserviert (Tisch usw.) **2** beschäftigt (sehr usw.)

заня́ть[1] [san'át'] *v* (займу́, займёшь) sich ausleihen *etw. Akk von j-m*

заня́ть[2] [san'át'] *v* (займу́, займёшь) **1** besetzen (Platz usw.) **2** ablenken *j-n* (Aufmerksamkeit usw.) **3** beschäftigen *j-n mit etw.* (etwas zu tun geben) **4** einnehmen (Stellung usw.)

за́пад [sápat] *m* (-а) Westen *m* ▶ **на ~е** im Westen

западня́ [sapadn'á] *w* (-и́; 2 мн. -е́й) Falle *w*

запа́с [sapáß] *m* (-а) Reserve *w*, Vorrat *m* ▶ **слова́рный ~** Wortschatz *m*; **~ы** Bestände *m Mz*

запа́ска [sapáßka] *w* (-и) Reserverad *s*, Reservereifen *m*

запасно́й [sapaßnój] *adj* (-ая, -о́е) **1** Ersatz-, Reserve- **2** Flucht- ▶ **запасна́я ши́на** Reserverad *s*, Reservereifen *m*; **~ вы́ход** Notausgang *m*

за́пах [sápach] *m* **1** Duft *m* **2** Geruch *m* (Wahrnehmung)

запа́чкать [sapátsch'kat'] *v* (-аю, -аешь) beflecken *etw. Akk mit etw.*, beschmutzen *etw. Akk*, schmutzig machen *etw. Akk*, verschmutzen *etw. Akk*

запере́ть [sap'ir'ét'] *v* (-пру́, -прёшь) abschließen (Wohnung usw.), schließen (mit dem Schlüssel)

записа́ть [sap'ißát'] *v* (-ишу́, -и́шешь) **1** notieren, notieren *etw. Akk*, aufschreiben *etw. Akk* **2** aufnehmen *etw. Akk* (Musik usw.), aufzeichnen, brennen (eine CD usw.)

запи́ска [sap'íßka] *w* (-и) Nachricht *w* (E-Mail usw.)

заплати́ть [saplat'ít'] *v* (-ачу́, -а́тишь) bezahlen *j-m etw. Akk*, zahlen *j-m für etw.*

запо́лнить [sapóln'it'] *v* (-ню, -нишь) **1** ausfüllen (Formular usw.) **2** ausfüllen *etw. Akk mit etw.* (Raum usw.)

запре́т [sapr'ét] *m* (-а) Verbot *s etw. Gen*

запрети́ть [sapr'it'ít'] *v* (-ещу́, -ети́шь) verbieten *j-m etw. Akk*

запрещённый [sapr'ischsch'ónnyj] *adj* (-ая, -ое) verboten

запро́с [sapróß] *m* (-а) Wunsch *m* (Verlangen)

запуска́ть [sapußkát'] *v* (-а́ю, -а́ешь) starten (Motor usw.)

запу́тать [sapútat'] *v* (-аю, -аешь) **1** verwirren (Fäden usw.) **2** kompliziert machen

запча́сти [saptsch'áßt'i] *m Mz* (-е́й) Ersatzteile *s Mz*

запята́я [sap'itája] *w* (-о́й) Komma *s* (Satzzeichen) ► **десяти́чная ~** Dezimalkomma *s*, Komma *s* (in Zahlen)

зарабо́тать [sarabótat'] *v* (-аю, -аешь) **1** verdienen (Gehalt erwerben) **2** anlaufen (anspringen)

за́работок [sárabatak] *m* (-тка) Verdienst *m* (Einkommen)

зара́за [sarása] *w* (-ы) Ansteckung *w*, Infektion *w*

зарази́ть [saras'ít'] *v* (-ажу́, -ази́шь) anstecken *j-n (mit etw.)*, infizieren *j-n (mit etw.)*

зара́зный [sarásnyj] *adj* (-ая, -ое) ansteckend, infektiös, Infektions-, übertragbar (Krankheit usw.)

зара́нее [sarán'iji] *adv* im Voraus

зарегистри́ровать [sar'ig'ißtr'írawat'] *v* (-рую, -руешь) registrieren *j-n/etw.* (amtlich), eintragen *j-n/etw.* (in ein Register)

зарисо́вка [sar'ißófka] *w* (-и) Skizze *w* (grobe)

за́росль [sáraßl'] *w* (-и) Strauch *m*

зарпла́та [sarpláta] *w* (-ы) Gehalt *s* (Entlohnung), Lohn *m*

зарубе́жный [sarub'éshnyj] *adj* (-ая, -ое) ausländisch, Auslands-

заря́д [sar'át] *m* (-а) Ladung *w*, Patrone *w* (Munition)

заряди́ть [sar'id'ít'] *v* **1** laden (Waffe) **2** aufladen (Batterie usw.), laden (Batterie)

заса́ленный [saßál'innyj] *adj* (-ая, -ое) fettig (Papier usw.)

заседа́ние [saß'idán'iji] *s* (-я) Sitzung *w* (eines Gerichts usw.), Tagung *w*, Verhandlung *w* (vor Gericht), Gerichtsverhandlung *w*

заслоня́ть [saßlan'át'] *v* (-я́ю, -я́ешь) **1** abschirmen, im Licht stehen *j-m* **2** decken *j-n/etw.* (schützen)

заслужи́ть [saßlushýt'] *v* (-ужу́, -у́жишь) **1** verdienen *etw. Akk* (würdig sein) **2** verdienen, verdienen *etw. Akk* (als Belohnung)

засмея́ться [saßm'ijátza] *v* (-ею́сь, -еёшься) lachen *über j-n/etw.*

засну́ть [saßnút'] *v* (-ну́, -нёшь) einschlafen (in Schlaf sinken)

засори́ть [saßar'ít'] *v* (-рю́, -ри́шь) befallen, verschmutzen

засо́хнуть [saßóchnut'] *v* (-ну, -нешь) vertrocknen

заста́вить[1] [saßtáw'it'] *v* (-влю, -вишь) veranlassen *j-n zu etw.*, bewegen *j-n zu etw.*, zwingen *j-n zu etw.*

заста́вить[2] [saßtáw'it'] *v* (-влю, -вишь) bebauen (Grundstück usw.)

заста́ть [saßtát'] *v* (-а́ну, -а́нешь) erreichen *j-n* (zu Hause usw.)

застегну́ть [saßt'ignút'] *v* (-ну́, -нёшь) zuknöpfen, zumachen (Kleid usw.) ► **~ ремни́** den Sicherheitsgurt anlegen

застёжка [saßt'óshka] *w* (-и) Verschluss *m* (eines Kleides usw.)

засти́чь [saßt'ítsch'] *v* (-и́гну, -и́гнешь) erreichen *j-n* (zu Hause usw.) ► **~ врасплóх** überraschen *j-n* (ertappen)

застрахова́ть [saßtrachawát'] *v* (-страху́ю, -страху́ешь) versichern *j-n/etw.* (Versicherung abschließen)

застрели́ть [saßtr'il'ít'] *v* (-елю́, -е́лишь) erschießen *j-n*

засту́кать [saßtúkat'] *v* (-аю, -аешь) erwischen *j-n* (bei der Tat), überraschen *j-n* (ertappen)

за́суха [sáßucha] *w* (-и) Trockenheit *w* (Trockenzeit), Dürre *w*

зате́м [sat'ém] *adv* anschließend, danach, nachher, dann

затолкну́ть [satalknút'] *v* (-ну́, -нёшь) stecken *etw. Akk in etw. Akk*

затону́ть [satanút'] *v* (-ону́, -о́нешь) sinken (Boot), untergehen (Schiff), versinken (im Meer usw.)

зато́р [satór] *m* (-а) Stau *m* (Verkehr)

затормози́ть [satarmas'ít'] *v* (-ожу́, -ози́шь) **1** abbremsen *etw. Akk*, bremsen **2** verlangsamen (Prozess usw.)

затра́та [satráta] *w* (-ы) Ausgabe *w* (Kosten), Kosten *Mz* ► **затра́ты** Kosten *Mz*

затра́тить [satrát'it'] *v* (-а́чу, -а́тишь) aufwenden *etw. Akk für etw.*, verbrauchen (Vorräte usw.)

затро́нуть [satrónut'] *v* (-ну, -нешь) **1** kränken *j-n* **2** zur Sprache bringen (Thema usw.)

затрудне́ние [satrudn'én'iji] *s* (-я) **1** Schwierigkeit *w* **2** Not *w*, Notlage *w*

заты́чка [satýtsch'ka] *w* (-и) Stöpsel *m* (in einer Wanne usw.)

затяну́ть [sat'inút'] *v* (-яну́, -я́нешь) **1** zuziehen *etw. Akk* (Vorhang usw.) **2** überziehen (Zeit) **3** abschnüren (Arterie usw.), zusammenziehen (schrumpfen lassen), zuziehen (Schlinge usw.), anziehen (Schraube)

захва́т [sachwát] *m* (-а) Entführung *w* (eines Flugzeugs usw.), Stoß *m* (Schwimmstoß usw.)

захвати́ть [sachwat'ít'] *v* (-ачу́, -а́тишь) **1** entreißen, fangen **2** dominieren *etw. Akk* (Oberhand gewinnen), ergreifen *etw. Akk* (beherrschen), usurpieren

захва́тчик [sachwáttsch'ik] *m* (-а) Aggressor *m*, Angreifer *m*

захло́пнуть [sachlópnut'] *v* (-ну, -нешь) zuklappen, zuklappen *etw. Akk*, zuschlagen *etw. Akk* (schließen), zustoßen *etw. Akk* (Tür usw.) ► **~ (дверь)** sich (die Tür) zuschlagen

заце́пка [sazépka] *w* (-и) Haken *m* (zum Angeln usw.)

зача́ть [satsch'át'] *v* (-чну́, -чнёшь) empfangen (ein Kind usw.)

заче́м [satsch'ém] *adv* warum

защи́та [saschsch'íta] *w* (-ы) Verteidigung *w*

защити́ть [saschsch'it'ít'] *v* (-щищу́, -щити́шь) beschützen *j-n/etw. vor j-m/etw.*, mit Erfolg verteidigen (Stadt usw.), verteidigen (können) *etw. Akk*

заяви́ть [sajiw'ít'] *v* (-явлю́, -я́вишь) **1** bekannt machen *etw. Akk*, melden *etw. Akk* (öffentlich usw.) **2** bekannt geben *etw. Akk*, erklären (sagen)

заявле́ние [sajiwl'én'iji] *s* (-я) **1** Erklärung *w* (Mitteilung) **2** Antrag *m auf etw. Akk*, Einreichung *w* **3** Anmeldung *w*, Anmeldeformular *s* ► **удовлетвори́ть ~** einem Antrag stattgeben; **пода́ть ~** *на что* den Antrag stellen *auf etw. Akk*

за́яц [sájiz] *m* (за́йца) Hase *m* ► **е́хать за́йцем** schwarzfahren

зва́ние [swán'iji] *s* (-я) Rang *m* (militärischer), Titel *m* (von Universität)

звать [swát'] *v* (зову́, зовёшь) **1** nennen *j-n irgendwie* (bezeichnen) **2** einladen *j-n* ► **Как тебя́ зову́т?** Wie heißt du?; **Меня́ зову́т…** Ich heiße…

звезда́ [sw'isdá] *w* (-ы́; звёзды) Stern *m*

звено́ [sw'inó] *s* (-а́) Glied *s* (einer Kette)

зве́ри [sw'ér'i] *m Mz* Wild *s* (wild lebend)

звони́ть [swan'ít'] *v* (-ню́, -ни́шь) **1** klingeln (an der Tür) **2** anrufen *j-n*, telefonieren *mit j-m* ► **~ за счёт вызыва́емого абоне́нта** R-Gespräch führen

звоно́к [swanók] *m* (-нка́) **1** Klingel *w* (an der Tür) **2** Anrufe *m Mz*, Telefongespräch *s*, Anruf *m* (telefonischer), Telefonat *s* **3** Klingeln *s*

звук [swúk] *m* (-а) Geräusch *s*, Klang *m* (klarer usw.), Laut *m* (stimmhafter usw.)

звуча́ть [swutsch'át'] *v* (-чит) klingen (hörbar sein)

зда́ние [sdán'iji] *s* (-я) Gebäude *s*

здесь [sd'éß'] *adv* hier

здоро́ваться [sdarówatza] *v* (-аюсь, -аешься) grüßen *j-n*

здо́рово [sdórawa] *adj* toll, fabelhaft ♦ *adv* ordentlich, richtig (viel)

здоро́вый[1] [sdarówyj] *adj* (-ая, -ое) gesund

здоро́вый[2] [sdarówyj] *adj* (-ая, -ое) ordentlich (angemessen), richtig (entsprechend usw.), stark (körperlich)

здоро́вье [sdaró w'ji] *s* (-я) Gesundheit *w* ► **За ~!** Prosit!, Zum Wohl!

зева́ть [s'iwát'] *v* (-а́ю, -а́ешь) **1** gähnen **2** herumlungern, starren (blicken)

зелёный [s'il'ónyj] *adj* (-ая, -ое) grün

земледе́лец [s'iml'id'él'iz] *m* (-льца) Bauer *m*, Landwirt *m*

земледе́лие [s'iml'id'él'iji] *s* (-я) Landwirtschaft *w*

землетрясе́ние [s'iml'itr'iß'én'iji] *s* (-я) Erdbeben *s*

земля́ [s'iml'á] *w* (-и́) **1** Land *s* (Grundstück) **2** Erde *w*, Grund *m*, Boden *m* (Oberfläche) **3** Land *s* (Festland) **4** Erde *w*, Boden *m* (Materie) **5** Land *s* (Staat)

зе́ркало [s'érkala] *s* (-а) Spiegel *m* (Glas) ► **~ за́днего ви́да** Rückspiegel *m*

зерно́ [s'irnó] *s* (-а́; зёрна) **1** Korn *s* **2** Kügelchen *s*

зима́ [s'imá] *w* (-ы́) Winter *m*

злой [slój] *adj* (зла́я, зло́е) böse ► **быть злым** *к кому* unangenehm sein *j-m gegenüber*

зло́сть [slóßt'] *w* (-и) Wut *w*, Zorn *m*

злоупотреби́ть [slaupatr'ib'ít'] *v* (-блю́, -би́шь) missbrauchen *j-n/etw.* (Macht usw.)

змея́ [sm'ijá] *w* (-и́) Schlange *w* (Tier)

знак [snák] *m* (-а) **1** Kennzeichen *s*, Zeichen *s* (zum Unterscheiden) **2** Andeutung *w* ► **вопроси́тельный ~** Fragezeichen *s*; **госуда́рственный регистрацио́нный ~**

Nummernschild *s* (Kfz); **доро́жный** ~ Verkehrszeichen *s*; ~ **зодиа́ка** Sternzeichen *s*
знако́мство [snakómßtwa] *s* (-a) **1** Bekanntschaft *w* **2** Kennenlernen *s j-s* **3** Konnexionen *w Mz*
знако́мый [snakómyj] *m* Bekannte *m*
знамени́тый [snam'in'ítyj] *adj* (-ая, -ое) berühmt, namhaft, renommiert, ruhmreich
зна́мя [snám'a] *s* (-мени; -мёна, -мён) Fahne *w*, Flagge *w*
знать [snát'] *v* **1** beherrschen (Fremdsprache usw.), können *tun etw. Akk*, wissen *etw. Akk, von etw.* **2** kennen *j-n/etw.* ► **хорошо́** ~ *что* sich auskennen *in etw. Dat*
значе́ние [snatsch'én'iji] *s* (-я) **1** Bedeutung *w* **2** Bedeutung *w*, Gewicht *s etw. Gen*, Wert *m* (Bedeutung) ► **Э́то не име́ет значе́ния.** Es hat keinen Zweck.
зна́чит [snátsch'it] *conj* also
значи́тельный [snatsch'ít'il'nyj] *adj* (-ая, -ое) **1** bedeutend (wichtig), beträchtlich **2** bedeutend, bedeutungsvoll, angesehen **3** beträchtlich, erheblich (ziemlich groß)
зо́лото [sólata] *s* (-a) Gold *s*
зо́на [sóna] *w* (-ы) Gebiet *s*, Gegend *w* (Region), Zone *w*
зо́нтик [sónt'ik] *m* (-a) Regenschirm *m*, Schirm *m* (Regenschutz)
зоопа́рк [saapárk] *m* (-a) Zoo *m*, Tiergarten *m* (kleiner), Tierpark *m* (größer)
зре́лый [sr'élyj] *adj* (-ая, -ое) reif
зре́ние [sr'én'iji] *s* (-я) Sehkraft *w*
зри́тель [sr'ít'il'] *m* (-я) Zuschauer *m*
зуб [súp] *m* (-a; зу́бы, зубо́в) Zahn *m* ► **коренно́й** ~ Backenzahn *m*
зубно́й [subnój] *adj* (-áя, -óe) Zahn- ► ~ **врач** Zahnarzt *m*
зубочи́стка [subatsch'íßtka] *w* (-и) Zahnstocher *m*

И

и [í] *conj* und ♦ *part* nicht (ein)mal ► **хотя́ и** auch wenn
игла́ [iglá] *w* (-ы́; и́глы) Nadel *w* (Nähnadel), Stachel *m* (des Igels usw.)
игра́ [igrá] *w* (-ы́; и́гры) Spiel *s* (Spielen)
игра́ть [igrát'] *v* (-áю, -áешь) **1** spielen *mit etw.* (Kinder usw.) **2** spielen *etw. Akk* (Spiele usw.) **3** spielen *etw. Akk* (Instrument) **4** spielen (Schauspieler) **5** spielen *mit etw.* (leichtfertig)
игро́к [igrók] *m* (-á) Spieler *m*
игру́шка [igrúschka] *w* (-и) Spielzeug *s*
иде́я [id'éja] *w* (-и) Idee *w* (Leitbild)
идио́т [id'iót] *m* (-a) Dummkopf *m*, Idiot *m*, Blödmann *m*
идти́ [itt'í] *v* (иду́, идёшь) **1** gehen *irgendwohin* (sich bewegen), laufen (zu Fuß gehen) **2** funktionieren **3** holen *j-n/etw.* (abholen) **4** stehen *j-m* (Kleidung) ► **Пойдёмте пешко́м!** Gehen wir zu Fuß.
из [íß] *prep* **1** aus *etw.* **2** von (weg)
из-за [issa] *prep* wegen *j-s/etw.*
изба́вить [isbáw'it'] *v* (-влю, -вишь) befreien *von j-m/etw.*, verschonen *j-n mit etw.*
избра́ть [isbrát'] *v* (-беру́, -берёшь) sich entscheiden *für j-n/etw.*, wählen *j-n* (abstimmen)
избы́ток [isbýtak] *m* (-тка) **1** Überschuss *m* **2** Übermaß *s an etw. Dat*, Überschuss *m an etw.*
изве́стие [isw'éßt'iji] *s* (-я) Mitteilung *w*, Nachricht *w*, Neuigkeit *w* (Auskunft usw.)
изве́стный [isw'éßnyj] *adj* (-ая, -ое) **1** bekannt (allgemein usw.), vertraut (Gesicht usw.) **2** berühmt *für etw.*
и́звесть [ísw'ißt'] *w* (-и) Kalk *m*
извине́ние [isw'in'én'iji] *s* (-я) Entschuldigung *w für etw.*
извини́ть [isw'in'ít'] *v* (-ню́, -ни́шь) entschuldigen *j-n* ► **Извини́те!** Entschuldigen Sie!, Entschuldigung!, Verzeihung!; **Извини́те?** Wie bitte?
изгото́вить [isgatów'it'] *v* (-влю, -вишь) anfertigen, herstellen (Produkt usw.), erzeugen, produzieren (industriell usw.)
изда́ние [isdán'iji] *s* (-я) **1** Edition *w* (Herausgeben), Herausgabe *w* **2** Publikation *w* **3** Ausgabe *w* (broschierte usw.), Edition *w* (gebundene usw.)
изда́тельство [isdát'il'ßtwa] *s* (-a) Verlag *m*
изда́ть [isdát'] *v* (-áм, -áшь) **1** herausgeben *etw. Akk* (Buch) **2** herausgeben (Anordnung usw.)
изде́лие [isd'él'iji] *s* (-я) Erzeugnis *s*, Produkt *s* (neues usw.) ► **ювели́рные изде́лия** Juwelen *s Mz*; **хлебобу́лочные изде́лия** Backwaren *w Mz*, Gebäck *s*; **колба́сные изде́лия** Wurstwaren *w Mz*; **макаро́нные изде́лия** Teigwaren *w Mz*
излече́ние [isl'itsch'én'iji] *s* (-я) Erholung *w* (von Krankheit)
изли́шний [isl'íschn'ij] *adj* (-яя, -ее) überflüssig, übermäßig, überzählig
измене́ние [ism'in'én'iji] *s* (-я) Änderung *w*, Veränderung *w*
измени́ть[1] [ism'in'ít'] *v* (-еню́, -е́нишь) abändern, ändern *etw. Akk*, umwandeln *etw. Akk*
измени́ть[2] [ism'in'ít'] *v* (-еню́, -е́нишь) **1** verraten *j-n/etw.* (Verrat begehen) **2** betrügen *j-n* (Ehemann usw.)

измéрить [ism'ér'it'] *v* (-рю, -ришь) messen *j-n/etw.* (Größe bestimmen)
изнаси́лование [isnaß'ílawan'iji] *s* (-я) Vergewaltigung *w*
изнури́ть [isnur'ít'] *v* (-рю́, -ри́шь) erschöpfen *j-n*
изобрази́ть [isabras'ít'] *v* (-ажу́, -ази́шь) **1** abbilden, darstellen (abbilden usw.) **2** darstellen *j-n* (spielen)
изобрести́ [isabr'ißt'í] *v* (-рету́, -ретёшь) erfinden *etw. Akk* (Glühbirne usw.), konstruieren
изобретéние [isabr'it'én'iji] *s* (-я) Erfindung *w* (Gerät usw.)
израсхóдовать [israßchódawat'] *v* (-дую, -дуешь) **1** aufbrauchen *etw. Akk*, aufwenden *etw. Akk für etw.*, verbrauchen *etw. Akk* (Benzin, Zeit usw.) **2** ausgeben *etw. Akk für etw.* (Geld), (völlig) verschwenden *etw. Akk*
изумля́ться [isuml'átza] *v* (-я́юсь, -я́ешься) erstaunen *über etw. Akk*, überrascht sein *über etw. Akk*, staunen *über etw. Akk*
изучи́ть [isutsch'ít'] *v* (-учу́, -у́чишь) **1** lernen, lernen *etw. Akk*, erlernen *etw. Akk* **2** durchstudieren *etw. Akk*
изъéздить [isjésd'it'] *v* (-éзжу, -éздишь) durchfahren *etw. Akk*, durchreisen *etw. Akk* (Land usw.)
изю́м [is'júm] *m* (-а/-у) Rosinen *w Mz*
и́ли [íl'i] *conj* oder ► **~ … ~** entweder… oder; **~ (же)** beziehungsweise, das heißt, d. h.
имéйл [iméjl] *m* (-а) E-Mail *w*
и́менно [ím'inna] *adv* **1** gerade, eben (in dem Zeitpunkt) **2** konkret (namentlich) ► **а ~** und zwar
именовáть [im'inawát'] *v* (-ну́ю, -ну́ешь) nennen *j-n irgendwie* (bezeichnen)
имéть [im'ét'] *v* (-éю, -éешь) haben *etw. Akk* ► **~ в виду́** meinen *etw. Akk irgendwie*; **~ долги́** schulden *j-m etw. Akk*; **имéя в виду́ что** angesichts *etw. Gen*
импорти́ровать [impart'írawat'] *v* (-рую, -руешь) einführen *etw. Akk irgendwohin*, importieren *etw. Akk irgendwohin*
иму́щество [imúschsch'ißtwa] *s* (-а) Eigentum *s*, Besitz *m*
и́мя [ím'a] *s* (и́мени) Name *m*, Vorname *m*
инáче [inátsch'i] *adv* anders, unterschiedlich
индéйка [ind'éjka] *w* (-и) Truthenne *w*, Pute *w* (Geflügel)
инженéр [inshyn'ér] *m* (-а) Ingenieur *m*
инжи́р [inshýr] *m* (-а) Feige *w* (Frucht)
иногдá [inagdá] *adv* ab und zu, irgendwann, manchmal
инострáнец [inaßtrán'iz] *m* (-нца) Ausländer *m*
инострáнный [inaßtránnyj] *adj* (-ая, -ое) ausländisch, Auslands-
институ́т [inßt'itút] *m* (-а) Institut *s*
инстру́кция [inßtrúkzyja] *w* (-и) **1** Anleitung *w*, Anweisung *w* (zur Verwendung usw.) **2** Anleitung *w*, Bedienungsanleitung *w* (in Druckform usw.), Handbuch *s*
инструмéнт [inßtrum'ént] *m* (-а) **1** Gerät *s* (Zange usw.), Werkzeug *s*, Instrument *s* **2** Musikinstrument *s*, Instrument *s* (Geige usw.)
интеллигéнтный [int'ill'ig'éntnyj] *adj* (-ая, -ое) intelligent
интенси́вный [intinß'íwnyj] *adj* (-ая, -ое) **1** intensiv, angestrengt, Intensiv- **2** heftig (stark)
интервью́ [intirw'jú] *s* (нескл.) Interview *s*
интерéс [int'ir'éß] *m* (-а) Interesse *s an etw. Dat*
интерéсный [int'ir'éßnyj] *adj* (-ая, -ое) fesselnd, interessant ► **~ факт** interessante Sache *w*
интересовáть [int'ir'ißawát'] *v* (-су́ю, -су́ешь) interessieren *j-n* (Interesse haben), Spaß machen *j-m etw. Nom* ► **Меня́ э́то не интересу́ет.** Ich habe kein Interesse.
Интернéт [inirnét] *m* (-а) Internet *s* ► **подключéние к ~у** Internetanschluss *m*
инти́мный [int'ímnyj] *adj* (-ая, -ое) vertraut, intim (Beziehung usw.)
информáция [infarmázyja] *w* (-и) Information *w*, Info *s*, Auskunft *w*
инъéкция [injékzija] *w* (-и) Injektion *w*, Spritze *w* (Dosis von Impfstoff usw.)
иск [íßk] *m* (-а) Klage *w* (gerichtlich) ► **предъяви́ть ~** Klage erheben *gegen j-n*
искáть [ißkát'] *v* (ищу́, и́щешь) nachforschen *nach etw.*, suchen *j-n/etw.* (dringend usw.)
исключéние [ißkl'utsch'én'iji] *s* (-я) **1** Ausschluss *m* **2** Ausnahme *w*
исключи́ть [ißkl'utsch'ít'] *v* (-чу́, -чи́шь) **1** ausschalten *j-n* (Konkurrenten usw.), ausschließen *j-n/etw. aus etw.* **2** ausschließen (Möglichkeit usw.)
и́скренний [íßkr'inn'ij] *adj* (-яя, -ее) ehrlich (offen), aufrichtig, herzlich
иску́сный [ißkúßnyj] *adj* (-ая, -ое) **1** geschickt, anstellig, gewandt **2** meisterhaft, Meister-
иску́сственный [ißkúßßtw'innyj] *adj* (-ая, -ое) künstlich
иску́сство [ißkúßßtwa] *s* (-а) Kunst *w* (Gestalten) ► **изобрази́тельное ~** bildende Kunst
Испáния [ißpán'ija] *w* (-и) Spanien *s*
испáчканный [ißpátsch'kannyj] *adj* (-ая, -ое) schmutzig, beschmutzt, verschmutzt (unsauber)

испáчкать [ißpátsch'kat'] *v* (-аю, -аешь) beschmutzen *etw. Akk*, verschmutzen *etw. Akk*

испóлнить [ißpóln'it'] *v* (-ню, -нишь) **1** erfüllen *etw. Akk* (Traum usw.) **2** erfüllen *etw. Akk* (Bedingungen usw.), spielen *etw. Akk auf etw. Dat*, spielen *j-n/etw.*, vortragen *etw. Akk* (ein Gedicht usw.)

испóльзованный [ißpól'sawannyj] *adj* (-ая, -ое) gebraucht

испóльзовать [ißpól'sawat'] *v* (-зую, -зуешь) **1** gebrauchen *etw. Akk*, benutzen *etw. Akk* **2** benutzen *etw. Akk*, verwenden *etw. Akk*

испóртить [ißpórt'it'] *v* (-рчу, -ртишь) beschädigen, verderben *etw. Akk* (Freude usw.), vergällen *j-m etw. Akk* (Freude verderben)

испóрченный [ißpórtsch'innyj] *adj* (-ая, -ое) **1** defekt, kaputt **2** verdorben (Lebensmittel) **3** verdorben (moralisch)

испрáвить [ißpráw'it'] *v* (-влю, -вишь) **1** reparieren *etw. Akk* **2** bessern *j-n* (Verbrecher usw.), gutmachen *etw. Akk* (Fehler usw.), wiedergutmachen *etw. Akk*, beheben *etw. Akk* (Fehler usw.) ► **Э́то мóжно легкó ~.** Das lässt sich leicht reparieren.

исправлéние [ißprawl'én'iji] *s* (-я) Verbesserung *w* (eines Fehlers usw.)

испугáть [ißpugát'] *v* (-áю, -áешь) erschrecken *j-n*, verschrecken *j-n*

испытáние [ißpytán'iji] *s* (-я) Prüfung *w* (Qualität usw.), Test *m*, Probe *w*

испытáть [ißpytát'] *v* (-áю, -áешь) **1** probieren *etw. Akk* (ausprobieren) **2** erleben *etw. Akk* (wahrnehmen), verspüren

исслéдование [ißßl'édawan'iji] *s* (-я) Forschung *w*, Umfrage *w*, Befragung *w*, Untersuchung *w* (eines Gebietes usw.)

исслéдовать [ißßl'édawat'] *v* (-дую, -дуешь) **1** erforschen *etw. Akk*, untersuchen *etw. Akk* (Struktur usw.), forschen **2** durchforschen, durchforschen *etw. Akk* (Gegend usw.)

и́стинный [íßt'innyj] *adj* (-ая, -ое) real (tatsächlich), wirklich

истори́ческий [ißtar'ítsch'ißk'ij] *adj* (-ая, -ое) historisch

истóрия [ißtór'ija] *w* (-и) **1** Geschichte *w* **2** Anekdote *w*, Geschichte *w* (Ereignis) **3** Affäre *w*

истóчник [ißtótsch'n'ik] *m* (-а) **1** Quelle *w* (eines Flusses usw.) **2** Quelle *w etw. Gen* **3** Muster *s* (Vorlage)

истреби́ть [ißtr'ib'ít'] *v* (-блю́, -би́шь) ausrotten, austilgen, vernichten

исхóдно [ißchódna] *adv* ursprünglich

исчéзнуть [ischsch'ésnut'] *v* (-ну, -нешь) **1** untergehen (zugrunde gehen), verschwinden (Tradition usw.) **2** verloren gehen, verschwinden

итóг [itók] *m* (-а) Endsumme *w*, Summe *w* (einer Addition)

их [ích] *pron* ihr, ihre, ihres, ihr (3. Person Pl. possessiv)

ию́ль [ijúl'] *m* (-я) Juli *m*

ию́нь [ijún'] *m* (-я) Juni *m*

Й

йóгурт [jógurt] *m* (-а) Joghurt *m,s*, Jogurt *m,s*

К

к [k] *prep* zu *etw.* (Richtung)

кабáк [kabák] *m* (-á) Kneipe *w*

кáбель [káb'il'] *m* (-я) Kabel *s*

каби́на [kab'ína] *w* (-ы) Führerhaus *s*, Kabine *w* (für Passagiere usw.), Koje *w* ► **примéрочная ~** Kabine *w*, Ankleidekabine *w*; **~ лётчика** Cockpit *s*

кабинéт [kab'in'ét] *m* (-а) Büro *s*

каби́нка [kab'ínka] *w* (-и) Kabine *w* (zum Umkleiden usw.)

каблýк [kablúk] *m* (-á) Absatz *m* (eines Schuhs)

кадр [kádr] *m* (-а) Aufnahme *w* (Film usw.)

кáждый [káshdyj] *pron* jed(er,e,es) (ohne Ausnahme)

казáться [kasátza] *v* (кажýсь, кáжешься) scheinen *j-m irgendwie* (vorkommen)

как [kák] *adv* wie ♦ *conj* als (arbeiten als usw.), wie (Ähnlichkeit) ► **так ~** weil; **до тогó ~** bis (etwas passiert usw.); **~ – так и** sowohl – als auch; **~ бы ни** wie/was auch (immer); **~ раз** gerade, eben (in dem Zeitpunkt); **~ (напримéр)** wie (zum Beispiel); **К~ хоти́те.** Wie Sie wollen.

кáк-нибудь [kákn'ibud'] *adv* irgendwie (auf irgendeine Weise)

кáк-то [kákta] *adv* irgendwie (seltsam, bekannt usw.), gewissermaßen

какáо [kakáa] *s* Kakao *m*

какóй [kakój] *pron* (-áя, -óе) was für ein, welch(er,e,es)

какóй-нибудь [kakójn'ibut'] *pron* einig(er,e,es), irgendein

какóй-то [kakójta] *pron* irgendein, irgendwelch

календáрь [kal'indár'] *m* (-я́) Kalender *m*

калькуля́тор [kal'kul'átar] *m* (-а) Taschenrechner *m*

ка́менщик [kám'inschsch'ik] *m* (-а) Maurer *m*
ка́мень [kám'in'] *m* (-мня) Stein *m* ▶ **драгоце́нный ~** Edelstein *m*
ка́мера [kám'ira] *w* (-ы) **1** Kammer *w* (Abstellraum), Zelle *w* (im Gefängnis usw.) **2** Kammer *w* (im Gerät usw.) **3** Kamera *w* (Video) **4** Schlauch *m* (bei Reifen) ▶ **~ хране́ния** Aufbewahrung *w* (Schalter), Gepäckaufbewahrung *w* (Stelle)
кана́л [kanál] *m* (-а) Kanal *m*
кана́т [kanát] *m* (-а) Schnur *w*, Seil *s* ▶ **(стально́й) ~** Drahtseil *s*
кани́кулы [kan'íkuly] *Mz* (-ул) Ferien *Mz*
канцтова́ры [kanztawáry] *m Mz* (-ов) Schreibwaren *Mz*
ка́пать [kápat'] *v* (-аю, -аешь) tropfen (Wasser usw.)
капита́л [kap'itál] *m* (-а) Kapital *s*
капита́н [kap'itán] *m* (-а) Kapitän *m*
ка́пля [kápl'a] *w* (-и) Tropfen *m* ▶ **ка́пли для глаз** Augentropfen *Mz*
капо́т [kapót] *m* (-а) Haube *w*, Motorhaube *w* (eines Autos)
капри́з [kapr'íß] *m* (-а) Laune *w*, Grille *w* (Einfall)
капу́ста [kapúßta] *w* (-ы) Kohl *m* ▶ **саво́йская ~** Wirsing *m*, Wirsingkohl *m*, (ÖrD) Kohl *m* (Rosenkohl usw.); **цветна́я ~** Blumenkohl *m*
капюшо́н [kap'uschón] *m* (-а) Kapuze *w*
каранда́ш [karandásch] *m* (-á, 7 -óм) Stift *m* (Schreibgerät), Bleistift *m*
карау́лить [karaúl'it'] *v* (-лю, -лишь) bereitstehen (wartend), bewachen
ка́рий [kár'ij] *adj* (-яя, -ее) braun
карма́н [karmán] *m* (-а) Beutel *m* (des Kängurus usw.), Tasche *w* (in Kleidungsstücken)
карма́нник [karmánn'ik] *m* (-а) Taschendieb *m*
карп [kárp] *m* (-а) Karpfen *m*
ка́рта [kárta] *w* (-ы) **1** Karte *w*, Spielkarte *w*, Landkarte *w* **2** Karte *w* (Plastikkarte usw.) ▶ **креди́тная ~** Kreditkarte *w*
карти́на [kart'ína] *w* (-ы) Bild *s* (Gemälde)
ка́рточка [kártatsch'ka] *w* (-и) Ausweis *m*, Schildchen *s*, Etikett *s* ▶ **визи́тная ~** Visitenkarte *w*, Besuchskarte *w*
каса́ться [kaßátza] *v* (-áюсь, -áешься) betreffen *etw. Akk*, angehen *etw. Akk*, betreffen *j-n/etw.*, angehen *j-n/etw.* ▶ **что каса́ется** *кого/чего* was *j-n/etw.* betrifft, was *j-n/etw.* angeht
ка́ска [káßka] *w* (-и; 2 мн. -сок) Helm *m*
ка́сса [káßßa] *w* (-ы) Kasse *w* ▶ **(биле́тная) ~** *w* Kasse *w* (im Kino usw.)
касси́р [kaßß'ír] *m* (-а) Bankkassierer *m*, Kassierer *m*
кастрю́ля [kaßtr'júl'a] *w* (-и) Kasserolle *w*, Kochtopf *m*, Topf *m* (zum Kochen)
ката́ние [katán'iji] *s* (-я) Spazierfahrt *w* ▶ **~ на лы́жах** Skifahren *s*
катастро́фа [kataßtrófa] *w* (-ы) Katastrophe *w*, Unglück *s* (Tragödie usw.)
ката́ть [katát'] *v* (-áю, -áешь) rollen *etw. Akk* (Fass usw.)
ката́ться [katátza] *v* (-áюсь, -áешься) **1** fahren *etw. Akk* (Fahrrad usw.) **2** sich wälzen **3** rollen ▶ **~ на конька́х** Schlittschuh laufen; **~ на лы́жах** Ski fahren
кафе́ [kafe] *s* (нескл.) Café *s*, (ÖrD) Kaffeehaus *s*
кача́ть [katsch'át'] *v* (-áю, -áешь) **1** schaukeln *j-n* (Kind usw.), wiegen *j-n* (in Wiege usw.) **2** nicken (mit Kopf), schwingen *mit etw.* (mit Beinen) **3** pumpen *etw. Akk*
ка́чество [kátsch'ißtwa] *s* (-а) Qualität *w*, Qualität *w etw. Gen*
ка́ша [káscha] *w* (-и) Brei *m* (Gericht)
ка́шель [káschyl'] *m* (-шля) Husten *m*
ка́шлять [káschl'it'] *v* (-яю, -яешь) husten
кашта́н [kaschtán] *m* (-а) Kastanie *w*, Kastanienbaum *m*
каю́та [kajúta] *w* (-ы) Kajüte *w*
квадра́т [kwadrát] *m* (-а) Quadrat *s*
квадра́тный [kwadrátnyj] *adj* (-ая, -ое) **1** eckig, quadratisch **2** quadratisch, Quadrat-
квалифика́ция [kwal'if'ikázyja] *w* (-и) Qualifikation *w für etw.*, Sachkenntnis *w*, Fachkenntnis *w* ▶ **получи́ть квалифика́цию** sich qualifizieren (wissenschaftlich usw.)
кварта́л [kwartál] *m* (-а) **1** Quartal *s* **2** Häuserblock *m*
кварти́ра [kwart'íra] *w* (-ы) Wohnung *w*
квита́нция [kw'itánzyja] *w* (-и) Kassenzettel *m* (Quittung usw.), Quittung *w*, Urkunde *w*, Zettel *m* (Kassenzettel usw.)
ке́ды [k'édy] *w Mz* (ке́дов/кед) Turnschuhe *m Mz*
ке́мпинг [k'émp'ink] *m* (-а) Camp *s*, Campingplatz *m*
ке́сарь [k'éßar'] *m* (-я) Kaiser *m*
килогра́мм [k'ilagrám] *m* (-а) Kilogramm *s*
киломе́тр [k'ilam'étr] *m* (-а) Kilometer *m*
кино́ [k'inó] *s* (нескл.) Kino *s*
кинотеа́тр [k'inat'iátr] *m* (-а) Kino *s*
кио́ск [k'ióßk] *m* (-а) Kiosk *m*, Stand *m* (zum Verkauf), Verkaufsstand *m* ▶ **таба́чный ~** Tabakgeschäft *s*, Tabakladen *m*, Kiosk *m*
кипе́ть [k'ip'ét'] *v* (-плю́, -пи́шь) **1** kochen (Wasser usw.), sprudeln (kochendes Wasser usw.) **2** sprudeln (Sekt usw.) **3** wimmeln *von etw.* (voll sein)

кипяти́ть [k'ip'it'ít'] *v* (-ячу́, -яти́шь) kochen *etw. Akk* (im Wasser usw.)
кирпи́ч [k'irp'ítsch'] *m* (-а́) Ziegel *m* (Baustein)
кислоро́д [k'ißlarót] *m* (-а) Sauerstoff *m*
кислота́ [k'ißlatá] *w* Säure *w* (Substanz)
ки́слый [k'íßlyj] *adj* sauer
кишка́ [k'ischká] *w* (-и́) Darm *m* ► **слепа́я ~** Blinddarm *m*
клавиату́ра [klaw'iatúra] *w* (-ы) Tastatur *w*
кла́виша [kláw'ischa] *w* (-и; 2 мн. -виш) Taste *w* (eines Computers usw.)
кла́дбище [kládb'ischsch'i] *s* (-а) Begräbnisstätte *w*, Friedhof *m*
кладова́я [kladawája] *w* (-о́й) Kammer *w* (Abstellraum), Lager *s* (für Vorräte usw.), Speisekammer *w*
кладь [klát'] *w* (-и) Gepäck *s*
кла́пан [klápan] *m* (-а) **1** Klappe *w* (eines Ventils usw.), Ventil *s* **2** Klappe *w* (des Herzens usw.)
класс [kláß] *m* (-а) **1** Klasse *w* **2** Klasse *w* (Zimmer), Klassenzimmer *s* **3** Schuljahr *s* **4** Menge *w* (von Elementen)
класси́ческий [klaßß'ítschißk'ij] *adj* (-ая, -ое) klassisch
кла́ссный [kláßßnyj] *adj* (-ая, -ое) toll, fabelhaft
кле́ить [kl'éit'] *v* (кле́ю, кле́ишь) aufkleben *etw. Akk auf etw. Akk*
клей [kl'éj] *m* (-я/-ю) Klebstoff *m*, Kleister *m*
клёщи [kl'éschsch'i] *Mz* (-е́й) Zange *w*
клие́нт [kl'ijént] *m* (-а) Kunde *m* (im Geschäft usw.)
кли́мат [kl'ímat] *m* (-а) Klima *s*
клин [kl'ín] *m* (-а) Keil *m*
кли́ника [kl'ín'ika] *w* (-и) Klinik *w*
клоп [klóp] *m* (-а́) **1** Wanze *w* (Insekt), Bettwanze *w* **2** Knirps *m* (Kind)
клуб[1] [klúp] *m* (-а; -ы, -ов) **1** Klub *m* **2** Klubraum *m*
клуб[2] [klúp] *m* (-а; -ы́, -о́в) Bausch *m*, Büschel *s* (Haare usw.)
клу́мба [klúmba] *w* (-ы) Beet *s*
ключ[1] [kl'jútsch'] *m* (-а́) **1** Schlüssel *m* (zum Schließen) **2** Schraubenschlüssel *m* **3** Schlüssel *m zu etw.* (Lösung)
ключ[2] [kl'jútsch'] *m* (-а́) Brunnen *m* (Heilquelle)
кне́длик [kn'édl'ik] *m* (-а) Kloß *m*, (SüD, ÖrD) Knödel *m*
кни́га [kn'íga] *w* (-и) Buch *s*
кно́пка [knópka] *w* (-и) **1** Reißzwecke *w*, Reißnagel *m* **2** Druckknopf *m* (Maschinenteil usw.), Knopf *m* (Schalter usw.) ► **(нажимна́я) ~** Taste *w* (eines Gerätes usw.), Druckknopf *m* (Maschinenteil usw.)
ковёр [kaw'ór] *m* (-вра́) Teppich *m*
когда́ [kagdá] *adv* wann (Frage), wenn (in dem Moment) ♦ *conj* als (Gleichzeitigkeit), wenn (Nebensatz) ► **~ уго́дно** wann auch immer, jederzeit; **~ (бы) ни** jedes Mal wenn; **~ (же)** wenn (Bedingung)
когда́-нибудь [kagdán'ibut'] *adv* irgendwann
когда́-то [kagdáta] *adv* einmal, eines Tages, einst, irgendwann
ко́готь [kógat'] *m* (-гтя) Kralle *w* (eines Vogels usw.)
ко́е-что [kójitsch'ta] *pron* etwas, irgendetwas
ко́жа [kósha] *w* (-и) **1** Haut *w* (Körpergewebe), Teint *m* **2** Leder *s*
коза́ [kasá] *w* (-ы́) Ziege *w* (Tier)
коке́тничать [kak'étn'itsch'at'] *v* (-аю, -аешь) flirten *mit j-m*, kokettieren
колбаса́ [kalbaßá] *w* (-ы́) Knackwurst *w*, Bockwurst *w*, Wurst *w* (Schinkenwurst usw.)
колго́тки [kalgótk'i] *Mz* (-ток) Strumpfhose *w*
колдовство́ [kaldafßtwó] *s* (-а́) Magie *w* (Kunst), Zauber *m* (Zauberkraft)
колеба́ться [kal'ibátza] *v* (-ле́блюсь, -ле́блешься) **1** sich wiegen (Bäume usw.), wogen **2** im Dunkeln tasten (ratlos sein), zögern **3** schwanken (Temperaturen usw.), sich bewegen *zwischen etw.* (Werte usw.) **4** oszillieren, schwingen (Teilchen usw.)
коле́но [kal'éna] *s* (-а; коле́ни) Knie *s* ► **стоя́ть на коле́нях** knien; **коле́ни** Schoß *m*
колесо́ [kal'ißó] *s* (-а́; колёса) Rad *s*
колея́ [kal'ijá] *w* (-и́) Schiene *w* (für einen Zug usw.)
коли́чество [kal'ítsch'ißtwa] *s* (-а) Anzahl *w etw. Gen*, Zahl *w etw. Gen*, Quantität *w*
колле́га [kall'éga] *w* Kollegin *w* ♦ *m* Kollege *m*, Mitarbeiter *m*
коллекти́в [kall'ikt'íf] *m* (-а) Kollektiv *s*
коллекциони́ровать [kall'ikzyan'írawat'] *v* (-рую, -руешь) sammeln (Briefmarken usw.)
колле́кция [kall'ékzija] *w* (-и) Kollektion *w* (Kleider), Sammlung *w* (von Gemälden usw.), Sortiment *s*
коло́дец [kalód'iz] *m* (-дца) Brunnen *m* (für Grundwasser)
ко́локол [kólakal] *m* (-а; -а́, -о́в) Glocke *w*
коло́нка [kalónka] *w* (-и) Spalte *w* (in einem Text)
коло́нна [kalónna] *w* (-ы) **1** Säule *w* (Stütze usw.) **2** Kolonne *w* (Fahrzeuge), Konvoi *m*
кольра́би [kal'ráb'i] *w* (нескл.) Kohlrabi *m*
кольцо́ [kal'zó] *s* (-а́; ко́льца) **1** Kreis *m* (Figur) **2** Ring *m* (Schmuck)

коля́ска [kal'áßka] *w* (-и) Kinderwagen *m* ► **инвали́дная ~** Rollstuhl *m*

кома́нда [kamánda] *w* (-ы) **1** Gruppe *w* (Rettungsgruppe usw.), Mannschaft *w*, Team *s* (von Sportlern) **2** Befehl *m* ► **пожа́рная ~** Feuerwehr *w*

кома́ндовать [kamándawat'] *v* (-дую, -дуешь) befehligen *j-n/etw.*, kommandieren *j-n/etw.* (Befehlsgewalt ausüben)

кома́р [kamár] *m* (-á) Mücke *w* ► **се́тка про́тив ~о́в** Moskitonetz *s*

коме́дия [kam'éd'ija] *w* (-и) Komödie *w*

ко́микс [kóm'ikß] *m* (-а) Comicheft *s*, Comic *m*

коми́ческий [kam'ítsch'ißk'ij] *adj* (-ая, -ое) komisch (lustig), witzig, spaßig

коммента́рий [kamm'intár'ij] *m* (-я) Kommentar *m*

комме́рческий [kamm'értschißk'ij] *adj* (-ая, -ое) geschäftlich, kommerziell

коммуника́ция [kammun'ikázyja] *w* (-и) Kommunikation *w*

ко́мната [kómnata] *w* (-ы) Zimmer *s*, Raum *m* (im Haus) ► **ко́мнаты в аре́нду** Zimmer zu vermieten

компа́ния [kampán'ija] *w* (-и) **1** Clique *w* (Freundeskreis), Bande *w* (Jugendlicher usw.) **2** Gesellschaft *w* (Firma usw.) ► **страхова́я ~** Versicherungsgesellschaft *w*; **составля́ть компа́нию** *кому* Gesellschaft *w* leisten *j-m*

компаньо́н [kampan'jon] *m* (-а) Kumpan *m*, Partner *m* (Begleiter)

ко́мпас [kómpaß] *m* (-а) Kompass *m*

компенса́ция [kamp'inßázyja] *w* (-и) Abfindung *w* (Summe), Entschädigung *w*, Kompensierung *w für etw.*, Schadenersatz *m*

компле́ктный [kampl'éktnyj] *adj* (-ая, -ое) komplett

комплиме́нт [kampl'im'ént] *m* (-а) Kompliment *s*

компози́тор [kampas'ítar] *m* (-а) Komponist *m*

компре́сс [kampr'éß] *m* (-а) Umschlag *m* (zu Heilzwecken)

компью́тер [kamp'jútir] *m* (-а) Computer *m*

конве́рт [kanw'ért] *m* (-а) Umschlag *m* (für Briefe), Kuvert *s*, Briefumschlag *m*

конди́терская [kand'ít'irßkaja] *w* (-ой) Konditorei *w*, Süßwarengeschäft *s*

кондиционе́р [kand'izyan'ér] *m* (-а) **1** Klimaanlage *w* **2** Haarspülung *w*

конду́ктор [kandúktar] *m* (-а) Schaffner *m*

коне́ц [kan'éz] *m* (-нцá) äußerstes Ende (Rand), Ende *s* (von Stock usw.), Schluss *m*, Untergang *m* (einer Zivilisation usw.) ► **в конце́ концо́в** schließlich

коне́чно [kan'éschna] *adv* gewiss, sicherlich, bestimmt ♦ *part* gewiss, sicherlich, natürlich (Zustimmung), selbstverständlich

коне́чность [kan'étsch'naßt'] *w* (-и) Glied *s* (Gliedmaße)

коне́чный [kan'étsch'nyj] *adj* (-ая, -ое) begrenzt (Umfang usw.), End-, Schluss- (Ergebnis usw.), resultierend

конструи́ровать [kanßtruírawat'] *v* (-рую, -руешь) bauen, konstruieren (Maschinen usw.)

констру́кция [kanßtrúkzyja] *w* (-и) **1** Gerüst *s* (Grundkonstruktion usw.), Konstruktion *w* (Bauteil) **2** Konstruktion *w* (Struktur)

ко́нсул [kónßul] *m* (-а) Konsul *m*

ко́нсульство [kónßul'ßtwa] *s* (-а) Konsulat *s*

конта́кт [kantákt] *m* (-а) Kontakt *m*

конте́йнер [kantejn'ir] *m* (-а) Container *m*, Behälter *m*

контра́кт [kantrákt] *m* (-а) Kontrakt *m*, Vertrag *m* (Staatsvertrag), Abkommen *s* (internationales usw.)

контрацепция [kantrazépzyja] *w* (-и) Empfängnisverhütung *w*

контроли́ровать [kantral'írawat'] *v* (-рую, -руешь) kontrollieren *etw. Akk* (überwachen)

контро́ль [kantról'] *m* (-я) **1** Kontrolle *w* (Überprüfung) **2** Kontrolle *w über etw. Akk* (Beherrschung)

конфе́та [kanf'éta] *w* (-ы) Bonbon *m*

конфо́рка [kanfórka] *w* (-и; 2 мн. -рок) Brenner *m* (für Brennstoffe), Kochplatte *w*

конце́рт [kanzért] *m* (-а) Konzert *s* (Veranstaltung)

ко́нчить [kóntsch'it'] *v* (-чу, -чишь) beenden *etw. Akk* (stoppen)

коньки́ [kan'k'í] *m Mz* (-о́в) Schlittschuh *m* ► **ката́ться на конька́х** Schlittschuh laufen

копа́ть [kapát'] *v* (-áю, -áешь) graben *etw. Akk*

копи́ровать [kap'írawat'] *v* (-рую, -руешь) fotokopieren, kopieren (eine Kopie herstellen)

копи́ть [kap'ít'] *v* (коплю́, ко́пишь) **1** häufen *etw. Akk* (sammeln usw.), ansammeln *etw. Akk*, häufen *etw. Akk* (Vorräte usw.) **2** sparen *auf etw. Akk*

ко́пия [kóp'ija] *w* (-и) Abschrift *w*, Kopie *w* ► **снять ко́пию** fotokopieren *etw. Akk*, kopieren *etw. Akk*, ablichten *etw. Akk* (Formular usw.)

копчёный [kaptsch'ónyj] *adj* (-ая, -ое) geräuchert

копы́то [kapýta] *s* (-а) Huf *m*

кора́ [kará] *w* (-ы́) Rinde *w*, Schale *w* (von Orange usw.)
кора́бль [karábl'] *m* (-я́) historisches Segelschiff *s*, Schiff *s* (Wasserfahrzeug)
ко́рень [kór'in'] *m* (-рня) Wurzel *w*
корзи́на [kars'ína] *w* (-ы) Korb *m*
коридо́р [kar'idór] *m* (-а) **1** Flur *m*, Korridor *m*, Gang *m* (im Haus usw.) **2** Korridor *m* (Gebiet)
кори́ца [kar'íza] *w* (-ы) Zimt *m*
кори́чневый [kar'ítsch'n'iwyj] *adj* (-ая, -ое) braun
корми́ть [karm'ít'] *v* (кормлю́, ко́рмишь) **1** füttern *j-n mit etw.* **2** ernähren *j-n*, unterhalten *j-n* (Verwandte usw.), ernähren (künstlich usw.)
коро́бка [karópka] *w* (-и) Schachtel *w* (große)
коро́ва [karówa] *w* (-ы) Kuh *w* (Tier)
короле́ва [karal'éwa] *w* (-ы) Königin *w*
коро́ль [karól'] *m* (-я́) König *m* (Herrscher)
коро́на [karóna] *w* (-ы) Krone *w* (königliche usw.)
коро́ткий [karótk'ij] *adj* (-ая, -ое) kurz
косме́тика [kaßm'ét'ika] *w* (-и) Kosmetik *w* (Kosmetika)
ко́смос [kóßmaß] *m* (-а) Kosmos *m*, Weltraum *m*, Universum *s*, Weltall *s*
косну́ться [kaßnútza] *v* (-ну́сь, -нёшься) berühren *j-n/etw.*, anrühren *j-n/etw.*
косо́й [kaßój] *adj* schief, schräg
костёл [kaßt'ól] *m* (-а) Kirche *w* (Gebäude)
костёр [kaßt'ór] *m* (-тра́) Feuer *s*, Lagerfeuer *s*
ко́сточка [kóßtatsch'ka] *w* (-и) Kern *m*
кость [kóßt'] *w* (-и) **1** Knochen *m* **2** Würfel *m* (zum Spielen)
костю́м [kaßt'júm] *m* (-а) **1** Kleider *s Mz*, Kleidung *w* **2** Anzug *m*, Komplet *s*, Kostüm *s* (für Frauen) **3** Kostüm *s* (für Schauspieler usw.), Verkleidung *w* (Kostüm) ► **спорти́вный** ~ Trainingsanzug *m*; **купа́льный** ~ Badeanzug *m*
котёл [kat'ól] *m* (-тла́) Kessel *m* (Gaskessel usw.)
котле́та [katl'éta] *w* (-ы) Frikadelle *w* ► **(натура́льная)** ~ Kotelett *s*
кото́рый [katóryj] *pron* (-ая, -ое) **1** welch(er,e,es) **2** der, die, das (Relativpronomen) **3** wievielt(er,e,es)
ко́фе [kóf'i] *m* (нескл.) Kaffee *m*
ко́фта [kófta] *w* (-ы) Bluse *w*
кошелёк [kaschyl'ók] *m* (-лька́) Geldtasche *w*, Portemonnaie *s*, Geldbörse *w*
ко́шка [kóschka] *w* (-и) Katze *w*
кошма́р [kaschmár] *m* (-а) Entsetzen *s*, Schrecken *m*
кра́жа [krásha] *w* (-и) Diebstahl *m*, Entwendung *w etw. Gen* ► **карма́нная** ~ Taschendiebstahl *m*
край [kráj] *m* (-я/-ю) **1** Rand *m* **2** Rand *m etw. Gen* (einer Krise usw.) **3** Landschaft *w*
кра́йний [krájn'ij] *adj* (-яя, -ее) **1** Rand- **2** endgültig **3** extrem
кран[1] [krán] *m* (-а) Absperrhahn *m*, Hahn *m* (Wasserhahn usw.), Zapfhahn *m*
кран[2] [krán] *m* (-а) Kran *m*
краси́вый [kraß'íwyj] *adj* (-ая, -ое) schön, hübsch, gutaussehend, wunderschön
кра́сить [kráß'it'] *v* (кра́шу, кра́сишь) färben, streichen (Wände usw.)
кра́ситься [kráß'itza] *v* (кра́шусь, кра́сишься) sich schminken
кра́ска [kráßka] *w* (-и) **1** Farbe *w*, Anstrich *m* (bunter usw.) **2** Farbe *w* (blau usw.)
кра́сный [kráßnyj] *adj* rot
красота́ [kraßatá] *w* (-ы́) Schönheit *w*
красть [kráßt'] *v* (краду́, крадёшь) mausen, stibitzen (klauen), stehlen
кра́ткий [krátk'ij] *adj* (-ая, -ое) bündig, kurz (Gegenstand usw.), knapp (gekürzt)
крахма́л [krachmál] *m* (-а/-у) Stärke *w* (Substanz)
креди́т [kr'id'ít] *m* Kredit *m* (bei einer Bank usw.)
крем [kr'ém] *m* (-а/-у) **1** Creme *w* (aus Sahne usw.) **2** Creme *w* (Kosmetik), Salbe *w* ► **сла́дкий** ~ Custard *m*; **растере́ться ~ом** sich eincremen
кремль [kr'éml'] *m* (-я́) Burg *w*
кре́пкий [kr'épk'ij] *adj* (-ая, -ое) **1** fest, widerstandsfähig (Pflanze usw.) **2** kräftig, körperlich fit **3** unerschütterlich
кре́пость [kr'épaßt'] *w* Festung *w*
кре́сло [kr'éßla] *s* (-а; -сла) Sessel *m*
крест [kr'éßt] *m* (-а́) Kreuz *s*
крестья́нин [kr'ißt'ján'in] *m* (-а) Bauer *m* (Landwirt)
креще́ние [kr'ischsch'én'iji] *s* (-я) Taufe *w* (Ritual)
криво́й [kr'iwój] *adj* (-а́я, -о́е) gewunden (Straße usw.), krumm
кри́зис [kr'ís'iß] *m* (-а) Krise *w*, Wirtschaftskrise *w*
крик [kr'ík] *m* (-а/-у) Geschrei *s*, Schreien *s*
крите́рий [kr'itér'ij] *m* (-я) Kriterium *s*, Maßstab *m* (zum Vergleich)
кри́тика [kr'ít'ika] *w* (-и) Kritik *w*
критикова́ть [kr'it'ikawát'] *v* (-ку́ю, -ку́ешь) kritisieren
крича́ть [kr'itsch'át'] *v* (-чу́, -чи́шь) **1** rufen *j-n* (schreien usw.), schreien (laut sprechen) **2** schreien (Eule)
крова́вый [krawáwyj] *adj* (-ая, -ое) blutig (voll von Blut) ► **~ бифште́кс** blutiges Steak

кровáть [krawát'] *w* (-и) Bett *s* ► **дополни́тельная ~** Aufbettung *w*
крóвля [krówl'a] *w* (-и) Dach *s*
кровоточи́ть [krawatatsch'ít'] *v* (-чи́т) bluten
кровь [króf'] *w* (-и) Blut *s* ► **взя́тие крóви** Blutentnahme *w*; **истекáть ~ю** bluten
крóлик [król'ik] *m* (-а) Kaninchen *s*
крóме [króm'i] *prep* **1** außer *j-m/etw.*, ausgenommen *j-n/etw.*, mit Ausnahme von *j-m/etw.* **2** neben *etw. Dat* (zusätzlich), außer *etw. Dat* (auch noch) ► **и ~ тогó** und außerdem
кроссóвки [kraßßófki] *w Mz* (-вок) Turnschuhe *m Mz*
круг [krúk] *m* (-а) **1** Kreis *m* (Figur) **2** Rennbahn *w*, Runde *w* (in einem Rennen) **3** Bereich *m* (thematischer usw.), Gebiet *s* (einer Tätigkeit usw.), Sphäre *w*
круглосу́точный [kruglaßútatsch'nyj] *adj* (-ая, -ое) ganztägig, Ganztags-, nonstop ► **круглосу́точная рабóта** Ganztagsbetrieb *m*
кру́глый [krúglyj] *adj* (-ая, -ое) rund
кру́жево [krúshywa] *s* (-а) Spitze *w* (Gewebe)
кружи́ть [krushýt'] *v* (кружу́, кру́жишь/ кружи́шь) kreisen *um etw.*
кру́жка [krúshka] *w* (-и) Tasse *w*
крупá [krupá] *w* (-ы́) Graupen *w*
кру́пный [krúpnyj] *adj* (-ая, -ое) grob (Struktur usw.)
крути́ть [krut'ít'] *v* (кручу́, кру́тишь) **1** drehen *etw. Akk*, herumdrehen *etw. Akk* **2** drehen *etw. Akk* (formen) **3** wedeln (mit dem Schwanz usw.)
крутóй [krutój] *adj* (-áя, -óе) steil, abschüssig
крылó [kryló] *s* (-á; кры́лья) **1** Flügel *m* (Körperteil) **2** Fraktion *w*
кры́са [krýßa] *w* (-ы) Ratte *w*
кры́ша [krýscha] *w* (-и) Dach *s*
кры́шка [krýschka] *w* (-и) Deckel *m*, Deckung *w* (Vorrichtung usw.), Topfdeckel *m*, Verschluss *m* (einer Flasche)
крюк [kr'júk] *m* (-á/-у́) Haken *m* (zum Aufhängen)
кстáти [kßtát'i] *part* übrigens ► **быть ~** *комý* gelegen kommen *j-m etw. Nom*
кто [któ] *pron* (когó) wer ► **~ угóдно** jed(er,e,es) (beliebige Person)
ктó-нибудь [któn'ibut'] *pron* jemand, irgendjemand, wer auch immer
ктó-то [któta] *pron* (когó-то) irgendjemand, jemand
куб [kúp] *m* (-а) **1** Würfel *m*, Kubus *m* **2** Kubikmeter *m*
ку́бик [kúb'ik] *m* (-а) Würfel *m* ► **~ сáхара** Zuckerwürfel *m*
ку́бок [kúbak] *m* (-бка) Pokal *m* (Trophäe)
кувырóк [kuwyrók] *m* (-рка́) Rolle *w* (Purzelbaum)
кудá [kudá] *adv* welchen Weg, wie, wohin ► **~ (там)** ach wo
кудá-нибудь [kudán'ibud'] *adv* irgendwohin, wohin (auch) immer, wohin auch (nur)
кудá-то [kudáta] *adv* irgendwohin
кудáхтать [kudáchtat'] *v* (-хчу, -хчешь) **1** gackern **2** schwatzen, plaudern
ку́зов [kúsaf] *m* (-а) Karosserie *w*, Wagenkasten *m*
ку́кла [kúkla] *w* (-ы) **1** Puppe *w* (Spielpuppe) **2** Modellpuppe *w*, Puppe *w* (an Fäden), Marionette *w*
кукуру́за [kukurúsa] *w* (-ы) Mais *m*
кулёр [kul'ór] *m* (-а) Kühler *m*
культу́ра [kul'túra] *w* (-ы) **1** Kultur *w* **2** Feldfrucht *w*
кум [kúm] *m* (-а; кумовья́, -ьёв) Pate *m*, Taufpate *m*, Patenonkel *m*
купáльник [kupál'n'ik] *m* (-а) Badeanzug *m*, Zweiteiler *m* (zum Sonnen)
купáние [kupán'iji] *s* (-я) Bad *s* (Baden)
купáться [kupátza] *v* (-áюсь, -áешься) baden
купé [kupe] *s* (нескл.) **1** Abteil *s* (im Zug usw.) **2** Coupé *s* (Auto)
купи́ть [kup'ít'] *v* (куплю́, ку́пишь) kaufen *etw. Akk*
ку́пля [kúpl'a] *w* (-и) Kauf *m*, Ankauf *m*
ку́пол [kúpal] *m* (-а; -á) Kuppel *w*
купóн [kupón] *m* (-а) Abschnitt *m* (eines Formulars usw.), Kupon *m*
купю́ра [kup'júra] *w* (-ы) Banknote *w*, Schein *m* (Geld)
кури́льщик [kur'íl'schsch'ik] *m* (-а) Raucher *m*
кури́ть [kur'ít'] *v* (курю́, ку́ришь) rauchen (Zigarre usw.) ► **К~ запрещáется.** Rauchen verboten
ку́рица [kúr'iza] *w* (-ы; ку́ры) Henne *w*, Huhn *s*
курóк [kurók] *m* (-рка́) Hahn *m* (an Schusswaffen)
курóрт [kurórt] *m* (-а) Bad *s* (mit Heilquellen), Kurort *m*, Ferienort *m*
курс[1] [kúrß] *m* (-а) Kurs *m* (Richtung) ► **обмéнный ~ (валю́ты)** Kurs *m* (einer Währung), Wechselkurs *m*
курс[2] [kúrß] *m* (-а) **1** Kurs *m* (Lehrgang) **2** Schuljahr *s*
ку́ртка [kúrtka] *w* (-и) Jacke *w*
кусáть [kußát'] *v* (-áю, -áешь) beißen (wiederholt), kauen *etw. Akk* (Nahrung usw.)

кусóк [kußók] *m* (-скá) **1** Stück *m etw. Gen* (einer Masse usw.), Stück *s von etw.* (Teil eines Ganzen) **2** Bissen *m*

куст [kúßt] *m* (-á) **1** Strauch *m* **2** Büschel *s* (Bananen usw.)

кути́ть [kut'ít'] *v* (кучý, кýтишь) feiern, abfeiern (eine Party haben)

кýхня [kúchn'a] *w* (-и; 2 мн. -хонь) Küche *w* ► **домáшняя ~** häusliche Küche

кýча [kútsch'a] *w* (-и) Haufen *m*, Stapel *m etw. Gen*

кýшанье [kúschan'ji] *s* (-я) Gericht *s*, Speise *w*

кýшать [kúschat'] *v* (-аю, -аешь) essen

Л

лави́на [law'ína] *w* (-ы) Lawine *w*

лáвка [láfka] *w* (-и) Laden *m*

лáгерь [lág'ir'] *m* (-я) Campingplatz *m*, Lager *s* (Unterkunft) ► **располагáться лáгерем** lagern (im Wald usw.), campen

лáдить [lád'it'] *v* (лáжу, лáдишь) passen *zu etw.* (Farben usw.)

ладóнь [ladón'] *w* (-и) Handfläche *w*

лазéйка [las'éjka] *w* (-и) Lücke *w* (Stelle usw.)

лáзить [lás'it'] *v* (лáжу, лáзишь) klettern *auf etw. Akk* (auf eine Leiter usw.)

лак [lák] *m* (-а/-у) Lack *m*

лáкомство [lákamßtwa] *s* (-а) Delikatesse *w*, Leckerbissen *m*

лáмпа [lámpa] *w* (-ы) Lampe *w*, Licht *s* (Lampe)

лáмпочка [lámpatsch'ka] *w* (-и) Glühbirne *w*, Birne *w* (mattierte usw.), Kontrolllampe *w*

лáпа [lápa] *w* (-ы) Pfote *w*

лапшá [lapschá] *w* (-й) Nudeln *w Mz*

ларёк [lar'ók] *m* (-рькá) Kiosk *m*

лáсточка [láßtatsch'ka] *w* (-и) Schwalbe *w*

лáсты [láßty] *m Mz* Schwimmflossen *w Mz*

лáять [lájit'] *v* (лáю, лáешь) bellen (Hund), heulen (Tiere)

лгать [lgát'] *v* (лгу, лжёшь) lügen *j-m*

лéбедь [l'éb'it'] *m* (-я; -и, -éй) Schwan *m*

лев [l'éf] *m* Löwe *m* (Tier)

лéвый [l'éwyj] *adj* (-ая, -ое) link(er,e,es) ♦ *m* Linke *m* (Person)

легáльный [l'igál'nyj] *adj* (-ая, -ое) gesetzlich, rechtmäßig

лёгкие [l'óchk'iji] *s Mz* (-их) Lunge *w*

лёгкий [l'óchk'ij] *adj* (-ая, -ое) **1** leicht **2** sanft (nicht stark usw.), leicht (Berührung usw.)

лёд [l'ót] *m* (льда/льду) Eis *s* (Wasser)

леденéц [l'id'in'éz] *m* (-нцá) Bonbon *m*

ледни́к [l'idn'ík] *m* Eisberg *m*, Gletscher *m*

лежáк [l'ishák] *m* (-á) Liegestuhl *m*, Strandliege *w*

лежáть [l'ishát'] *v* (-жý, -жи́шь) **1** liegen (Mensch) **2** liegen *irgendwo* (Sache), sich befinden *irgendwo*

лéзвие [l'ésw'iji] *s* (-я) **1** Klinge *w* (eines Messers usw.), Schneide *w* **2** Rasierklinge *w*

лезть [l'éßt'] *v* (-зу, -зешь) klettern (im Gebirge usw.), kriechen (auf allen vieren usw.)

лекáрство [l'ikárßtwa] *s* (-а) **1** Medikation *w*, Medikament *s* **2** Mittel *s gegen etw.* (Arzneimittel usw.)

лéкция [l'ékzyja] *w* (-и) Lektion *w* (Lehrstunde), Vortrag *m* (wissenschaftlicher), Vorlesung *w* (an der Uni usw.)

лени́вый [l'in'íwyj] *adj* (-ая, -ое) faul (Mensch usw.)

лéнта [l'énta] *w* (-ы) **1** Band *s* (im Haar usw.), Schleife *w*, Binde *w* **2** Streifen *m etw. Gen* (Stoff usw.) **3** Band *s* (Förderband usw.), Riemen *m* (Treibriemen usw.) **4** Band *s* (magnetisches usw.), Tonband *s*

лепи́ть [l'ip'ít'] *v* (леплю́, лéпишь) **1** aufkleben *etw. Akk auf etw. Akk* **2** modellieren

лес [l'éß] *m* (-а/-у, 6 в лесý/о лéсе) Wald *m* ► **дéвственный/дремýчий/первобы́тный ~** Urwald *m*

лесбия́нский [l'isb'ijánßk'ij] *adj* (-ая, -ое) lesbisch

лéстница [l'éßn'iza] *w* (-ы) **1** Treppe *w* **2** Leiter *w* **3** Skala *w* (von Werten usw.)

летéть [l'it'ét'] *v* (лечý, лети́шь) fliegen

лéто [l'éta] *s* (-а) Sommer *m*

лётчик [l'óttsch'ik] *m* (-а) Pilot *m*, Flieger *m* (Person)

лечéбница [l'itsch'ébn'iza] *w* (-ы) Anstalt *w*, Sanatorium *s*

лечи́ть [l'itsch'ít'] *v* (лечý, лéчишь) behandeln *j-n/etw.* (Patienten usw.)

лечь [l'étsch'] *v* (ля́гу, ля́жешь, ля́гут) sich hinlegen

ли [l'í] *conj* ob

ли́дер [l'íd'ir] *m* (-а) Führer *m* (Leiter), Chef *m*

лиди́ровать [l'id'írawat'] *v* (-рую, -руешь) führen (im Wettkampf usw.)

лизáть [l'isát'] *v* (лижý, ли́жешь) lecken

ликёр [l'ik'ór] *m* (-а/-у) Likör *m*

лимóн [l'imón] *m* (-а) Zitrone *w*

лимонáд [l'imanát] *m* (-а/-у) Limonade *w*, Limo *w,s*

ли́нза [l'ínsa] *w* (-ы) Linse *w* (optisch) ► **контáктные ли́нзы** Kontaktlinsen *w Mz*

ли́ния [l'ín'ija] *w* (-и) **1** Linie *w* (Strich) **2** Fertigungsstraße *w* **3** Linie *w* (Verkehrsstrecke) **4** Grenzlinie *w* ► **телефо́нная ~** Telefonleitung *w*; **ку́хонная ~** Küchenzeile *w*

лиса́ [l'ißá] *w* (-ы) Fuchs *m* (Tierart), Fuchsrüde *m*

лист[1] [l'íßt] *m* (-á; ли́стья) Blatt *s* (Pflanzenteil)

лист[2] [l'íßt] *m* (-á; -ы́) Blatt *s* (Papier), Bogen *m* (Papierblatt)

литерату́ра [l'it'iratúra] *w* (-ы) Literatur *w*

литр [l'ítr] *m* (-a) Liter *m,s*

лить [l'ít'] *v* (лью, льёшь) **1** gießen *etw. Akk in etw. Akk* (Wasser in die Tasse usw.) **2** gießen (regnen)

лифт [l'íft] *m* (-a) Aufzug *m*, Fahrstuhl *m*, Lift *m*

ли́фчик [l'íftsch'ik] *m* (-a) Büstenhalter *m*, BH *m*

лице́нзия [l'izéns'ija] *w* (-и) Genehmigung *w* (Urkunde usw.), Lizenz *w*

лицо́ [l'izó] *s* (-á) **1** Gesicht *s* **2** Person *w* (Mensch)

ли́чность [l'ítsch'naßt'] *w* (-и) **1** Einzelne *m*, Persönlichkeit *w* **2** Identität *w*

ли́чный [l'ítsch'nyj] *adj* (-ая, -ое) **1** persönlich, Personal- **2** privat (Besitz usw.)

лиши́ть [l'ischýt'] *v* (-шу́, -ши́шь) bringen *j-n um etw. Akk*, berauben *j-n etw. Gen*, vorenthalten *j-m etw. Akk* (eine Nachricht usw.)

лиши́ться [l'ischýtza] *v* (-шу́сь, -ши́шься) kommen *um etw.* (verlieren), verlieren *etw. Akk* (Vertrauen usw.), verlustig gehen *etw. Gen*

ли́шний [l'íschn'ij] *adj* (-яя, -ее) nuztlos, unnötig (Risiko usw.) ♦ *adv* übrig

лишь [l'ísch] *adv* ausschließlich, einzig, erst (nicht früher als)

лоб [lóp] *m* Stirn *w*

лови́ть [law'ít'] *v* (ловлю́, ло́вишь) haschen *etw. Akk*, jagen (Wildtiere usw.)

ло́вкий [lófk'ij] *adj* (-ая, -ое) **1** flink, geschmeidig **2** schlau, durchtrieben **3** geschickt

ло́вля [lówl'a] *w* (-и; 2 мн. -вель) Jagd *w*

лову́шка [lawúschka] *w* (-и) Falle *w*, Fallstrick *m*

логи́ческий [lag'ítsch'ißk'ij] *adj* (-ая, -ое) logisch

ло́дка [lótka] *w* (-и) Boot *s*, Schiffchen *s* (Fahrzeug)

ложи́ться [lashýtza] *v* (-жу́сь, -жи́шься) sich hinlegen

ло́жка [lóshka] *w* (-и) Löffel *m* ► **ча́йная ~** Teelöffel *m*, Löffel *m* (kleiner)

ложь [lósch] *w* (лжи) Lüge *w*

локомоти́в [lakamat'íf] *m* (-a) Lokomotive *w*

ло́коть [lókat'] *m* (-ктя) Ellbogen *m*

лом [lóm] *m* Schrott *m* (Alteisen)

лома́ться [lamátza] *v* brechen (zerfallen)

лопа́та [lapáta] *w* (-ы) Schaufel *w* (Schippe) ► **штыкова́я ~** Spaten *m*

ло́пнуть [lópnut'] *v* (-ну, -нешь) platzen, springen (anbrechen), zerbrechen (Ast usw.)

ло́скут [lóßkut] *m* Abschnitt *m* (Papier usw.)

лосо́сь [laßóß'] *m* (-я) Lachs *m*

лось [lóß'] *m* (-я) Elch *m*

лосьо́н [laß'ón] *m* (-a) Wasser *s* (kölnisches usw.)

лотере́я [latir'éja] *w* (-и) Lotterie *w*

ло́шадь [lóschat'] *w* (-и) Pferd *s*

луг [lúk] *m* (-a) Wiese *w*

лу́жа [lúsha] *w* (-и) Pfütze *w*

лу́ковица [lúkaw'iza] *w* (-ы) Kuppel *w*, Zwiebel *w* (einer Blume usw.)

луна́ [luná] *w* (-ы́) Mond *m*

луч [lútsch'] *m* (-á) Strahl *m* (von Licht usw.)

лу́чший [lútsch'schyj] *adj* (-ая, -ее) best(er,e,es)

лущи́ть [luschsch'ít'] *v* (-щу́, -щи́шь) schälen

лы́жа [lýsha] *w* (-и) Ski *m* ► **го́рные лы́жи** Abfahrtsskier *m Mz*; **ката́ние на ~х** Skifahren *s*

лы́жник [lýshn'ik] *m* (-a) Skifahrer *m*

лы́сый [lýßyj] *adj* (-ая, -ое) glatzköpfig, kahlköpfig, kahl

льго́тный [l'gótnyj] *adj* (-ая, -ое) verbilligt, ermäßigt (Preis), vergünstigt

льстить [l'ßt'ít'] *v* (льщу, льстишь) schmeicheln *j-m*

любе́зность [l'ub'ésnaßt'] *w* (-и) Gefallen *m*

любе́зный [l'ub'ésnyj] *adj* (-ая, -ое) **1** nett, liebenswürdig (Person), wohlwollend **2** bereitwillig ► **Э́то любе́зно с ва́шей стороны́.** Das ist lieb von Ihnen.

люби́мец [l'ub'ím'iz] *m* (-мца) Liebling *m* (Favorit)

люби́мый [l'ub'ímyj] *adj* (-ая, -ое) **1** geliebt **2** beliebt (Lieblings-) ♦ *m* Geliebte *m*, Liebling *m*, Schatz *m*, Schätzchen *s* (Anrede)

люби́тель [l'ub'ít'il'] *m* (-я) **1** Liebhaber *m von etw.* (Anhänger) **2** Amateur *m*, Dilettant *m* **3** Freak *m etw. Gen*

люби́ть [l'ub'ít'] *v* (люблю́, лю́бишь) **1** lieben *j-n/etw.* **2** mögen *j-n/etw.*, gernhaben *j-n/etw.*, Schwäche haben *für etw.* ► **~ бо́льше всего́** *кого/что* am liebsten mögen *j-n/etw.*; **~ друг дру́га** sich lieben

любо́вь [l'ubóf'] *w* (любви́) Liebe *w* ► **занима́ться ~ю** Liebe machen *mit j-m*

любо́й [l'ubój] *adj* beliebig ♦ *pron* (-а́я, -о́е) beliebig

любопы́тный [l'ubapýtnyj] *adj* (-ая, -ое) naseweis, vorwitzig, neugierig

лю́ди [l'júd'i] *Mz* (люде́й) Leute *Mz*

людско́й [l'uzkój] *adj* (-а́я, -о́е) Menschen-, menschlich (Körper, Wesen usw.)
люкс [l'júkß] *m* Luxus *m*
лягу́шка [l'igúschka] *w* (-и) Frosch *m*

M

магази́н [magas'ín] *m* (-а) **1** Geschäft *s* (Raum), Laden *m* **2** Magazin *s* (einer Waffe) ► **цвето́чный** ~ Blumengeschäft *s*, Blumenladen *m*; **часово́й** ~ Uhrmacherei *w*; **ювели́рный** ~ Juweliergeschäft *s*; **писчебума́жный** ~ Papiergeschäft *s*; **продово́льственный/продукто́вый** ~ Lebensmittelgeschäft *s*
магни́т [magn'ít] *m* (-а) Magnet *m*
мазь [máß'] *w* (-и) **1** Salbe *w* **2** Schmiermittel *s*
май [máj] *m* (-я) Mai *m*
ма́йка [májka] *w* (-и) **1** Unterhemd *s* **2** T-Shirt *s*
майоне́з [majjanéß] *m* (-а) Mayonnaise *w*, Majonäse *w*
мак [mák] *m* (-а) Mohn *m*
маке́т [mak'ét] *m* (-а) Attrappe *w*, Modell *s* (von Gebäude usw.)
макия́ж [mak'ijásch] *m* (-а) Make-up *s*, Schminke *w*
ма́ло [mála] *adv* (ме́ньше) wenig, wenige
ма́лый [málуj] *adj* klein, winzig
ма́льчик [mál'tsch'ik] *m* (-а) Junge *m*
маля́р [mal'ár] *m* (-а́) Maler *m* (Handwerker)
мандари́н [mandar'ín] *m* (-а) Mandarine *w*
манеке́н [man'ik'én] *m* (-а) Modellpuppe *w*, Puppe *w* (aus Papier usw.)
манеке́нщица [man'ik'énschsch'iza] *w* (-ы) Modell *s* (Frau)
мане́ра [man'éra] *w* (-ы) Art *w* (einer Tätigkeit usw.), Weise *w* (Methode usw.)
мануа́л [manuál] *m* (-а) Handbuch *s*
ма́рка [márka] *w* (-и) **1** Marke *w* **2** Mark *w* (Währungseinheit)
март [márt] *m* (-а) März *m*
маршру́т [marschrút] *m* (-а) Route *w*
ма́ска [máßka] *w* (-и) **1** Gesichtsmaske *w* (im Theater usw.), Maske *w* **2** Strickhaube *w* **3** Haube *w* (zum Schweißen usw.) ► **(водола́зная)** ~ Taucherbrille *w*
масли́на [maßl'ína] *w* (-ы) Olive *w*
ма́сло [máßla] *s* (-а; масла́) **1** Fett *s* (Nahrungsmittel), Öl *s* (Flüssigkeit) **2** Ölmalerei *w* ► **(сли́вочное)** ~ Butter *w*
ма́сса [máßßa] *w* (-ы) Masse *w* (große Menge)
масса́ж [maßßásch] *m* (-а) Massage *w*
ма́ссовый [máßßawyj] *adj* (-ая, -ое) massenhaft
ма́стер [máßt'ir] *m* (-а; -а́) **1** Meister *m* *in etw. Dat* (Könner) **2** Kanone *w in etw. Dat* (Könner)
мастери́ть [maßt'ir'ít'] *v* (-рю́, -ри́шь) basteln
мастерска́я [maßt'irßkája] *w* (-о́й) Betriebsstätte *w*, Werkstatt *w* ► **ремо́нтная** ~ Reparaturwerkstatt *w*
мастерство́ [maßt'irßtwó] *s* (-а́) Meisterschaft *w* (Meisterhaftigkeit)
масшта́б [maßschtáp] *m* (-а) Maßstab *m* (Verhältnis)
матери́к [mat'ir'ík] *m* (-а́) Festland *s*, Kontinent *m*
мате́рия [mat'ér'ija] *w* (-и) Stoff *m*, Gewebe *s* (aus Baumwolle usw.), Tuch *s* (Gewebe)
ма́терь [mát'ir'] *w* (-и) Mutter *w* (Frau)
матра́с [matráß] *m* (-а) Matratze *w*
матро́с [matróß] *m* (-а) Seemann *m*, Matrose *m*
матч [mátsch'] *m* (-а) Spiel *s* (Match)
мать [mát'] *w* (ма́тери) Mutter *w* (Frau)
маха́ть [machát'] *v* (машу́, ма́шешь) winken *j-m*, winken *mit etw.* (Fahne usw.)
ма́чеха [mátsch'icha] *w* (-и) Stiefmutter *w*
ма́чта [mátsch'ta] *w* (-ы) Mast *m* (auf dem Schiff)
маши́на [maschýna] *w* (-ы) **1** Auto *s*, Wagen *m* (Kraftwagen), Pkw *m*, Fahrzeug *s* **2** Maschine *w* ► **стира́льная** ~ Waschmaschine *w*; **посудомо́ечная** ~ Spülmaschine *w*
мая́к [maják] *m* (-а́) Leuchtturm *m*
мгла [mglá] *w* (мглы) Nebel *m*, Dunst *m*
мгнове́нный [mgnaw'énnyj] *adj* (-ая, -ое) **1** sofortig **2** abrupt (unerwartet)
ме́бель [m'éb'il'] *w* (-и) Möbel *s Mz*
мёд [m'ót] *m* (-а/-у) Honig *m*
медве́дь [m'idw'ét'] *m* (-я) Bär *m*
медикаме́нт [m'id'ikam'ént] *m* (-а) Medikament *s*, Medikation *w*, Mittel *s gegen etw.* (Arzneimittel usw.)
медици́на [m'id'izýna] *w* (-ы) Medizin *w* (Wissenschaft)
медици́нский [m'id'izýnßk'ij] *adj* (-ая, -ое) ärztlich (Behandlung usw.), medizinisch (Untersuchung usw.), gesundheitlich, Gesundheits- ► **(~) осмо́тр** Nachuntersuchung *w*; **медици́нское страхова́ние** Krankenversicherung *w*
ме́дленный [m'édl'innyj] *adj* (-ая, -ое) allmählich, langsam, schleppend (Tempo usw.)
ме́длить [m'édl'it'] *v* (-лю, -лишь) zaudern, zögern

медпу́нкт [m'itpúnkt] *m* (-а) Ambulanz *w* (in der Schule usw.)
медсестра́ [m'iz'ißtrá] *w* (-ы́; -сёстры) Krankenschwester *w*
медстрахо́вка [m'iztrachófka] *w* (-и) Krankenversicherung *w*
меду́за [m'idúsa] *w* (-ы) Qualle *w*
медь [m'ét'] *w* (-и) Kupfer *s*
ме́жду [m'éshdu] *prep* zwischen ▶ **~ тем** inzwischen; **~ про́чим** übrigens
междунаро́дный [m'ishdunaródnyj] *adj* (-ая, -ое) Bundes-, international, zwischenstaatlich
мел [m'él] *m* (-а) Kreide *w*
ме́лкий [m'élk'ij] *adj* (-ая, -ое) **1** fein (Schotter usw.), klein **2** seicht (nicht tief), flach (Teich, Teller usw.) **3** engstirnig (Meinung usw.)
ме́лочь [m'élatsch'] *w* (-и) **1** Kleingeld *s* **2** Kleinigkeit *w*
ме́льница [m'él'n'iza] *w* (-ы) Mühle *w*
ме́нее [m'én'iji] *adv* weniger
менструа́ция [m'inßtruázyja] *w* (-и) Menstruation *w*, Monatsblutung *w*
ме́ньший [m'én'schyj] *adj* (-ая, -ее) kleiner
меньшинство́ [m'in'schynßtwó] *s* (-а́) Minderheit *w*, Minorität *w*
меню́ [m'in'jú] *s* (нескл.) **1** Speisekarte *w* **2** Menü *s*
меня́ть [m'in'át'] *v* (-я́ю, -я́ешь) **1** ändern *etw. Akk* **2** tauschen (gegenseitig)
ме́ра [m'éra] *w* (-ы) **1** Maß *s* (Größe) **2** Maßnahme *w* **3** Maß *s etw. Gen* (Grad usw.), Rate *w etw. Gen* (in Prozent), Maß *s etw. Gen* (Ausmaß) ▶ **по кра́йней ме́ре** wenigstens
ме́рзкий [m'érßk'ij] *adj* (-ая, -ое) eklig, ekelhaft
мёрзнуть [m'órsnut'] *v* (-ну, -нешь) frieren (Wasser usw.)
ме́рить [m'ér'it'] *v* (-рю, -ришь) messen *j-n/etw.* (Größe bestimmen)
ме́рка [m'érka] *w* (-и) Maßstab *m* (zum Vergleich)
мероприя́тие [m'irapr'iját'iji] *s* (-я) **1** Veranstaltung *w* **2** Maßnahme *w*
мёртвый [m'órtwyj] *adj* (-ая, -ое) tot
меси́ть [m'iß'ít'] *v* (мешу́, ме́сишь) kneten, mischen *etw. Akk*, vermischen *etw. Akk*
ме́сса [m'éßßa] *w* (-ы) Messe *w* (Gottesdienst)
ме́стность [m'éßnaßt'] *w* (-и) **1** Landschaft *w*, Örtlichkeit *w* **2** Terrain *s*
ме́сто [m'éßta] *s* (-а; места́) **1** Platz *m*, Raum *m* (leerer usw.), Ort *m*, Stelle *w* (Punkt, Gebiet usw.) **2** Stelle *w* (Job) ▶ **спа́льное ~** Liege *w*; **в друго́м ме́сте** woanders, anderswo
местожи́тельство [m'ißtashýt'il'ßtwa] *s* (-а) Wohnsitz *m*
месть [m'éßt'] *w* (-и) Rache *w*, Vergeltung *w für etw.*
ме́сяц [m'éß'iz] *m* (-а) Monat *m*
мета́лл [m'itáll] *m* (-а) Metall *s*
ме́тка [m'étka] *w* (-и) Kennzeichen *s*, Zeichen *s* (zum Unterscheiden)
ме́ткий [m'étk'ij] *adj* (-ая, -ое) passend (Name usw.), treffend, zutreffend, prägnant
ме́тод [m'état] *m* (-а) **1** Methode *w* **2** Verfahren *s* (Handlungsmethode usw.), Weise *w* (Methode usw.)
метр [m'étr] *m* (-а) Meter *m,s*, Metermaß *s*
метро́ [m'itró] *s* (нескл.) U-Bahn *w*, Metro *w*
мех [m'éch] *m* Balg *m* (einer Orgel usw.), Schlauch *m* (Weinschlauch usw.)
меха́ник [m'ichán'ik] *m* (-а) Mechaniker *m*
меч [m'étsch'] *m* (-а́) Schwert *s*
мече́ть [m'itsch'ét'] *w* (-и) Moschee *w*
мечта́ [m'itsch'tá] *w* (-ы́; мечты́, мечта́ний, мечта́м) Fantasie *w* (Vorstellung)
мечта́ть [m'itsch'tát'] *v* (-а́ю, -а́ешь) sich sehnen *nach j-m/etw.*, träumen *von j-m/etw.*
меша́ть[1] [m'ischát'] *v* (-а́ю, -а́ешь) hindern *j-n* (im Wege stehen), stören *j-n* (missfallen) ▶ **не ~** *что кому* nicht stören *etw. Akk j-n*
меша́ть[2] [m'ischát'] *v* (-а́ю, -а́ешь) rühren *etw. Akk*, umrühren *etw. Akk* (Suppe usw.)
мешо́к [m'ischók] *m* (-шка́) **1** Sack *m* **2** Tüte *w* ▶ **спа́льный ~** Schlafsack *m*
миг [m'ík] *m* (-а) Moment *m*, Augenblick *m* (kurzer usw.), Weile *w*
мигну́ть [m'ignút'] *v* (-ну́, -нёшь) aufblinken
мигре́нь [m'igr'én'] *w* (-и) Migräne *w*
микроволно́вка [m'ikrawalnófka] *w* (-и) Mikrowelle *w* (Gerät), Mikrowellenherd *m*, Mikrowellengerät *s*, Mikrowellenofen *m*
милиционе́р [m'il'izyan'ér] *m* (-а) Polizist *m*
мили́ция [m'il'ízyja] *w* (-и) Polizei *w*
миллиа́рд [m'ill'iárt] *m* (-а) Milliarde *w*
миллио́н [m'ill'ión] *m* (-а) Million *w*
миловидный [m'ilaw'ídnyj] *adj* (-ая, -ое) gefällig, ansprechend
ми́лый [m'ílyj] *adj* (-ая, -ое) **1** angenehm, nett **2** lieb (in der Anrede usw.)
ми́мо [m'íma] *adv* daneben, vorbei (gehen usw.) ♦ *prep* außerhalb *etw. Dat*, vorbei *an etw. Dat* (weiter usw.)
минда́ль [m'indál'] *w* (-я́) Mandel *w* (Samen)
минера́л [m'in'irál] *m* (-а) Mineral *s*
минера́лка [m'in'irálka] *w* (-и) Mineralwasser *s*
минима́льный [m'in'imál'nyj] *adj* (-ая, -ое) minimal
ми́нимум [m'ín'imum] *m* (-а) Minimum *s*

министéрство [m'in'ißt'érßtwa] *s* (-а) Ministerium *s*
министр [m'in'íßtr] *m* (-а) Minister *m*
миновáть [m'inawát'] *v* (-нýю, -нýешь) vorbeigehen *an j-m/etw.*, vorbeifahren *an j-m/etw.* (mit Auto usw.)
мúнус [m'ínuß] *m* **1** Minuszeichen *s* **2** Nachteil *m* (Mangel usw.) ♦ *adv* minus
минýта [m'inúta] *w* (-ы) Minute *w*
мир[1] [m'ír] *m* (-а) **1** Welt *w* **2** Reich *s* (Tierreich usw.)
мир[2] [m'ír] *m* (-а) Frieden *m* (nicht Krieg)
мúрный [m'írnyj] *adj* (-ая, -ое) **1** friedlich (Lösung usw.), Friedens- **2** gemächlich, geruhsam (Tempo usw.), ruhig (Atmosphäre usw.), gelassen (ohne Aufregung) **3** friedlich, friedliebend
мúска [m'ißka] *w* (-и) Schüssel *w*, Schale *w* (kleines Gefäß)
младéнец [mlad'én'iz] *m* (-нца) Baby *s*, Säugling *m*
мнéние [mn'én'iji] *s* (-я) Meinung *w*, Meinung *w über etw. Akk*, Ansicht *w von etw., über etw. Akk*
мнúмый [mn'ímyj] *adj* (-ая, -ое) angeblich, vermutet, fiktiv, imaginär
мнóго [mnówa] *adv* (бóльше) viel *etw. Gen*, eine (ganze) Menge *etw. Gen*, viel (große Menge) ► **~ раз** vielmals
многокрáтно [mnagakrátna] *adv* vielfach ♦ *num* mehrmals, mehrmalig, viele Male
многообрáзный [mnagaabrásnyj] *adj* (-ая, -ое) bunt (abwechslungsreich), vielgestaltig
многочúсленный [mnagatsch'íßl'innyj] *adj* (-ая, -ое) zahlreich
мнóжество [mnóshyßtwa] *s* (-а) **1** Menge *w*, Quantität *w* **2** Menge *w* (von Elementen) ♦ *adv* viel *etw. Gen*, eine (ganze) Menge *etw. Gen*
мобúльник [mab'íl'n'ik] *m* (-а) Handy *s*
могúла [mag'íla] *w* (-ы) Grab *s*, Hügelgrab *s*
могýчий [magútsch'ij] *adj* (-ая, -ее) mächtig, gewaltig (Welle usw.), robust, stämmig
мóда [móda] *w* (-ы) Mode *w*
модéль [madel'] *w* (-и) **1** Modell *s* (von Gebäude usw.) **2** Prototyp *m* (Produkt) **3** Modell *s* (Frau) **4** Modell *s* (Erzeugnis)
мóдный [módnyj] *adj* (-ая, -ое) modern (Frisur usw.), modisch, Mode-
мóжно [móshna] *adv* es ist möglich *etw. Akk zu tun*, es geht *etw. Akk zu tun* ► **Это ~ легкó испрáвить.** Das lässt sich leicht reparieren.
мозг [mósk] *m* (-а) Gehirn *s*
мой, моя́, моё, мои́ *pron* mein, meine
мóйка [mójka] *w* (-и) **1** Spülbecken *s* **2** Reinigung *w* (Reinigen)
мóкрый [mókryj] *adj* (-ая, -ое) nass (feucht)
молúтва [mal'ítwa] *w* (-ы) Gebet *s*
молúться [mal'ítza] *v* (молю́сь, мóлишься) beten *zu j-m für etw.*
мóлния [móln'ija] *w* (-и) **1** Blitz *m* **2** *(застёжка-)мóлния* Reißverschluss *m* ► **Сверкáет ~.** Es blitzt.
молодёжь [malad'ósch] *w* (-и) Jugend *w* (Menschen)
молодéц [malad'éz] *adv* richtig (korrekt)
молодóй [maladój] *adj* **1** jung **2** jugendlich (Aussehen usw.)
мóлодость [móladaßt'] *w* (-и) Jugend *w* (Zeit)
молокó [malakó] *s* (-á) Milch *w*
молотóк [malatók] *m* (-ткá) Hammer *m*, kleiner Hammer *m*
мóлотый [mólatyj] *adj* (-ая, -ое) gemahlen
молóть [malót'] *v* mahlen
молóчный [malótsch'nyj] *adj* (-ая, -ое) Milch-
молчáть [maltsch'át'] *v* (-чý, -чи́шь) schweigen
момéнт [mam'ént] *m* (-а) **1** Moment *m* (Punkt), Zeitpunkt *m*, Augenblick *m* (genauer usw.) **2** Faktor *m*
монасты́рь [manaßtýr'] *m* (-я́) Mönchskloster *s*, Nonnenkloster *s*
монáх [manách] *m* (-а) Mönch *m*
монáхиня [manách'in'a] *w* (-и) Nonne *w*
монéта [man'éta] *w* (-ы) Münze *w* ► **размéнные монéты** Kleingeld *s*
монитóр [man'itór] *m* (-а) Bildschirm *m*, Monitor *m*
монтáж [mantásch] *m* (-á) **1** Montage *w* (Zusammensetzen) **2** Schnitt *m* (im Film)
мóрда [mórda] *w* (-ы) Maul *s*, Schnauze *w*
мóре [mór'i] *s* (-я; -я́, -éй) Meer *s*, See *w* (Meer) ► **на ~** an der See, am Meer
моркóвь [markóf'] *w* (-и) Karotte *w*, Möhre *w*
морóженое [maróshynaji] *s* (-ого) Eis *s* (Speiseeis), Eisbecher *m*
морóз [maróß] *m* (-а) Frost *m*
морози́льник [maras'íl'n'ik] *m* (-а) Gefrierschrank *m*
морскóй [marßkój] *adj* (-áя, -óе) **1** Marine-, Meeres- (Fauna usw.), Meer(es)- **2** See- ► **~ лев/кóтик** Seehund *m*
морщи́на [marschsch'ína] *w* (-ы) Falte *w* (Runzel)
моря́к [mar'ák] *m* (-á) Seemann *m*, Matrose *m*
мост [móßt] *m* (мóста/мостá) Brücke *w*
мостовáя [maßtawája] *w* (-óй) Pflaster *s* (Straßenbelag), Pflasterung *w*

мотáть [matát'] *v* wickeln (Draht usw.) ► **~ головóй** den Kopf schütteln
мотив [mat'íf] *m* (-а) Beweggrund *m*, Motiv *s* (Anlass)
мотóр [matór] *m* (-а) Motor *m*
мочá [matsch'á] *w* (-й) Harn *m*, Urin *m*
мочиться [matsch'ítza] *v* (мочýсь, мóчишься) pinkeln, urinieren
мочь [mótsch'] *v* **1** können *etw. Akk* (imstande sein) **2** dürfen ► **мóжет быть** möglicherweise, vielleicht; **мог(лá) бы** könnte; **не ~** nicht dürfen; **Я ужé бóльше не могý.** Ich kann nicht mehr.
мошéнник [maschénn'ik] *m* (-а) Betrüger *m*
мóщность [móschsch'naßt'] *w* (-и) **1** Dicke *w* (eines Buches usw.) **2** Kapazität *w* (Leistungsfähigkeit), Leistung *w* (einer Maschine usw.)
мрáмор [mrámar] *m* (-а) Marmor *m*
мрáчный [mrátsch'nyj] *adj* (-ая, -ое) **1** düster (Gegend usw.), unheilvoll **2** finster (Gesicht usw.), düster (Gesicht)
мýдрый [múdryj] *adj* (-ая, -ое) weise
муж [músch] *m* (-а) Ehemann *m*
мýжество [múshyßtwa] *s* (-а) Mut *m*, Tapferkeit *w*
мужскóй [mushßkój] *adj* (-áя, -óе) **1** Herren-, männlich **2** männlich (Eigenschaft usw.), Mannes- **3** männlich (Pflanze usw.)
мужчи́на [muschsch'ína] *m* (-ы) Mann *m*, Typ *m* (Mensch), Kerl *m*
музéй [mus'éj] *m* (-я) Museum *s*
мýзыка [músyka] *w* (-и) Musik *w* ► **поп-мýзыка** Pop *m*
мукá [muká] *w* Mehl *s*
мунди́р [mund'ír] *m* (-а) Uniform *w*
муниципалитéт [mun'izypal'lt'ét] *m* (-а) Rat *m* (Gremium), Stadtverwaltung *w* (Behörde)
муравéй [muraw'éj] *m* (-вья) Ameise *w*
мýскул [múßkul] *m* (-а) Muskel *m*
мýсор [múßar] *m* (-а) Abfall *m* (Reste usw.), Müll *m* ► **урнá для ~а** Mülleimer *m*, Abfalleimer *m*
мусульмáнин [mußul'mán'in] *m* (-а) Muslim *m*, Moslem *m*
мýтный [mútnyj] *adj* (-ая, -ое) trüb (Wasser usw.)
мýха [múcha] *w* (-и) Fliege *w*
мýчить [mútsch'it'] *v* (-чу, -чишь) **1** quälen *j-n* (seelisch) **2** bedrängen *j-n/etw.* (belasten), bekümmern *j-n*, quälen *j-n* (seelisch)
мчáться [mtsch'átza] *v* (мчусь, мчи́шься) rasen *irgendwohin* (sich fortbewegen), stürmen *irgendwohin* (rennen)
мы [mý] *pron* (нас) wir
мы́ло [mýla] *s* (-а; мылá) Seife *w*
мыс [mýß] *m* (-а) Kap *s*, Landzunge *w*
мысль [mýßl'] *w* (-и) Gedanke *m*, Idee *w* (Gedanke)
мыть [mýt'] *v* (мóю, мóешь) baden *j-n*, waschen
мы́шца [mýschza] *w* (-ы) Muskel *m*
мышь [mýsch] *w* (-и) Maus *w* ► **летýчая ~** Fledermaus *w*
мя́гкий [m'áchk'ij] *adj* (-ая, -ое) **1** fein, zart (Struktur usw.) **2** schmiegsam (Stoff usw.), weich (nicht hart) **3** milde (Klima usw.)
мя́коть [m'ákat'] *w* (-и) **1** Fruchtfleisch *s* **2** Mark *s* (Gewebe)
мясни́к [m'ißn'ík] *m* (-á) Fleischer *m*, (SüD) Metzger *m*
мя́со [m'áßa] *s* (-а) Fleisch *s*
мя́та [m'áta] *w* (-ы) Minze *w*
мя́ться [m'átza] *v* zaudern, zögern
мяч [m'átsch'] *m* (-á) Ball *m* (für Sport)

Н

на [ná] *prep* auf, in, zu, nach (räumlich usw.) *etw.* ► **~ ýлице/дворé** draußen; **~ мóре** an der See, am Meer; **Мне нýжен нóмер ~ три дня.** Ich brauche ein Zimmer für drei Tage.
нáбережная [náb'ir'ishnaja] *w* (-ой) Kai *m*
наблюдáть [nabl'udát'] *v* (-áю, -áешь) beaufsichtigen *etw. Akk*, überwachen *j-n/etw.*, beobachten (Entwicklung usw.)
набóр [nabór] *m* (-а) **1** Kit *s,m*, Satz *m* von *etw.* (Teller usw.), Set *s*, Satz *m* (Teller usw.) **2** Anwerbung *w*
набрáть [nabrát'] *v* (-берý, -берёшь) **1** nehmen (schöpfen usw.) **2** wählen (eine Telefonnummer)
набрóсить [nabróß'it'] *v* (-óшу, -óсишь) entwerfen
набрóситься [nabróß'itza] *v* (-óшусь, -óсишься) **1** angreifen *j-n*, anfallen *j-n*, sich stürzen *auf j-n/etw.* **2** sich stürzen *in etw. Akk* (anfangen)
навéрно [naw'érna] *adv* gewiss, sicherlich, bestimmt
навéрх [naw'érch] *adv* **1** aufwärts **2** oben auf
навести́ть [naw'ißt'ít'] *v* (-ещý, -ести́шь) besuchen *j-n*
навигáция [naw'igázyja] *w* (-и) Navigation *w*
наводнéние [nawadn'én'iji] *s* (-я) Überschwemmung *w*, Hochwasser *s*
навсегдá [nafß'igdá] *adv* auf Dauer, dauernd (für immer), dauerhaft, immerdar

навстре́чу [nafßtr'étsch'u] *prep* entgegen *j-m/etw.* ► **идти́ ~** *кому* entgegengehen *j-m irgendwohin*
на́вык [náwyk] *m* (-а) Gewohnheit *w*
на́глый [náglyj] *adj* (-ая, -ое) frech, unverfroren
наго́й [nagój] *adj* (-а́я, -о́е) nackt (Körper)
нагрузи́ть [nagrus'ít'] *v* (-ужу́, -у́зишь) **1** laden *etw. Akk auf etw. Akk* (beladen), aufladen *etw. Akk auf etw. Akk* (Last usw.) **2** auslasten *etw. Akk* (Kapazitäten usw.)
нагру́зка [nagrúßka] *w* (-и) **1** Fracht *w* (Ware usw.), Frachtgut *s* **2** Belastung *w*, Last *w* (in Kilogramm usw.) **3** Belastung *w* (Arbeit usw.)
над [nát] *prep* über *etw. Dat* (höher), über (dem Niveau)
надба́вка [nadbáfka] *w* (-и) Zuschlag *m*, Aufschlag *m* (Preis), Aufpreis *m*
наде́жда [nad'éshda] *w* (-ы) Hoffnung *w auf etw. Akk*
надёжный [nad'óshnyj] *adj* (-ая, -ое) vertrauenswürdig, zuverlässig, verlässlich
наде́ть [nad'ét'] *v* (-е́ну, -е́нешь) **1** anziehen *etw. Akk* (Kleidung) **2** anstecken *etw. Akk an etw. Akk* (Ring usw.), aufstecken *etw. Akk auf etw. Akk* (als Verlängerung usw.) ► **~ на́ ноги** anziehen (Schuhe)
наде́яться [nad'éjitza] *v* (-е́юсь, -е́ешься) **1** hoffen *auf etw. Akk* **2** sich verlassen *auf j-n/etw.*
надзо́р [nadsór] *m* (-а) Aufsicht *w über etw. Akk*
надлежа́щий [nadl'isháschsch'ij] *adj* (-ая, -ее) entsprechend (Amt usw.), zuständig, gehörig, gebührend
на́до [náda] *v* notwendig sein ► **Сда́чи не ~.** Stimmt so.; **Не ~ меня́ ждать.** Ihr braucht nicht auf mich zu warten.
надоеда́ть [nadajidát'] *v* (-а́ю, -а́ешь) belästigen *j-n mit etw.*, langweilen *j-n*
на́дпись [nátp'iß'] *w* (-и) Aufschrift *w*
надувно́й [naduwnój] *adj* (-а́я, -о́е) Luft-, aufblasbar
наду́ть [nadút'] *v* (-у́ю, -у́ешь) **1** aufblasen (Ball usw.), aufpumpen **2** hereinlegen, schröpfen *j-n*, abzocken *j-n* (Kunden usw.)
нае́хать [najéchat'] *v* (-е́ду, -е́дешь) fahren *in etw. Akk*, stoßen *gegen etw.* (Wand usw.), anstoßen *an/gegen etw.*, prallen *gegen etw.* (Wagen usw.)
нажа́ть [nashát'] *v* **1** drücken *auf etw. Akk*, drücken *etw. Akk* (Knopf usw.) **2** drängen *j-n* (zu etwas antreiben)
нажи́ться [nashýtza] *v* (-иву́сь, -ивёшься) verdienen *an j-m/etw.* (Gewinn erzielen)
наза́д [nasát] *adv* nach hinten, zurück (gehen usw.) ► **(тому́) ~** vor (zwei Jahren usw.); **полчаса́ (тому́) ~** vor einer halben Stunde
назва́ние [naswán'iji] *s* (-я) **1** Bezeichnung *w*, Legende *w* (Zeichenerklärung), Name *m* **2** Titel *m* (Werk)
назва́ть [naswát'] *v* (-зову́, -зовёшь) nennen *j-n/etw. irgendwie* (einen Namen geben), benennen *j-n irgendwie* (Kind usw.)
назна́чить [nasnátsch'it'] *v* (-чу, -чишь) **1** einsetzen *j-n in etw. Akk*, *j-n zu j-m* (in Amt usw.), ernennen *j-n zu j-m*, berufen *j-n zu etw.* (zum Direktor usw.) **2** zuteilen *j-m etw. Akk* (vergeben) **3** vereinbaren, abmachen (Termin usw.) **4** bemessen (Strafe usw.) **5** herstellen (Ordnung usw.)
называ́ться [nasywátza] *v* (-а́юсь, -а́ешься) heißen *irgendwie*
наизу́сть [naisúßt'] *adv* auswendig
наилу́чший [nailútsch'schyj] *adj* (-ая, -ее) best(er,e,es)
наиме́нее [naim'én'iji] *adv* am wenigsten, mindestens
наименова́ние [naim'inawán'iji] *s* (-я) Bezeichnung *w*
найти́ [najt'í] *v* aufbringen (Mut usw.), entdecken *etw. Akk* (Kontinent usw.), finden, herausfinden *etw. Akk* (Fakten usw.) ► **~ доро́гу** (den Weg) finden *irgendwohin*
наказа́ние [nakasán'iji] *s* (-я) Strafe *w*, Vergeltung *w für etw.*
наказа́ть [nakasát'] *v* bestrafen *j-n für etw.*
наклони́ть [naklan'ít'] *v* (-оню́, -о́нишь) kippen *etw. Akk* (einen Schrank usw.), neigen *etw. Akk* (senken)
наконе́ц [nakan'éz] *adv* letztendlich, schließlich, zuletzt, zum Schluss (erwähnen usw.)
накра́сить [nakráß'it'] *v* (-а́шу, -а́сишь) färben (farbig machen), schminken *etw. Akk*
накры́ть [nakrýt'] *v* (-ро́ю, -ро́ешь) bedecken *j-n mit etw.*, zudecken *j-n/etw. mit etw.* ► **~ (на стол)** Tisch decken
накупи́ть [nakup'ít'] *v* (-уплю́, -у́пишь) Einkauf machen, einkaufen
нале́во [nal'éwa] *adv* links (wo), nach links (wohin)
налёт [nal'ót] *m* (-а) **1** Angriff *m* (Aggression), Luftangriff *m* **2** Ablagerung *w*, Belag *m*, Film *m* (Schicht) **3** Hauch *m* (von Farbe usw.) **4** Andeutung *w* ► **~ на банк** Banküberfall *m*
налете́ть [nal'it'ét'] *v* (-лечу́, -лети́шь) **1** ausbrechen (Sturm usw.) **2** stoßen *gegen/an etw.* (mit Kopf usw.)
нали́ть [nal'ít'] *v* (-лью́, -льёшь) **1** gießen *etw. Akk in etw. Akk* (Wasser in die Tasse usw.), laufen lassen (Wasser in Wanne usw.) **2** zapfen

нали́чность [nal'ítsch'naßt'] *w* (-и) Bargeld *s*
нало́г [nalók] *m* (-а) Steuer *w auf etw. Akk* (Abgabe) ► **обложи́ть ~ом** besteuern *etw. Akk*
наме́ренный [nam'ér'innyj] *adj* (-ая, -ое) absichtlich, bewusst (Lüge usw.)
наме́тить [nam'ét'it'] *v* **1** skizzieren, umreißen (Tatsachen usw.) **2** festlegen **3** anlegen (planvoll erstellen)
намно́го [namnówa] *adv* viel *irgendwie* (schlimmer usw.), weitaus *irgendwie*
наоборо́т [naabarót] *adv* dafür aber wieder, umgekehrt ♦ *part* im Gegenteil
нападе́ние [napad'én'iji] *s* (-я) Überfall *m*
напе́в [nap'éf] *m* (-а) Weise *w* (Melodie)
напеча́тать [nap'itsch'átat'] *v* (-аю, -аешь) abdrucken, drucken *etw. Akk*
напи́льник [nap'íl'n'ik] *m* (-а) Feile *w*
написа́ть [nap'ißát'] *v* (-ишу́, -и́шешь) schreiben *etw. Akk* (formulieren)
напи́ток [nap'ítak] *m* (-тка) Getränk *s*
напи́ться [nap'ítza] *v* (-пью́сь, -пьёшься) sich betrinken *von etw.*, trinken (Durst stillen)
напо́лнить [napóln'it'] *v* (-ню́, -ни́шь) füllen (Gefäß usw.), laufen lassen (Wasser in Wanne usw.)
наполови́ну [napalaw'ínu] *adv* halb, zur Hälfte
напомина́ть [napam'inát'] *v* (-а́ю, -а́ешь) erinnern *j-n an j-n/etw.* (Erinnerung wachrufen)
напо́р [napór] *m* (-а) Belastung *w etw. Gen* (Arbeit usw.), Erzwingung *w*
напра́вить [napráw'it'] *v* (-влю, -вишь) **1** lenken *etw. Akk irgendwohin* (zum Ziel), schicken *j-n irgendwohin* **2** lenken *etw. Akk* (Richtung bestimmen), richten *etw. Akk*, richten *etw. Akk auf etw. Akk* (eine Tätigkeit usw.), richten *etw. Akk auf j-n/etw.* (Fernrohr usw.)
направле́ние [naprawl'én'iji] *s* (-я) **1** Richtung *w* **2** Orientierung *w* (fachliche usw.)
напра́во [napráwa] *adv* nach rechts, rechts *von etw.*
напра́сный [napráßnyj] *adj* (-ая, -ое) nutzlos, vergeblich
наприме́р [napr'im'ér] *adv* zum Beispiel
напро́тив [napról'if] *prep* gegenüber *j-m/etw.* (sitzen usw.)
напряже́ние [napr'ishén'iji] *s* (-я) **1** Spannung *w* **2** Anspannung *w*
напря́чь [napr'átsch'] *v* (-ягу́, -яжёшь, -ягу́т) **1** spannen *etw. Akk* (Seil usw.), ausspannen *etw. Akk* **2** anspannen (Muskeln)
напуга́ть [napugát'] *v* (-а́ю, -а́ешь) erschrecken
наре́зать [nar'ésat'] *v* aufschneiden (in Scheiben), schneiden (Salami usw.), sägen *etw. Akk* (Baumstamm usw.), zersägen *etw. Akk* ► **~ что (ло́мтиками)** aufschneiden *etw. Akk* (in Scheiben)
нарисова́ть [nar'ißawát'] *v* (-су́ю, -су́ешь) zeichnen
нарко́тик [narkót'ik] *m* (-а) Droge *w*, Narkotikum *s* (Narkosemittel)
наро́д [narót] *m* (-а/-у) Volk *s*, Nation *w*
наро́дный [naródnyj] *adj* (-ая, -ое) national, National-, volkstümlich (verbreitet), Volks-
нару́жный [narúshnyj] *adj* (-ая, -ое) Außen-, äußer(er,e,es)
нару́шить [narúschyt'] *v* (-шу, -шишь) **1** stören *etw. Akk* (beeinträchtigen) **2** brechen (Schwur usw.), nicht einhalten *etw. Akk*, verletzen *etw. Akk* (Gesetz usw.), verstoßen *gegen etw.* (Vertrag usw.) ► **~ зако́н** das Gesetz brechen
насади́ть [naßad'ít'] *v* **1** ausspflanzen **2** ansetzen *etw. Akk an etw. Akk*
насеко́мое [naß'ikómaji] *s* (-ого) Insekt *s*
населе́ние [naß'il'én'iji] *s* (-я) Bevölkerung *w*
наси́лие [naß'íl'iji] *s* (-я) Gewalt *w*
наси́льственный [naß'íl'ßtw'innyj] *adj* (-ая, -ое) gewaltsam, Gewalt-
наслади́ться [naßlad'ítza] *v* (-ажу́сь, -ади́шься) genießen *etw. Akk* (erleben), satthaben *etw. Akk*, sich ergötzen *an etw. Dat* (an Anblick)
насле́дник [naßl'édn'ik] *m* (-а) Erbe *m etw. Gen*, Nachfolger *m j-s/etw.*
насле́довать [naßl'édawat'] *v* (-дую, -дуешь) erben *etw. Akk von j-m*
насле́дство [naßl'éztwa] *s* (-а) **1** Erbe *s* (Eigentum usw.), Erbschaft *w*, Nachlass *m* (eines Verstorbenen) **2** Erbe *s* (geschichtlich usw.)
на́сморк [náßmark] *m* (-а) Schnupfen *m*
насо́с [naßóß] *m* (-а) **1** Pumpe *w* **2** Luftpumpe *w*
настоя́щий [naßtajáschsch'ij] *adj* (-ая, -ее) **1** gegenwärtig, jetzig, derzeitig **2** echt, wirklich (wie es sein soll) **3** aufrichtig (ehrlich), real (tatsächlich), wirklich, rein (Gefühl usw.)
настрое́ние [naßtrajén'iji] *s* (-я) Laune *w* (gute usw.), Stimmung *w*
настро́ить [naßtróit'] *v* (-о́ю, -о́ишь) **1** stimmen *etw. Akk* (Geige usw.) **2** einstellen *etw. Akk* (Sender usw.), einstellen (Radio) **3** stellen (Wecker usw.)
настро́йка [naßtrójka] *w* (-и) Einstellung *w* (von Software usw.)
наступи́ть[1] [naßtup'ít'] *v* (-уплю́, -у́пишь) treten *auf/in etw. Akk* (in Pfütze usw.)
наступи́ть[2] [naßtup'ít'] *v* (-у́пит) ausbrechen (Panik usw.), eintreten, kommen (Zeit)

насчёт [naschsch'ót] *prep* bezüglich, hinsichtlich
насчитáть [naschsch'itát'] *v* (-áю, -áешь) zählen *bis wie viel*
насчи́тывать [naschsch'ítywat'] *v* (-аю, -аешь) zählen (Anzahl haben)
наткну́ться [natknútza] *v* (-ну́сь, -нёшься) **1** stoßen *auf etw. Akk* (Probleme usw.) **2** stoßen *gegen etw.* (Wand usw.), anstoßen *an/gegen etw.*, prallen *gegen etw.* (Wagen usw.)
нату́ра [natúra] *w* (-ы) Natur *w* (einer Person), Wesen *s* (Charakter)
натурáльный [naturál'nyj] *adj* (-ая, -ое) natürlich, Natur-
натяну́ть [nat'inút'] *v* (-яну́, -я́нешь) dehnen *etw. Akk* (in Länge), strecken *etw. Akk*
нау́ка [naúka] *w* (-и) Lehre *w* (christliche usw.), Wissenschaft *w*
научи́ть [nautsch'ít'] *v* (-учу́, -у́чишь) beibringen *j-m etw. Akk*, belehren *j-n über etw. Akk* (informieren)
нау́шники [naúschn'ik'i] *m Mz* (-ов; ед. -ик, -а) Kopfhörer *m Mz*
нахáльный [nachál'nyj] *adj* (-ая, -ое) schmutzig (Wort usw.)
находи́ться [nachad'ítza] *v* sein (vorkommen), sich befinden *irgendwo* ► **~ ря́дом** *с чем* anliegen *etw. Dat* (benachbart sein); **Где э́то (нахо́дится)?** Wo ist das?
нахóдчивый [nachóttsch'iwyj] *adj* (-ая, -ое) **1** geistesgegenwärtig, schlagfertig **2** einfallsreich, ideenreich, erfinderisch, findig
нацéнка [nazénka] *w* (-и) Zuschlag *m*
национáльность [nazyanál'naßt'] *w* (-и) Nationalität *w*
национáльный [nazyanál'nyj] *adj* (-ая, -ое) national, National-
нáция [názyja] *w* (-и) Volk *s*, Nation *w*
начáло [natsch'ála] *s* (-а) Anfang *m*, Beginn *m*, Initiierung *w* (Start, Anfang) ► **брать ~** entspringen (Fluss usw.); **в начáле** anfangs; **в начáле** *чего* am Anfang
начáльник [natsch'ál'n'ik] *m* (-а) Leiter *m*, Vorgesetzte *m*
начáльный [natsch'ál'nyj] *adj* (-ая, -ое) **1** Anfangs-, anfänglich **2** Einstiegs- (Gehalt usw.), Grund-
начáть [natsch'át'] *v* (-чну́, -чнёшь) beginnen *etw. Akk, mit etw.*, beginnen *mit etw.* (mit Lernen usw.), anfangen *mit etw.* (mit Tätigkeit usw.), beginnen *etw. Akk, mit etw.* (eine Tätigkeit usw.)
начинáющий [natsch'inájuschsch'ij] *m* Anfänger *m*
наш, нáша, нáше *pron* unser
НДС [en dé eß] *abbr* Mehrwertsteuer *w*, MwSt.
не [n'é] *part* nicht
неаккурáтно [n'iakkurátna] *adv* nachlässig
неблагодáрный [n'iblagadárnyj] *adj* (-ая, -ое) undankbar (Mensch usw.)
нéбо [n'éba] *s* (-а; небесá) Himmel *m*
небольшóй [n'ibal'schój] *adj* (-áя, -óе) **1** gering, geringfügig (Menge usw.) **2** leicht (Husten usw.)
небоскрёб [n'ibaßkr'óp] *m* (-а) Wolkenkratzer *m*
небрéжный [n'ibr'éshnyj] *adj* (-ая, -ое) nachlässig, schlampig (Person usw.), fahrlässig
небывáлый [n'ibywályj] *adj* (-ая, -ое) außerordentlich, beispiellos
невезéние [n'iw'is'én'iji] *s* (-я) Pech *s*, wenig Glück *s*
невéрный [n'iw'érnyj] *adj* (-ая, -ое) **1** falsch (Antwort usw.), unrichtig **2** untreu
невероя́тный [n'iw'irajátnyj] *adj* (-ая, -ое) horrend, unglaublich
невéста [n'iw'éßta] *w* (-ы) **1** Braut *w* **2** Verlobte *w*
невинóвный [n'iw'inównyj] *adj* (-ая, -ое) unschuldig
невозмóжный [n'iwasmóshnyj] *adj* (-ая, -ое) unmöglich
невыноси́мый [n'iwynaß'ímyj] *adj* (-ая, -ое) unerträglich, untragbar
негати́вный [n'igat'íwnyj] *adj* negativ (nachteilig)
негóдный [n'igódnyj] *adj* (-ая, -ое) fehlerhaft
недалекó [n'idal'ikó] *adv* nahe (nicht weit entfernt) ♦ *prep* nahe *etw. Dat* (in der Nähe)
недействи́тельный [n'id'ijßtw'ít'il'nyj] *adj* (-ая, -ое) ungültig, nichtig, wirkungslos, unwirksam
недéля [n'id'él'a] *w* (-и) Woche *w*
недоброкáчественный [n'idabrakátsch'ißtw'innyj] *adj* (-ая, -ое) minderwertig, (von) minderer Qualität
недовéрие [n'idaw'ér'iji] *s* (-я) Misstrauen *s*
недовóльный [n'idawól'nyj] *adj* (-ая, -ое) unzufrieden *mit etw.*, nicht zufrieden *mit etw.*
недоразумéние [n'idarasum'én'iji] *s* (-я) **1** Missverständnis *s* **2** Ärger *m* (Problem)
недосмóтр [n'idaßmótr] *m* (-а) Übersehen *s* (Auslassung), Versehen *s*
недостáток [n'idaßtátak] *m* (-тка) **1** Handicap *s*, Mangel *m*, Fehler *m*, Nachteil *m* **2** Mangel *m an etw.*, Knappheit *w an etw.*, Mangel *m an etw. Dat* (Knappheit)
недостáточный [n'idaßtátatsch'nyj] *adj* (-ая, -ое) mangelhaft, ungenügend

не́жный [n'éshnyj] *adj* (-ая, -ое) 1 seiden, seidenweich, weich (geschmeidig) 2 zart (empfindlich usw.), zärtlich 3 sanft (nicht stark usw.), leicht (Berührung usw.)

незави́симый [n'isaw'íß'imyj] *adj* (-ая, -ое) 1 selbstständig, souverän (Staat usw.), unabhängig *von j-m/etw.* 2 freiberuflich (Reporter usw.), freischaffend (Künstler usw.)

незако́нный [n'isakónnyj] *adj* (-ая, -ое) illegal, unerlaubt, ungerechtfertigt

нездоро́вый [n'isdaróvyj] *adj* (-ая, -ое) ungesund (Kost usw.)

незнако́мец [n'isnakóm'iz] *m* (-мца) Fremde *m*

незначи́тельный [n'isnatsch'ít'il'nyj] *adj* (-ая, -ое) 1 gering, geringfügig (Menge usw.) 2 bedeutungslos, unbedeutend 3 leicht (Husten usw.) 4 engstirnig (Meinung usw.)

незря́чий [n'isr'átsch'ij] *adj* (-ая, -ее) blind, erblindet (Kind, Auge usw.) ♦ *m* Blinde *m*

неизбе́жно [n'iisb'éshna] *adv* notwendig, unausweichlich

неизве́стный [n'iisw'éßnyj] *adj* (-ая, -ое) unbekannt

неиспра́вный [n'iißpráwnyj] *adj* (-ая, -ое) fehlerhaft ► **рабо́тать неиспра́вно** defekt sein, nicht richtig funktionieren

нейтра́льный [n'ijtrál'nyj] *adj* (-ая, -ое) neutral ► **нейтра́льное положе́ние** Leerlauf *m*

не́который [n'ékataryj] *adj* gewiss ♦ *pron* (-ая, -ое) irgendwelch, irgendein

некуря́щий [n'ikur'áschsch'ij] *m* (-его) Nichtraucher *m*

неме́дленно [n'im'édl'inna] *adv* sofort, umgehend, unverzüglich

не́мец [n'ém'iz] *m* (-мца; -цы, -ев) Deutsche *m*

неме́цкий [n'im'ézk'ij] *adj* (-ая, -ое) deutsch ► **~ язы́к** Deutsch(e) *s*

немно́го [n'imnówa] *adv* ein bisschen, ein wenig, etwas ♦ *num* nicht viel

немо́й [n'imój] *adj* (-а́я, -о́е) stumm

ненави́деть [n'inaw'íd'it'] *v* (-и́жу, -и́дишь) hassen *j-n/etw.*

не́нависть [n'énaw'ißt'] *w* (-и) Hass *m*, Missgunst *m*, Groll *m*

необходи́мый [n'iapchad'ímyj] *adj* (-ая, -ое) erforderlich, notwendig, nötig, unentbehrlich

необыкнове́нный [n'iabyknaw'énnyj] *adj* (-ая, -ое) beispiellos, ungewöhnlich (Mensch usw.), unüblich

неограни́ченный [n'iagran'ítsch'innyj] *adj* (-ая, -ое) unbegrenzt

неожи́данный [n'iashýdannyj] *adj* (-ая, -ое) unerwartet, unvorhergesehen

неопределённый [n'iapr'id'il'ónnyj] *adj* (-ая, -ое) unbestimmt (nicht genau bestimmt), ungewiss (unsicher), vag, vage

неопре́н [n'iapr'én] *m* (-а) Neopren ® *s*, Neoprenanzug *m*

неосмотри́тельный [n'iaßmatr'ít'il'nyj] *adj* (-ая, -ое) unvorsichtig

неотло́жка [n'iatlóshka] *w* (-и) Krankenwagen *m*, Ambulanz *w* (Wagen), Rettungswagen *m*

непло́хо [n'iplócha] *adv* anständig

неполноце́нный [n'ipalnazénnyj] *adj* (-ая, -ое) 1 minderwertig 2 behindert

непоня́тный [n'ipan'átnyj] *adj* (-ая, -ое) unfassbar, unklar (Bedeutung usw.), unverständlich, unbegreiflich

непра́вильно [n'ipráw'il'na] *adv* falsch (antworten usw.)

непреры́вно [n'ipr'irýwna] *adv* dauernd, ständig, ununterbrochen

неприя́знь [n'ipr'ijásn'] *w* (-и) Giftigkeit *w* (Bösheit usw.), Ungnade *w*

неприя́тель [n'ipr'iját'il'] *m* (-я) Feind *m*

неприя́тный [n'ipr'ijátnyj] *adj* (-ая, -ое) lästig, unangenehm, unsympathisch

нерв [n'érf] *m* (-а) Nerv *m* ► **~ы** *m Mz* Nerven *m Mz* (System)

не́рвный [n'érwnyj] *adj* (-ая, -ое) nervös *wegen etw.*, Nerven-, nervlich

нере́дко [n'ir'étka] *adv* nicht selten, oft, häufig

несве́дущий [n'ißw'éduschsch'ij] *adj* (-ая, -ое) unfähig (unbegabt)

не́сколько [n'éßkal'ka] *adv* einigermaßen, ein wenig ♦ *num* ein paar, einige ► **~ раз** einige Male, mehrmals

несно́сный [n'ißnóßnyj] *adj* (-ая, -ое) lästig

несовершенноле́тний [n'ißaw'irschynnal'étn'ij] *adj* (-яя, -ее) minderjährig ♦ *m* Jugendliche *m*, Teenager *m*

несомне́нный [n'ißamn'énnyj] *adj* (-ая, -ое) sicher (ohne Zweifel usw.), unzweifelhaft

неспосо́бный [n'ißpaßóbnyj] *adj* (-ая, -ое) unfähig *zu etw.* (nicht imstande)

нести́ [n'ißt'í] *v* (-су́, -сёшь) 1 tragen 2 riechen *nach etw.* (Rosen usw.) ► **~ отве́тственность** die Verantwortung *für etw.* tragen

несча́стный [n'ischsch'áßnyj] *adj* (-ая, -ое) unglücklich ♦ *m* Unglückliche *m*

несча́стье [n'ischsch'áßt'ji] *s* (-я) Unglück *s*, Unheil *s* (Pech usw.)

нет [n'ét] *part* nein, (ugs.) nee, nicht

нетерпели́вый [n'it'irp'il'íwyj] *adj* (-ая, -ое) ungeduldig

неуве́ренный [n'iuw'ér'innyj] *adj* (-ая, -ое) unsicher

неуда́ча [n'iudátsch'a] *w* (-и) Fiasko *s*, Misserfolg *m*
неудо́бный [n'iudóbnyj] *adj* (-ая, -ое) unbequem
неудовлетвори́тельный [n'iudawl'itwar'ít'il'nyj] *adj* (-ая, -ое) mangelhaft, ungenügend, unbefriedigend (Qualität usw.)
неуклю́жий [n'iukl'júshyj] *adj* (-ая, -ее) ungeschickt, unbeholfen
неуме́лый [n'ium'élyj] *adj* (-ая, -ое) unfähig (unbegabt)
неуспе́х [n'iußp'éch] *m* (-а) Misserfolg *m*
неуста́нный [n'iußtánnyj] *adj* (-ая, -ое) fortwährend, ständig
нефть [n'éft'] *w* (-и) Dieselkraftstoff *m*, Diesel *m* (Kraftstoff), Erdöl *s*, Öl *s* (Rohstoff)
не́хотя [n'échat'a] *adv* ungern, widerwillig
нечая́нный [n'itsch'ajánnyj] *adj* zufällig (Treffen usw.), Zufalls-
нечётный [n'itsch'ótnyj] *adj* (-ая, -ое) ungerade
нечистота́ [n'itsch'ißtatá] *w* (-ы́) Verunreinigung *w* (Stoff)
ни [n'í] *conj* noch ♦ *part* nicht (ein)mal ► **~ оди́н** kein (von beiden); **~… ~…** weder… noch
нигде́ [n'igd'é] *adv* nirgends, nirgendwo
ни́жний [n'íshn'ij] *adj* (-яя, -ее) unter(er,e,es)
ни́зкий [n'íßk'ij] *adj* (-ая, -ое) niedrig
никак [n'ikák] *adv* keineswegs
никако́й [n'ikakój] *pron* (-а́я, -о́е) kein (nicht ein)
никогда́ [n'ikagdá] *adv* nie, niemals
никто́ [n'iktó] *pron* (никого́) niemand
никуда́ [n'ikudá] *adv* nirgendwohin
нить [n'ít'] *w* (-и) Faden *m*
ниче́йный [n'itsch'éjnyj] *adj* (-ая, -ое) unentschieden (Spiel usw.)
ничто́ [n'ischtó] *pron* (ничего́) nichts
ничто́жный [n'itsch'tóshnyj] *adj* (-ая, -ое) minimal (Schaden usw.), vernachlässigbar, unerheblich
нищета́ [n'ischsch'itá] *w* (-ы́) Not *w* (Armut)
ни́щий [n'íschsch'ij] *m* Bettler *m*
но [nó] *conj* aber, sondern
но́вость [nówaßt'] *w* (-и) **1** Nachricht *w*, Neuigkeit *w* (Auskunft usw.) **2** Neuheit *w*, Novum *s* ► **но́вости** Nachrichten *w Mz*
но́вый [nówyj] *adj* (-ая, -ое) neu
нога́ [nagá] *w* (-и́) Bein *s*
но́готь [nógat'] *m* (-гтя; -и, -е́й) Nagel *m* (Fingernagel)
нож [nósch] *m* (-а́) Messer *s* ► **консе́рвный ~** Büchsenöffner *m*, Dosenöffner *m*
но́жницы [nóshn'izy] *w Mz* (-иц) Schere *w* (Werkzeug)
ноль [nól'] *m* (-я́) Null *w*
но́мер [nóm'ir] *m* (-а; -а́) **1** Zahl *w* (Zahlwort usw.), Nummer *w* (zwei usw.) **2** Nummer *w* (Zeitschrift usw.) **3** Größe *w* (von Kleider usw.), Nummer *w* (Schuhe usw.) **4** Zimmer *s*, Raum *m* (im Haus) ► **двухме́стный ~** Zweibettzimmer *s*; **одноме́стный ~** Einbettzimmer *s*, Einzelzimmer *s*; **Мне ну́жен ~ на три дня.** Ich brauche ein Zimmer für drei Tage.
нора́ [nará] *w* (-ы́) Bau *m* (eines Tieres), Höhle *w* (Tierbehausung)
норма́льный [narmál'nyj] *adj* (-ая, -ое) normal
нос [nóß] *m* (-а/-у) **1** Nase *w*, Schnauze *w* **2** Bug *m* (eines Schiffes)
носи́льщик [naß'íl'schsch'ik] *m* (-а) Gepäckträger *m* (Person)
носи́ть [naß'ít'] *v* (ношу́, но́сишь) **1** tragen, anhaben **2** tragen (bei sich haben)
но́та [nóta] *s* (-ы) Note *w* (Notenzeichen)
нота́риус [natár'iuß] *m* (-а) Notar *m*
ночева́ть [natsch'iwát'] *v* (-чу́ю, -чу́ешь) übernachten, die Nacht verbringen
ночле́г [natsch'l'ék] *m* (-а) Übernachten *s*, Übernachtung *w* ► **~ с за́втраком** Übernachtung mit Frühstück
ночно́й [natsch'nój] *adj* (-а́я, -о́е) Nacht-, nächtlich ► **~ кошма́р** Albtraum *m*
ночь [nótsch'] *w* (-и) Nacht *w* ► **Споко́йной но́чи!** Gute Nacht!
ноя́брь [najábr'] *m* (-я́) November *m*
нра́виться [nráw'itza] *v* (-влюсь, -вишься) **1** gefallen *j-m* **2** schmecken *j-m etw. Akk* (lecker sein) ► **Мне э́то не нра́вится.** Es schmeckt mir nicht.; **Мне э́то нра́вится.** Es gefällt mir.
ну [nú] *part* na, na also, ja dann ► **~ (да)** ja (Zustimmung); **Н~!** Komm schon!
ну́дный [núdnyj] *adj* (-ая, -ое) langweilig, lästig
нужда́ [nushdá] *w* (-ы́) **1** Bedürfnis *s* **2** Not *w*, Notlage *w*, Notfall *m*
нужда́ться [nushdátza] *v* (-а́юсь, -а́ешься) brauchen *etw. Akk*
ну́жно [núshna] *v* nötig sein ► **Э́то не ~.** Das ist nicht nötig.; **Мне ~ в туале́т.** Ich muss auf die Toilette.
ну́жный [núshnyj] *adj* (-ая, -ое) notwendig, nötig, unentbehrlich, unbedingt notwendig
ны́нешний [nýn'ischn'ij] *adj* (-яя, -ее) bestehend, diesjährig, heurig, jetzig
ныря́ть [nyr'át'] *v* (-я́ю, -я́ешь) tauchen (als Taucher)

O

о [ó] *prep* an *j-n/etw.* (denken usw.), über *etw. Akk* (sprechen usw.), von *etw.* (reden, hören usw.), um *etw.* (sich handeln usw.)

óба [óba] *num* (обóих) beide

обая́ние [abaján'iji] *s* (-я) Zauber *m* (Reiz)

обвáл [abwál] *m* (-а) Sturz *m*, Einbruch *m* (der Aktien usw.)

обвини́ть [abw'in'ít'] *v* (-ню́, -ни́шь) **1** beschuldigen *j-n etw. Gen*, bezichtigen *j-n etw. Gen*, bezichtigen *j-n etw. Gen* **2** anklagen *j-n etw. Gen*

обду́мать [abdúmat'] *v* (-аю, -аешь) abwägen *etw. Akk* (bedenken), bedenken *etw. Akk*, durchdenken *etw. Akk*, ausdenken *etw. Akk* (zu Ende denken)

обе́д [ab'ét] *m* (-а) Mittagessen *s* ► **пóсле ~а** nachmittags

обе́дать [ab'édat'] *v* (-аю, -аешь) zu Mittag essen

обезья́на [ab'is'jána] *w* (-ы) Affe *m*

оберну́ть [ab'irnút'] *v* (-ну́, -нёшь) einpacken, packen (in Papier usw.), verpacken, wälzen *etw. Akk in etw. Dat*

обёртка [ab'órtka] *w* (-и) Verpackung *w*, Packung *w* (Hülle usw.)

обеспе́чить [ab'ißp'étsch'it'] *v* (-чу, -чишь) **1** besorgen *j-m etw. Akk für j-n* (beschaffen), verschaffen *j-m etw. Akk* **2** sichern *etw. Akk* (garantieren) **3** versorgen *j-n* (finanziell usw.) **4** sichern *etw. Akk* (vor Gefahr)

обесси́лить [ab'ißß'íl'it'] *v* (-лю, -лишь) erschöpfen *j-n*, schwächen *j-n/etw.*

обеща́ние [ab'ischsch'án'iji] *s* (-я) Gelübde *s*, Versprechen *s*, Zusage *w*

обеща́ть [ab'ischsch'át'] *v* (-áю, -áешь) versprechen *j-m etw. Akk*

обжа́рить [abshár'it'] *v* (-рю, -ришь) anrösten *etw. Akk*, anbraten *etw. Akk*, braten (in der Pfanne), bräunen *etw. Akk* (Zwiebel usw.)

обзóр [absór] *m* (-а) **1** Aussicht *w* (ins Weite usw.) **2** Überblick *m* (Zusammenfassung), Übersicht *w* (Resümee)

оби́вка [ab'ífka] *w* (-и) Bezug *m*

оби́да [ab'ída] *w* (-ы) Beleidigung *w*, Unrecht *s*

оби́деть [ab'íd'it'] *v* (-и́жу, -и́дишь) unrecht tun *j-m*, verletzen *j-n* (physisch), wehtun *j-m* (absichtlich usw.)

обитáтель [ab'itát'il'] *m* (-я) Bewohner *m* (von Haus usw.), Einwohner *m* (von Land usw.)

облáва [abláwa] *w* (-ы) **1** Razzia *w* **2** Jagd *w* (auf Hasen usw.)

обладáтель [abladát'il'] *m* (-я) Besitzer *m*

óбласть [óblaßt'] *w* (-и) **1** Gebiet *s*, Gegend *w* (Region) **2** Bezirk *m*, Region *w* **3** Bereich *m* (thematischer usw.), Gebiet *s* (einer Tätigkeit usw.), Sphäre *w*

óблачно [óblatsch'na] *adv* wolkig

облегчи́ть [abl'ichtsch'ít'] *v* (-чу́, -чи́шь) **1** leichter machen *etw. Akk* (Gewicht verringern) **2** entlasten *etw. Akk* (Verkehr usw.), erleichtern *etw. Akk* (einfacher machen), erleichtern *j-m etw. Akk*, erleichtern *etw. Akk* (seelisch)

обложи́ть [ablashýt'] *v* (-ожу́, -óжишь) **1** umgeben *etw. Akk mit etw.* **2** auferlegen *j-m etw. Akk* (Geldbuße usw.)

облóмки [ablómk'i] *m Mz* Trümmer *Mz*, Wrack *s* (Auto usw.)

обмáн [abmán] *m* (-а) **1** Betrug *m* **2** Illusion *w*, Täuschung *w*

обману́ть [abmanút'] *v* (-ану́, -áнешь) belügen *j-n*, betrügen *j-n um etw.*, abschwindeln *j-m etw. Akk*, betrügen *j-n*

обмáнщик [abmánschsch'ik] *m* (-а) Betrüger *m* ► **(финáнсовый) ~** Betrüger *m*

обмéн [abm'én] *m* (-а) Tausch *m*, Umtausch *m* (von Sachen)

обменя́ть [abm'in'át'] *v* (-я́ю, -я́ешь) **1** wechseln *etw. Akk für etw.* (ersetzen), auswechseln *etw. Akk gegen etw.*, austauschen *etw. Akk gegen etw.* (Ersatzteil usw.) **2** wechseln (Geld usw.), umtauschen (in EUR usw.)

óбморок [óbmarak] *m* (-а) Bewusstlosigkeit *w*, Ohnmacht *w*

обнажи́ть [abnashýt'] *v* (-жу́, -жи́шь) **1** entblößen, enthüllen *etw. Akk* (zeigen usw.) **2** ziehen (Waffe)

обнару́жить [abnarúshyt'] *v* (-жу, -жишь) detektieren (ermitteln), entdecken *etw. Akk* (Verbrechen usw.), finden

обня́ть [abn'át'] *v* (обниму́, обни́мешь) umarmen *j-n*

обогнáть [abagnát'] *v* (обгоню́, обгóнишь) überholen *j-n*

ободрáть [abadrát'] *v* (обдеру́, обдерёшь) **1** abkratzen (Farbe usw.), kratzen (Eis usw.) **2** rupfen *j-n* (Geld abnehmen) ► **~ себé что** sich aufscheuern *etw. Akk* (Knie usw.), sich abschürfen *etw. Akk*

обознáчить [abasnátsch'it'] *v* (-чу, -чишь) **1** bezeichnen *etw. Akk mit etw.*, markieren *etw. Akk mit etw.* **2** bezeichnen (mit einem Namen usw.)

обóи [abói] *Mz* (-ев) Tapete *w*

обойти́сь [abajt'íß'] *v* (-йду́сь, -йдёшься) **1** sich behelfen *ohne etw.* **2** auskommen *mit etw.*

обоня́ть [aban'át'] *v* (-я́ю, -я́ешь) riechen (durch den Geruchssinn)

оборóт [abarót] *m* (-а) **1** Umdrehung *w* (einer Maschine usw.) **2** Umsatz *m* **3** Ausdruck *m* (Wort usw.) ► **сбáвить ~ы** nachlassen (in Leistung)

обору́дование [abarúdawan'iji] *s* (-я) Ausstattung *w*, Anlagen *w Mz* ► ~ **(кварти́ры)** Einrichtung *w* (Möbel usw.)

обосно́ванный [abaßnówannyj] *adj* (-ая, -ое) 1 begründet, berechtigt (Vorgehen usw.), gerechtfertigt, legitim (Anspruch usw.) 2 fundiert

обострённый [abaßtr'ónnyj] *adj* (-ая, -ое) eskaliert (Situation usw.)

обрабо́тать [abrabótat'] *v* (-аю, -аешь) bearbeiten, aufbereiten (Material usw.), verarbeiten

о́браз [óbraß] *m* 1 Vorstellung *w von etw.* (Gedanke) 2 Art *w* (einer Tätigkeit usw.), Weise *w* (Methode usw.) ► **гла́вным ~ом** hauptsächlich, vor allem, namentlich, überwiegend

образе́ц [abras'éz] *m* (-зца́) 1 Beispiel *s* (Muster), Muster *s*, Probestück *s* (einer Ware usw.) 2 Vorbild *s* 3 Modell *s* (Grundlage usw.), Vorlage *w* (zum Zeichnen usw.), Muster *s* (Entwurf), Muster *s an etw. Dat* (Vorbild)

обрати́ть [abrat'ít'] *v* (-ащу́, -ати́шь) richten *etw. Akk auf etw. Akk* (eine Tätigkeit usw.), zielen *auf j-n/etw.* (mit Waffe usw.)

обра́тный [abrátnyj] *adj* (-ая, -ое) 1 rückläufig (Bewegung usw.), (Zu)Rück-, rückwirkend, Rück- 2 umgekehrt 3 gegenteilig (Meinung usw.), Gegen- ► **~ биле́т** Rückfahrkarte *w*

обраща́ться [abraschsch'átza] *v* (-а́юсь, -а́ешься) sich umdrehen, umgehen *mit etw. irgendwie* (manipulieren)

обраще́ние [abraschsch'én'iji] *s* (-я) 1 Verhalten *s* 2 Behandlung *w j-s* (Umgang) 3 Zirkulation *w* 4 Ansprache *w j-s* (Ansprechen) 5 Appell *m an j-n* 6 Aufforderung *w an j-n zu etw.*, Appell *m an j-n zu etw.* 7 Anrede *w* ► **~ на вы** Siezen *s*

обру́шиться [abrúschytza] *v* (-шусь, -шишься) einstürzen (Gebäude usw.)

обря́д [abr'át] *m* (-а) Zeremonie *w*

обсле́довать [apßl'édawat'] *v* (-дую, -дуешь) untersuchen *etw. Akk* (überprüfen)

обслу́живание [apßlúshywan'iji] *s* (-я) 1 Bedienung *w* (von Kunden) 2 Service *m,s* (Dienst) 3 Bedienung *w* (eines Gerätes usw.) ► **ко́мплексное ~** kompletter Service

обслужи́ть [apßlushýt'] *v* (-ужу́, -у́жишь) bedienen *j-n* (einen Kunden usw.)

обста́вить [apßtáw'it'] *v* (-влю, -вишь) einrichten *etw. Akk* (Wohnung usw.)

обстано́вка [apßtanófka] *w* (-и) 1 Einrichtung *w* (Möbel usw.) 2 Atmosphäre *w* (Stimmung)

обсуди́ть [apßud'ít'] *v* (-ужу́, -у́дишь) beurteilen *j-n/etw.*, debattieren *etw. Akk*, diskutieren *über etw. Akk*

обсчита́ть [apschsch'itát'] *v* (-а́ю, -а́ешь) zu viel berechnen *j-m*

о́бувь [óbuf'] *w* (-и) Schuhe *w Mz*

обуче́ние [abutsch'én'iji] *s* (-я) Ausbildung *w*, Training *s*, Lernen *s*, Unterrichten *s*

обучи́ть [abutsch'ít'] *v* (-учу́, -у́чишь) einarbeiten *j-n* (anlernen), erziehen *j-n*, schulen

обхо́д [apchót] *m* (-а) 1 Umgehungsstraße *w* 2 Streife *w* (Gang), Visite *w* 3 Umweg *m*

обходи́ться [apchad'ítza] *v* (-ожу́сь, -о́дишься) behandeln *j-n irgendwie* (respektvoll usw.)

обши́рный [apschýrnyj] *adj* (-ая, -ое) 1 ausgedehnt, geräumig 2 ausführlich (Beschreibung usw.), umfangreich, umfassend (Dokument usw.), weitreichend

общежи́тие [apschsch'ishýt'iji] *s* (-я) Herberge *w*, Studentenwohnheim *s*, Studentenheim *s* ► **(студе́нческое) ~** Studentenwohnheim *s*, Studentenheim *s*

обще́ние [apschsch'én'iji] *s* (-я) Kontakt *m*

обще́ственный [apschsch'éßtw'innyj] *adj* (-ая, -ое) gemeinsam (Besitz usw.), öffentlich

о́бщество [ópschsch'ißtwa] *s* (-а) 1 Gesellschaft *w* (menschliche) 2 Gemeinschaft *w* (von Menschen), Verein *m* 3 Gesellschaft *w* (Firma usw.)

о́бщий [ópschsch'ij] *adj* (-ая, -ее) 1 generell (Maßnahme usw.) 2 Gesamt- 3 einheitlich (für alle gleich) 4 allgemein, Rahm(en)-

объедине́ние [abid'in'én'iji] *s* (-я) 1 Assoziation *w*, Verein *m* 2 Vereinigung *w*, Vernetzung *w*

объедини́ть [abid'in'ít'] *v* (-ню́, -ни́шь) vereinigen, verbinden

объе́зд [abjést] *m* (-а) Umleitung *w*

объе́здить [abjésd'it'] *v* (-зжу, -здишь) durchfahren, durchreisen (Land usw.), durchfahren *etw. Akk*, durchreisen *etw. Akk* (Land usw.)

объекти́вный [abjikt'íwnyj] *adj* (-ая, -ое) objektiv

объём [ab'óm] *m* (-а) Umfang *m* (eines Grundstücks usw.), Volumen *s*

объяви́ть [abiw'ít'] *v* (-явлю́, -я́вишь) 1 bekannt geben *etw. Akk*, bekannt machen *etw. Akk*, melden *etw. Akk* (öffentlich usw.) 2 aufweisen (Gewinn usw.)

объявле́ние [abjiwl'én'iji] *s* (-я) 1 Anzeige *w* (in einer Zeitung), Annonce *w* 2 Bekanntgabe *w* ► **объявле́ния** *s Mz* Insertion *w*

объясне́ние [abjißn'én'iji] *s* (-я) Erklärung *w*, Klarstellung *w*

объясни́ть [abjißn'ít'] *v* (-ню́, -ни́шь) erklären *etw. Akk j-m* (Problematik usw.), klarmachen *j-m etw. Akk*, klären *etw. Akk*, aufklären *etw. Akk*

обы́денный [abýd'innyj] *adj* (-ая, -ое) alltäglich, gewöhnlich (normal), Alltags-

обыкнове́нный [abyknaw'énnyj] *adj* (-ая, -ое) alltäglich, gewöhnlich (normal), Alltags-, gewohnt

обыска́ть [abyßkát'] *v* (-ыщу́, -ы́щешь) durchsuchen *j-n/etw.*

обы́чный [abýtsch'nyj] *adj* (-ая, -ое) gewohnt, gewöhnlich (Zeit usw.), üblich

обя́занность [ab'ásannaßt'] *w* (-и) Pflicht *w*, Verpflichtung *w* (zur Arbeit usw.)

обяза́тельный [ab'isát'il'nyj] *adj* (-ая, -ое) Pflicht-, verbindlich (verpflichtend) ► **быть обяза́тельным** *для кого* gelten *für j-n/etw.*, betreffen *j-n/etw.* (Erklärung usw.)

обяза́тельство [ab'isát'il'ßtwa] *s* (-a) Verpflichtung *w*, Versprechen *s* (Zusicherung) ► **обяза́тельства** Verbindlichkeiten *Mz* (Schulden usw.)

овёс [aw'óß] *m* (овса́) Hafer *m*

овладе́ть [awlad'ét'] *v* (-е́ю, -е́ешь) **1** usurpieren **2** beherrschen (gelernt haben), sich aneignen (Kenntnisse usw.) **3** ergreifen *etw. Akk* (Krankheit usw.)

о́вощи [ówaschsch'i] *m Mz* (-е́й) Gemüse *s*

овца́ [afzá] *w* (-ы́) Mutterschaf *s*, Schaf *s*

оглавле́ние [aglawl'én'iji] *s* (-я) Inhaltsverzeichnis *s*

огнетуши́тель [agn'ituschýt'il'] *m* (-я) Löschgerät *s*, Feuerlöscher *m*

ого́нь [agón'] *m* (огня́) **1** Feuer *s*, Lagorfeuer *s* **2** Schießen *s*, Beschuss *m* ► **развести́** ~ das Feuer anmachen

огоро́д [agarót] *m* (-a) Garten *m*

огорча́ть [agartsch'át'] *v* (-а́ю, -а́ешь) leidtun *j-m etw. Nom*

огра́бить [agráb'it'] *v* (-блю, -бишь) ausrauben *etw. Akk* (Bank usw.), bestehlen *j-n um etw.*, einbrechen *in etw. Akk* (in eine Wohnung usw.)

ограниче́ние [agran'itsch'én'iji] *s* (-я) Beschränkung *w*, Einschränkung *w etw. Gen* (von Ausgaben usw.), Einschränkung *w* (Umstand)

ограни́ченный [agran'ítsch'innyj] *adj* (-ая, -ое) **1** begrenzt (nicht vollständig) **2** beschränkt (dumm)

ограни́чить [agran'ítsch'it'] *v* (-чу, -чишь) abgrenzen *etw. Akk*, beschränken *etw. Akk*, einschränken, reduzieren (Ausgaben usw.)

огро́мный [agrómnyj] *adj* (-ая, -ое) enorm, gewaltig, kolossal, riesig (Summe usw.)

огуре́ц [agur'éz] *m* (-рца́) Gurke *w*

оде́жда [ad'éshda] *w* (-ы) **1** Bekleidung *w*, Kleider *s Mz*, Kleidung *w*, Kleider *Mz* (Anzug) **2** Kleidung *w* (Artikel)

оде́ть [ad'ét'] *v* (-е́ну, -е́нешь) anziehen *j-n* (bekleiden)

одея́ло [ad'ijála] *s* (-a) Decke *w* (im Bett)

оди́н [ad'ín] *adj* allein (ohne Andere) ♦ *num* (одна́, одно́, одни́) ein ► ~ **раз** einmal; **(лишь)** ~ bloß; **ни** ~ kein einziger

одина́ковый [ad'inákawyj] *adj* (-ая, -ое) einheitlich (für alle gleich), gleich (Chancen usw.)

оди́ннадцать [ad'ínnazat'] *num* (-и) elf

одино́чество [ad'inótsch'ißtwa] *s* (-a) Einsamkeit *w*

однажды [adnáshdy] *adv* einmal, eines Tages

однако [adnáka] *conj* jedoch, aber

одновре́менно [adnawr'ém'inna] *adv* zugleich

одо́брить [adóbr'it'] *v* (-рю, -ришь) bewilligen *etw. Akk*, billigen *etw. Akk* (Vorschlag usw.), genehmigen *etw. Akk*

одолжи́ть [adalshýt'] *v* (-жу́, -жи́шь) leihen *j-m etw. Akk*

одушевлённый [aduschywl'ónnyj] *adj* (-ая, -ое) belebt (Substantiv usw.)

оживлённый [ashywl'ónnyj] *adj* (-ая, -ое) belebt (Straße usw.), frequentiert (Straße), rege (Verkehr usw.)

ожида́ть [ashydát'] *v* (-а́ю, -а́ешь) **1** erwarten *j-n/etw.* (Besuch usw.) **2** ausschauen *nach j-m/etw.*, Ausschau halten *nach j-m/etw.* **3** erwarten *etw. Akk* (voraussetzen usw.)

ожо́г [ashók] *m* (-a) Verbrennung *w* (Wunde), Brandwunde *w*

о́зеро [ós'ira] *s* (-a; озёра) See *m* (Binnengewässer)

оказа́ть [akasát'] *v* (-ажу́, -а́жешь) äußern *etw. Akk*, zeigen *etw. Akk* (Freude usw.), ausdrücken *etw. Akk*, leisten *j-m etw. Akk* (Dienst usw.) ► ~ **по́мощь** *кому/чему* behandeln *j-n/etw.* (ärztlich)

океа́н [ak'ián] *m* (-a) Ozean *m*

окно́ [aknó] *s* (-а́; о́кна) Fenster *s*

око́лица [akól'iza] *w* (-ы) Umweg *m*

о́коло [ókala] *prep* **1** entlang *etw. Dat* **2** gegen (Menge), ungefähr ♦ *adv* daneben, nebenan (in der Nähe)

оконча́ние [akantsch'án'iji] *s* (-я) **1** Beendigung *w etw. Gen* **2** Endung *w*

око́нчить [akóntsch'it'] *v* (-чу, -чишь) beenden, beenden *etw. Akk* (Arbeit usw.), zu Ende bringen *etw. Akk*, vollenden *etw. Akk* ► ~ **обуче́ние** absolvieren *etw. Akk* (Schule)

окра́ска [akráßka] *w* (-и) Farbe *w*, Anstrich *m* (bunter usw.), Färbung *w*

окрáшивать [akráschywat'] *v* (-аю, -аешь) färben

окрéстность [akr'éßnaßt'] *w* (-и) nahe Umgebung, Nähe *w* (Umgebung), Umgebung *w etw. Gen*

óкруг [ókruk] *m* (-а; -á) Bezirk *m*, Landkreis *m*

окрýжность [akrúshnaßt'] *w* (-и) Kreislinie *w*, Umkreis *m*

октя́брь [akt'ábr'] *m* (-я́) Oktober *m*

окули́ст [akul'íßt] *m* (-а) Augenarzt *m*, Ophthalmologe *m*

олéнь [al'én'] *m* (-я) Hirsch *m*

оли́ва [al'íwa] *w* (-ы) Olive *w*

óлово [ólawa] *s* (-а) Zinn *s*

омлéт [aml'ét] *m* (-а) Omelett *s*, (ÖrD, SwD) Omelette *w*

он [ón] *pron* (онá, онó, они́) er

онá [aná] *pron* sie (Fem. Singular)

они́ [an'í] *pron* sie (Plural)

онó [anó] *pron* es

опасáться [apaßátza] *v* (-áюсь, -áешься) fürchten *etw. Akk*, befürchten *etw. Akk*

опáсность [apáßnaßt'] *w* (-и) Gefahr *w* ► **подвéргнуть опáсности** bedrohen *j-n/etw.*

óпера [óp'ira] *w* (-ы) Oper *w*

оперáтор [ap'irátar] *m* (-а) **1** Telefonist *m* **2** Chirurg *m*

описáть [ap'ißát'] *v* (-ишý, -и́шешь) ausmalen (Ereignis usw.), beschreiben *j-n/etw.* (Person usw.)

оплáта [apláta] *w* (-ы) Anweisung *w* (Summe), Überweisung *w* (Geldsumme), Einzahlung *w* (Betrag), Bezahlung *w etw. Gen*

оплати́ть [aplat'ít'] *v* (-ачý, -áтишь) ausbezahlen, bezahlen *etw. Akk*, begleichen *etw. Akk* (Rechnung usw.), zurückerstatten *j-m etw. Akk*

оплóшность [aplóschnaßt'] *w* (-и) Versehen *s*

опоздáть [apasdát'] *v* (-áю, -áешь) sich verspäten (zu spät kommen), verpassen *etw. Akk* (Bus usw.)

оппози́ция [appas'ízyja] *w* (-и) Opposition *w*

оправдáть [aprawdát'] *v* (-áю, -áешь) **1** entschuldigen *j-n/etw.* (Grund mitteilen), rechtfertigen *etw. Akk* **2** freisprechen *j-n*

определённый [apr'id'il'ónnyj] *adj* (-ая, -ое) **1** bestimmt **2** ausgeprägt (Meinung usw.)

определи́ть [apr'id'il'ít'] *v* (-лю́, -ли́шь) **1** bestimmen *etw. Akk* (Anzahl usw.), festlegen *etw. Akk* (Termin usw.), definieren *etw. Akk* **2** bemessen (Steuer usw.)

опря́тный [apr'átnyj] *adj* (-ая, -ое) gepflegt (sauber usw.), präsentabel, ansehnlich (gut aussehend)

óптик [ópt'ik] *m* (-а) Optiker *m*

опубликовáть [apubl'ikawát'] *v* (-кýю, -кýешь) abdrucken, veröffentlichen *etw. Akk*

опусти́ть [apußt'ít'] *v* (-ущý, -ýстишь) neigen *etw. Akk*, senken (Kopf usw.), zurückstellen (Sitz usw.)

óпухоль [ópuchal'] *w* (-и) Geschwulst *w*, Schwellung *w*

óпыт [ópyt] *m* (-а) **1** Erfahrung *w*, Praktik *w* (Verfahrensweise), Praxis *w* (Berufserfahrung), Berufserfahrung *w* **2** Experiment *s*

óпытный [ópytnyj] *adj* (-ая, -ое) erfahren

опя́ть [ap'át'] *adv* wieder, abermals

орáнжевый [aránshywyj] *adj* (-ая, -ое) orange

орáть [arát'] *v* (орý, орёшь) brüllen

óрган [órgan] *m* Organ *s*

оргáн [argán] *m* Orgel *w*

организовáть [argan'isawát'] *v* (-зýю, -зýешь) organisieren *etw. Akk* (Veranstaltung usw.), veranstalten *etw. Akk*

óрден [órd'in] *m* Orden *m*

óрдер [órd'ir] *m* (-а; -á, -óв) **1** Dekret *s* **2** Gutschein *m*

орёл [ar'ól] *m* (орлá) Adler *m*

орéх [ar'éch] *m* (-а) Nuss *w* ► **леснóй ~** Haselnuss *w*

оркéстр [ark'éßtr] *m* (-а) Band *w*, Kapelle *w*, Orchester *s*

орýдие [arúd'iji] *s* (-я) Gerät *s* (Zange usw.), Werkzeug *s*, Instrument *s* ► **орýдия** Werkzeuge *s Mz*

орýжие [arúshyji] *s* (-я) Waffe *w* ► **огнестрéльное ~** Feuerwaffe *w*, Schusswaffe *w*

осá [aßá] *w* (-ы́; óсы) Wespe *w*

осáдки [aßátk'i] *m Mz* (-ов) Niederschläge *w Mz*

освéдомить [aßw'édam'it'] *v* (-млю, -мишь) informieren *j-n über etw. Akk*

освещéние [aßw'ischsch'én'iji] *s* (-я) Beleuchtung *w*, Klarstellung *w*

освободи́ть [aßwabad'ít'] *v* (-ожý, -оди́шь) **1** befreien *j-n/etw.*, freilassen *j-n* **2** frei machen (Weg usw.), räumen, ausräumen **3** befreien *j-n von etw.* (von Pflicht), erlassen *j-m etw. Akk* (Pflicht usw.) **4** lösen *etw. Akk* (Krawatte usw.) **5** befreien (Stadt usw.)

осёл [aß'ól] *m* (ослá) Esel *m*

óсень [óß'in'] *w* (-и) Herbst *m*

оскóлок [aßkólak] *m* (-лка) Bruchstück *s*, Splitter *m*

оскорби́ть [aßkarb'ít'] *v* (-блю́, -би́шь) beleidigen *j-n*

ослабе́ть [aßlab'ét'] *v* (-е́ю, -е́ешь) **1** erschlaffen (Arme usw.), schwach werden **2** nachlassen (Intensität)

ослепи́ть [aßl'ip'ít'] *v* (-плю́, -пи́шь) blenden *j-n*

осложни́ть [aßlashn'ít'] *v* (-ню́, -ни́шь) erschweren *etw. Akk* (komplizieren), schwierig machen *j-m etw. Akk*, verkomplizieren

осме́ивать [aßm'éiwat'] *v* (-аю, -аешь) sich lustig machen *über j-n/etw.*, verspotten *j-n/etw.*, spotten *über j-n/etw.*

осмо́тр [aßmótr] *m* (-а) Besichtigung *w etw. Gen*

осмотре́ть [aßmatr'ét'] *v* (-отрю́, -о́тришь) **1** besichtigen *etw. Akk*, sich ansehen *etw. Akk* **2** durchsehen *etw. Akk*, untersuchen *etw. Akk* (auf Fehler usw.), untersuchen *j-n* (Patienten usw.)

осно́ва [aßnówa] *w* (-ы) **1** Aufbau *m* (eines Romans usw.) **2** Kette *w* (im Gewebe usw.)

основа́ние [aßnawán'iji] *s* (-я) **1** Gründung *w* **2** Basis *w etw. Gen*, Fundament *s etw. Gen* (Grundlage), Grundlage *w etw. Gen* **3** Base *w* (Verbindung)

основа́тельный [aßnawát'il'nyj] *adj* (-ая, -ое) gründlich

основа́ть [aßnawát'] *v* (-ную́, -нуёшь) einrichten, bilden (Ausschuss usw.), gründen (Kommission), errichten

основно́й [aßnawnój] *adj* (-а́я, -о́е) grundsätzlich, Grund-, Haupt-

осо́бенно [aßób'inna] *adv* besonders, vor allem ♦ *part* besonders

особня́к [aßabn'ák] *m* (-а́) Villa *w*

осо́бо [aßóba] *part* besonders

оста́вить [aßtáw'it'] *v* (-влю, -вишь) **1** lassen *etw. Akk* (nicht ändern), lassen *j-m etw. Akk* (nicht wegnehmen) **2** vergessen *etw. Akk irgendwo* (liegen lassen) **3** aufhören *mit etw.* **4** hinterlassen *etw. Akk* (nach dem Tode) ► **~ (себе́)** behalten *etw. Akk* (nicht zurückgeben)

остально́й [aßtal'nój] *adj* (-а́я, -о́е) **1** die anderen (der Rest) **2** Rest *m j-s/etw.* (die Anderen)

останови́ть [aßtanaw'ít'] *v* (-овлю́, -о́вишь) anhalten *etw. Akk*, stoppen *etw. Akk* (Bewegung usw.), stoppen (Auto usw.), anhalten

остано́вка [aßtanófka] *w* (-и) Anhalten *s*, Halt *m*

оста́ток [aßtátak] *m* (-тка) **1** Spur *w* (einer Tätigkeit usw.), Überrest *m* **2** Kontostand *m*, Rest *m etw. Gen* (beim Verbrauch), Rest *m* (nach Entnahme usw.)

оста́ться [aßtátza] *v* (-а́нусь, -а́нешься) **1** bleiben *irgendwo* **2** (übrig) bleiben

о́стов [óßtaf] *m* (-а) Schiffswrack *s*, Wrack *s* (Schiff)

осторо́жный [aßtaróshnyj] *adj* (-ая, -ое) umsichtig, bedächtig (Person usw.), vorsichtig ► **быть осторо́жным** aufpassen *auf etw. Akk* (Acht geben)

остри́чь [aßtr'ítsch'] *v* (-игу́, -ижёшь) schneiden (mit Schere)

о́стров [óßtraf] *m* (-а; -а́, -о́в) Insel *w*

остроу́мный [aßtraúmnyj] *adj* (-ая, -ое) **1** geistreich, geistvoll, witzig **2** klug, schlau, clever

о́стрый [óßtryj] *adj* (-ая, -ое) akut (Erkrankung), scharf (Messer usw.), spitz

осты́ть [aßtýt'] *v* (-ы́ну, -ы́нешь) abkühlen (kühler werden), auskühlen, kalt werden (Essen)

осуши́ть [aßuschýt'] *v* (-ушу́, -у́шишь) abtrocknen *etw. Akk* (trocken machen)

осуществи́ть [aßuschsch'ißtw'ít'] *v* (-влю́, -ви́шь) durchführen *etw. Akk*, ausführen *etw. Akk* (Arbeit usw.), erfüllen *etw. Akk* (Ansprüche usw.), machen (hervorrufen) *etw. Akk*

осы́паться [aßýpatza] *v* abfallen (Laub usw.)

ось [óß'] *w* (о́си/оси́) Achse *w*, Welle *w* (Maschinenteil)

от [ót] *prep* von (Urheber usw.)

отби́ть [adb'ít'] *v* (отобью́, отобьёшь) **1** abwehren (Feind usw.), zurückschlagen (Ball usw.) **2** klopfen *etw. Akk* (Fleisch), klopfen (Schnitzel usw.) **3** abschlagen *etw. Akk* (abbrechen usw.) **4** weglocken *j-n*

отбо́р [adbór] *m* (-а) Selektion *w*, Wahl *w* (Auswahl)

отбро́сить [adbróß'it'] *v* (-о́шу, -о́сишь) hinwerfen *etw. Akk irgendwohin* (Abfälle usw.), wegwerfen (Kippe usw.)

отбро́сы [adbróßy] *m Mz* (-ов) Abfall *m* (Reste usw.), Müll *m*

отбы́ть [adbýt'] *v* (-бу́ду, -бу́дешь) **1** abfahren, abgehen (Zug usw.) **2** hinter sich bringen *etw. Akk*

отва́га [atwága] *w* (-и) Mut *m*, Tapferkeit *w*

отва́жный [atwáshnyj] *adj* (-ая, -ое) kühn, mutig

отвали́ться [atwal'ítza] *v* (-алю́сь, -а́лишься) abfallen (Knopf usw.)

отвезти́ [atw'ißt'í] *v* (-езу́, -езёшь) fahren *j-n irgendwohin*, bringen *j-n irgendwohin* (mit dem Auto), fahren *j-n/etw. irgendwohin*

отве́ргнуть [atw'érgnut'] *v* (-ну, -нешь) ablehnen *etw. Akk* (Einfall usw.), abweisen *etw. Akk* (Idee usw.), leugnen (Tatsache usw.)

отве́рстие [atw'érßt'iji] *s* (-я) Öffnung *w*, Schlitz *m* (zum Einwerfen usw.)

отвёртка [atw'órtka] *w* (-и) Schraubenzieher *m*

отве́т [atw'ét] *m* (-а) **1** Antwort *w auf etw. Akk* **2** Reaktion *w auf etw. Akk*

отве́тить [atw'ét'it'] *v* (-ве́чу, -ве́тишь) antworten *auf etw. Akk*, beantworten *etw. Akk*, zurückschreiben *j-m*
отве́тственный [atw'éztw'innyj] *adj* (-ая, -ое) verantwortlich *j-m für etw.*
отвинти́ть [atw'int'ít'] *v* (-нчу́, -нти́шь) abschrauben *etw. Akk* (Deckel usw.)
отво́з [atwóß] *m* (-а) Abfuhr *w*, Mitnehmen *s irgendwohin* (eines Trampers)
отвраще́ние [atwraschsch'én'iji] *s* (-я) **1** Abscheu *m vor j-m/etw.*, Abneigung *w gegen j-n/etw.*, Aversion *w gegen j-n/etw.*, Widerwille *m gegen j-n/etw.* **2** Ekel *m*
отгово́рка [adgawórka] *w* (-и) Ausrede *w für etw.*
отгу́л [adgúl] *m* (-а) frei, Urlaub *m* ► **взять ~** freinehmen, freimachen (ein paar Tage usw.)
отдалённый [addal'ónnyj] *adj* (-ая, -ое) **1** abgelegen (Stelle usw.), entfernt (Ort usw.), fern, fernliegend **2** entfernt (Ähnlichkeit usw.)
отда́ть [addát'] *v* (-а́м, -а́шь) übergeben *j-m etw. Akk* (abgeben)
отде́л [add'él] *m* (-а) Abteilung *w*, Rubrik *w* (einer Zeitung usw.)
отдели́ть [add'il'ít'] *v* (-елю́, -е́лишь) **1** trennen *j-n/etw.*, abtrennen *j-n/etw.* **2** trennen (zerlegen usw.) **3** beiseitelegen (Geld usw.), abzweigen
отде́лка [add'élka] *w* (-и) Design *s*
отде́льно [add'él'na] *adv* separat, extra (eingepackt usw.)
отдохну́ть [addachnút'] *v* (-ну́, -нёшь) aufatmen (erleichtert), aussetzen (ausruhen), sich ausruhen, verschnaufen
о́тдых [óddych] *m* (-а) Erholung *w* (Ausruhen usw.), Rast *w* (Pause), Ruhe *w* (Erholung), Urlaub *m*
отёк [at'ók] *m* (-а) Schwellung *w*
оте́ль [atél'] *m* (-я) Hotel *s*
оте́ц [at'éz] *m* (отца́) Vater *m* (Elternteil)
оте́чество [at'étsch'ißtwa] *s* (-а) Heimat *w*
отка́з [atkáß] *m* (-а) **1** Ablehnung *w* **2** Versagen *s* **3** Rücktritt *m* (aus einem Amt)
отказа́ть [atkasát'] *v* (-ажу́, -а́жешь) **1** ablehnen *etw. Akk* **2** aussetzen (Maschine usw.) **3** verweigern *j-m etw. Akk*, vorenthalten *j-m etw. Akk*, absprechen *j-m etw. Akk*
откли́кнуться [atkl'íknutza] *v* (-нусь, -нешься) **1** ertönen **2** reagieren *auf etw. Akk*
отключи́ть [atkl'utsch'ít'] *v* (-чу́, -чи́шь) **1** abschalten (Fernseher usw.), ausschalten, herausziehen (Stecker usw.) **2** abschalten *etw. Akk* (Reaktor usw.)
отко́с [atkóß] *m* (-а) Abhang *m*
открове́нный [atkraw'énnyj] *adj* (-ая, -ое) ehrlich (offen), aufrichtig
откры́тие [atkrýt'iji] *s* (-я) **1** Entdeckung *w*, Fund *m* (Findung) **2** Eröffnung *w* (einer Sitzung usw.), Beginn *m* (eines Konzerts usw.)
откры́тка [atkrýtka] *w* (-и) Ansichtskarte *w*, Postkarte *w* (aus dem Urlaub usw.)
откры́тый [atkrýtyj] *adj* (-ая, -ое) **1** offen, geöffnet (Fenster usw.) **2** offen (unverhohlen) **3** geradlinig (Mensch usw.), direkt (Person) ► **~ бассе́йн** Freibad *s*
откры́ть [atkrýt'] *v* (-ро́ю, -ро́ешь) **1** öffnen *etw. Akk* (Tür usw.) **2** eröffnen *etw. Akk* (Ausstellung usw.) **3** enthüllen *etw. Akk* (zeigen usw.), enthüllen (Denkmal usw.), erschließen *etw. Akk* (Gebiet usw.) **4** entblößen
отку́да [atkúda] *adv* woher ► **О~ вы (ро́дом)?** Woher kommen Sie?
отлёт [atl'ót] *m* (-а) Abflug *m*
отли́в [atl'íf] *m* (-а) Ebbe *w*
отличи́ться [atl'itsch'ítza] *v* (-чу́сь, -чи́шься) glänzen *in etw. Dat*, sich auszeichnen *in etw. Dat*, sich hervortun *durch etw.*
отли́чный [atl'ítsch'nyj] *adj* (-ая, -ое) ausgezeichnet, exzellent, herrlich, wunderbar
отложи́ть [atlashýt'] *v* (-ожу́, -о́жишь) ablegen (Gegenstand), aufschieben *etw. Akk*, verlegen *etw. Akk* (auf später), verschieben *etw. Akk* (zeitlich)
отломи́ть [atlam'ít'] *v* (-омлю́, -о́мишь) abbrechen *etw. Akk*
отме́на [atm'éna] *w* (-ы) **1** Stornierung *w* **2** Abschaffung *w*
отмени́ть [atm'in'ít'] *v* (-еню́, -е́нишь) **1** abmelden *j-n/etw.* **2** absagen (Treffen usw.) **3** annullieren, stornieren (Bestellung usw.)
отме́тить [atm'ét'it'] *v* (-ме́чу, -ме́тишь) **1** bemerken **2** anstreichen (Fehler usw.)
отме́тка [atm'étka] *w* (-и) Bemerkung *w* (schriftlich), Notiz *w*, Marke *w* (Zeichen usw.), Markierung *w*
относи́ть [atnaß'ít'] *v* (-ошу́, -о́сишь) zählen *j-n/etw. zu j-m/etw.* (zuordnen)
относи́ться [atnaß'ítza] *v* (-ошу́сь, -о́сишься) **1** betreffen *etw. Akk* (ihaltlich usw.), fallen *in etw. Akk* (in eine Kategorie) **2** behandeln *j-n irgendwie* (respektvoll usw.)
отноше́ние [atnaschén'iji] *s* (-я) **1** Einstellung *w* (Meinung), Hinsicht *w* **2** Relation *w etw. Gen zu etw.* **3** Verhältnis *s* (Verwandtschaft usw.) ► **име́ть ~ к чему** zusammenhängen *mit etw.*; **по отноше́нию/в отноше́нии к** gegenüber *j-m/etw.* (Verhalten usw.)
отня́ть [atn'át'] *v* (-ниму́, -ни́мешь) wegnehmen *j-m etw. Akk* (entziehen)
отодви́нуть [atadw'ínut'] *v* (-ну, -нешь) abschieben, entfernen *etw. Akk von etw.* (in Ferne bringen), wegstoßen *j-n/etw.*

отойти́ [atajt'í] *v* (-йду́, -йдёшь) verlassen *etw. Akk* (Stadt usw.), zurücktreten (nach hinten)

отопле́ние [atapl'én'iji] *s* (-я) Heizung *w*

оторва́ть [atarwát'] *v* (-ву́, -вёшь) abreißen *etw. Akk* (weg reißen)

отправи́тель [atpraw'ít'il'] *m* (-я) Absender *m*

отпра́вить [atpráw'it'] *v* (-влю, -вишь) **1** (per Post) schicken *j-m etw. Akk*, senden *j-m etw. Akk* (Brief usw.), schicken *j-m etw. Akk*, verschicken *j-m etw. Akk* **2** abfertigen (zollamtlich) **3** abfertigen (Briefe usw.), verschiffen *etw. Akk irgendwohin*

отпра́виться [atpráw'itza] *v* (-влюсь, -вишься) abfahren (in einem Auto usw.), losfahren, aufbrechen *irgendwohin*, losgehen

о́тпуск [ótpußk] *m* (-а) frei, Urlaub *m*

отравле́ние [atrawl'én'iji] *s* (-я) Vergiftung *w*

отра́дный [atrádnyj] *adj* (-ая, -ое) freudig, beglückend, jubelnd (Nachricht usw.)

отрази́ться [atras'ítza] *v* (-ажу́сь, -ази́шься) **1** sich widerspiegeln *von etw.* **2** sich erweisen, sich widerspiegeln *in etw. Dat* (in Laune usw.)

о́трасль [ótraßl'] *w* (-и) Branche *w*, Fachgebiet *s*, Zweig *m* (Abteilung usw.)

отре́зать [atr'ésat'] *v* **1** abschneiden, abschneiden *etw. Akk* (mit einem Messer usw.), wegschneiden **2** scharf entgegnen

отре́зок [atr'ésak] *m* (-зка) Abschnitt *m*

отре́чься [atr'étsch'ß'a] *v* (-еку́сь, -ечёшься, -еку́тся) leugnen (Tatsache usw.), verleugnen (verstoßen usw.), verzichten *auf etw. Akk*

отрица́ние [atr'izán'iji] *s* (-я) Leugnung *w etw. Gen*, Negation *w* (Ablehnung)

отры́вок [atrýwak] *m* (-вка) **1** Auszug *m* (aus Text usw.), Passage *w* (eines Textes usw.) **2** Abschnitt *m* (Papier usw.)

отря́д [atr'át] *m* (-а) Einheit *w* (organisatorisch), Gruppe *w* (Rettungsgruppe usw.)

отсро́чить [azrótsch'it'] *v* (-чу, -чишь) verlegen *etw. Akk* (auf später), verschieben *etw. Akk* (zeitlich)

отстри́чь [aztr'ítsch'] *v* (-игу́, -ижёшь, -игу́т) abschneiden, wegschneiden

отступи́ть [aztup'ít'] *v* (-уплю́, -у́пишь) **1** nachgeben *j-m* (Konzessionen machen), verzichten *auf etw. Akk* **2** sich zurückziehen (vor Feind), zurückweichen (nach hinten treten) **3** zurückgehen (Flut usw.)

отсу́тствовать [azúztwawat'] *v* (-твую, -твуешь) fehlen *irgendwo* (nicht teilnehmen)

отсчёт [atschsch'ót] *m* (-а) Abzug *m* (vom Lohn usw.)

оттёнок [att'énak] *m* (-нка) **1** Farbton *m*, Tönung *w* (einer Farbe), Hauch *m* (von Farbe usw.) **2** Andeutung *w*

отхо́д [atchót] *m* (-а) Abfahrt *w* (eines Zuges usw.)

отхо́ды [atchódy] *m Mz* Abfall *m* (Reste usw.), Müll *m*

отча́сти [attsch'áßt'i] *adv* teilweise

отча́янный [attsch'ájinnyj] *adj* (-ая, -ое) verzweifelt

отчётливо [attsch'ótl'iwa] *adv* beträchtlich, markant, deutlich (hören usw.)

о́тчим [óttsch'im] *m* (-а) Stiefvater *m*

отчи́слить [attsch'íßl'it'] *v* (-лю, -лишь) abziehen *etw. Akk von etw.*, abrechnen *etw. Akk von etw.*, subtrahieren *etw. Akk von etw.*

отъе́зд [atjést] *m* (-а) Abreise *w*

отыска́ть [atyßkát'] *v* (-ыщу́, -ы́щешь) finden

о́фис [óf'iß] *m* (-а) Büro *s*

официа́льный [af'izyál'nyj] *adj* (-ая, -ое) amtlich, behördlich, offiziell, Dienst-

официа́нт [af'izyánt] *m* (-а) Kellner *m*, Ober *m*

офо́рмить [afórm'it'] *v* (-млю, -мишь) ausfertigen, ausstellen *etw. Akk* (Urkunde usw.)

охвати́ть [achwat'ít'] *v* (-ачу́, -а́тишь) ergreifen *etw. Akk* (Krankheit usw.)

охлади́тель [achlad'ít'il'] *m* (-я) Kühler *m*

охлади́ть [achlad'ít'] *v* (-ажу́, -ади́шь) abkühlen *etw. Akk*, kühlen (Lebensmittel usw.)

охо́та[1] [achóta] *w* (-ы) Jagd *w*

охо́та[2] [achóta] *w* (-ы) Lust *w an etw. Akk*

охо́тник [achótn'ik] *m* (-а) Jäger *m*, Wildhüter *m*

охо́тно [achótna] *adj* gern *etw. Akk tun*, mit Vergnügen *etw. Akk tun* ♦ *adv* bereitwillig

охра́на [achrána] *w* (-ы) **1** Schutz *m gegen etw., vor etw. Dat*, Schutz *m* (Naturschutz usw.) **2** Wache *w* (Dienst)

охраня́ть [achran'át'] *v* (-я́ю, -я́ешь) schützen *j-n/etw.* ► ~ *кого/что* **от** *чего* schützen *j-n/etw.* gegen *etw.*

охри́плый [achr'íplyj] *adj* (-ая, -ое) heiser (Stimme)

оцени́ть [azyn'ít'] *v* (-еню́, -е́нишь) **1** schätzen *etw. Akk*, abschätzen *etw. Akk* **2** auswerten, einschätzen **3** schätzen *etw. Akk* (Verdienst usw.), schätzen *etw. Akk*

оце́нка [azénka] *w* (-и) **1** Note *w*, Notengebung *w* (in der Schule) **2** Bewertung *w* **3** Abschätzung *w*, Schätzung *w* (des Preises) **4** Anerkennung *w* (Lob usw.) ► **дать оце́нку** auswerten

оцепене́лый [azyp'in'élyj] *adj* (-ая, -ое) steif (Glieder usw.)

очарова́тельный [atsch'arawát'il'nyj] *adj* (-ая, -ое) bezaubernd, zauberhaft, faszinierend, glamourös
очарова́ть [atsch'arawát'] *v* (-ру́ю, -ру́ешь) bezaubern *j-n durch etw.*, bezaubern *j-n*, faszinieren, gewinnen *j-n* (erobern)
очеви́дный [atsch'iw'ídnyj] *adj* (-ая, -ое) augenscheinlich, offenkundig, deutlich (Änderung usw.), offensichtlich
о́чень [ótsch'in'] *adv* furchtbar, schrecklich, sehr, sehr (viel) ► **не ~** eigentlich nicht
очередно́й [atsch'ir'idnój] *adj* (-а́я, -о́е) nächst(er,e,es) (in der Zukunft)
о́чередь [ótsch'ir'it'] *w* (-и) Reihe *w*, Schlange *w* (Reihe) ► **стоя́ть в о́череди** in der Schlange warten *auf etw. Akk*; **в пе́рвую ~** vor allem (zuerst)
очи́стить [atsch'ißt'it'] *v* (-и́щу, -и́стишь) **1** reinigen (von Zusatzstoffen usw.), säubern (Wasser usw.) **2** abschälen (Obst usw.), reiben (raspeln), schaben, schälen *etw. Akk*
очки́ [atsch'k'í] *s Mz* (-ов) Brille *w*
очко́ [atsch'kó] *s* (-а́; -и́, -о́в) Punkt *m* (Bewertung)
оше́йник [aschéjn'ik] *m* (-а) Halsband *s*
ошиба́ться [aschybátza] *v* (-а́юсь, -а́ешься) Fehler machen, sich irren *in etw. Dat*, sich täuschen *in etw. Dat*
оши́бка [aschýpka] *w* (-и) Fehler *m* (Verstoß), Irrtum *m* ► **по оши́бке** aus Versehen
ощу́пать [aschsch'úpat'] *v* (-аю, -аешь) anfassen *etw. Akk*, befühlen, abtasten
ощуще́ние [aschsch'uschsch'én'iji] *s* (-я) Gefühl *s* (Wahrnehmung), Wahrnehmung *w* (starke usw.)

П

па́дать [pádat'] *v* (-аю, -аешь) **1** fallen **2** sinken
паде́ж [pad'ésch] *m* (-а́) Fall *m* (Grammatik)
паде́ние [pad'én'iji] *s* (-я) Fall *m* (das Fallen), Sturz *m* (in die Tiefe usw.), Verfall *m*, Niedergang *m* (einer Zivilisation usw.)
пай [páj] *m* Anteil *m an etw. Dat*
паке́т [pak'ét] *m* (-а) **1** Paket *s* (Verpacktes) **2** Tüte *w* ► **бума́жный ~** Papiertüte *w*
пакова́ть [pakawát'] *v* (-ку́ю, -ку́ешь) einpacken, packen (in Papier usw.), verpacken
па́кость [pákaßt'] *w* (-и) Betrug *m*
пала́та [paláta] *w* (-ы) Kammer *w* (eines Parlaments)
пала́тка [palátka] *w* (-и) Zelt *s* ► **разби́ть пала́тку** ein Zelt aufstellen
па́лец [pál'iz] *m* (-льца) **1** Finger *m* **2** Zapfen *m* (Lagerzapfen usw.) ► **большо́й ~** Daumen *m*, große Zehe; **~ (на ноге́)** Zehe *w* (am Fuß); **отпеча́тки па́льцев** Fingerabdrücke *m Mz*
па́лка [pálka] *w* (-и) **1** Stange *w* (Stütze usw.), Stock *m* (als Waffe) **2** Stock *m* (Zweig) ► **лыжные па́лки** Skistöcke *m Mz*
па́луба [páluba] *w* (-ы) Bord *m* (eines Schiffes), Deck *s*
пальто́ [pal'tó] *s* (нескл.) Mantel *m*
па́мятник [pám'itn'ik] *m* (-а) Denkmal *s*
па́мять [pám'it'] *w* (-и) **1** Gedächtnis *s* **2** Andenken *s* (Erinnerung), Speicher *m* (Computer)
пане́ль [panél'] *w* (-и) Platte *w* (Bauteil) ► **~ управле́ния** Bedienpult *s*
паникова́ть [pan'ikawát'] *v* (-ку́ю, -ку́ешь) in Panik geraten
пансио́н [panß'ión] *m* (-а) Pension *w* (Verpflegung)
па́па[1] [pápa] *m* (-ы) Papa *m*
па́па[2] [pápa] *m* (-ы) Papst *m*
папиро́са [pap'iróßa] *w* (-ы) Zigarette *w*
па́пка [pápka] *w* (-и) **1** Mappe *w*, Hefter *m* **2** Dateiverzeichnis *s*
па́ра [pára] *w* Paar *s* ♦ *num* ein paar
па́рень [pár'in'] *m* (-рня) **1** Junge *m* **2** Freund *m* (Partner)
пари́к [par'ík] *m* (-а́) Perücke *w*
парикма́хер [par'ikmách'ir] *m* (-а) Friseur *m*, Herrenfriseur *m*
парикма́херская [par'ikmách'irßkaja] *w* (-ой) Friseursalon *m*, Herrenfriseursalon *m*
парк [párk] *m* (-а) Park *m*
паркова́ть [parkawát'] *v* (-ку́ю, -ку́ешь) parken *irgendwo* (abgestellt sein)
парко́вка [parkófka] *w* (-и) Parkplatz *m*
паркома́т [parkamát] *m* Parkuhr *w*
парла́мент [parlám'int] *m* (-а) Parlament *s*
паро́ль [paról'] *m* (-я) Passwort *s*, Kennwort *s*
паро́м [paróm] *m* (-а) Fähre *w*
па́ртия [párt'ija] *w* (-и) **1** Partei *w* **2** Partie *w* (Schach)
партнёр [partn'ór] *m* (-а) Gesellschafter *m*, Partner *m* (bei einer Tätigkeit)
па́рус [páruß] *m* (-а; -а́) Segel *s*
парфю́м [parf'júm] *m* (-а) Parfüm *s*
па́смурный [páßmurnyj] *adj* (-ая, -ое) **1** düster (Gegend usw.), trostlos, trüb **2** bewölkt, trüb (Himmel)
па́спорт [páßpart] *m* (-а; -а́) Reisepass *m*, Pass *m* (zum Reisen)
пассажи́р [paßßashýr] *m* (-а) Beifahrer *m* (im Pkw), Fahrgast *m*, Passagier *m*, Reisende *m*

пáста [páßta] *w* (-ы) **1** Paste *w* **2** Aufstrich *m* **3** Mark *s* (aus Tomaten usw.) ► **зубнáя** ~ Zahnpasta *w*

пасти́ [paßt'í] *v* (-сý, -сёшь) hüten *etw. Akk* (Schafe usw.)

пасть[1] [páßt'] *v* (падý, падёшь) **1** fallen (zum Boden) **2** sinken (Wasser usw.)

пасть[2] [páßt'] *w* (-и) Maul *s*, Schnauze *w*

Пáсха [páßcha] *w* (-и) Ostern *s*

пáуза [páusa] *w* (-ы) Pause *w*

паýк [paúk] *m* (-á) Spinne *w*

пах [pách] *m* (-а, 6 о пáхе/в пахý) Leiste *w*, Leisten *w Mz* (Körperteil), Schritt *m* (Körpergegend)

пахáть [pachát'] *v* (пашý, пáшешь) pflügen

пáхнуть [páchnut'] *v* **1** riechen *nach etw.* (Rosen usw.) **2** duften

пациéнт [pazient] *m* (-а) Patient *m*

пáчка [pátsch'ka] *w* (-и) Schachtel *w etw. Gen* (Packung usw.)

пáчкать [pátsch'kat'] *v* (-аю, -аешь) beschmutzen *etw. Akk*, schmutzig machen *etw. Akk*

ПДУ [pe de ú] *abbr* Fernbedienung *w* (Gerät)

певéц [p'iw'éz] *m* (-вцá) Sänger *m*

педáль [p'idál'] *w* (-и) Pedal *s* ► **крути́ть педáли** treten *etw. Akk, auf etw. Akk* (auf dem Fahrrad usw.)

педиáтр [p'id'iátr] *m* (-а) Kinderarzt *m*, Pädiater *m*

пекáрня [p'ikárn'a] *w* (-и; 2 мн. -рен) Bäckerei *w*

пéкарь [p'ékar'] *m* (-я; -и) Bäcker *m*

пелёнка [p'il'ónka] *w* (-и) Windel *w*

пéна [p'éna] *w* (-ы) Schaum *m*

пéние [p'én'iji] *s* (-я) Gesang *m*

пéнис [p'én'iß] *m* (-а) Penis *m*

пенсионéр [p'inß'ian'ér] *m* (-а) Rentner *m*

пéнсия [p'énß'ija] *w* (-и) Rente *w*, Pension *w*, Ruhestand *m* ► **уйти́ на пéнсию** in den Ruhestand treten; **быть на пéнсии** im Ruhestand sein

пéня [p'én'a] *w* (-и) Strafe *w* (Geldbuße)

пéпел [p'ép'il] *m* (-пла) Asche *w*

пéпельница [p'ép'il'n'iza] *w* (-ы) Aschenbecher *m*

первоначáльный [p'irwanatsch'ál'nyj] *adj* (-ая, -ое) ursprünglich, Ur-

пéрвый [p'érwyj] *num* (-ая, -ое) erst(er,e,es) ► **в пéрвую óчередь** vor allem (zuerst); **в пéрвой полови́не дня** vormittags, am Vormittag; **пéрвая полови́на дня** Vormittag *m*

перебежáть [p'ir'ib'ishát'] *v* (-егý, -ежи́шь, -егýт) **1** laufen *über etw. Akk* (hinüberlaufen) **2** überlaufen (desertieren usw.)

перебóй [p'ir'ibój] *m* (-я) Verspätung *w*, Verzögerung *w*

перевáл [p'ir'iwál] *m* (-а) Pass *m* (im Gebirge)

перевернýть [p'ir'iw'irnút'] *v* (-нý, -нёшь) **1** umdrehen, umwenden, wenden, umdrehen *etw. Akk* (Seite usw.) **2** verdrehen (Wahrheit usw.) **3** invertieren (Reihenfolge), umkehren (Richtung usw.), umkippen *etw. Akk* (eine Kiste usw.)

перевести́ [p'ir'iw'ißt'í] *v* (-едý, -едёшь) **1** führen *j-n über etw. Akk* (auf die andere Seite usw.) **2** übersetzen (in andere Sprache) **3** versetzen *j-n irgendwohin* (in andere Behörde usw.) **4** übertragen *etw. Akk auf j-n* (Besitz usw.), überweisen *etw. Akk* (Geld)

перевóд [p'ir'iwót] *m* (-а) **1** Übersetzung *w* **2** Überweisung *w* (von Geld) **3** Umrechnung *w* ► **почтóвый** ~ Postanweisung *w*

перевóдчик [p'ir'iwóttsch'ik] *m* (-а) Übersetzer *m* ► **(ýстный)** ~ Dolmetscher *m*

перевязáть [p'ir'iw'isát'] *v* (-яжý, -я́жешь) binden *etw. Akk um etw.* (Schleife um Geschenk usw.), verbinden

переговори́ть [p'ir'igawar'ít'] *v* (-рю́, -ри́шь) sprechen *mit j-m von etw., über etw. Akk*, reden *mit j-m von etw., über etw. Akk* (sich unterhalten)

переговóры [p'ir'igawóry] *m Mz* (-ов) Verhandlung *w* (Besprechung) ► **вести́** ~ verhandeln (Verhandlungen führen)

перегорóдка [p'ir'igarótka] *w* (-и) **1** Trennwand *w* **2** Fach *s* (im Schrank usw.)

пéред [p'ér'it] *prep* vor *etw. Dat* (einem Zeitpunkt), vor *j-m/etw.* (auf dem Weg usw.)

передáть [p'ir'idát'] *v* (-áм, -áшь) **1** abgeben (Arbeit usw.), übergeben *j-m etw. Akk* (weiterleiten) **2** ausrichten lassen *j-m etw. Akk*, ausrichten *j-m etw. Akk*, übermitteln *j-m etw.* (sagen usw.) **3** ausliefern (einen Verbrecher der Polizei usw.)

передáча [p'ir'idátsch'a] *w* (-и) **1** Sendung *w*, Übertragung *w* (TV) **2** Übertragung *w* (Daten usw.) **3** Zuspiel *s* **4** Antrieb *m*

передви́нуть [p'ir'idw'ínut'] *v* (-ну, -нешь) einen Stoß versetzen *j-m/etw.*, stoßen *j-n/etw.*, umdrehen (umwenden), verlegen *etw. Akk irgendwohin*

перéдний [p'ir'édn'ij] *adj* (-яя, -ее) frontal, Front(al)-, vorder(er,e,es), vorn (Teil, Glied usw.)

передовóй [p'ir'idawój] *adj* (-áя, -óе) **1** führend, Leit-, Spitzen- **2** fortgeschritten (Technik usw.), fortschrittlich, progressiv

передЫшка [p'ir'idýschka] *w* (-и) Rast *w* (Pause), Ruhe *w* (Erholung)

переéхать [p'ir'ijéchat'] *v* (-éду, -éдешь) **1** überqueren *etw. Akk* (fahrend) **2** umziehen (in neue Wohnung usw.), wegziehen (in andere Wohnung), zuziehen *irgendwohin* (als Einwohner)

пережи́ть [p'ir'ishýt'] *v* (-иву́, -ивёшь) dulden (zulassen) *etw. Akk*, leiden *etw. Akk* (Beleidigung usw.), erleben *etw. Akk* (durchmachen), überstehen *etw. Akk* (eine Krise usw.)

перейти́ [p'ir'ijt'í] *v* (-йду́, -йдёшь) **1** überqueren *etw. Akk* (zu Fuß), überschreiten *etw. Akk* (Grenze usw.) **2** übergehen *zu etw.* (Thema usw.), übertreten *(von etw.) zu etw.* (konvertieren usw.) **3** übergehen *in etw. Akk* (Schnee in Regen usw.) **4** übergehen *in etw. Akk* (Folge haben)

перекла́дина [p'ir'iklád'ina] *w* (-ы) **1** Querlatte *w*, Sturz *m* (Türsturz usw.) **2** Reck *s*

переключи́ть [p'ir'ikl'utsch'ít'] *v* (-чу́, -чи́шь) umschalten *etw. Akk auf etw. Akk*, schalten *etw. Akk auf etw. Akk* (Kamera usw.), verbinden *j-n* (telefonisch) ► **~ (ско́рость)** umschalten (Gang)

перекрёсток [p'ir'ikr'óßtak] *m* (-тка) Knotenpunkt *m* (im Verkehr usw.), Kreuzung *w* (Straßen usw.), Kreuzweg *m*

переку́р [p'ir'ikúr] *m* (-а) Pause *w* (während Tätigkeit)

перело́м [p'ir'ilóm] *m* (-а) Bruch *m* (Knochen), Fraktur *w*, Wende *w* (des Jahres usw.)

переме́на [p'ir'im'éna] *w* (-ы) **1** Umwandlung *w*, Verwandlung *w*, Wandel *m* (der Ansichten usw.), Wende *w* **2** Pause *w* (während Tätigkeit)

перемести́ть [p'ir'im'ißt'ít'] *v* (-ещу́, -ести́шь) umziehen *etw. Akk* (Umzug durchführen), verlegen *etw. Akk irgendwohin*, umstellen *etw. Akk irgendwohin* (Möbel usw.)

перемеша́ть [p'ir'im'ischát'] *v* (-а́ю, -а́ешь) **1** durcheinanderbringen *etw. Akk*, durcheinanderbringen (verwechseln usw.) **2** vermischen *etw. Akk*, vermischen *etw. Akk mit etw.*

перенести́ [p'ir'in'ißt'í] *v* (-су́, -сёшь) **1** tragen *j-n/etw. irgendwohin* (umstellen usw.), übertragen *etw. Akk irgendwohin* (Gegenstände usw.) **2** verlegen (aufschieben), vertagen **3** übertragen *etw. Akk auf j-n* (Krankheit usw.) **4** durchmachen *etw. Akk* (Krankheit usw.), überstehen *etw. Akk* (eine Krise usw.)

переночева́ть [p'ir'inatsch'iwát'] *v* (-чу́ю, -чу́ешь) übernachten *irgendwo*

переня́ть [p'ir'in'át'] *v* (-ейму́, -еймёшь) abgucken *etw. Akk (bei) j-m*, absehen *j-m etw. Akk* (lernen), übernehmen (Methode usw.)

переоде́ть [p'ir'iad'ét'] *v* (-е́ну, -е́нешь) umziehen *j-n* (Kleidung wechseln)

переписа́ть [p'ir'ip'ißát'] *v* (-ишу́, -и́шешь) **1** abschreiben **2** umschreiben (ändern)

перепи́ска [p'ir'ip'íßka] *w* (-и) **1** Korrespondenz *w*, Briefwechsel *m* **2** Abschrift *w*

переплы́ть [p'ir'iplýt'] *v* (-ыву́, -ывёшь) schwimmen *über etw. Akk*, überfahren *etw. Akk* (einen See usw.)

перепо́лненный [p'ir'ipóln'innyj] *adj* (-ая, -ое) überfüllt, vollgestopft (Bus usw.), voll (Zug usw.)

перепры́гнуть [p'ir'iprýgnut'] *v* (-ну, -нешь) überspringen *etw. Akk* (Sprung machen), springen *über etw. Akk*

перепу́тать [p'ir'ipútat'] *v* (-аю, -аешь) verwechseln *etw. Akk*, verwechseln *j-n/etw. mit j-m/etw.*

переры́в [p'ir'irýf] *m* (-а) Pause *w* (während Tätigkeit), Unterbrechung *w* ► **Сде́лаем ~.** Machen wir eine Pause.

переса́дка [p'ir'ißátka] *w* (-и) **1** Umsteigen *s* **2** Transplantation *w*

пересели́ться [p'ir'iß'il'ítza] *v* (-лю́сь, -ли́шься) umziehen (in neue Wohnung usw.), übersiedeln (Standort ändern), wegziehen (in andere Wohnung)

пересече́ние [p'ir'iß'itsch'én'iji] *s* (-я) **1** Knotenpunkt *m* (im Verkehr usw.), Kreuzweg *m* **2** Durchschnittsmenge *w*, Schnittpunkt *m* **3** Überquerung *w*

переспа́ть [p'ir'ißpát'] *v* (-плю́, -пи́шь) schlafen *mit j-m* (koitieren)

переста́ть [p'ir'ißtát'] *v* (-а́ну, -а́нешь) vergehen (Empfindung usw.)

пересчита́ть [p'ir'ischsch'itát'] *v* (-а́ю, -а́ешь) **1** nachrechnen, zählen (Stimmen usw.) **2** umrechnen *etw. Akk in etw. Akk*

перехо́д [p'ir'ichót] *m* (-а) **1** Übergang *m* (für Fußgänger usw.) **2** Umstieg *m* **3** Übergang *m* (Umwandlung) ► **пешехо́дный ~** Fußgängerübergang *m*, Fußgängerüberweg *m*, Zebrastreifen *m*; **пограни́чный ~** Grenzübergang *m*; **подзе́мный ~** Unterführung *w* (für Fußgänger)

пе́рец [p'ér'iz] *m* (-рца/-рцу) Paprika *m* (Schote), Pfeffer *m* ► **посы́пать пе́рцем** pfeffern *etw. Akk*; **кра́сный ~** Paprika *m* (Gewürz)

перечеркну́ть [p'ir'itsch'irknút'] *v* (-ну́, -нёшь) durchstreichen (ein Wort usw.), streichen *etw. Akk* (Wort usw.)

перечи́слить [p'ir'itsch'íßl'it'] *v* (-лю, -лишь) **1** verlegen *j-n irgendwohin* (Angestellten usw.) **2** nennen (namentlich), aufzählen

перешагну́ть [p'ir'ischygnút'] *v* (-ну́, -нёшь) überschreiten (Schwelle usw.)

пери́ла [p'ir'íla] *Mz* (-и́л) Eisengeländer *s*, Geländer *s*

пери́од [p'ir'íat] *m* (-а) Periode *w*, Zeitabschnitt *m*

перо́ [p'iró] *s* (-а́; пе́рья) Feder *w* (von Vogel)

перро́н [p'irrón] *m* (-а) Bahnsteig *m*

пе́рсик [p'érß'ik] *m* (-а) Pfirsich *m* (Frucht)

персона́ж [p'irßanásch] *m* (-а) Figur *w* (eines Films usw.), Gestalt *w* (in einem Roman usw.)
персона́льный [p'irßanál'nyj] *adj* (-ая, -ое) **1** Personal- **2** personell
перспекти́ва [p'irßp'ikt'íwa] *w* (-ы) **1** Perspektive *w* (Sicht) **2** Perspektive *w etw. Gen* (Zukunft)
пе́рстень [p'érßt'in'] *m* (-тня; -тни, -ей) Ring *m* (Schmuck)
перча́тка [p'irtsch'átka] *w* (-и) Handschuh *m*
пе́сня [p'éßn'a] *w* (-и) Lied *s*
песо́к [p'ißók] *m* (-ска́/-ску́) Sand *m*
пёстрый [p'óßtryj] *adj* (-ая, -ое) **1** bunt, vielfarbig **2** bunt (abwechslungsreich)
пе́тля [p'étl'a] *w* (-и) **1** Masche *w*, Schlinge *w* (gebunden usw.) **2** Schlinge *w* (zum Aufhängen) **3** Gürtelschlaufe *w* **4** Angel *w* (einer Tür usw.)
петру́шка [p'itrúschka] *w* Petersilie *w*
пету́х [p'itúch] *m* (-á) Hahn *m* (Vogel)
петь [p'ét'] *v* (пою́, поёшь) singen
печа́ль [p'itsch'ál'] *w* (-и) Kummer *m*, Trauer *w* (Gefühl), Traurigkeit *w*
печа́тать [p'itsch'átat'] *v* (-аю, -аешь) drucken
печа́ть [p'itsch'át'] *w* (-и) **1** Druck *m etw. Gen* (Prozess) **2** Siegel *s* (Abdruck)
пе́чень [p'étsch'in'] *w* (-и) Leber *w*
пече́нье [p'itsch'én'ji] *s* (-я) Keks *m*, Süßwaren *Mz*
пе́чка [p'étsch'ka] *w* (-и) Ofen *m* ► **подогре́ть/пригото́вить** *что* **в микрово́лновой пе́чке** in der Mikrowelle aufwärmen *etw. Akk*
печь[1] [p'étsch'] *v* (пеку́, печёшь, леку́т) backen (Kuchen usw.), braten (im Fett)
печь[2] [p'étsch'] *w* (-и, 6 о пе́чи/в печи́) Ofen *m* ► **микроволно́вая ~** Mikrowelle *w* (Gerät), Mikrowellenherd *m*, Mikrowellengerät *s*, Mikrowellenofen *m*
пешехо́д [p'ischychót] *m* (-а) Fußgänger *m*
пешко́м [p'ischkóm] *adv* zu Fuß
пеще́ра [p'ischsch'éra] *w* (-ы) Höhle *w*
пи́во [p'íwa] *s* (-а) Bier *s* ► **ба́ночное ~** Dosenbier *s*; **разливно́е ~** Bier vom Fass
пиджа́к [p'idshák] *m* (-á) Sakko *m,s*
пижа́ма [p'ishámа] *w* (-ы) Pyjama *m*, Schlafanzug *m*
пила́ [p'ilá] *w* (-ы́) Säge *w*
пили́ть [p'il'ít'] *v* (пилю́, пи́лишь) feilen *etw. Akk*, sägen (arbeiten)
пилю́ля [p'il'júl'a] *w* (-и) Pille *w*
ПИН-ко́д [p'inkót] *m* (пин-ко́да) PIN, Geheimzahl *w* (einer Karte)
пино́к [p'inók] *m* (-нка́) Ball *m* (Schlag), Fußtritt *m*
пинце́т [p'inzét] *m* (-а) Pinzette *w*
пиро́г [p'irók] *m* (-á) Kuchen *m*, Pirogge *w*
пиро́жное [p'iróshnaji] *s* (-ого) Kuchen *m*
писа́тель [p'ißát'il'] *m* (-я) Schriftsteller *m*
пи́сать [p'íßat'] *v* pinkeln
писа́ть [p'ißát'] *v* schreiben (aufzeichnen), tippen, Maschine schreiben
пистоле́т [p'ißtal'ét] *m* (-а) Pistole *w*
пи́сьменный [p'íß'm'innyj] *adj* (-ая, -ое) schriftlich, Schreib- ► **~ стол** Schreibtisch *m*
письмо́ [p'iß'mó] *s* (-á; пи́сьма) **1** Brief *m* **2** Schrift *w* (System)
пита́ние [p'itán'iji] *s* (-я) **1** Essen *s*, Nahrung *w* **2** Ernährung *w* (Regime) **3** Ernährung *w*, Verpflegung *w* ► **де́тское ~** Babynahrung *w*
пито́мец [p'itóm'iz] *m* (-мца) Zögling *m*
пить [p'ít'] *v* (пью, пьёшь) trinken *etw. Akk*
питьево́й [p'it'jiwój] *adj* (-а́я, -о́е) trinkbar
пи́ща [p'íschsch'a] *w* (-и) Essen *s*, Kost *w*
пищеваре́ние [p'ischsch'iwar'én'iji] *s* (-я) Verdauung *w*
пла́вание [pláwan'iji] *s* (-я) Schiffsreise *w*, Schwimmen *s*
пла́вать [pláwat'] *v* (-аю, -аешь) schwimmen (Mensch) ► **не уме́ющий ~** Nichtschwimmer *m*
пла́вить [pláw'it'] *v* (-влю, -вишь) schmelzen (Erz usw.)
пла́вки [pláfk'i] *Mz* (-вок) Badehose *w*
плавни́к [plawn'ík] *m* (-á) Flosse *w*
пла́кать [plákat'] *v* (пла́чу, пла́чешь) klagen, jammern, stöhnen, ächzen (vor Schmerz usw.)
пла́мя [plám'a] *s* (-мени, 7 -менем) Flamme *w*
план [plán] *m* (-а) Grundriss *m* (eines Bauwerks), Harmonogramm *s*, Plan *m* (Vorhaben) ► **~ го́рода** *m* Stadtplan *m*
плане́та [plan'éta] *w* (-ы) Planet *m*
пласт [pláßt] *m* (-á) Schicht *w* (Masse)
пла́стик [pláßt'ik] *m* (-а) Kunststoff *m*, Plastik *s*, Plastikfolie *w*
пласти́на [plaßt'ína] *w* (-ы) Scheibe *w* (aus Metall)
пластма́сса [plaßtmáßßa] *w* (-ы) Kunststoff *m*, Plastik *s*
пла́стырь [pláßtyr'] *m* (-я) Pflaster *s* (Verband)
пла́та [pláta] *w* (-ы) Gebühr *w für etw.*, Honorar *s* ► **аре́ндная ~** Miete *w* (Geld); **входна́я ~** Eintrittsgeld *s*, Eintritt *m* (Geld); **~ за прое́зд** Fahrpreis *m*; **за́работня ~** Lohn *m*
платёж [plat'ósch] *m* (-á) Abführung *w* (von Steuern usw.), Zahlung *w*, Einzahlung *w*, Bezahlung *w* ► **страхово́й ~** Versicherungsbeitrag *m*

плати́ть [plat'ít'] *v* (плачу́, пла́тишь) zahlen *j-m für etw.*, bezahlen *j-m etw. Akk*
платфо́рма [platfórma] *w* (-ы) Bahnsteig *m*, Plattform *w* (erhöhte usw.), Verkehrsinsel *w*
пла́тье [plát'ji] *s* (-я; 2 мн. -ьев) Kleid *s*
плацка́рта [plazkárta] *w* (-ы) Platzkarte *w*
плащ-дождеви́к [plaschsch'dashd'iw'ík] *m* (-á) Regenmantel *m*
плева́ть [pl'iwát'] *v* (плюю́, плюёшь) pfeifen *etw. Akk* (missachten)
пле́мя [pl'ém'a] *s* (-мени) Stamm *m* (Menschengruppe)
племя́нник [pl'im'ánn'ik] *m* (-а) Neffe *m*
плёнка [pl'ónka] *w* (-и) **1** Membran *w* **2** Band *s* (magnetisches usw.), Tonband *s* **3** Folie *w* **4** Belag *m*, Film *m* (Schicht)
пле́сень [pl'éß'in'] *w* (-и) Schimmel *m*
плечо́ [pl'itsch'ó] *s* (-á) Schulter *w* ► **пожа́ть плеча́ми** mit den Schultern zucken
плита́ [pl'itá] *w* (-ы́) **1** Platte *w* (aus Metall usw.), Scheibe *w* (aus Metall) **2** Herd *m*, Kochherd *m* **3** Fliese *w*, Herdplatte *w*
плове́ц [plaw'éz] *m* (-вца́) Schwimmer *m*
плод [plót] *m* (-а) **1** Frucht *w* (einer Pflanze) **2** Frucht *w* (ungeboren), Fetus *m*
пло́мба [plómba] *w* (-ы) Plombe *w*, Zahnfüllung *w*
пло́ский [plóßk'ij] *adj* (-ая, -ое) flach, platt
плоти́на [plat'ína] *w* (-ы) Staudamm *m*, Stauwehr *s*
пло́тно [plótna] *adv* fest (entschlossen usw.)
плохо́й [plachój] *adj* (-а́я, -о́е) erbärmlich (Qualität usw.), kläglich (Leistung usw.), falsch (Antwort usw.), schlecht (minderwertig) ► **из-за ~ пого́ды** wegen des schlechten Wetters…
пло́щадь [plóschsch'at'] *w* (-и; -и, -е́й) **1** Platz *m* **2** Fläche *w*, Inhalt *m* (eines Dreiecks usw.)
плыть [plýt'] *v* (плыву́, плывёшь) **1** schweben (über Wasserspiegel), schwimmen (Papierschiff) **2** mit einem Schiff fahren, steuern (Schiff – Kurs nehmen)
плю́нуть [pl'június'] *v* (-ну, -нешь) spucken
плюс [pl'júß] *adv* plus ♦ *m* Pluszeichen *s*, Vorzug *m* (Vorteil)
пляж [pl'ásch] *m* (-а) Strand *m*
пля́ска [pl'áßka] *w* (-и) Tanz *m*
по [pó] *prep* nach *etw.* (Vorbild), gemäß *etw. Dat*, über (auf der Oberfläche)
побе́да [pab'éda] *w* (-ы) Sieg *m*
победи́тель [pab'id'ít'il'] *m* (-я) Bezwinger *m j-s/etw.*, Sieger *m*
победи́ть [pab'id'ít'] *v* (-ди́шь) besiegen *j-n*, schlagen *j-n* (im Wettkampf, Krieg)
побере́жье [pab'ir'éshji] *s* (-я; 2 мн. -жий) Küste *w*
побере́чь [pab'ir'étsch'] *v* (-егу́, -ежёшь, -егу́т) aufpassen *auf j-n/etw.* (Baby usw.)
поблагодари́ть [pablagadar'ít'] *v* (-рю́, -ри́шь) belohnen *j-n für etw.* (vergelten), danken *j-m für etw.*, sich bedanken *bei j-m für etw.*
побо́чный [pabótsch'nyj] *adj* (-ая, -ое) **1** Neben- (sekundär) **2** unehelich (Kind)
побужде́ние [pabushd'én'iji] *s* (-я) Ansporn *m* (Impuls usw.), Aufforderung *w* (Ermutigung usw.), Beweggrund *m*, Motiv *s* (Anlass)
по́вар [pówar] *m* (-а; -á, -о́в) Koch *m*
поведе́ние [paw'id'én'iji] *s* (-я) Auftreten *s* (Benehmen), Verhalten *s*, Benehmen *s*
пове́рить [paw'ér'it'] *v* (-рю, -ришь) glauben *j-m etw. Akk*
поверну́ть [paw'irnút'] *v* (-ну́, -нёшь) **1** abbiegen, einbiegen *irgendwohin* (Richtung ändern), wenden *etw. Akk* (Auto usw.) **2** umdrehen *etw. Akk*, herumdrehen *etw. Akk* (um die Achse) **3** umkehren *etw. Akk* (ins Gegenteil) **4** gehen *irgendwohin*
пове́рхность [paw'érchnaßt'] *w* (-и) Oberfläche *w etw. Gen* (einer Straße usw.) ► **(во́дная) ~** Spiegel *m* (Oberfläche)
пове́сить [paw'éß'it'] *v* (-е́шу, -е́сишь) **1** aufhängen *etw. Akk*, hängen *etw. Akk* (Bild usw.) **2** aufhängen *j-n* (Mörder usw.)
повествова́ние [paw'ißtwawán'iji] *s* (-я) Erzählung *w* (von Erlebnis usw.)
пове́ствовать [paw'éßtwawat'] *v* handeln *von etw., über etw. Akk* (Buch), behandeln *etw. Akk* (Film usw.)
повлия́ть [pawl'iját'] *v* (-я́ю, -я́ешь) beeinflussen *j-n/etw.*, einwirken *auf j-n/etw.*
по́вод [pówat] *m* Grund *m für etw.* (für Tat usw.)
повора́чивать [pawarátsch'iwat'] *v* (-аю, -аешь) umdrehen *etw. Akk*, herumdrehen *etw. Akk* (um die Achse)
поворо́т [pawarót] *m* (-а) **1** Kurve *w* (scharfe usw.) **2** Wende *w* (der Entwicklung), Wendung *w* (überraschende usw.), Wendepunkt *m* **3** Drehung *w*, Wendung *w* (Kehrtwendung usw.), Umdrehung *w* (um eigene Achse)
поворо́тник [pawarótn'ik] *m* (-а) Blinker *m*, Blinkleuchte *w*
повреди́ть [pawr'id'ít'] *v* (-ежу́, -еди́шь) beschädigen
повреждённый [pawr'ishd'ónnyj] *adj* (-ая, -ое) defekt, kaputt, zerstört
повсю́ду [pafß'júdu] *adv* überall
повтори́ть [paftar'ít'] *v* (-рю́, -ри́шь) **1** wiederholen *etw. Akk* (nochmals machen)

2 wiederholen *etw. Akk* (Lernstoff usw.) 3 wiederholen (um es zu betonen)

повы́сить [pawýß'it'] *v* (-ы́шу, -ы́сишь) 1 erhöhen *etw. Akk* (Wert usw.), vergrößern 2 erhöhen (Spannung usw.) 3 verstärken

повя́зка [paw'áßka] *w* (-и) Bandage *w*, Verband *m*

погаси́ть [pagaß'ít'] *v* (-ашу́, -а́сишь) 1 auslöschen (Feuer mit Wasser usw.) 2 ausmachen *etw. Akk* (Licht) 3 ausgleichen (Schuld usw.)

поги́бнуть [pag'íbnut'] *v* (-ну, -нешь) 1 fallen (im Krieg), sterben *an etw. Dat*, umkommen (sterben) 2 eingehen (Tiere)

погла́дить [pagládʼit'] *v* (-а́жу, -а́дишь) 1 ausbügeln 2 streicheln *j-n/etw.*

поглоти́ть [paglat'ít'] *v* (-ощу́, -оти́шь) absorbieren *etw. Akk* (Strahlen usw.), schlucken (Firma usw.), verschlingen (Geld usw.)

поговори́ть [pagawar'ít'] *v* (-рю́, -ри́шь) plaudern *mit j-m über etw. Akk*, sich unterhalten *mit j-m über etw. Akk*

пого́да [pagóda] *w* (-ы) Wetter *s* ► **прогно́з пого́ды** Wettervorhersage *w*; **Сего́дня хоро́шая ~.** Das Wetter ist schön.

пого́ня [pagón'a] *w* (-и) 1 Jagd *w* (auf Hasen usw.), Verfolgungsjagd *w* (polizeiliche usw.) 2 Jagd *w nach etw.* (nach dem Geld usw.)

погранперехо́д [pagranp'ir'ichót] *m* Grenzübergang *m*

по́греб [pógr'ip] *m* (-а; -á) Keller *m*

погрузи́ть [pagrus'ít'] *v* (-ужу́, -у́зишь) eintauchen *etw. Akk in etw. Akk*, tauchen *etw. Akk in etw. Akk*, vergraben *etw. Akk in etw. Akk* (Gesicht in Händen usw.)

под [pat] *prep* (unmittelbar) unter *etw. Dat*, unter *etw. Dat* (dem Tisch usw.) ► **~ землёй** unter der Erde

подави́ть [padaw'ít'] *v* (-авлю́, -а́вишь) unterdrücken *etw. Akk*, niederschlagen *etw. Akk* (Aufstand usw.), unterdrücken (Gefühle usw.)

пода́рок [padárak] *m* (-рка) Geschenk *s*

пода́ть [padát'] *v* 1 reichen *j-m etw. Akk* (geben) 2 einreichen (Gesuch usw.) ► **~ апелля́цию** *против чего* eine Berufung *gegen etw.* einlegen

пода́ча [padátsch'a] *w* (-и) 1 Zufuhr *w*, Versorgung *w* (mit Lebensmitteln usw.), Zuleitung *w* (Menge) 2 Aufschlag *m* (im Tennis usw.), Wurf *m* (im Baseball) 3 Einreichung *w*

подбо́р [padbór] *m* (-а) Auswahl *w* (ausgewählte Dinge)

подборо́док [padbaródak] *m* (-дка) Kinn *s*

подбро́сить [padbróß'it'] *v* (-о́шу, -о́сишь) 1 andrehen *j-m etw. Akk* 2 werfen (in Baseball usw.) 3 dazugeben, nachlegen

подва́л [padwál] *m* (-а) Keller *m*

подве́ска [padw'éßka] *w* (-и) 1 Anhänger *m* (Schmuckstück) 2 Aufhängung *w* (der Räder usw.)

подви́жный [padw'íshnyj] *adj* (-ая, -ое) 1 lebhaft (Mensch), munter, rüstig 2 mobil

подво́х [padwóch] *m* (-а) Betrug *m*

подгото́вить [padgatów'it'] *v* (-влю, -вишь) vorbereiten *etw. Akk für j-n*, vorbereiten *etw. Akk*

подгото́вка [padgatófka] *w* (-и) Schulung *w von j-m*, Training *s*, Übung *w* (Training), Vorbereitung *w auf/für etw.*

подгу́зник [padgúsn'ik] *m* (-а) Windel *w*

подде́лать [padd'élat'] *v* (-аю, -аешь) fälschen, nachahmen *j-n/etw.*, verfälschen, falsifizieren

подействовать [pad'éjßtwawat'] *v* (-твую, -твуешь) 1 einwirken *auf j-n/etw. irgendwie*, sich auswirken *auf j-n/etw. irgendwie* 2 wirken (Medikament usw.), zu wirken beginnen

подели́ться [pad'il'ítza] *v* (-елю́сь, -е́лишься) teilen *etw. Akk mit j-m* (aufteilen)

поджа́рить [padshár'it'] *v* (-рю, -ришь) anrösten *etw. Akk*, anbraten *etw. Akk*, braten (an der Oberfläche), bräunen *etw. Akk* (Zwiebel usw.)

подже́чь [padshétsch'] *v* (подожгу́, подожжёшь, подожгу́т) 1 anzünden *etw. Akk*, anmachen *etw. Akk* (Feuer usw.) 2 anbrennen *etw. Akk* (Essen)

подзе́мный [pads'émnyj] *adj* (-ая, -ое) unterirdisch

подки́нуть [patk'ínut'] *v* (-ну, -нешь) 1 zustecken *j-m etw. Akk* (heimlich) 2 unterschieben *etw. Akk irgendwohin* (falsche Beweise usw.) 3 hinaufwerfen *etw. Akk*

подключе́ние [patkl'utsch'én'iji] *s* (-я) Verbindung *w* (von einem Gerät usw.)

по́длинник [pódl'inn'ik] *m* (-а) Original *s*

подмести́ [padm'ißt'í] *v* (-мету́, -метёшь) kehren *etw. Akk*, fegen *etw. Akk*

подно́с [padnóß] *m* (-а) Platte *w*, Tablett *s* (zum Servieren)

подня́ть [padn'át'] *v* (-ниму́, -ни́мешь) 1 aufstellen *etw. Akk* (Mast usw.), heben *etw. Akk* (Gewicht usw.), hochziehen, aufziehen (nach oben) 2 aufheben *etw. Akk* (vom Boden usw.), aufwirbeln (Staub usw.) 3 aufscheuchen *j-n/etw.* ► **~ це́ну** verteuern *etw. Akk*

подня́ться [padn'átza] *v* (-ниму́сь, -ни́мешься) 1 abheben (Flugzeug usw.), hinauffahren, hinaufsteigen *etw. Akk*, (in die Luft) steigen (Rauch, Ballon usw.) 2 sich erheben, aufstehen 3 steigen 4 aufgehen (Teig)

подо́бный [padóbnyj] *adj* (-ая, -ое) ähnlich *etw. Gen* ► **и тому́ подо́бное** und so weiter

подобра́ть [padabrát'] *v* (подберу́, подберёшь) 1 auswählen, wählen (Möglichkeit usw.) 2 aufsammeln (vom Boden usw.)
подожда́ть [padashdát'] *v* (-ду́, -дёшь) abwarten *etw. Akk*, warten *auf j-n/etw.*
подозрева́ть [padasr'iwát'] *v* (-а́ю, -а́ешь) verdächtigen *j-n etw. Gen*
подозре́ние [padasr'én'iji] *s* (-я) Verdacht *m*
подозри́тельный [padasr'ít'il'nyj] *adj* (-ая, -ое) 1 verdächtig 2 misstrauisch 3 zwielichtig
подо́шва [padóschwa] *w* (-ы) Sohle *w*, Schuhsohle *w*
подписа́ть [patp'ißát'] *v* (-ишу́, -и́шешь) unterschreiben *etw. Akk*
подпи́ска [patp'íßka] *w* (-и) Abonnement *s etw. Gen*, (ugs.) Abo *s etw. Gen*
подпи́сываться [patp'ißywatza] *v* (-аюсь, -аешься) abonnieren
по́дпись [pótp'iß'] *w* (-и) Unterschrift *w*
подража́ть [padrashát'] *v* (-а́ю, -а́ешь) imitieren *j-n/etw.*, nachahmen *j-n/etw.*, nachahmen *j-n*, imitieren *j-n* (komisch usw.)
подро́бный [padróbnyj] *adj* (-ая, -ое) ausführlich, eingehend, detailliert
подру́га [padrúga] *w* (-и) 1 Freundin *w* 2 Freundin *w* (Partnerin), Partnerin *w* (Lebensgefährtin)
подска́зка [pazkáßka] *w* (-и) Anhaltspunkt *m*, Hilfe *w* (Text), Hinweis *m* (Rat usw.)
подсо́лнечник [pazóln'itsch'n'ik] *m* (-а) Sonnenblume *w*
подсо́хнуть [pazóchnut'] *v* (-ну, -нешь) abtrocknen (trocken werden)
подстри́чь [paztr'ítsch'] *v* (-игу́, -ижёшь, -игу́т) schneiden *j-n* (Haar)
подсчита́ть [patschsch'itát'] *v* (-а́ю, -а́ешь) 1 in Zahlen ausdrücken, rechnen *etw. Akk*, ausrechnen *etw. Akk* (Rechenaufgabe), berechnen *etw. Akk* (Umfang usw.) 2 berechnen *j-m etw. Akk* (anrechnen)
подтверди́ть [pattw'ird'ít'] *v* (-ржу́, -рди́шь) bekräftigen, belegen *etw. Akk* (mit Beweisen usw.), bestätigen (Wahrhaftigkeit usw.), rechtfertigen (eine Tat usw.)
поду́мать [padúmat'] *v* (-аю, -аешь) denken *von j-m/etw.* (Eindruck gewinnen), nachdenken *über etw. Akk*
поду́шка [padúschka] *w* (-и) Kissen *s*, Unterlage *w* (Polster usw.)
подхвати́ть [patchwat'ít'] *v* (-ачу́, -а́тишь) aufnehmen *etw. Akk* (lernen usw.)
подхо́д [patchót] *m* (-а) Einstellung *w zu etw.* (Meinung), Zugang *m* (Stelle usw.)
подходи́ть [patchad'ít'] *v* (-ожу́, -о́дишь) 1 passen *zu etw.* (Farben usw.) 2 geeignet sein *zu etw., für etw.* 3 bevorstehen
подчеркну́ть [pattsch'irknút'] *v* (-ну́, -нёшь) betonen *etw. Akk*, hervorheben *etw. Akk*, unterstreichen (Strich ziehen)
подчинённый [pattsch'in'ónnyj] *adj* untergeordnet *etw. Dat*, unterstellt *etw. Dat* ♦ *m* Untergeordnete *m*
подши́вка [patschýfka] *w* (-и) Futter *s* (Stoff)
подши́пник [patschýpn'ik] *m* (-а) Lager *s* (Maschinenelement)
подъе́зд [padjést] *m* (-а) Eingang *m*, Zugang *m* (Stelle usw.)
подъём [pad'óm] *m* (-а) 1 Steigung *w* (des Terrains usw.) 2 Aufstieg *m* (Besteigung) 3 Anstieg *m etw. Gen*, Aufstieg *m etw. Gen* (Anzahl usw.), Aufschwung *m* (Entwicklung), Hub *m* 4 Spann *m*
подъёмник [pad'ómn'ik] *m* (-а) Skilift *m*
по́езд [pójist] *m* (-а; -а́) Zug *m* (Verkehrsmittel) ► **ско́рый ~** D-Zug *m*
пое́здка [pajéstka] *w* (-и) Exkursion *w*, Gesellschaftsreise *w*, Reise *w*, Spazierfahrt *w*
пое́хать [pajéchat'] *v* (-е́ду, -е́дешь) abreisen *aus etw. nach etw.*, fahren *mit j-m*, mitfahren *bei j-m*
пожале́ть [pashyl'ét'] *v* (-е́ю, -е́ешь) bedauern *j-n*
пожа́луйста [pashálaßta] *part* bitte ► **П~!** Bitte! (Einwilligung usw.); **П~.** Hier bitte. (Schenken usw.)
пожа́р [pashár] *m* (-а) Brand *m* ► **П~!** Es brennt!
пожа́рник [pashárn'ik] *m* (-а) Feuerwehrmann *m* ► **~и** Feuerwehr *w*
пожа́ть [pashát'] *v* drücken *etw. Akk* (in der Hand usw.)
пожела́ть [pashylát'] *v* (-а́ю, -а́ешь) wünschen *j-m etw. Akk* (guten Appetit usw.)
пожени́ться [pashyn'ítza] *v* (-женю́сь, -же́нишься) heiraten (Ehe schließen)
поже́ртвовать [pashértwawat'] *v* (-твую, -твуешь) opfern *etw. Akk*
по́за [pósa] *w* (-ы) Pose *w* (beim Fotografieren usw.), Position *w* (Haltung)
позабо́титься [pasabót'itza] *v* (-о́чусь, -о́тишься) besorgen *etw. Akk*, sorgen *für etw.* (Problem lösen usw.), besorgen *etw. Akk* (erledigen), sich kümmern *um j-n/etw.*
поза́втракать [pasáftrakat'] *v* (-аю, -аешь) 1 frühstücken 2 Pausenbrot essen
позавчера́ [pasaftsch'irá] *adv* vorgestern
позади́ [pasad'í] *adv* 1 hinten, zurück (zurückgeblieben) 2 vorbei (vergangen)
позво́лить [paswól'it'] *v* (-лю, -лишь) erlauben *j-m etw. Akk*, erlauben *j-m etw. Akk*, lassen *j-n etw. Akk zu tun* (erlauben) ► **мочь ~** *что* sich *etw. Akk* leisten können (finanziell usw.)

позвони́ть [paswan'ít'] *v* (-ню́, -ни́шь) anrufen *j-n*
позвоно́к [paswanók] *m* (-нка́) Wirbel *m* (Knochen)
позвоно́чник [paswanótsch'n'ik] *m* (-а) Wirbelsäule *w*
по́здний [pósn'ij] *adj* (-яя, -ее) verspätet, Spät-
поздоро́ваться [pasdaròwatza] *v* (-аюсь, -аешься) begrüßen *j-n*, grüßen *j-n*
поздра́вить [pasdráw'it'] *v* (-влю, -вишь) gratulieren *j-m zu etw.*
поздравле́ние [pasdrawl'én'iji] *s* (-я) Glückwunsch *m*, Glückwunschkarte *w*, Gratulation *w*, Beglückwünschung *w*
пози́ция [pas'ízyja] *w* (-и) **1** Position *w etw. Gen* (räumliche), Standort *m* (eines Gebäudes usw.), Lage *w* **2** Stellung *w* (Einstellung)
познако́миться [pasnakóm'itza] *v* (-млюсь, -мишься) kennenlernen *j-n* (neue Freunde usw.)
позна́ть [pasnát'] *v* (-а́ю, -а́ешь) kennenlernen *j-n/etw.*
позо́р [pasór] *m* (-а) Demütigung *w*, Schande *w* (Schamgefühl)
пойма́ть [pajmát'] *v* (-а́ю, -а́ешь) **1** fangen, fangen *etw. Akk* **2** auffangen *j-n/etw.* (im Fallen fassen) **3** aufnehmen *etw. Akk*
пойти́ [pajt'í] *v* (-йду́, -йдёшь) **1** gehen *irgendwohin* (sich bewegen) **2** gehen (akzeptabel sein) **3** greifen *zu etw.* (Maßnahmen usw.) ► **~ ю́зом** ins Schleudern kommen
пока́ [paká] *adv* bisher, inzwischen, vorläufig, für jetzt ♦ *conj* soviel (ich weiß usw.), während ► **(до тех пор) ~** solange; **~ нет** noch nicht, bisher nicht; **П~!** Tschüss!
показа́ние [pakasán'iji] *s* (-я) Aussage *w* (vor der Polizei usw.)
показа́ть [pakasát'] *v* (-ажу́, -а́жешь) **1** zeigen *etw. Akk* (Kvalität usw.) **2** zeigen *auf j-n/etw.* (in einer Richtung) **3** präsentieren (vorführen), zeigen *etw. Akk* (Fähigkeit usw.), äußern *etw. Akk* (Gefühl usw.) **4** aufweisen (Gewinn usw.) **5** projizieren (Bilder)
поки́нуть [pak'ínut'] *v* (-ну, -нешь) **1** verlassen *j-n/etw.* **2** austreten *aus etw. Dat* (aus Partei usw.) **3** räumen (Zimmer usw.) **4** verzichten *auf etw. Akk*
поклоня́ться [paklan'átza] *v* (-я́юсь, -я́ешься) verehren *j-n/etw.* (Gottheit)
поко́й [pakój] *m* (-я) **1** Ruhe *w* (Untätigkeit) **2** ruhige Atmosphäre, Ruhe *w*, Frieden *m* (Ungestörtheit)
поко́нчить [pakontsch'it'] *v* (-чу, -чишь) abschaffen *etw. Akk*, Ende machen *etw. Dat*, liquidieren (Gegner usw.)
покра́сить [pakráß'it'] *v* (-а́шу, -а́сишь) anstreichen *etw. Akk* (Haus usw.), färben (farbig machen)
покро́й [pakrój] *m* (-я) Schnitt *m* (Kleider)
покрыва́ло [pakrywála] *s* (-а) Decke *w* (im Bett), Tagesdecke *w*
покры́ть [pakrýt'] *v* (-ро́ю, -ро́ешь) aufspritzen (mit Farbe usw.), beziehen *etw. mit etw.*, überziehen *etw. mit etw.*, decken *etw. Akk mit etw.*
покры́шка [pakrýschka] *w* (-и) Reifen *m* ► **~ (ши́ны)** Mantel *m* (Reifen)
покупа́тель [pakupát'il'] *m* (-я) Käufer *m*, Kunde *m* (im Geschäft usw.)
покупа́ть [pakupát'] *v* einkaufen, Einkauf machen, kaufen
поку́пка [pakúpka] *w* (-и) Einkaufen *s*, Einkauf *m* (Tätigkeit), Kauf *m*, Ankauf *m*
покуса́ть [pakußát'] *v* (-а́ю, -а́ешь) beißen *j-n*
пол[1] [pól] *m* (-а/-у) Boden *m* (im Zimmer usw.), Fußboden *m*
пол[2] [pól] *m* (-а; -ы, -ов) Geschlecht *s* (sexuell)
полага́ть [palagát'] *v* (-а́ю, -а́ешь) denken (meinen), vermuten
по́лдень [póld'in'] *m* (полу́дня/по́лдня) Mittag *m*
по́лдник [póldn'ik] *m* (-а) Pausenbrot *s* (am Nachmittag, gewöhnlich mit Tee)
по́ле [pól'i] *s* (-я; -я́, -е́й) **1** Feld *s*, Acker *m* (Grundstück) **2** Fußballplatz *m* **3** Rahmen *m* (einer Tätigkeit usw.)
поле́зный [pal'ésnyj] *adj* (-ая, -ое) **1** lohnenswert, nutzbringend, nützlich, hilfreich (Tipp usw.) **2** Nutz-
полёт [pal'ót] *m* (-а) Flug *m*
ползти́ [palßt'í] *v* (-зу́, -зёшь) kriechen
поликли́ника [pal'ikl'ín'ika] *w* (-и) Poliklinik *w*
полирова́ть [pal'irawát'] *v* (-ру́ю, -ру́ешь) polieren *etw. Akk*
по́лис [pól'iß] *m* (-а) Versicherung *w* (Vertrag)
полисме́н [pal'ißm'én] *m* (-а) Polizist *m*
поли́тик [pal'ít'ik] *m* (-а) Politiker *m*
поли́тика [pal'ít'ika] *w* (-и) Politik *w*
поли́ть [pal'ít'] *v* (-лью́, -льёшь) begießen *j-n/etw. mit etw.*, gießen *etw. Akk* (Blume usw.)
поли́ция [pal'ízyja] *w* (-и) Polizei *w*
по́лка [pólka] *w* (-и) Bord *s* (Brett), Regal *s*
полне́ть [paln'ét'] *v* (-е́ю, -е́ешь) dick werden, zunehmen (an Gewicht)
по́лночь [pólnatsch'] *w* (полу́ночи) Mitternacht *w*
по́лный [pólnyj] *adj* (-ая, -ое) **1** voll *etw. Gen* (gefüllt) **2** komplett (umfassend usw.), vollständig, voll **3** absolut, völlig, gänzlich, vollkommen (Unsinn usw.) **4** korpulent
полови́на [palaw'ína] *w* (-ы) Hälfte *w* ► **в пе́рвой полови́не дня** vormittags, am Vormittag; **пе́рвая ~ дня** Vormittag *m*

полово́й [palawój] *adj* geschlechtlich, Geschlechts-

положе́ние [palashén'iji] *s* (-я) **1** Lage *w etw. Gen*, Standort *m* (eines Gebäudes usw.), Lage *w* **2** Situation *w* **3** Rang *m* (Posten usw.), Stellung *w* (Stand) **4** Bekanntmachung *w*, Bestimmung *w* (Regel usw.) **5** Lehrsatz *m* ► **крити́ческое ~** Notfall *m*; **нейтра́льное ~** Leerlauf *m*

положи́тельный [palashýt'il'nyj] *adj* (-ая, -ое) **1** positiv (Antwort usw.), bejahend **2** positiv (Zahl usw.) **3** verdienstvoll, verdienstlich

положи́ть [palashýt'] *v* hinlegen *etw. Akk irgendwohin*, legen *etw. Akk irgendwohin*, schieben *etw. Akk irgendwohin* (heimlich usw.)

полома́ть [palamát'] *v* (-а́ю, -а́ешь) beschädigen, brechen, demolieren

поло́мка [palómka] *w* (-и) Störung *w* (technische), Panne *w* (Fahrzeug)

полоса́ [palaßá] *w* (-ы) **1** Streifen *m etw. Gen* (Stoff usw.) **2** Streifen *m* (einer Farbe usw.) **3** Streifen *m* (eines Landes usw.) ► **~ движе́ния** Fahrspur *w*

полоска́ть [palaßkát'] *v* (-ощу́, -о́щешь) spülen (Wäsche), durchspülen

полоте́нце [palat'énzy] *s* (-а) Handtuch *s*

полотно́ [palatnó] *s* (-а́) Stoff *m*, Gewebe *s* (aus Baumwolle usw.)

полуго́дие [palugód'iji] *s* (-я) Halbjahr *s* (in der Schule), Semester *s*

полуо́стров [paluóßtraf] *m* (-а; -а́) Halbinsel *w*

получа́тель [palutsch'át'il'] *m* (-я) Empfänger *m etw. Gen*, Leistungsempfänger *m*

получи́ть [palutsch'ít'] *v* (-учу́, -у́чишь) **1** bekommen (geschenkt usw.), erhalten *etw. Akk* (Brief usw.) **2** gewinnen *etw. Akk*, verdienen *etw. Akk* (Anerkennung) ► **~ обра́тно** zurückgewinnen *etw. Akk*

получи́ться [palutsch'ítza] *v* (-учу́сь, -у́чишься) ausgehen *irgendwie*, gelingen, klappen *irgendwie* (Sache usw.)

по́льза [pól'sa] *w* (-ы) Nutzen *m von etw.*, Nützlichkeit *w*, Profit *m* (Nutzen) ► **извле́чь по́льзу** *из чего* Nutzen haben *von etw.*; **извлека́ть по́льзу/вы́году** *из чего* Nutzen ziehen *aus etw.*

по́льзователь [pól'sawat'il'] *m* (-я) Benutzer *m*, Anwender *m* (eines Programms usw.)

по́льзоваться [pól'sawatza] *v* (-зуюсь, -зуешься) sich *etw.* zunutze machen, umgehen *mit etw.* (benutzen)

по́люс [pól'uß] *m* (-а) Pol *m*

поменя́ться [pam'in'átza] *v* (-я́юсь, -я́ешься) tauschen (Blick usw.) ► **Мы поменя́емся места́ми?** Wollen wir tauschen?

помести́ть [pam'ißt'ít'] *v* (-ещу́, -ести́шь) kriegen *etw. Akk irgendwohin* (hineinpressen usw.)

помёт [pam'ót] *m* Dung *m*, Kot *m*, Mist *m* (Dünger usw.)

поме́тка [pam'étka] *w* (-и) Bemerkung *w* (schriftlich), Notiz *w*

помеша́ть[1] [pam'ischát'] *v* (-а́ю, -а́ешь) stören *j-n*, verhindern *etw. Akk*

помеша́ть[2] [pam'ischát'] *v* (-а́ю, -а́ешь) rühren *etw. Akk*, umrühren *etw. Akk* (Suppe usw.)

помеще́ние [pam'ischsch'én'iji] *s* (-я) Zimmer *s*, Raum *m* (im Haus)

помидо́р [pam'idór] *m* (-а) Tomate *w*

поми́мо [pam'íma] *prep* außer *j-m/etw.*, ausgenommen *j-n/etw.*

помири́ть [pam'ir'ít'] *v* (-рю́, -ри́шь) versöhnen *j-n mit j-m*, aussöhnen *j-n mit j-m*

по́мнить [pómn'it'] *v* (-ню, -нишь) denken *an j-n/etw.* (im Kopf haben), sich erinnern *an etw. Akk, etw. Gen*, sich merken *etw. Akk*

помога́ть [pamagát'] *v* (-а́ю, -а́ешь) helfen *j-m mit etw.*

помоли́ться [pamal'ítza] *v* (-олю́сь, -о́лишься) beten

помо́чь [pamótsch'] *v* (-огу́, -о́жешь, -о́гут) helfen *j-m mit etw.*, nachhelfen *j-n/etw.*

по́мощь [pómaschsch'] *w* (-и) Hilfe *w* (Unterstützung usw.), Unterstützung *w*, Verstärkung *w* (Hilfe) ► **с ~ю** mithilfe *etw. Gen*; **ско́рая ~** Notdienst *m*; **пе́рвая ~** erste Hilfe; **отделе́ние неотло́жной/ско́рой по́мощи** Notaufnahme *w*; **оказа́ние медици́нской по́мощи** Behandlung *w* (eines Patienten usw.)

помча́ться [pamtsch'átza] *v* (-чу́сь, -чи́шься) loslaufen, schießen *von etw.* (sich bewegen)

помы́ть [pamýt'] *v* (-мо́ю, -мо́ешь) waschen (Gemüse usw.)

понеде́льник [pan'id'él'n'ik] *m* (-а) Montag *m*

пони́зить [pan'ís'it'] *v* (-ни́жу, -ни́зишь) mildern (Intensität usw.), mindern *etw. Akk*, verringern *etw. Akk* (Risiko usw.)

понима́ть [pan'imát'] *v* (-а́ю, -а́ешь) begreifen *etw. Akk*, verstehen *j-n/etw.* ► **Не понима́ю.** Ich verstehe nicht.

поно́с [panóß] *m* (-а) Durchfall *m* (Erkrankung), Diarrhö *w*

поня́тие [pan'át'iji] *s* (-я) Ahnung *w* (Vorstellung), Begriff *m*, Vorstellung *w von etw.* (Ahnung)

поня́тный [pan'átnyj] *adj* (-ая, -ое) begreiflich, verständlich, fassbar, klar (Bedeutung usw.)

поня́ть [pan'át'] *v* (пойму́, поймёшь) begreifen *etw. Akk*, verstehen *etw. Akk*, kapieren *j. etw. Akk* ► **плóхо ~** *что* missverstehen *etw. Akk*

пóпа [pópa] *w* (-ы) Hintern *m*, Gesäß *s*

попáсть [papáßt'] *v* (-адý, -адёшь) **1** treffen *etw. Akk* (Ziel) **2** verfallen *in etw.* (in Wut usw.) ► **не ~** verfehlen *etw. Akk* (Ziel usw.)

поперёк [pap'ir'ók] *prep* quer *durch etw., über etw. Akk*

поперéчный [pap'ir'étsch'nyj] *adj* (-ая, -ое) quer, Quer-

пописáть [pap'íßat'] *v* pinkeln, Pipi machen (Kind), urinieren

поплавóк [paplawók] *m* (-вка) Schwimmer *m* (Hilfsmittel)

попóлнить [papóln'it'] *v* (-ню, -нишь) **1** auffüllen (Bestände, Vorräte usw.), nachfüllen **2** verstärken *etw. Akk* (zahlenmäßig)

попрáвить [papráw'it'] *v* (-влю, -вишь) gutmachen *etw. Akk* (Fehler usw.), korrigieren

попрáвка [papráfka] *w* (-и) Berichtigung *w* (im Text), Korrektur *w*, Verbesserung *w* (eines Fehlers usw.)

попрóбовать [papróbawat'] *v* (-бую, -буешь) **1** versuchen *etw. Akk* **2** kosten *etw. Akk* (Speise)

попроси́ть [papraß'ít'] *v* (-ошý, -óсишь) **1** beantragen *etw. Akk*, bitten *j-n um etw.* **2** sich einsetzen *bei j-m für j-n*, ein Wort einlegen *für j-n*

популя́рный [papul'árnyj] *adj* (-ая, -ое) beliebt *bei j-m*, populär *bei j-m*

пóпусту [pópußtu] *adv* unnötigerweise

попы́тка [papýtka] *w* (-и) Versuch *m um etw.* (Bemühung)

порá [pará] *w* Zeit *w* (Zeitraum) ► **до сих пор** noch (dauern usw.)

поражéние [parashén'iji] *s* (-я) Niederlage *w*

порáнить [parán'it'] *v* (-ню, -нишь) verletzen *j-n* (beschädigen)

порéзать [par'ésat'] *v* (-éжу, -éжешь) einstechen *auf j-n*, schneiden *j-n*, schneiden *j-n mit etw.* (verletzen)

порéй [par'éj] *m* (-я) Porree *m*

порóда [paróda] *w* (-ы) **1** Art *w* (Tierart usw.), Spezies *w*, Sorte *w*, Abart *w* (von Frucht usw.) **2** Rasse *w* (Tier) ► **гóрная ~** Gestein *s*

породи́ть [parad'ít'] *v* (-ожý, -одишь) erwecken *etw. Akk* (Interesse usw.)

пóрох [pórach] *m* (-а/-у) Schießpulver *s*

порошóк [paraschók] *m* (-шкá) Pille *w*, Pulver *s* ► **стирáльный ~** Waschpulver *s*

порт [pórt] *m* (-а, *в* о пóрте/в портý) Hafen *m*

пóртиться [pórt'itza] *v* (-рчусь, -ртишься) **1** sich verschlechtern **2** verderben (Essen) **3** faulen (Zähne)

портнóй [partnój] *m* (-óго) Schneider *m* (Person)

портрéт [partr'ét] *m* (-а) Porträt *s*

портьé [part'jé] *m* (нескл.) Pförtner *m* ► **контóрка ~** Rezeption *w* (Empfangsbüro)

поря́док [par'ádak] *m* (-дка) Ordnung *w* (Harmonie) ► **в поря́дке** okay; **привести́ в ~** *что* in Ordnung bringen *etw. Akk*; **навести́ ~** *в чём* in Ordnung bringen *etw. Akk*; **Я в поря́дке.** Ich bin in Ordnung.

поря́дочный [par'ádatsch'nyj] *adj* ordentlich, richtig (entsprechend usw.)

посáдка [paßátka] *w* (-и) **1** Einstieg *m* **2** Landung *w* ► **вы́нужденная ~** Notlandung *w*

посвети́ть [paßw'it'ít'] *v* (-свечý, -свéтишь) leuchten *auf etw. Akk* (mit Taschenlampe usw.)

посвяти́ть [paßw'it'ít'] *v* einweihen *j-n in etw. Akk* (vertraut machen), weihen *etw. Akk etw. Dat* (Leben der Wissenschaft usw.), weihen *j-m/etw.* (Kirche einem Heiligen), widmen *etw. Akk j-m/etw.* (Zeit usw.)

посели́ть [paß'il'ít'] *v* (-елю́, -ели́шь) unterbringen *j-n*

посереди́не [paß'ir'id'ín'i] *prep* in der Mitte *etw. Gen*, mitten *in etw. Dat*

посети́тель [paß'it'ít'il'] *m* (-я) Besucher *m*, Besuch *m* (Gast)

посети́ть [paß'it'ít'] *v* (-ещý, -ети́шь) besuchen *j-n*

посещéние [paß'ischsch'én'iji] *s* (-я) **1** Besuch *m j-s/etw.* **2** Anwesenheit *w*

поскóльку [paßkól'ku] *conj* denn, weil

послáнник [paßlánn'ik] *m* (-а) Gesandte *m*

послáть [paßlát'] *v* (пошлю́, пошлёшь) **1** entsenden *j-n irgendwohin*, aussenden *j-n irgendwohin* (einen Boten usw.), schicken *j-n irgendwohin* **2** senden *j-m etw. Akk* (Brief usw.), schicken *j-m etw. Akk*, verschicken *j-m etw. Akk*

пóсле [póßl'i] *prep* nach (später)

послéдний [paßl'édn'ij] *adj* (-яя, -ее) **1** letzt(er,e,es) (in einer Reihe) **2** letzt(er,e,es) (neuester), neuest(er,e,es) (Nachricht usw.) ► **(в) ~ раз** zum letzten Mal

послéдователь [paßl'édawat'il'] *m* (-я) Anhänger *m* (einer Lehre usw.), Befürworter *m*, Verfechter *m* (einer Idee usw.)

послéдовательный [paßl'édawat'il'nyj] *adj* (-ая, -ое) **1** allmählich **2** konsequent

послéдствие [paßl'éztw'iji] *s* (-я) Folge *w etw. Dat, von etw.*, Konsequenz *w etw. Gen* (einer Tat usw.)

послезáвтра [paßl'isáftra] *adv* übermorgen

послýшаться [paßlúschatza] *v* (-аюсь, -аешься) befolgen *etw. Akk* (Rat usw.), gehorchen *j-m/etw.*, folgen *j-m/etw.* (Chef usw.)

послýшный [paßlúschnyj] *adj* (-ая, -ое) gehorsam

посмотре́ть [paßmatr'ét'] *v* (-рю́, -о́тришь) 1 ansehen *j-n/etw.*, anschauen *j-n/etw.* 2 besuchen *j-n*, vorbeischauen *bei j-m* 3 (sich) ansehen *etw. Akk*

посо́бие [paßób'iji] *s* (-я) 1 Leistung *w* (Betrag), Unterstützung *w* (Geldbetrag) 2 Hilfsmittel *s* 3 Anleitung *w* (in Druckform usw.), Handbuch *s* ► **~ по безрабо́тице** Arbeitslosengeld *s*

посове́товать [paßaw'étawat'] *v* (-тую, -туешь) beraten *j-n bei etw.*, raten *j-m etw. Akk*

посо́л [paßól] *m* Bote *m*, Botschafter *m*, Gesandte *m*

посоли́ть [paßal'ít'] *v* (-олю́, -о́лишь) salzen *etw. Akk*

посо́льство [paßól'ßtwa] *s* (-а) Botschaft *w* (Vertretung), Gesandtschaft *w*

пост[1] [póßt] *m* (-а́) 1 Standort *m* 2 Funktion *w* (Posten), Posten *m* (Stellung)

пост[2] [póßt] *m* (-а́) Fastenzeit *w*

поста́вить [paßtáw'it'] *v* 1 stellen *etw. Akk irgendwohin* (auf den Tisch usw.) 2 aufführen (Theaterstück usw.) 3 aufführen (Theaterstück usw.), einführen (ein Produkt), auf den Markt bringen 4 stellen (Falle usw.) 5 festlegen ► **быть поста́вленный на ка́рту** auf dem Spiel stehen

постановле́ние [paßtanawl'én'iji] *s* (-я) Anordnung *w* (amtliche usw.), Verordnung *w*, Beschluss *m*, Vorschrift *w*

постано́вщик [paßtanówschsch'ik] *m* (-а) Regisseur *m*

посте́ль [paßt'él'] *w* (-и) Bett *s*

постепе́нный [paßt'ip'énnyj] *adj* (-ая, -ое) allmählich

пости́гнуть [paßt'ígnut'] *v* (-ну, -нешь) betreffen *etw. Akk* (Erdbeben)

пости́чь [paßt'ítsch'] *v* (-и́гну, -и́гнешь) verstehen *etw. Akk*

постоя́нный [paßtajánnyj] *adj* (-ая, -ое) dauerhaft, dauernd, ständig, konstant

постри́чь [paßtr'ítsch'] *v* (-игу́, -ижёшь, -игу́т) schneiden *j-n* (Haar)

постро́ить [paßtróit'] *v* (-о́ю, -о́ишь) aufbauen *etw. Akk* (Haus usw.), erbauen *etw. Akk*, errichten *etw. Akk*, aufbauen (Gebäudekomplex usw.)

постро́йка [paßtrójka] *w* (-и) Aufbau *m* (eines Hauses usw.), Bau *m*, Bauwerk *s*

поступа́ть [paßtupát'] *v* (-а́ю, -а́ешь) umgehen *irgendwie mit etw.*, vorgehen

посту́пок [paßtúpak] *m* (-пка) Tat *w*

постуча́ть [paßtutsch'át'] *v* (-чу́, -чи́шь) klopfen *an etw. Akk* (ans Fenster usw.), schlagen *an etw. Akk*, hämmern *gegen etw.*, tippen *an etw. Akk*

посу́да [paßúda] *w* (-ы) Geschirr *s*

посудомо́йка [paßudamójka] *w* (-и) Spülmaschine *w*

посчита́ть [paschsch'itát'] *v* (-а́ю, -а́ешь) zusammenzählen, addieren

посы́лка [paßýlka] *w* (-и) Paket *s* (Sendung), Sendung *w* (Ware)

пот [pót] *m* (-а) Schweiß *m*

потёмки [pat'ómk'i] *Mz* (-мок, -мкам) Dunkelheit *w*, Finsternis *w*

потерпе́ть [pat'irp'ét'] *v* (-ерплю́, -е́рпишь) 1 erleiden *etw. Akk* (Niederlage usw.) 2 warten *auf j-n/etw.*

поте́ря [pat'ér'a] *w* (-и) Verlust *m etw. Gen*, Verschwinden *s*

потеря́ть [pat'ir'át'] *v* (-я́ю, -я́ешь) verlieren *etw. Akk* ► **~ созна́ние** ohnmächtig werden

поте́ть [pat'ét'] *v* (-е́ю, -е́ешь) schwitzen

поте́ха [pat'écha] *w* (-и) Spaß *m*, Vergnügen *s* (Amüsement usw.)

потира́ть [pat'irát'] *v* (-а́ю, -а́ешь) reiben *etw. Akk* (Hände usw.)

пото́к [patók] *m* (-а) 1 Flut *w von etw.*, Schwall *m von etw.* (von Geld usw.), Welle *w von etw.*, Schwall *m etw. Gen* 2 Fluss *m* (des Verkehrs usw.)

потоло́к [patalók] *m* (-лка́) Decke *w* (im Zimmer)

пото́м [patóm] *adv* danach, dann

потому́ [patamú] *adv* daher, deshalb, deswegen

пото́п [patóp] *m* (-а) Überschwemmung *w*

потреби́тель [patr'ib'ít'il'] *m* (-я) Abnehmer *m*, Konsument *m*, Verbraucher *m*

потре́бный [patr'ébnyj] *adj* (-ая, -ое) unentbehrlich, unbedingt notwendig

потрясе́ние [patr'iß'én'iji] *s* (-я) Schock *m*

потрясти́ [patr'ißt'í] *v* (-су́, -сёшь) erschüttern *j-n* (schockieren usw.), bestürzen *j-n*, rütteln *an j-m/etw.*, schütteln *etw. Akk*

поту́пить [patúp'it'] *v* (-плю, -пишь) senken (Kopf usw.)

потуши́ть [patuschýt'] *v* (-ушу́, -у́шишь) 1 auslöschen (Feuer mit Wasser usw.), löschen (Brand usw.) 2 andünsten

потяну́ть [pat'inút'] *v* (-яну́, -я́нешь) 1 ziehen können *etw. Akk* (imstande sein zu ziehen) 2 ziehen *an etw. Dat* (Bremse usw.)

поха́бный [pachábnyj] *adj* (-ая, -ое) obszön, vulgär, gemein

похвали́ть [pachwal'ít'] *v* (-алю́, -а́лишь) loben *j-n für etw.*

похва́статься [pachwáßtatza] *v* (-аюсь, -аешься) großtun *mit etw.*, angeben *mit etw.*

похи́тить [pach'ít'it'] *v* (-и́щу, -и́тишь) entführen *etw. Akk*, entführen *j-n*, kidnappen *j-n*

похищéние [pach'ischsch'én'iji] *s* (-я) Entführung *w*, Kidnapping *s* (von Person) ► **~ (самолёта)** Flugzeugentführung *w*

похóд [pachót] *m* (-a) **1** Ausflug *m*, Treck *m* **2** Feldzug *m* **3** Marsch *m* ► **(гóрный) ~** Wanderung *w*; **отпрáвиться в ~** wandern (in den Bergen usw.)

похóжий [pachóshyj] *adj* (-ая, -ее) ähnlich *etw. Gen* ► **быть похóжим** *на кого/что* ähnlich sein *j-m/etw.*

пóхороны [pócharany] *Mz* (-óн) Beerdigung *w*, Begräbnis *s*

похотлúвый [pachatl'íwyj] *adj* (-ая, -ое) lasziv, lüstern, sinnlich (Lippen usw.), unverschämt

похудéть [pachud'ét'] *v* (-éю, -éешь) abnehmen (gezielt schlanker werden), schlank werden

поцеловáть [pazylawát'] *v* (-лýю, -лýешь) küssen *j-n/etw.*

поцелýй [pazylúj] *m* (-я) Kuss *m*

пóчва [pótsch'wa] *w* (-ы) Boden *m* (Materie), Erde *w*

почемý [patsch'imú] *adv* warum

пóчерк [pótsch'irk] *m* (-a) Handschrift *w* (schön usw.), Schrift *w* (lesbar usw.)

почесáть [patsch'ißát'] *v* (-ешý, -éшешь) kratzen (wegen Juckreizes)

починúть [patsch'in'ít'] *v* (-ню́, -úнишь) reparieren *etw. Akk*

пóчка [pótsch'ka] *w* (-и) **1** Niere *w* **2** Knospe *w*

пóчта [pótsch'ta] *w* (-ы) Post *w*, Postamt *s*

почтальóн [patschtal'jon] *m* (-a) Briefträger *m*, Briefzusteller *m*

почтéние [patsch't'én'iji] *s* (-я) Achtung *w vor j-m* (Hochschätzung usw.), Respekt *m vor j-m*

почтú [patsch't'í] *adv* beinahe, fast, nahezu

почýвствовать [patsch'úfßtwawat'] *v* (-твую, -твуешь) fühlen *etw. Akk*, spüren *etw. Akk* (Kälte usw.), empfinden *etw. Akk* (Schmerz usw.), herausfühlen *etw. Akk*

пóшлина [póschl'ina] *w* (-ы) Zoll *m*

пóшлый [póschlyj] *adj* (-ая, -ое) dreckig (Tat usw.), obszön, schmutzig (Wort usw.), unanständig (Bemerkung usw.)

поэ́зия [paés'ija] *w* (-и) Poesie *w*

поэ́т [paét] *m* (-a) Dichter *m*

поэ́тому [paétamu] *adv* daher, deshalb, deswegen ♦ *conj* so (deshalb)

пóяс [pójiß] *m* (-a; -á) **1** Gurt *m* (Gürtel), Gürtel *m* (Hosengürtel usw.) **2** Streifen *m* (eines Landes usw.)

пояснéние [pajißn'én'iji] *s* (-я) Anmerkung *w* (Äußerung usw.), Erläuterung *w*

прáвда [práwda] *w* (-ы) Wahrheit *w* (Tatbestand) ► **П~?** Im Ernst?, Ehrlich?, Wirklich?, Nicht wahr?, Oder?; **Вот и не ~.** Das ist nicht wahr.; **Не ~ ли?** Nicht wahr?, Oder?

правдúвый [prawd'íwyj] *adj* (-ая, -ое) wahr, wahrhaftig (Person), ehrlich

правдоподóбный [prawdapadóbnyj] *adj* (-ая, -ое) wahrscheinlich

прáвило [práw'ila] *s* Lehrsatz *m*, Regel *w* ► **прáвила** Ordnung *w* (Verkehrsordnung usw.)

прáвильный [práw'il'nyj] *adj* korrekt, regulär, richtig (nicht falsch)

правúтель [praw'ít'il'] *m* (-я) Herrscher *m*, Monarch *m*, Herrscher *m etw. Gen*

правúтельство [praw'ít'il'ßtwa] *s* (-a) Regierung *w* (Organ)

прáвить [práw'it'] *v* herrschen (in einem Land usw.), regieren

правлéние [prawl'én'iji] *s* (-я) **1** Herrschaft *w*, Regierung *w* (Tätigkeit) **2** Vorstand *m* (Gremium)

прáво [práwa] *s* **1** Recht *s* (Rechtsordnung) **2** Anspruch *m auf etw. Akk* (Recht), Recht *s zu etw.* (Berechtigung) ► **давáть ~** *кому на что* berechtigen *j-n zu etw.* (Situation usw.), Recht geben *j-m zu etw.*; **получúть ~** *на что* Anspruch erlangen *auf etw. Akk*

правописáние [prawap'ißán'iji] *s* (-я) Rechtschreibung *w*

прáвый[1] [práwyj] *adj* (-ая, -ое) recht(er,e,es)

прáвый[2] [práwyj] *adj* (-ая, -ое) wahr ► **Вы прáвы.** Sie haben Recht.

прáздник [prásn'ik] *m* (-a) Feiertag *m*, Fete *w*, Party *w*

прáздновать [prásnawat'] *v* (-ную, -нуешь) feiern

прáктика [prákt'ika] *w* (-и) **1** Praxis *w* (praktische Anwendung) **2** Praktik *w* (Verfahrensweise), Praxis *w* (Berufserfahrung), Berufserfahrung *w* **3** Praktikum *s*

практúческий [prakt'ítsch'ißk'ij] *adj* (-ая, -ое) praktisch

прáчечная [pratschischnaja] *w* (-ой) Waschküche *w*, Wäscherei *w* ► **~ самообслýживания** Waschsalon *m*

пребывáние [pr'ibywán'iji] *s* (-я) Aufenthalt *m*

превосхóдный [pr'iwaßchódnyj] *adj* allerbest(er,e,es) (bestmöglich), ausgezeichnet, exzellent

превратúть [pr'iwrat'ít'] *v* (-ащý, -атúшь) umwandeln *etw. Akk*, verwandeln *etw. Akk in etw. Akk*, verzaubern *j-n in etw. Akk* (verhexen)

превы́сить [pr'iwýß'it'] *v* (-ы́шу, -ы́сишь) überschreiten *etw. Akk* (Limit usw.), überwiegen *etw. Akk*

преградить [pr'igrad'ít'] *v* (-ажу́, -ади́шь) sperren, versperren

предать [pr'idát'] *v* (-áм, -áшь) verraten *j-n/etw.* (Verrat begehen)

предварительный [pr'idwar'ít'il'nyj] *adj* (-ая, -ое) provisorisch (noch nicht fest), vorläufig (Abkommen usw.), unverbindlich

предел [pr'id'él] *m* (-а) Grenze *w* (Trennungslinie), Markstein *m* (Ereignis) ► **возрастной** ~ Altersgrenze *w*

предложение[1] [pr'idlashén'iji] *s* (-я) 1 Angebot *s* 2 Vorschlag *m* (Antrag)

предложение[2] [pr'idlashén'iji] *s* (-я) 1 Satz *m* (Aussage) 2 Satzgefüge *s*, Satzverbindung *w*, Satzreihe *w*

предложить [pr'idlashýt'] *v* (-ожу́, -о́жишь) anbieten *j-m etw. Akk*, bieten *j-m etw. Akk*, vorschlagen

предмет [pr'idm'ét] *m* (-а) 1 Gegenstand *m* (Sache) 2 Gegenstand *m etw. Gen* (Thema usw.) 3 Fach *s* (in der Schule usw.)

преднамеренно [pr'idnam'ér'inna] *adv* absichtlich

предоставить [pr'idaßtáw'it'] *v* (-влю, -вишь) 1 leisten *j-m etw. Akk* (Dienst usw.), bieten *j-m etw. Akk* (Möglichkeit usw.) 2 bewilligen *j-m etw. Akk*, gewähren *j-m etw. Akk*, erteilen *j-m etw. Akk* (Genehmigung usw.) ► ~ **выгоды** *чо кому/чему, для кого/чего* begünstigen *j-n*

предостерегать [pr'idaßt'ir'igát'] *v* (-áю, -áешь) verwarnen *j-n* (polizeilich usw.), warnen *j-n vor etw. Dat*

предохранитель [pr'idachran'ít'il'] *m* (-я) Sicherung *w* ► **Вышибло ~.** Die Sicherung ist herausgesprungen.

предохранить [pr'idachran'ít'] *v* (-ню́, -ни́шь) sichern *etw. Akk* (vor Gefahr)

предписать [pr'itp'ißát'] *v* (-ишу́, -и́шешь) bestimmen (autoritativ), verschreiben (Medikament usw.), verordnen (Kur usw.)

предполагать [pr'itpalagát'] *v* (-áю, -áешь) voraussetzen, annehmen (glauben)

предпосылка [pr'itpaßýlka] *w* (-и) Voraussetzung *w* (Bedingung) *für etw.*, Vorbedingung *w für etw.*

предпочесть [pr'itpatsch'éßt'] *v* (-чту́, -чтёшь) bevorzugen *j-n/etw. vor j-m/etw.* (favorisieren), *j-m/etw.* den Vorzug geben

предприниматель [pr'itpr'in'imát'il'] *m* (-я) Unternehmer *m*

предпринимательство [pr'itpr'in'imát'il'ßtwa] *s* (-а) Business *s*, Gewerbe *s*, Unternehmen *s* (Tätigkeit) ► **заниматься ~м** Unternehmen betreiben

предпринимать [pr'itpr'in'imát'] *v* (-áю, -áешь) tun, machen (durchführen)

предприятие [pr'itpr'iját'iji] *s* (-я) Betrieb *m* (Fabrik usw.), Unternehmen *s* (Firma usw.)

предрассудок [pr'idraßßúdak] *m* (-дка) Vorurteil *s*, Voreingenommenheit *w*

председатель [pr'iz'idát'il'] *m* (-я) Vorsitzende *m*

предсказать [pr'izkasát'] *v* (-ажу́, -áжешь) voraussagen *etw. Akk*

представитель [pr'iztaw'ít'il'] *m* (-я) 1 Sprecher *m* (Vertreter), Vertreter *m*, Repräsentant *m* 2 Delegierte *m*, Vertreter *m*, Repräsentant *m*

представить [pr'iztáw'it'] *v* (-влю, -вишь) 1 einführen (ein Produkt), auf den Markt bringen 2 vorstellen *j-n j-m* 3 vorlegen (Entwurf usw.) ► ~ **себé** sich vorstellen (sich ausmalen)

предупредить [pr'idupr'id'ít'] *v* (-ежу́, -еди́шь) 1 hinweisen *auf etw. Akk* 2 vorbeugen *etw. Dat*, verhindern *etw. Akk*

предчувствие [pr'ittsch'úfßtw'iji] *s* (-я) Ahnung *w* (Vorgefühl), Intuition *w*, Vorahnung *w*

предъявить [pr'idjiw'ít'] *v* (-явлю́, -я́вишь) 1 vorlegen *etw. Akk j-m* (Vorschlag usw.) 2 zeigen *j-m etw. Akk* (vorzeigen usw.)

предыдущий [pr'idydúschsch'ij] *adj* (-ая, -ее) vorherig, vorig

прежде [pr'éshd'i] *adv* früher (einst), zuvor, vorher ► ~ **всего́** das wichtigste ist, vor allem

преждевременный [pr'ishd'iwr'ém'innyj] *adj* (-ая, -ое) vorzeitig

прежний [pr'éshn'ij] *adj* (-яя, -ее) früher, vorherig, vorig

презерватив [pr'is'irwat'íf] *m* (-а) Präservativ *s*, Kondom *s,m*

президент [pr'is'id'ént] *m* (-а) Präsident *m*

преимущество [pr'iimúschsch'ißtwa] *s* (-а) Vorsprung *m* (Abstand) ► ~ **(в движéнии)** Vorfahrt *w*

прекрасно [pr'ikráßna] *adv* ausgezeichnet, vorzüglich, wunderschön, toll

прекратить [pr'ikrat'ít'] *v* (-ащу́, -ати́шь) 1 abbrechen *etw. Akk* (beenden), aufhören *mit etw.*, einstellen *etw. Akk* (Tätigkeit) 2 aufhören (Regen usw.) ► **Прекратите это!** Hören Sie damit auf!

прелестный [pr'il'éßnyj] *adj* (-ая, -ое) entzückend, niedlich, süß, liebenswert (Mensch usw.)

прелый [pr'élyj] *adj* (-ая, -ое) faul (Obst usw.), verfault

премия [pr'ém'ija] *w* (-и) Preis *m* (Belohnung)

премьер-министр [pr'im'jérm'in'ißtr] *m* (-а) Ministerpräsident *m*

преобладáющий [pr'iabladájuschsch'ij] *adj* (-ая, -ее) überwiegend
преобразовáть [pr'iabrasawát'] *v* (-зýю, -зýешь) umgestalten, verändern
преодолéть [pr'iadal'ét'] *v* (-éю, -éешь) hinwegkommen *über etw. Akk*, überwinden *etw. Akk* (Verlust usw.), unterdrücken (Gefühle usw.)
препя́тствие [pr'ip'áztw'iji] *s* (-я) **1** Hürde *w*, Hindernis *s* (in Athletik usw.) **2** Hindernis *s für etw.*, Schwierigkeit *w* (Problem)
прервáть [pr'irwát'] *v* (-вý, -вёшь) unterbrechen *j-n* (Sprecher usw.)
преслéдовать [pr'ißl'édawat'] *v* (-дую, -дуешь) **1** folgen *j-m/etw.* (einen Verdächtigen usw.), jagen *j-n*, verfolgen *j-n* (Polizei usw.) **2** stalken *j-n* (Fan usw.)
пресмыкáться [pr'ißmykátza] *v* (-áюсь, -áешься) kriechen *vor j-m* (sich erniedrigen usw.)
прéсный [pr'éßnyj] *adj* (-ая, -ое) fade (Geschmack usw.), (SüD, ÖrD) fad
пресс [pr'éß] *m* (-а) Presse *w* (Maschine)
прéсса [pr'éßßa] *w* (-ы) Presse *w* (Zeitung usw.)
преступи́ть [pr'ißtup'ít'] *v* (-уплю́, -ýпишь) brechen (Schwur usw.)
преступлéние [pr'ißtupl'én'iji] *s* (-я) Verbrechen *s*
престýпник [pr'ißtúpn'ik] *m* (-а) Täter *m*, Verbrecher *m*
претéнзия [pr'iténs'i'a] *w* (-и) Anspruch *m auf etw. Akk*
преувели́чить [pr'iuw'il'ítsch'it'] *v* (-чу, -чишь) übertreiben *etw. Akk* (aufbauschen)
при [pr'í] *prep* bei (Angelegenheit)
прибáвить [pr'ibáw'it'] *v* (-влю, -вишь) **1** dazurechnen *etw. Akk zu etw.*, zuzählen *etw. Akk etw. Dat* (Zahl usw.) **2** beschleunigen (sich schneller bewegen)
прибáвка [pr'ibáfka] *w* (-и) Zuschlag *m*, Aufschlag *m* (Preis), Aufpreis *m*
прибéгнуть [pr'ib'égnut'] *v* (-ну, -нешь) greifen *zu etw.* (Maßnahmen usw.)
приблизи́тельный [pr'ibl'is'ít'il'nyj] *adj* (-ая, -ое) ungefähr, annähernd
прибли́зить [pr'ibl'ís'it'] *v* (-и́жу, -и́зишь) nähern *j-m etw. Akk*
прибóр [pr'ibór] *m* (-а) Apparat *m*, Gerät *s* (elektrisches usw.), Haushaltsgerät *s* ► **столóвый ~** Besteck *s*; **пи́сьменные ~ы** Schreibbedarf *m*
при́быль [pr'íbyl'] *w* (-и) Aufkommen *s*, Erlös *m*, Ertrag *m* (finanziell), Gewinn *m* (Ertrag)
прибы́тие [pr'ibýt'iji] *s* (-я) Ankunft *w* ► **зарегистри́ровать ~** *кого* empfangen *j-n* (im Hotel)
прибы́ть [pr'ibýt'] *v* (-бýду, -бýдешь) ankommen (Paket usw.), anreisen, zunehmen (steigen)
привáтный [pr'iwátnyj] *adj* (-ая, -ое) privat, Privat-
привезти́ [pr'iw'ißt'í] *v* (-зý, -зёшь) bringen *j-n/etw. irgendwohin* (mit dem Auto usw.)
привести́ [pr'iw'ißt'í] *v* (-едý, -едёшь) **1** mitbringen *j-n* **2** angeben *etw. Akk* (Adresse usw.) **3** anführen *etw. Akk* (sagen usw.) ► **~ в поря́док** herrichten; **~ примéр** Beispiel anführen
привéт [pr'iw'ét] *interj* ciao, tschau, hallo ♦ *m* Gruß *m*, Salut *m* ► **передавáть ~** *кому* grüßen *j-n von j-m*; **П~!** Hallo!
привéтливый [pr'iw'étl'iwyj] *adj* (-ая, -ое) gütig, nett, umgänglich
привéтствовать [pr'iw'éztwawat'] *v* (-твую, -твуешь) **1** empfangen *j-n* (Gäste usw.), willkommen heißen *j-n* **2** begrüßen *etw. Akk*
привинти́ть [pr'iw'int'ít'] *v* (-нчý, -нти́шь) anschrauben *etw. Akk an etw. Akk*, schrauben *etw. Akk irgendwohin*
при́вкус [pr'ífkuß] *m* (-а) Geschmack *m* (von Erdbeeren usw.), unangenehmer Geschmack *m*
привлéчь [pr'iwl'étsch'] *v* (-екý, -ечёшь, -екýт) anlocken *j-n*, anlocken *j-n irgendwohin*, anziehen *j-n* (Kunden usw.)
привстáть [pr'ifßtát'] *v* (-áну, -áнешь) aufstehen
привы́кнуть [pr'iwýknut'] *v* (-ну, -нешь) sich gewöhnen *an etw. Akk*
привы́чка [pr'iwýtsch'ka] *w* (-и) Gewohnheit *w* ► **дурнáя ~** schlechte Gewohnheit *w*
привязáться [pr'iw'isátza] *v* (-яжýсь, -я́жешься) hängen *an j-m* (an Mutter usw.)
пригласи́ть [pr'iglaß'ít'] *v* (-ашý, -аси́шь) einladen *j-n irgendwohin*, hinzuziehen *j-n*
приглашéние [pr'iglaschén'iji] *s* (-я) Einladung *w*, Einladungskarte *w*
приглуши́ть [pr'igluschýt'] *v* (-шý, -ши́шь) abdämpfen (Schall usw.), dämpfen, leiser machen (Radio usw.), senken (Stimme)
приговóр [pr'igawór] *m* (-а) Urteil *s* (richterliches)
приговори́ть [pr'igawar'ít'] *v* (-рю́, -ри́шь) verurteilen *j-n zu etw.* (zu Strafe)
приго́дный [pr'igódnyj] *adj* (-ая, -ое) geeignet *für etw.*, *zu etw.* (fähig)
приготóвить [pr'igatów'it'] *v* (-влю, -вишь) **1** bereiten *j-m etw. Akk*, vorbereiten *etw. Akk für j-n*, vorbereiten *etw. Akk*, zubereiten **2** kochen (zubereiten)
придавáть [pr'idawát'] *v* (-даю́, -даёшь) verleihen *etw. Akk etw. Dat* (Eigenschaft usw.)

придави́ть [pr'idaw'ít'] *v* (-авлю́, -а́вишь) belasten *etw. Akk*, drücken *j-n/etw. in/an etw. Akk*

прида́ча [pr'idátsch'a] *w* (-и) Ergänzung *w* (Zusatz usw.)

придержа́ть [pr'id'irshát'] *v* (-ержу́, -е́ржишь) aufhalten *etw. Akk* (kurz halten)

приду́мать [pr'idúmat'] *v* (-аю, -аешь) **1** ausdenken *etw. Akk* **2** entwerfen *etw. Akk* **3** sich ausdenken *etw. Akk* (Ausrede usw.)

прие́зд [pr'ijést] *m* (-а) Ankunft *w*

приём [pr'i'óm] *m* (-а) **1** Annahme *w*, Empfang *m* (von Ware usw.) **2** Empfang *m* (von Gästen usw.) **3** Aufnahme *w* (Nahrung usw.) **4** Empfang *m* (Veranstaltung) **5** Empfang *m* (Signal usw.)

приёмная [pr'i'ómnaja] *w* (-ой) Rezeption *w* (Empfangsbüro)

приёмник [pr'i'ómn'ik] *m* (-а) Becken *s* (Reservoir), Empfänger *m* (Gerät)

прие́хать [pr'ijéchat'] *v* (-е́ду, -е́дешь) ankommen *in etw. Dat, an etw. Dat* (mit dem Auto usw.), anreisen

прижа́ть [pr'ishát'] *v* (-жму́, -жмёшь) drücken *j-n/etw. in/an etw. Akk*

приз [pr'íß] *m* (-а) Preis *m* (Belohnung)

призва́ть [pr'iswát'] *v* (-зову́, -зовёшь) auffordern *j-n zu etw.*, einberufen (zur Armee), hinzuziehen *j-n*, rufen *j-n* (Arzt usw.)

приземли́ться [pr'is'iml'ítza] *v* (-лю́сь, -ли́шься) landen

призёр [pr'is'ór] *m* (-а) Gewinner *m etw. Gen* (eines Preises usw.), Medaillengewinner *m*

при́знак [pr'ísnak] *m* (-а) Indiz *s*, Merkmal *s*, Symptom *s von etw., für etw.* (einer Krankheit usw.), Zeichen *s* (Anzeichen)

призна́ть [pr'isnát'] *v* (-а́ю, -а́ешь) **1** eingestehen *etw. Akk* **2** anerkennen *etw. Akk* (offiziell)

прийти́ [pr'ijt'í] *v* (приду́, придёшь) **1** ankommen (Wagen usw.), kommen *irgendwohin*, eintreffen *irgendwohin* **2** eingehen (Brief usw.) **3** kommen *zu etw.* (Ansicht usw.)
► **~ в го́лову** einfallen *j-m* (Idee usw.)

прика́з [pr'ikáß] *m* (-а) Anordnung *w* (amtliche usw.), Verordnung *w*, Befehl *m* (militärischer usw.), Dekret *s*

прикаса́ться [pr'ikaßátza] *v* (-а́юсь, -а́ешься) anfassen *j-n/etw.*

прикипе́ть [pr'ik'ip'ét'] *v* (-плю́, -пи́шь) hängen *an j-m* (an Mutter usw.)

прикле́ить [pr'ikl'éit'] *v* (-е́ю, -е́ишь) kleben *etw. Akk an/auf etw. Akk* (befestigen)

приключе́ние [pr'ikl'utsch'én'iji] *s* (-я) Abenteuer *s*, Ereignis *s*

прико́льный [pr'ikól'nyj] *adj* (-ая, -ое) witzig

прикоснове́ние [pr'ikaßnaw'én'iji] *s* (-я) Berührung *w*

прикосну́ться [pr'ikaßnútza] *v* (-ну́сь, -нёшься) berühren *j-n/etw.*, anrühren *j-n/etw.*

прикрепи́ть [pr'ikr'ip'ít'] *v* (-плю́, -пи́шь) anbringen *etw. Akk an etw. Dat*, befestigen *etw. Akk an etw. Dat* (festmachen), fesseln *j-n/etw. (an etw. Akk)*

прикры́ть [pr'ikrýt'] *v* (-ро́ю, -ро́ешь) bedecken *j-n mit etw.*, zudecken *j-n/etw. mit etw.*, zudecken *etw. Akk mit etw.* (mit Deckel usw.)

прила́вок [pr'iláwak] *m* (-вка) Theke *w*

прилепи́ть [pr'il'ip'ít'] *v* (-леплю́, -ле́пишь) kleben *etw. Akk an/auf etw. Akk* (befestigen)

прилёт [pr'il'ót] *m* (-а) Ankunft *w*

прилете́ть [pr'il'it'ét'] *v* (-лечу́, -лети́шь) anfliegen, einfliegen (Flugzeug)

приле́чь [pr'il'étsch'] *v* (-ля́гу, -ля́жешь) haften *auf/an etw. Akk*, sich strecken (Körper usw.)

прили́в [pr'il'íf] *m* (-а) Anfall *m*, Flut *w von etw.*, Schwall *m von etw.* (von Geld usw.)
► **~ы и отли́вы** Gezeiten *w Mz*

прили́чный [pr'il'ítsch'nyj] *adj* (-ая, -ое) **1** anständig, ordentlich (Leben usw.) **2** anständig, schön (Gehalt usw.)

приложе́ние [pr'ilashén'iji] *s* (-я) Anhang *m*, Anlage *w* (eines Dokumentes), App *w,s*, Applikation *w* (Programm)

примене́ние [pr'im'in'én'iji] *s* (-я) **1** Anwendung *w etw. Gen*, Applikation *w*, Benutzung *w etw. Gen*, Nutzung *w etw. Gen* **2** Anstellung *w*

примени́ть [pr'im'in'ít'] *v* (-еню́, -е́нишь) **1** anwenden *etw. Akk* (Regel usw.), anwenden (in Praxis usw.) **2** benutzen *etw. Akk*, verwenden *etw. Akk*, zur Geltung bringen *etw. Akk*

приме́р [pr'im'ér] *m* (-а) Beispiel *s etw. Gen* (Beweis)

приме́рить [pr'im'ér'it'] *v* (-рю, -ришь) anprobieren (Kleider usw.)

приме́рочная [pr'im'ératsch'naja] *w* Kabine *w*, Ankleidekabine *w*

при́месь [pr'ím'iß'] *w* (-и) Additiv *s*, Zusatz *m* (Stoff), Zutat *w*, Ingredienz *w*

примеча́ние [pr'im'itsch'án'iji] *s* (-я) Anmerkung *w* (Äußerung usw.)

примири́ть [pr'im'ir'ít'] *v* (-рю́, -ри́шь) versöhnen *j-n mit j-m*, aussöhnen *j-n mit j-m*

принадлежа́ть [pr'inadl'ishát'] *v* (-жу́, -жи́шь) angehören *zu etw.*, gehören *zu etw.*, gehören *j-m*

принести́ [pr'in'ißt'í] *v* (-су́, -сёшь) bringen *j-m etw. Akk* (ein Buch usw.), mitbringen *etw. Akk irgendwohin/j-m*

принц [pr'ínz] *m* (-а) Prinz *m*

принцéсса [pr'inzéßßa] *w* (-ы) Prinzessin *w*
при́нцип [pr'ínzyp] *m* (-а) Prinzip *s*
приня́тие [pr'in'át'iji] *s* (-я) **1** Anerkennung *w* (eines Faktums usw.), Annahme *w*, Empfang *m* (von Ware usw.), Aufnahme *w* (in Verein usw.) **2** Übernahme *w* (eines Unternehmens usw.)
приня́ть [pr'in'át'] *v* (приму́, при́мешь) **1** annehmen *etw. Akk* (Angebot usw.) **2** akzeptieren, annehmen (Plan usw.) **3** willkommen heißen *j-n* **4** einstellen *j-n* (Arbeiter usw.), aufnehmen *j-n* (Mitglied usw.) **5** übernehmen ► **~ (на себя́)** übernehmen (Pflicht usw.)
приобрести́ [pr'iabr'ißt'í] *v* (-ету́, -етёшь) **1** anschaffen *etw. Akk* **2** erwerben (Vermögen usw.), verdienen *etw. Akk* (Anerkennung)
приостанови́ть [pr'iaßtanaw'ít'] *v* (-овлю́, -о́вишь) stilllegen *etw. Akk*, unterbrechen *etw. Akk* (Tätigkeit usw.), verzögern *etw. Akk* (Prozess usw.)
припа́док [pr'ipádak] *m* (-дка) Anfall *m*
припла́та [pr'ipláta] *w* (-ы) Zuschlag *m*, Aufschlag *m* (Preis), Aufpreis *m*
припо́мнить [pr'ipómn'it'] *v* (-ню, -нишь) erinnern *j-n an etw. Akk*, sich erinnern *an j-n/etw.*
приро́да [pr'iróda] *w* (-ы) Natur *w* (Tiere, Pflanzen usw.)
присво́ить [pr'ißwóit'] *v* (-о́ю, -о́ишь) **1** sich aneignen **2** verleihen *j-m etw. Akk* (einen Titel usw.)
прислу́шиваться [pr'ißlúschywatza] *v* (-аюсь, -аешься) zuhören *j-m/etw.*
присмотре́ть [pr'ißmatr'ét'] *v* (-отрю́, -о́тришь) aufpassen *auf j-n/etw.*
присоедини́ть [pr'ißajid'in'ít'] *v* (-ню́, -ни́шь) angliedern *etw. Akk an etw. Dat*, anschließen *etw. Akk an etw. Akk*, verbinden *etw. Akk mit etw.* (Ganzes bilden), anschließen (ans Netz usw.)
приспосо́бить [pr'ißpaßób'it'] *v* (-блю, -бишь) anpassen *etw. Akk etw. Dat*, anpassen *etw. Akk j-m/etw.*, angleichen *etw. Akk j-m/etw.*, herrichten
приста́вить [pr'ißtáw'it'] *v* (-влю, -вишь) anstellen *etw. Akk an etw. Akk* (anlehnen)
приста́ть [pr'ißtát'] *v* (-а́ну, -а́нешь) **1** haften *auf/an etw. Akk* **2** landen
присто́йный [pr'ißtójnyj] *adj* (-ая, -ое) anständig
пристро́ить [pr'ißtróit'] *v* (-о́ю, -о́ишь) anbauen *etw. Akk an etw. Akk*
при́ступ [pr'íßtup] *m* (-а) Anfall *m*
приступи́ть [pr'ißtup'ít'] *v* (-уплю́, -у́пишь) beginnen *etw. Akk, mit etw.*, schreiten *zu etw.*
прису́тствовать [pr'ißúztwawat'] *v* (-твую, -твуешь) teilnehmen *an etw. Dat* (Teilnehmer sein), sich beteiligen *an etw. Dat*
притащи́ть [pr'itaschsch'ít'] *v* (-ащу́, -а́щишь) ziehen *etw. Akk irgendwohin* (herbeischleppen)
притво́рный [pr'itwórnyj] *adj* (-ая, -ое) unecht (Zuneigung usw.), vorgetäuscht
притесня́ть [pr'it'ißn'át'] *v* (-я́ю, -я́ешь) unterdrücken (Volk usw.)
прито́к [pr'itók] *m* (-а) Zufluss *m*, Nebenfluss *m* (eines Flusses usw.), Zustrom *m von etw.*
притуши́ть [pr'ituschýt'] *v* (-ушу́, -у́шишь) dämpfen (Licht), abblenden (Scheinwerfer)
притяза́ние [pr'it'isán'iji] *s* (-я) Anspruch *m auf etw. Akk* (erhobener usw.)
приходи́ться [pr'ichad'ítza] *v* (-ожу́сь, -о́дишься) kommen *auf j-n/etw.* (entfallen)
прихо́жая [pr'ichóshaja] *w* (-ей) Vorraum *m*
при́хоть [pr'íchat'] *w* (-и) Laune *w* (Idee), Grille *w* (Einfall)
прице́п [pr'izép] *m* (-а) Anhänger *m* (Wagen)
прице́п-да́ча [pr'izepdátsch'a] *w* (прице́па-да́чи) Wohnwagen *m*
прицепи́ть [pr'izyp'ít'] *v* (-цеплю́, -це́пишь) anschließen *etw. Akk an etw. Akk*, verbinden *etw. Akk mit etw.* (Ganzes bilden)
прича́л [pr'itsch'ál] *m* (-а) Ankerplatz *m*, Ankerstelle *w*, Anlegestelle *w*
причём [pr'itsch'óm] *adv* außerdem, überhin
причеса́ть [pr'itsch'ißát'] *v* (-ешу́, -е́шешь) kämmen *j-n/etw.*
причи́на [pr'itsch'ína] *w* (-ы) Ursache *w etw. Gen* ► **по (причи́не)** *чего* auf Grund *m etw. Gen*
причини́ть [pr'itsch'in'ít'] *v* (-ню́, -ни́шь) herbeiführen, bewirken (Folgen usw.), hervorrufen *etw. Akk* (Zustand usw.), verschulden *etw. Akk*
причу́да [pr'itsch'úda] *w* (-ы) Laune *w* (Einfall)
приши́ть [pr'ischýt'] *v* (-шью́, -шьёшь) annähen *etw. Akk an etw. Akk*, nähen *etw. Akk* (befestigen)
прище́пка [pr'ischsch'épka] *w* (-и) Wäscheklammer *w*
прию́т [pr'ijút] *m* (-а) **1** Unterschlupf *m* **2** Heim *s* (für Obdachlose usw.) ► **го́рный ~** Hütte *w* (Berghütte usw.)
прия́тель [pr'iját'il'] *m* (-я) Freund *m* (Bekannter)
про [pró] *prep* über *etw. Akk* (sprechen usw.), von *etw.* (reden, hören usw.), um *etw.* (sich handeln usw.)

пробежа́ть [prab'ishát'] v (-егу́, -ежи́шь, -егу́т) durchlaufen *etw. Akk* (schnell durchkommen), zurücklegen (laufend)

пробе́л [prab'él] m (-а) Leertaste w, Leerzeichen s, Leere w, Lücke w (Stelle usw.)

проби́ть [prab'ít'] v (-бью́, -бьёшь) **1** durchbrechen (Öffnung schlagen), durchstoßen *etw. Akk*, eintreten *etw. Akk* (eine Tür usw.) **2** schlagen (Uhr)

про́бка [própka] w (-и) **1** Stöpsel m **2** Stau m (Verkehr), Verkehrskollaps m **3** Kork m, Korken m

пробле́ма [prabl'éma] w (-ы) Problem s ► **пробле́мы пищевари́тельного тра́кта** Verdauungsstörung w

про́бовать [próbawat'] v (-бую, -буешь) versuchen *etw. Akk* (sich bemühen)

прова́л [prawál] m (-а) **1** Debakel s, Durchfall m (Film usw.) **2** Ausfall m (von Gedächtnis usw.)

провали́ться [prawal'ítza] v (-алю́сь, -а́лишься) **1** durchfallen *durch etw.*, einsinken **2** einbrechen (Decke usw.) **3** durchfallen *in etw. Dat*, nicht bestehen (Prüfung usw.), scheitern (keinen Erfolg haben) **4** fallen (Preise usw.) **5** verschwinden

прове́рить [praw'ér'it'] v (-рю, -ришь) **1** überprüfen *etw. Akk* (nochmals prüfen) **2** checken, abchecken, prüfen (Bremsen usw.), prüfen *etw. Akk* (Qualität) **3** kontrollieren *etw. Akk* (überwachen) **4** nochmals überprüfen *etw. Akk*, nochmals untersuchen *etw. Akk* (überprüfen)

прове́рка [praw'érka] w (-и) **1** Revision w (Kontrolle), Überprüfung w, Kontrolle w (gründliche usw.) **2** Durchsuchung w (Haussuchung usw.), Kontrolle w (Zollkontrolle usw.), Test m (in der Schule)

провести́ [praw'ißt'í] v (-еду́, -едёшь) **1** durchführen *j-n durch etw.* (durch Stadt usw.) **2** durchsetzen (Vorschlag usw.) **3** durchführen (Experiment usw.) **4** führen *j-n irgendwohin*, bringen ► **~ вре́мя** genießen *etw. Akk* (erleben)

прове́трить [praw'étr'it'] v (-рю, -ришь) lüften

прови́нция [praw'ínzyja] w (-и) Provinz w

про́вод [prówat] m Leitung w (Telefonleitung usw.)

проводи́ть[1] [prawad'ít'] v (-ожу́, -о́дишь) **1** ausüben **2** verbringen **3** leiten (leitfähig sein)

проводи́ть[2] [prawad'ít'] v (-ожу́, -о́дишь) begleiten *j-n irgendwohin*

проводни́к [prawadn'ík] m (-а́) Leiter m (Stoff), Schaffner m

провозгласи́ть [prawasglaß'ít'] v (-ашу́, -аси́шь) aussprechen, sagen (Wort usw.)

про́волока [prówalaka] w (-и) Draht m

прогада́ть [pragadát'] v (-а́ю, -а́ешь) verlieren *bei etw.* (Geld)

проглоти́ть [praglat'ít'] v (-очу́, -о́тишь) schlucken *etw. Akk*, verschlucken *etw. Akk* (Wasser usw.)

прогляде́ть [pragl'id'ét'] v (-яжу́, -яди́шь) übersehen *etw. Akk* (nicht bemerken), versäumen (vergessen zu tun usw.)

прогно́з [pragnóß] m (-а) Prognose w, Tipp m (Schätzung), Vorhersage w

проголосова́ть [pragalaßawát'] v (-су́ю, -су́ешь) beschließen (ein Gesetz usw.), abstimmen (Antrag usw.)

програ́мма [pragrámma] w (-ы) **1** Sendung w (Programm) **2** Programm s (Computer), Computerprogramm s **3** Programm s *etw. Gen* (Ablauf)

прогре́сс [pragr'éß] m (-а) Fortschritt m

прогу́лка [pragúlka] w (-и) Spazierfahrt w, Spaziergang m

продаве́ц [pradaw'éz] m (-вца́) Verkäufer m

прода́жа [pradásha] w (-и) Abstoßung w (Verkauf), Verkauf m

прода́ть [pradát'] v (-а́м, -а́шь) verkaufen *etw. Akk j-m für etw.*

продви́нуть [pradw'ínut'] v (-ну, -нешь) beschleunigen *etw. Akk* (vorantreiben), durchstecken *etw. Akk durch etw.*

продли́ть [pradl'ít'] v (-лю́, -ли́шь) verlängern *etw. Akk* (zeitlich)

продолжа́ть [pradalshát'] v (-а́ю, -а́ешь) **1** fortsetzen *etw. Akk*, fortfahren *in etw. Dat*, weitermachen *etw. Akk* **2** weitergehen (Prozess usw.), sich fortsetzen, weitermachen *etw. Akk, in etw. Dat*

продолже́ние [pradalshén'iji] s (-я) Fortsetzung w *etw. Dat* (einer Tätigkeit usw.), Fortsetzung w *von etw.*, Folge w *von etw.* (Film usw.), Nachspiel s *etw. Gen* (Folgen)

проду́кт [pradúkt] m (-а) **1** *~ пита́ния* Lebensmittel s, Nahrungsmittel s **2** Erzeugnis s, Produkt s (neues usw.) **3** Ausgeburt w ► **сельскохозя́йственные ~ы** landwirtschaftliche Produktion; **~ы (пита́ния)** Lebensmittel Mz

проду́кция [pradúkzyja] w (-и) Produktion w

продю́сер [prad'jußar] m (-а) Produzent m (von Filmen usw.)

прое́зд [prajést] m (-а) **1** Durchfahrt w *durch etw.* (Durchfahren), Durchreise w *durch etw.* (durch Stadt usw.) **2** Durchfahrt w (Stelle) ► **пла́та за ~** Fahrpreis m

прое́кт [praekt] m (-а) Projekt s, Vorschlag m

проём [pra'óm] m (-а) Öffnung w

проéхать [prajéchat'] *v* (-éду, -éдешь) **1** durchfahren *durch etw.* (durch Tunnel usw.) **2** vorbeifahren *an j-m/etw.* ► **~ (мимо)** vorbeifahren *an etw. Dat*

прожéктор [prashéktar] *m* (-а) Scheinwerfer *m*, Spotlight *s*

прожи́ть [prashýt'] *v* (-иву́, -ивёшь) verbringen

прóза [prósa] *w* (-ы) Prosa *w*

прозрáчный [prasrátsch'nyj] *adj* (-ая, -ое) durchsichtig, klar

проигрáть [praigrát'] *v* (-áю, -áешь) **1** verlieren *etw. Akk gegen j-n* (Kampf usw.) **2** verspielen *etw. Akk* (Geld usw.) **3** abspielen *etw. Akk* (eine CD usw.)

прóигрыш [próigrysch] *m* (-а) Niederlage *w* (im Spiel usw.)

произведéние [praisw'id'én'iji] *s* (-я) **1** Werk *s* (Schöpfung usw.) **2** Produkt *s* (einer Multiplikation)

произвести́ [praisw'ißt'í] *v* (-еду́, -едёшь) **1** erzeugen (Energie usw.), machen *etw. Akk* (durchführen), tun *etw. Akk*, produzieren **2** erwecken *etw. Akk* (Interesse usw.) ► **~ впечатлéние** beeindrucken *j-n*

производи́тель [praiswad'ít'il'] *m* (-я) Hersteller *m von etw.*, Erzeuger *m von etw.* (von Ware usw.), Produzent *m von etw.*

производи́ть [praiswad'ít'] *v* (-ожу́, -óдишь) herstellen (Produkt usw.), erzeugen, produzieren (industriell usw.), machen *etw. Akk* ► **~ впечатлéние** wirken *auf j-n irgendwie* (Eindruck machen)

произвóдство [praiswóztwa] *s* (-а) Produktion *w*

произнести́ [praisn'ißt'í] *v* (-су́, -сёшь) aussprechen, sagen (Wort usw.), sagen *etw. Akk*

произойти́ [praisajt'í] *v* (-ойду́, -ойдёшь) geschehen, sich abspielen, verlaufen (Veranstaltung usw.)

происходи́ть [praißchad'ít'] *v* (-ожу́, -óдишь) **1** verlaufen (ablaufen), in Gang sein, vorgehen (geschehen) **2** herkommen *aus etw.* (aus China usw.), stammen *aus etw.* **3** stattfinden *irgendwo* ► **Что происхóдит?** Was ist (los)?

происхождéние [praißchashd'én'iji] *s* (-я) Ursprung *m*, Herkunft *w*

пройти́ [prajt'í] *v* (пройду́, пройдёшь) **1** zurücklegen *etw. Akk* (zu Fuß) **2** vorbeigehen *an j-m/etw.* **3** absolvieren (Training usw.), durchmachen *etw. Akk* (durchleben) **4** vergehen (Zeit) **5** durchgehen *etw. Akk* (lesen usw.) **6** durchnehmen *etw. Akk* (in der Schule usw.)

прокáзничать [prakásn'itsch'at'] *v* (-аю, -аешь) anstellen (Unfug usw.), herumtoben (tollen)

прокóл [prakól] *m* (-а) Loch *s* ► **~ ши́ны** Reifenpanne *w*, Platten *m*

проконтроли́ровать [prakantral'írawat'] *v* (-рую, -руешь) kontrollieren *etw. Akk* (überwachen), nachprüfen (überprüfen)

прокурóр [prakurór] *m* (-а) Staatsanwalt *m*

проли́ть [pral'ít'] *v* (-лью́, -льёшь) **1** verschütten **2** vergießen (Träne usw.)

промтовáры [pramtawáry] *m Mz* (-ов) Haushaltswaren *Mz*

прóмысел [prómyß'il] *m* Jagd *w*

промы́шленность [pramýschl'innaßt'] *w* (-и) Industrie *w*

пронзи́тельный [prans'ít'il'nyj] *adj* (-ая, -ое) rau (Geräusch usw.), grell (Klang usw.)

пропагáнда [prapagánda] *w* (-ы) **1** Werbung *w* (eines Produktes), Promotion *w* (Reklame) **2** Propaganda *w*

прóпасть [própaßt'] *w* Abgrund *m*

прописáть [prap'ißát'] *v* (-ишу́, -и́шешь) **1** verschreiben (Medikament usw.), verordnen (Kur usw.) **2** anmelden *j-n/etw.* (registrieren usw.)

пропусти́ть [prapußt'ít'] *v* (-ущу́, -у́стишь) **1** durchlassen *etw. Akk* (Wasser usw.) **2** einlassen *j-n irgendwohin* (hineinlassen usw.) **3** einlassen *j-n irgendwohin* (hineinlassen usw.), fernbleiben *etw. Dat*, nicht teilnehmen *an etw. Dat*, versäumen *etw. Akk* (Unterricht usw.) **4** auslassen *etw. Akk*, überspringen *etw. Akk* (auslassen) **5** verpassen *etw. Akk* (Bus usw.)

пропылесóсить [prapyl'ißóß'it'] *v* (-óшу, -óсишь) staubsaugen *etw. Akk*, staubsaugen *etw. Akk*

просвещённый [praßw'ischsch'ónnyj] *adj* (-ая, -ое) gebildet (Bildung besitzend)

проси́ть [praß'ít'] *v* (прошу́, прóсишь) betteln *bei j-m um etw.*, erbetteln *etw. Akk von j-m*, bitten *j-n um etw.*

прослáвленный [praßláwl'innyj] *adj* (-ая, -ое) berühmt, namhaft, renommiert, ruhmreich

прослéживать [praßl'éshywat'] *v* (-аю, -аешь) verfolgen *j-n* (beschatten)

просмóтр [praßmótr] *m* (-а) Besichtigung *w etw. Gen*

просмотрéть [praßmatr'ét'] *v* (-отрю́, -óтришь) übersehen *etw. Akk* (nicht bemerken)

просну́ться [praßnútza] *v* (-ну́сь, -нёшься) aufwachen, erwachen

проспéкт [praßp'ékt] *m* (-а) Straße *w* (Avenue), Avenue *w*

просрóчить [praßrótsch'it'] *v* (-чу, -чишь) verpassen (Chance usw.)

проститу́тка [praßt'itútka] *w* (-и) Prostituierte *w*

прости́ть [praßt'ít'] *v* (прощу́, прости́шь) verzeihen *j-m etw. Akk*

про́сто [próßta] *adv* einfach ♦ *part* einfach, eben, halt, kurz gesagt

простоду́шный [praßtadúschnyj] *adj* (-ая, -ое) arglos, harmlos

просто́й [praßtój] *adj* (-а́я, -о́е) **1** einfach, leicht (Aufgabe usw.) **2** einfach (unkompliziert), simpel (Erklärung usw.) **3** gewöhnlich, einfach

простра́нство [praßtránßtwa] *s* (-а) **1** Raum *m* **2** Platz *m*

просту́да [praßtúda] *w* (-ы) Erkältung *w*

простыня́ [praßtyn'á] *w* Bettlaken *s*, Laken *s*, Betttuch *s*, Tuch *s* (Bettwäsche)

просчита́ть [praschsch'itát'] *v* (-а́ю, -а́ешь) zählen (Stimmen usw.)

про́сьба [próß'ba] *w* (-ы) Bitte *w um etw. Akk*, Verlangen *s* (geäußerter Wunsch), Wunsch *m* (Verlangen)

протека́ть [prat'ikát'] *v* (-а́ет) **1** vergehen **2** im Gange sein

проте́ст [prat'éßt] *m* (-а) Protest *m*

протести́ровать [prat'ißt'írawat'] *v* (-рую, -руешь) prüfen *etw. Akk* (Qualität)

протестова́ть [prat'ißtawát'] *v* (-ту́ю, -ту́ешь) **1** protestieren *gegen etw.* (öffentlich usw.) **2** protestieren *gegen j-n/etw.* (zurückweisen)

про́тив [prót'if] *prep* gegen *j-n/etw.* (wirken usw.), gegenüber *j-m/etw.* (sitzen usw.)

проти́виться [prat'íw'itza] *v* (-влюсь, -вишься) widerstehen *etw. Dat*, sich sträuben *etw. Gen*, sich widersetzen *etw. Dat* (Änderung usw.)

проти́вник [prat'íwn'ik] *m* (-а) **1** Gegner *m*, Rivale *m* **2** Opponent *m j-s/etw.* **3** Gegenspieler *m*

проти́вный [prat'íwnyj] *adj* eklig, ekelhaft, lästig

противоде́йствие [prat'iwad'éjßtw'iji] *s* (-я) Widerstand *m gegen j-n/etw.* (Trotz)

противополо́жный [prat'iwapalóshnyj] *adj* (-ая, -ое) **1** gegensätzlich (Meinung usw.), umgekehrt, entgegengesetzt, verkehrt **2** gegenüberliegend, gegenüberstehend, Gegen-

противопоста́вить [prat'iwapaßtáw'it'] *v* (-влю, -вишь) vergleichen *j-n/etw. mit j-m/etw.* (Unterschiede)

противоре́чие [prat'iwar'étsch'iji] *s* (-я) Widerspruch *m* (Gegensatz)

протяже́ние [prat'ishén'iji] *s* (-я) Entfernung *w*, Distanz *w* (räumliche usw.) ► **на протяже́нии** *чего* während, im Laufe *etw. Gen*, im Verlauf *etw. Gen*

протяну́ть [prat'inút'] *v* (-яну́, -я́нешь) ausstrecken

профессиона́льный [praf'ißß'ianál'nyj] *adj* (-ая, -ое) beruflich (Beruf betreffend), professionell

профе́ссия [praf'éßß'ija] *w* (-и) Beruf *m*

профе́ссор [praf'éßßar] *m* (-а; -а́, -о́в) Professor *m*

профсою́з [prafßajúß] *m* (-а) Gewerkschaft *w*

прохлади́тельный [prachlad'ít'il'nyj] *adj* (-ая, -ое) kühl (Getränk usw.), gekühlt (Wein usw.)

прохо́д [prachót] *m* (-а) **1** Durchgang *m* **2** Gang *m* (zwischen den Sitzen usw.)

проходи́ть [prachad'ít'] *v* vergehen ► **Проходи́те!** Kommen Sie herein.

процвета́ть [prazw'itát'] *v* (-а́ю, -а́ешь) blühen (Geschäft usw.), prosperieren

проце́нт [prazént] *m* (-а) (prozentualer) Anteil *m*, Prozent *s*, Zins *m*

проце́сс [prazéß] *m* (-а) Prozess *m* (Vorgang) ► **(суде́бный) ~** Prozess *m* (Rechtsstreit)

про́чий [prótsch'ij] *adj* (-ая, -ее) ander(er,e,es) (Exemplar usw.), die anderen (der Rest)

прочита́ть [pratsch'itát'] *v* (-а́ю, -а́ешь) durchlesen *etw. Akk*, lesen *etw. Akk* (ein Buch usw.), vortragen *etw. Akk* (Anliegen usw.)

про́чный [prótsch'nyj] *adj* (-ая, -ое) durabel (widerstandsfähig), haltbar (Material usw.), langlebig (Batterie usw.)

прочь [prótsch'] *adv* weg ► **Он уже́ ушёл ~.** Er ist schon weg.

проше́дший [praschétschyj] *adj* (-ая, -ее) vergangen (Zeiten usw.)

про́шлое [próschlaji] *s* (-ого) Vergangenheit *w* (Zeit)

про́шлый [próschlyj] *adj* (-ая, -ое) vergangen, vorig, letzt(er,e,es) (Woche usw.)

проща́ние [praschsch'án'iji] *s* (-я) Abschied *m*, Verabschiedung *w*

прояви́ть [prajiw'ít'] *v* (-явлю́, -я́вишь) **1** entwickeln (Film) **2** äußern *etw. Akk*, zeigen *etw. Akk*, ausdrücken *etw. Akk*, beweisen *etw. Akk* (Fähigkeiten usw.) **3** entwickeln (Druck usw.)

проясни́ть [prajißn'ít'] *v* erklären *etw. Akk*

пруд [prút] *m* (-а́) Teich *m*

пружи́на [prushýna] *w* (-ы) Feder *w* (aus Stahl usw.)

пры́гнуть [prýgnut'] *v* (-ну, -нешь) springen

прыжо́к [pryshók] *m* (-жка́) Absprung *m* (Herunterspringen), Sprung *m*, Überspringen *s etw. Gen*

прыщ [prýschsch] *m* (-а́) Pickel *m* (in der Haut)

пря́мо [pr'áma] *adv* **1** geradeaus **2** direkt (ohne Umstände) **3** direkt (sofort) **4** gerade, aufrecht (sitzen usw.)

прямо́й [pr'imój] *adj* (-а́я, -о́е) **1** gerade (Linie usw.) **2** direkt (Verbindung usw.) **3** direkt (Lösung usw.)
пря́ник [pr'án'ik] *m* (-а) Pfefferkuchen *m*
пря́ность [pr'ánaßt'] *w* (-и) Gewürz *s*
пти́ца [pt'íza] *w* (-ы) Vogel *m* ► **хи́щная** ~ Greifvogel *m*, Raubvogel *m*; **(дома́шняя)** ~ Geflügel *s*
пу́блика [públ'ika] *w* (-и) Publikum *s* ► **на пу́блике** in der Öffentlichkeit
публи́чный [publ'ítsch'nyj] *adj* (-ая, -ое) öffentlich
пуга́ть [pugát'] *v* (-а́ю, -а́ешь) erschrecken, spuken, verscheuchen *etw. Akk*
пу́говица [púgaw'iza] *w* (-ы) Knopf *m* (an Kleidungsstücken)
пу́дра [púdra] *w* (-ы) Mehl *s* (Holzmehl usw.), Puder *m* (Kosmetik usw.)
пузы́рь [pusýr'] *m* (-я́) Blase *w*
пульси́ровать [pul'ß'írawat'] *v* (-ует) hämmern (Herz usw.), pochen, schlagen (Herz)
пульт [púl't] *m* (-а) Fernbedienung *w* (Gerät)
пу́ля [púl'a] *w* (-и) Geschoss *s* (Kugel usw.), Kugel *w* (Geschoss)
пункт [púnkt] *m* (-а) Knotenpunkt *m* (Verknüpfung), Standort *m*, Zentrum *s* (Einrichtung) ► **прока́тный** ~ Verleih *m*; **обме́нный** ~ Wechselstube *w*; **населённый** ~ Gemeinde *w* (Dorf, Stadt usw.)
пунктуа́льный [punktuál'nyj] *adj* (-ая, -ое) exakt, pünktlich
пуска́й [pußkáj] *conj* dass (Zweck) ► **Скажи́ им, ~ они́ подожду́т!** Sag ihnen, sie sollen warten!; **П~ мне позвони́т!** Er soll mich anrufen!
пусти́ть [pußt'ít'] *v* (пущу́, пу́стишь) loslassen *j-n/etw.* (nicht festhalten)
пусто́й [pußtój] *adj* (-а́я, -о́е) leer (Gefäß usw.), öde, wüst
пустосло́вие [pußtaßlów'iji] *s* (-я) Gelaber *s*, Gelabere *s*, Geschwafel *s*, Gefasel *s*
пусты́ня [pußtýn'a] *w* (-и) Öde *w* (Land), Wüste *w*
пусть [púßt'] *conj* dass (Zweck), zwar
пустя́к [pußt'ák] *m* (-а́) Kleinigkeit *w*
путеводи́тель [put'iwad'ít'il'] *m* (-я) Führer *m* (Buch)
путём [put'óm] *prep* mittels *j-s/etw.*
путеше́ственник [put'ischéßtw'inn'ik] *m* (-а) Reisende *m*
путеше́ствие [put'ischéßtw'iji] *s* (-я) Expedition *w*, Reise *w*, Reisen *s*
путеше́ствовать [put'ischéßtwawat'] *v* (-твую, -твуешь) reisen, wandern ► ~ **автосто́пом** trampen, per Anhalter fahren
путь [pút'] *m* (-и́, 7 путём) Weg *m* (Pfad usw.) ► **э́тим путём** hier (durch); **бо́лее коро́ткий** ~ Abkürzung *w* (kürzerer Weg); **(ре́льсовый)** ~ Gleis *w*; **Счастли́вого пути́!** Gute Reise., Gute Fahrt.
пуши́стый [puschýßtyj] *adj* (-ая, -ое) locker (Gebäck usw.)
пу́шка [púschka] *w* Kanone *w*, Geschütz *s*
пчела́ [ptsch'ilá] *w* (-ы́) Biene *w*
пшени́ца [pschyn'íza] *w* (-ы) Weizen *m*
пылесо́с [pyl'ißóß] *m* (-а) Staubsauger *m*
пыль [pýl'] *m* (-и) Staub *m* ► **стере́ть** ~ Staub wischen *irgendwo, von etw.*
пыта́ться [pytátza] *v* (-а́юсь, -а́ешься) versuchen *etw. Akk* (sich bemühen)
пье́са [p'jéßa] *w* (-ы) Schauspiel *s*
пья́ный [p'jányj] *adj* betrunken
пята́ [p'itá] *w* (-ы́) **1** Ferse *w* **2** Fuß *m* (Sockel), Sockel *m*
пя́титься [p'át'itza] *v* (пя́чусь, пя́тишься) zurücktreten (nach hinten)
пятна́дцать [p'itnázat'] *num* (-и) fünfzehn
пя́тница [p'átn'iza] *w* (-ы) Freitag *m*
пятно́ [p'itnó] *s* (-а́) Fleck *m*, Schmutzstreifen *m*
пять [p'át'] *num* (пяти́, 7 пятью́) fünf
пятьдеся́т [p'it'd'iß'át] *num* (пяти́десяти, 7 пятью́десятью) fünfzig
пятьсо́т [p'it'ßót] *num* (пятисо́т) fünfhundert

Р

раб [ráp] *m* (-а́) Sklave *m*
рабо́та [rabóta] *w* (-ы) **1** Arbeit *w* (Tätigkeit) **2** Arbeit *w* (Beruf), Beschäftigung *w* **3** Betrieb *m etw. Gen* (einer Organisation usw.) ► **снять с рабо́ты** *кого* feuern *j-n* (Mitarbeiter usw.); **вре́мя рабо́ты** Öffnungszeiten *w Mz*; ~ **круглосу́точно** Ganztagsbetrieb *m*; **ме́сто рабо́ты** Arbeitsplatz *m*
рабо́тать [rabótat'] *v* (-аю, -аешь) **1** arbeiten **2** laufen (in Gang sein) ► ~ **неиспра́вно** defekt sein, nicht richtig funktionieren; **не рабо́тает** außer Betrieb
рабо́тник [rabótn'ik] *m* (-а) Angestellte *m*, Arbeitnehmer *m*, Arbeiter *m* ► **руководя́щий** ~ leitender Angestellter
работода́тель [rabatadát'il'] *m* (-я) Arbeitgeber *m*
рабо́чий[1] [rabótsch'ij] *m* (-его) **1** Arbeiter *m* **2** Arbeitende *m*
рабо́чий[2] [rabótsch'ij] *adj* (-ая, -ее) **1** Arbeits- **2** Arbeiter-
равни́на [rawn'ína] *w* (-ы) Ebene *w* (Land)
равнове́сие [rawnaw'éß'iji] *s* (-я) Gleichgewicht *s*
равноду́шный [rawnadúschnyj] *adj* (-ая, -ое) gleichgültig

ра́вный [ráwnyj] *adj* (-ая, -ое) eben (Fläche usw.), gleichwertig (Partner usw.), ebenbürtig (Konkurrent usw.)

равня́ть [rawn'át'] *v* (-я́ю, -я́ешь) ordnen *etw. Akk*

рад [rát] *adj* **1** froh **2** gern *etw. Akk tun*

ра́ди [rád'i] *prep* für *etw.* (Zweck usw.)

ра́дио [rád'ia] *s* (нескл.) Radio *s*, Rundfunk *m*

радиовеща́ние [rad'iaw'ischsch'án'iji] *s* (-я) Radio *s*, Rundfunk *m*

радиоприёмник [rad'iapr'i'ómn'ik] *m* (-а) Radio *s* (Gerät)

ра́диус [rád'iuß] *m* (-а) Halbmesser *m*

ра́довать [rádawat'] *v* (-дую, -дуешь) freuen *j-n*

ра́дость [rádaßt'] *w* (-и) **1** Freude *w* **2** Genuss *m* ► **ждать с ~ю** sich freuen *auf etw. Akk*

ра́дуга [ráduga] *w* (-и) Regenbogen *m*

раз [ráß] *adv* einmal, eines Tages ► **в два ~а бо́льше** doppelt so viel; **(в) про́шлый ~** letztens, das letzte Mal; **во второ́й ~** zum zweiten Mal; **как ~** gerade (ausgerechnet usw.); **мно́го ~** vielmals; **(на) э́тот ~** diesmal

разбира́тельство [rasb'irát'il'ßtwa] *s* (-а) Verhandlung *w* (vor Gericht), Gerichtsverhandlung *w* ► **суде́бное ~** Gerichtsverfahren *s*

разбира́ться [rasb'irátza] *v* (-а́юсь, -а́ешься) sich auskennen *in etw. Dat*

разби́ть [rasb'ít'] *v* (-зобью́, -зобьёшь) **1** kaputt machen *etw. Akk* **2** zerschlagen *etw. Akk*, zerschmettern *etw. Akk*, zertrümmern *etw. Akk* **3** umstürzen ► **~ пала́тку** ein Zelt aufstellen

разбо́й [rasbój] *m* (-я) Raub *m*

разбо́йник [rasbójn'ik] *m* (-а) Räuber *m*

разбо́р [rasbór] *w* (-а) Kritik *w* (kritische Beurteilung)

разбуди́ть [rasbud'ít'] *v* (-ужу́, -у́дишь) aufwecken *j-n*, wecken *j-n*

разва́лина [raswál'ina] *w* (-ы) Ruine *w*

ра́зве [rásw'i] *pron* was (Nebensatz)

разведённый [rasw'id'ónnyj] *adj* geschieden

развёрнутый [rasw'órnutyj] *adj* (-ая, -ое) ausführlich

развива́ть [rasw'iwát'] *v* (-а́ю, -а́ешь) entwickeln *etw. Akk*

разви́тие [rasw'ít'iji] *s* (-я) Entwicklung *w*

разви́ть [rasw'ít'] *v* entwickeln (verbessern)

развлече́ние [raswl'itsch'én'iji] *s* (-я) **1** Ablenkung *w* (Unterhaltung usw.), Aktivitäten *w Mz*, Spaß *m*, Vergnügen *s* (Amüsement usw.) **2** Zeitvertreib *m* (Hobby usw.)

развле́чь [raswl'étsch'] *v* (-еку́, -ечёшь, -еку́т) **1** amüsieren *j-n*, belustigen *j-n* **2** beschäftigen *j-n* (etwas zu tun geben)

разво́д [raswót] *m* (-а) Scheidung *w*

разводи́ть [raswad'ít'] *v* (-ожу́, -о́дишь) halten *etw. Akk* (Haustier usw.)

развраще́ние [raswraschsch'én'iji] *s* (-я) Missbrauch *m* (der Macht usw.)

развяза́ть [rasw'isát'] *v* (-яжу́, -я́жешь) aufbinden *etw. Akk* (Schleife usw.), beginnen, anfangen (Krieg, Streit usw.)

развя́зка [rasw'áßka] *w* (-и) Lösung *w* (eines Geheimnisses usw.)

разгада́ть [rasgadát'] *v* (-а́ю, -а́ешь) erkennen *etw. Akk* (Umrisse in Dunkelheit usw.), lösen (Geheimnis usw.)

разгова́ривать [rasgawár'iwat'] *v* (-аю, -аешь) konversieren *mit j-m über etw. Akk*, Konversation machen *mit j-m über etw. Akk*, sich unterhalten *über etw. Akk*, sprechen *mit j-m von etw., über etw. Akk*

разгово́р [rasgawór] *m* (-а) Gespräch *s*, Konversation *w* ► **телефо́нный ~** Telefongespräch *s*, Anruf *m* (telefonischer), Telefonat *s*

разда́ть [rasdát'] *v* (-а́м, -а́шь) **1** verschenken *etw. Akk an j-n*, verteilen *etw. Akk an/unter j-n* (an mehrere Personen) **2** verteilen, ausgeben (Flugblätter usw.)

раздева́льня [rasd'iwál'n'a] *w* (-и; 2 мн. -лен) Ankleideraum *m*

раздели́ть [rasd'il'ít'] *v* (-елю́, -е́лишь) einteilen *etw. Akk in etw. Akk* (in Stücke), verteilen (an mehrere Personen)

разде́ть [rasd'ét'] *v* (-е́ну, -е́нешь) ausziehen *j-n*

раздобы́ть [rasdabýt'] *v* (-бу́ду, -бу́дешь) besorgen *j-m etw. Akk für j-n* (beschaffen), zuschustern *j-m etw. Akk*

раздо́р [rasdór] *m* (-а) Streit *m*, Auseinandersetzung *w*

раздражи́ть [rasdrashýt'] *v* (-жу́, -жи́шь) aufbringen *j-n* (erzürnen), reizen (Haut usw.)

разже́чь [rashshétsch'] *v* (-зожгу́, -зожжёшь, -зожгу́т) anzünden *etw. Akk* (Zigarette usw.) ► **~ ого́нь** das Feuer anmachen

разли́ть [rasl'ít'] *v* (разолью́, разольёшь) gießen *etw. Akk in etw. Akk* (durch Gießen verteilen), umgießen *etw. Akk irgendwohin* (in ein Gefäß)

разли́чие [rasl'ítsch'iji] *s* (-я) Unterschied *m*

различи́ть [rasl'itsch'ít'] *v* (-чу́, -чи́шь) unterscheiden *j-n/etw. (von j-m/etw.)* (Unterschied feststellen)

разлу́ка [raslúka] *w* (-и) Isolation *w* (des Menschen usw.), Trennung *w* (eines Paares usw.)

размельчи́ть [rasm'il'tsch'ít'] *v* (-чу́, -чи́шь) mahlen, zerbröckeln *etw. Akk* (Brot usw.), zerquetschen *etw. Akk*

разменя́ть [rasm'in'át'] *v* (-я́ю, -я́ешь) wechseln *etw. Akk* (Kleingeld)

разме́р [rasm'ér] *m* (-а) **1** Ausmaß *s*, Größe *w* **2** Größe *w* (von Kleider usw.) **3** Höhe *w* (Summe usw.) ► **име́ть ~** messen *wie viel* (Größe haben)

размести́ть [rasm'ißt'ít'] *v* (-ещу́, -ести́шь) aufstellen *etw. Akk irgendwo* (in bestimmter Ordnung), platzieren *j-n/etw. irgendwohin*

размеще́ние [rasm'ischsch'én'iji] *s* (-я) **1** Verteilung *w* **2** Unterkunft *w* (Raum usw.)

размно́жить [rasmnóshyt'] *v* (-жу, -жишь) vermehren *etw. Akk* (Eigentum usw.), vervielfältigen *etw. Akk*, fotokopieren *etw. Akk*

размо́лвка [rasmólfka] *w* (-и) Streit *m*

размоло́ть [rasmalót'] *v* (-мелю́, -ме́лешь) mahlen

размя́ть [rasm'át'] *v* (-зомну́, -зомнёшь) **1** durchkneten *etw. Akk*, zerdrücken (zerquetschen usw.) **2** in Bewegung bringen *etw. Akk*, trainieren (Muskeln usw.)

ра́зница [rásn'iza] *w* (-ы) Unterschied *m* ► **Мне без ра́зницы.** Es ist mir egal.

разнови́дность [rasnaw'ídnaßt'] *w* (-и) Art *w* (Typus usw.), Sorte *w* (Typ usw.), Abart *w* (von Frucht usw.)

разногла́сие [rasnagláß'iji] *s* (-я) Meinungsverschiedenheit *w*, Differenz *w* (persönliche usw.), Widerspruch *m* (Gegensatz)

разнообра́зный [rasnaabrásnyj] *adj* (-ая, -ое) bunt (abwechslungsreich), verschieden, verschiedenartig, divers

разноцве́тный [rasnazw'étnyj] *adj* (-ая, -ое) bunt, farbig (Stoff usw.), vielfarbig

ра́зный [rásnyj] *adj* (-ая, -ое) unterschiedlich *von etw.*, verschieden (nicht gleich), ungleich ♦ *pron* verschiedenerlei, mancherlei, allerlei

разобра́ть [rasabrát'] *v* (разберу́, разберёшь) **1** demontieren **2** auseinandernehmen, zerlegen *etw. Akk*, auseinandernehmen *etw. Akk* (Maschine usw.) **3** auslesen **4** aufmachen *etw. Akk* (Packung usw.) **5** diskutieren *über etw. Akk* **6** ausverkaufen *etw. Akk*

ра́зовый [rásawyj] *adj* (-ая, -ое) einmalig (Zahlung usw.)

разогре́ть [rasagr'ét'] *v* (-е́ю, -е́ешь) wärmen (erwärmen)

разозли́ть [rasasl'ít'] *v* (-лю́, -ли́шь) verärgern *j-n*, wütend machen *j-n*

разойти́сь [rasajt'íß'] *v* (-ойду́сь, -ойдёшься) **1** auseinandergehen *von j-m*, sich trennen *von j-m* **2** auseinandergehen (Menge usw.)

разомкну́ть [rasamknút'] *v* (-ну́, -нёшь) aufmachen *etw. Akk* (Gürtel usw.), trennen (Kabel usw.)

разора́ть [rasarát'] *v* betrügen *j-n um etw.*

разорва́ть [rasarwát'] *v* (-ву́, -вёшь) reißen *etw. Akk*, zerreißen *etw. Akk* (in Stücke), zerreißen

разочарова́ть [rasatsch'arawát'] *v* (-ру́ю, -ру́ешь) enttäuschen *j-n*, *j-n* im Stich lassen

разрабо́тать [rasrabótat'] *v* (-аю, -аешь) ausarbeiten (in Einzelne), durcharbeiten, entwickeln *etw. Akk* (entstehen lassen), erarbeiten *etw. Akk* (Plan usw.)

разрабо́тка [rasrabótka] *w* (-и) Gewinnung *w* (von Kohle usw.), Vorbereitung *w auf/für etw.*

разре́зать [rasr'ésat'] *v* **1** schneiden *etw. Akk* (in Teile), zerschneiden *etw. Akk* (mit Messer zerteilen) **2** aufschneiden (Verpackung usw.)

разреше́ние [rasr'ischén'iji] *s* (-я) **1** Bewilligung *w j-s*, Erlaubnis *w* **2** Erlaubnis *w*, Genehmigung *w* (Urkunde usw.), Lizenz *w* **3** Auflösung *w* (des Bildschirms usw.)

разреши́ть [rasr'ischýt'] *v* (-шу́, -ши́шь) **1** erlauben, erlauben *j-m etw. Akk* **2** erledigen (Bestellung usw.), lösen *etw. Akk* (Problem usw.)

разру́шить [rasrúschyt'] *v* (-шу, -шишь) abreißen *etw. Akk*, niederreißen *etw. Akk* (Gebäude usw.), demolieren

разры́в [rasrýf] *m* (-а) Trennung *w* (eines Paares usw.)

разрыхли́ть [rasrychl'ít'] *v* (-лю́, -ли́шь) auflockern (Erde usw.), hacken (ein Beet usw.)

разряди́ть [rasr'id'ít'] *v* entladen (Akkumulator usw.)

разузна́ть [rasusnát'] *v* (-а́ю, -а́ешь) hören *etw. Akk* (erfahren)

ра́зум [rásum] *m* (-а) Verstand *m*, Vernunft *w*

разуме́ться [rasum'étza] **разуме́ется** natürlich (Zustimmung), selbstverständlich

разу́мный [rasúmnyj] *adj* (-ая, -ое) umsichtig, vernünftig

разу́чивание [rasútsch'iwan'iji] *s* (-я) Übung *w* (Training)

разъярённый [rasir'ónnyj] *adj* (-ая, -ое) wütend, böse

разъясни́ть [rasißn'ít'] *v* (-ню́, -ни́шь) klarmachen *j-m etw. Akk*, klarstellen *etw. Akk*, klären *etw. Akk*, sich klarmachen *etw. Akk* (gegenseitig)

разыгра́ть [rasygrát'] *v* (-а́ю, -а́ешь) auslosen, ziehen (Los usw.), spielen (Wettkampf austragen)

разыска́ть [rasyßkát'] *v* (-ыщу́, -ы́щешь) aufsuchen *j-n/etw.*, ausfindig machen, aufspüren, ausgraben (entdecken)

рай [ráj] *m* (-я) Paradies *s*
райо́н [rajón] *m* (-а) **1** Bezirk *m*, Landkreis *m*, Gebiet *s*, Gegend *w* (Region) **2** Stadtviertel *s*, Viertel *s* (in der Stadt)
раке́та [rak'éta] *w* (-ы) Rakete *w*, Raketengeschoss *s*
раке́тка [rak'étka] *w* (-и) Schläger *m* (Tennis usw.)
ра́ковина [rákaw'ina] *w* (-ы) **1** Gehäuse *s* (einer Schnecke usw.), Muschel *w* (Schale) **2** Ausguss *m*
раку́шка [rakúschka] *w* (-и) Gehäuse *s* (einer Schnecke usw.), Muschel *w* (Schale)
ра́ма [ráma] *w* (-ы) Rahmen *m*
ра́на [rána] *w* (-ы) Verletzung *w* (Wunde), Wunde *w*
ранг [ránk] *m* (-а) Klasse *w* (Kategorie)
ране́ние [ran'én'iji] *s* (-я) Läsion *w*, Verletzung *w*
ра́нец [rán'iz] *m* (-нца) Rucksack *m*
ра́нить [rán'it'] *v* (-ню, -нишь) verletzen (kränken), treffen (erschüttern)
ра́нний [ránn'ij] *adj* (-яя, -ее) **1** früh **2** früh (Gemüse usw.), Früh-
ра́но [rána] *adv* (ра́ньше/*книжн.* ра́нее) früh
ра́ньше [rán'schy] *adv* früher, eher, zuvor, vorher ► **~ чем** bevor; **не ~** *чего* frühestens
ра́са [ráßa] *w* (-ы) Rasse *w* (Mensch)
раскладу́шка [raßkladúschka] *w* (-и) Liegestuhl *m*
раско́ванный [raßkówannyj] *adj* (-ая, -ое) gelöst, entspannt (Verhalten usw.), locker, gelassen (Mensch)
раскритикова́ть [raßkr'it'ikawát'] *v* (-ку́ю, -ку́ешь) kritisieren
распакова́ть [raßpakawát'] *v* (-ку́ю, -ку́ешь) **1** auspacken *etw. Akk* (Geschenk usw.) **2** auspacken (Koffer usw.)
расписа́ние [raßp'ißán'iji] *s* (-я) **1** Plan *m* (Programm), Stundenplan *m* **2** Fahrplan *m* **3** Aufschlüsselung *w*
расписа́ть [raßp'ißát'] *v* (-ишу́, -и́шешь) **1** malen **2** verteilen **3** nacherzählen (Geschichte usw.)
распи́ска [raßp'íßka] *w* (-и) Quittung *w*
распла́вить [raßpláw'it'] *v* (-влю, -вишь) schmelzen (Erz usw.), abschmelzen (zergehen lassen)
расплани́ровать [raßplan'írawat'] *v* (-рую, -руешь) einteilen (planen), timen
распозна́ть [raßpasnát'] *v* (-а́ю, -а́ешь) erkennen *j-n/etw.*, erkennen (in der Ferne usw.)
расположи́ть [raßpalashýt'] *v* (-ожу́, -о́жишь) ordnen *etw. Akk*, anordnen *etw. Akk*, platzieren *j-n/etw. irgendwohin* ► **~ к себе́** gewinnen *j-n*

распоря́док [raßpar'ádak] *m* (-дка) Ordnung *w* (Tagesordnung usw.)
распредели́ть [raßpr'id'il'ít'] *v* (-лю́, -ли́шь) **1** zuteilen *j-m etw. Akk* (als Anteil usw.) **2** einteilen (planen), verteilen
распрода́жа [raßpradásha] *w* (-и) Ausverkauf *m*
распро́данный [raßpródannyj] *adj* ausverkauft
распространи́ть [raßpraßtran'ít'] *v* (-ню́, -ни́шь) **1** verbreiten (Nachricht usw.) **2** verteilen (Ware usw.), distribuieren
распу́хнуть [raßpúchnut'] *v* (-ну, -нешь) anschwellen
распыля́ть [raßpyl'át'] *v* (-я́ю, -я́ешь) **1** ablenken *j-n* (Aufmerksamkeit) **2** spritzen (mit Farbe), sprühen (mit Lack usw.)
рассве́т [raßßw'ét] *m* (-а) Tagesanbruch *m*, Morgendämmerung *w*, Dämmerung *w* (am Morgen)
рассе́чь [raßß'étsch'] *v* (-еку́, -ечёшь, -еку́т) hacken *in etw. Akk* (verletzen), spalten, aufspalten (Holz usw.)
рассе́янно [raßß'éjinna] *adv* abwesend (blicken usw.)
расска́з [raßßkáß] *m* (-а) Erzählung *w* (Werk)
рассказа́ть [raßßkasát'] *v* (-ажу́, -а́жешь) sagen *j-m etw. Akk*
иссле́дование [raßßl'édawan'iji] *s* (-я) Untersuchung *w* (polizeiliche)
рассма́тривать [raßßmátr'iwat'] *v* (-аю, -аешь) **1** sich befassen *mit etw.* (Problem usw.), sich beschäftigen *mit etw.* (Thema usw.), untersuchen *etw. Akk* (Problem usw.) **2** mustern
расспра́шивать [raßßpráschywat'] *v* (-аю, -аешь) fragen *j-n nach j-m/etw.*
расста́вить [raßßtáw'it'] *v* (-влю, -вишь) aufstellen *etw. Akk irgendwo* (in bestimmter Ordnung), verteilen *etw. Akk irgendwohin* (über eine Fläche)
расстегну́ть [raßßt'ignút'] *v* (-ну́, -нёшь) öffnen *etw. Akk* (Bluse usw.), aufknöpfen *etw. Akk*
расстоя́ние [raßßtaján'iji] *s* (-я) Entfernung *w*, Distanz *w* (räumliche usw.), Ferne *w* ► **с бли́зкого расстоя́ния** aus der Nähe *w*
расстро́ить [raßßtróit'] *v* (-о́ю, -о́ишь) **1** durchkreuzen (Pläne usw.), verderben *etw. Akk* (Freude usw.), vereiteln *etw. Akk* (Pläne usw.) **2** verstimmen *etw. Akk* (Klavier usw.) **3** nervös machen *j-n*, verstimmen *j-n*, verärgern ► **~ желу́док** sich den Magen verderben
расстро́йство [raßßtrójßtwa] *s* (-а) Grant *m*, Missmut *m*, Störung *w* (gesundheitliche)
рассуди́ть [raßßud'ít'] *v* (-ужу́, -у́дишь) entscheiden *etw. Akk*

рассýдок [raßßúdak] *m* (-дка) Intellekt *m*, Verstand *m*, Vernunft *w*
рассчи́тывать [raschschítawyt'] *v* (-аю, -аешь) angewiesen sein *auf j-n/etw.*, rechnen *mit etw.*, zählen *auf etw. Akk*
раствóр [raßtwór] *m* Lösung *w* (Flüssigkeit)
расте́ние [raßt'én'iji] *s* (-я) Pflanze *w*
расти́ [raßt'í] *v* (-тý, -тёшь) wachsen (größer werden)
расти́ть [raßt'ít'] *v* (ращý, расти́шь) züchten *etw. Akk*, anbauen *etw. Akk* (Pflanzen usw.), anpflanzen *etw. Akk* (Kartoffeln usw.)
растóргнуть [raßtórgnut'] *v* (-ну, -нешь) kündigen *etw. Akk*, scheiden (Ehe)
растрóгать [raßtrógat'] *v* (-аю, -аешь) rühren *j-n* (innerlich)
расхóд [raßchót] *m* (-а) **1** Ausgabe *w* (Kosten), Kosten *Mz* **2** Durchfluss *m* (Menge)
расцвета́ть [raßzw'itát'] *v* (-а́ю, -а́ешь) blühen (Geschäft usw.), gedeihen (Pflanze usw.)
расцени́ть [raßzyn'ít'] *v* (-еню́, -е́нишь) schätzen *etw. Akk* (taxieren)
расце́нка [raßzénka] *w* (-и) Satz *m* (Gebühr usw.)
расчёска [raschsch'óßka] *w* (-и) Kamm *m* (für Haar)
расчёсывать [raschsch'óßywat'] *v* (-аю, -аешь) kämmen
расчётливый [raschsch'ótl'iwyj] *adj* (-ая, -ое) **1** clever, schlau **2** sparsam (Person)
расши́рить [raßschýr'it'] *v* (-рю, -ришь) erweitern *etw. Akk* (Kenntnisse usw.), verbreitern *etw. Akk*, erweitern *etw. Akk* (Weg usw.)
расщепи́ть [raßschsch'ip'ít'] *v* (-плю, -пи́шь) aufspalten (chemische Verbindung usw.), spalten *etw. Akk* (Atomkerne usw.)
ра́туша [rátuscha] *w* (-и) Rathaus *s*
ра́унд [ráunt] *m* (-а) Runde *w* (im Wettkampf usw.)
ра́ут [ráut] *m* (-а) Empfang *m* (Veranstaltung)
рациона́льный [razyanál'nyj] *adj* (-ая, -ое) rational, vernünftig
рвать[1] [rwát'] *v* (рву, рвёшь) **1** ausreißen (Unkraut usw.), rupfen (Federn usw.) **2** pflücken (Blumen usw.) **3** reißen *etw. Akk*, zerreißen *etw. Akk* (in Stücke) **4** reißen (kräftig)
рвать[2] [rwát'] *v* (рвёт) brechen (bei Übelkeit), kotzen
реаги́ровать [r'iag'írawat'] *v* (-рую, -руешь) reagieren *auf etw. Akk*
реализова́ть [r'ial'isawát'] *v* (-зу́ю, -зу́ешь) **1** realisieren *etw. Akk* (ein Vorhaben usw.) **2** durchführen *etw. Akk* (Aufgabe usw.), ausführen *etw. Akk* (Arbeit usw.)
реа́льность [r'iál'naßt'] *w* (-и) Realität *w*, Wirklichkeit *w*
ребёнок [r'ib'ónak] *m* (-нка; ребя́та, -я́т/де́ти, -е́й) Baby *s*, Kind *s* ► **перепелена́ть ребёнка** ein Kind wickeln
ребрó [r'ibró] *m* (-á; рёбра) Rippe *w*
реве́ть [r'iw'ét'] *v* (-вý, -вёшь) **1** brüllen, donnern (Motor usw.) **2** anbrüllen *j-n*, anschreien *j-n*
ревизóр [r'iw'isór] *m* (-а) Kontrolleur *m*
ревни́вый [r'iwn'íwyj] *adj* (-ая, -ое) eifersüchtig
региóн [r'ig'ión] *m* (-а) Region *w*
региона́льный [r'ig'ianál'nyj] *adj* (-ая, -ое) regional, Regional-
регистра́ция [r'ig'ißtrázyja] *w* (-и) **1** Registrierung *w* **2** Abfertigung *w* ► **пройти́ регистра́цию** einchecken *j-n*
регла́мент [r'iglám'int] *m* (-а) Ordnung *w* (Verkehrsordnung usw.)
регули́ровать [r'igul'írawat'] *v* (-рую, -руешь) regeln *etw. Akk* (durch Gesetz usw.)
регуля́рный [r'igul'árnyj] *adj* (-ая, -ое) regelmäßig
реда́кция [r'idákzyja] *w* (-и) Redaktion *w*
реди́ска [r'id'íßka] *w* (-и) Radieschen *s*
ре́дкий [r'étk'ij] *adj* (-ая, -ое) **1** zeitweilig, gelegentlich **2** spärlich, schütter (Haar usw.) **3** selten
ре́дкостный [r'étkaßnyj] *adj* (-ая, -ое) einzigartig, einmalig, rar, knapp (kaum vorhanden)
режи́м [r'ishým] *m* (-а) Modus *m*, Betrieb *m* (eines Gerätes usw.), Ordnung *w* (Tagesordnung usw.), Regime *s*
режиссёр [r'ishyßß'ór] *m* (-а) Regisseur *m*
ре́зать [r'ésat'] *v* (ре́жу, ре́жешь) schneiden *etw. Akk*, schneiden (mit Messer)
резви́ться [r'isw'ítza] *v* (-влю́сь, -ви́шься) anstellen (Unfug usw.), herumtoben (tollen)
резе́рв [r'is'érf] *m* (-а) Bereitschaft *w* (Reserve), Reserve *w*
рези́на [r'is'ína] *w* (-ы) **1** Gummi *m,s* **2** Reifen *m*
ре́зкий [r'éßk'ij] *adj* (-ая, -ое) **1** rau (Geräusch usw.), grell (Klang usw.) **2** rapid, jäh **3** schroff (Antwort usw.), vehement
результа́т [r'isul'tát] *m* (-а) **1** Leistung *w* (sportliche usw.) **2** Ergebnis *s etw. Gen*, Folge *w etw. Dat, von etw.* (Ergebnis) ► **в ~е чего** infolge *etw. Gen*, als Folge *etw. Gen*
резюме́ [r'is'ume] *s* (нескл.) Zusammenfassung *w*
рейс [réjß] *m* (-а) Flug *m*, Linie *w* (Verkehrsstrecke)
река́ [r'iká] *w* (-и́) Fluss *m* (Gewässer)
рекла́ма [r'ikláma] *w* (-ы) **1** Werbung *w*, Promotion *w* (Reklame), Reklame *w* **2** Werbespot *m*

рекламировать [r'iklam'írawat'] *v* (-рую, -руешь) **1** Werbung machen *für etw.* (durch Publizierung) **2** reklamieren *etw. Akk*, beanstanden *etw. Akk*

рекомендовать [r'ikam'indawát'] *v* (-дую, -дуешь) empfehlen *j-n/etw. j-m*

реконструировать [r'ikanßtruírawat'] *v* (-рую, -руешь) **1** rekonstruieren **2** rekonstruieren *etw. Akk*

рекорд [r'ikórt] *m* (-а) Rekord *m*

религиозный [r'il'ig'iósnyj] *adj* (-ая, -ое) Religions-, religiös (Religion betreffend)

религия [r'il'íg'ija] *w* (-и) Religion *w*

рельсы [r'él'ßy] *m Mz* (-ов) Schiene *w* (für einen Zug usw.)

ремень [r'im'én'] *m* (-мня) **1** Gürtel *m* (Hosengürtel usw.) **2** Gurt *m* (zum Anschnallen), Riemen *m* (an Kleidung usw.) **3** Band *s* (Förderband usw.), Riemen *m* (Treibriemen usw.) ► **клиновой ~** Keilriemen *m* (Ventilatorriemen); **застегнуть ~ безопасности** den Sicherheitsgurt anlegen

ремесленник [r'im'éßl'inn'ik] *m* (-а) Handwerker *m*

ремесло [r'im'ißló] *s* (-á) Handwerk *s*

ремонт [r'imónt] *m* (-а) Reparatur *w*

рентгенограмма [r'ing'inagramma] *w* (-ы) Röntgenaufnahme *w*

репетиция [r'ip'it'ízyja] *w* (-и) Prüfung *w* (im Theater usw.)

репортёр [r'ipart'ór] *m* (-а) Reporter *m*

репродуктор [r'ipradúktar] *m* (-а) Lautsprecher *m*

репутация [r'iputázyja] *w* (-и) Renommee *s* (hohes Ansehen), Reputation *w*, Ruf *m* (guter usw.)

ресница [r'ißn'íza] *w* (-ы) Wimper *w*

респект [r'ißp'ékt] *m* (-а) Respekt *m* (Achtung)

респектабельный [r'ißp'iktáb'il'nyj] *adj* (-ая, -ое) würdig (Person usw.)

республика [r'ißpúbl'ika] *w* (-и) Republik *w*

ресторан [r'ißtarán] *m* (-а) Restaurant *s* ► **винный ~** Weinstube *w*

рецепт [r'izépt] *m* (-а) **1** Rezept *s* (Heilmittel) **2** Rezept *s für etw.* (Gericht)

рецидив [r'izyd'íf] *m* (-а) Rezidiv *s*, Rückfall *m* (einer Krankheit)

речь [r'étsch'] *w* (-и) **1** Sprache *w* (Sprachfähigkeit) **2** Rede *w*

решение [r'ischén'iji] *s* (-я) **1** Entscheidung *w*, Lösung *w etw. Gen* (einer Aufgabe), Auflösung *w etw. Gen* **2** Entscheidungsfindung *w*

решётка [r'isch'ótka] *w* (-и) **1** Gitter *s*, Rost *m* (zum Grillen) **2** Gitter *s* (Netz usw.) ► **(колосниковая) ~** Rost *m* (Feuerung usw.)

решительно [r'ischýt'il'na] *adv* entscheidend, entschlossen, entschieden, nachdrücklich

решить [r'ischýt'] *v* (-шу, -шишь) besiegeln (Schicksal usw.)

ржавчина [rsháftsch'ina] *w* (-ы) Rost *m* (Eisenoxid)

ринг [r'ínk] *m* (-а) Ring *m* (Boxring usw.)

рис [r'íß] *m* (-а/-у) Reis *m*

риск [r'íßk] *m* (-а) Gefahr *w*, Risiko *s* (einer Ansteckung usw.), Hasard *s* (Wagestück)

рискованный [r'ißkówannyj] *adj* (-ая, -ое) gefährlich, riskant, Risiko-

рисковать [r'ißkawát'] *v* (-кую, -куешь) riskieren *etw. Akk*, Risiko *etw. Gen* eingehen

рисовать [r'ißawát'] *v* (-сую, -суешь) malen, zeichnen

рисунок [r'ißúnak] *m* (-нка) Zeichnung *w*

робкий [rópk'ij] *adj* (-ая, -ое) ängstlich, scheu, schüchtern, zaghaft

ровный [równyj] *adj* (-ая, -ое) flach ► **ровно** Einstand *m*

рог [rók] *m* (-а; рога) Horn *s* (eines Tiers usw.)

род [rót] *m* Genus *s*, Geschlecht *s* (Familie)

родина [ród'ina] *w* (-ы) Heimat *w*

родители [rad'ít'il'i] *m Mz* (-ей) Eltern *Mz*

родиться [rad'ítza] *v* (рожусь, родишься) geboren sein

родник [radn'ík] *m* (-á) Brunnen *m* (Heilquelle)

родной [radnój] *adj* (-áя, -óе) Geburts-, heimatlich

родня [radn'á] *w* (-й) Verwandtschaft *w* (Verwandte)

родственник [róztw'inn'ik] *m* (-а) Verwandte *m*

роды [ródy] *m Mz* (-ов) Geburt *w* (Gebären)

рождение [rashd'én'iji] *s* (-я) Geburt *w* (einer Tochter usw.) ► **год рождения** Geburtsjahr *s*; **день рождения** Geburtstag *m*

Рождество [rashd'ißtwó] *s* (-á) Weihnachten *s*, Weihnachtsfest *s*

рожь [rósch] *w* (ржи) Roggen *m*

роза [rósa] *w* (-ы) Rose *w*

розетка [ras'étka] *w* (-и) Steckdose *w* ► **выключить** *что* **из розетки** den Stecker herausziehen; **включить** *что* **в розетку** in die Steckdose stecken *etw. Akk*

розмарин [rasmar'ín] *m* (-а) Rosmarin *m*

роковой [rakawój] *adj* (-áя, -óе) fatal, Fatal-, verhängnisvoll (Entscheidung usw.), schicksalhaft

рокотать [rakatát'] *v* (-óчет) klirren (Fensterscheibe usw.), summen (Maschine usw.), surren (Motor usw.)

ролик [ról'ik] *m* (-а) **1** Rolle *w*, Walze *w* **2** Kurzaufnahme *w*

роль [ról'] *w* Rolle *w* (Schauspiel)

рома́н [ramán] *m* (-а) **1** Roman *m* **2** Verhältnis *s mit j-m* (Liebschaft)
роса́ [raßá] *w* (-ы) Tau *m*
ро́скошь [róßkasch] *w* (-и) Luxus *m*, Pracht *w*
ро́спись [róßp'iß'] *w* (-и) Gemälde *s*
росси́йский [raßß'íjßk'ij] *adj* (-ая, -ое) russisch
Росси́я [raßß'íja] *w* (-и) Russland *s*
россия́нин [raßß'iján'in] *m* (-я́нина; -я́не, -я́н) Russe *m*
рост [róßt] *m* (-а/-у) **1** Wachstum *s* **2** Körpergröße *w*, Wuchs *m* (Gestalt) **3** Anstieg *m etw. Gen*
рот [rót] *m* (рта) **1** Mund *m* **2** Maul *s*, Schnauze *w*
роя́ль [rajál'] *m* (-я) Klavier *s*, Piano *s*
руба́шка [rubáschka] *w* (-и) Hemd *s*
рубе́ж [rub'ésch] *m* (-á) Grenze *w* (Trennungslinie), Grenzlinie *w* ► **за ~о́м** im Ausland
рубе́ц [rub'éz] *m* (-бца́) Narbe *w* (nach Verletzung)
руби́ть [rub'ít'] *v* (рублю́, ру́бишь) fällen (Bäume usw.), hacken
ру́бленый [rúbl'inyj] *adj* (-ая, -ое) gemahlen
руга́ть [rugát'] *v* (-а́ю, -а́ешь) schimpfen *mit j-m*
рудни́к [rudn'ík] *m* (-á) Mine *w* (für Bergbau), Grube *w* (Anlage), Bergwerk *s*
ружьё [rush'ó] *s* (-я́) Gewehr *s*
руи́на [ruína] *w* (-ы) Ruine *w*
рука́ [ruká] *w* (-и́, 4 ру́ку; ру́ки) Arm *m*, Hand *w* ► **подня́ть ру́ку** sich melden (Schüler usw.); **По ~м!** Abgemacht!
рука́в [rukáf] *m* (-á) Ärmel *m*
руководи́тель [rukawad'ít'il'] *m* (-я) Leiter *m*, Manager *m*, Vorsteher *m*, Chef *m*
руководи́ть [rukawad'ít'] *v* (-ожу́, -оди́шь) führen *etw. Akk* (Unternehmen usw.)
ру́копись [rúkap'iß'] *w* (-и) Manuskript *s*, Handschrift *w* (Urkunde usw.)
рули́ть [rul'ít'] *v* (-лю́, -ли́шь) steuern (Schiff usw.)
руло́н [rulón] *m* (-а) Rolle *w* (Papier usw.)
руль [rúl'] *m* (-я́) Lenkrad *s*, Lenkstange *w*, Steuer *s*
ру́сло [rúßla] *s* (-а) Bett *s* (eines Flusses usw.)
ру́сский [rúßßk'ij] *adj* russisch ♦ *m* Russe *m*
ру́хнуть [rúchnut'] *v* (-ну, -нешь) einstürzen, umfallen (zusammenbrechen)
руче́й [rutsch'éj] *m* (-чья́) Bach *m*
ру́чка [rútsch'ka] *w* (-и) **1** Griff *m* (Handgriff), Handgriff *m*, Henkel *m* **2** Klinke *w* **3** Feder *w* (Schreibgerät) **4** Hebel *m* ► **(ша́риковая) ~** Kugelschreiber *m*; **~-кноб** Türknauf *m*
ру́шиться [rúschytza] *v* (-шится) zusammenbrechen (Brücke usw.)
ры́ба [rýba] *w* (-ы) Fisch *m*
рыба́к [rybák] *m* (-á) Fischer *m*
рыба́чить [rybátsch'it'] *v* (-чу, -чишь) angeln
ры́жий [rýshyj] *adj* rot (Haar usw.), rothaarig
ры́ло [rýla] *s* (-а) Schnauze *w*, Rüssel *m* (eines Schweines)
ры́нок [rýnak] *m* (-нка) Markt *m*, Marktplatz *m*
ры́скать [rýßkat'] *v* (ры́щу, ры́щешь) **1** schweifen lassen (Blick usw.) **2** surfen (im Internet usw.) **3** schnüffeln *irgendwo* (spionieren)
рысь [rýß'] *w* Luchs *m*, Trab *m*
рыть [rýt'] *v* (ро́ю, ро́ешь) **1** umgraben *etw. Akk* **2** graben (Grube usw.)
рыча́г [rytsch'ák] *m* (-á) Hebel *m*
рья́ный [r'ján yj] *adj* (-ая, -ое) begeistert *für etw.* (engagiert), leidenschaftlich (eifrig)
рюкза́к [r'uksák] *m* (-á) Rucksack *m*
рю́мка [r'júmka] *w* (-и) Glas *s* (Gefäß)
ряд [r'át] *m* (-а/-á) **1** Reihe *w* (im Theater usw.) **2** Kette *w* (Reihe von Dingen usw.), Reihenfolge *w*, Sequenz *w*, Serie *w* (Geschehnisse usw.)
ря́дом [r'ádam] *adv* daneben, nebenan (in der Nähe) ♦ *prep* neben *etw. Dat* (an der Seite)

С

с [ß] *prep* **1** von, aus (weg) **2** von (Anfang), ab (Zukunft), seit (Vergangenheit) **3** mit *j-m/etw.* **4** pro **откры́то с… до…** geöffnet von… bis…
сад [ßát] *m* (-а) Garten *m*, Obstgarten *m* ► **де́тский ~** Kindergarten *m*
саза́н [ßasán] *m* (-а) Karpfen *m*
сала́ка [ßaláka] *w* (-и) Hering *m* (Fisch)
сала́т [ßalát] *m* (-а/-у) Salat *m*
са́ло [ßála] *s* (-а) Fett *s*, Schmalz *s* ► **копчёное ~** Speck *m*
салфе́тка [ßalf'étka] *w* (-и) Serviette *w*
саля́ми [ßal'ám'i] *w* (нескл.) Salami *w*
сам [ßám] *adj* selbst (allein) ♦ *pron* selbst (er – Singular)
саме́ц [ßam'éz] *m* (-мца́) Männchen *s*
са́мка [ßámka] *w* (-и) Weibchen *s*
самого́н [ßamagón] *m* (-а) Schnaps *m*
самолёт [ßamal'ót] *m* (-а) Flugzeug *s*
самообслу́живание [ßamaapßlúshywan'iji] *s* (-я) Selbstbedienung *w*
саморо́дный [ßamaródnyj] *adj* (-ая, -ое) rein (Gold usw.), pur (Silber usw.)

самостоя́тельный [ßamaßtaját'il'nyj] *adj* (-ая, -ое) selbstständig, unabhängig, separat, getrennt
самоуби́йство [ßamaub'íjßtwa] *s* (-а) Selbstmord *m*
самоцве́т [ßamazw'ét] *m* (-а) Edelstein *m*
са́мый [ßámyj] *adj* selbst (persönlich) ► **то́ же (са́мое)** dasselbe; **(тот)** ~ derselbe
санда́лии [ßandál'ii] *w Mz* (-ий) Sandalen *w Mz*
са́нки [ßánk'i] *Mz* (-нок) Pferdeschlitten *m*, Schlitten *m*
сантиме́тр [ßant'im'étr] *m* (-а) Zentimeter *m,s*
сапоги́ [ßapag'í] *m Mz* (сапо́г) Stiefel *m Mz* ► **рези́новые** ~ Gummistiefel *m Mz*
сапо́жник [ßapóshn'ik] *m* (-а) Schuhmacher *m*, Schuster *m*
сара́й [ßaráj] *m* (-я) Scheune *w*, Schuppen *m*, Schutzdach *s* (für Holz usw.)
сарди́на [ßard'ína] *w* (-ы) Sardine *w*, Pilchard *m*
са́хар [ßáchar] *m* (-а/-у) Saccharid *s*, Zucker *m*
сба́вить [sbáw'it'] *v* (-влю, -вишь) verringern *etw. Akk*, senken *etw. Akk* (Summe usw.), herabsetzen *etw. Akk* (Kosten usw.) ► **~ (цену́)** nachlassen *j-m wie viel* (Rabatt)
сбе́гать [sb'égat'] *v* holen *etw. Akk*, holen *j-n/etw.* (Brot usw.), kurz weggehen ► **~/ сходи́ть в туале́т** austreten gehen/müssen
сбере́чь [sb'ir'étsch'] *v* (-егу́, -ежёшь) **1** ersparen (Geld), sparen (große Summe usw.), (sich) zusammensparen *für etw.* **2** aufbewahren *etw. Akk*, retten *j-n/etw. vor j-m/etw.*
сберка́сса [sb'irkáßßa] *w* (-ы) Sparkasse *w*
сбить [sb'ít'] *v* (собью́, собьёшь) **1** umstoßen *j-n/etw.*, umwerfen *j-n/etw.* **2** abschießen (Flugzeug usw.) **3** verquirlen
сбой [sbój] *m* (-я) Ausfall *m* ► **~ в пода́че электроэне́ргии** Stromausfall *m*
сбор [sbór] *m* (-а) **1** Sammlung *w* (von Altpapier usw.) **2** Abgabe *w* (Geldleistung) **3** Aufstellung *w* (in Reihe usw.) ► **учёбный** ~ Übung *w* (militärische usw.); **(мы́тный)** ~ Straßenzoll *m*, Maut *w*
сбыть [sbýt'] *v* sinken (Wasser usw.)
сва́дьба [ßwád'ba] *w* (-ы) Hochzeit *w*
свали́ть [ßwal'ít'] *v* (-алю́, -а́лишь) **1** umwerfen **2** abwälzen *etw. Akk auf j-n/etw.* (Schuld usw.)
све́жий [ßw'éshyj] *adj* (-ая, -ее) frisch (Aussehen usw.), munter
свёкор [ßw'ókar] *m* (-кра) Schwiegervater *m*
свекро́вь [ßw'ikróf'] *w* (-и) Schwiegermutter *w*
све́ргнуть [ßw'érgnut'] *v* (-ну, -нешь) stürzen (Regierung usw.)
сверка́ть [ßw'irkát'] *v* (-а́ю, -а́ешь) **1** glänzen (in der Sonne usw.), glitzern **2** blitzen
сверли́ть [ßw'irl'ít'] *v* (-лю́, -ли́шь) bohren (Loch usw.)
сверху́ [ßw'irchú] *adv* oben (an der oberen Stelle), obendrauf
свести́ [ßw'ißt'í] *v* (сведу́, сведёшь) führen *j-n irgendwohin* (begleiten), leiten *j-n irgendwohin*
свет [ßw'ét] *m* (-а/-у) Leuchten *s*, Scheinen *s* (Licht usw.), Licht *s* (Lichtschein), Schein *m* (des Lichts)
свети́льник [ßw'it'íl'n'ik] *m* (-а) Beleuchtungskörper *m*, Licht *s* (Lampe)
свети́ть [ßw'it'ít'] *v* (свечу́, све́тишь) **1** leuchten (Lampe usw.), scheinen (Licht ausstrahlen) **2** beleuchten *etw. Akk*
светловоло́сый [ßw'itlawalóßyj] *adj* (-ая, -ое) blond (Mensch), hellhaarig
све́тлый [ßw'étlyj] *adj* (-ая, -ое) **1** hell (Farbe usw.) **2** blond, hell
светофо́р [ßw'itafór] *m* (-а) Ampel *w*
свеча́ [ßw'itsch'á] *w* (-и́; -и) **1** Kerze *w* **2** Zündkerze *w* **3** Lob *m*
свида́ние [ßw'idán'iji] *s* (-я) Begegnung *w*
свиде́тель [ßw'id'ét'il'] *m* (-я) Zeuge *m*
свиде́тельство [ßw'id'ét'il'ßtwa] *s* (-а) **1** Schein *m* (Urkunde), Zeugnis *s* (vom Arzt usw.) **2** Zeugenaussage *w*
свине́ц [ßw'in'éz] *m* (-нца́) Blei *s* (Metall)
свини́на [ßw'in'ína] *w* (-ы) Schweinefleisch *s*
свинья́ [ßw'in'já] *w* (-и́; сви́ньи) **1** Sau *w* (Tier) **2** Schwein *s* **3** Luder *s*, Sau *w* (Schimpfwort)
свисте́ть [ßw'ißt'ét'] *v* (-ищу́, -исти́шь) **1** blasen (Wind) **2** pfeifen
сви́тер [ßw'ítir] *m* (-а) Pullover *m*, Pulli *m*
сви́ток [ßw'ítak] *m* (-тка) Rolle *w* (Papier usw.)
свобо́да [ßwabóda] *w* (-ы) Freiheit *w*
свобо́дный [ßwabódnyj] *adj* (-ая, -ое) **1** frei (Wille usw.) **2** frei (Platz), unbesetzt (Platz usw.), vakant **3** locker (nicht befestigt), lose **4** locker (Atmosphäre usw.) ► **вход** ~ Eintritt frei
своевре́менный [ßwajiwr'ém'innyj] *adj* (-ая, -ое) rechtzeitig
своенра́вный [ßwajinráwnyj] *adj* (-ая, -ое) kapriziös, launisch, launenhaft
свой [ßwój] *adj* eigen
сво́йство [ßwójßtwa] *s* Eigenschaft *w j-s/etw.*
своя́к [ßwaják] *m* (-á) Schwager *m*

связа́ть [ßw'isát'] *v* (свяжу́, свя́жешь) **1** fesseln *j-n* (mit Seil usw.) **2** verbinden *etw. Akk* (Schnüre usw.) **3** stricken (Pullover usw.)

свя́зка [ßw'áßka] *w* (-и) Bündel *s etw. Gen* (Briefe usw.), Ligament *s*, Band *s* (Gewebe)

свя́зность [ßw'ásnaßt'] *w* (-и) Zusammenhang *m*

свя́зный [ßw'ásnyj] *adj* (-ая, -ое) fließend, flüssig, zusammenhängend, kohärent

связь [ßw'áß'] *w* (-и) **1** Bindung *w zwischen etw.* (Beziehung), Verbindung *w zwischen etw.* (Beziehung usw.), Zusammenhang *m zwischen etw. Dat* **2** Band *s* (Verbindung), Beziehung *w* (Handelsbeziehung usw.), Verhältnis *s mit j-m* (Liebschaft) **3** Verbindung *w* (Verkehrsverbindung usw.) **4** Fernmeldewesen *s*

свято́й [ßw'itój] *adj* heilig ♦ *m* Heilige *m*

свяще́нник [ßw'ischsch'énn'ik] *m* (-а) Geistliche *m*, Pfarrer *m*, Priester *m*

сго́вор [sgówar] *m* (-а) Vereinbarung *w*

сгоре́ть [sgar'ét'] *v* (-рю́, -ри́шь) niederbrennen (Haus usw.), herunterbrennen, verbrennen (in Flammen umkommen)

сдать [sdát'] *v* (сдам, сдашь) **1** bestehen, ablegen (Prüfung usw.) **2** rückerstatten *etw. j-m*, rückvergüten *etw. j-m* (für Ware usw.), zurückgeben *j-m etw. Akk* **3** aufgeben *etw. Akk* (Anstrengungen usw.) ► **~ в аре́нду** vermieten *etw. Akk an j-n*

сда́ться [sdátza] *v* **1** aufgeben (nicht mehr raten), sich ergeben *j-m* **2** nachgeben *etw. Gen* (Zwang usw.)

сда́ча [sdátsch'a] *w* (-и) Kapitulation *w* ► **~ (внаём)** *w* Miete *w* (Verhältnis)

сдви́нуть [sdw'ínut'] *v* (-ну, -нешь) rücken *etw. Akk* (Tisch usw.), verschieben *etw. Akk irgendwohin* (Stelle wechseln), zusammenschieben (zusammenrücken)

сде́лать [sd'élat'] *v* (-аю, -аешь) **1** machen (schaffen usw.) **2** machen *etw. Akk* (durchführen), tun *etw. Akk*, machen *etw. Akk zu etw.* (eine Veränderung bewirken) ► **не ~** *что* nicht tun *etw. Akk*

сде́лка [sd'élka] *w* (-и) **1** Geschäft *s* (Transaktion) **2** Abmachung *w*

сдёрнуть [sd'órnut'] *v* (-ну, -нешь) herunterreißen *etw. Akk*, abreißen *etw. Akk* (Pflaster usw.), reißen *etw. Akk von etw.*

сеа́нс [ß'ánß] *m* (-а) Vorstellung *w* (Aufführung), Aufführung *w* (Theaterstück)

се́вер [ß'éw'ir] *m* (-а) Norden *m*

сего́дня [ß'iwódn'a] *adv* heute, heutzutage (in der heutigen Zeit)

сего́дняшний [ß'iwódn'ischn'ij] *adj* (-яя, -ее) heutig (Tag usw.)

седа́лище [ß'idál'ischsch'i] *s* (-а) Gesäß *s*

седло́ [ß'idló] *s* (-á; сёдла) Sattel *m* (Pferd usw.)

седо́й [ß'idój] *adj* (-áя, -óе) grau

сезо́н [ß'isón] *m* (-а) Saison *w*

сейф [ß'éjf] *m* (-а) Geldkassette *w*, Safe *m,s*

сейча́с [ß'itscháß] *adv* jetzt, nun ► **~ же** gleich (sofort); **Пря́мо ~ (же)?** Jetzt sofort?

секре́т [ß'ikr'ét] *m* (-а) Absonderung *w*, Sekret *s*, Ausscheidung *w* (Produkt), Geheimhaltung *w*

секрета́рша [ß'ikr'itárscha] *w* (-и) Sekretärin *w*

секрета́рь [ß'ikr'itár'] *m* (-я́) Sekretär *m* (einer Partei usw.)

секс [ß'ékß] *m* (-а) Sex *m*

сексуа́льный [ß'ikßuál'nyj] *adj* (-ая, -ое) sexuell

секу́нда [ß'ikúnda] *w* (-ы) Sekunde *w*

се́кция [ß'ékzyja] *w* (-и) Abteilung *w* (einer Organisation usw.)

селезёнка [ß'il'is'ónka] *w* (-и) Milz *w*

село́ [ß'iló] *s* (-á; сёла) Dorf *s*

сельдере́й [ß'il'd'ir'éj] *m* (-я) Sellerie *m* (Knolle) ► **~ черешко́вый** Knollensellerie *m*

сельдь [ß'él't'] *w* (-и) Hering *m* (Fisch), Salzhering *m*

сёмга [ß'ómga] *w* (-и) Lachs *m*

семе́йный [ß'im'éjnyj] *adj* (-ая, -ое) familiär (Schwierigkeit)

семе́стр [ß'im'éßtr] *m* (-а) Halbjahr *s* (in der Schule), Semester *s*

семна́дцать [ß'imnázat'] *num* (-и) siebzehn

семь [ß'ém'] *num* (семи́, 7 семью́) sieben

се́мьдесят [ß'ém'd'iß'it] *num* (семи́десяти, 7 семью́десятью) siebzig

семьсо́т [ß'im'ßót] *num* (семисо́т) siebenhundert

семья́ [ß'im'já] *w* (-й; се́мьи) Familie *w*

се́мя [ß'ém'a] *s* (-мени; -мена́) Samen *m*

се́но [ß'éna] *s* (-а) Heu *s*

сентя́брь [ß'int'ábr'] *m* (-я́) September *m*

се́пия [ßep'ija] *w* (-и) Tintenfisch *m*

се́ра [ß'éra] *w* (-ы) Schwefel *m*

сервиро́вка [ß'irw'irófka] *w* (-и) Service *s* (Geschirr)

се́рвис [ßerw'iß] *m* (-а) Service *m,s* (Dienst)

серде́чный [ß'ird'etschnyj] *adj* (-ая, -ое) **1** Herz- **2** herzlich

серди́тый [ß'ird'ítyj] *adj* (-ая, -ое) **1** sauer *auf j-n*, verärgert **2** irritabel, gereizt (Laune usw.)

серди́ться [ß'ird'ítza] *v* (сержу́сь, се́рдишься) böse sein *j-m, auf j-n*, sich aufregen *über etw. Akk*, sich ärgern *über j-n*, böse sein *j-m/auf j-n*

се́рдце [ß'érzi] *s* Herz *s* (Organ)

серебро́ [ß'ir'ibró] *s* (-á) Silber *s* (Metall)

середи́на [ß'ir'id'ína] *w* (-ы) Mitte *w etw. Gen*, Mittelpunkt *m* (eines Kreises usw.)

сериа́л [ß'ir'iál] *m* (-а) Serie *w* (TV usw.)

се́рия [ß'ér'ija] *w* (-и) Serie *w* (Fotos usw.)

сертифика́т [ß'irt'if'ikát] *m* (-а) Bescheinigung *w*, Zeugnis *s*, Zertifikat *s*

се́рый [ß'éryj] *adj* (-ая, -ое) grau

серьга́ [ß'ir'gá] *w* (-и́; се́рьги) Ohrring *m*

серьёзный [ß'ir'ósnyj] *adj* (-ая, -ое) **1** ernst **2** ernsthaft (Versuch usw.), ernst (Interesse usw.), seriös (mit gutem Ruf), solide **3** ernst, schlimm (Lage usw.), wichtig (Folgen usw.), bedeutsam (Entscheidung usw.)

сестра́ [ß'ißtrá] *w* (-ы́; сёстры) Schwester *w* ► **двою́родная** ~ Cousine *w*; **(родна́я)** ~ Geschwister *s*

сесть[1] [ß'éßt'] *v* (ся́ду, ся́дешь) **1** sich setzen **2** aufsteigen *auf etw. Akk* (Fahrrad, Pferd usw.) **3** einsteigen *in etw. Akk* ► ~ **в маши́ну** in ein Auto einsteigen

сесть[2] [ß'éßt'] *v* (ся́дет) schrumpfen (Wäsche usw.)

сет [ßet] *m* (-а) Satz *m* (im Tennis usw.)

сеть [ß'ét'] *w* (-и) **1** Netz *s* (Fischernetz usw.) **2** Kette *w* (Reihe von Dingen usw.), Netz *s* (Struktur)

се́ять [ß'éjit'] *v* (се́ю, се́ешь) säen

сжа́то [shsháta] *adv* kurz, bündig

сжать [shshát'] *v* **1** zusammendrücken *etw. Akk* (Volumen reduzieren) **2** drücken *etw. Akk* (in der Hand usw.) **3** anspannen (Muskeln), ballen

сжа́ться [shshátza] *v* (сожму́сь, сожмёшься) **1** schrumpfen, sich zusammenziehen **2** sich zusammenziehen (Vene, Magen usw.) **3** sich einrollen, sich zusammenrollen (und einschlafen usw.)

сжечь [shshétsch'] *v* (сожгу́, сожжёшь) **1** verbrennen *etw. Akk* (durch Feuer zerstören) **2** verbrennen (verbrauchen) **3** versengen, verbrennen

сигаре́та [ß'igar'éta] *w* (-ы) Zigarette *w*

сигна́л [ß'ignál] *m* (-а) Signal *s* (Zeichen usw.), Zeichen *s* (Geste usw.)

сиде́нье [ß'id'én'ji] *s* (-я) Sattel *m* (Fahrrad usw.), Sitz *m*, Hocker *m*

сиде́ть [ß'id'ét'] *v* (сижу́, сиди́шь) **1** sitzen **2** passen *j-m* (Kleidung)

си́ла [ß'íla] *w* (-ы) **1** Kraft *w* (Ursache der Bewegung) **2** Elan *m*, Kraft *w* (körperlich), Stärke *w* (eines Menschen) **3** Macht *w*

си́льный [ß'íl'nyj] *adj* (-ая, -ое) **1** stark (körperlich) **2** intensiv, Intensiv-, stark (Gefühl), heftig (Leidenschaft usw.) **3** hart (Schlag usw.) **4** (sehr) heftig (Gefühl usw.)

си́мвол [ß'ímwal] *m* (-а) Symbol *s*, Zeichen *s* (grafisch)

симпати́чный [ß'impat'ítsch'nyj] *adj* (-ая, -ое) sympathisch

симпа́тия [ß'impát'ija] *w* (-и) Sympathie *w für j-n*, Zuneigung *w*

симули́ровать [ß'imul'írawat'] *v* (-рую, -руешь) simulieren (Krankheit), vortäuschen *etw. Akk*, heucheln *etw. Akk* (Mitleid usw.)

синаго́га [ß'inagóga] *w* (-и) Synagoge *w*

си́ний [ß'ín'ij] *adj* (-яя, -ее) blau

сирота́ [ß'iratá] *m/w* (-ы́; -о́ты) Waise *w* (Kind)

систе́ма [ß'ißt'éma] *w* (-ы) System *s*

сия́ть [ß'iját'] *v* (-я́ю, -я́ешь) strahlen

сказа́ть [ßkasát'] *v* (скажу́, ска́жешь) aussprechen, sagen (Wort usw.), behaupten, sagen *j-m etw. Akk*

ска́зка [ßkáßka] *w* (-и) Märchen *s*

скака́ть [ßkakát'] *v* (скачу́, ска́чешь) springen (Sprünge machen)

скала́ [ßkalá] *w* (-ы́; ска́лы) Felsen *m*

скалола́з [ßkalaláß] *m* (-а) Bergsteiger *m*, Kletterer *m* (Person)

скаме́йка [ßkam'éjka] *w* (-и) Bank *w* (zum Sitzen)

скамья́ [ßkam'já] *w* (-и́) Bank *w* (zum Sitzen)

скача́ть [ßkatsch'át'] *v* (-а́ю, -а́ешь) herunterladen

скачо́к [ßkatsch'ók] *m* (-чка́) Sprung *m*

сква́жина [ßkwáshyna] *w* (-ы) **1** Spalte *w* (Riss) **2** Bohrloch *s*

сквозь [ßkwóß'] *prep* **1** durch *etw. Akk* **2** quer *durch etw., über etw. Akk*

ски-па́сс [ßk'ipáß] *m* (-а) Skipass *m*

ски́дка [ßk'ítka] *w* (-и) Ermäßigung *w*, Rabatt *m*

ски́нуть [ßk'ínut'] *v* (-ну, -нешь) abwerfen *etw. Akk* (Bombe usw.), abwerfen (Bomben usw.), hinunterstürzen (stoßen)

скита́ние [ßk'itán'iji] *s* (-я) Wanderung *w*

скла́дка [ßklátka] *w* (-и) Falte *w* (Stoff usw.)

скле́ить [ßkl'éit'] *v* (-е́ю, -е́ишь) zusammenkleben *etw. Akk* (verkleben), kleben *etw. Akk*

склон [ßklón] *m* (-а) Hang *m* (steil usw.), Abhang *m*

склони́ть [ßklan'ít'] *v* (-оню́, -о́нишь) neigen *etw. Akk* (Kopf usw.)

скло́нность [ßklónnaßt'] *w* (-и) **1** Neigung *w für etw.* (Vorliebe usw.) **2** Tendenz *w* (zu einer Handlung), Neigung *w*

ско́бка [ßkópka] *w* (-и) Klammer *w* (Schriftzeichen)

сковорода́ [ßkawaradá] *w* (-ы́) Pfanne *w*

ско́льзкий [ßkól'ßk'ij] *adj* (-ая, -ое) rutschig, schlüpfrig, glatt (Gehweg usw.)

скользну́ть [ßkal'snút'] *v* (-ну́, -нёшь) rutschen

ско́лько [ßkól'ka] *pron* wie viel, wie viele ► **~ раз** wievielmal; **С~ это сто́ит?** Was/Wie viel kostet es?

ско́рая [ßkóraja] *w* (-ой) Krankenwagen *m*, Ambulanz *w* (Wagen), Rettungswagen *m*

скорлупа́ [ßkarlupá] *w* (-ы́; -у́пы) Schale *w*, Nussschale *w*, Eierschale *w*

скоросп́елый [ßkaraßp'élyj] *adj* (-ая, -ое) früh (Gemüse usw.), Früh-

ско́рость [ßkóraßt'] *w* (-и) Gang *m* (Geschwindigkeit), Geschwindigkeit *w*, Schnelligkeit *w* (einer Bewegung usw.), Tempo *s* ► **включи́ть пе́рвую/втору́ю ~** den ersten/zweiten Gang schalten

ско́рый [ßkóryj] *adj* (-ая, -ое) baldig, schnell (Bewegung usw.), rasch (Gang usw.) ► **ско́рая по́мощь** erste Hilfe

скоти́на [ßkat'ína] *w* (-ы) Vieh *s*

скотч [ßkótsch'] *m* (-а, 7 -ем) Klebeband *s*, Tesafilm ® *m*

скрепи́ть [ßkr'ip'ít'] *v* (-плю́, -пи́шь) **1** zusammenheften *etw. Akk zu etw.* **2** besiegeln (Vertrag usw.)

скри́пка [ßkr'ípka] *w* (-и) Geige *w*

скро́мный [ßkrómnyj] *adj* (-ая, -ое) bescheiden

скрути́ть [ßkrut'ít'] *v* (-учу́, -у́тишь) **1** drehen *etw. Akk* (formen) **2** flechten (Zopf usw.)

скрыва́ть [ßkrywát'] *v* (-а́ю, -а́ешь) **1** verbergen (verheimlichen) **2** verbergen *j-n* (einen Flüchtling usw.), verstecken *etw. Akk* (Drogen usw.) **3** vertuschen *etw. Akk*

скры́ть [ßkrýt'] *v* (скро́ю, скро́ешь) **1** verstecken *etw. Akk vor j-m*, verbergen *etw. Akk vor j-m* (unter Mantel usw.) **2** verheimlichen *j-m etw. Akk*, vertuschen *etw. Akk*, verheimlichen *etw. Akk* (Affäre usw.), geheim halten *etw. Akk*

ску́ка [ßkúka] *w* (-и) langweilige Sache, Langeweile *w*

ску́льптор [ßkúl'ptar] *m* (-а) Bildhauer *m*

скульпту́ра [ßkul'ptúra] *w* (-ы) Plastik *w*, Skulptur *w* (Bildwerk)

скупо́й [ßkupój] *adj* (-а́я, -о́е) geizig

скуча́ть [ßkutsch'át'] *v* (-а́ю, -а́ешь) sich langweilen

ску́чный [ßkútsch'nyj] *adj* (-ая, -ое) langweilig, lästig, uninteressant

слаби́тельное [ßlab'ít'il'naji] *s* (-ого) Abführmittel *s*

сла́бость [ßlábaßt'] *w* (-и) Schwäche *w* (Gefühl usw.)

сла́бый [ßlábyj] *adj* (-ая, -ое) **1** schwach, zart (körperlich) **2** schwach (schlecht), unterdurchschnittlich

сла́ва [ßláwa] *w* (-ы) Berühmtheit *w*, Ruhm *m*

сла́дкий [ßlátk'ij] *adj* (-ая, -ое) süß

сла́дкое [ßlátkaji] *s* (-ого) Dessert *s*, Nachtisch *m*

слайд [ßlájt] *m* (-а) Diapositiv *s*, Dia *s*

сла́сти [ßláßt'i] *w Mz* (-е́й) Süßwaren *Mz*

сле́ва [ßl'éwa] *adv* von links

слегка́ [ßl'ichká] *adv* leicht, sanft

след [ßl'ét] *m* Spur *w*

следи́ть [ßl'id'ít'] *v* (слежу́, следи́шь) **1** nachspionieren *j-m*, verfolgen *j-n* (beschatten) **2** achten *auf etw. Akk* (aufpassen), sorgen *für etw.* (sich kümmern)

сле́довать [ßl'édawat'] *v* (-дую, -дуешь) **1** folgen *nach etw.* (in gewisser Reihenfolge) **2** folgen *j-m/etw.* (nachgehen) **3** folgen *aus etw.*, sich ergeben *aus etw.* (Schluss usw.) ► **как сле́дует** ordentlich (angemessen), gründlich (wie es sein soll)

сле́дствие [ßl'éztw'iji] *s* (-я) Folge *w etw. Dat, von etw.*, Konsequenz *w etw. Gen* (einer Tat usw.)

слеза́ [ßl'isá] *w* (-ы́; слёзы) Träne *w*

слепо́й [ßl'ipój] *adj* (-а́я, -о́е) blind

сли́ва [ßl'íwa] *w* (-ы) Pflaume *w*, Pflaumenbaum *m*

сли́вки [ßl'ífk'i] *w Mz* (-вок, -вкам) Sahne *w*

сли́шком [ßl'íschkam] *adv* zu

слова́рь [ßlawár'] *m* (-я́) Lexikon *s*, Wörterbuch *s*

слове́сный [ßlaw'éßnyj] *adj* (-ая, -ое) literarisch, Literar-, mündlich (Prüfung usw.)

сло́во [ßlówa] *s* (-а; слова́) Wort *s* ► **держа́ть ~** das Wort halten; **(загла́вное) ~** Stichwort *s*

слог [ßlók] *m* Silbe *w*

сложи́ть [ßlashýt'] *v* (сложу́, сло́жишь) **1** zusammenfalten **2** falten (Papier usw.) **3** einräumen *etw. Akk irgendwohin* (hineinstellen usw.) ► **~ в сто́пку** aufstapeln *etw. Akk*

сло́жный [ßlóshnyj] *adj* (-ая, -ое) **1** kompliziert, verwickelt **2** anspruchsvoll (Aufgabe usw.), anstrengend (Tag usw.) **3** zusammengesetzt (Auge usw.)

слой [ßlój] *m* (-я) **1** Ablagerung *w*, Schicht *w* (Masse) **2** Schicht *w* (Gesellschaftsschicht usw.)

сломи́ть [ßlam'ít'] *v* (сломлю́, сло́мишь) brechen *etw. Akk* (Zweig usw.)

слу́жащий [ßlúshaschsch'ij] *m* (-его) Beamte *m*, Bürobeamte *m*

слу́жба [ßlúshba] *w* (-ы) Dienst *m* (Leistung)

служи́ть [ßlushýt'] *v* (служу́, слу́жишь) **1** dienen *j-m/etw.* **2** dienen *als etw. Nom, zu etw.* (Zweck haben)

слух [ßlúch] *m* (-а) Gehör *s*

слу́чай [ßlútsch'aj] *m* (-я) **1** Ereignis *s*, Vorfall *m*, Fall *m* (Angelegenheit) **2** Gelegenheit *w etw. Akk zu tun* **3** Zufall *m*

► **при слу́чае** beziehungsweise; **в слу́чае, е́сли…** falls…, im Fall, dass…
случа́йность [ßlutsch'ájnaßt'] *w* (-и) Zufall *m*
случи́ться [ßlutsch'ítza] *v* geschehen, passieren (Ereignis usw.), sich abspielen
слу́шать [ßlúschat'] *v* (-аю, -аешь) zuhören *j-m/etw.* ► **(Я вас) слу́шаю?** Ja bitte?, Hallo!
слу́шаться [ßlúschatza] *v* (-аюсь, -аешься) gehorchen *j-m/etw.*, folgen *j-m/etw.* (Chef usw.)
слюна́ [ßl'uná] *w* (-ы́) Speichel *m*
сме́лый [ßm'élyj] *adj* (-ая, -ое) furchtlos, unerschrocken, kühn, mutig
сме́на [ßm'éna] *w* (-ы) **1** Wechsel *m*, Austausch *m*, Ersetzung *w* **2** Schicht *w* (Arbeitsabschnitt)
смени́ть [ßm'in'ít'] *v* (сменю́, сме́нишь) **1** tauschen *etw. Akk gegen etw.*, austauschen *etw. Akk gegen etw.* (gegenseitig) **2** wechseln (Berufe usw.), *j-s* Nachfolger sein
смерте́льный [ßm'irt'él'nyj] *adj* (-ая, -ое) tödlich
смерть [ßm'ért'] *w* (-и) Tod *m*
смеси́ть [ßm'iß'ít'] *v* (сме́шу, сме́сишь) vermischen *etw. Akk*
смести́ [ßm'ißt'í] *v* (смету́, сметёшь) **1** wegfegen *etw. Akk von etw.* (Krümel usw.) **2** zusammenschieben (zu Haufen usw.) **3** wegfegen *j-n/etw.*, wegschleudern *j-n/etw.* (Hochwasser usw.)
смести́ть [ßm'ißt'ít'] *v* (смещу́, смести́шь) absetzen *j-n* (aus Amt usw.)
смесь [ßm'éß'] *w* (-и) Durcheinander *s von etw.*, Mischmasch *m von etw.*, Mischung *w etw. Gen*, Mix *m*
смех [ßm'éch] *m* (-а/-у) Lachen *s*
смеша́ть [ßm'ischát'] *v* (-а́ю, -а́ешь) vermischen *etw. Akk mit etw.*, mischen *etw. Akk mit etw.*, vermischen *etw. Akk mit etw.*
смеши́ть [ßm'ischýt'] *v* (-шу́, -ши́шь) unterhalten *j-n mit etw.* (mit Erzählungen usw.)
смешно́й [ßm'ischnój] *adj* (-а́я, -о́е) lächerlich, lustig (amüsant), witzig, spaßig
смея́ться [ßm'ijátza] *v* (смею́сь, смеёшься) lachen *über j-n/etw.*, sich lustig machen *über j-n*, verspotten, verhöhnen
смонти́ровать [ßmant'írawat'] *v* (-рую, -руешь) **1** montieren (zusammenbauen) **2** schneiden (Film usw.)
сморо́дина [ßmaród'ina] *w* (-ы) Johannisbeere *w*, (ÖrD) Ribisel *w*
смотре́ть [ßmatr'ét'] *v* (смотрю́, смо́тришь) **1** angucken *etw. Akk*, gucken *auf etw. Akk*, schauen *auf j-n/etw.*, ansehen *j-n/etw.* **2** hüten *j-n* (Kinder usw.), aufpassen *auf j-n* **3** Rücksicht nehmen *auf etw. Akk* ► **~ за детьми́** *кого* Kinder *j-s* hüten
сму́глый [ßmúglyj] *adj* (-ая, -ое) dunkel (mit dunkler Haut), dunkelhäutig
сму́та [ßmúta] *w* (-ы) Unruhen *w Mz* (Arbeiterunruhen usw.)
смущённый [ßmuschsch'ónnyj] *adj* (-ая, -ое) betroffen (überrascht usw.), verblüfft, kleinlaut (Person) ♦ *pron* unangenehm (sich fühlen), unbehaglich
смысл [ßmýßl] *m* (-а) **1** Sinn *m etw. Gen* (Zweck) **2** Sinn *m* (Bedeutung) ► **име́ть ~** Sinn ergeben; **здра́вый ~** gesunder Menschenverstand *m*
смыть [ßmýt'] *v* (смо́ю, смо́ешь) **1** abwaschen **2** spülen (Toilette) **3** wegspülen (abschwemmen)
смычо́к [ßmytsch'ók] *m* (-чка́) Bogen *m* (zum Spielen)
снабжа́ть [ßnabshát'] *v* (-а́ю, -а́ешь) versorgen *j-n/etw. mit etw.* (beliefern)
снару́жи [ßnarúshy] *adv* heraus *aus etw.* ♦ *prep* außerhalb *etw. Gen*
снаряже́ние [ßnar'ishén'iji] *s* (-я) Ausrüstung *w*
снасть [ßnáßt'] *w* (-и; -и, -е́й) Werkzeug *s* (Gesamtheit von Werkzeugen), Werkzeuge *s Mz*
снача́ла [ßnatsch'ála] *adv* anfangs, am Anfang, anfänglich
снег [ßn'ék] *m* (-а/-у) Schnee *m*
снести́[1] [ßn'ißt'í] *v* (-су́, -сёшь) **1** abnehmen *etw. Akk von etw.* (Wäsche usw.), herunternehmen *etw. Akk* (vom Regal usw.) **2** abreißen *etw. Akk*, niederreißen *etw. Akk* (Gebäude usw.) **3** aushalten *etw. Akk*, ertragen *etw. Akk*
снести́[2] [ßn'ißt'í] *v* (-сёт) legen (Eier)
сни́зить [ßn'ís'it'] *v* (сни́жу, сни́зишь) verringern *etw. Akk* (Menge usw.), senken *etw. Akk* (Summe usw.), herabsetzen *etw. Akk* (Kosten usw.) ► **~ це́ну** *на что чего* ermäßigen *etw. Akk*
снима́ть [ßn'imát'] *v* (-а́ю, -а́ешь) drehen (Film)
сни́мок [ßn'ímak] *m* (-мка) Fotografie *w*, Foto *s*
сни́ться [ßn'ítza] *v* (снюсь, сни́шься) träumen *von j-m/etw.*
сно́ва [ßnówa] *adv* wieder, abermals
сновиде́ние [ßnaw'id'én'iji] *s* (-я) Traum *m*
сно́сно [ßnóßna] *adv* anständig, leidlich
снотво́рное [ßnatwórnaji] *s* (-ого) Schlaftablette *w*, Schlafmittel *s*
сноха́ [ßnachá] *w* (-и́) Schwiegertochter *w*
сноше́ние [ßnaschén'iji] *s* (-я) Kontakt *m* ► **(полово́е) ~** Geschlechtsverkehr *m*

снять [ßn'át'] *v* (сниму́, сни́мешь) **1** abnehmen *etw. Akk von etw.* (Wäsche usw.), herunternehmen *etw. Akk* (vom Regal usw.), abnehmen *etw. Akk* (Deckel usw.), herabziehen **2** ausziehen *etw. Akk* (Hose usw.) **3** mieten *etw. Akk* **4** abheben, (ÖrD) beheben (Geld usw.) **5** filmen *etw. Akk* **6** absagen (Treffen usw.) ▶ **~ ко́пию** kopieren (nach Muster usw.)

соба́ка [ßabáka] *w* (-и) Hund *m*

собесе́дник [ßab'iß'édn'ik] *m* (-а) Partner *m* (Begleiter)

собира́ть [ßab'irát'] *v* (-а́ю, -а́ешь) sammeln (Briefmarken usw.) ▶ **~ ве́щи** *uv* packen *etw. Akk* (Koffer)

соблазни́ть [ßablasn'ít'] *v* (-ню́, -ни́шь) verführen *j-n* (Mädchen usw.), verlocken *j-n zu etw. Akk*

соблюда́ть [ßabl'udát'] *v* (-а́ю, -а́ешь) achten (Gesetz usw.), beachten *etw. Akk* (Ratschlag usw.), befolgen *etw. Akk* (Vorschrift usw.), einhalten *etw. Akk*

соболе́знование [ßabal'ésnawan'iji] *s* (-я) Beileid *s*

собо́р [ßabór] *m* (-а) Kathedrale *w*, Tempel *m* (Gebäude)

собра́ние [ßabrán'iji] *s* (-я) Massenversammlung *w*, Massentreffen *s*, Versammlung *w* (politische)

собра́ть [ßabrát'] *v* (-беру́, -берёшь) **1** versammeln, zusammenbringen (ein Heer usw.), zusammenrufen **2** ansammeln, einsammeln, sammeln (Holz usw.), häufen *etw. Akk* (sammeln usw.) **3** zusammensetzen *etw. Akk* **4** aufsammeln (vom Boden usw.)

со́бственник [ßópßtw'inn'ik] *m* (-а) Besitzer *m etw. Gen*, Eigentümer *m etw. Gen*, Inhaber *m etw. Gen*

со́бственность [ßópßtw'innaßt'] *w* (-и) Besitz *m* (Besitzon)

со́бственный [ßópßtw'innyj] *adj* (-ая, -ое) eigen

собы́тие [ßabýt'iji] *s* (-я) Ereignis *s*

сова́ [ßawá] *w* (-ы) Eule *w*

соверше́нно [ßaw'irschénna] *adv* absolut, völlig, ganz

совершенноле́тний [ßaw'irschynnal'étn'ij] *adj* (-яя, -ее) volljährig

соверши́ть [ßaw'irschýt'] *v* (-шу́, -ши́шь) begehen *etw. Akk*, verüben *etw. Akk* (Verbrechen usw.), durchführen *etw. Akk* (Aufgabe usw.), ausführen *etw. Akk* (Arbeit usw.)

со́весть [ßów'ißt'] *w* (-и) Gewissen *s*

сове́т [ßaw'ét] *m* (-а) **1** Rat *m* (Ratschlag), Ratschlag *m*, Tipp *m* (Rat) **2** Organ *s* (Kollegium usw.), Rat *m* (Gremium)

сове́тник [ßaw'étn'ik] *m* (-а) Berater *m*, Ratgeber *m* (Person)

сове́товать [ßaw'étawat'] *v* (-тую, -туешь) raten *j-m*

совмести́ть [ßawm'ißt'ít'] *v* (-ещу́, -ести́шь) vereinigen

совме́стный [ßawm'éßnyj] *adj* (-ая, -ое) gemeinsam (Mühe usw.)

совокупле́ние [ßawakupl'én'iji] *s* (-я) Geschlechtsverkehr *m*, Koitus *m*, Beischlaf *m*

совпада́ть [ßafpadát'] *v* (-а́ет) **1** kollidieren, zusammenfallen (zeitlich) **2** übereinstimmen *mit etw.* (in Einklang stehen)

совреме́нность [ßawr'im'énnaßt'] *w* (-и) Gegenwart *w*

совреме́нный [ßawr'im'énnyj] *adj* (-ая, -ое) **1** aktuell, up to date, modern, heutig (Entwicklung usw.) **2** zeitgenössisch, derzeitig

совсе́м [ßafß'ém] *adv* absolut, völlig, ganz, durchaus (möglich usw.) ♦ *part* gar, überhaupt ▶ **не ~** eigentlich nicht

согласи́ться [ßaglaß'ítza] *v* (-ашу́сь, -аси́шься) akzeptieren, einwilligen *in etw. Akk*, sich einigen *über etw. Akk*, sich herbeilassen *zu etw.*

соглаше́ние [ßaglaschén'iji] *s* (-я) Vereinbarung *w*

согну́ть [ßagnút'] *v* (-ну́, -нёшь) anziehen (Beine usw.), biegen *etw. Akk*

согре́ть [ßagr'ét'] *v* (-ре́ю, -ре́ешь) aufwärmen *etw. Akk* (Essen), wärmen *etw. Akk* (warm machen), erwärmen *etw. Akk*, warm machen *etw. Akk*

соде́йствие [ßad'éjßtw'iji] *s* (-я) Hilfe *w* (Unterstützung usw.)

содержа́ние [ßad'irshán'iji] *s* (-я) Inhalt *m* (einer Flasche usw.), Inhaltsverzeichnis *s*

содержа́тельный [ßad'irshát'il'nyj] *adj* (-ая, -ое) sachlich

содержа́ть [ßad'irshát'] *v* (-ержу́, -е́ржишь) **1** einschließen *etw. Akk* (in sich usw.), einbegreifen *etw. Akk*, enthalten *etw. Akk*, umfassen (inhaltlich) **2** ernähren *j-n*, unterhalten *j-n* (Verwandte usw.)

содру́жество [ßadrúshyßtwa] *s* (-а) Gemeinschaft *w* (von Staaten usw.)

соединённый [ßajid'in'ónnyj] *adj* (-ая, -ое) verbunden *mit etw.*, vereinigt

соедини́ть [ßajid'in'ít'] *v* (-ню́, -ни́шь) **1** einigen (Volk usw.), vereinheitlichen (Gesetze usw.), verbinden (miteinander, zusammenschalten), vereinigen *etw. Akk* **2** verbinden *etw. Akk mit etw.* (mehrere Teile usw.) **3** verbinden *j-n mit j-m* (telefonisch), verbinden *j-n* (telefonisch)

сожале́ние [ßashyl'én'iji] *s* (-я) Bedauern *s*, Mitleid *s* ▶ **к сожале́нию** leider

сожале́ть [ßashyl'ét'] *v* (-е́ю, -е́ешь) bedauern *etw. Akk* ► **Сожале́ю.** Es tut mir leid.

созвони́ться [ßaswan'ítza] *v* (-ню́сь, -ни́шься) einen Anruf machen, telefonieren

созда́ть [ßasdát'] *v* (-а́м, -а́шь) formen *etw. Akk*, gründen, schaffen, erschaffen (Welt usw.)

созерца́ть [ßas'irzát'] *v* (-а́ю, -а́ешь) beobachten *j-n/etw.*

созна́ние [ßasnán'iji] *s* (-я) Ahnung *w*, Idee *w* (Vorstellung usw.), Bewusstsein *s* ► **потеря́ть ~** bewusstlos sein, ohnmächtig werden; **находи́ться в по́лном созна́нии** bei Bewusstsein sein

созре́ть [ßasr'ét'] *v* (-е́ю, -е́ешь) ausreifen (Früchte), reif werden

сойти́ [ßajt'í] *v* **1** hinuntergehen *etw. Akk* (vom Sprecher), heruntergehen *etw. Akk* (zum Sprecher) **2** aussteigen *aus etw.* (Zug usw.), von Bord gehen

сойти́сь [ßajt'íß'] *v* (сойду́сь, сойдёшься) sich treffen *mit j-m*, zusammentreffen *mit j-m*, begegnen *j-m*

сок [ßók] *m* (-а/-у) **1** Most *m*, Saft *m* (aus Obst usw.) **2** Saft *m* (Fleischsaft) **3** Saft *m* (Pflanzensaft) ► **я́блочный ~** Apfelsaft *m*; **виногра́дный ~** Traubensaft *m*

сократи́ть [ßakrat'ít'] *v* (-ащу́, -ати́шь) **1** abkürzen *etw. Akk* (Wort usw.) **2** abkürzen (zeitlich)

сокраще́ние [ßakraschsch'én'iji] *s* (-я) **1** Abkürzung *w* (Wort) **2** Kontraktion *w* (eines Muskels usw.)

солга́ть [ßalgát'] *v* (-лгу́, -лжёшь) lügen *j-m*

солда́тский [ßaldázk'ij] *adj* (-ая, -ое) militärisch, Militär-

соли́ть [ßal'ít'] *v* (солю́, со́лишь) salzen *etw. Akk*

со́лнце [ßonzi] *s* (-а) Sonne *w*, Sonnenschein *m* ► **зака́т/захо́д со́лнца** Sonnenuntergang *m*

соло́ма [ßalóma] *w* (-ы) Stroh *s*

соло́мка [ßalómka] *w* (-и) Strohhalm *m* (zum Trinken)

соло́нка [ßalónka] *w* (-и) Salzstreuer *m*

соль [ßól'] *w* (-и) **1** Salz *s* **2** Pointe *w*

сомнева́ться [ßamn'iwátza] *v* (-а́юсь, -а́ешься) zweifeln *an j-m/etw.*

сомне́ние [ßamn'én'iji] *s* (-я) Unsicherheit *w* (eines Resultats usw.), Zweifel *m* ► **ста́вить под ~** bezweifeln *etw. Akk*, anzweifeln *etw. Akk*

сомни́тельный [ßamn'ít'il'nyj] *adj* (-ая, -ое) unsicher (Situation usw.), instabil (Lage usw.), verrufen, anrüchig

сон [ßón] *m* (сна) **1** Schlaf *m* **2** Traum *m*

соногра́фия [ßanagráf'ija] *w* (-и) Sonografie *w*, Ultraschalluntersuchung *w*

сообрази́ть [ßaabras'ít'] *v* (-ажу́, -ази́шь) begreifen *etw. Akk*, verstehen *etw. Akk*

сообще́ние [ßaapschsch'én'iji] *s* (-я) **1** Bekanntgabe *w*, Information *w*, Info *s*, Auskunft *w* **2** Bericht *m über etw. Akk*, Meldung *w über etw. Akk* (dienstliche), Report *m über etw. Akk* **3** Nachricht *w* (E-Mail usw.) **4** Anschluss *m* (Verkehrsverbindung)

сообщи́ть [ßaapschsch'ít'] *v* (-щу́, -щи́шь) **1** ankündigen *j-m etw. Akk*, bekannt machen *etw. Akk*, melden *etw. Akk* (öffentlich usw.) **2** Bescheid sagen *j-m*, mitteilen *j-m etw. Akk*, verständigen

сооружа́ть [ßaarushát'] *v* (-а́ю, -а́ешь) bauen *etw. Akk*

сооруже́ние [ßaarushén'iji] *s* (-я) Bau *m* (Gebäude), Bauwerk *s*

соотве́тствовать [ßaatw'éztwawat'] *v* (-твую, -твуешь) korrespondieren *mit etw.*, übereinstimmen *mit etw.* (in Einklang stehen)

сопе́рник [ßap' érn'ik] *m* (-а) Gegner *m*, Konkurrent *m*, Rivale *m*

сопе́рничать [ßap'érn'itsch'at'] *v* (-аю, -аешь) **1** konkurrieren *j-m/etw.* **2** kämpfen *mit j-m*, wetteifern *mit j-m*

сопровожда́ть [ßaprawashdát'] *v* (-а́ю, -а́ешь) begleiten *j-n*

сопротивле́ние [ßaprat'iwl'én'iji] *s* (-я) **1** Widerstand *m gegen j-n/etw.* (Trotz) **2** Widerstand *m* (Kraft)

сопротивля́ться [ßaprat'iwl'átza] *v* (-я́юсь, -я́ешься) **1** gegenüberstehen *j-m/etw.*, widersprechen *j-m/etw.* (Behauptung usw.) **2** widerstehen *etw. Dat*, sich sträuben *etw. Gen*, sich widersetzen *etw. Dat* (Änderung usw.)

соразме́рно [ßarasm'érna] *adv* angemessen, entsprechend, proportional

сорва́ть [ßarwát'] *v* (-ву́, -вёшь) **1** abpflücken, abreißen (Blätter usw.), herunterreißen *etw. Akk*, abreißen *etw. Akk* (Pflaster usw.) **2** durchkreuzen (Pläne usw.), nicht einhalten *etw. Akk*, vereiteln *etw. Akk* (Pläne usw.)

соревнова́ние [ßar'iwnawán'iji] *s* (-я) Rennen *s*, Wettbewerb *m*, Wettkampf *m*

соревнова́ться [ßar'iwnawátza] *v* (-ну́юсь, -ну́ешься) an einem Wettkampf *gegen j-n* teilnehmen, kämpfen *mit j-m/etw.* (um Macht usw.)

со́рок [ßórak] *num* vierzig

сорт [ßórt] *m* (-а) **1** Qualität *w* **2** Sorte *w*, Abart *w* (von Frucht usw.)

соса́ть [ßaßát'] *v* (-су́, -сёшь) **1** lutschen *an etw. Dat* (Daumen usw.), nippen *von etw.* **2** lutschen *etw. Akk* (Bonbon usw.)

сосéд [ßaß'ét] *m* (-а; -и) Nachbar *m*
соси́ска [ßaß'íßka] *w* (-и) Würstchen *s*
сóска-пусты́шка [ßóßkapußtýschka] *w* (сóски-пусты́шки) Schnuller *m*, Sauger *m*
соскользну́ть [ßaßkal'snút'] *v* (-нý, -нёшь) herunterrutschen *von/aus etw.*, rutschen
сосла́ться [ßaßlátza] *v* (сошлю́сь, сошлёшься) hinweisen *auf etw.*, sich herausreden *auf etw. Akk*
сослужи́вец [ßaßlushýw'iz] *m* (-вца) Mitarbeiter *m*, Kollege *m*
сосредото́читься [ßaßr'idatótsch'itza] *v* (-чусь, -чишься) fokussieren *auf etw. Akk*, sich konzentrieren *auf etw. Akk* (sich nicht stören lassen)
соста́в [ßaßtáf] *m* (-а) **1** Zusammensetzung *w* **2** Aufstellung *w* (einer Mannschaft usw.), Organ *s* (Kollegium usw.)
состоя́ть [ßaßtaját'] *v* (-ою́, -ои́шь) **1** bestehen *aus etw.*, sich zusammensetzen *aus etw.* **2** liegen *in etw. Dat* (Problem usw.)
состоя́ться [ßaßtajátza] *v* (-ою́сь, -ои́шься) stattfinden
сострада́ние [ßaßtradán'iji] *s* (-я) Anteilnahme *w*, Teilnahme *w* (herzliche usw.), Beileid *s*, Mitleid *s*
состяза́ние [ßaßt'isán'iji] *s* (-я) Rennen *s*, Wettbewerb *m*, Wettkampf *m*
сосу́д [ßaßút] *m* (-а) Gefäß *s*
сотру́дник [ßatrúdn'ik] *m* (-а) Beiträger *m* (einer Zeitung usw.), Mitarbeiter *m*, Kollege *m*
сотру́дничать [ßatrúdn'itsch'at'] *v* (-аю, -аешь) zusammenarbeiten *mit j-m*
сóус [ßóuß] *m* (-а/-у) Soße *w*
софа́ [ßafá] *w* (-ы́; сóфы) Sofa *s*, Couch *w*
сохрани́ть [ßachran'ít'] *v* (-ню́, -ни́шь) **1** aufbewahren, einlagern *etw. Akk irgendwo*, verstauen **2** aufbewahren *etw. Akk*, behalten (Zustand usw.), halten, bewahren *etw. Akk* (nicht ändern) **3** behalten *etw. Akk* (Qualität usw.) **4** erhalten (Entwicklung usw.)
сочета́ться [ßatsch'itátza] *v* (-áется) passen *zu etw.* (Farben usw.)
сочине́ние [ßatsch'in'én'iji] *s* (-я) Werk *s* (Schöpfung usw.)
сочини́ть [ßatsch'in'ít'] *v* (-ню́, -ни́шь) **1** komponieren (Oper usw.) **2** erfinden (ausdenken)
сочу́вствовать [ßatsch'úfßtwawat'] *v* (-твую, -твуешь) bedauern *j-n*, mitfühlen *mit j-m*
сою́з[1] [ßajuß] *m* (-а) **1** Bündnis *s*, Union *w* **2** Allianz *w*, Föderation *w*, Union *w*, Vereinigung *w* (von Personen usw.)
сою́з[2] [ßajúß] *m* (-а) Konjunktion *w* (Wort)
спад [ßpát] *m* (-а) Abnahme *w etw. Gen* (der Intensität usw.), Rückgang *m an etw. Dat*, Sturz *m*, Einbruch *m* (der Aktien usw.)
спазм [ßpásm] *m* (-а) Krampf *m*
спа́льник [ßpál'n'ik] *m* (-а) Schlafsack *m*
спа́льня [ßpál'n'a] *w* (-и) Schlafzimmer *s*
спа́ржа [ßpársha] *w* (-и) Spargel *m* (Gemüse)
спасе́ние [ßpaß'én'iji] *s* (-я) Heil *s* (Erlösung), Rettung *w*
спасжиле́т [ßpashshyl'ét] *m* Schwimmweste *w*
спаси́бо [ßpaß'íba] **С~!** Danke!
спасти́ [ßpaßt'í] *v* (-су́, -сёшь) retten *j-n/etw. vor j-m/etw.*, retten *j-n/etw.* (von Sünden usw.)
спа́сть [ßpáßt'] *v* (спадёт) abschwellen (Anschwellung usw.), platzen (Blase usw.)
спать [ßpát'] *v* (сплю, спишь) schlafen (gut, lange usw.) ► **не ~** auf sein
спая́ть [ßpaját'] *v* (-я́ю, -я́ешь) zusammenkleben *etw. Akk* (verkleben), kleben *etw. Akk*
спекули́ровать [ßp'ikul'írawat'] *v* (-рую, -руешь) verschieben *etw. Akk* (Handel treiben)
спе́лый [ßp'élyj] *adj* (-ая, -ое) reif (Obst usw.)
сперва́ [ßp'irwá] *adv* anfangs, anfänglich
специали́ст [ßp'izyal'íßt] *m* (-а) Experte *m*, Fachmann *m für etw.*, Spezialist *m*
спе́ция [ßp'ézyja] *w* (-и) Gewürz *s*, Würze *w* (Zutat)
спеши́ть [ßp'ischýt'] *v* **1** eilen, es eilig haben **2** vorgehen (Uhr) ► **Спешу́.** Ich habe es eilig.
спе́шка [ßp'éschka] *w* (-и) Eile *w*
спина́ [ßp'iná] *w* (-ы) **1** Rücken *m* **2** Rückenschwimmen *s*, Rückenkraulen *s*
спира́ль [ßp'irál'] *w* (-и) Spirale *w*
спирт [ßp'írt] *m* (-а/-у) Alkohol *m* (Spiritus)
спиртно́й [ßp'irtnój] *adj* (-áя, -óе) alkoholisch
списа́ть [ßp'ißát'] *v* (спишу́, спи́шешь) **1** abschreiben (Abschrift machen), (sich) herausschreiben *etw. Akk*, umschreiben (Rede von Aufnahme usw.) **2** abschreiben *etw. Akk von j-m, etw. Akk aus etw.* (von Mitschüler usw.) **3** abwälzen *etw. Akk auf j-n/etw.* (Schuld usw.) **4** abschreiben (wegen Abnutzung usw.), abziehen (Summe usw.)
спи́сок [ßp'ißak] *m* (-ска) Liste *w etw. Gen*, Verzeichnis *s etw. Gen*
спи́чка [ßp'ítsch'ka] *w* (-и) Streichholz *s*, (ÖrD, SwD) Zündholz *s*
споко́йный [ßpakójnyj] *adj* (-ая, -ое) gemächlich, geruhsam, locker (Atmosphäre usw.), ruhig (ohne Aufregung)

спóрить [ßpór'it'] *v* (-рю, -ришь) **1** streiten *mit j-m über etw. Akk* (diskutieren), streiten *mit j-m um/über etw. Akk* **2** wetten *mit j-m um etw.*
спорт [ßpórt] *m* (-а) Sport *m* ► **вóдные виды ~а** Wassersportarten *w Mz*
спортсмéн [ßparzm'en] *m* (-а) Sportler *m*
спóсоб [ßpóßap] *m* (-а) Weise *w* (Methode usw.)
способность [ßpaßóbnaßt'] *w* (-и) **1** Fähigkeit *w*, Tauglichkeit *w zu etw.* **2** Begabung *w für etw.*, Talent *s für etw.*
споткнýться [ßpatknútza] *v* (-нýсь, -нёшься) stolpern *über etw. Akk*
спрáва [ßpráwa] *adv* von rechts
справедлúвый [ßpraw'idl'íwyj] *adj* (-ая, -ое) gerecht, fair
спрáвиться [ßpráw'itza] *v* (-влюсь, -вишься) bewältigen *etw. Akk*, anpacken *etw. Akk*, sich *über etw. Akk* hermachen (Problem usw.), gewachsen sein *etw. Dat* (bewältigen usw.)
спрáвка [ßpráfka] *w* (-и) Urkunde *w*
спрáвочник [ßpráwatsch'n'ik] *m* (-а) Katalog *m*, Telefonbuch *s*
спрей [ßpr'éj] *m* (-я) Spray *m,s*
спрос [ßpróß] *m* (-а/-у) Nachfrage *w nach etw.*
спросúть [ßpraß'ít'] *v* (-ошý, -óсишь) fragen *j-n nach j-m/etw.*
спря́тать [ßpr'átat'] *v* (-я́чу, -я́чешь) verstecken *etw. Akk vor j-m*, verbergen *etw. Akk vor j-m* (unter Mantel usw.)
спуск [ßpúßk] *m* (-а) **1** Abstieg *m* (Abwärtssteigen) **2** Abzug *m* (einer Waffe) ► **скоростнóй ~** Abfahrt *w* (Sportdisziplin)
спустúть [ßpußt'ít'] *v* (спущý, спýстишь) herunterkurbeln (Fenster usw.), senken (nach unten)
спустúться [ßpußt'ítza] *v* (спущýсь, спýстишься) herabklettern *von etw.*, hinuntergehen (nach unten), hinabsteigen
спустя́ [ßpußt'á] *prep* in (Dauer)
спýтать [ßpútat'] *v* (-аю, -аешь) **1** verwechseln *j-n/etw. mit j-m/etw.* **2** verwirren (Fäden usw.)
сравнúть [ßrawn'ít'] *v* (-ню, -нúшь) vergleichen *j-n/etw. mit j-m/etw.*
сражéние [ßrashén'iji] *s* (-я) Schlacht *w*
срáзу [ßrásu] *adv* auf einmal, gleichzeitig, im Handumdrehen, im Nu
средá [ßr'idá] *w* **1** Mittwoch *m* **2** Milieu *s* ► **окружáющая ~** Umwelt *w*
среди́ [ßr'id'í] *prep* **1** inmitten *etw. Gen*, in der Mitte *etw. Gen, von etw.* **2** unter (zwischen)
срéдний [ßr'édn'ij] *adj* (-яя, -ее) **1** mittler(er,e,es) (Finger usw.), Mittel- **2** durchschnittlich, fortgeschritten (Stufe usw.), mittler(er,e,es) ► **срéдняя величинá** Durchschnitt *m* (Wert)
срéдство [ßr'éztwa] *s* (-а) Mittel *s* ► **срéдства** Mittel *Mz* (finanzielle); **срéдства мáссовой информáции** Medien *s Mz*; **противозачáточные срéдства** Empfängnisverhütung *w*; **мóющее ~** Reinigungsmittel *s*
срок [ßrók] *m* (-а/-у) Frist *w*, Termin *m* (Datum) ► **(крáйний) ~** (letzter) Termin *m*
срóчный [ßrótsch'nyj] *adj* (-ая, -ое) **1** dringend, unaufschiebbar, sofortig **2** Eil-, Express-
срыв [ßrýf] *m* (-а) Misserfolg *m*
срывáться [ßrywátza] *v* (-áюсь, -áешься) stürzen (fallen)
ссóра [ßßóra] *w* (-ы) Kontroverse *w*, Streit *m*
ссóриться [ßßór'itza] *v* (-рюсь, -ришься) (sich) streiten *über etw. Akk*
ссудúть [ßßud'ít'] *v* (ссужý, ссýдишь) leihen *j-m etw. Akk*
ссы́лка [ßßýlka] *w* (-и) Exil *s*
стáвка [ßtáfka] *w* (-и) **1** Wette *w* **2** Pauschalbetrag *m*
стáдо [ßtáda] *s* (-а; стадá) Herde *w*
стакáн [ßtakán] *m* (-а) Glas *s* (Gefäß)
сталь [ßtál'] *w* (-и) Stahl *m*
стáнция [ßtánzyja] *w* (-и) Haltestelle *w*, Station *w* (Haltestelle) ► **центрáльная телефóнная ~** Zentrale *w* (Telefonzentrale); **(бензо)заправóчная ~** Tankstelle *w*; **конéчная ~** Endstation *w*, Endhaltestelle *w*
старáние [ßtarán'iji] *s* (-я) Bestrebung *w um etw.*, Bemühung *w um etw.*, Fleiß *m*
старáться [ßtarátza] *v* (-áюсь, -áешься) **1** sich bemühen *um etw.* **2** sich (sehr) anstrengen *etw. Akk zu tun*
стари́нный [ßtar'ínnyj] *adj* (-ая, -ое) altertümlich
стáроста [ßtáraßta] *m* (-ы) Bürgermeister *m*
старт [ßtárt] *m* (-а) Start *m* (Wettlauf)
стáртер [ßtart'ór] *m* (-а) Starter *m* (Einrichtung), Anlasser *m*
стáрший [ßtárschyj] *adj* älter ♦ *m* Senior *m*
стáрый [ßtáryj] *adj* (-ая, -ое) alt, altertümlich, archaisch, bejahrt
стáтуя [ßtátuja] *w* (-и) Statue *w*
статья́ [ßtat'já] *w* (-й; 2 мн. -тéй) **1** Artikel *m* (Aufsatz), Beitrag *m* (Artikel usw.) **2** Posten *m* (Betrag), Position *w* (einer Liste) ► **передовáя ~** Editorial *s* (Artikel)
стáя [ßtája] *w* (-и) Rudel *s* (Wölfe usw.), Meute *w* (Hunde), Schwarm *m* (von Fischen)
ствол [ßtwól] *m* (-á) **1** Stamm *m* (Baum usw.) **2** Lauf *m* (eines Gewehrs)

сте́бель [ßt'éb'il'] *m* (-бля; -бли, -бле́й) Halm *m*, Stängel *m*, Stiel *m* (einer Pflanze)
стекло́ [ßt'ikló] *s* (-á; стёкла) Glas *s* (Material)
стеклоочисти́тель [ßt'iklaatsch'ißt'ít'il'] *m* (-я) Scheibenwischer *m*
стена́ [ßt'iná] *w* (-ы́) Mauer *w*, Wand *w* (Felswand usw.) ► **(крепостна́я) ~** Ringmauer *w*
сте́пень [ßt'ép'in'] *w* (-и) **1** Grad *m* (Rang) **2** Maß *s etw. Gen* (Grad usw.) **3** Potenz *w* (beim Multiplizieren)
стере́ть [ßt'ir'ét'] *v* (сотру́, сотрёшь) **1** wegwischen, wischen *etw. Akk (von etw.)*, wischen *etw. Akk*, wegwischen *etw. Akk* (entfernen) **2** ausradieren, löschen (Daten) ► **~ пыль** Staub wischen *irgendwo, von etw.*
стерпе́ть [ßt'irp'ét'] *v* (стерплю́, сте́рпишь) **1** dulden (zulassen) *etw. Akk*, leiden *etw. Akk* (Beleidigung usw.), zulassen *etw.* (damit es geschieht) **2** ertragen, aushalten (Beschwerden usw.)
стесня́ться [ßt'ißn'átza] *v* (-я́юсь, -я́ешься) sich schämen (scheu sein), sich scheuen *etw. Akk zu tun*
стече́ние [ßt'itsch'én'iji] *s* (-я) Versammlung *w* (Menschen)
стиль [ßt'íl'] *m* (-я) Stil *m*
стира́ть [ßt'irát'] *v* waschen *etw. Akk* (Wäsche)
сти́рка [ßt'írka] *w* (-и) Waschen *s* (von Wäsche), Wäsche *w* (schmutzige), Schmutzwäsche *w*
стихи́я [ßt'ich'íja] *w* (-и) Element *s* (Naturkraft)
стихотворе́ние [ßt'ichatwar'én'iji] *s* (-я) Gedicht *s*
сто [ßtó] *num* (ста) hundert
сто́имость [ßtóimaßt'] *w* (-и) Preis *m* (Betrag)
сто́ить [ßtóit'] *v* (-óю, -óишь) kosten *wie viel* (Preis haben) ► **Ско́лько э́то сто́ит?** Was/Wie viel kostet es?
стол [ßtól] *m* (-á) Tisch *m* ► **шве́дский ~** kaltes Büfett; **пи́сьменный ~** Schreibtisch *m*
столб [ßtólp] *m* (-á) Mast *m* (Telefonmast usw.), Pfeiler *m*, Säule *w* (Stütze usw.)
столбе́ц [ßtalb'éz] *m* (-бцá) Spalte *w* (in einem Text)
столе́тие [ßtal'ét'iji] *s* (-я) Hundertjahrfeier *w*, Jahrhundert *s*
столи́ца [ßtal'íza] *w* (-ы) Hauptstadt *w*, Metropole *w*
столкну́ться [ßtalknútza] *v* (-ну́сь, -нёшься) **1** zusammenstoßen **2** stoßen *auf j-n/etw.* (begegnen) **3** aneinandergeraten, aufeinandertreffen, kämpfen **4** sich verrennen *in etw. Akk*, stoßen *auf etw. Akk* (Problem usw.)
столо́вая [ßtalówaja] *w* (-ой) Esszimmer *s*, Kantine *w*
сто́лько [ßtól'ka] *adv* so viel
столя́р [ßtal'ár] *m* (-á) Tischler *m*
стопа́ [ßtapá] *w* Fuß *m*
сторожи́ть [ßtarashýt'] *v* (-жу́, -жи́шь) bewachen, bewachen *etw. Akk* (Haus usw.)
сторона́ [ßtaraná] *w* (-ы́) **1** Seite *w* **2** Seite *w etw. Gen* (Standpunkt), Aspekt *etw. Gen m* ► **с одно́й стороны́.... (и) с друго́й стороны́** erstens... zweitens; **в сто́рону** beiseite (legen usw.); **в стороне́** beiseite (legen usw.); **в другу́ю сто́рону** woandershin
сторо́нник [ßtarónn'ik] *m* (-а) Anhänger *m*
стоя́нка [ßtajánka] *w* (-и) Parken *s* ► **ста́вить на стоя́нку** *где* parken *irgendwo* (abstellen)
стоя́ть [ßtaját'] *v* (стою́, стои́шь) stehen ► **С~!** Halt!
страда́ть [ßtradát'] *v* (-áю, -áешь) leiden, leiden *an/unter etw. Dat*
страна́ [ßtraná] *w* (-ы́) Land *s* (Staat)
страни́ца [ßtran'íza] *w* (-ы) Blatt *s* (im Buch), Seite *w* (Buch usw.)
стра́нный [ßtránnyj] *adj* (-ая, -ое) bizarr, merkwürdig, seltsam, sonderbar ► **как ни стра́нно** überraschend (erstaunlicherweise)
стра́нствовать [ßtránßtwawat'] *v* (-твую, -твуешь) wandern
стра́стный [ßtráßnyj] *adj* (-ая, -ое) **1** leidenschaftlich (emotional) **2** passioniert, leidenschaftlich (Leser usw.) **3** heiß (Liebe usw.)
стра́ус [ßtráuß] *m* (-а) Strauß *m* (Vogel)
страх [ßtrách] *m* (-а/-у) Angst *w vor etw. Dat*
страхова́ть [ßtrachawát'] *v* (страху́ю, страху́ешь) sichern *j-n/etw.* (schützen)
страхо́вка [ßtrachófka] *w* (-и) Versicherung *w* (Vertrag)
стра́шный [ßtráschnyj] *adj* (-ая, -ое) **1** gräulich, gruselig, schrecklich, furchtbar **2** gefürchtet, befürchtet, gespenstisch, unheimlich (Atmosphäre usw.)
стрела́ [ßtr'ilá] *w* (-ы́; -е́лы) **1** Pfeil *m* (Geschoss) **2** Wurfpfeil *m*
стре́лка [ßtr'élka] *w* (-и) **1** Nadel *w* (eines Kompasses usw.), Zeiger *m* (an Messgeräten) **2** Pfeil *m* (Zeichen) **3** Bügelfalte *w* **4** Weiche *w* (an Gleisen)
стреля́ть [ßtr'il'át'] *v* (-я́ю, -я́ешь) schießen (Schüsse abgeben)
стреми́тельно [ßtr'im'ít'il'na] *adv* rasch, schnell
стремле́ние [ßtr'iml'én'iji] *s* (-я) **1** Aspiration *w*, Bestrebung *w um etw.*, Bemühung *w um etw.* **2** Tendenz *w* (der Entwicklung usw.)

стри́жка [ßtr'íshka] *w* (-и) Haarschnitt *m*, Schnitt *m* (Haar)
стричь [ßtr'ítsch'] *v* (-игу́, -ижёшь) schneiden
стро́гий [ßtróg'ij] *adj* (-ая, -ое) starr, streng (Regeln usw.)
строи́тельство [ßtraít'il'ßtwa] *s* (-а) Aufbau *m* (eines Hauses usw.), Bau *m*, Bauwirtschaft *w*
стро́ить [ßtróit'] *v* **1** bauen *etw. Akk*, bauen (Maschinen usw.) **2** aufbauen (gestalten)
стро́йка [ßtrójka] *w* (-и) Bau *m* (Gebäude), Bauwerk *s*
стро́йный [ßtrójnyj] *adj* (-ая, -ое) schlank, stattlich, kräftig gebaut
стройплоща́дка [ßtrajplaschsch'átka] *w* (-и) Baustelle *w*
строка́ [ßtraká] *w* Zeile *w*
строчи́ть [ßtratsch'ít'] *v* (-очу́, -очи́шь) nähen (Kleid usw.)
стру́сить [ßtrúß'it'] *v* erschrecken
студе́нт [ßtud'ént] *m* (-а) Student *m* ► ~ **(ву́за)** Hochschüler *m*
стул[1] [ßtúl] *m* (-а; -лья, -льев) Stuhl *m* (Möbel)
стул[2] [ßtúl] *m* (-а) Stuhl *m* (Kot)
ступе́нь [ßtup'én'] *w* (-и) Stufe *w* (Treppe)
стуча́ть [ßtutsch'át'] *v* (-чу́, -чи́шь) **1** klappern (Ventile usw.), klopfen *an etw. Akk* (ans Fenster usw.), schlagen *an etw. Akk* (an die Tür usw.) **2** hämmern (in Schläfen usw.) **3** klappern (Zähne)
стыди́ться [ßtyd'ítza] *v* (-ыжу́сь, -ыди́шься) sich schämen *für j-n/etw.*
стыдли́вый [ßtydl'íwyj] *adj* (-ая, -ое) schüchtern
стюарде́сса [ßt'uardéßßa] *m* (-ы) Stewardess *w* (im Flugzeug), Flugbegleiterin *w*
суббо́та [ßubóta] *w* (-ы) Samstag *m*, (NoD) Sonnabend *m*
субъе́кт [ßubjékt] *m* (-а) Person *w* (juristische usw.), Subjekt *s* (Mensch)
сувени́р [ßuw'in'ír] *m* (-а) Andenken *s*, Memento *s*, Souvenir *s*
суд [ßút] *m* (-а́) Gericht *s*
суди́ть [ßud'ít'] *v* **1** richten *j-n* (vor dem Gericht usw.) **2** beurteilen *j-n/etw.* **3** denken *etw. Akk von etw.* (schlussfolgern)
су́дно [ßúdna] *s* Fahrzeug *s* (Schiff, Boot usw.), historisches Segelschiff *s*
су́дорога [ßúdaraga] *w* (-и) Krampf *m*
судохо́дство [ßudachóztwa] *s* (-а) Seeschifffahrt *w*, Schifffahrt *w* (Segeln usw.)
судьба́ [ßud'bá] *w* (-ы́; су́дьбы) Schicksal *s*
судья́ [ßud'já] *m* (-и́; су́дьи) Richter *m*, Schiedsrichter *m* (im Sport)
суета́ [ßujitá] *w* (-ы́) Betrieb *m*, Getriebe *s* (Betriebsamkeit), Hetze *w* (Eile)
сужде́ние [ßushd'én'iji] *s* (-я) Urteil *s* (Stellungnahme)
сумасбро́дный [ßumasbródnyj] *adj* (-ая, -ое) verrückt
сумасше́дший [ßumaßschétschyj] *adj* närrisch, verrückt, wahnsinnig ♦ *m* Irre *m*, Verrückte *m*, Wahnsinnige *m*
су́мерки [ßúm'irk'i] *Mz* (-рек) Abenddämmerung *w*, Dämmerung *w* (am Abend), früher Abend
суме́ть [ßum'ét'] *v* (-е́ю, -е́ешь) **1** können *tun etw. Akk* **2** schaffen *etw. Akk* (bewältigen)
су́мка [ßúmka] *w* (-и) Beutel *m* (des Kängurus usw.), Handtasche *w*, Tasche *w* (Behälter)
су́мма [ßúmma] *w* (-ы) **1** Betrag *m*, Summe *w* (bezahlte usw.) **2** Endsumme *w*, Summe *w* (einer Addition)
суп [ßúp] *m* (-а/-у) Suppe *w*
су́пер [ßúp'ir] *adj* großartig (ausgezeichnet usw.), toll, fabelhaft
суперма́ркет [ßup'irmárk'it] *m* (-а) Supermarkt *m*
су́перский [ßúp'irßk'ij] *adj* (-ая, -ое) toll, fabelhaft
супру́ги [ßuprúg'i] *m Mz* Eheleute *w*, Ehepaar *s*
суро́вый [ßurówyj] *adj* (-ая, -ое) **1** rau (Klima usw.) **2** grob (gewalttätig)
суста́в [ßußtáf] *m* (-а) Gelenk *s*
су́тки [ßútk'i] *Mz* (-ток) Tag *m*
суть [ßút'] *w* die Hauptsache, Pointe *w*, Wesen *s* (Kern)
сухо́й [ßuchój] *adj* (-а́я, -о́е) dürr, trocken
су́ша [ßúscha] *w* (-и) Festland *s* (nicht Meer), Land *s* (Festland)
суши́ть [ßuschýt'] *v* (сушу́, су́шишь) trocknen (trocken machen)
суще́ственный [ßuschsch'éßtw'innyj] *adj* (-ая, -ое) essenziell, essential, relevant, sachbezogen
существо́[1] [ßuschsch'ißtwó] *s* (-а́) die Hauptsache, Wesen *s* (Kern)
существо́[2] [ßuschsch'ißtwó] *s* (-а́) Geschöpf *s*
существова́ние [ßuschsch'ißtwawán'iji] *s* (-я) Dasein *s*, Existenz *w*
существова́ть [ßuschsch'ißtwawát'] *v* (-тву́ю, -тву́ешь) existieren
су́щность [ßúschsch'naßt'] *w* (-и) Wesen *s* (Charakter)
сфе́ра [ßf'éra] *w* (-ы) Bereich *m* (thematischer usw.), Gebiet *s* (einer Tätigkeit usw.), Sphäre *w*, Domäne *w*
схвати́ть [ßchwat'ít'] *v* (-ачу́, -а́тишь) **1** ergreifen *etw. Akk* (mit der Hand), packen *etw. Akk* (schnell, fest usw.), ergreifen (mit der

Hand), fangen *etw. Akk* (fest usw.) 2 bekommen (Grippe usw.), kriegen (Krankheit)
схо́дство [ßchóztwa] *s* (-а) 1 Übereinstimmung *w* 2 Ähnlichkeit *w* (Abbild), Gleichheit *w*
сце́на [ßzéna] *w* (-ы) Bühne *w*, Szene *w* (hysterische usw.)
сцепле́ние [ßzypl'én'iji] *s* (-я) Kupplung *w* (im Fahrzeug)
счастли́вый [schsch'aßtl'íwyj] *adj* (-ая, -ое) glücklich, zufällig (positiv) ► **Счастли́вого пути́!** Gute Reise., Gute Fahrt.
сча́стье [schsch'áßt'ji] *s* (-я) 1 Fortuna *w* (Glück), Glück *s* (Fortuna) 2 Glück *s* (Erfolg)
сче́сть [schsch'éßt'] *v* (сочту́, сочтёшь) erachten, halten
счёт [schsch'ót] *m* (-а) 1 Rechnung *w* (im Restaurant usw.) 2 Konto *s* 3 Score *m* (Spielstand) ► **теку́щий** ~ laufendes Konto; **(ба́нковский)** ~ Bankkonto *s*; **перерасхо́д ~а** Kontoüberziehung *w*; **С~, пожа́луйста!** Bitte zahlen!; **Запиши́те мне э́то на мой ~.** Schreiben Sie es mir auf die Rechnung.
сшить [ßschýt'] *v* (сошью́, сошьёшь) 1 nähen (Kleid usw.) 2 zusammennähen *etw. Akk*
съедо́бный [ßjidóbnyj] *adj* (-ая, -ое) essbar, genießbar
съезд [ßjést] *m* (-а) 1 Ausfahrt *w* (auf der Autobahn) 2 Tagung *w*
съесть [ßjéßt'] *v* (съем, съешь) essen *etw. Akk*, aufessen *etw. Akk*, konsumieren *etw. Akk* (Lebensmittel)
съе́хать [ßjéchat'] *v* (съе́ду, съе́дешь) 1 herabfahren *etw. Akk* 2 herunterrutschen *von/aus etw.*, rutschen
сыгра́ть [ßygrát'] *v* (-а́ю, -а́ешь) 1 spielen *etw. Akk auf etw. Dat*, vortragen *etw. Akk* (ein Lied usw.) 2 spielen (Wettkampf austragen) 3 spielen, spielen *etw. Akk* (Spiele usw.)
сын [ßýn] *m* (-а; сыновья́, -е́й) Sohn *m*
сы́пать [ßýpat'] *v* (-плю, -п(л)ешь) schütten *etw. irgendwohin*, streuen *etw. irgendwohin*
сыр [ßýr] *m* (-а/-у) Käse *m*
сыро́й [ßyrój] *adj* (-а́я, -о́е) roh, Roh-
сырьё [ßyr'ó] *s* (-я) Rohstoff *m*
сы́тный [ßýtnyj] *adj* (-ая, -ое) sättigend
сы́тый [ßýtyj] *adj* (-ая, -ое) satt (nicht hungrig)
сэконо́мить [ßikanóm'it'] *v* (-млю, -мишь) ersparen *etw. Akk*, sparen *etw. Akk* (Geld usw.), ersparen (Geld), sparen (große Summe usw.) *für etw.*
сюда́ [ß'udá] *adv* her, hierher
сюже́т [ß'ushét] *m* (-а) Handlung *w* (eines Films usw.), Thema *s*, Stoff *m* (für ein Buch usw.)
сюрпри́з [ß'urpr'íß] *m* (-а) Überraschung *w* (unerwartetes Ereignis)

T

таба́к [tabák] *m* (-а́/-у́) Tabak *m*
табле́тка [tabl'étka] *w* (-и) Pastille *w* (gegen Husten usw.), Tablette *w*
табли́ца [tabl'íza] *w* (-ы) Tabelle *w*
таз [táß] *m* Becken *s* (Körperteil)
таи́нственный [taínßtw'innyj] *adj* (-ая, -ое) geheimnisvoll, rätselhaft
таи́ть [taít'] *v* (таю́, таи́шь) geheim halten *etw. Akk vor j-m*, vertuschen *etw. Akk*
тайко́м [tajkóm] *adv* geheim, heimlich, insgeheim
та́йна [tájna] *w* (-ы) Mysterium *s* (Rätsel), Rätsel *s* (Geheimnis)
та́йный [tájnyj] *adj* (-ая, -ое) geheim
так [ták] *adv* so ► ~ **и э́так** sowieso, jedenfalls; **(вот)** ~ so (auf diese Weise); **и ~ да́лее** und so weiter
та́кже [tákshy] *adv* auch, ebenfalls, gleichfalls
тако́й [takój] *pron* (-а́я, -о́е) solch(er,e,es), derartig ► ~ **же** derselbe
такси́ [takß'í] *s* (нескл.) Taxi *s*
тала́нт [talánt] *m* (-а) Begabung *w für etw.*, Talent *s für etw.*
та́лия [tál'ija] *w* Taille *w*
тало́н [talón] *m* (-а) Abschnitt *m* (eines Formulars usw.), Kupon *m*
там [tám] *adv* dort
тамо́женник [tamóshynn'ik] *m* (-а) Zollbeamte *m*
тамо́жня [tamóshn'a] *w* (-и) Zollamt *s*
тампо́н [tampón] *m* (-а) Tampon *m*
та́нец [tán'iz] *m* (-нца) Tanz *m*
танк [tánk] *m* (-а) 1 Panzer *m* (Kampffahrzeug) 2 Tank *m*
танцева́ть [tanzywát'] *v* (-цу́ю, -цу́ешь) tanzen
та́почка [tápatsch'ka] *w* Hausschuh *m*, Pantoffel *m*
таре́лка [tar'élka] *w* (-и) Teller *m*
тари́ф [tar'íf] *m* (-а) Pauschalbetrag *m*, Satz *m* (Gebühr usw.), Tarif *m*
таска́ть [taßkát'] *v* (-а́ю, -а́ешь) 1 schleppen (schleifen) 2 schleppen *j-n irgendwohin* (mitnehmen)
та́ять [tájit'] *v* (та́ю, та́ешь) tauen, schmelzen (zergehen)
твёрдый [tw'órdyj] *adj* (-ая, -ое) 1 fest (Stoff usw.) 2 hart (Holz usw.) 3 hart (unnachgiebig) 4 fix, Fix-
твой, твоя́, твоё *pron* dein, deine
творо́г [twarók] *m* Quark *m*

теа́тр [t'iátr] *m* (-а) Theater *s*
текст [t'ékßt] *m* (-а) Liedtext *m*, Text *m*
теку́чий [t'ikútsch'ij] *adj* (-ая, -ее) flüssig
телеви́зор [t'il'iw'ísar] *m* (-а) Fernseher *m* ▶ **смотре́ть ~** fernsehen
телефо́н [t'il'ifón] *m* (-а) Telefon *s*
те́ло [t'éla] *s* (-а; тела́) Körper *m*
теля́тина [t'il'át'ina] *w* (-ы) Kalbfleisch *s*
те́ма [t'éma] *w* (-ы) Thema *s*, Stoff *m* (für ein Buch usw.)
темни́ца [t'imn'íza] *w* (-ы) Zelle *w* (im Gefängnis usw.)
темноволо́сый [t'imnawalóßyj] *adj* (-ая, -ое) dunkelhaarig
темнота́ [t'imnatá] *w* (-ы́) Dunkelheit *w*, Finsternis *w*
тёмный [t'ómnyj] *adj* (-ая, -ое) **1** dunkel, düster (Raum usw.) **2** dunkel (fast schwarz), dunkelfarbig, dunkelfarben
темп [temp] *m* (-а) **1** Schritt *m* (Tempo) **2** Tempo *s*
темпера́мент [t'imp'irám'int] *m* (-а) Natur *w* (einer Person), Temperament *s*
температу́ра [t'imp'iratúra] *w* (-ы) **1** Temperatur *w* **2** Fieber *s* **3** erhöhte Temperatur
те́ннис [t'én'iß] *m* (-а) Tennis *s*
тень [t'én'] *w* (-и) Schatten *m etw. Gen* (eines Körpers)
тепе́рь [t'ip'ér'] *adv* heutzutage (in der heutigen Zeit), jetzt, nun
тепло́ [t'ipló] *adv* warm ♦ *s* (-а́) Wärme *w*
тёплый [t'óplyj] *adj* (-ая, -ое) warm
тере́ть [t'ir'ét'] *v* (тру, трёшь) **1** reiben *etw. Akk* (Hände usw.) **2** reiben *etw. Akk* (Gemüse usw.), raspeln *etw. Akk*
терза́ть [t'irsát'] *v* (-а́ю, -а́ешь) bekümmern *j-n*, quälen *j-n* (seelisch)
термо́метр [t'irmóm'itr] *m* (-а) Thermometer *s*
терпели́вый [t'irp'il'íwyj] *adj* (-ая, -ое) geduldig
терпе́ние [t'irp'én'iji] *s* (-я) Geduld *w*
терра́са [t'irráßa] *w* (-ы) Terrasse *w*
террито́рия [t'ir'itór'ija] *w* (-и) Gebiet *s* (Region), Territorium *s*
теря́ться [t'ir'átza] *v* (-я́юсь, -я́ешься) verschwinden (untergehen usw.)
те́сный [t'éßnyj] *adj* (-ая, -ое) **1** knapp (Kleidung) **2** eng (Zusammenhang usw.)
тест [téßt] *m* (-а) Prüfung *w* (Qualität usw.), Test *m*, Probe *w*
те́сто [t'éßta] *s* (-а) Teig *m*
тесть [t'éßt'] *m* (-я) Schwiegervater *m*
тетра́дь [t'itrát'] *w* (-и) Heft *s* (Schulheft usw.)
тётя [t'ót'a] *w* (-и) Tante *w* (Verwandte)
те́хника [t'échn'ika] *w* (-и) Technik *w*
тече́ние [t'itsch'én'iji] *s* (-я) Fluss *m* (des Verkehrs usw.), Strom *m* (Meeresstrom usw.), Strömung *w* (des Wassers usw.) ▶ **в ~ чего** innerhalb *etw. Gen*, binnen *etw. Dat*, während, im Laufe *etw. Gen*, im Verlauf *etw. Gen*
течь [t'étsch'] *v* **1** fließen, strömen (Flüssigkeit usw.) **2** laufen (Gefäß usw.), lecken (Fass usw.)
тёща [t'óschsch'a] *w* (-и) Schwiegermutter *w*
тимья́н [t'im'ján] *m* (-а) Thymian *m* (Pflanze)
тип [t'íp] *m* (-а) Typ *m etw. Gen* (Typus)
типи́чный [t'ip'ítsch'nyj] *adj* (-ая, -ое) typisch
типогра́фия [t'ipagráf'ija] *w* (-и) Druckerei *w*
тира́нить [t'irán'it'] *v* (-ню, -нишь) quälen (physisch)
ти́тул [t'ítul] *m* (-а) Titel *m* (Würde usw.)
ти́хий [t'ích'ij] *adj* (-ая, -ое) leise, still, still(schweigend) (Übereinstimmung usw.)
ти́хо [t'ícha] *adv* leise, still ♦ *s* Stille *w*, Ruhe *w* (Stille)
тишина́ [t'ischyná] *w* (-ы́) Stille *w*, Ruhe *w* (Stille)
ткань [tkán'] *w* (-и) **1** Stoff *m*, Gewebe *s* (aus Baumwolle usw.) **2** Gewebe *s* (biologisches)
ткать [tkát'] *v* (тку, ткёшь) weben
тмин [tm'ín] *m* (-а/-у) Kümmel *m*
това́р [tawár] *m* (-а) **1** Ware *w* **2** Artikel *m* (Ware), Handelsartikel *m*, Waren *w Mz* ▶ **бытовы́е ~ы** Haushaltswaren *Mz*
това́рищ [tawár'ischsch] *m* (-а) Freund *m* (Bekannter)
това́рищество [tawár'ischsch'ißtwa] *s* (-а) **1** Freundschaft *w* **2** Gemeinschaft *w* (von Menschen)
тогда́ [tagdá] **~ (же)** damals
то́же [tóshy] *adv* auch, ebenfalls ▶ **Я ~ (нет).** Ich auch nicht.
ток [tók] *m* (elektrischer) Strom
токси́чный [takß'ítsch'nyj] *adj* (-ая, -ое) toxisch, giftig
толк [tólk] *m* Bedeutung *w*
толкну́ть [talknút'] *v* (-ну́, -нёшь) anstoßen *j-n/etw. mit etw.* (mit Ellbogen usw.), anstupsen (leicht anstoßen), stoßen *j-n/etw.*
толпа́ [talpá] *w* (-ы́) Ansammlung *w* (Menschen), Gewimmel *s*, Schar *w*
толсте́ть [talßt'ét'] *v* (-е́ю, -е́ешь) dick werden, zunehmen (an Gewicht)
толсто́вка [talßtófka] *w* (-и; 2 мн. -вок) Sweatshirt *s*
то́лстый [tólßtyj] *adj* (-ая, -ое) **1** dick (Brett usw.) **2** fett (Mensch), dick (Person usw.), korpulent

то́лько [tól'ka] *adj* bloß ♦ *adv* ausschließlich, einzig (und allein), einzig, lediglich ♦ *part* erst (vor kurzer Zeit) ▶ **~ что** gerade (momentan); **~ (что не)** nur dass; **не ~** nicht nur

том [tóm] *m* (-а; -а́, -о́в) Band *m* (Buch)

тома́т [tamát] *m* Tomate *w*

тон [tón] *m* (-а) Ton *m* (Klang)

то́нкий [tónk'ij] *adj* (-ая, -ое) **1** dünn (Ast usw.) **2** sanft (Geschmack usw.), milde (Essen usw.) **3** schlank, schmal

то́нна [tónna] *w* (-ы) Tonne *w* (Maßeinheit)

тонне́ль [tann'él'] *m* (-я) Tunnel *m*, Unterführung *w* (für Verkehrsmittel)

тону́ть [tanút'] *v* (тону́, то́нешь) am Ertrinken sein

топи́ть[1] [tap'ít'] *v* (топлю́, то́пишь) heizen *irgendwo*

топи́ть[2] [tap'ít'] *v* (топлю́, то́пишь) ertränken *j-n/etw.*

то́пливо [tópl'iwa] *s* (-а) Brennstoff *m*, Heizmaterial *s*, Treibstoff *m*, Kraftstoff *m*

топо́р [tapór] *m* (-а́) Axt *w*

топта́ть [taptát'] *v* (топчу́, то́пчешь) treten *auf etw. Akk* (Schritte machen)

топь [tóp'] *w* (-и) Sumpf *m*

торг [tórk] *m* Markt *m* (Straßenmarkt usw.)

торгова́ть [targawát'] *v* (-гу́ю, -гу́ешь) handeln *mit etw.*

торгова́ться [targawátza] *v* (-гу́юсь, -гу́ешься) handeln, handeln *mit j-m über etw. Akk* (über Preis usw.), feilschen *mit j-m um etw.*

торго́вец [targów'iz] *m* (-вца) **1** Geschäftsmann *m* **2** Händler *m*

торго́вля [targówl'a] *w* (-и) Handel *m*

торжество́ [tarshyßtwó] *s* (-а́) Feier *w*, Fest *s* (Veranstaltung) ▶ **торжества́** Feierlichkeiten *w Mz*

то́рмоз [tórmaß] *m* (-а; -а́) Bremse *w* (Vorrichtung)

тормози́ть [tarmas'ít'] *v* (-ожу́, -ози́шь) bremsen

торопи́ться [tarap'ítza] *v* (-оплю́сь, -о́пишься) es eilig haben, sich beeilen *mit etw.* ▶ **Тороплю́сь.** Ich habe es eilig.

торт [tórt] *m* (-а) Torte *w*

тост [tóßt] *m* (-а) Toast *m*

тот [tót] *pron* (та, то; те) der da, jener

то́чка [tótsch'ka] *w* (-и) Punkt *m*

то́чный [tótsch'nyj] *adj* (-ая, -ое) **1** exakt, genau **2** präzis **3** treffend

тошни́ть [taschn'ít'] **Меня́ тошни́т.** Mir ist schlecht.

трава́ [trawá] *w* (-ы́) **1** Gras *s* **2** Kraut *s* (Heilpflanze usw.)

тра́вма [tráwma] *w* (-ы) Läsion *w*, Trauma *s*, Unfall *m* (Verletzung), Verletzung *w* (Wunde)

траге́дия [trag'éd'ija] *w* (-и) Tragödie *w*

тради́ция [trad'ízyja] *w* (-и) Tradition *w*

тракти́р [trakt'ír] *m* (-а) Gaststätte *w*, Gasthaus *s*, Kneipe *w*

тра́ктор [tráktar] *m* (-а) Traktor *m*

трамва́й [tramwáj] *m* (-я) Straßenbahn *w*, Bahn *w* (Stadtverkehrsmittel)

тра́нспорт [tránßpart] *m* **1** Beförderung *w* (von Gütern usw.), Transport *m* **2** Transport *m*, Beförderung *w*, Überführung *w* (Transportieren) ▶ **грузово́й ~** Frachtverkehr *m*, Güterverkehr *m*

транспорти́ровать [tranßpart'írawat'] *v* (-рую, -руешь) transportieren *etw. Akk irgendwohin*

тра́нспортный [tránßpartnyj] **тра́нспортное сре́дство** Verkehrsmittel *s*

тра́сса [tráßa] *w* (-ы) Bahn *w* (für Läufer usw.), Strecke *w* (Rennstrecke usw.) ▶ **горнолы́жная ~** Piste *w*, Skipiste *w*

тра́тить [trát'it'] *v* (-а́чу, -а́тишь) verschwenden, vergeuden (Zeit usw.), verschwenden *etw. Akk*, vergeuden *etw. Akk* (Geldmittel usw.)

тра́ур [tráur] *m* (-а) Trauer *w* (gehaltene)

тре́бовать [tr'ébawat'] *v* (-бую, -буешь) **1** fordern *etw. Akk*, verlangen *etw. Akk* **2** beanspruchen *etw. Akk*, fordern *etw. Akk von j-m*, verlangen *etw. Akk* (erfordern) **3** brauchen *etw. Akk*, erfordern (notwendig machen), fordern *etw. Akk* (viel Zeit usw.), verlangen *etw. Akk* (Konzentration usw.)

трево́га [tr'iwóga] *w* (-и) **1** Angst *w* (Sorge usw.) **2** Alarm *m* **3** Unruhe *w* (innere), Rastlosigkeit *w*

тре́звый [tr'éswyj] *adj* (-ая, -ое) nüchtern

тре́нер [tr'én'ir] *m* (-а) Coach *m*, Trainer *m*

тренирова́ть [tr'in'irawát'] *v* (-ру́ю, -ру́ешь) trainieren (sich vorbereiten)

трениро́вка [tr'in'irófka] *w* (-и) Übung *w*

трепета́ть [tr'ip'itát'] *v* (-ещу́, -е́щешь) schütteln *etw. Akk*, zittern

тре́снуть [tr'éßnut'] *v* (-ну, -нешь) **1** knacken, knallen **2** platzen (durch Innendruck), springen

треть [tr'ét'] *w* (-и; -и, -е́й) Drittel *s*

треуго́льник [tr'iugól'n'ik] *m* (-а) Dreieck *s*, Triangel *m,s*

тре́щина [tr'éschsch'ina] *w* (-ы) Fuge *w* (im Mauerwerk usw.), Riss *m*

три [tr'í] *num* (трёх) drei

три́дцать [tr'ízat'] *num* (-и́) dreißig

трина́дцать [tr'inázat'] *num* (-и) dreizehn

тро́гать [trógat'] *v* (-аю, -аешь) anfassen *j-n/etw.*

тро́нуться [trónutza] *v* (-нусь, -нешься) anfahren (Wagen usw.), sich in Bewegung setzen

тропа́ [trapá] *w* (-ы́; тро́пы) Pfad *m*, Wanderweg *m*

трос [tróß] *m* (-а) Seil *s*
тротуáр [tratuár] *m* (-а) Gehweg *m*, Bürgersteig *m*
трубá [trubá] *w* (-ы́; трýбы) **1** Rohr *s* (Hohlkörper) **2** Trompete *w* **3** Röhre *w* ► **дымовáя ~** Fabrikschornstein *m*; **(дымовáя) ~** Schornstein *m*
труд [trút] *m* (-á) **1** Arbeit *w* (schwierige, anstrengende) **2** Mühe *w*
труди́ться [trud'ítza] *v* (тружýсь, трýдишься) arbeiten
трýдность [trúdnaßt'] *w* (-и) Komplikation *w*, Schwierigkeit *w etw. Gen* (Eigenschaft), Schwierigkeit *w* (Problem)
трýдный [trúdnyj] *adj* (-ая, -ое) **1** mühsam, schwierig **2** hart (Tag usw.)
трудовóй [trudawój] *adj* (-áя, -óе) Arbeits-
труп [trúp] *m* (-а) Leiche *w*
трýсики [trúß'ik'i] *m Mz* (-ов) Höschen *s*
трусли́вый [trußl'íwyj] *adj* (-ая, -ое) feige
трусы́ [trußý] *Mz* (-óв) Boxershorts *Mz*, Unterhose *w*
тря́пка [tr'ápka] *w* (-и) Lappen *m* (zum Abwischen usw.)
трясти́ [tr'ißt'í] *v* (-сý, -сёшь) rütteln *an j-m/etw.* (an Türklinke usw.), schütteln *etw. Akk*, schütteln *j-n/etw.*
туалéт [tual'ét] *abbr* WC *s* ♦ *m* Klo *s*, Toilette *w*, Klosett *s* (Raum) ► **жéнские ~ы** Damentoilette *w*, Damen *w Mz*
тудá [tudá] *adv* dort, dort durch, da (hin)durch, dorthin
тумáн [tumán] *m* (-а/-у) Dunst *m*, Nebel *m*
тупóй [tupój] *adj* (-áя, -óе) begriffsstutzig, stumpf (nicht scharf)
тур [túr] *m* (-а) **1** Runde *w* (im Wettkampf usw.) **2** Gesellschaftsreise *w*, Reise *w*
турагéнтство [turag'énztwa] *s* (-а) Reisebüro *s*, Reiseagentur *w*
турбáза [turbása] *w* (-ы) Chalet *s*
тури́ст [tur'íßt] *m* (-а) Tourist *m*
туристи́ческий [tur'ißt'ítsch'ißk'ij] *adj* (-ая, -ое) Wander-
турни́р [turn'ír] *m* (-а) Turnier *s*, Wettbewerb *m*, Wettkampf *m*
туроперáтор [turap'irátar] *m* (-а) Reisebüro *s*, Reiseagentur *w*
тусóвка [tußófka] *w* (-и) **1** Wiederbegegnungstreffen *s* (nach Jahren) **2** Party *w*
тýфля [túfl'a] *w* Pumps *m*, Schuh *m*
тýча [tútsch'a] *w* (-и) Wolke *w* ► **покрывáться ~ми** sich bewölken
тýчный [tútsch'nyj] *adj* (-ая, -ое) fett (Mensch), dick (Person usw.)
туши́ть [tuschýt'] *v* (тушý, тýшишь) **1** (den Brand) löschen **2** dünsten
тщáтельность [tschsch'át'il'naßt'] *w* (-и) Sorgfalt *w*
тщáтельный [tschsch'át'il'nyj] *adj* (-ая, -ое) gründlich, sorgfältig
ты [tý] *pron* (тебя́) du ► **с тобóй** mit dir; **быть на ~** *с кем* duzen *j-n*, mit Du anreden *j-n*; **обращáться на ~** *к кому* duzen *j-n*, mit Du anreden *j-n*; **обращéние на ~** Duzen *s*, Du *s*
ты́ква [týkwa] *w* (-ы) Kürbis *m* (Pflanze)
ты́сяча [týß'itsch'a] *num* tausend
тьма [t'má] *w* Dunkelheit *w*, Finsternis *w*
тюлéнь [t'ul'én'] *m* (-я) Hundsrobbe *w*
тюльпáн [t'ul'pán] *m* (-а) Tulpe *w*
тюрьмá [t'ur'má] *w* (-ы́) Gefängnis *s*, Strafanstalt *w*
тяжёлый [t'ish'ólyj] *adj* (-ая, -ое) **1** schwer (Gewicht) **2** schwierig **3** hart (Tag usw.)
тянýть [t'inút'] *v* (тянý, тя́нешь) **1** ziehen *an etw. Dat*, ziehen *etw. irgendwohin* (Handwagen usw.) **2** leiten *etw. Akk durch etw.* (durchziehen usw.) ► **~ жрéбий** losen

У

у [ú] *prep* an
убáвить [ubáw'it'] *v* (-влю, -вишь) **1** abnehmen (Menge usw.) **2** leiser stellen, mildern (Intensität usw.) **3** verringern *etw. Akk* (Intensität usw.) **4** verlangsamen *etw. Akk* (Tempo usw.)
убаю́кать [ubajúkat'] *v* (-аю, -аешь) beruhigen *j-n*
убегáть [ub'igát'] *v* (-áю, -áешь) laufen (Person usw.), rennen
убеди́ть [ub'id'ít'] *v* (-ди́шь) bereden *j-n*, herumkriegen *j-n*, überzeugen *j-n von etw.*
убеждéние [ub'ishd'én'iji] *s* (-я) Überzeugung *w*
убéжище [ub'éshyschsch'i] *s* (-а) **1** Asyl *s*, Zuflucht *w* **2** Schutzraum *m*
уби́йство [ub'íjßtwa] *s* (-а) Mord *m*, Totschlag *m*, Tötung *w*
уби́йца [ub'íjza] *m* (-ы) Mörder *m*, Totschläger *m*, Killer *m*
уби́ть [ub'ít'] *v* (убью́, убьёшь) **1** ermorden *j-n*, erschlagen, töten, umbringen **2** erschlagen *j-n/etw.*, totschlagen *j-n/etw.*, totschlagen *j-n/etw. (mit etw.)*
убóрка [ubórka] *w* (-и) Aufräumen *s*, Reinigung *w*
убóрная [ubórnaja] *w* (-ой) Toilette *w*, Klosett *s* (Raum)
убóрщица [ubórschsch'iza] *w* (-ы) Putzfrau *w*
убрáть [ubrát'] *v* (уберý, уберёшь) **1** aufräumen, räumen *etw. Akk* (abräumen), abräumen *etw. Akk*, wegräumen **2** beseitigen *etw. Akk* (tilgen usw.) **3** ernten *etw. Akk* (Getreide usw.)

уважа́емый [uwashájimyj] *adj* (-ая, -ое) geehrt

уважа́ть [uwashát'] *v* (-а́ю, -а́ешь) **1** respektieren *etw. Akk* (Gesetze usw.) **2** ehren *j-n/etw.*, schätzen *j-n/etw.* (hochachten)

уве́домить [uw'édam'it'] *v* (-млю, -мишь) benachrichtigen *j-n von etw.*, verständigen *j-n von etw.*

увезти́ [uw'ißt'í] *v* (-зу́, -зёшь) mitnehmen *j-n/etw. irgendwohin* (mit dem Auto usw.)

увели́чить [uw'il'ítsch'it'] *v* (-чу, -чишь) **1** vergrößern **2** intensivieren *etw. Akk*, steigern *etw. Akk*, verstärken (Spannung usw.), steigern (Spannung usw.) *etw. Akk* ► **~ (гро́мкость)** *чего* lauter stellen *etw. Akk* (Radio usw.), aufdrehen *etw. Akk* (Heizung)

уве́ренный [uw'ér'innyj] *adj* (-ая, -ое) überzeugt *von etw.* ► **быть уве́рен** *в чём* sich *etw. Gen* sicher sein

уве́рить [uw'ér'it'] *v* (-рю, -ришь) versichern *j-n etw. Gen* (bestätigen), zusichern *j-m etw. Akk*

увлека́тельный [uwl'ikát'il'nyj] *adj* (-ая, -ое) fesselnd, packend (Film usw.), spannend (Geschichte usw.), unterhaltsam

уво́лить [uwól'it'] *v* (-лю, -лишь) abberufen *j-n*, entlassen *j-n* (Arbeiter usw.)

увольне́ние [uwal'n'én'iji] *s* (-я) Abberufung *w*, Freistellung *w*, Hinauswurf *m*, Rausschmiss *m*

углуби́ть [uglub'ít'] *v* (-блю́, -би́шь) ausheben (Loch usw.), vertiefen *etw. Akk* (einen Graben usw.)

угнета́ть [ugn'itát'] *v* (-а́ю, -а́ешь) **1** bedrängen *j-n/etw.* (belasten), beschweren *j-n* (Kummer usw.) **2** unterdrücken (Volk usw.)

уговори́ть [ugawar'ít'] *v* (-рю́, -ри́шь) bereden *j-n*, herumkriegen *j-n*, überreden *j-n (zu etw.)*, überreden *j-n zu etw.* (etwas zu tun)

у́гол [úgal] *m* (угла́, 6 об угле́/в углу́) **1** Winkel *m* (geometrisch) **2** Ecke *w*, Winkel *m* (Ecke) **3** Zipfel *m*

у́голь [úgal'] *m* (у́гля/угля́; у́гли) Kohle *w* (Brennstoff)

у́горь [úgar'] *m* (угря́; угри́) Aal *m*

угости́ться [ugaßt'ítza] *v* (-ощу́сь, -ости́шься) sich bedienen

угрожа́ть [ugrashát'] *v* (-а́ю, -а́ешь) drohen *j-m mit etw.*, androhen *j-m etw. Akk*

угро́за [ugrósa] *w* (-ы) **1** Bedrohung *w*, Gefahr *w*, Risiko *s* (einer Ansteckung usw.) **2** Androhung *w*, Drohung *w*, Schrecken *m* (Person) ► **находя́щийся под угро́зой** bedroht

удале́ние [udal'én'iji] *s* (-я) **1** Beseitigung *w*, Löschung *w* (von Daten usw.) **2** Ausschluss *m*

удалённый [udal'ónnyj] *adj* (-ая, -ое) fern, fernliegend, entfernt (Stelle usw.)

удали́ть [udal'ít'] *v* (-лю́, -ли́шь) **1** entfernen *etw. Akk von etw.* (in Ferne bringen) **2** eliminieren, löschen (Daten) **3** verweisen *j-n aus/von etw.* (aus dem Raum usw.), hinausweisen *j-n aus/von etw.* **4** wegoperieren *etw. Akk*

уда́р [udár] *m* (-а) **1** Schlag *m* (mit Faust usw.) **2** Schlaganfall *m* **3** Knall *m* **4** Ball *m* (Schlag), Schuss *m* (im Fußball usw.) ► **~ (кулако́м)** Schlag *m* (mit der Faust), Faustschlag *m*

уда́рить [udár'it'] *v* (-рю, -ришь) **1** schlagen *an etw. Akk* (an den Tisch usw.), schlagen (mit Kralle usw.) **2** schlagen *j-n* (Schlag geben), treten *j-n/etw.* (Tritt versetzen) ► **~ ного́й** *во в кого/что* treten *j-n/etw., in etw. Akk* (in Bauch usw.)

уда́ться [udátza] *v* (уда́мся, уда́шься) gelingen *j-m etw. Nom*, gelingen (Sache usw.), klappen

уда́чный [udátsch'nyj] *adj* (-ая, -ое) gelungen, geglückt

удели́ть [ud'il'ít'] *v* (-лю́, -ли́шь) widmen *etw. Akk j-m/etw.* (Zeit usw.)

удержа́ть [ud'irshát'] *v* (-ержу́, -е́ржишь) **1** auffangen *j-n/etw.* (im Fallen fassen), halten (können) *etw. Akk* **2** behalten *etw. Akk* (Qualität usw.) **3** erhalten (Entwicklung usw.), verteidigen (Titel usw.)

удиви́ть [ud'iw'ít'] *v* (-влю́, -ви́шь) überraschen *j-n mit etw.* (erstaunen)

уди́лище [ud'íl'ischsch'i] *s* (-а) Angelrute *w*

удлини́ть [udl'in'ít'] *v* (-ню́, -ни́шь) verlängern *etw. Akk* (räumlich)

удо́бный [udóbnyj] *adj* (-ая, -ое) **1** bequem **2** geeignet *zu etw., für etw.*, taugend *zu etw.*, passend **3** günstig (Augenblick usw.), gelegen

удо́бство [udópßtwa] *s* (-а) Bequemlichkeit *w*

удовлетвори́ть [udawl'itwar'ít'] *v* (-рю́, -ри́шь) **1** erfüllen *etw. Akk* (Bedingungen usw.) **2** befriedigen (Bedürfnis usw.) **3** befriedigen *j-n/etw.*, zufriedenstellen *j-n* (Kunden usw.), entgegenkommen *j-m*, erfüllen *etw. Dat* (Ansprüche usw.) ► **~ заявле́ние** einem Antrag stattgeben

удово́льствие [udawól'ßtw'iji] *s* (-я) Behagen *s*, Behaglichkeit *w*, Freude *w*, Genuss *m* ► **с ~м** gern *etw. Akk tun*, mit Vergnügen *etw. Akk tun*

удостовере́ние [udaßtaw'ir'én'iji] *s* (-я) **1** Ausweis *m*, Personalausweis *m*, (ugs.) Perso *m* **2** Bescheinigung *w*, Zeugnis *s*, Urkunde *w*

у́дочка [údatsch'ka] *w* (-и) Angel *w* (zum Fischfang)

удра́ть [udrát'] *v* (удеру́, удерёшь) flüchten *woher*, fliehen *woher*

уединённый [ujid'in'ónnyj] *adj* (-ая, -ое) **1** abgelegen, abgeschieden (Ort usw.), einsam (Haus usw.) **2** einzelgängerisch

уéхать [ujéchat'] *v* (уéду, уéдешь) **1** abreisen *aus etw. nach etw.*, entkommen (mit einem Wagen) **2** abreisen (Reise unternehmen), verreisen

ужáлить [ushál'it'] *v* (-лю, -лишь) stechen *j-n* (Insekten)

ýжас [úshaß] *m* (-а) Entsetzen *s*, Schrecken *m*, Furcht *w*, Horrorfilm *m*

ужáсный [ushäßnyj] *adj* (-ая, -ое) **1** grauenhaft, entsetzlich (Ereignis usw.), grässlich, schrecklich **2** fürchterlich, schrecklich (Qualität usw.)

ужé [ushé] *adv* bisher, bis jetzt, schon

ýжин [úshyn] *m* (-а) Abendessen *s*, Abendbrot *s*

ýжинать [úshynat'] *v* (-аю, -аешь) zu Abend essen

ýзел [ús'il] *m* (узлá) Knoten *m*, Nodus *m*, Knotenpunkt *m* (Verknüpfung)

ýзкий [úßk'ij] *adj* (-ая, -ое) eng, schmal

узнáть [usnát'] *v* (-áю, -áешь) **1** kennenlernen *j-n/etw.* **2** erfahren *etw. Akk, über etw. Akk*, hören *etw. Akk*

узóр [usór] *m* (-а) Muster *s* (eines Stoffes usw.)

уик-энд [uiként] *m* (-а) Wochenende *s*

уйти́ [ujt'í] *v* (уйдý, уйдёшь) sich flüchten *irgendwohin*, weggehen, gehen (weg)

укaзáние [ukasán'iji] *s* (-я) Anleitung *w*, Anweisung *w* (zur Verwendung usw.), Richtlinie *w*

укáзанный [ukásannyj] *adj* (-ая, -ое) betreffend

указáтель [ukasát'il'] *m* (-я) **1** Anzeiger *m etw. Gen*, Schild *s* (mit Warnung usw.) **2** Register *s* (Index)

укóл [ukól] *m* (-а) **1** Injektion *w*, Spritze *w* (Dosis von Impfstoff usw.) **2** Einstich *m* ► **сдéлать ~** *комy* spritzen *j-m etw. Akk*, injizieren *j-m etw. Akk* (Medikament usw.)

укрáсть [ukräßt'] *v* (-адý, -адёшь) entwenden *j-m etw. Akk*, entwenden *j-m etw. Akk*, rauben *etw. Akk*, stehlen *j-m etw. Akk*

украшáть [ukraschát'] *v* (-áю, -áешь) schmücken *etw. Akk mit etw.*

украшéние [ukraschén'iji] *s* (-я) Dekoration *w*, Schmuck *m* (Zierde), Verzierung *w* (Gegenstand usw.)

укрепи́ть [ukr'ip'ít'] *v* (-плю́, -пи́шь) **1** festigen *etw. Akk* (Position usw.), stärken *j-n/etw.*, stärker machen *j-n/etw.*, straffen *etw. Akk* (Körper, Haut usw.) **2** anbringen *etw. Akk an etw. Dat*, sichern *etw. Akk irgendwohin* (Wagen, Waffe usw.), verankern *etw. Akk* (im Boden usw.) **3** befestigen (eine Stadt usw.)

укрывáть [ukrywát'] *v* (-áю, -áешь) verbergen *j-n* (einen Flüchtling usw.), verstecken *etw. Akk* (Drogen usw.)

ýксус [úkßuß] *m* (-а/-у) Essig *m*

укуси́ть [ukuß'ít'] *v* (-ушý, -ýсишь) beißen (Schlange), stechen *j-n* (Insekten)

улетéть [ul'it'ét'] *v* (улечý, улети́шь) abfliegen, wegfliegen (Vogel usw.)

ули́тка [ul'ítka] *w* (-и) Gastropode *m*, Schnecke *w*

ýлица [úl'iza] *w* (-ы) Straße *w* (in Stadt)

ýлочка [úlatsch'ka] *w* (-и) Gasse *w*

улучшéние [ulutsch'schén'iji] *s* (-я) Aufschwung *m* (Entwicklung), Verbesserung *w*

улýчшить [ulútsch'schyt'] *v* (-шу, -шишь) verbessern *etw. Akk* (Leistung usw.), aufbessern *etw. Akk*

улыбáться [ulybátza] *v* (-áюсь, -áешься) anlachen *j-n*

улы́бка [ulýpka] *w* (-и) Lächeln *s*

ум [úm] *m* (-á) Geist *m*, Sinn *m* (Gedanken usw.), Intellekt *m*, Intelligenz *w*

умéньшить [um'én'schyt'] *v* (-шу, -шишь) **1** verkleinern *etw. Akk* **2** lindern (Schmerzen usw.), mindern *etw. Akk*, verringern *etw. Akk* (Risiko usw.)

умéренный [um'ér'innyj] *adj* (-ая, -ое) **1** mäßig **2** milde (Klima usw.) **3** mäßig (im Essen usw.), enthaltsam **4** maßvoll, gemäßigt

умерéть [um'ir'ét'] *v* (умрý, умрёшь) sterben *an etw. Dat*

умéть [um'ét'] *v* (-éю, -éешь) können *tun etw. Akk*

умнóжить [umnóshyt'] *v* (-жу, -жишь) **1** multiplizieren *etw. Akk mit etw.* **2** vervielfachen (Angebot usw.) ► **умнóжено на** mal (multipliziert)

ýмный [úmnyj] *adj* (-ая, -ое) weise

умывáлка [umywálka] *w* (-и) Waschraum *m*

умывáльник [umywál'n'ik] *m* (-а) Waschbecken *s*

ýмысел [úmyß'il] *m* (-сла) Absicht *w*

умы́ть [umýt'] *v* (умóю, умóешь) abwaschen, waschen *etw. Akk* (reinigen), abwaschen *etw. Akk*

умы́шленный [umýschl'innyj] *adj* (-ая, -ое) absichtlich, bewusst (Lüge usw.)

унести́ [un'ißt'í] *v* (-сý, -сёшь) **1** tragen (können) *etw. Akk* **2** fordern *etw. Akk* (Unfall – Opfer)

универмáг [un'iw'irmák] *m* (-а) Kaufhaus *s*, Warenhaus *s*

университéт [un'iw'irß'it'ét] *m* (-а) Universität *w*, Uni *w*

унитáз [un'itáß] *m* (-а) Klosett *s* (Einrichtung), Klosettbecken *s*, Klosettschüssel *w*

уничто́жить [un'itsch'tóshyt'] *v* (-жу, -жишь) **1** vernichten, zerstören **2** ausrotten, austilgen

упа́док [upádak] *m* (-дка) Sturz *m* (Machtverlust usw.), Fall *m*, Verfall *m*, Niedergang *m* (einer Zivilisation usw.)

упако́вка [upakófka] *w* (-и) Packung *w*, Paket *s* (Ware), Verpackung *w*

упа́сть [upáßt'] *v* (упаду́, упадёшь) **1** abstürzen (Flugzeug usw.), fallen (zum Boden), hinstürzen, stürzen (stolpern usw.) **2** fallen, sinken (Wert usw.) ► **~ в о́бморок** ohnmächtig werden

уплати́ть [uplat'ít'] *v* (-ачу́, -а́тишь) abzahlen *etw. Akk*, abbezahlen *etw. Akk* (Schuld usw.), bezahlen *etw. Akk*, begleichen *etw. Akk* (Rechnung usw.)

упомина́ние [upam'inán'iji] *s* (-я) Erwähnung *w etw. Gen*

упомяну́ть [upam'inút'] *v* (-яну́, -я́нешь) **1** erwähnen *j-n/etw.* **2** zur Sprache bringen (Thema usw.)

упо́рный [upórnyj] *adj* **1** halsstarrig, unbeugsam, stur, starrköpfig **2** ausdauernd, beharrlich, zäh (mit Ausdauer usw.) **3** stark (Bemühung usw.), erbittert (Widerstand usw.), ständig (Schmerz usw.), verbissen

употреби́ть [upatr'ib'ít'] *v* (-блю́, -би́шь) benutzen *etw. Akk*, verwenden *etw. Akk*, gebrauchen *etw. Akk*, nutzen *etw. Akk* (Nutzen ziehen)

употребле́ние [upatr'ibl'én'iji] *s* (-я) Umgang *m mit etw.*

управле́ние [uprawl'én'iji] *s* (-я) **1** Dispatching *s*, Steuerung *w* (Regulierung), Lenkung *w* (Lenkeinrichtung) **2** Kommando *s* (Befehlsgewalt), Verwaltung *w* ► **дистанцио́нное ~** Fernbedienung *w* (Gerät), Fernsteuerung *w* (Tätigkeit)

управля́ть [uprawl'át'] *v* (-я́ю, -я́ешь) **1** führen *etw. Akk* (Unternehmen usw.), kontrollieren (Gebiet usw.), beherrschen (Firma usw.), leiten *j-n/etw.* **2** steuern *etw. Akk* (Gerät usw.)

упражне́ние [uprashn'én'iji] *s* (-я) Übung *w*

упражня́ть [uprashn'át'] *v* (-я́ю, -я́ешь) ausbilden *j-n*

упрёк [upr'ók] *m* (-а) Tadel *m*, Rüge *w*, Vorwurf *m*

упрости́ть [upraßt'ít'] *v* (-ощу́, -ости́шь) **1** erleichtern *j-m etw. Akk* **2** vereinfachen *etw. Akk*

упусти́ть [upußt'ít'] *v* (-ущу́, -у́стишь) **1** fallen lassen *etw. Akk* **2** vernachlässigen *etw. Akk* (Pflicht usw.)

урага́н [uragán] *m* (-а) Hurrikan *m*, Orkan *m*, Wirbelsturm *m*

у́ровень [úraw'in'] *m* (-вня) Niveau *s*

уродли́вый [uradl'íwyj] *adj* scheußlich, hässlich

урожа́й [urasháj] *m* (-я) Ernte *w* (geerntete Früchte) ► **убо́рка (урожа́я)** Ernte *w* (Ernten)

уро́к [urók] *m* (-а) **1** Lektion *w* (Lehrstunde), Stunde *w* (Unterricht) **2** Lektion *w* (Erfahrung), Moral *w* (einer Fabel usw.)

усади́ть [ußad'ít'] *v* (-ажу́, -а́дишь) setzen *j-n irgendwohin*

уса́дьба [ußád'ba] *w* (-ы) Bauernhof *m*, Hof *m* (landwirtschaftlicher)

усе́рдный [uß'érdnyj] *adj* (-ая, -ое) eifrig (Student usw.), fleißig

уси́лие [uß'íl'iji] *s* (-я) Bestrebung *w um etw.*, Bemühung *w um etw.*, Mühe *w*

уси́лить [uß'íl'it'] *v* (-лю, -лишь) **1** stärken *j-n/etw.*, stärker machen *j-n/etw.*, verstärken, verstärken *etw. Akk* (Mauer usw.) **2** verstärken *etw. Akk* (Eindruck usw.)

ускользну́ть [ußkal'snút'] *v* (-ну́, -нёшь) ausrutschen (aus der Hand usw.), ausgleiten (Löffel usw.), entschlüpfen (entkommen)

ускóрить [ußkór'it'] *v* (-рю, -ришь) beschleunigen *etw. Akk*, beschleunigen (Entwicklung), vorantreiben

усло́вие [ußlów'iji] *s* (-я) Bedingung *w*, Umstand *m* ► **при (том) усло́вии, что** unter der Bedingung, dass

усну́ть [ußnút'] *v* (-ну́, -нёшь) einschlafen (in Schlaf sinken)

усоверше́нствовать [ußaw'irschénßtwawat'] *v* (-твую, -твуешь) aufbessern, verbessern, verbessern *etw. Akk* (Leistung usw.), aufbessern *etw. Akk*

успе́ть [ußp'ét'] *v* (-е́ю, -е́ешь) schaffen *etw. Akk* (rechtzeitig kommen), schaffen (rechtzeitig machen) ► **~ *что* (во́время)** schaffen *etw. Akk* (rechtzeitig machen); **Я не успе́л на авто́бус.** Ich habe den Bus verpasst.

успе́х [ußp'éch] *m* (-а) Bestehen *s* (Prüfung), Erfolg *m*, Gelingen *s etw. Gen* ► **доби́ться ~а** Erfolg haben *bei etw.*

успе́шный [ußp'éschnyj] *adj* (-ая, -ое) erfolgreich, gelungen, geglückt

успоко́ить [ußpakóit'] *v* (-о́ю, -о́ишь) **1** beruhigen *j-n*, befrieden, beschwichtigen, besänftigen **2** beruhigen *j-n/etw.*, beruhigen *j-n* **3** versöhnen *j-n*

уста́лый [ußtályj] *adj* (-ая, -ое) müde

установи́ть [ußtanaw'ít'] *v* (-овлю́, -о́вишь) **1** installieren (Leitung usw.), platzieren *etw. Akk irgendwohin* **2** feststellen *etw. Akk* **3** auferlegen *j-m etw. Akk* (Geldbuße usw.) **4** herstellen (Ordnung usw.)

устаре́лый [ußtar'élyj] *adj* (-ая, -ое) veraltet, überholt

уста́ть [ußtát'] *v* (-а́ну, -а́нешь) müde werden, ermüden

у́стный [úßnyj] *adj* (-ая, -ое) mündlich (Prüfung usw.)
устоя́ть [ußtaját'] *v* (-ою́, -ои́шь) ausdauern, durchhalten (nicht nachgeben usw.), widerstehen *etw. Dat* (Angriff, Anprall usw.)
устрани́ть [ußtran'ít'] *v* (-ню́, -ни́шь) **1** entfernen *etw. Akk*, beseitigen *etw. Akk*, wegräumen **2** abbauen (abschaffen), ausschließen (Möglichkeit usw.)
устреми́ть [ußtr'im'ít'] *v* (-млю́, -ми́шь) richten (Augen usw.)
устремля́ться [ußtr'iml'átza] *v* (-я́юсь, -я́ешься) richten *auf etw. Akk* (seine Anstrengung usw.)
у́стрица [úßtr'iza] *w* (-ы) Auster *w*
устро́ить [ußtróit'] *v* (-о́ю, -о́ишь) **1** arrangieren *etw. Akk*, besorgen *etw. Akk* (erledigen), erledigen *etw. Akk*, besorgen *etw. Akk* (Aufgabe usw.) **2** stellen (Falle usw.)
устро́йство [ußtrójßtwa] *s* (-а) Anlage *w*, Vorrichtung *w* (technische usw.), Gadget *s* (Sondervorrichtung) ► **заря́дное ~** Ladegerät *s*
усту́пка [ußtúpka] *w* (-и) Kompromiss *m*, Zugeständnis *s j-m*
усы́ [ußý] *m Mz* (-о́в) **1** Schnurrbart *m* **2** Schnurrhaar *s*
утверди́ть [utw'ird'ít'] *v* (-ржу́, -рди́шь) **1** genehmigen *etw. Akk*, heiligen (genehmigen usw.), validieren **2** bestärken *j-n in etw. Dat*
утвержде́ние [utw'irshd'én'iji] *s* (-я) **1** Bestätigung *w etw. Gen* (der Wahrheit usw.) **2** Behauptung *w* **3** Genehmigung *w*
утёс [ut'óß] *m* (-а) Kliff *s*, Riff *s*
утéчь [ut'étsch'] *v* (-еку́, -ечёшь, -еку́т) entweichen (Gas usw.), Luft verlieren (Reifen)
у́тка [útka] *w* (-и) Ente *w* (Vogel)
утоли́ть [utal'ít'] *v* (-лю́, -ли́шь) **1** befriedigen (Bedürfnis usw.), sättigen, stillen (Neugier usw.) **2** stillen (Schmerz usw.), beruhigen
утоми́ть [utam'ít'] *v* (-млю́, -ми́шь) müde machen *j-n*, ermüden *j-n*
уточни́ть [utatsch'n'ít'] *v* (-ню́, -ни́шь) präzisieren *etw. Akk*
утра́та [utráta] *w* (-ы) Verlust *m etw. Gen*
у́тро [útra] *s* (у́тра) Morgen *m*, Früh *w* ► **в де́сять часо́в у́тра** um zehn Uhr vormittags; **До́брое ~.** Guten Morgen.
у́тром [útram] *adv* morgens, am Morgen
утю́г [ut'júk] *m* (-а) Bügeleisen *s*
ухвати́ть [uchwat'ít'] *v* (-ачу́, -а́тишь) **1** fassen (festhalten) **2** ergreifen (mit der Hand)
у́хо [úcha] *s* (у́ха; у́ши, уше́й) Ohr *s*
ухо́д [uchót] *m* (-а) **1** Abgang *m*, Abreise *w* **2** Instandhaltung *w*, Wartung *w*, Unterhaltung *w* (von Geräten usw.) ► **~ на пе́нсию** Pensionierung *w*
уходи́ть [uchad'ít'] *v* gehen (weg)
ухýдшить [uchútschyt'] *v* (-шу, -шишь) verschlimmern *etw. Akk*, verschlechtern *etw. Akk*
уча́ствовать [utsch'áßtwawat'] *v* (-твую, -твуешь) sich beteiligen *an etw. Dat*, teilnehmen *an etw. Dat* (Teilnehmer sein)
уча́стие [utsch'áßt'iji] *s* (-я) **1** Anwesenheit *w von j-m* **2** Anteilnahme *w*, Teilnahme *w* (herzliche usw.) **3** Beteiligung *w* (Anzahl) ► **приня́ть ~** *в чём* teilnehmen *an etw. Dat* (Teilnehmer sein), sich beteiligen *an etw. Dat*; **принима́ть ~** *в чём* teilnehmen *an etw. Dat*, sich beteiligen *an etw. Dat* (aktiv usw.)
уча́сток [utsch'áßtak] *m* (-тка) **1** Bezirk *m* **2** Grundstück *s* ► **(строи́тельный) ~** Grundstück *s* (Baugrundstück); **полице́йский ~** Polizeidienststelle *w*, Polizeiwache *w*
учёба [utsch'óba] *w* (-ы) Lernen *s*, Studium *s*
уче́бник [utsch'ébn'ik] *m* (-а) Lehrbuch *s*
учени́к [utsch'in'ík] *m* (-á) Lehrling *m*, Auszubildende *m*, Schüler *m*
учёный [utsch'ónyj] *adj* (-ая, -ое) gelehrt ♦ *m* Gelehrte *m*, Wissenschaftler *m*
уче́сть [utsch'éßt'] *v* (учту́, учтёшь) berücksichtigen *etw. Akk*
учёт [utsch'ót] *m* (-а) Register *s* (amtliches) ► **с ~ом** *кого/чего* mit Rücksicht *auf etw. Akk*
учи́тель [utsch'ít'il'] *m* (-я; -я́) Lehrer *m*
учи́тывать [utsch'ítywat'] *v* (-аю, -аешь) **1** berücksichtigen *etw. Akk*, rechnen *mit etw.* (Risiko usw.), Rücksicht nehmen *auf etw. Akk* **2** registrieren *etw. Akk*, erfassen *etw. Akk* (statistisch usw.)
учи́ть [utsch'ít'] *v* (учу́, у́чишь) lehren *j-n etw. Akk*, unterrichten (Schüler usw.)
учрежде́ние [utsch'r'ishd'én'iji] *s* (-я) **1** Amt *s*, Behörde *w* (staatliche usw.), Dienststelle *w*, Institution *w* **2** Betriebsstätte *w*
ушиби́ть [uschyb'ít'] *v* (-бу́, -бёшь) sich prellen *etw. Akk*
ушко́ [uschkó] *s* **1** Öhr *s*, Öse *w* **2** Henkel *m*
у́шлый [úschlyj] *adj* (-ая, -ое) schlitzohrig, schlau
ущéрб [uschsch'érp] *m* (-а) Schaden *m* (Einbuße) ► **нанести́ ~** *кому/чему* schaden *j-m/etw.*
ую́тный [ujútnyj] *adj* (-ая, -ое) gemütlich, heimisch, anheimelnd
уясни́ть [ujißn'ít'] *v* (-ню́, -ни́шь) sich klar werden *über etw. Akk*

Ф

фáбрика [fábr'ika] *w* (-и) Betrieb *m* (Fabrik usw.)
фаворúт [fawar'ít] *m* (-а) Favorit *m* (im Rennen usw.), Liebling *m* (Favorit)
фазáн [fasán] *m* (-а) Fasan *m*
факс [fákß] *m* (-а) Faxgerät *s*, Fax *s,m* (Gerät) ► **выслать по ~у** *кому что* faxen *etw. Akk j-m*
факт [fákt] *m* (-а) Fakt *m,s*, Tatsache *w*
факультéт [fakul't'ét] *m* (-а) Fakultät *w*
фальшúвый [fal'schýwyj] *adj* (-ая, -ое) falsch (Diamant usw.), unecht, gefälscht
фамúлия [fam'íl'ija] *w* (-и) Familienname *m*, Zuname *m*, Nachname *m*
фантáзия [fantás'ija] *w* (-и) Fantasie *w* (Vorstellungskraft), Vorstellungsvermögen *s*
фантастúческий [fantaßt'ítsch'ißk'ij] *adj* (-ая, -ое) fantastisch, surreal, unwirklich
фарфóр [farfór] *m* (-а) Porzellan *s*
фарш [fársch] *m* (-а) Füllung *w* (Fleischfüllung usw.)
фасáд [faßát] *m* (-а) Fassade *w*, Vorderfront *w*
фасóль [faßól'] *w* (-и) Bohne *w* (Frucht)
фасóн [faßón] *m* (-а) Schnitt *m* (Kleider)
феврáль [f'iwrál'] *m* (-я́) Februar *m*
фигýра [f'igúra] *w* (-ы) **1** Figur *w* (Körper) **2** Modellpuppe *w* **3** Figur *w* (geometrische), Gebilde *s* (geometrisches)
филиáл [f'il'iál] *m* (-а) Filiale *w*, Zweigstelle *w*
фильм [f'íl'm] *m* (-а) Film *m* (Spielfilm)
фильтр [f'íl'tr] *m* (-а) Filter *m*
финáнсовый [f'inánßawyj] *adj* (-ая, -ое) finanziell
фúник [f'ín'ik] *m* (-а) Dattel *w*
фиолéтовый [f'ial'étawyj] *adj* (-ая, -ое) violett
фúрма [f'írma] *w* (-ы) Firma *w*, Gesellschaft *w* (Firma usw.)
флаг [flák] *m* (-а) Fahne *w*, Flagge *w*
флéйта [fl'éjta] *w* (-ы) Flöte *w*
флиртовáть [fl'irtawát'] *v* (-тýю, -тýешь) flirten *mit j-m*
фон [fón] *m* (-а) Hintergrund *m*
фонáрь [fanár'] *m* (-я́) Lampe *w* (Taschenlampe usw.), Laterne *w* ► **(электрúческий) фонáрик** Taschenlampe *w*
фонтáн [fantán] *m* (-а) Brunnen *m* (Fontäne), Springbrunnen *m*
форéль [far'él'] *w* (-и) Forelle *w*
фóрма [fórma] *w* (-ы) **1** Form *w*, Gestalt *w* **2** Form *w* (Kondition) **3** Form *w* (Backform usw.) **4** Uniform *w*
формáльный [farmál'nyj] *adj* (-ая, -ое) formal
формуля́р [farmul'ár] *m* (-а) Formular *s*
фотоаппарáт [fataaparát] *m* (-а) Kamera *w* (fotografisch), Fotoapparat *m*
фотографúровать [fatagraf'írawat'] *v* (-рую, -руешь) fotografieren *etw. Akk*
фотогрáфия [fatagráf'ija] *w* (-и) Aufnahme *w* (Foto), Fotografie *w*, Foto *s*
Фрáнция [fránzyja] *w* (-и) Frankreich *s*
францýзский [franzúßk'ij] *adj* (-ая, -ое) französisch ► **~ (язы́к)** Französisch(e) *s*
фронт [frónt] *m* (-а) Front *w* (Kampflinie)
фрýкты [frúkty] *m Mz* (-ов) Obst *s*
фундáмент [fundám'int] *m* (-а) **1** Fundament *s* (eines Baus usw.) **2** Untergrund *m* (Unterschicht usw.)
функционúровать [funkzyan'írawat'] *v* (-рую, -руешь) funktionieren
фýнкция [fúnkzyja] *w* (-и) Funktion *w etw. Gen* (Zweck)
футбóл [fudból] *m* (-а) Fußball *m*
футболúст [fudbal'ißt] *m* (-а) Fußballspieler *m*
футбóлка [fudbólka] *w* (-и) T-Shirt *s*
футля́р [futl'ár] *m* (-а) Futteral *s*

Х

харáктер [charákt'ir] *m* (-а) **1** Charakter *m* (Wesen), Temperament *s* **2** Charakter *m* (einer Landschaft usw.)
хвалúть [chwal'ít'] *v* (-алю́, -áлишь) loben *j-n für etw.*
хвáстаться [chwáßtatza] *v* (-аюсь, -аешься) prahlen *mit etw.*, protzen *mit etw.*, sich rühmen *etw. Gen*, sich großtun *etw. Gen*
хватúть [chwat'ít'] *v* ausreichen, genügen, reichen *für etw.* (Menge usw.) ► **Э́того хвáтит?** Ist das genug?
хвост [chwóßt] *m* (-á) Schwanz *m* (eines Tiers)
химчúстка [ch'imtsch'íßtka] *w* (-и) Reinigung *w* (Geschäft)
хирургúя [ch'irurg'íja] *w* (-и) Chirurgie *w*
хúтрый [ch'ítryj] *adj* (-ая, -ое) listig, schlau, clever, durchtrieben
хúщник [ch'íschsch'n'ik] *m* (-а) Raubtier *s*
хлеб [chl'ép] *m* (-а) **1** Brot *s* **2** Korn *s* (Roggen usw.), Getreide *s*
хлев [chl'éf] *m* (-а, 6 о хлéве/в хлевý; -á, -óв) Kuhstall *m*, Stall *m*
хлóпнуть [chlópnut'] *v* (-ну, -нешь) **1** krachen, schlagen *mit etw. auf etw. Akk* **2** hinunterschlingen *etw. Akk* **3** schlagen *j-n* (klatschend)

хло́пок [chlópak] *m* Baumwolle *w*, Baumwollpflanze *w*
хо́бби [chób'i] *s* (нескл.) Hobby *s*
ход [chót] *m* (-а/-у) **1** Betrieb *m etw. Gen* (Tätigkeit usw.), Lauf *m etw. Gen* (einer Maschine usw.) **2** Verlauf *m*, Ablauf *m* (eines Ereignisses usw.) **3** Zug *m* (im Schach usw.) ► **за́дний** ~ Rückwärtsgang *m*
ходи́ть [chad'ít'] *v* (хожу́, хо́дишь) gehen *in etw. Akk* (in die Schule usw.), besuchen *etw. Akk* (Kurs usw.), gehen (zu Fuß)
хозя́ин [chas'áin] *m* (-а; -я́ева, -я́ев) **1** Besitzer *m etw. Gen*, Eigentümer *m etw. Gen*, Inhaber *m etw. Gen*, Herr *m* (Besitzer) **2** Gastgeber *m*
хозя́йка [chas'ájka] *w* (-и) **1** Hausfrau *w* **2** Hauswirtin *w*
хозя́йничать [chas'ájn'itsch'at'] *v* (-аю, -аешь) verwalten *etw. Akk* (ein Vermögen usw.)
хозя́йство [chas'ájßtwa] *s* (-а) **1** Wirtschaft *w* **2** Farm *w* ► **се́льское** ~ Landwirtschaft *w*; **(дома́шнее)** ~ Haushalt *m*
хоккеи́ст [chakk'iíßt] *m* (-а) Eishockeyspieler *m*
хокке́й [chak':éj] *m* (-я) Eishockey *s*
холм [chólm] *m* (-а́) Hügel *m*
хо́лод [chólat] *m* (-а) Kälte *w*
холоди́льник [chalad'íl'n'ik] *m* (-а) Kühlschrank *m*
холосто́й [chalaßtój] *adj* ledig
хоро́ший [charóschyj] *adj* (-ая, -ое) **1** gut (qualitätvoll usw.) **2** schön (Person), hübsch, gutaussehend **3** gut *zu j-m* (nett) **4** gelungen (Foto usw.) ► **хоро́шая пого́да** schönes Wetter
хоте́ть [chat'ét'] *v* (хочу́, хо́чешь, хо́чет, хоти́м) **1** sich wünschen *etw. Akk*, wollen (verlangen), mögen *etw. Akk von j-m* **2** wollen *etw. Akk zu tun* (vorhaben) ► **Что вы хоти́те?** Was wollen Sie?; **Я хоте́л бы говори́ть с…** Ich möchte (mit)… sprechen.
хотя́ [chat'á] *conj* obgleich, obschon, obwohl, zwar ► ~ **и** auch wenn
хра́брый [chrábryj] *adj* (-ая, -ое) tapfer
храм [chrám] *m* (-а) Tempel *m* (Gebäude)
храни́ть [chran'ít'] *v* (-ню́, -ни́шь) einlagern *etw. Akk* (in einem Lager usw.), lagern *etw. Akk irgendwohin*, speichern *etw. Akk irgendwohin* (Vorräte usw.)
хребе́т [chr'ib'ét] *m* (-бта́) **1** Rücken *m* (eines Tieres) **2** Kamm *m* (Gebirge usw.)
хрен [chr'én] *m* (-а/-у) Meerrettich *m*
христиани́н [chr'ißt'ian'ín] *m* (-а; -а́не, -а́н) Christ *m*
христиа́нство [chr'ißt'iánßtwa] *s* (-а) Christentum *s*
хро́ника [chrón'ika] *w* (-и) **1** Chronik *w* **2** Berichterstattung *w*
хру́пкий [chrúpk'ij] *adj* (-ая, -ое) schmal, schlank, subtil (Person usw.), fein (Figur usw.)
худо́жник [chudóshn'ik] *m* (-а) bildender Künstler, Künstler *m*
худо́й [chudój] *adj* mager (Mensch)
ху́же [chúshy] *adj* schlechter *als j./etw.*, schlimmer *als j./etw.* ♦ *adv* schlimmer

Ц

цара́пать [zyrápat'] *v* (-аю, -аешь) kratzen *etw. Akk*, kratzen (ritzen)
цари́ть [zyr'ít'] *v* (-рю́, -ри́шь) **1** dominieren *etw. Akk* **2** herrschen (in einem Land usw.), regieren
цвести́ [zw'ißt'í] *v* (цвету́, цветёшь) blühen (Rosen usw.)
цвето́к [zw'itók] *m* (-тка́) Blume *w*, Blüte *w* (einer Pflanze)
целова́ть [zylawát'] *v* (-лу́ю, -лу́ешь) küssen *j-n*
це́лый [zélyj] *adj* (-ая, -ое) ganz, heil (unversehrt)
цель [zél'] *w* (-и) **1** Ziel *s* **2** Zweck *m*
цена́ [zyná] *w* (-ы) Preis *m etw. Gen* (für Beschaffung usw.), Preis *m* (Betrag) ► **сни́зить це́ну** *на что чего* ermäßigen *etw. Akk*
цени́ть [zyn'ít'] *v* (ценю́, це́нишь) schätzen *j-n/etw.* (hochachten)
це́нный [zénnyj] *adj* (-ая, -ое) wertvoll, Wert-
центр [zéntr] *m* (-а) **1** Zentrum *s* **2** Mittelpunkt *m* (einer Tätigkeit usw.), Knotenpunkt *m* (von Aktivitäten usw.), Zentrale *w* (einer Organisation usw.), Zentrum *s* (Einrichtung) **3** Schwerpunkt *m* (eines Problems usw.), Brennpunkt *m* (des Interesses) ► **в ~е** in der Mitte *etw. Gen*, mitten *in etw. Dat*
цепене́ть [zyp'in'ét'] *v* (-е́ю, -е́ешь) einschlafen (Bein usw.), absterben (Zehen usw.), prickeln
цепля́ться [zypl'átza] *v* (-я́юсь, -я́ешься) **1** hängen *an etw. Dat* (nicht verzichten) **2** scheuern (bei Bewegung), reiben
цепь [zép'] *w* (-и/-й) **1** Kette *w* (eisern usw.) **2** Stromkreis *m*
церемо́ния [zyr'imón'ija] *w* (-и) Zeremonie *w*
це́рковь [zérkaf'] *w* (-кви) Kirche *w*
цирк [zýrk] *m* (-а) Zirkus *m*
цисте́рна [zyßt'érna] *w* (-ы) Tank *m*, Zisterne *w*
ци́фра [zýfra] *w* (-ы) **1** Zahl *w* (Zahlwort usw.), Nummer *w* (zwei usw.), Ziffer *w* **2** Zahl *w* (Angabe)
цыплёнок [zypl'ónak] *m* (-нка; -ля́та, -ля́т) Küken *s*, (junges) Huhn *s*

цы́почки [zýpatsch'k'i] **на цы́почках** auf den Zehen (gehen usw.)

Ч

чаевы́е [tsch'ajiwýji] *Mz* (-ы́х) Trinkgeld *s* ► **дать ~** *кому* Trinkgeld geben *j-m*
чай [tsch'áj] *m* Tee *m*
ча́йка [tsch'ájka] *w* (-и) Möwe *w*
ча́йник [tsch'ájn'ik] *m* (-а) Kanne *w* (für Tee usw.)
час [tsch'áß] *m* (-у/-á) Stunde *w* (60 Minuten), Uhr *w* (Uhrzeit) ► **в семь ~óв** um sieben Uhr; **в три ~á дня** nachmittags um drei
часо́вня [tsch'aßówn'a] *w* (-и; 2 мн. -вен) Kapelle *w* (Bau)
ча́стный [tsch'áßnyj] *adj* (-ая, -ое) privat (Besitz usw.)
ча́стый [tsch'áßtyj] *adj* (-ая, -ое) häufig
часть [tsch'áßt'] *w* (-и) **1** Segment *s* (Teilstück), Teil *m von etw., etw. Gen* (des Ganzen usw.) **2** Partie *w* (des Körpers) ► **составна́я ~** Bestandteil *m etw. Gen*; **центра́льная ~** Inland *s*; **бо́льшей ~ю** meist, meistens
часы́ [tsch'aßý] *m Mz* Uhr *w*
ча́шка [tsch'áschka] *w* (-и) Tasse *w*
чей [tsch'éj] *pron* (чья, чьё) wessen
чек [tsch'ék] *m* (-а) Scheck *m*
челове́к [tsch'ilaw'ék] *m* (-а; лю́ди, -е́й) Mensch *m*
челове́ческий [tsch'ilaw'étsch'ißk'ij] *adj* (-ая, -ое) Menschen-, menschlich (Körper, Wesen usw.)
чемода́н [tsch'imadán] *m* (-а) Koffer *m*
чемпиона́т [tsch'imp'ianát] *m* (-а) Meisterschaft *w* (Weltmeisterschaft usw.)
чепуха́ [tsch'ipuchá] *w* (-и́) Unsinn *m*
червь [tsch'érf'] *m* (-я́) Wurm *m*
черда́к [tsch'irdák] *m* (-á) Dachboden *m*
чередова́ть [tsch'ir'idawát'] *v* (-ду́ю, -ду́ешь) wechseln (Berufe usw.)
че́рез [tschér'iß] *prep* **1** über (quer über) **2** in (Dauer) **3** durch *etw. Akk* **4** quer *durch etw., über etw. Akk*
че́реп [tsch'ér'ip] *m* (-а; -á) Schädel *m*
чере́шня [tsch'ir'éschn'a] *w* (-и; 2 мн. -шен) Kirschbaum *m*, Kirsche *w* (Baum)
чернови́к [tsch'irnaw'ík] *m* (-á) Konzept *s* (eines Textes), Entwurf *m* (schriftlicher)
чёрный [tsch'órnyj] *adj* (-ая, -ое) schwarz
чёрствый [tsch'órßtwyj] *adj* (-ая, -ое) hart (Holz usw.)
чёрт [tsch'órt] *m* (-а; че́рти, -е́й) Teufel *m*
черта́ [tsch'irtá] *w* (-ы́) **1** Linie *w* (Strich) **2** Zug *m* (Wesenszug)
черти́ть [tsch'irt'ít'] *v* zeichnen (Dreieck usw.)
чеса́ть [tsch'ißát'] *v* (чешу́, че́шешь) kratzen (reiben)
чесно́к [tsch'ißnók] *m* (-á/-у́) Knoblauch *m*
честь [tsch'éßt'] *w* (-и) Ehre *w*
чета́ [tsch'itá] *w* (-ы) Paar *s* (Personen)
четве́рг [tschitw'érk] *m* (-á) Donnerstag *m*
че́тверть [tsch'étw'irt'] *w* (-и; -и, -е́й) Quartal *s*, Viertel *s* (vierter Teil)
чёткий [tsch'ótk'ij] *adj* (-ая, -ое) deutlich (klar erkennbar), lesbar (Schrift usw.), leserlich, scharf (Foto usw.)
чётный [tsch'ótnyj] *adj* (-ая, -ое) gerade (Zahl)
четы́ре [tsch'itýr'i] *num* (четырёх) vier
четы́рнадцать [tschitýrnazat'] *num* (-и) vierzehn
Че́хия [tsch'éch'ija] *w* (-и) Tschechien *s*, Tschechische Republik *w*
чечеви́ца [tsch'itsch'iw'íza] *w* (-ы) Linse *w* (Samen)
че́шский [tsch'éschßk'ij] *adj* (-ая, -ое) tschechisch ► **Че́шская респу́блика** Tschechien *s*, Tschechische Republik *w*
чино́вник [tsch'inówn'ik] *m* (-а) Beamte *m*, Bürokrat *m*
число́ [tsch'ißló] *s* (-á; чи́сла) Zahl *w*, Nummer *w* (zwei usw.) ► **еди́нственное ~** Singular *m*; **мно́жественное ~** Plural *m*
чи́стить [tsch'íßt'it'] *v* (чи́щу, чи́стишь) **1** polieren (Metall usw.), reinigen *etw. Akk* (Kleidung usw.), sauber machen *etw. Akk* **2** schaben, schälen
чи́стка [tsch'íßtka] *w* (-и) Reinigung *w*
чи́стый [tsch'íßtyj] *adj* (-ая, -ое) **1** klar (Wasser usw.), durchsichtig (Flüssigkeit usw.), sauber **2** leer (Blatt usw.), wolkenlos (Himmel) **3** rein (Unsinn usw.), pur (völlig) **4** Netto- **5** rein (Gefühl usw.) ► **экологи́чески ~** umweltfreundlich
чита́тель [tsch'itát'il'] *m* (-я) Leser *m*
чита́ть [tsch'itát'] *v* (-а́ю, -а́ешь) lesen *etw. Akk* (ein Buch usw.)
чихну́ть [tsch'ichnút'] *v* (-ну́, -нёшь) niesen
член [tsch'l'én] *m* (-а) **1** Mitglied *s etw. Gen*, Angehörige *m etw. Gen* **2** Artikel *m* (grammatischer) **3** Glied *s* (Penis)
чрезме́рный [tsch'r'ism'érnyj] *adj* (-ая, -ое) übermäßig, überschüssig, übertrieben (Äußerung usw.)
чте́ние [tsch't'én'iji] *s* (-я) Lesen *s*, Vortrag *m* (eines Gedichts usw.)
что [schtó] *conj* dass ♦ *pron* was ► **так ~** also; **~ (бы) ни** was (auch) immer; **чем… тем** je… desto; **Ч~ тако́е?** Was ist (los)?; **Не́ за ~.** Nichts zu danken.

чтó-нибудь [schtón'ibut'] *pron* (чегó-нибудь) etwas, irgendetwas
чтó-то [schtóta] *pron* etwas, irgendetwas, irgendwas
чтóбы [schtóby] *conj* damit (zu dem Zweck), um… zu, dass (Wunsch, Befehl usw.)
чýвство [tsch'úfßtwa] *s* (-a) **1** Gefühl *s* **2** Gefühl *s für etw.*, Sinn *m für etw.* (Gerechtigkeit usw.) ► **óрган чувств** Sinn *m* (Sehkraft usw.)
чýвствовать [tsch'úfßtwawat'] *v* (-твую, -твуешь) fühlen *etw. Akk*, spüren *etw. Akk* (Kälte usw.), empfinden *etw. Akk* (Schmerz usw.), riechen *etw. Akk* (durch den Geruchssinn) ► **~ себя́** sich vorkommen *wie j./etw.*
чудéсный [tsch'ud'éßnyj] *adj* (-ая, -ое) Wunder-
чýдо [tsch'úda] *s* (-a; чудесá) Wunder *s*
чужóй [tsch'ushój] *adj* (-áя, -óе) fremd
чулóк [tsch'ulók] *m* (-лкá; -лкú, -лóк) Strumpf *m*
чýткий [tsch'útk'ij] *adj* (-ая, -ое) einfühlsam, aufmerksam, empfindsam
чуть [tsch'út'] *adv* ein wenig, etwas ► **~ не** beinahe
чушь [tsch'úsch] *w* (-и) Gelaber *s*, Gelabere *s*, Geschwafel *s*, Gefasel *s*

Ш

шаг [schák] *m* (-a/-y) **1** Schritt *m* **2** Gang *m* (Art des Gehens)
шагáть [schygát'] *v* (-áю, -áешь) schreiten, gehen
шалáш [schylásch] *m* (-á) Hütte *w* (Berghütte usw.)
шалфéй [schylf'éj] *m* (-я) Salbei *m,w*
шампýнь [schympún'] *m* (-я) Shampoo *s*
шáпка [schápka] *w* (-и) Kappe *w*, Mütze *w*
шар [schár] *m* (-a) Ball *m* (Kugel), Kugel *w* (Körper)
шарф [schárf] *m* (-a) Schal *m*
шáткий [schátk'ij] *adj* (-ая, -ое) **1** unsolide, wackelig, wankend **2** unsicher (Situation usw.), instabil (Lage usw.)
шáхматы [scháchmaty] *m Mz* (-ат) Schach *s* (Spiel)
шáхта [scháchta] *w* (-ы) **1** Mine *w* (für Bergbau), Grube *w* (Anlage), Bergwerk *s* **2** Schacht *m* (vertikaler Raum usw.)
шáшки [scháschk'i] *w Mz* (-шек) Dame *w* (Spiel), Damespiel *s*
швáбра [schwábra] *w* (-ы) Besen *m*
швейцáр [schw'ijzár] *m* (-a) Pförtner *m*
Швейцáрия [schw'ijzár'ija] *w* (-и) Schweiz *w*
швырнýть [schwyrnút'] *v* (-нý, -нёшь) knallen *etw. Akk* (in die Ecke usw.), schmeißen, werfen *etw. Akk irgendwohin*, schleudern *etw. Akk irgendwohin*
шезлóнг [schyslónk] *m* (-a) Strandliege *w*
шёлк [sch'ólk] *m* (-a/-y) Seide *w*
шелухá [schyluchá] *w* (-й) Schale *w* (Frucht), Haut *w* (von Pfirsich usw.)
шепнýть [schypnút'] *v* (-нý, -нёшь) flüstern, zuflüstern *j-m etw. Akk*
шерсть [schérßt'] *w* (-и) **1** Fell *s*, Pelz *m* **2** Wolle *w*
шест [schéßt] *m* (-á) Fahnenmast *m*, Flaggenmast *m*, Stange *w* (aus Metall usw.)
шестнáдцать [schißtnázat'] *num* (-и) sechzehn
шесть [schéßt'] *num* (шестú, 7 шестью́) sechs
шестьдесят [schyßt'd'iß'át] *num* (шестúдесяти, 7 шестьюдесятью) sechzig
шеф [schéf] *m* (-a) Chef *m*
шéя [schéja] *w* (-и) Genick *s*, Nacken *m*
шикáрный [schykárnyj] *adj* (-ая, -ое) elegant, schick
шúна [schýna] *w* (-ы) **1** Schiene *w* (für Frakturen) **2** ***(авто)шина*** Reifen *m* ► **пустáя ~** platter Reifen *m*
шип [schýp] *m* (-a) Dorn *m*, Stachel *m* (einer Pflanze)
ширинá [schyr'iná] *w* (-ы́) Breite *w etw. Gen*
ширóкий [schyrók'ij] *adj* (-ая, -ое) breit
шить [schýt'] *v* (шью, шьёшь) nähen (Kleid usw.)
шúшка [schýschka] *w* (-и) **1** Zapfen *m* (Tannenzapfen usw.) **2** Beule *w* (am Kopf)
шкаф [schkáf] *m* (-a) Kasten *m* (Sicherungskasten usw.), Kleiderschrank *m*, Schrank *m*, Wandschrank *m* ► **платянóй ~** Kleiderschrank *m*; **книжный ~** Bücherschrank *m*
шкóла [schkóla] *w* (-ы) Schule *w* ► **начáльная ~** Grundschule *w*
шкóльник [schkól'n'ik] *m* (-a) Schulkind *s*, Schüler *m*
шланг [schlánk] *m* (-a) Schlauch *m* (Röhre)
шлем [schl'ém] *m* (-a) Haube *w* (zum Schweißen usw.), Helm *m*
шлёпанец [schl'ópan'iz] *m* (-нца, 7 -нцем) Pantoffel *m*
шля́па [schl'ápa] *w* (-ы) Hut *m*
шнитт-лýк [schn'itlúk] *m* (шнитт-лýка) Schnittlauch *m*
шнúцель [schn'ízyl'] *m* (-я) Schnitzel *s*
шнóркель [schnórk'il'] *m* (-я) Schnorchel *m*
шнур [schnúr] *m* (-á) Kabel *s*
шов [schóf] *m* (шва) Naht *w*, Schweißnaht *w*
шок [schók] *m* (-a) Schock *m*

шокола́д [schakalát] *m* (-а) Schokolade *w* ► **горя́чий ~** heiße Schokolade
шоссе́ [schyßé] *s* (нескл.) Fahrbahn *w*
шофёр [schyf'ór] *m* (-а) Fahrer *m* (von Beruf usw.), Chauffeur *m*
шпик [schp'ík] *m* Speck *m* (Schweinespeck)
шпина́т [schp'inát] *m* (-а) Spinat *m*
шприц [schpr'íz] *m* (-а) Spritze *w* (für Injektionen), Injektionsspritze *w*
шрам [schrám] *m* (-а) Narbe *w* (nach Verletzung), Schramme *w* (Schnittwunde)
шрифт [schr'íft] *m* (-а) Schrift *w* (Druckschrift)
штаб [schtáp] *m* (-а) Hauptquartier *s*, Stab *m* (Experten)
штати́в [schtat'íf] *m* (-а) Stativ *s*
ште́мпель [schtemp'il'] *m* (-я) Stempel *m*
ште́псель [schtepß'il'] *m* (-я) Stecker *m*
што́пор [schtópar] *m* (-а) Korkenzieher *m*
што́ра [schtóra] *w* (-ы) Vorhang *m* (zu Hause usw.)
шторм [schtórm] *m* (-а) Gewitter *s*
штраф [schtráf] *m* (-а) Geldstrafe *w*, Bußgeld *s*
шту́ка [schtúka] *w* (-и) Stück *s* (einzige Sache)
шу́ба [schúba] *w* (-ы) Pelz *m*, Pelzmantel *m*
шум [schúm] *m* (-а/-у) **1** Krach *m*, Lärm *m* **2** Rauschen *s* (des Meeres usw.), Brausen *s* (eines Baches usw.) **3** Aufsehen *s*
шу́мный [schúmnyj] *adj* (-ая, -ое) laut
шу́рин [schúr'in] *m* (-а) Schwager *m*
шути́ть [schut'ít'] *v* (шучу́, шу́тишь) scherzen, spaßen, Scherze machen
шу́тка [schútka] *w* (-и) Scherz *m*, Spaß *m*

Щ

ще́дрый [schsch'édryj] *adj* (-ая, -ое) freigebig
щека́ [schsch'iká] *w* (-й, 4 щёку; щёки) Wange *w*, Backe *w* (Gesicht)
щётка [schsch'ótka] *w* (-и) Bürste *w*, (kleine) Bürste *w* ► **зубна́я ~** Zahnbürste *w*
щи́колотка [schsch'íkalatka] *w* (-и) Fußknöchel *m*, Knöchel *m*
щипа́ть [schsch'ipát'] *v* (щиплю́, щи́плешь) brennen (schmerzen)
щипцы́ [schsch'ipzý] *Mz* (-о́в) Beißzange *w*, Zange *w*
щу́ка [schsch'úka] *w* (-и) Hecht *m*

Э

экза́мен [igsám'in] *m* (-а) Prüfung *w* (Kenntnisse) ► **~ на аттеста́т зре́лости** Abitur *s*, (ugs.) Abi *s*
экологи́ческий [ikalag'ítsch'ißk'ij] *adj* (-ая, -ое) ökologisch, Umwelt-
эконо́мика [ikanóm'ika] *w* (-и) **1** Wirtschaft *w* **2** Ökonomie *w* (Wissenschaft)
эконо́мить [ikanóm'it'] *v* (-млю, -мишь) **1** sparen *auf etw. Akk* **2** sparen *etw. Akk* (Wasser usw.)
экономи́ческий [ikanam'ítsch'ißk'ij] *adj* (-ая, -ое) ökonomisch (Lage usw.), wirtschaftlich
экра́н [ikrán] *m* (-а) **1** Leinwand *w* (Projektionswand) **2** Bildschirm *m*
экску́рсия [ikßkúrß'ija] *w* (-и) Ausflug *m*, Exkursion *w* ► **обзо́рная ~** Rundreise *w*
экскурсово́д [ikßkurßawót] *m* (-а) Reiseführer *m*
экспеди́ция [ikßp'id'ízyja] *w* (-и) Expedition *w*
экспериме́нт [ikßp'ir'im'ént] *m* (-а) Experiment *s*
э́кспорт [ékßpart] *m* (-а) Ausfuhr *w*, Export *m*
экспре́сс [ikßpréß] *adv* eilig (schicken usw.) ♦ *m* Schnellzug *m*
эласти́чный [ilaßt'ítsch'nyj] *adj* (-ая, -ое) elastisch
элега́нтный [il'igántnyj] *adj* (-ая, -ое) elegant, schick, schnittig (gepflegt usw.)
электри́чество [il'iktr'ítsch'ißtwa] *s* (-а) Elektrizität *w* ► **Нет электри́чества.** Der Strom ist ausgefallen.
электроста́нция [il'iktraßtánzyja] *w* (-и) Kraftwerk *s*
электроча́йник [il'iktratsch'ájn'ik] *m* (-а) Wasserkocher *m*
элеме́нт [il'im'ént] *m* (-а) Element *s* (Bestandteil)
эне́ргия [in'érg'ija] *w* (-и) Elan *m*, Energie *w*
эпо́ха [ipócha] *w* (-и) Ära *w*, Epoche *w*, Zeit *w* (Ära)
эскала́тор [ißkalátar] *m* (-а) Rolltreppe *w*
эски́з [ißk'íß] *m* (-а) Entwurf *m* (einer Konstruktion usw.), Skizze *w* (grobe)
эта́ж [itásch] *m* (-а́) Stock *m*, Stockwerk *s*, Geschoss *s* (im Haus usw.), Etage *w* ► **в ве́рхнем ~е́** oben (im Stockwerk); **пе́рвый ~** Erdgeschoss *s*, Parterre *s* (eines Hauses)
этике́тка [it'ik'étka] *w* (-и) Aufkleber *m*, Etikett *s*, Zettel *m* (mit Notiz usw.), Schild *s*
э́то [éta] *pron* das, es
э́тот [état] *pron* (э́та, э́то) dieser, diese, dieses ► **э́то** dieser, diese, dieses

Ю

юбилей [jub'il'éj] *m* (-я) Jahrestag *m etw. Gen*, Jubiläum *s*
юбка [júpka] *w* (-и) Rock *m*
ювелир [juw'il'ír] *m* (-a) Goldschmied *m*, Juwelier *m*
юг [júk] *m* (-a) Süden *m*
юмор [júmar] *m* (-a) Humor *m*
юность [júnaßt'] *w* (-и) Jugend *w* (Zeit)
юноша [júnascha] *m* (-и; 2 мн. -ей) junger Mann *m*, Junge *m*
юный [júnyj] *adj* (-ая, -ое) jung
юрист [jur'íßt] *m* (-a) Jurist *m*

Я

я [já] *s* Ich *s* (Ego usw.) ♦ *pron* (меня́) ich ► **со мной** mit mir
я́блоко [jáblaka] *s* (-a; я́блоки) Apfel *m* ► **ада́мово ~** Adamsapfel *m*
яви́ться [jiw'ítza] *v* (явлю́сь, я́вишься) sich einfinden *irgendwohin*, sich einstellen (kommen)
я́вный [jáwnyj] *adj* (-ая, -ое) offensichtlich, greifbar
ягня́тина [jign'át'ina] *w* (-ы) Lammfleisch *s*
я́года [jágada] *w* (-ы) Beere *w*, Frucht *w* (einer Pflanze) ► **~ черни́ки** Heidelbeere *w*, Blaubeere *w*; **~ ежеви́ки** Brombeere *w*; **~ клубни́ки** Erdbeere *w* (Frucht); **~ мали́ны** Himbeere *w* (Frucht)
я́годицы [jágad'izy] *w Mz* (-иц) Gesäß *s*, Hintern *m*
яд [ját] *m* (-a/-y) Gift *s*
ядови́тый [jidaw'ítyj] *adj* (-ая, -ое) giftig, Gift- ► **ядови́тая змея́** Giftschlange *w*
ядро́ [jidró] *s* (-á; я́дра) **1** Kern *m* **2** Atomkern *m*, Kern *m* (Zentrum)
язы́к[1] [jisýk] *m* (-á; -и́) Zunge *w* (Organ)
язы́к[2] [jisýk] *m* (-á; -и́) Sprache *w* (als Kommunikation) ► **че́шский ~** Tschechisch(e) *s*; **ру́сский ~** Russisch(e) *s*; **носи́тель ~а́** Muttersprachler *m*
яи́чко [jiítsch'ka] *m* (-a) Ei *s*
яйцо́ [jijzó] *s* (-á; я́йца, яиц) Ei *s*
я́корь [jákar'] *m* (-я; -я́) Anker *m* (Schiffsanker) ► **встать на ~** ankern
я́ма [jáma] *w* (-ы) Graben *m* (Loch usw.), Grube *w* (Vertiefung)
янва́рь [jinwár'] *m* (-я́) Januar *m*
я́ркий [járk'ij] *adj* (-ая, -ое) auffallend, auffällig, hell (Licht usw.)
ярлы́к [jirlýk] *m* (-á) **1** Anhänger *m* (mit einer Adresse usw.), Etikett *s*, Zettel *m* (mit Notiz usw.), Schild *s* **2** Shortcut *m*
я́рмарка [jármarka] *w* (-и) Jahrmarkt *m*, Messe *w* (Ausstellung)
я́рость [járaßt'] *w* (-и) Wut *w*, Zorn *m*
я́сный [jáßnyj] *adj* (-ая, -ое) **1** klar (Himmel usw.), heiter (Tag usw.) **2** übersichtlich, überschaubar **3** greifbar (Beweis usw.)
ячме́нь [jitsch'm'én'] *m* (-я́) Gerste *w*
я́щерица [jáschsch'ir'iza] *w* (-ы) Eidechse *w*
я́щик [jáschsch'ik] *m* (-a) **1** Kasten *m*, Kästchen *s*, Kiste *w* **2** Schublade *w* **3** Blumenkasten *m* ► **абоне́нтский ~** Postfach *s*; **вещево́й ~** Handschuhfach *s*; **перча́точный ~** Handschuhfach *s*; **(почто́вый) ~** Briefkasten *m*; **му́сорный ~** Mülleimer *m*, Abfalleimer *m*

A

Aal *m* у́горь [úgar'] *m*
ab[1] *prep* (Platz, Ort usw.) с [ß]
ab[2] (weg usw.) ~ **sein** оторва́ться *vo*; ~ **und zu** вре́мя от вре́мени, иногда́
abbiegen *v* заверну́ть [saw'irnút'] *vo*, поверну́ть [paw'irnút'] *vo*
abbrechen *v* **1** (beenden) *etw. Akk* прекрати́ть [pr'ikrat'ít'] *vo* **2** (niederreißen) разруша́ть [rasruschát'] *uv*, разва́ливать [raswál'iwat'] *uv* **3** (entzweigehen) отлома́ться [atlamátza] *vo*, сломи́ться [ßlam'ítza] *vo* **4** *etw. Akk* отломи́ть [atlam'ít'] *vo что что*
Abend *m* ве́чер [w'étsch'ir] *m* ► **gestern ~** вчера́ ве́чером; **zu ~ essen** у́жинать *uv*; **Guten ~.** До́брый ве́чер.
Abendessen *s* у́жин [úshyn] *m*
abends *adv* ве́чером [w'étsch'iram], под ве́чер [pat w'étsch'ir]
Abenteuer *s* приключе́ние [pr'ikl'utsch'én'iji] *s*, авантю́ра [awant'júra] *w*
aber *conj* а [á], но [nó], одна́ко [adnáka]
Aberglaube *m* **1** (konkreter Glaube) суеве́рие [ßujiw'ér'iji] *s*, пове́рье [paw'ér'ji] *s* **2** (Eigenschaft) суеве́рность [ßujiw'érnaßt'] *w*
abfahren *v* **1** (Zug usw.) отбы́ть [adbýt'] *vo*, отбыва́ть [adbywát'] *uv* **2** (in einem Auto usw.) отпра́виться [atpráw'itza] *vo*
Abfahrt *w* **1** (eines Zuges usw.) отправле́ние [atprawl'én'iji] *s*, отхо́д [atchót] *m* **2** (Sportdisziplin) скоростно́й спуск [ßkaraßnój ßpúßk]
Abfall *m* отхо́ды [atchódy] *m Mz*, отбро́сы [adbróßy] *m Mz*, ути́ль [ut'íl'] *m*, (Reste usw.) му́сор [múßar] *m*
Abfalleimer *m* му́сорное ведро́ [múßarnaji w'idró], урна́ для му́сора [urná dl'á múßara], му́сорный я́щик [múßarnyj jáschsch'ik]
abfallen *v* **1** (Knopf usw.) отвали́ться [atwal'ítza] *vo*, отпа́сть [atpáßt'] *vo* **2** (sich abbrechen) оторва́ться [atarwátza] *vo*, отпа́сть [atpáßt'] *vo* **3** (Laub usw.) опа́сть [apáßt'] *vo*, опада́ть [apadát'] *vo*, осы́паться [aßýpatza] *vo*, сы́паться [ßýpatza] *uv*
abfliegen *v* **1** улете́ть [ul'it'ét'] *vo* **2** (Flugzeug usw.) вы́лететь [wýl'it'it'] *vo*
Abflug *m* отлёт [atl'ót] *m*, вы́лет [wýl'it] *m*
Abfluss *m* сток [ßtók] *m*, отто́к [attók] *m*, водосто́к [wadaßtók] *m*
Abfuhr *w* отво́з [atwóß] *m куда*
Abführmittel *s* слаби́тельное [ßlab'ít'il'naji] *s*
Abgang *m* ухо́д [uchót] *m*
abgeben *v* **1** (Arbeit usw.) переда́ть [p'ir'idát'] *vo* **2** (Geräusch, Licht usw.) отдава́ть [addawát'] *uv*, выдава́ть [wydawát'] *uv*
abgelaufen *adj* **1** просро́ченный [praßrótsch'innyj] **2** (Periode usw.) исте́кший [ißt'ékschyj], мину́вший [m'inúwschyj]
abgelegen *adj* **1** глухо́й [gluchój], захолу́стный [sachalúßnyj], (Stelle usw.) отдалённый [addal'ónnyj], далёкий [dal'ók'ij] **2** (Ort usw.) уединённый [ujid'in'ónnyj], укро́мный [ukrómnyj]
Abgrund *m* про́пасть [própaßt'] *w*, бе́здна [b'ésna] *w*
Abhang *m* склон [ßklón] *m*, отко́с [atkóß] *m*
abhängen *v von j-m/etw.* зави́сеть [saw'íß'it'] *uv от чего*
abhängig *adj* **1** (von Umständen usw.) *von j-m/etw.* зави́симый [saw'íß'imyj] *от кого/чего* **2** (Drogen usw.) *von etw.* зави́симый [saw'íß'imyj]
abheben *v* **1** (Geld usw.) снять [ßn'át'] *vo* **2** (Flugzeug usw.) взлете́ть [wsl'it'ét'] *vo*, подня́ться [padn'átza] *vo*
abholen *v j-n/etw.* забра́ть [sabrát'] *vo кого/что* ► **Gepäck ~** получи́ть бага́ж
Abitur *s* экза́мен на аттеста́т зре́лости [igsám'in ná att'ißtát sr'élaßt'i]
abkühlen *v* **1** *etw. Akk* охлади́ть [achlad'ít'] *vo*, остуди́ть [aßtud'ít'] *vo*, *etw. Akk* охлади́ть [achlad'ít'] *vo что* **2** (kühler werden) осты́ть [aßtýt'] *vo*, охлади́ться [achlad'ítza] *vo* ► **sich ~** похолода́ть *vo*
abkürzen *v* **1** (zeitlich) сократи́ть [ßakrat'ít'] *vo что* **2** (Wort usw.) *etw. Akk* сократи́ть [ßakrat'ít'] *vo*
Abkürzung *w* **1** (kürzerer Weg) бо́лее коро́ткий путь [ból'iji karótk'ij pút'] **2** (Wort) сокраще́ние [ßakraschsch'én'iji] *s*, аббревиату́ра [ab:r'iw'iatúra] *w*
ablegen *v* **1** (Gegenstand) отложи́ть [atlashýt'] *vo* **2** (Prüfung usw.) сдать [sdát'] *vo*
ablehnen *v* **1** (Angebot usw.) *etw. Akk* отказа́ться [atkasátza] *vo от чего*, отказа́ть [atkasát'] *vo кому в чем*, (Einladung usw.) *etw. Akk* отказа́ть [atkasát'] *vo в чём* **2** (Einfall usw.) *etw. Akk* отве́ргнуть [atw'érgnut'] *vo*
Ablehnung *w* отка́з [atkáß] *m*
abmachen *v* назна́чить [nasnátsch'it'] *vo* ► **Abgemacht!** По рука́м!
Abmachung *w* сде́лка [sd'élka] *w*
abmelden *v j-n/etw.* отмени́ть [atm'in'ít'] *vo*, вы́писать [wýp'ißat'] *vo*
abnehmen *v* **1** (Deckel usw.) *etw. Akk* снять [ßn'át'] *vo* **2** (Wäsche usw.) *etw. Akk von*

etw. снять [ßn'át'] *vo*, снести́ [ßn'ißt'í] *vo* **3** (Menge usw.) уба́вить [ubáw'it'] *vo* **4** (gezielt schlanker werden) похуде́ть [pachud'ét'] *vo*, пони́зить вес [pan'ís'it' w'éß]

Abonnement *s etw. Gen* подпи́ска [patp'íßka] *w*

abonnieren *v* подпи́сываться [patp'íßywatza] *uv на что, etw. Akk* вы́писать [wýp'ißat'] *vo что*, подписа́ться [patp'ißátza] *vo на что*, абони́ровать [aban'írawat'] *vo/uv что*

abräumen *v etw. Akk* убра́ть [ubrát'] *vo*

abrechnen *v etw. Akk von etw.* отчи́слить [attsch'íßl'it'] *vo что от чего*

Abreise *w* ухо́д [uchót] *m*, отъе́зд [atjést] *m*

abreisen *v aus etw. nach etw.* уе́хать [ujéchat'] *vo*, пое́хать [pajéchat'] *vo*

abreißen *v* **1** (Blätter usw.) сорва́ть [ßarwát'] *vo*, оборва́ть [abarwát'] *vo*, (weg reißen) *etw. Akk* оторва́ть [atarwát'] *vo* **2** (Pflaster usw.) сорва́ть [ßarwát'] *vo, etw. Akk* сорва́ть [ßarwát'] *vo*, сдёрнуть [sd'órnut'] *vo* **3** (Schlaufe usw.) оторва́ться [atarwátza] *vo* **4** (Gebäude usw.) *etw. Akk* разру́шить [rasrúschyt'] *vo*, снести́ [ßn'ißt'í] *vo*, (Gebäude usw.) *etw. Akk* разру́шить [rasrúschyt'] *vo что*, обвали́ть [abwal'ít'] *vo что*

absagen *v* отмени́ть [atm'in'ít'] *vo*, снять [ßn'át'] *vo*

Absatz *m* **1** (eines Textes) абза́ц [absáz] *m* **2** (eines Schuhs) каблу́к [kablúk] *m* **3** (Verkauf) сбыт [sbýt] *m*

abschaffen *v etw. Akk* изжи́ть [ishshýt'] *vo что, etw. Akk* поко́нчить [pakóntsch'it'] *vo с чем, etw. Akk* ликвиди́ровать [l'ikw'id'írawat'] *vo*

abschalten *v* отключи́ть [atkl'utsch'ít'] *vo*, (Reaktor usw.) *etw. Akk* отключи́ть [atkl'utsch'ít'] *vo*, прекрати́ть эксплуата́цию [pr'ikrat'ít' ikßpluatázyju]

abschätzen *v etw. Akk* оцени́ть [azyn'ít'] *vo*

abschicken *v etw. Akk* вы́слать [wýßlat'] *vo что*

Abschied *m* проща́ние [praschsch'án'iji] *s*, расстава́ние [raßßtawán'iji] *s*

abschleppen *v etw. Akk* отбукси́ровать [adbukß'írawat'] *vo*

Abschleppwagen *m* автоэвакуа́тор [aftaiwakuátar] *m*

abschließen *v* **1** (Wohnung usw.) запере́ть [sap'ir'ét'] *vo* **2** (Abkommen usw.) заключи́ть [sakl'utsch'ít'] *vo* ► **das Studium** *etw. Gen* ~ обучи́ться *vo чему*

abschneiden *v* **1** (mit einem Messer usw.) *etw. Akk* отре́зать [atr'ésat'] *vo что* **2** отстри́чь [aztr'ítsch'] *vo*, отре́зать [atr'ésat'] *vo* **3** (Erfolg haben) вы́йти [wýjt'i] *vo*

Abschnitt *m* **1** отре́зок [atr'ésak] *m* **2** (Papier usw.) ло́скут [lóßkut] *m*, отры́вок [atrýwak] *m* **3** (eines Formulars usw.) тало́н [talón] *m*, купо́н [kupón] *m*

abschrauben *v etw. Akk* отвинти́ть [atw'int'ít'] *vo что*, вы́винтить [wýw'int'it'] *vo что*

abschreiben *v* **1** (noch einmal usw.) переписа́ть [p'ir'ip'ißát'] *vo* **2** (von Mitschüler usw.) *etw. Akk von j-m, etw. Akk aus etw.* списа́ть [ßp'ißát'] *vo что у кого* **3** (Abschrift machen) переписа́ть [p'ir'ip'ißát'] *vo*, списа́ть [ßp'ißát'] *vo* **4** (wegen Abnutzung usw.) списа́ть [ßp'ißát'] *vo*, вы́честь [wýtsch'ißt'] *vo*

absenden *v etw. Akk* вы́слать [wýßlat'] *vo что*

Absender *m* отправи́тель [atpraw'ít'il'] *m*

Absicht *w* за́мысел [sámyß'il] *m*, зате́я [sat'éja] *w*, у́мысел [úmyß'il] *m*

absichtlich *adj* наме́ренный [nam'ér'innyj], умы́шленный [umýschl'innyj], созна́тельный [ßasnát'il'nyj] ♦ *adv* умы́шленно [umýschl'inna], преднаме́ренно [pr'idnam'ér'inna], наро́чно [naroschna], назло́ [nasló]

Absperrhahn *m* кран [krán] *m*

Abstand *m* диста́нция [d'ißtánzyja] *w*

abstimmen *v* проголосова́ть [pragalaßawát'] *vo*, приня́ть голосова́нием [pr'in'át' galaßawán'ijim]

Abstimmung *w über etw. Akk* голосова́ние [galaßawán'iji] *s за что* ► **geheime ~** та́йное голосова́ние

abstürzen *v* упа́сть [upáßt'] *vo*, ру́хнуть [rúchnut'] *vo*

Abteil *s* **1** (im Zug usw.) купе́ [kupe] *s* **2** (abgegrenzter Teil) отделе́ние [add'il'én'iji] *s*, (abgeteilter Raum) бокс [bókß] *m*

Abteilung *w* отде́л [add'él] *m*, се́кция [ß'ékzyja] *w*

Abtreibung *w* або́рт [abórt] *m*

abtrennen *v j-n/etw.* отдели́ть [add'il'ít'] *vo*

abtrocknen *v* **1** (Kleid usw.) вы́сохнуть [wýßachnut'] *vo*, (trocken werden) обсо́хнуть [apßóchnut'] *vo*, подсо́хнуть [pazóchnut'] *vo* **2** (trocken machen) *etw. Akk* обсуши́ть [apßuschýt'] *vo*, осуши́ть [aßuschýt'] *vo*

abwärts *adv* вниз [wn'íß]

abwaschen *v* умы́ть [umýt'] *vo*, смыть [ßmýt'] *vo, etw. Akk* умы́ть [umýt'] *vo*, вы́мыть [wýmyt'] *vo*

abwesend *adj in etw.* отсу́тствующий [azúztwujuschsch'ij] ♦ *adv* рассе́янно [raßß'éjinna]

abwischen *v* **1** (entfernen) *etw. Akk* стере́ть [ßt'ir'ét'] *vo* **2** (säubern) *etw. Akk* вы́тереть [wýt'ir'it'] *vo что*

abzahlen *v etw. Akk* уплати́ть [uplat'ít'] *vo с кем*

Abzug *m* **1** (einer Waffe) спуск [ßpúßk] *m*, соба́чка [ßabátsch'ka] *w* **2** (vom Lohn usw.) вы́чет [wýtsch'it] *m*, отсчёт [atschsch'ót] *m*

Accessoires *s Mz* аксессуа́ры [akß'ißßuáry] *m Mz*

Achse *w* **1** (eines Fahrzeugs) ось [óß'] *w*, мост [móßt] *m* **2** (Drehachse usw.) ось [óß'] *w*

acht *num* во́семь [wóß'im']

acht(er,e,es) *num* восьмо́й [waß'mój]

achten *v* **1** *auf j-n/etw.* обраща́ть внима́ние [abraschsch'át' wn'imán'iji] *на кого/что* **2** (Gesetz usw.) соблюда́ть [ßabl'udát'] *uv*, сохраня́ть [ßachran'át'] *uv что* **3** (aufpassen) *auf etw. Akk* забо́титься [sabót'itza] *uv о чём*, следи́ть [ßl'id'ít'] *uv за чем*

Achtung *w vor j-m* уваже́ние [uwashén'iji] *s*, почёт [patsch'ót] *m*, почте́ние [patsch't'én'iji] *s* ► **~!** Осторо́жно!, Внима́ние!

achtzehn *num* восемна́дцать [waß'imnázat']

achtzig *num* во́семьдесят [wóß'im'd'iß'it]

Acker *m* по́ле [pól'i] *s*

Adapter *m* ада́птер [adápter] *m*

addieren *v* подсчита́ть [patschsch'itát'] *vo*, посчита́ть [paschsch'itát'] *vo*, обсчита́ть [apschsch'itát'] *vo*

Ader *w* ве́на [w'éna] *w*

Adler *m* орёл [ar'ól] *m*

Adresse *w* а́дрес [ádr'iß] *m*

Affe *m* обезья́на [ab'is'jána] *w*

Agentur *w* аге́нтство [ag'énßtwa] *s*

ähnlich *adj etw. Gen* похо́жий [pachóshyj], подо́бный [padóbnyj] ♦ *adv* подо́бно [padóbna], схо́дно [ßchódna] ► **~ sein** *j-m/etw.* быть похо́жим *на кого/что*

Ähnlichkeit *w* схо́дство [ßchóztwa] *s*, подо́бие [padób'iji] *s*

Ahnung *w* **1** (Vorgefühl) предчу́вствие [pr'ittsch'úfßtw'iji] *s* **2** (Vorstellung) поня́тие [pan'át'iji] *s*, представле́ние [pr'iztawl'én'iji] *s*, (Vorstellung usw.) созна́ние [ßasnán'iji] *s*

aktiv *adj* акти́вный [akt'íwnyj], де́ятельный [d'éjit'il'nyj]

aktuell *adj* актуа́льный [aktuál'nyj], моде́рный [madernyj], совреме́нный [ßawr'im'énnyj]

Alarm *m* трево́га [tr'iwóga] *w*, наба́т [nabát] *m*

alarmieren *v j-n* встрево́жить [fßtr'iwóshyt'] *vo*

Alkohol *m* **1** (Getränk) алкого́ль [alkagól'] *m* **2** (Spiritus) спирт [ßp'írt] *m*

alkoholfrei *adj* безалкого́льный [b'isalkagól'nyj]

alkoholisch *adj* алкого́льный [alkagól'nyj], спиртно́й [ßp'irtnój]

all *pron* весь, вся [w'éß', fß'á] ► **~e** все; **vor ~em** гла́вным о́бразом, осо́бенно, пре́жде всего́

All *s* ко́смос [kóßmaß] *m*

Allee *w* алле́я [all'éja] *w*

allein *adj* **1** (ohne Andere) оди́н [ad'ín], одино́кий [ad'inók'ij] **2** (Person) одино́кий [ad'inók'ij]

Allergie *w gegen etw.* аллерги́я [all'irg'íja] *w к чему, на что*

allergisch *adj gegen etw.* аллерги́ческий [all'irg'ítschißk'ij] *к чему, на что*

alles *pron* всё [fß'ó]

allgemein *adj* о́бщий [ópschsch'ij], всео́бщий [fß'iópschsch'ij], повсеме́стный [pafß'im'éßnyj]

allmählich *adj* постепе́нный [paßt'ip'énnyj], после́довательный [paßl'édawat'il'nyj], ме́дленный [m'édl'innyj], нетороплúвый [n'itarapl'íwyj] ♦ *adv* постепе́нно [paßt'ip'énna], ме́дленно [m'édl'inna]

Allradwagen *m* полноприво́дный автомоби́ль [palnapr'iwódnyj aftamab'íl'], автомоби́ль с приво́дом на четы́ре колеса́ [aftamab'íl' ß pr'iwódam ná tsch'itýr'i kal'ißá]

alltäglich *adj* обыкнове́нный [abyknaw'énnyj], обы́денный [abýd'innyj], повседне́вный [pafß'idn'éwnyj]

Alphabet *s* алфави́т [alfaw'ít] *m*

als[1] *conj* (sobald usw.) когда́ [kagdá]

als[2] *conj* (im Vergleich) чем [tsch'óm] ► **~ ob** (как) бу́дто

als[3] *conj* (als Lehrer usw.) как [kák]

also *conj* и́ли же [íl'i shé], так что [ták schtó], зна́чит [snátsch'it]

alt *adj* ста́рый [ßtáryj], (historisch) дре́вний [dr'éwn'ij]

Alter *s* **1** (einer Person) во́зраст [wósraßt] *m* **2** (Lebensabend) ста́рость [ßtáraßt'] *w*

älter *adj* ста́рший [ßtárschyj]

altmodisch *adj* старомо́дный [ßtaramódnyj]

Altstadt *w* ста́рый го́род [ßtáryj górat]

Alufolie *w* алюми́ниевая фольга́ [al'um'ín'ijiwaja fal'gá]
Aluminium *s* алюми́ний [al'um'ín'ij] *m*
am ~ **Anfang** в нача́ле *чего*; ~ **Leben** живо́й, в живы́х; ~ **Meer** на мо́ре; ~ **Montag/Dienstag** в понеде́льник/вто́рник
Ambulanz *w* **1** (Wagen) неотло́жка [n'iatlóshka] *w*, ско́рая [ßkóraja] *w* **2** (Abteilung) амбулато́рия [ambulatór'ija] *w* **3** (in der Schule usw.) медпу́нкт [m'itpúnkt] *m*, вра́чебная амбулато́рия [wrátsch'ibnaja ambulatór'ija]
Ameise *w* мураве́й [muraw'éj] *m*
Amerika *s* Аме́рика [am'ér'ika] *w*
amerikanisch *adj* америка́нский [am'ir'ikánßk'ij]
Ampel *w* светофо́р [ßw'itafór] *m*
Amt *s* учрежде́ние [utsch'r'ishd'én'iji] *s*
amtlich *adj* официа́льный [af'izyál'nyj], делово́й [d'ilawój]
amüsieren *v j-n* развле́чь [raswl'étsch'] *vo* ► **sich** ~ развлека́ться *uv*
an *prep* **1** у [ú], во́зле [wósl'i], (Ort) на [ná] *что* **2** (denken usw.) *j-n/etw.* о [ó] *ком/чём* ► ~ **der See** на мо́ре; **A~ wen soll ich mich wenden?** К кому́ мне обрати́ться?
Ananas *w* анана́с [ananáß] *m*
anbauen *v* **1** *etw. Akk an etw. Akk* пристро́ить [pr'ißtróit'] *vo что к чему* **2** (Pflanzen usw.) *etw. Akk* выра́щивать [wyráschsch'iwat'] *uv*, расти́ть [raßt'ít'] *uv что*
anbieten *v j-m etw. Akk* предложи́ть [pr'idlashýt'] *vo что кому*
Andenken *s* **1** (Gedenken) воспомина́ние [waßpam'inán'iji] *s* **2** (Erinnerung) па́мять [pám'it'] *w* **3** суве́нир [ßuw'in'ír] *m*
ander(er,e,es) *adj* **1** (Seite usw.) друго́й [drugój] **2** (Exemplar usw.) друго́й [drugój], про́чий [prótsch'ij] ► **die anderen** други́е, (der Rest) друго́й, про́чий, остально́й; **ein** ~ ино́й; **ein anderes Mal** в друго́е вре́мя
ändern *v etw. Akk* меня́ть [m'in'át'] *uv что*, изменя́ть [ism'in'át'] *uv*, обме́нивать [abm'én'iwat'] *uv*, *etw. Akk* измени́ть [ism'in'ít'] *vo что* ► **sich** ~ переменя́ться *uv*, измени́ться *vo*
anders *adj als j./etw.* ино́й [inój] *как* ♦ *adv* ина́че [inátsch'i], по-ра́зному [parásnamu], по-друго́му [padrugómu] ► **jemand** ~ кто́-нибудь друго́й
anderswo *adv* в друго́м ме́сте [w drugóm m'éßt'i]
Änderung *w* измене́ние [ism'in'én'iji] *s*
anerkennen *v etw. Akk* призна́ть [pr'isnát'] *vo что*
Anfall *m* при́ступ [pr'íßtup] *m*, припа́док [pr'ipádak] *m*, наплы́в [naplýf] *m*, прили́в [pr'il'íf] *m*
Anfang *m* нача́ло [natsch'ála] *s* ► **am** ~ в нача́ле *чего*
anfangen *v* **1** *etw. Akk* нача́ть [natsch'át'] *vo* **2** (Anfang haben) нача́ть [natsch'át'] *vo* **3** (Krieg, Streit usw.) развяза́ть [rasw'isát'] *vo*, зате́ять [sat'éjit'] *vo*
Anfänger *m* начина́ющий [natsch'inájuschsch'ij] *m*
anfangs *adv* сперва́ [ßp'irwá], снача́ла [ßnatsch'ála], в нача́ле [w natsch'ál'i], внача́ле [wnatsch'ál'i] ♦ *prep etw. Gen* в нача́ле [w natsch'ál'i]
anfassen *v etw. Akk* ощу́пать [aschsch'úpat'] *vo что*, *j-n/etw.* тро́гать [trógat'] *uv кого/что*, прикаса́ться [pr'ikaßátza] *uv к кому/чему*
anfliegen *v* прилете́ть [pr'il'it'ét'] *vo*
Angabe *w* да́нные [dánnyji] *Mz*
angeben *v* **1** (Adresse usw.) *etw. Akk* привести́ [pr'iw'ißt'í] *vo* **2** *mit etw.* похва́статься [pachwáßtatza] *vo*, похвали́ться [pachwal'ítza] *vo*
Angebot *s* **1** (Anbieten) предложе́ние [pr'idlashén'iji] *s* **2** (angebotene Ware) офе́рта [af'érta] *w*, предложе́ние [pr'idlashén'iji] *s* **3** (auf dem Markt) офе́рта [af'érta] *w*
Angehörige *m etw. Gen* член [tsch'l'én] *m чего*
Angel *w* **1** (zum Fischfang) у́дочка [údatsch'ka] *w* **2** (einer Tür usw.) пе́тля [p'étl'a] *w*
Angelegenheit *w* де́ло [d'éla] *s*, вопро́с [wapróß] *m*
angeln *v* рыба́чить [rybátsch'it'] *uv*
Angelrute *w* уди́лище [ud'íl'ischsch'i] *s*
angemessen *adj* адеква́тный [adikwatnyj], соотве́тствующий [ßaatw'éztwujuschsch'ij] ♦ *adv* соотве́тственно [ßaatw'éztw'inna], соразме́рно [ßarasm'érna], адеква́тно [ad'ikwátna]
angenehm *adj* **1** ми́лый [m'ílyj], прия́тный [pr'ijátnyj] **2** (Anblick usw.) прия́тный [pr'ijátnyj]
Angestellte *m* рабо́тник [rabótn'ik] *m* ► **leitender ~r** руководя́щий рабо́тник
angreifen *v* **1** *j-n* набро́ситься [nabróß'itza] *vo* **2** (militärisch) *j-n/etw.* атакова́ть [atakawát'] *vo/uv кого/что*
Angreifer *m* агре́ссор [agr'éßßar] *m*, захва́тчик [sachwáttsch'ik] *m*
Angriff *m* ата́ка [atáka] *w*, налёт [nal'ót] *m*
Angst *w* **1** *vor etw. Dat* страх [ßtrách] *m*, боя́знь [bajásn'] *w*, опасе́ние [apaß'én'iji] *s* **2** (Sorge usw.) трево́га [tr'iwóga] *w*, беспоко́йство [b'ißpakójßtwa] *s*

anhaben *v* быть одéтым [být' ad'étym] *во что*, носи́ть [naß'ít'] *uv*

anhalten *v* **1** (Bewegung usw.) *etw. Akk* останови́ть [aßtanaw'ít'] *vo*, задержáть [sad'irshát'] **2** (stehen bleiben) останови́ться [aßtanaw'ítza] *vo*

Anhalter **per ~ fahren** путешéствовать автостóпом

Anhänger *m* **1** сторóнник [ßtarónn'ik] *m*, (einer Lehre usw.) послéдователь [paßl'édawat'il'] *m*, преéмник [pr'ijémn'ik] *m*, (Person) привéрженец [pr'iw'érshyn'iz] *m* **2** (Fan usw.) привéрженец [pr'iw'érshyn'iz] *m*, люби́тель [l'ub'ít'il'] *m*, сторóнник [ßtarónn'ik] *m* **3** (des Teufels usw.) сторóнник [ßtarónn'ik] *m* **4** (Wagen) прицéп [pr'izép] *m* **5** (Schmuckstück) подвéска [padw'éßka] *w*, подвéсок [padw'éßak] *m*, брелóк [br'ilók] *m* **6** (mit einer Adresse usw.) ярлы́к [jirlýk] *m*

Ankauf *m* покýпка [pakúpka] *w*, кýпля [kúpl'a] *w*

Anker *m* я́корь [jákar'] *m*

ankern *v* встать на я́корь [fßtát' ná jákar'], (vor Anker liegen) стоя́ть на я́коре [ßtaját' ná jákar'i]

anklagen *v j-n etw. Gen* обвини́ть [abw'in'ít'] *vo кого в чем*

Ankleidekabine *w* примéрочная [pr'im'ératsch'naja] *w*, примéрочная каби́на [pr'im'ératsch'naja kab'ína]

Ankleideraum *m* гардерóб [gard'iróp] *m*, раздевáльня [rasd'iwál'n'a] *w*

ankommen *v* **1** *irgendwohin* прийти́ [pr'ijt'í] *vo кудa* **2** (mit dem Auto usw.) *in etw. Dat, an etw. Dat* доéхать [dajéchat'] *vo*, приéхать [pr'ijéchat'] *vo* **3** (Paket usw.) прибы́ть [pr'ibýt'] *vo* **4** *auf j-n/etw.* зави́сеть [saw'íß'it'] *uv от чего*

ankündigen *v j-m etw. Akk* извещáть [isw'ischsch'át'] *uv кого о чём*, извести́ть [isw'ißt'ít'] *vo кого о чём*, сообщáть [ßaapschsch'át'] *uv кому о чём*, сообщи́ть [ßaapschsch'ít'] *vo кому о чём*

Ankunft *w* приéзд [pr'ijést] *m*, прибы́тие [pr'ibýt'iji] *s*, прилёт [pr'il'ót] *m*

Anlage *w* **1** устрóйство [ußtrójßtwa] *s*, аппарáт [apparát] *m* **2** (eines Dokumentes) приложéние [pr'ilashén'iji] *s* ▶ **~n** оборýдование *s*

Anlasser *m* стáртер [ßtart'ór] *m*

anlegen *v* **1** (legen) *etw. Akk an etw. Akk* наложи́ть [nalashýt'] *vo что на что* **2** (in einer Bank usw.) *etw. Akk irgendwo* внести́ [wn'ißt'í] *vo* **3** (Geld) *etw. Akk in etw. Akk* инвести́ровать [inw'ißt'írawat'] *uv/vo* **4** (planvoll erstellen) намéтить [nam'ét'it'] *vo* ▶ **den Sicherheitsgurt ~** застегнýть ремéнь безопáсности, застегнýть ремни́

Anlegestelle *w* причáл [pr'itsch'ál] *m*, я́корная стоя́нка [jákarnaja ßtajánka]

Anleitung *w* **1** (zur Verwendung usw.) указáние [ukasán'iji] *s*, инстрýкция [inßtrúkzyja] *w*, (zur Verwendung usw.) руковóдство [rukawóztwa] *s*, пáмятка [pám'itka] *w* **2** (in Druckform usw.) инстрýкция [inßtrúkzyja] *w*, руковóдство [rukawóztwa] *s*, (in Druckform usw.) посóбие [paßób'iji] *s*

anmachen *v etw. Akk* зажéчь [sashétsch'] *vo*, поджéчь [padshétsch'] *vo* ▶ **(Licht) ~** включи́ть *vo* свет, зажéчь *vo* (свет)

Anmeldeformular *s* заявлéние [sajiwl'én'iji] *s*

anmelden *v* **1** (registrieren usw.) *j-n/etw.* прописáть [prap'ißát'] *vo* **2** ***sich ~*** (Teilnehmer) *zu etw.* зарегистри́роваться [sar'ig'ißtr'írawatza] *vo*, записáться [sap'ißátza] *vo во что* ▶ **sich im Hotel ~** регистри́роваться в гости́нице

Anmeldung *w* заявлéние [sajiwl'én'iji] *s*

annähern *v* ***sich ~*** *j-m/etw.* прибли́зиться [pr'ibl'ís'itza] *vo*

annehmen *v* **1** (Angebot usw.) *etw. Akk* приня́ть [pr'in'át'] *vo*, брать [brát'] *uv* **2** (Plan usw.) приня́ть [pr'in'át'] *vo* **3** (Mitglied usw.) приня́ть [pr'in'át'] *vo* **4** (glauben) предполагáть [pr'itpalagát'] *uv*, считáть [schsch'itát'] *uv*

anpassen *v* **1** *etw. Akk j-m/etw.* приспосóбить [pr'ißpaßób'it'] *vo что чему* **2** ***sich ~*** *etw. Dat* адапти́роваться [adapt'írawatza] *uv/vo к чему*, применя́ться [pr'im'in'átza] *uv к чему*, примени́ться [pr'im'in'ítza] *vo к чему*

anprobieren *v* примéрить [pr'im'ér'it'] *vo*

Anruf *m* звонóк [swanók] *m*, телефóнный разговóр [t'il'ifónnyj rasgawór] ▶ **einen ~ machen** созвони́ться *vo*

Anrufbeantworter *m* автоотвéтчик [aftaatw'éttsch'ik] *m*

anrufen *v j-n* позвони́ть [paswan'ít'] *vo кому*, звони́ть [swan'ít'] *uv кому* ▶ **Er soll mich ~!** Пускáй мне позвони́т!

anschauen *v j-n/etw.* посмотрéть [paßmatr'ét'] *vo*

anscheinend *part* верóятно [w'irajátna]

Anschluss *m* **1** (Verkehrsverbindung) сообщéние [ßaapschsch'én'iji] *s* **2** (zu einem Leitungsnetz) ввод [wwót] *m*

Anschrift *w* áдрес [ádr'iß] *m*

anschwellen *v* **1** опýхнуть [apúchnut'] *vo*, отéчь [at'étsch'] *vo*, напýхнуть [napúchnut'] *vo*, распýхнуть [raßpúchnut'] *vo* **2** (wachsen) увели́читься [uw'il'ítsch'itza] *vo в чём*

ansehen *v j-n/etw.* смотре́ть [ßmatr'ét'] *uv, j-n/etw.* посмотре́ть [paßmatr'ét'] *vo,* погляде́ть [pagl'id'ét'] *vo* ► **finster ~** *j-n* нахму́риться *vo на кого;* **sich ~** *etw. Akk* взгляну́ть *vo,* осмотре́ть *vo что;* **(sich) ~** *j-n/etw.* (Film usw.) смотре́ть *uv на кого/что*

ansetzen *v* **1** *etw. Akk an etw. Akk* насади́ть [naßad'ít'] *vo* **2** ***sich*** **~** осе́сть [aß'éßt'] *vo,* оседа́ть [aß'idát'] *uv*

Ansicht *w von etw., über etw. Akk* взгляд [wsgl'át] *m на что,* мне́ние [mn'én'iji] *s*

Ansichtskarte *w* откры́тка [atkrýtka] *w*

ansprechen *v j-n* обрати́ться [abrat'ítza] *vo к кому*

Anspruch *m* **1** (erhobener usw.) *auf etw. Akk* прете́нзия [pr'iténs'i'a] *w,* притяза́ние [pr'it'isán'iji] *s* **2** (an Qualität usw.) тре́бование [tr'ébawan'iji] *s* **3** (Recht) *auf etw. Akk* пра́во [práwa] *s, auf etw. Akk* пра́во [práwa] *s на что,* прете́нзия [pr'iténs'i'a] *w на что* ► **~ erlangen** *auf etw. Akk* получи́ть пра́во *на что;* **Ansprüche** *an j-n/etw.* тре́бования

anspruchsvoll *adj* сло́жный [ßlóshnyj], (mit hohen Ansprüchen) тре́бовательный [tr'ébawat'il'nyj], прихотли́вый [pr'ichatl'íwyj]

Anstalt *w* лече́бница [l'itsch'ébn'iza] *w*

anständig *adj* прили́чный [pr'il'ítsch'nyj], присто́йный [pr'ißtójnyj] ♦ *adv* сно́сно [ßnóßna], непло́хо [n'iplócha], удовлетвори́тельно [udawl'itwar'ít'il'na]

anstecken *v* **1** *j-n (mit etw.)* зарази́ть [saras'ít'] *vo кого (чем)* **2** (Ring usw.) *etw. Akk an etw. Akk* наде́ть [nad'ét'] *vo,* вдеть [wd'ét'] *vo что во что*

ansteckend *adj* зара́зный [sarásnyj], зарази́тельный [saras'ít'il'nyj]

Ansteckung *w* зара́за [sarása] *w*

anstelle *adv von etw.* вме́сто [wm'éßta] *чего* ♦ *prep etw. Gen* вме́сто [wm'éßta] *кого/чего,* взаме́н [wsam'én] *кого/чего*

anstellen *v* **1** (Gerät usw.) включи́ть [fkl'utsch'ít'] *vo* **2** (Angestellten usw.) *j-n* трудоустро́ить [trudaußtróit'] *vo* **3** (Dummheit usw.) *etw. Akk* натвори́ть [natwar'ít'] *vo,* (Unfug usw.) прока́зничать [prakásn'itsch'at'] *uv,* резви́ться [r'isw'ítza] *uv* **4** (anlehnen) *etw. Akk an etw. Akk* приста́вить [pr'ißtáw'it'] *vo что к чему*

Anstieg *m etw. Gen* рост [róßt] *m, etw. Gen* подъём [pad'óm] *m чего,* (der Temperatur usw.) повыше́ние [pawyschén'iji] *s*

anstrengen *v* **1** ***sich*** **~** (intensiv arbeiten) напряга́ться [napr'igátza] *uv* **2** (Muskeln, Augen usw.) напряга́ть [napr'igát'] *uv*

anstrengend *adj* **1** (Tag usw.) сло́жный [ßlóshnyj] **2** утоми́тельный [utam'ít'il'nyj], (Tätigkeit usw.) изнуря́ющий [isnur'ájuschsch'ij], томи́тельный [tam'ít'il'nyj] **3** тре́бовательный [tr'ébawat'il'nyj]

Anstrengung *w* борьба́ [bar'bá] *w,* уси́лие [uß'íl'iji] *s*

Anteil *m an etw. Dat* до́ля [dól'a] *w,* пай [páj] *m* ► **~** *an etw. Dat* **nehmen** включи́ться *vo во что;* **(prozentualer) ~** проце́нт *m*

Antenne *w* анте́нна [anténna] *w*

Antibabypille *w* противозача́точная табле́тка [prat'iwasatsch'átatsch'naja tabl'étka]

Antibiotikum *s* антибио́тики [ant'ib'iót'ik'i] *m Mz*

antik *adj* **1** (zu Antike gehörend) анти́чный [ant'ítsch'nyj] **2** (Möbel usw.) антиква́рный [ant'ikwárnyj], стари́нный [ßtar'ínnyj]

Antiquität *w* старина́ [ßtar'iná] *w*

Antrag *m auf etw. Akk* заявле́ние [sajiwl'én'iji] *s на что* ► **den ~ stellen** *auf etw. Akk* пода́ть заявле́ние *на что*

Antwort *w auf etw. Akk* отве́т [atw'ét] *m*

antworten *v auf etw. Akk* отве́тить [atw'ét'it'] *vo*

Anwalt *m* адвока́т [adwakát] *m*

Anwender *m* по́льзователь [pól'sawat'il'] *m*

Anwendung *w etw. Gen* примене́ние [pr'im'in'én'iji] *s*

anwesend *adj irgendwo* прису́тствующий [pr'ißúztwujuschsch'ij]

Anwesenheit *w von j-m* уча́стие [utsch'áßt'iji] *s, von j-m* прису́тствие [pr'ißúztw'iji] *s кого*

Anzahl *w etw. Gen* коли́чество [kal'ítsch'ißtwa] *s,* чи́сленность [tsch'íßl'innaßt'] *w*

Anzahlung *w* ава́нс [awánß] *m,* зада́ток [sadátak] *m*

Anzeige *w* **1** (in einer Zeitung) объявле́ние [abjiwl'én'iji] *s* **2** (bei der Polizei usw.) доно́с [danóß] *m*

anzeigen *v* **1** (Täter usw.) *j-n* донести́ [dan'ißt'í] *vo на кого* **2** (auf Monitor usw.) визуализи́ровать [w'isual'is'írawat'] *vo,* изобрази́ть [isabras'ít'] *vo*

anziehen *v* **1** (Kleidung) *etw. Akk* наде́ть [nad'ét'] *vo что,* (Schuhe) обу́ть [abút'] *vo,* наде́ть на́ ноги [nad'ét' ná nag'i], (Schuhe) обу́ться [abútza] *vo* **2** (bekleiden) *j-n* оде́ть [ad'ét'] *vo кого* **3** ***sich*** **~** оде́ться [ad'étza] *vo* **4** (Schraube) затяну́ть [sat'inút'] *vo* **5** (attraktiv sein) *j-n* притя́гивать [pr'it'ág'iwat'] *uv кого,* привлека́ть [pr'iwl'ikát'] *uv кого,* влечь

[wl'étsch'] *uv кого* **6** (Kunden usw.) *j-n* привлéчь [pr'iwl'étsch'] *vo кого куда*, заманúть [saman'ít'] *vo*
Anzug *m* костю́м [kaßt'júm] *m*
anzünden *v* **1** *etw. Akk* зажéчь [sashétsch'] *vo*, поджéчь [padshétsch'] *vo* **2** (Holz mit Papier usw.) *etw. Akk* поджéчь [padshétsch'] *vo что*, (Zigarette usw.) *etw. Akk* зажéчь [sashétsch'] *vo что*, разжéчь [rashshétsch'] *vo что* **3** (Gebäude usw.) *etw. Akk* подпалúть [patpal'ít'] *vo*
Apfel *m* я́блоко [jáblaka] *s*
Apfelsaft *m* я́блочный сок [jáblatsch'nyj ßók]
Apfelsine *w* апельсúн [ap'il'ß'ín] *m*
Apotheke *w* аптéка [apt'éka] *w*
Apotheker *m* фармацéвт [farmazéft] *m*, аптéкарь [apt'ékar'] *m*
Apparat *m* **1** прибóр [pr'ibór] *m*, аппарáт [apparát] *m*, (Gerät) машúнка [maschýnka] *w* **2** (im Körper) аппарáт [apparát] *m*
Appetit *m* **1** аппетúт [ap'it'ít] *m* **2** *auf etw. Akk* аппетúт [app'it'ít] *m* ► **Guten ~!** Прия́тного аппетúта!
applaudieren *v j-m* аплодúровать [aplad'írawat'] *uv кому*
Aprikose *w* абрикóс [abr'ikóß] *m*
April *m* апрéль [apr'él'] *m*
Arbeit *w* **1** рабóта [rabóta] *w*, труд [trút] *m*, дéло [d'éla] *s* **2** (Beruf) рабóта [rabóta] *w*
arbeiten *v* рабóтать [rabótat'] *uv*, трудúться [trud'ítza] *uv*
Arbeiter *m* рабóтник [rabótn'ik] *m*, рабóчий [rabótsch'ij] *m*
Arbeitgeber *m* работодáтель [rabatadát'il'] *m*
Arbeitnehmer *m* рабóтник [rabótn'ik] *m*
arbeitslos *adj* **1** (Person) безрабóтный [b'israbótnyj] **2** (Einkommen usw.) нетрудовóй [n'itrudawój]
Arbeitslosigkeit *w* безрабóтица [b'israbót'iza] *w*
Arbeitsplatz *m* мéсто рабóты [m'éßta rabóty]
Arbeitstag *m* рабóчий день [rabótsch'ij d'én']
Architekt *m* архитéктор [arch'it'éktar] *m*
Architektur *w* архитектýра [arch'it'iktúra] *w*
ärgerlich *adj* возбуждённый [wasbushd'ónnyj]
ärgern *v j-n* раздражáть [rasdrashát'] *uv* ► **sich ~** *über j-n* сердúться *uv на кого*
Argument *s* аргумéнт [argum'ént] *m*
arm *adj* бéдный [b'édnyj] ► **ein ~er Kerl/Teufel** бедня́га *m*
Arm *m* рукá [ruká] *w*
Armband *s* браслéт [braßl'ét], браслéт [braßl'ét] *m*
Armee *w* áрмия [árm'ija] *w*, вóйско [wójßka] *s*
Ärmel *m* рукáв [rukáf] *m*
Armut *w* бéдность [b'édnaßt'] *w*
Art *w* **1** (einer Tätigkeit usw.) манéра [man'éra] *w*, мóдус [móduß] *m*, óбраз [óbraß] *m*, наклонéние [naklan'én'iji] *s* **2** (Typus usw.) вид [w'ít] *m*, разновúдность [rasnaw'ídnaßt'] *w* **3** (Tierart usw.) порóда [paróda] *w*
Artikel *m* **1** (Aufsatz) статья́ [ßtat'já] *w* **2** (Ware) артúкул [art'íkul] *m*, товáр [tawár] *m* **3** (grammatischer) член [tsch'l'én] *m*, артúкль [art'íkl'] *m*
Artischocke *w* артишóк [art'ischók] *m*
Arzneimittel *s* лекáрство [l'ikárßtwa] *s*
Arzt *m* дóктор [dóktar] *m*, врач [wrátsch'] *m*
Arztpraxis *w* кабинéт врачá [kab'in'ét wratsch'á]
Asche *w* пéпел [p'ép'il] *m*
Aschenbecher *m* пéпельница [p'ép'il'n'iza] *w*
Asiat *m* азиáт [as'iát] *m*
asiatisch *adj* азиáтский [as'iázk'ij]
Asien *s* Áзия [ás'ija] *w*
Asphalt *m* асфáльт [aßfál't] *m*
Ast *m* ветвь [w'étf'] *w*, вéтка [w'étka] *w*
Asthma *s* áстма [áßtma] *w*, удýшье [udúschji] *s*
Atem *m* дыхáние [dychán'iji] *s*
atmen *v* дышáть [dyschát'] *uv чем*
Atom *s* áтом [átam] *m*
Attraktion *w* аттракциóн [at:rakzión] *m*
Aubergine *w* баклажáн [baklashán] *m*
auch *adv* тóже [tóshy], тáкже [tákshy] ♦ *conj* дáже (и) [dáshy (í)] ► **Ich ~ nicht.** Я тóже (нет).
auf *prep* на [ná] *что* ► **A~ Wiedersehen.** До свидáния.
aufbewahren *v etw. Akk* сохранúть [ßachran'ít'] *vo*, сберéчь [sb'ir'étsch'] *vo*
Aufbewahrung *w* **1** (Schalter) кáмера хранéния [kám'ira chran'én'ija] **2** (Aufbewahren) хранéние [chran'én'iji] *s*
aufblasbar *adj* надувнóй [naduwnój]
aufblasen *v* надýть [nadút'] *vo*
aufbrechen *v* **1** (öffnen) *etw. Akk* взломáть [wslamát'] *vo что*, *etw. Akk* вы́бить [wýb'it'] *vo*, вы́ломить [wýlam'it'] *vo* **2** *irgendwohin* отпрáвиться [atpráw'itza] *vo*
Aufenthalt *m* пребывáние [pr'ibywán'iji] *s*, жúтельство [shýt'il'ßtwa] *s*
Auffahrt *w* въезд [wjéßt] *m*
auffallen *v j-m* брóситься в глазá [bróß'itza w glasá]

auffordern *v j-n zu etw.* вы́звать [wýswat'] *vo кого к чему, j-n zu etw.* призва́ть [pr'iswát'] *vo кого к чему, j-n zu etw.* побуди́ть [pabud'ít'] *vo кого к чему*
Aufführung *w* представле́ние [pr'iztawl'én'iji] *s*, сеа́нс [ß'iánß] *m*
Aufgabe *w* зада́ние [sadán'iji] *s*, (Pflicht usw.) зада́ча [sadátsch'a] *w*
aufgeben *v* **1** (Aufgabe usw.) *j-m etw. Akk* зада́ть [sadát'] *vo что кому* **2** (aufhören) *etw. Akk* прекрати́ть [pr'ikrat'ít'] *vo что*, бро́сить [bróß'it'] *vo что делать* **3** (Anstrengungen usw.) *etw. Akk* сдать [sdát'] *vo что* **4** (nicht mehr raten) сда́ться [sdátza] *vo*
aufgehen *v* **1** (Sonne usw.) взойти́ [wsajt'í] *vo* **2** (Teig) взойти́ [wsajt'í] *vo*, подня́ться [padn'átza] *vo*, (Teig) подходи́ть [patchad'ít'] *uv*, поднима́ться [padn'imátza] *uv* **3** (Samen usw.) взойти́ [wsajt'í] *vo*
aufhalten *v* **1** (Person usw.) *j-n/etw.* задержа́ть [sad'irshát'] *vo кого/что* **2** (Atem usw.) задержа́ть [sad'irshát'] *vo* **3** (kurz halten) *etw. Akk* придержа́ть [pr'id'irshát'] *vo* **4** ***sich* ~** пребыва́ть [pr'ibywát'] *uv*, остава́ться [aßtawátza] *uv* ► **aufgehalten werden** (länger bleiben müssen) задержа́ться *vo*, застря́ть *vo где*
aufhängen *v* **1** (Gardinen usw.) *etw. Akk* ве́шать [w'éschat'] *uv что что* **2** (Bild usw.) *etw. Akk* пове́сить [paw'éß'it'] *vo* **3** (Hörer) положи́ть тру́бку [palashýt' trúpku] **4** (Mörder usw.) *j-n* пове́сить [paw'éß'it'] *vo кого*
aufheben *v* **1** (vom Boden usw.) *etw. Akk* подня́ть [padn'át'] *vo* **2** (Gültigkeit usw.) аннули́ровать [annul'írawat'] *uv*
aufhören *v* **1** (Regen usw.) прекрати́ть [pr'ikrat'ít'] *vo*, ко́нчиться [kóntsch'itza] *vo* **2** *mit etw.* бро́сить [bróß'it'] *vo что*, *mit etw.* прекрати́ть [pr'ikrat'ít'] *vo что*, *mit etw.* зако́нчить [sakóntsch'it'] *vo что* ► **Hören Sie damit auf!** Прекрати́те э́то!
aufklaren *v* разгуля́ться [rasgul'átza] *vo*
aufklären *v* **1** *etw. Akk* объясни́ть [abjißn'ít'] *vo* **2** (über einen Sachverhalt usw.) *j-n* научи́ть [nautsch'ít'] *vo* **3** ***sich* ~** (Himmel) ясне́ть [jißn'ét'] *uv*, проясня́ться [prajißn'átza] *uv*
aufladen *v* **1** (Last usw.) *etw. Akk auf etw. Akk* нагрузи́ть [nagrus'ít'] *vo* **2** (Batterie usw.) заряди́ть [sar'id'ít'] *vo*
aufmachen *v* **1** (Packung usw.) *etw. Akk* разобра́ть [rasabrát'] *vo* **2** (Gürtel usw.) *etw. Akk* разомкну́ть [rasamknút'] *vo*
aufmerksam *adj* сообрази́тельный [ßaabras'ít'il'nyj], наблюда́тельный [nabl'udát'il'nyj], восприи́мчивый [waßpr'iímtsch'iwyj], чу́ткий [tsch'útk'ij] ♦ *adv* внима́тельно [wn'imát'il'na] ► **~ machen** *j-n auf etw. Akk* обрати́ть *чьё* внима́ние *на что*
Aufmerksamkeit *w* внима́ние [wn'imán'iji] *s* ► **~ widmen** *j-m/etw.* уделя́ть внима́ние *кому/чему*; **eine kleine ~** пода́рок *m*, подноше́ние *s*
Aufnahme *w* **1** (in Verein usw.) приня́тие [pr'in'át'iji] *s* **2** (Nahrung usw.) приём [pr'i'óm] *m* **3** (Foto) фотогра́фия [fatagráf'ija] *w* **4** (Film usw.) кадр [kádr] *m*
aufnehmen *v* **1** (vom Boden usw.) *etw. Akk* собра́ть [ßabrát'] *vo* **2** (Studenten usw.) приня́ть [pr'in'át'] *vo* **3** (Mitglied usw.) *j-n* взять [ws'át'] *vo*, приня́ть [pr'in'át'] *vo* **4** (Musik usw.) *etw. Akk* записа́ть [sap'ißát'] *vo что* **5** (lernen usw.) *etw. Akk* набра́ться [nabrátza] *vo чего*, подхвати́ть [patchwat'ít'] *vo что* **6** (Behälter usw.) вмести́ть [wm'ißt'ít'] *vo*
aufpassen *v* **1** *auf etw. Akk* быть внима́тельным [být' wn'imát'il'nym], внима́тельно слу́шать [wn'imát'il'na ßlúschat'], (Acht geben) *auf etw. Akk* быть осторо́жным [být' aßtaróshnym] **2** *auf j-n* смотре́ть [ßmatr'ét'] *uv за кем*, (Baby usw.) *auf j-n/etw.* присмотре́ть [pr'ißmatr'ét'] *vo за кем*, поbере́чь [pab'ir'étsch'] *vo что*
Aufpreis *m* допла́та [dapláta] *w*, надба́вка [nadbáfka] *w*, приба́вка [pr'ibáfka] *w*, припла́та [pr'ipláta] *w*
aufräumen *v* убра́ть [ubrát'] *vo*
aufrecht *adj* вы́прямленный [wýpr'iml'innyj] ♦ *adv* пря́мо [pr'áma], ро́вно [równa]
aufregen *v j-n* взволнова́ть [wswalnawát'] *vo* ► **sich ~** *über etw. Akk* серди́ться *uv из-за чего*, раздража́ться *uv из за чего по чему*, волнова́ться *uv*
aufregend *adj* волну́ющий [walnújuschsch'ij]
Aufschlag *m* **1** (im Tennis usw.) пода́ча [padátsch'a] *w* **2** (Preis) допла́та [dapláta] *w*, надба́вка [nadbáfka] *w*, приба́вка [pr'ibáfka] *w*, припла́та [pr'ipláta] *w*
aufschließen *v etw. Akk* отпере́ть [atp'ir'ét'] *vo*
aufschreiben *v etw. Akk* записа́ть [sap'ißát'] *vo что*
Aufschrift *w* на́дпись [nátp'iß'] *w*
aufstehen *v* **1** встать [fßtát'] *vo*, привста́ть [pr'ifßtát'] *vo*, подня́ться (на́ ноги) [padn'átza (ná nag'i)] **2** (aus dem Bett) встать [fßtát'] *vo*
aufsteigen *v* **1** (Fahrrad, Pferd usw.) *auf etw. Akk* сесть [ß'éßt'] *vo* **2** (an die Oberfläche) всплыть [fßplýt'] *vo*
Aufstrich *m* па́ста [páßta] *w*

aufsuchen *v j-n/etw.* разыскáть [rasyß-kát'] *vo*
auftanken *v* допóлнить тóпливо [dapóln'it' tópl'iwa], запрáвить тóпливом [sapráw'it' tópl'iwam]
aufwachen *v* просыпáться [praßypátza] *uv*, проснýться [praßnútza] *vo*
aufwärmen *v* **1** (Essen) *etw. Akk* согрéть [ßagr'ét'] *vo что* **2** *sich ~* (Sportler usw.) разогрéться [rasagr'étza] *vo*, нагрéться [nagr'étza] *vo*, (Sportler usw.) размя́ться [rasm'átza] *vo*
aufwärts *adv* вверх [ww'érch], навéрх [naw'érch]
Aufzug *m* лифт [l'íft] *m*
Auge *s* глаз [gláß] *m*
Augenarzt *m* окулúст [akul'íßt] *m*, глазнóй врач [glasnój wrátsch']
Augenblick *m* **1** (kurzer usw.) минýточка [m'inútatsch'ka] *w*, миг [m'ík] *m* **2** (genauer usw.) момéнт [mam'ént] *m*, мгновéние [mgnaw'én'iji] *s*
Augenbrauen *w Mz* брóви [bráw'i] *w Mz*
Augentropfen *Mz* кáпли для глаз [kápl'i dl'á gláß]
August *m* áвгуст [áwgußt] *m*
aus[1] *prep* **1** (herausnehmen usw.) *etw.* из [íß] **2** (weg) с [ß] **3** (stammend usw.) из [íß] *чего* **4** (gemacht) *etw.* из [íß] *чего*
aus[2] *adj* вы́ключенный [wýkl'utsch'innyj] ► **Es ist ~.** Всё кóнчено.
ausatmen *v* вы́дохнуть [wýdachnut'] *vo*
Ausbildung *w* трéнинг [tr'én'ink] *m*, обучéние [abutsch'én'iji] *s*, образовáние [abrasawán'iji] *s*
Ausblick *m* вид [w'ít] *m*
Ausdruck[1] *m* **1** (Wort usw.) выражéние [wyrashén'iji] *s*, оборóт [abarót] *m* **2** (Bekanntgabe) *etw. Gen* проявлéние [prajiwl'én'iji] *s* **3** (im Gesicht usw.) выражéние [wyrashén'iji] *s* **4** (Kennzeichen) выражéние [wyrashén'iji] *s*
Ausdruck[2] *m* (etw. Gedrucktes) напечáтание [nap'itsch'átan'iji] *s*
ausdrücken *v* вы́разить [wýras'it'] *vo*, *etw. Akk* прояви́ть [prajiw'ít'] *vo что*, оказáть [akasát'] *vo что* ► **sich ~** вы́разиться *vo*, вы́сказаться *vo*
ausdrücklich *adj* категори́ческий [kat'igar'ítsch'ißk'ij] ♦ *adv* **1** (betonen usw.) эксплици́тно [ikßpl'izýtna], я́вным óбразом [jáwnym óbrasam] **2** (ablehnen usw.) реши́тельно [r'ischýt'il'na], рéзко [r'éßka]
ausfahren *v* **1** (mit dem Auto usw.) *aus/von etw.* вы́ехать [wýjichat'] *vo* **2** (mit Freunden usw.) отпрáвиться [atpráw'itza] *vo*
Ausfahrt *w* **1** вы́езд [wýjist] *m* **2** (auf der Autobahn) съезд [ßjést] *m* ► **eine ~ machen** отпрáвиться *vo*
Ausfall *m* **1** (vorübergehender usw.) выпадéние [wypad'én'iji] *s*, сбой [sbój] *m*, недоóтпуск [n'idaótpußk] *m* **2** (von Gedächtnis usw.) провáл [prawál] *m*, сбой [sbój] *m* **3** (Bewegung) вы́пад [wýpat] *m*
ausfallen *v* **1** вы́пасть [wýpaßt'] *vo* **2** (nicht stattfinden) отмени́ться [atm'in'ítza] *vo*, не состоя́ться [n'é ßaß-tajátza] ► **Der Strom ist ausgefallen.** Нет электри́чества.
Ausflug *m* экскýрсия [ikßkúrß'ija] *w*, похóд [pachót] *m*
Ausfuhr *w* вы́воз [wýwaß] *m*, э́кспорт [ékßpart] *m*
ausführen *v* **1** (exportieren) *etw. Akk* вы́везти (за грани́цу) [wýw'ißt'i (sá gran'ízu)] **2** (Arbeit usw.) *etw. Akk* совершú́ть [ßaw'irschýt'] *vo*, осуществи́ть [aßuschsch'ißtw'ít'] *vo*, реализовáть [r'ial'isawát'] *vo* **3** (in Einzelheiten) *etw. Akk* развернýть [rasw'irnút'] *vo что*
ausführlich *adj* бóлее подрóбный [ból'iji padróbnyj], развёрнутый [rasw'órnutyj], подрóбный [padróbnyj], (Beschreibung usw.) обши́рный [apschýrnyj] ♦ *adv* подрóбно [padróbna], до мелочéй [dó m'ilatsch'éj], основáтельно [aßna-wát'il'na]
ausfüllen *v* **1** (Raum usw.) *etw. Akk mit etw.* запóлнить [sapóln'it'] *vo что чем* **2** (Formular usw.) запóлнить [sapóln'it'] *vo*
Ausgabe *w* **1** (Kosten) затрáта [satráta] *w*, расхóд [raßchót] *m* **2** (broschierte usw.) издáние [isdán'iji] *s* **3** (Austeilung) вы́дача [wýdatsch'a] *w*
Ausgang *m* вы́ход [wýchat] *m*
ausgeben *v* **1** (Flugblätter usw.) раздáть [rasdát'] *vo* **2** (Geld) *etw. Akk für etw.* израсхóдовать [israßchódawat'] *vo*
ausgehen *v* **1** *aus etw.* вы́йти [wýjt'i] *vo* **2** *irgendwie* получи́ться [palutsch'ítza] *vo* **3** (verbraucht sein) кóнчиться [kóntsch'itza] *vo*
ausgeschaltet *adj* вы́ключенный [wýkl'utsch'innyj]
ausgezeichnet *adj* отли́чный [atl'ítsch'nyj], превосхóдный [pr'iwaßchódnyj] ♦ *adv* замечáтельно [sam'itsch'át'il'na], отли́чно [atl'ítsch'na], блестя́ще [bl'ißt'áschsch'i], прекрáсно [pr'ikráßna]
aushalten *v etw. Akk* вы́держать [wýd'irshat'] *vo что*, снести́ [ßn'ißt'í] *что*, (Beschwerden usw.) вы́нести [wýn'ißt'i] *vo*,

перенести́ [p'ir'in'ißt'í] *vo* ► **Ich halte es nicht mehr aus.** Я э́того уже́ не вы́несу.

auskennen *v* **sich ~** *in etw. Dat* хорошо́ знать [charaschó snát'] *что*, разбира́ться [rasb'irátza] *uv в чём*, быть осведомлённым [být' aßw'idaml'ónnym] *о чём*

Auskunft *w* информа́ция [infarmázyja] *w*, сообще́ние [ßaapschsch'én'iji] *s*

Ausland *s* грани́ца [sagran'íza] *w*, зарубе́жье [sarub'éshji] *s* ► **im ~** за рубежо́м; **ins ~ fahren** вы́ехать за грани́цу

Ausländer *m* иностра́нец [inaßtrán'iz] *m*

ausländisch *adj* зарубе́жный [sarub'éshnyj], иностра́нный [inaßtránnyj], грани́чный [sagran'ítsch'nyj]

auslaufen *v* **1** *aus etw.* вы́течь [wýt'itsch'] *vo из чего*, вы́литься [wýl'itza] *vo из чего*, (Wasser usw.) утека́ть [ut'ikát'] *uv*, сочи́ться [ßatsch'ítza] *uv* **2** (Schiff) вы́йти в мо́ре [wýjt'i w mór'i]

ausleeren *v etw. Akk* опоро́жнить [aparóshn'it'] *vo что*

ausleihen *v* **sich ~** *etw. Akk von j-m* перехвати́ть [p'ir'ichwat'ít'] *vo*, взять [ws'át'] *что у кого*, взять на прока́т [ws'át' ná prakát]

ausloggen **sich ~** отключи́ться *vo*

ausmachen *v etw. Akk* погаси́ть [pagaß'ít'] *vo*

Ausmaß *s* разме́р [rasm'ér] *m*

Ausnahme *w* исключе́ние [ißkl'utsch'én'iji] *s*

ausnutzen *v* (целико́м) испо́льзовать [(zyl'ikóm) ißpól'sawat']

auspacken *v* **1** (Geschenk usw.) *etw. Akk* распакова́ть [raßpakawát'] *vo* **2** (Koffer usw.) распакова́ть [raßpakawát'] *vo*

Auspuff *m* выхлопна́я труба́ [wychlapnája trubá], вы́хлоп [wýchlap] *m*

ausradieren *v* стере́ть [ßt'ir'ét'] *vo*

ausräumen *v* освободи́ть [aßwabad'ít'] *vo*

Ausrede *w für etw.* отгово́рка [adgawórka] *w*

ausreichen *v* хвати́ть [chwat'ít'] *vo*, быть доста́точным [být' daßtátatsch'nym]

ausrichten *v* **1** *j-m etw. Akk* переда́ть [p'ir'idát'] *vo что кому* **2** (veranstalten) *etw. Akk* устра́ивать [ußtráiwat'] *uv что* ► **~ lassen** *j-m etw. Akk* переда́ть *vo кому что*

ausruhen **sich ~** отдыха́ть *uv*, отдохну́ть *vo*

Ausrüstung *w* снаряже́ние [ßnar'ishén'iji] *s*, принадле́жности [pr'inadl'éshnaßt'i]

ausrutschen *v* **1** (hinfallen) поскользну́ться [paßkal'snútza] *vo* **2** (aus der Hand usw.) вы́скользнуть [wýßkal'snut'] *vo*, ускользну́ть [ußkal'snút'] *vo*, (aus Hand usw.) *aus etw.* вы́рваться [wýrwatza] *vo из чего*

Aussage *w* **1** (vor der Polizei usw.) показа́ние [pakasán'iji] *s* **2** (Mitteilung) выраже́ние [wyrashén'iji] *s*

aussagen *v* пока́зывать [pakásywat'] *uv*

ausschalten *v* **1** отключи́ть [atkl'utsch'ít'] *vo*, вы́ключить [wýkl'utsch'it'] *vo* **2** (Konkurrenten usw.) *j-n* исключи́ть [ißkl'utsch'ít'] *vo* ► **den Gang ~** вы́ключить (ско́рость)

aussehen *v irgendwie* вы́глядеть [wýgl'id'it'] *uv*

außen **von ~** извне́

Außenseite *w etw. Gen* нару́жность [narúshnaßt'] *w чего*

außer *prep* **1** *j-m/etw.* кро́ме [króm'i] *чего*, поми́мо [pam'íma] *чего*, (ausgenommen) *j-m/etw.* кро́ме [króm'i] *кого/чего*, за исключе́нием [sá ißkl'utsch'én'ijim] *кого/чего* **2** (auch noch) *etw. Dat* кро́ме [króm'i] *чего*, сверх [ßw'érch] *чего* ► **~ Betrieb** не рабо́тает

äußer(er,e,es) *adj* нару́жный [narúshnyj]

außerdem *adv* сверх того́ [ßw'érch tagó], причём [pr'itsch'óm] ► **und ~** и кро́ме того́

außergewöhnlich *adj* исключи́тельный [ißkl'utsch'ít'il'nyj], необыча́йный [n'iabytsch'ájnyj]

außerhalb *prep etw. Dat* ми́мо [m'íma] *чего*, *etw. Gen* вне [wn'é] *чего*, снару́жи [ßnarúshy] *чего*, (der Stadt usw.) вне [wn'é] *чего*

außerordentlich *adj* небыва́лый [n'ibywályj], исключи́тельный [ißkl'utsch'ít'il'nyj], внеочередно́й [wn'iatsch'ir'idnój], э́кстра [ékßtra] ♦ *adv* исключи́тельно [ißkl'utsch'ít'il'na], несл́ыханно [n'ißlýchanna]

Aussicht *w* **1** вид [w'ít] *m* **2** **~en** (Chancen) ви́ды [w'ídy], горизо́нты [gar'isónty]

Aussichtspunkt *m* видова́я площа́дка [w'idawája plaschsch'átka]

Aussichtsturm *m* обзо́рная ба́шня [absórnaja báschn'a]

aussprechen *v* **1** произнести́ [praisn'ißt'í] *vo* **2** произнести́ [praisn'ißt'í] *vo что*, провозгласи́ть [prawasglaß'ít'] *vo что*, сказа́ть [ßkasát'] *vo что*

Ausstattung *w* обору́дование [abarúdawan'iji] *s*

aussteigen *v aus etw.* вы́йти [wýjt'i] *vo с чего*, *aus etw.* вы́йти [wýjt'i] *vo из чего*, сойти́ [ßajt'í] *vo с чего*

ausstellen *v* **1** (Exponat usw.) вы́ставить [wýßtaw'it'] *vo* **2** (Urkunde usw.) *etw.*

Akk вы́дать [wýdat'] *vo что*, офо́рмить [afórm'it'] *vo*

Ausstellung *w* вы́ставка [wýßtafka] *w*

Austausch *m* сме́на [ßm'éna] *w*, подме́на [padm'éna] *w*, заме́на [sam'éna] *w*

austauschen *v* **1** (gegenseitig) *etw. Akk gegen etw.* смени́ть [ßm'in'ít'] *vo что на что* **2** (Ersatzteil usw.) *etw. Akk gegen etw.* обменя́ть [abm'in'át'] *vo что на что*, замени́ть [sam'in'ít'] *vo что чем*

Auster *w* у́стрица [úßtr'iza] *w*

Australien *s* Австра́лия [afßtrál'ija] *w*

Australier *m* австрали́ец [afßtral'íjiz] *m*

australisch *adj* австрали́йский [afßtral'íjßk'ij]

austrinken *v* **1** (Tee usw.) *etw. Akk* вы́пить [wýp'it'] *vo что, чего* **2** (Glas usw.) *etw. Akk* вы́пить [wýp'it'] *vo что* **3** (zu Ende trinken) допи́ть [dap'ít'] *vo*

ausüben *v* проводи́ть [prawad'ít'] *uv*, осуществля́ть [aßuschsch'ißtwl'át'] *uv*

Ausverkauf *m* распрода́жа [raßpradásha] *w*, (по́лная) распрода́жа [(pólnaja) raßpradásha] *w*

ausverkauft *adj* распро́данный [raßpródannyj]

Auswahl *w* подбо́р [padbór] *m*, вы́бор [wýbar] *m*

auswählen *v* вы́брать [wýbrat'] *vo*, подобра́ть [padabrát'] *vo*, отобра́ть [atabrát'] *vo*

auswechseln *v etw. Akk gegen etw.* обменя́ть [abm'in'át'] *vo что на что*, замени́ть [sam'in'ít'] *vo что чем*

Ausweis *m* удостовере́ние [udaßtaw'ir'én'iji] *s*, докуме́нт [dakum'ént] *m*, ка́рточка [kártatsch'ka] *w*, биле́т [b'il'ét] *m*

auswendig *adv* наизу́сть [naisúßt']

auszahlen *v j-m etw. Akk* вы́платить [wýplat'it'] *vo что кому*

ausziehen *v* **1** (Hose usw.) *etw. Akk* снять [ßn'át'] *vo что* **2** *j-n* разде́ть [rasd'ét'] *vo кого* **3** (aus dem Haus usw.) вы́селиться [wýß'il'itza] *vo* **4** (herausziehen) вы́сунуть [wýßunut'] *vo*, вы́двинуть [wýdw'inut'] *vo* ► **sich ~** разде́ться *vo*

Auszubildende *m* учени́к [utsch'in'ík] *m*

Auto *s* автомаши́на [aftamaschýna] *w*, маши́на [maschýna] *w*, автомоби́ль [aftamab'íl'] *m* ► **in ein ~ einsteigen** сесть в маши́ну

Autobahn *w* автомагистра́ль [aftamag'ißtrál'] *w*

Autobahnauffahrt *w* въезд на автостра́ду [wjést ná aftaßtrádu]

Autokennzeichen *s* автоно́мер [aftanóm'ir] *m*

Automat *m* автома́т [aftamát] *m*, (Zigaretten usw.) моне́тный автома́т [man'étnyj aftamát]

automatisch *adj* автомати́ческий [aftamat'ítsch'ißk'ij]

Autonummer *w* автоно́мер [aftanóm'ir] *m*

Autor *m* а́втор [áftar] *m*

Autowaschanlage *w* автомо́йка [aftamójka] *w*

Avocado *w* авока́до [awakáda] *s*

Axt *w* топо́р [tapór] *m*, колу́н [kalún] *m*

B

Baby *s* ребёнок [r'ib'ónak] *m*, младе́нец [mlad'én'iz] *m*

Babyflasche *w* рожо́к [rashók] *m*

Babynahrung *w* де́тское пита́ние [d'ézkaji p'itán'iji]

Bach *m* руче́й [rutsch'éj] *m*

backen *v* испе́чь [ißp'étsch'] *vo*, вы́печь [wýp'itsch'] *vo*, (Kuchen usw.) печь [p'étsch'] *uv*

Backenzahn *m* коренно́й зуб [kar'innój súp]

Bäcker *m* пе́карь [p'ékar'] *m*

Bäckerei *w* бу́лочная [bulaschnaja] *w*, пека́рня [p'ikárn'a] *w*, хлебозаво́д [chl'ibasawót] *m*

Backwaren *w Mz* хлебобу́лочные изде́лия [chl'ibabúlatsch'nyji isd'él'ija]

Bad *s* **1** (Raum) ва́нная [wánnaja] *w* **2** (mit Heilquellen) куро́рт [kurórt] *m* **3** (Baden) ва́нна [wánna] *w*, ба́ня [bán'a] *w*, купа́ние [kupán'iji] *s*

Badeanzug *m* купа́льник [kupál'n'ik] *m*, купа́льный костю́м [kupál'nyj kaßt'júm]

Badehose *w* пла́вки [pláfk'i] *Mz*

Bademantel *m* купа́льный хала́т [kupál'nyj chalát]

baden *v* **1** *j-n* вы́купать [wýkupat'] *vo*, искупа́ть [ißkupát'] *vo*, *j-n* купа́ть [kupát'] *uv*, мыть [mýt'] *uv кого* **2** (sich waschen) искупа́ться [ißkupátza] *vo*, купа́ться [kupátza] *uv* **3** (schwimmen) купа́ться [kupátza] *uv*

Badetuch *s* ба́нное полоте́нце [bánnaji palat'énzy]

Badewanne *w* ва́нна [wánna] *w*

Badezimmer *s* ва́нная [wánnaja] *w*

Bahn *w* **1** (von Projektil usw.) траекто́рия [trajiktór'ija] *w* **2** (für Läufer usw.) тра́сса [tráßa] *w* **3** (Schienenverkehrsmittel) желе́зная доро́га [shyl'ésnaja daróga]

4 (Stadtverkehrsmittel) трамвáй [tramwáj] *m*
Bahnhof *m* вокзáл [wagsál] *m*
Bahnschranken *w Mz* железнодорóжные шлагбáумы [shyl'isnadaróshnyji schlagbáumy]
Bahnsteig *m* перрóн [p'irrón] *m*, платфóрма [platfórma] *w*
Bahnübergang *m* железнодорóжный переéзд [shyl'isnadaróshnyj p'ir'ijést]
bald *adv* вскóре [fßkór'i], скóро [ßkóra]
► **so ~ wie möglich** как мóжно скорée
baldmöglichst *adv* как мóжно скорée [kák móshna ßkar'éji]
Balkon *m* балкóн [balkón] *m*
Ball *m* **1** (für Sport) мяч [m'átsch'] *m* **2** (Kugel) шар [schár] *m* **3** (Schlag) удáр [udár] *m*, пинóк [p'inók] *m*
Ballon *m* аэростáт [airaßtát] *m*
Banane *w* банáн [banán] *m*
Band[1] *s* **1** (magnetisches usw.) лéнта [l'énta] *w*, плёнка [pl'ónka] *w* **2** (Förderband usw.) лéнта [l'énta] *w*, ремéнь [r'im'én'] *m* **3** (Gewebe) свя́зка [ßw'áßka] *w*, (Verbindung) связь [ßw'áß'] *w* **4** (im Haar usw.) лéнта [l'énta] *w*
Band[2] *m* том [tóm] *m*
Band[3] *w* оркéстр [ark'éßtr] *m*, мýзыка [músyka] *w*, музыкáльная грýппа [musykál'naja grúppa]
Bank[1] *w* (zum Sitzen usw.) **1** скамéйка [ßkam'éjka] *w*, скамья́ [ßkam'já] *w* **2** (Werkbank usw.) стан [ßtán] *m*
Bank[2] *w* (Geldanstalt) банк [bánk] *m*
Bankautomat *m* банкомáт [bankamát] *m*
Banknote *w* купю́ра [kup'júra] *w*, банкнóт [banknót] *m*, бумáжка [bumáshka] *w*
Bar *w* **1** (Lokal) бар [bár] *m* **2** (Theke) стóйка [ßtójka] *w*
Bär *m* медвéдь [m'idw'ét'] *m*
barfuß *adj* босóй [baßój]
Bargeld *s* налúчные (дéньги) [nal'ítsch'nyji (d'én'g'i)], налúчность [nal'ítsch'naßt'] *w*
Bart *m* бородá [baradá] *w*
Basilikum *s* базили́к [bas'il'ík] *m*
Basis *w* **1** бáза [bása] *w*, бáзис [bás'iß] *m*, основáние [aßnawán'iji] *s* **2** (eines Objekts usw.) бáза [bása] *w* **3** (militärische usw.) бáза [bása] *w*
basteln *v* мастери́ть [maßt'ir'ít'] *uv*
Batterie *w* батарéя [batar'éja] *w*, батарéйка [batar'éjka] *w*
Bau *m* **1** строи́тельство [ßtraít'il'ßtwa] *s*, пострóйка [paßtrójka] *w* **2** (Gebäude) сооружéние [ßaarushén'iji] *s*, стрóйка [ßtrójka] *w*, пострóйка [paßtrójka] *w* **3** *etw. Gen* строéние [ßtrajén'iji] *s* **4** (eines Tieres) норá [nará] *w*
Bauch *m* живóт [shywót] *m*
bauen *v* **1** *etw. Akk* стрóить [ßtróit'] *uv*, сооружáть [ßaarushát'] *uv* **2** (Maschinen usw.) конструи́ровать [kanßtruírawat'] *uv*, стрóить [ßtróit'] *uv*
Bauer *m* **1** (Landwirt) крестья́нин [kr'ißt'ján'in] *m*, крестья́нин-сóбственник [kr'ißt'án'inßópßtw'inn'ik] *m*, землéдéлец [s'iml'id'él'iz] *m* **2** (im Schach) пéшка [p'éschka] *w*
Bauernhof *m* усáдьба [ußád'ba] *w*
Baum *m* дéрево [d'ér'iwa] *s*
Baumwolle *w* хлóпок [chlópak] *m*
Baustelle *w* стройплощáдка [ßtrajplaschsch'átka] *w*
Bauwerk *s* сооружéние [ßaarushén'iji] *s*, стрóйка [ßtrójka] *w*, пострóйка [paßtrójka] *w*
Beamte *m* чинóвник [tsch'inówn'ik] *m*, слýжащий [ßlúshaschsch'ij] *m*, (im öffentlichen Dienst) госудáрственный слýжащий [gaßudárßtw'innyj ßlúshaschsch'ij]
beanspruchen *v etw. Akk* трéбовать [tr'ébawat'] *uv что*, *etw. Akk* домогáться [damagátza] *uv*, добивáться [dab'iwátza] *uv чего*
beanstanden *v etw. Akk* реклами́ровать [r'iklam'írawat'] *uv что*
beantragen *v etw. Akk* трéбовать [tr'ébawat'] *uv что*, *чего*, *etw. Akk* попроси́ть [papraß'ít'] *vo что*
bearbeiten *v* обработáть [abrabótat'] *vo*
beaufsichtigen *v etw. Akk* наблюдáть [nabl'udát'] *uv за чем*, надзирáть [nads'irát'] *uv за чем*, (Arbeit usw.) *etw. Akk* доследи́ть [daßl'id'ít'] *vo за чем*
Becken *s* **1** (Reservoir) резервуáр [r'is'irwuár] *m*, приёмник [pr'i'ómn'ik] *m* **2** (Körperteil) таз [táß] *m* **3** (Musikinstrument) тарéлки [tar'élk'i]
bedanken **sich ~** *bei j-m für etw.* поблагодари́ть *vo кого за что*, благодари́ть *uv кого за что*
bedauern *v* **1** *j-n* сочýвствовать [ßatsch'úfßtwawat'] *uv кому*, *j-n* пожалéть [pashyl'ét'] *vo кого* **2** *etw. Akk* жалéть [shyl'ét'] *о чём*, сожалéть [ßashyl'ét'] *uv*
bedecken *v j-n mit etw.* закры́ть [sakrýt'] *vo кого/что чем*, прикры́ть [pr'ikrýt'] *vo*, накры́ть [nakrýt'] *vo кого/что чем*
bedeuten *v* представля́ть [pr'iztawl'át'] *uv*, обозначáть [abasnatsch'át'] *uv*
Bedeutung *w* значéние [snatsch'én'iji] *s*, толк [tólk] *m*

bedienen *v* **1** (einen Kunden usw.) *j-n* обслужи́ть [apßlushýt'] *vo*, (Gast usw.) *j-n* обслу́живать [apßlúshywat'] *uv кого* **2** (Maschine usw.) *etw. Akk* обслу́живать [apßlúshywat'] *uv что* ► **sich ~** угости́ться *vo*; **B~ Sie sich.** Угоща́йтесь!

Bedienung *w* **1** обслу́живание [apßlúshywan'iji] *s* **2** (Personal) (обслу́живающий) персона́л [(apßlúshywajuschsch'ij) p'irßanál]

Bedingung *w* усло́вие [ußlów'iji] *s* ► **unter der ~, dass** при (том) усло́вии, что

bedrohen *v j-n/etw.* подве́ргнуть опа́сности [padw'érgnut' apáßnaßt'i]

Bedrohung *w* угро́за [ugrósa] *w*

Bedürfnis *s* на́добность [nádabnaßt'] *w*, нужда́ [nushdá] *w*, потре́бность [patr'ébnaßt'] *w в чём*

beeilen *v* **1** *sich* ~ поспеши́ть [paßp'ischýt'] *vo* **2** *sich ~ mit etw.* торопи́ться [tarap'ítza] *uv*

beeinflussen *v j-n/etw.* возде́йствовать [wasd'éjßtwawat'] *vo/uv на кого/что*, *j-n/etw.* повлия́ть [pawl'iját'] *vo*

beenden *v* **1** око́нчить [akóntsch'it'] *vo*, заверши́ть [saw'irschýt'] *vo*, заключи́ть [sakl'utsch'ít'] *vo*, *etw. Akk* зака́нчивать [sakántsch'iwat'] *uv* **2** (stoppen) *etw. Akk* заверши́ть [saw'irschýt'] *vo что*, ко́нчить [kóntsch'it'] *vo*

beerdigen *v j-n* похорони́ть [pacharan'ít'] *vo*, захорони́ть [sacharan'ít'] *vo*

Beerdigung *w* по́хороны [pócharany] *Mz*

Beere *w* я́года [jágada] *w*

Beet *s* клу́мба [klúmba] *w*, гря́дка [gr'átka] *w*

befahrbar *adj* проходи́мый [prachad'ímyj]

befassen *v* **1** *sich ~ mit etw.* занима́ться [san'imátza] *uv чем* **2** *sich ~* (Problem usw.) *mit etw.* рассма́тривать [raßßmátr'iwat'] *uv что*

Befehl *m* **1** (militärischer usw.) прика́з [pr'ikáß] *m*, кома́нда [kamánda] *w* **2** (EDV) кома́нда [kamánda] *w*

befehlen *v j-m etw. Akk* приказа́ть [pr'ikasát'] *vo кому что*, веле́ть [w'il'ét'] *vo кому что*

befestigen *v* **1** (festmachen) *etw. Akk an etw. Dat* прикрепи́ть [pr'ikr'ip'ít'] *vo что к чему* **2** (eine Stadt usw.) укрепи́ть [ukr'ip'ít'] *vo*

befinden **sich** ~ *irgendwo* находи́ться *uv где*

befördern *v* **1** (Güter usw.) *etw. Akk irgendwohin* доста́вить [daßtáw'it'] *vo что куда*, перепра́вить [p'ir'ipráw'it'] *vo* **2** (zum Direktor usw.) *j-n zu etw.* возвы́сить [waswýß'it'] *vo кого*, вы́двинуть [wýdw'inut'] *кого на что*, повы́сить [pawýß'it'] *vo кого* (в до́лжности)

Beförderung *w* **1** тра́нспорт [tránßpart] *m*, транспортиро́вка [tranßpart'irófka] *w*, (von Gütern usw.) перево́зка [p'ir'iwóßka] *w* **2** (in einen Rang) повыше́ние [pawyschén'iji] *s*

befreien *v* **1** *j-n/etw.* освободи́ть [aßwabad'ít'] *vo*, вы́свободить [wýßwabad'it'] *vo кого/что* **2** (herausziehen usw.) *j-n/etw. aus etw.* вы́свободить [wýßwabad'it'] *vo кого/что из чего*, вы́тащить [wýtaschsch'it'] *vo кого/что из чего* **3** (von Pflicht) *j-n von etw.* освободи́ть [aßwabad'ít'] *vo кого от чего* **4** *von j-m/etw.* изба́вить [isbáw'it'] *vo кого от чего* **5** (von Einschränkungen usw.) либерализова́ть [l'ib'iral'isawát'] *vo/uv* **6** *sich ~ von etw.* освободи́ться [aßwabad'ítza] *vo от кого/чего*, (von Vorurteilen usw.) *von etw.* освободи́ться [aßwabad'ítza] *vo от чего*, изба́виться [isbáw'itza] *vo от чего*

befriedigen *v* **1** *j-n/etw.* удовлетвори́ть [udawl'itwar'ít'] *vo кого/что* **2** (Bedürfnis usw.) удовлетвори́ть [udawl'itwar'ít'] *vo*, утоли́ть [utal'ít'] *vo*

begabt *adj* тала́нтливый [talántl'iwyj]

begegnen *v j-m* встре́тить [fßtr'ét'it'] *vo кого*, *j-m* встре́титься [fßtr'ét'itza] *vo с кем*, сойти́сь [ßajt'íß'] *vo с кем*

begehen *v etw. Akk* соверши́ть [ßaw'irschýt'] *vo*

begeistert *adj* **1** (hingerissen) *von etw.* восто́рженный [waßtórshynnyj] *чем* **2** (Fan) восто́рженный [waßtórshynnyj] **3** (engagiert) *für etw.* рья́ный [r'ányj], увлечённый [uwl'itsch'ónnyj] *чем*

Begeisterung *w* **1** жи́вость [shýwaßt'] *w*, *für etw.* восто́рг [waßtórk] *m*, энтузиа́зм [intus'iásm] *m*, аза́рт [asárt] *m* **2** (Verve usw.) задо́р [sadór] *m*

begießen *v j-n/etw. mit etw.* поли́ть [pal'ít'] *vo кого/что чем*

Beginn *m* нача́ло [natsch'ála] *s*, (eines Konzerts usw.) откры́тие [atkrýt'iji] *s*

beginnen *v* **1** *etw. Akk, mit etw.* нача́ть [natsch'át'] *vo что*, приступи́ть [pr'ißtup'ít'] *vo к чему* **2** (Beginn haben) нача́ть [natsch'át'] *vo* **3** (Krieg, Streit usw.) развяза́ть [rasw'isát'] *vo*, зате́ять [sat'éjit'] *vo*

beglaubigen *v etw. Akk* удостове́рить [udaßtaw'ér'it'] *vo*, *etw. Akk* засвиде́тельствовать [saßw'id'ét'il'ßtwawat'] *vo что*

begleiten *v* проводи́ть [prawad'ít'] *vo кого*, *j-n irgendwohin* проводи́ть [prawad'ít'] *vo кого куда*

beglückwünschen *v j-n zu etw.* поздравля́ть [pasdrawl'át'] *uv кого с чем*

begreifen *v etw. Akk* поня́ть [pan'át'] *vo что*, сообрази́ть [ßaabras'ít'] *vo что*, изучи́ть [isutsch'ít'] *vo*, *etw. Akk* понима́ть [pan'imát'] *uv*

Begriff *m* поня́тие [pan'át'iji] *s* ► **im ~ sein** *etw. Akk zu tun* собира́ться *uv сделать что*, гото́виться *uv к чему*

begrüßen *v* **1** *j-n* поздоро́ваться [pasdaróẃatza] *vo с кем* **2** *etw. Akk* приве́тствовать [pr'iw'éztwawat'] *uv что*, *etw. Akk* поприве́тствовать [papr'iw'éztwawat'] *vo что*

behalten *v* **1** (nicht zurückgeben) *etw. Akk* оста́вить (себе́) [aßtáw'it' (ß'ib'é)], *etw. Akk* оста́вить себе́ [aßtáw'it' ß'ib'é] **2** (Zustand usw.) сохрани́ть [ßachran'ít'] *vo* **3** (Qualität usw.) *etw. Akk* сохрани́ть [ßachran'ít'] *vo*, удержа́ть [ud'irshát'] *vo*

Behälter *m* контéйнер [kantejn'ir] *m*

behandeln *v* **1** (respektvoll usw.) *j-n irgendwie* относи́ться [atnaß'ítza] *uv к кому*, *j-n irgendwie* обходи́ться [apchad'ítza] *vo с кем* **2** (ärztlich) *j-n/etw.* оказа́ть по́мощь [akasát' pómaschsch'] *кому/чему* **3** (Patienten usw.) *j-n/etw.* лечи́ть [l'itsch'ít'] *uv* **4** (Film usw.) *etw. Akk* повéствовать [paw'éßtwawat'] *uv о чём*

Behandlung *w* **1** (Umgang) *j-s* обраще́ние [abraschsch'én'iji] *s* **2** (eines Patienten usw.) оказа́ние медици́нской по́мощи [akasán'iji m'id'izýnßkaj pómaschsch'i], лече́ние [l'itsch'én'iji] *s*

behaupten *v* утвержда́ть [utw'irshdát'] *uv*, сказа́ть [ßkasát'] *vo*, заяви́ть [sajiw'ít'] *vo*

Behauptung *w* утвержде́ние [utw'irshd'én'iji] *s*

beheizen *v* отопи́ть [atap'ít'] *vo*

beherrschen *v* **1** (ein Land usw.) *etw. Akk* завладе́ть [sawlad'ét'] *vo чем*, забра́ть [sabrát'] *vo что*, (Firma usw.) управля́ть [uprawl'át'] *uv*, контроли́ровать [kantral'írawat'] *uv* **2** (Fremdsprache usw.) владе́ть [wlad'ét'] *uv чем*, знать [snát'] *uv*, (gelernt haben) овладе́ть [awlad'ét'] *vo чем*

behindern *v etw. Akk* препя́тствовать [pr'ip'áztwawat'] *uv чему*

behindert *adj* неполноце́нный [n'ipalnazénnyj], име́ющий физи́ческий недоста́ток [im'éjuschsch'ij f'is'ítsch'ißk'ij n'idaßtátak]

Behörde *w* учрежде́ние [utsch'r'ishd'én'iji] *s*

behördlich *adj* официа́льный [af'izyál'nyj], делово́й [d'ilawój]

bei *prep* при [pr'í]

beibringen *v j-m etw. Akk* научи́ть [nautsch'ít'] *vo кого что*

beide *num* о́ба [óba]

Beifall *m* аплодисме́нты [aplad'ißm'énty] *m Mz*

beifügen *v* приложи́ть [pr'ilashýt'] *vo*

Beilage *w* **1** (Zeitung usw.) приложе́ние [pr'ilashén'iji] *s* **2** (Essen) гарни́р [garn'ír] *m*

Beileid *s* соболе́знование [ßabal'ésnawan'iji] *s*, сострада́ние [ßaßtradán'iji] *s*

Bein *s* нога́ [nagá] *w*

beinahe *adv* чуть не [tsch'út' n'é], бы́ло [býla], почти́ [patsch't'í], без ма́лого [b'éß málawa] ♦ *part* пря́мо [pr'áma], совсе́м [ßafß'ém]

beiseite *adv* **1** (zur Seite) бо́ком [bókam], стороно́й [ßtaranój] **2** (legen usw.) в сто́рону [w ßtóranu], в стороне́ [w ßtaran'é]

Beispiel *s* **1** (Beweis) *etw. Gen* приме́р [pr'im'ér] *m чего* **2** (Muster) образе́ц [abras'éz] *m* ► **zum ~** наприме́р

beißen *v* **1** *in etw. Akk* откуси́ть [atkuß'ít'] *vo что* **2** (wiederholt) куса́ть [kußát'] *uv*, грызть [grýßt'] *uv* **3** *j-n* покуса́ть [pakußát'] *vo*, (Hund usw.) *j-n* кусну́ть [kußnút'] *vo* **4** (Schlange) укуси́ть [ukuß'ít'] *vo* **5** (Hund usw.) куса́ться [kußátza] *uv*

bekämpfen *v etw. Akk* боро́ться [barótza] *uv*

bekannt *adj* изве́стный [isw'éßnyj], ве́домый [w'édamyj] ► **~ machen/geben** *etw. Akk* сообщи́ть *vo*, объяви́ть *vo*, заяви́ть *vo*; **(wohl) ~** *j-m* (хорошо́) изве́стный *кому*

Bekannte *m* знако́мый [snakómyj] *m*

Bekanntschaft *w* знако́мство [snakómßtwa] *s*

bekommen *v* **1** (geschenkt usw.) получи́ть [palutsch'ít'] *vo* **2** (Grippe usw.) схвати́ть [ßchwat'ít'] *vo что*

belasten *v* **1** *etw. Akk* придави́ть [pr'idaw'ít'] *vo* **2** *j-n mit etw.* загрузи́ть [sagrus'ít'] *vo чем* **3** (mit einem Betrag usw.) *mit etw.* дебетова́ть [d'ib'itawát'] *vo*

belästigen *v* **1** *j-n mit etw.* надоеда́ть [nadajidát'] *uv кому чем*, *j-n* пристава́ть [pr'ißtawát'] *uv к кому*, беспоко́ить [b'ißpakóit'] *uv кого* **2** (sexuell usw.) пристава́ть [pr'ißtawát'] *uv к кому*

Belastung *w* **1** нагру́зка [nagrúßka] *w* **2** (Arbeit usw.) нагру́зка [nagrúßka] *w*, *etw. Gen* напо́р [napór] *m* **3** (Schwierigkeit usw.) балла́ст [balláßt] *m*, бре́мя [br'ém'a] *s*

belebt *adj* **1** (Straße usw.) оживлённый [ashywl'ónnyj] **2** (Substantiv usw.) одушевлённый [aduschywl'ónnyj]
beleidigen *v j-n* оскорбить [aßkarb'ít'] *vo кого* ► **sich beleidigt fühlen** *wegen etw.* обидеться *vo из-за чего*
Beleidigung *w* обида [ab'ída] *w*, оскорбление [aßkarbl'én'iji] *s*
beleuchten *v etw. Akk* светить [ßw'it'ít'] *uv на что*, гореть [gar'ét'] *uv*, (anleuchten) осветить [aßw'it'ít'] *vo*
Beleuchtung *w* освещение [aßw'ischsch'én'iji] *s*
beliebig *adj* любой [l'ubój] ♦ *pron* любой [l'ubój], всякий [fß'ák'ij]
beliebt *adj* **1** *bei j-m* популярный [papul'árnyj] **2** (Lieblings-) любимый [l'ub'ímyj]
bellen *v* залаять [salájit'] *vo*, (Hund) лаять [lájit'] *uv*, тявкать [t'áfkat'] *uv*
Belohnung *w* вознаграждение [wasnagrashd'én'iji] *s*
bemerken *v* **1** (sehen usw.) *j-n/etw.* заметить [sam'ét'it'] *vo кого/что* **2** (nebenbei sagen usw.) вставить [fßtáw'it'] *vo что*, ввернуть [ww'irnút'] *vo что*, (nebenbei sagen usw.) заметить [sam'ét'it'] *vo*, отметить [atm'ét'it'] *vo*
Bemerkung *w* замечание [sam'itsch'án'iji] *s*, (schriftlich) заметка [sam'étka] *w*, отметка [atm'étka] *w*, пометка [pam'étka] *w*
bemühen *v* ***sich*** *~ um etw.* стараться [ßtarátza] *uv*, *um etw.* стремиться [ßtr'im'ítza] *uv к чему*
Bemühung *w um etw.* старание [ßtarán'iji] *s*, усилие [uß'íl'iji] *s*, *um etw.* стремление [ßtr'iml'én'iji] *s*
benachrichtigen *v j-n von etw.* сообщить [ßaapschsch'ít'] *vo кому что*, известить [isw'ißt'ít'] *vo кого о чём*, *j-n von etw.* известить [isw'ißt'ít'] *vo кого о чём*, уведомить [uw'édam'it'] *vo кого о чём*
benehmen *v* ***sich*** *~* вести себя [w'ißt'í ß'ib'á], поступить [paßtup'ít'] *vo*
Benehmen *s* поведение [paw'id'én'iji] *s*
benötigen *v etw. Akk* крайне нуждаться [krájn'i nushdátza] *в чём*
benutzen *v* употреблять [upatr'ibl'át'] *uv*, применять [pr'im'in'át'] *uv*, *etw. Akk* употребить [upatr'ib'ít'] *vo что*, использовать [ißpól'sawat'] *vo/uv что*
Benutzer *m* пользователь [pól'sawat'il'] *m*
Benutzung *w etw. Gen* использование [ißpól'sawan'iji] *s чего*, *etw. Gen* применение [pr'im'in'én'iji] *s*
Benzin *s* бензин [b'ins'ín] *m* ► **Ich habe kein ~ mehr.** У меня кончился бензин.
beobachten *v* **1** *j-n/etw.* следить [ßl'id'ít'] *uv за кем/чем*, наблюдать [nabl'udát'] *uv за кем/чем*, созерцать [ßas'irzát'] *uv что* **2** (bemerken) подметить [padm'ét'it'] *vo*, заметить [sam'ét'it'] *vo* **3** (Entwicklung usw.) наблюдать [nabl'udát'] *uv за кем/чем*, мониторировать [man'itar'írawat'] *uv что*
Beobachtung *w* наблюдение [nabl'ud'én'iji] *s*
bequem *adj* удобный [udóbnyj] ♦ *adv* легко [l'ichkó]
beraten *v j-n bei etw.* посоветовать [paßaw'étawat'] *vo кому что* ► **sich ~** *mit j-m über etw. Akk* посоветоваться *vo*
Beratung *w* **1** (Besprechung) консультация [kanßul'tázyja] *w* **2** (Beratertätigkeit) консалтинг [kanßált'ink] *m*, консультирование [kanßul't'írawan'iji] *s*
berauben *v j-n etw. Gen* лишить [l'ischýt'] *vo кого чего*
berechtigt *adj* **1** (Sorge usw.) оправданный [aprávdannyj] **2** (Vorgehen usw.) обоснованный [abaßnówannyj] **3** (zuständig) правомочный [prawamótsch'nyj], законный [sakónnyj]
Bereich *m* область [óblaßt'] *w*, сфера [ßf'éra] *w*, круг [krúk] *m*
bereit *adj etw. Akk zu tun* любезный [l'ub'ésnyj], готовый [gatówyj] *сделать что*, *zu etw.* готовый [gatówyj] *к чему*
bereiten *v j-m etw. Akk* приготовить [pr'igatów'it'] *vo что для кого*, разделать [rasd'élat'] *vo что*
Bereitschaft *w* **1** готовность [gatównaßt'] *w* **2** (Reserve) резерв [r'is'érf] *m*
Berg *m* гора [gará] *w*
bergab *adv* с горы [ß garý]
bergauf *adv* в гору [w góru], в гору [w/nágóru]
Berggipfel *m* пик [p'ík] *m*
Bergkette *w* горы [góry]
Bergsteiger *m* альпинист [al'p'in'íßt] *m*, скалолаз [ßkalaláß] *m*
Bergwerk *s* шахта [scháchta] *w*, рудник [rudn'ík] *m*
Bericht *m über etw. Akk* сообщение [ßaapschsch'én'iji] *s о чём*, извещение [isw'ischsch'én'iji] *s о чём*, рапорт [rápart] *m*
berichten *v j-m von etw.* доложить [dalashýt'] *vo кому что*
Beruf *m* профессия [praf'éßß'ija] *w*
Berufserfahrung *w* практика [prákt'ika] *w*, опыт [ópyt] *m*

beruhigen *v* **1** *j-n* успоко́ить [ußpakóit'] *vo кого*, убаю́кать [ubajúkat'] *uv кого* **2** (einen Wütenden usw.) успоко́ить [ußpakóit'] *vo*, уня́ть [unát'] *vo* **3** (durch Versicherung usw.) успоко́ить [ußpakóit'] *vo* **4** ***sich ~*** успоко́иться [ußpakóitza] *vo* **5** ***sich ~*** (Lage usw.) успоко́иться [ußpakóitza] *vo*, сти́хнуть [ßt'íchnut'] *vo*

berühmt *adj* сла́вный [ßláwnyj], просла́вленный [praßláwl'innyj], знамени́тый [snam'in'ítyj], *für etw.* изве́стный [isw'éßnyj] *чем*

berühren *v j-n/etw.* косну́ться [kaßnútza] *vo*, прикосну́ться [pr'ikaßnútza] *vo*

Berührung *w* прикоснове́ние [pr'ikaßnaw'én'iji] *s*

Besatzung *w* экипа́ж [ik'ipásch] *m*

beschädigen *v* губи́ть [gub'ít'] *uv*, повреди́ть [pawr'id'ít'] *vo*, полома́ть [palamát'] *vo*, испо́ртить [ißpórt'it'] *vo*

Beschädigung *w* поврежде́ние [pawr'ishd'én'iji] *s*, вред [wr'ét] *m*

beschäftigen *v* **1** ***sich ~*** *mit etw.* занима́ться [san'imátza] *uv чем* **2** (Angestellten usw.) *j-n* трудоустро́ить [trudaußtróit'] *vo* **3** (etwas zu tun geben) *j-n mit etw.* заня́ть [san'át'] *vo кого чем*

Beschäftigung *w* рабо́та [rabóta] *w*, (Arbeit) за́нятость [sán'itaßt'] *w*

Bescheid *m* оповеще́ние [apaw'ischsch'én'iji] *s* ► **~ sagen** *j-m* сообщи́ть *vo кому*

bescheiden *adj* скро́мный [ßkrómnyj]

Bescheinigung *w* сертифика́т [ß'irt'if'ikát] *m*, удостовере́ние [udaßtaw'ir'én'iji] *s*, аттеста́т [att'ißtát] *m*

beschlagnahmen *v j-m etw. Akk* конфискова́ть [kanf'ißkawát'] *vo/uv кому что*

beschleunigen *v* **1** (sich schneller bewegen) приба́вить [pr'ibáw'it'] *vo* **2** *etw. Akk* ускóрить [ußkór'it'] *vo что*, (Entwicklung) ускóрить [ußkór'it'] *vo*, убыстри́ть [ubyßtr'ít'] *vo*, (vorantreiben) *etw. Akk* продви́нуть [pradw'ínut'] *vo* **3** (Anfang usw.) *etw. Akk* ускóрить [ußkór'it'] *vo*

beschließen *v* **1** (Entschluss fassen) *etw. Akk* реши́ться [r'ischýtza] *vo на что* **2** (ein Gesetz usw.) проголосова́ть [pragalaßawát'] *vo*, приня́ть голосова́нием [pr'in'át' galaßawán'ijim]

beschmutzen *v* **1** *etw. Akk* запа́чкать [sapátsch'kat'] *vo*, испа́чкать [ißpátsch'kat'] *vo* **2** (Ruf, Ehre usw.) запятна́ть [sap'itnát'] *vo*, опозо́рить [apasór'it'] *vo*, опоро́чить [aparótsch'it'] *vo*

beschränken *v etw. Akk* ограни́чить [agran'ítsch'it'] *vo*

beschränkt *adj* ограни́ченный [agran'ítsch'innyj], безмо́зглый [b'ismósglyj]

Beschränkung *w* рестри́кциа [r'ißtr'íkzya] *w*, ограниче́ние [agran'itsch'én'iji] *s*

beschreiben *v* **1** (Blatt usw.) *etw. Akk* исписа́ть [ißp'ißát'] *vo что* **2** (Person usw.) *j-n/etw.* описа́ть [ap'ißát'] *vo кого/что*

Beschreibung *w* описа́ние [ap'ißán'iji] *s*

beschützen *v j-n/etw. vor j-m/etw.* защити́ть [saschsch'it'ít'] *vo от кого/чего*

Beschwerde *w* жа́лоба [shálaba] *w*

beschweren *v* **1** (Kummer usw.) *j-n* угнета́ть [ugn'itát'] *uv кого*, тяготи́ть [t'igat'ít'] *uv кого* **2** ***sich ~*** *bei j-m über etw. Akk* жа́ловаться [shálawatza] *uv кому на что*

beseitigen *v* **1** *etw. Akk* устрани́ть [ußtran'ít'] *vo* **2** (tilgen usw.) *etw. Akk* убра́ть [ubrát'] *vo* **3** (Abfall usw.) *etw. Akk* устраня́ть [ußtran'át'] *uv*

Beseitigung *w* **1** удале́ние [udal'én'iji] *s*, устране́ние [ußtran'én'iji] *s* **2** (Tilgung usw.) *von etw.* ликвида́ция [l'ikw'idázyja] *w*, уничтоже́ние [un'itsch'tashén'iji] *s*

Besen *m* шва́бра [schwábra] *w*, метла́ [m'itlá] *w*

besetzen *v* заня́ть [san'át'] *vo*

besetzt *adj* за́нятый [sán'ityj]

besichtigen *v etw. Akk* осмотре́ть [aßmatr'ét'] *vo что*

Besichtigung *w etw. Gen* осмо́тр [aßmótr] *m*, просмо́тр [praßmótr] *m* ► **~ von Sehenswürdigkeiten** осмо́тр достопримеча́тельностей

Besitz *m* **1** иму́щество [imúschsch'ißtwa] *s* **2** (Besitzen) со́бственность [ßópßtw'innaßt'] *w*, владе́ние [wlad'én'iji] *s*

besitzen *v etw. Akk* владе́ть [wlad'ét'] *uv чем*

Besitzer *m* облада́тель [abladát'il'] *m*, владе́лец [wlad'él'iz] *m*, *etw. Gen* хозя́ин [chas'áin] *m чего*, со́бственник [ßópßtw'inn'ik] *m чего*

besonder(er,e,es) *adj* специа́льный [ßp'izyál'nyj]

besonders *adv* осо́бенно [aßób'inna] ♦ *part* осо́бенно [aßób'inna], осо́бо [aßóba]

besorgen *v* **1** *etw. Akk* позабо́титься [pasabót'itza] *vo о чём*, (Aufgabe usw.) *etw. Akk* устро́ить [ußtróit'] *vo*, устро́ить [ußtróit'] *vo что* **2** (beschaffen) *j-m etw. Akk für j-n* раздобы́ть [rasdabýt'] *vo*, обеспе́чить [ab'ißp'étsch'it'] *vo*

besprechen *v etw. Akk mit j-m* перебра́ть [p'ir'ibrát'] *vo*

besser *adj* (по)лу́чше [(pó)lútsch'schy] ♦ *adv* лу́чше [lútsch'schy], верне́е [w'irn'éji]
best(er,e,es) *adj* лу́чший [lútsch'schyj], наилу́чший [nailútsch'schyj]
Bestandteil *m etw. Gen* составна́я часть [ßaßtawnája tsch'áßt']
bestätigen *v* **1** (amtlich usw.) *etw. Akk* заве́рить [saw'ér'it'] *vo* **2** (Wahrhaftigkeit usw.) подтверди́ть [pattw'ird'ít'] *vo*, засвиде́тельствовать [saßw'id'ét'il'ßtwawat'] *vo*
Bestätigung *w etw. Gen* утвержде́ние [utw'irshd'én'iji] *s*, подтвержде́ние [pattw'irshd'én'iji] *s*
bestechen *v j-n* дать взя́тку [dát' ws'átku] *vo*, дава́ть взя́тку [dawát' ws'átku] *uv*
Besteck *s* столо́вый прибо́р [ßtalówyj pr'ibór]
bestehen *v* **1** *aus etw.* состоя́ть [ßaßtaját'] *uv из чего*, скла́дываться [ßkládywatza] *из чего* **2** (Prüfung usw.) сдать [sdát'] *vo* **3** (von einem Problem usw.) *in etw. Dat* заключа́ться [sakl'utsch'átza] *uv в чём* **4** (beharren) *auf etw. Dat* наста́ивать [naßtáiwat'] *uv на чём*
bestehlen *v j-n um etw.* огра́бить [agráb'it'] *vo*, *j-n um etw.* обобра́ть [ababrát'] *vo*, огра́бить [agráb'it'] *vo кого*, обокра́сть [abakráßt'] *vo кого*
bestellen *v etw. Akk* заказа́ть [sakasát'] *vo*
Bestellung *w* зака́з [sakáß] *m*
bestimmen *v* **1** (Anzahl usw.) *etw. Akk* определи́ть [apr'id'il'ít'] *vo* **2** (autoritativ) предписа́ть [pr'itp'ißát'] *vo*, реши́ть [r'ischýt'] *vo*
bestimmt[1] *adj* определённый [apr'id'il'ónnyj]
bestimmt[2] *part* несомне́нно [n'ißamn'énna], безусло́вно [b'isußlówna]
Bestimmungsort *m* ме́сто назначе́ния [m'éßta nasnatsch'én'ija]
bestrafen *v j-n für etw.* нака́зывать [nakásywat'] *uv кого за что*, *j-n für etw.* наказа́ть [nakasát'] *vo кого за что*
Besuch *m* **1** *j-s/etw.* визи́т [w'is'ít] *m*, посеще́ние [paß'ischsch'én'iji] *s кого/чего* **2** (Gast) гость [góßt'] *m*, посети́тель [paß'it'ít'il'] *m*
besuchen *v* **1** *j-n* посмотре́ть [paßmatr'ét'] *vo кого/что*, *j-n* навести́ть [naw'ißt'ít'] *vo*, посети́ть [paß'it'ít'] *vo кого/что* **2** (Kurs usw.) *etw. Akk* ходи́ть [chad'ít'] *uv куда* ► **die Sehenswürdigkeiten ~** осмотре́ть достопримеча́тельности
Besucher *m* гость [góßt'] *m*, посети́тель [paß'it'ít'il'] *m*
Betäubung *w* анестези́я [anißtis'íja] *w*
beten *v* **1** помоли́ться [pamal'ítza] *vo* **2** *zu j-m für etw.* моли́ться [mal'ítza] *uv кому за что*
Beton *m* бето́н [b'itón] *m*
betonen *v* **1** (Bedeutung usw.) *etw. Akk* подчеркну́ть [pattsch'irknút'] *vo* **2** *etw. Akk* подчеркну́ть [pattsch'irknút'] *vo*, вы́делить [wýd'il'it'] *vo*
Betonung *w* ударе́ние [udar'én'iji] *s*, акце́нт [akzént] *m*
betrachten *v j-n/etw. als j-n/etw.* счита́ть [schsch'itát'] *uv кого/что кем/чем*
beträchtlich *adj* значи́тельный [snatsch'ít'il'nyj], нема́лый [n'imályj] ♦ *adv* отчётливо [attsch'ótl'iwa], я́вно [jáwna], чётко [tsch'ótka], значи́тельно [snatsch'ít'il'na]
Betrag *m* су́мма [ßúmma] *w*
betreffen *v* **1** *j-n/etw.* каса́ться [kaßátza] *uv кого/чего* **2** (Erklärung usw.) *j-n/etw.* каса́ться [kaßátza] *uv кого/чего*, быть обяза́тельным [být' ab'isát'il'nym] *для кого* **3** (ihaltlich usw.) *etw. Akk* относи́ться [atnaß'ítza] *uv к чему*, каса́ться [kaßátza] *uv чего* **4** (Erdbeben) *etw. Akk* пости́гнуть [paßt'ígnut'] *vo* ► **was** *j-n/etw.* **betrifft** что каса́ется *кого/чего*
betreffend *adj* упомя́нутый [upam'ánutyj], ука́занный [ukásannyj]
betreiben *v etw. Akk* вести́ [w'ißt'í] *uv что* ► **Unternehmen ~** занима́ться предпринима́тельством
betreten *v etw. Akk* войти́ [wajt'í] *vo куда*, вступи́ть [fßtup'ít'] *vo*
Betrieb *m* **1** фа́брика [fábr'ika] *w*, заво́д [sawót] *m*, предприя́тие [pr'itpr'iját'iji] *s* **2** (Tätigkeit usw.) *etw. Gen* де́йствие [d'éjßtw'iji] *s*, ход [chót] *m* **3** (einer Organisation usw.) *etw. Gen* рабо́та [rabóta] *w* **4** (Treiben) суета́ [ßujitá] *w*, оживле́ние [ashywl'én'iji] *s* ► **außer ~** не рабо́тает
betrinken **sich ~** *von etw.* напи́ться *vo*
Betrug *m* подво́х [padwóch] *m*, па́кость [pákaßt'] *w*, обма́н [abmán] *m*
betrügen *v* **1** обма́нывать [abmánywat'] *uv*, надува́ть [naduwát'] *uv*, *j-n* обману́ть [abmanút'] *vo* **2** (Ehemann usw.) *j-n* измени́ть [ism'in'ít'] *vo кому* **3** *j-n um etw.* разори́ть [rasarát'] *vo*, огра́бить [agráb'it'] *vo кого*, обокра́сть [abakráßt'] *vo кого*, *j-n um etw.* обману́ть [abmanút'] *vo*
Betrüger *m* обма́нщик [abmánschsch'ik] *m*, моше́нник [maschénn'ik] *m*
betrunken *adj* пья́ный [p'jányj]
Bett *s* **1** крова́ть [krawát'] *w*, посте́ль [paßt'él'] *w* **2** (eines Flusses usw.) ру́сло [rúßla] *s* ► **das ~/die ~en machen** постла́ть *vo*, постели́ть *vo*, застла́ть *vo*

betteln *v* **1** (um Almosen) *um etw.* попрошáйничать [paprascháјn'itsch'at'] *uv*, нищенствовать [n'íschsch'inßtwawat'] *uv* **2** *um etw.* попрошáйничать [paprascháјn'itsch'at'] *uv что*, клянчить [kl'ántsch'it'] *uv что*, (bitten) *bei j-m um etw.* попрошáйничать [paprascháјn'itsch'at'] *uv что*, выпрáшивать [wypráschywat'] *uv что у кого*

Bettlaken *s* простыня́ [praßtyn'á] *w*

Bettler *m* нищий [n'íschsch'ij] *m*

Bettwäsche *w* постéльное бельё [paßt'él'naji b'il'ó]

Beule *w* **1** (am Kopf) шишка [schýschka] *w* **2** (im Blech usw.) бугóр [bugór] *m*, бугорóк [bugarók] *m*, вы́ступ [wýßtup] *m*

beurteilen *v j-n/etw.* суди́ть [ßud'ít'] *uv о ком/чём*, *j-n/etw.* обсуди́ть [apßud'ít'] *vo*

Beute *w* добы́ча [dabýtsch'a] *w*

Beutel *m* **1** пакéтик [pak'ét'ik] *m*, мешóчек [m'ischótsch'ik] *m* **2** (des Kängurus usw.) кармáн [karmán] *m*, сýмка [ßúmka] *w* **3** (Person) чóкнутый [tsch'óknutyj] *m*, псих [pß'ích] *m*

Bevölkerung *w* населéние [naß'il'én'iji] *s*

bevor *adv* рáньше чем [rán'schy tsch'óm]

bevorzugen *v* **1** *etw. Akk* предпочитáть [pr'itpatsch'itát'] *uv что чему*, выдвигáть [wydw'igát'] *uv что*, *j-n/etw. vor j-m/etw.* предпочитáть [pr'itpatsch'itát'] *uv кого/что кому/чему* **2** (favorisieren) *j-n/etw. vor j-m/etw.* предпочéсть [pr'itpatsch'éßt'] *vo кого/что кому/чему*

bewachen *v* сторожи́ть [ßtarashýt'] *uv*, карáулить [karaúl'it'] *uv*

bewaffnet *adj* вооружённый [waarush'ónnyj]

bewässern *v* увлажня́ть [uwlashn'át'] *uv*, обводни́ть [abwadn'ít'] *vo*

bewegen *v* **1** *etw. Akk* двигать [dw'ígat'] *uv чем*, *etw. Akk* дви́нуть [dw'ínut'] *vo чем* **2** *sich* ~ двигаться [dw'ígatza] *uv*, (Bewegung machen) дви́нуться [dw'ínutza] *vo* **3** *sich* ~ (vorwärts usw.) дви́нуться [dw'ínutza] *vo* **4** *sich* ~ (Werte usw.) *zwischen etw.* колебáться [kal'ibátza] *uv между чем*

beweglich *adj* двигающийся [dw'ígajuschsch'ijß'a]

Bewegung *w* движéние [dw'ishén'iji] *s* ► **sich in ~ setzen** дви́нуться *vo*

Beweis *m etw. Gen* доказáтельство [dakasát'il'ßtwa] *s*

beweisen *v* **1** *etw. Akk* доказáть [dakasát'] *vo что* **2** (Fähigkeiten usw.) *etw. Akk* доказáть [dakasát'] *vo что*, прояви́ть [prajiw'ít'] *vo* ► **sich ~** *als* оказáться *vo каким*

bewerben *v* ***sich* ~** *um etw.* претендовáть [pr'it'indawát'] *uv на что*

bewohnbar *adj* жилóй [shylój], пригóдный для жилья́ [pr'igódnyj dl'á shyl'já]

bewohnen *v etw. Akk* населя́ть [naß'il'át'] *uv что*

Bewohner *m* обитáтель [ab'itát'il'] *m*, жи́тель [shýt'il'] *m*

bewölkt *adj* пáсмурный [páßmurnyj] ♦ *adv* пáсмурно [páßmurna]

bewundern *v j-n/etw. wegen etw.* восхищáться [waßch'ischsch'átza] *uv кем/чем*

bewusst *adj* **1** (Lüge usw.) намéренный [nam'ér'innyj], умы́шленный [umýschl'innyj], сознáтельный [ßasnát'il'nyj] **2** (einer Tatsache usw.) *etw. Gen* (со)знáющий [(ßa)snajúschsch'ij] **3** (Mensch usw.) сознáтельный [ßasnát'il'nyj] ♦ *adv* **1** (mit Absicht) намéренно [nam'ér'inna], нарóчно [naroschna] **2** (mit Bewusstsein) сознáтельно [ßasnát'il'na] ► **sich ~ werden** *etw. Gen* осознáть *vo что*

bewusstlos **~ sein** потеря́ть сознáние, быть в беспáмятстве

Bewusstlosigkeit *w* беспáмятство [b'ißpám'iztwa] *s*, бессознáтельное состоя́ние [b'ißßasnát'il'naji ßaßtaján'iji], óбморок [óbmarak] *m*

Bewusstsein *s* **1** сознáние [ßasnán'iji] *s* **2** (Wissen) *etw. Gen* осведомлённость [aßw'idaml'ónnaßt'] *w о чём* ► **bei ~ sein** находи́ться в пóлном сознáнии

bezahlen *v j-m etw. Akk* плати́ть [plat'ít'] *uv кому за что*, *j-m etw. Akk* заплати́ть [saplat'ít'] *vo кому за что*

Bezahlung *w* платёж [plat'ósch] *m*, *etw. Gen* оплáта [apláta] *w чего*

bezeichnen *v* **1** *etw. Akk mit etw.* обозначить [abasnátsch'it'] *vo что чем* **2** (mit einem Namen usw.) обозвáть [abaswát'] *vo*, обознáчить [abasnátsch'it'] *vo*

Bezeichnung *w* назвáние [naswán'iji] *s*, наименовáние [naim'inawán'iji] *s*

Beziehung *w* **1** связь [ßw'áß'] *w* **2** (Zusammenhang usw.) взаимосвя́зь [wsaimaßw'áß'] *w*

beziehungsweise *adv* при слýчаеп [pr'í ßlútsch'ajip] ♦ *conj* и́ли (же) [íl'i (shé)], при слýчае [pr'í ßlútsch'aji]

Bezirk *m* óбласть [óblaßt'] *w*, учáсток [utsch'áßtak] *m*, райóн [rajón] *m*, óкруг [ókruk] *m*

Bezug *m* оби́вка [ab'ífka] *w*

bezüglich *prep* насчёт [naschsch'ót], относи́тельно [atnaß'ít'il'na]

bezweifeln *v etw. Akk* ста́вить под сомне́ние [ßtáw'it' pat ßamn'én'iji], *etw. Akk* усомни́ться [ußamn'ítza] *vo в ком/чем*, засомнева́ться [saßamn'iwátza] *vo в ком/чем*

BH *m* бюстга́льтер [b'usgál'tir] *m*, ли́фчик [l'íftsch'ik] *m*

Bibliothek *w* библиоте́ка [b'ibl'iat'éka] *w*

biegen *v etw. Akk* согну́ть [ßagnút'] *vo*, загну́ть [sagnút'] *vo*, *etw. Akk* прогну́ть [pragnút'] *vo*

biegsam *adj* ги́бкий [g'ípk'ij]

Biene *w* пчела́ [ptsch'ilá] *w*

Bier *s* пи́во [p'íwa] *s* ► **~ vom Fass** разливно́е пи́во

bieten *v* **1** *j-m etw. Akk* предложи́ть [pr'idlashýt'] *vo что кому* **2** (Möglichkeit usw.) *j-m etw. Akk* предоста́вить [pr'idaßtáw'it'] *vo кому что*, доста́вить [daßtáw'it'] *vo*, оказа́ть [akasát'] *vo*

Bikini *m* бики́ни [b'ik'ín'i] *s*

Bild *s* карти́нка [kart'ínka] *w*, (Gemälde) карти́на [kart'ína] *w*

bilden *v etw. Akk* составля́ть [ßaßtawl'át'] *uv*, *etw. Akk* образова́ть [abrasawát'] *uv*

Bildhauer *m* ску́льптор [ßkúl'ptar] *m*

Bildschirm *m* экра́н [ikrán] *m*, монито́р [man'itór] *m*

Bildung *w* образова́ние [abrasawán'iji] *s*

billig *adj* дешёвый [d'isch'ówyj], недорого́й [n'idaragój] ♦ *adv* дёшево [d'óschywa], недо́рого [n'idórawa] ► **~er werden** подешеве́ть *vo*

Binde *w* ле́нта [l'énta] *w*

binden *v* **1** свя́зывать [ßw'ásywat'] *uv*, вяза́ть [w'isát'] *uv*, (Krawatte) завяза́ть [saw'isát'] *vo* **2** (miteinander) связа́ть [ßw'isát'] *vo*, (zu Bündeln) вяза́ть [w'isát'] *uv*, соединя́ть [ßajid'in'át'] *uv* **3** (Beziehung usw.) свя́зывать [ßw'ásywat'] *uv*, ограни́чивать [agran'ítsch'iwat'] *uv кого чем* **4** (Schleife um Geschenk usw.) *etw. Akk um etw.* обвяза́ть [abw'isát'] *vo что чем*, перевяза́ть [p'ir'iw'isát'] *vo что чем* **5** *sich* ~ (beruflich, emotionell usw.) свя́зываться [ßw'ásywatza] *uv*

binnen *prep etw. Dat* в тече́ние [w t'itsch'én'iji] *чего*

Birne *w* **1** гру́ша [grúscha] *w* **2** (mattierte usw.) ла́мпочка [lámpatsch'ka] *w*

bis[1] *prep* до [dó] ► **geöffnet von… ~…** откры́то с… до…

bis[2] *conj* до того́ как [dó tagó kák]

Bischof *m* епи́скоп [jip'íßkap] *m*

bisher *adv* уже́ [ushé], до сих пор [dó ß'ích pór], доны́не [danýn'i], пока́ [paká] ► **~ nicht** ещё нет, пока́ нет

bisschen **ein ~** немно́го; **ein ~** *etw. Gen* немно́жко *s*

bitte *part* пожа́луйста [pashálaßta] ► **B~!** (Einwilligung usw.) Пожа́луйста!; **Hier ~.** (Schenken usw.) Пожа́луйста., Вот вам.; **Ja ~?** (Я вас) слу́шаю?; **Wie ~?** Извини́те?

Bitte *w um etw. Akk* про́сьба [próß'ba] *w*

bitten *v j-n um etw.* проси́ть [praß'ít'] *uv чего*, *j-n um etw.* попроси́ть [papraß'ít'] *vo кого сделать что*

bitter *adj* го́рький [gór'k'ij]

Blähung *w* пу́чение [pútsch'in'iji] *s*, метеори́зм [m'it'iar'ísm] *m*

Blase *w* **1** (Seifenblase usw.) пузы́рь [pusýr'] *m* **2** (auf Haut) пузы́рь [pusýr'] *m*, волды́рь [waldýr'] *m* **3** (Organ) пузы́рь [pusýr'] *m*

blasen *v* **1** (Wind usw.) дуть [dút'] *uv* **2** (Musikinstrument usw.) *etw. Akk* труби́ть [trub'ít'] *uv во что*

blass *adj* бле́дный [bl'édnyj], бескро́вный [b'ißkrównyj]

Blatt *s* **1** (Pflanzenteil) лист [l'íßt] *m* **2** (Papier) лист [l'íßt] *m* **3** (im Buch) страни́ца [ßtran'íza] *w* **4** (Propeller usw.) рабо́чая лопа́тка [rabótsch'aja lapátka]

blau *adj* си́ний [ß'ín'ij], голубо́й [galubój] ► **ein ~er Fleck** синя́к *m*

Blaubeere *w* я́года черни́ки [jágada tsch'irn'ík'i]

Blech *s* жесть [shéßt'] *w*

Blechbüchse *w* жестя́нка [shyßt'ánka] *w*, ба́нка [bánka] *w*

Blechdose *w* жестя́нка [shyßt'ánka] *w*, ба́нка [bánka] *w*

Blei *s* свине́ц [ßw'in'éz] *m*

bleiben *v irgendwo* оста́ться [aßtátza] *vo* ► **(übrig) ~** оста́ться *vo*

Bleistift *m* каранда́ш [karandásch] *m*

Blende *w* бле́нда [bl'énda] *w*, диафра́гма [d'iafrágma] *w*

blenden *v j-n* ослепи́ть [aßl'ip'ít'] *vo*

Blick *m auf etw. Akk* взгляд [wsgl'át] *m*

blind *adj* слепо́й [ßl'ipój], незря́чий [n'isr'átsch'ij] ♦ *adv* вслепу́ю [fßl'ipúju], о́щупью [óschsch'up'ju]

Blinddarm *m* слепа́я кишка́ [ßl'ipája k'ischká]

Blinddarmentzündung *w* аппендици́т [app'ind'izýt] *m*

Blinker *m* поворо́тник [pawarótn'ik] *m*

Blinkleuchte *w* поворо́тник [pawarótn'ik] *m*

Blitz *m* мо́лния [móln'ija] *w*

blitzen *v* сверка́ть [ßw'irkát'] *uv* ► **Es blitzt.** Сверка́ет мо́лния.

Blitzlicht *s* ла́мпа-вспы́шка [lámpafßpýschka] *w*

Block *m* **1** блок [blók] *m* **2** (Heft usw.) блокнóт [blaknót] *m*
blockieren *v etw. Akk* блокúровать [blak'írawat'] *uv/vo*
blond *adj* **1** (Haar) свéтлый [ßw'étlyj] **2** (Mensch) свéтлый [ßw'étlyj], блонд [blónt], (Mensch) светловолóсый [ßw'itlawalóßyj], белокýрый [b'ilakúryj]
bloß *adj* (лишь) одúн [(l'ísch) ad'ín], тóлько [tól'ka]
blühen *v* **1** (Rosen usw.) цвестú [zw'ißt'í] *uv* **2** (Geschäft usw.) процветáть [prazw'itát'] *uv*, расцветáть [raßzw'itát'] *uv* **3** (Schmuggel usw.) распространя́ться [raßpraßtran'átza] *uv*, расширя́ться [raßschyr'átza] *uv*
Blume *w* цветóк [zw'itók] *m*
Blumengeschäft *s* цветóчный магазúн [zw'itótsch'nyj magas'ín]
Blumenkohl *m* цветнáя капýста [zw'itnája kapúßta]
Blumenladen *m* цветóчный магазúн [zw'itótsch'nyj magas'ín]
Blumenstrauß *m* букéт [buk'ét] *m*
Blumentopf *m* цвéточный горшóк [zw'étatsch'nyj garschók]
Bluse *w* блýзка [blúßka] *w*, кóфта [kófta] *w*, кóфточка [kóftatsch'ka] *w*
Blut *s* кровь [króf'] *w*
Blutdruck *m* кровянóе давлéние [kraw'inóji dawl'én'iji]
Blüte *w* **1** (einer Pflanze) цвет [zw'ét] *m*, цветóк [zw'itók] *m* **2** (wirtschaftliche usw.) расцвéт [raßzw'ét] *m*
Blutegel *m* пия́вка [p'ijáfka] *w*
bluten *v* кровоточúть [krawatatsch'ít'] *uv*, истекáть крóвью [ißt'ikát' krów'ju]
Blutentnahme *w* взя́тие крóви [ws'át'iji krów'i]
blutig *adj* кровáвый [krawáwyj] ► **~es Steak** кровáвый бифштéкс
Boden *m* **1** грунт [grúnt] *m*, (Materie) пóчва [pótsch'wa] *w*, землá [s'iml'á] *w* **2** (Oberfläche) землá [s'iml'á] *w* **3** (im Zimmer usw.) пол [pól] *m* **4** (von einem Gefäß usw.) дно [dnó] *s*
Bogen *m* **1** (Biegung) дугá [dugá] *w* **2** (Tragwerk) áрка [árka] *w* **3** (Waffe) лук [lúk] *m* **4** (Papierblatt) лист [l'íßt] *m* **5** (zum Spielen) смычóк [ßmytsch'ók] *m*
Bohne *w* **1** (Frucht) фасóль [faßól'] *w* **2** (Sojabohne usw.) боб [bóp] *m*
bohren *v* **1** (Loch usw.) сверлúть [ßw'irl'ít'] *uv*, бурáвить [buráw'il'] *uv*, бурúть [bur'ít'] *uv* **2** (Schacht usw.) рыть [rýt'] *uv*, долбúть [dalb'ít'] *uv* **3** (Nägel in Haut usw.) *etw. Akk in etw. Akk* зарь́ıть [sarýt'] *vo что во что*, врыть [wrýt'] *vo что во что*
Bohrmaschine *w* дрель [dr'él'] *w*, перфорáтор [p'irfarátar] *m*
Bombe *w* бóмба [bómba] *w*
Bonbon *m* конфéта [kanf'éta] *w*, леденéц [l'id'in'éz] *m*
Boot *s* лóдка [lótka] *w*
Bord[1] *s* пóлка [pólka] *w*
Bord[2] *m* **1** (eines Schiffes) борт [bórt] *m*, пáлуба [páluba] *w* **2** (eines Flugzeugs usw.) борт [bórt] *m* ► **an ~ gehen** (Schiff) погрузúться на корáбль; **an ~** *etw. Gen* на бортý *чего*; **von ~ gehen** сойтú *vo*
Bordell *s* бордéль [bardel'] *m*
Börse *w* бúржа [b'írsha] *w*
böse *adj* разъярённый [rasir'ónnyj], я́ростный [járaßnyj], злой [slój] ► **~ sein** *j-m/auf j-n* сердúться *uv на кого*
Botschaft *w* **1** (Vertretung) посóльство [paßól'ßtwa] *s* **2** (Nachricht) послáние [paßlán'iji] *s*, сообщéние [ßaapschsch'én'iji] *s*
Botschafter *m* посóл [paßól] *m*
Brand *m* пожáр [pashár] *m*
braten *v* **1** (im Fett) печь [p'étsch'] *uv*, зажáрить [sashár'it'] *vo* **2** (in der Pfanne) жáрить [shár'it'] *uv*, изжáрить [ishshár'it'] *vo что*, поджáрить [padshár'it'] *vo что*, (in der Pfanne) обжáрить [abshár'it'] *vo*
Braten *m* жаркóе [shyrkóji] *s*
Bratwurst *w* колбáска [kalbáßka] *w*
brauchen *v etw. Akk* нуждáться [nushdátza] *в чём*, трéбовать [tr'ébawat'] *uv чего* ► **Ihr braucht nicht auf mich zu warten.** Не нáдо меня́ ждать.
braun *adj* корúчневый [kar'ítsch'n'iwyj], кáрий [kár'ij], каштáновый [kaschtánawyj], бýрый [búryj]
bräunen *v* **1** (in der Sonne) загорáть [sagarát'] *uv* **2** (Zwiebel usw.) *etw. Akk* поджáрить [padshár'it'] *vo*, обжáрить [abshár'it'] *vo*
Braut *w* невéста [n'iw'éßta] *w*
Bräutigam *m* женúх [shyn'ích] *m*
brav *adj* хорóший [charóschyj], послýшный [paßlúschnyj] ♦ *adv* послýшно [paßlúschna], покóрно [pakórna]
brechen *v* **1** (Zweig usw.) *etw. Akk* сломáть [ßlamát'] *vo*, сломúть [ßlam'ít'] *vo* **2** (Schwur usw.) нарýшить [narúschyt'] *vo*, преступúть [pr'ißtup'ít'] *vo* **3** (bei Übelkeit) рвать [rwát'] *uv* **4** (zerfallen) ломáться [lamátza] *uv*, разлáмываться [raslámywatza] *uv* ► **das Gesetz ~** нарýшить закóн; **(sich) ~** *etw. Akk* (Knochen usw.) сломáть (себé) *что*
Brei *m* кáша [káscha] *w*
breit *adj* ширóкий [schyrók'ij] ♦ *adv* ширóко [schyróka]

Breite *w* **1** *etw. Gen* ширинá [schyr'iná] *w*, широтá [schyratá] *w* **2** (geografische) географи́ческая широтá [g'iagraf'ítsch'ißkaja schyratá]
Bremse *w* тóрмоз [tórmaß] *m*
bremsen *v* тормози́ть [tarmas'ít'] *uv*, затормози́ть [satarmas'ít'] *vo*
brennen *v* **1** (Feuer usw.) горéть [gar'ét'] *uv* **2** (heiß sein) жечь [shétsch'] *uv* **3** (Sonne usw.) жáрить [shár'it'] *uv*, припекáть [pr'ip'ikát'] *uv* **4** (weh tun) жечь [shétsch'] *uv*, саднúть [ßadn'ít'] *uv* **5** (eine CD usw.) записáть [sap'ißát'] *vo*, прожéчь [prashétsch'] *vo* **6** (Alkohol) выгонять [wygan'át'] *uv что* ► **Es brennt!** Пожáр!
Brennstoff *m* тóпливо [tópl'iwa] *s*, горючее веществó [gar'jútsch'iji w'ischsch'ißtwó]
Brett *s* доскá [daßká] *w*
Brief *m* письмó [p'iß'mó] *s*
Briefkasten *m* (почтóвый) я́щик [(patsch'tówyj) jáschsch'ik]
Briefmarke *w* почтóвая мáрка [patsch'tówaja márka]
Brieftasche *w* бумáжник [bumáshn'ik] *m*
Briefträger *m* почтальóн [patsch-tal'jon] *m*
Briefumschlag *m* конвéрт [kanw'ért] *m*
Brille *w* очкú [atsch'k'í] *s Mz*
bringen *v* **1** (ein Buch usw.) *j-m etw. Akk* принестú [pr'in'ißt'í] *vo*, донестú [dan'ißt'í] *vo кому что* **2** (mit dem Auto usw.) *j-n/etw. irgendwohin* привезтú [pr'iw'ißt'í] *vo кого/что куда*, довезтú [daw'ißt'í] *vo*, ввезтú [ww'ißt'í] *vo кого/что*, (mit dem Auto) *j-n irgendwohin* отвезтú [atw'ißt'í] *vo кого/что куда* **3** *j-n/etw. irgendwohin* достáвить [daßtáw'it'] *vo кого/что куда* **4** (in Verlegenheit usw.) довестú [daw'ißt'í] *vo* **5** *j-n um etw. Akk* лишúть [l'ischýt'] *vo кого чего* ► **auf den Markt ~** постáвить *vo*, представить *vo*; **in Verlegenheit ~** *j-n* сконфýзить *vo кого*; **mit sich ~** *etw. Akk* (Konsequenzen usw.) влечь за собóй
Brokkoli *w* брóкколи [brók:al'i] *w*
Brombeere *w* я́года ежевúки [jágada jishyw'ík'i]
Bronze *w* брóнза [brónsa] *w*
Brot *s* хлеб [chl'ép] *m*
Brötchen *s* бýлочка [búlatsch'ka] *w*, бýлка [búlka] *w*
Bruch *m* **1** (Knochen) перелóм [p'ir'ilóm] *m* **2** (Zahlen) дробь [dróp'] *w*
Brücke *w* мост [móßt] *m*
Bruder *m* брат [brát] *m*
Brühe *w* отвáр [atwár] *m*, бульóн [bul'jón] *m*
brüllen *v* **1** ревéть [r'iw'ét'] *uv*, рычáть [rytsch'át'] *uv*, (Löwe usw.) заревéть [sar'iw'ét'] *vo* **2** горлáнить [garlán'it'] *uv*, орáть [arát'] *uv*
Brunnen *m* **1** (für Grundwasser) колóдец [kalód'iz] *m* **2** (Fontäne) фонтáн [fantán] *m* **3** (Heilquelle) ключ [kl'útsch'] *m*, роднúк [radn'ík] *m*
Brust *w* грудь [grút'] *w*
brutal *adj* жестóкий [shyßtók'ij], брутáльный [brutál'nyj], звéрский [sw'érßk'ij] ♦ *adv* брутáльно [brutál'na], жестóко [shyßtóka]
Buch *s* кнúга [kn'íga] *w*, кнúжка [kn'íshka] *w*
buchen *v etw. Akk* бронúровать [bran'írawat'] *uv/vo*, забронúровать [sabran'írawat'] *vo*
Bücherschrank *m* кнúжный шкаф [kn'íshnyj schkáf]
Buchhandlung *w* кнúжный магазúн [kn'íshnyj magas'ín]
Büchsenöffner *m* консéрвный нож [kanß'érwnyj nósch]
Buchstabe *m* бýква [búkwa] *w*
buchstabieren *v etw. Akk* произносúть *что* по бýквам [praisnaß'ít' pó búkwam]
Bucht *w* залúв [sal'íf] *m*, бýхта [búchta] *w*
Buchung *w* бронúрование [bran'írawan'iji] *s*, брóня [brón'a] *w*
Büfett *s* стóйка [ßtójka] *w*
Bügel *m* **1** (für Kleider) вéшалка [w'éschalka] *w* **2** (am Sattel) стрéмя [ßtr'ém'a] *s*
Bügeleisen *s* утю́г [ut'júk] *m*
bügeln *v* глáдить [glád'it'] *uv*, утю́жить [ut'júshyt'] *uv*
Bühne *w* сцéна [ßzéna] *w*
bunt *adj* **1** (nicht schwarz-weiß) цветнóй [zw'itnój], разноцвéтный [rasna-zw'étnyj] **2** (mit vielen Farben) разноцвéтный [rasnazw'étnyj], пёстрый [p'óßtryj] **3** (abwechslungsreich) пёстрый [p'óßtryj], разнообрáзный [rasnaabrásnyj], многообрáзный [mnagaabrásnyj]
Burg *w* зáмок [sámak] *m*, кремль [kr'éml'] *m*
bürgen *v für j-n* гарантúровать [garant'írawat'] *uv*
Bürger *m* граждани́н [grashdan'ín] *m*
Bürgermeister *m* стáроста [ßtáraßta] *m*
Bürgersteig *m* тротуáр [tratuár] *m*
Büro *s* óфис [óf'iß] *m*, кабинéт [kab'in'ét] *m*, канцеля́рия [kanzyl'ár'ija] *w*, (Geschäftsstelle) бюрó [b'uró] *s*
Bürste *w* **1** щётка [schsch'ótka] *w* **2** (zum Anstreichen usw.) щётка [schsch'ótka] *w*, кисть [k'íßt'] *w* ► **(kleine) ~** щётка *w*

Bus *m* автóбус [aftóbuß] *m*
Busbahnhof *m* автовокзáл [aftawaksál] *m*, автóбусный вокзáл [aftóbußnyj wagsál]
Busen *m* грудь [grút'] *w*, бюст [b'júßt] *m*
Bußgeld *s* штраф [schtráf] *m*
Büstenhalter *m* бюстгáльтер [b'usgál'tir] *m*, лíфчик [l'íftsch'ik] *m*
Butter *w* (слíвочное) мáсло [(ßl'íwatsch'naji) máßla]

C

Café *s* кафé [kafe] *s*
Camp *s* кéмпинг [k'émp'ink] *m*
campen *v* располагáться лáгерем [raßpalagátza lág'ir'im]
Camper *m* турíст [tur'íßt] *m*
Campingplatz *m* кéмпинг [k'émp'ink] *m*, лáгерь [lág'ir'] *m*
Chance *w* **1** (Möglichkeit) шанс [schánß] *m* **2** **~n** (Gewinnquote usw.) шанс [schánß] *m*
Charakter *m* **1** (Wesen) харáктер [charákt'ir] *m*, нрав [nráf] *m* **2** (einer Landschaft usw.) харáктер [charákt'ir] *m*
charakteristisch *adj* характéрный [charakt'érnyj]
Chef *m* шеф [schéf] *m*, босс [bóß] *m*, главá [glawá] *w*, лíдер [l'íd'ir] *m*
Chirurg *m* хирýрг [ch'irúrk] *m*, оперáтор [ap'irátar] *m*
Chirurgie *w* хирургíя [ch'irurg'íja] *w*
Chor *m* хор [chór] *m*
Christ *m* христианíн [chr'ißt'ian'ín] *m*
Clique *w* компáния [kampán'ija] *w*, грýппа [grúppa] *w*
Comic *m* кóмикс [kóm'ikß] *m*, журнáл кóмиксов [shurnál kóm'ikßaf] *m*
Computer *m* компьютер [kamp'jútir] *m*
Couch *w* дивáн [d'iwán] *m*, софá [ßafá] *w*
Cousin *m* двоюродный брат [dwajúradnyj brát]
Cousine *w* двоюродная сестрá [dwajúradnaja ß'ißtrá]
Creme *w* крем [kr'ém] *m*
Curry *m/s* кáрри [kárr'i] *s*

D

dabei *adv* притóм (и) [pr'itóm (í)]
Dach *s* крыша [krýscha] *w*, крóвля [krówl'a] *w*
Dachboden *m* чердáк [tsch'irdák] *m*
Dachgepäckträger *m* автобагáжник [aftabagáshn'ik] *m*, багáжник на крышу [bagáshn'ik ná krýschu]
dafür *adv* вмéсто тогó [wm'éßta tagó]
daheim *adv* (SwD) дóма [dóma]
damals *adv* тогдá (же) [tagdá (shé)]
Dame *w* **1** (Person) госпожá [gaßpashá] *w*, дáма [dáma] *w* **2** (Spiel) шáшки [scháschk'i] *w Mz* **3** **~n** жéнские туалéты [shénßk'iji tual'éty]
Damenbinde *w* проклáдка [praklátka] *w*
damit *conj* чтóбы [schtóby]
Dämmerung *w* **1** (am Morgen) рассвéт [raßßw'ét] *m* **2** (am Abend) сýмерки [ßúm'irk'i] *Mz*, сýмрак [ßúmrak] *m*
Dampf *m* пар [pár] *m*
dämpfen *v* **1** (Licht) притушíть [pr'ituschýt'] *vo*, (Schall usw.) глушíть [gluschýt'] *uv* **2** (Stoß usw.) приглушáть [pr'igluschát'] *uv*, приглушíть [pr'igluschýt'] *vo* **3** (unterdrücken) приглушíть [pr'igluschýt'] *vo*
daneben *adv* мíмо [m'íma]
dank *prep j-m/etw.* благодаря́ [blagadar'á] *кому/чему*, при пóмощи [pr'í pómaschsch'i]
dankbar *adj für etw.* благодáрный [blagadárnyj] *за что* ► **~ sein** *j-m für etw.* быть благодáрен *кому за что*
danke **D~!** Спасíбо!
danken *v j-m für etw.* поблагодарíть [pablagadar'ít'] *vo кого за что*, благодарíть [blagadar'ít'] *uv кого за что*
dann *adv* потóм [patóm], затéм [sat'ém]
Darm *m* кишкá [k'ischká] *w*
darstellen *v* **1** (abbilden usw.) изобразíть [isabras'ít'] *vo*, (Symbol usw.) *etw. Akk* представля́ть собóй [pr'iztawl'át' ßabój] **2** (bedeuten) представля́ть [pr'iztawl'át'] *uv* **3** (spielen) *j-n* воплотíть [waplat'ít'] *vo кого*, изобразíть [isabras'ít'] *vo кого*
das *pron* э́то [éta]
dass *conj* **1** что [schtó] **2** (Zweck) пусть [púßt'], пускáй [pußkáj] **3** (Wunsch, Befehl usw.) чтóбы [schtóby]
dasselbe *pron* тó же (сáмое) [tó sha (ßámaji)]
Daten *Mz* дáнные [dánnyji] *s Mz*
Dattel *w* фíник [f'ín'ik] *m*
Datum *s* дáта [dáta] *w*

Dauer *w* продолжи́тельность [pradalshýt'il'naßt'] *w*, дли́тельность [dl'ít'il'naßt'] *w*, долгота́ [dalgatá] *w*

dauerhaft *adj* постоя́нный [paßtajánnyj], бессро́чный [b'ißßrótsch'nyj] ♦ *adv* навсегда́ [nafß'igdá]

Dauerkarte *w* абонеме́нт [aban'im'ént] *m*, абонеме́нтный (проездно́й) биле́т [aban'im'éntnyj (prajisnój) b'il'ét]

dauern *v* дли́ться [dl'ítza] *uv*, продолжа́ться [pradalshátza] *uv* ► **Wie lange wird es ~?** Как до́лго э́то бу́дет продолжа́ться?

dauernd *adj* постоя́нный [paßtajánnyj] ♦ *adv* **1** (ohne Unterbrechung) постоя́нно [paßtajánna], непреры́вно [n'ipr'irýwna], (ohne Unterbrechung) непреры́вно [n'ipr'irýwna], безостано́вочно [b'isaßtanówatsch'na] **2** (für immer) постоя́нно [paßtajánna], дли́тельно [dl'ít'il'na], (für immer) навсегда́ [nafß'igdá]

Daumen *m* большо́й па́лец [bal'schój pál'iz]

Debitkarte *w* дебето́вая ка́рта [d'ib'itówaja kárta]

Deck *s* борт [bórt] *m*, па́луба [páluba] *w*

Decke *w* **1** одея́ло [ad'ijála] *s*, покрыва́ло [pakrywála] *s* **2** (im Zimmer) потоло́к [patalók] *m*

Deckel *m* кры́шка [krýschka] *w*

decken *v* **1** (schützen) *j-n/etw.* заслоня́ть [saßlan'át'] *uv кого/что*, покрыва́ть [pakrywát'] *uv* **2** ***Tisch*** ~ накры́ть (на стол) [nakrýt' (ná ßtól)] **3** *etw. Akk mit etw.* покры́ть [pakrýt'] *vo* **4** (finanziell) *etw. Akk* нести́ [n'ißt'í] *uv*, возмеща́ть [wasm'ischsch'át'] *uv* ► **die Kosten ~** покрыва́ть стоимость

defekt *adj* повреждённый [pawr'ishd'ónnyj], испо́рченный [ißpórtsch'innyj] ► **~ sein** отка́зывать *uv*, рабо́тать неиспра́вно

Defekt *m* поме́ха [pam'écha] *w*, неиспра́вность [n'iißpráwnaßt'] *w*

Deich *m* да́мба [dámba] *w*, запру́да [saprúda] *w*

dein, deine *pron* твой, твоя́, твоё [twój, twajá, twa'ó]

demnächst *adv* вско́ре [fßkór'i]

Demokratie *w* демокра́тия [d'imakrát'ija] *w*

Demonstration *w* демонстра́ция [d'imanßtrázyja] *w*

denken *v* **1** (im Kopf haben) *an etw. Akk* ду́мать [dúmat'] *uv о чём* **2** (Meinung haben) ду́мать [dúmat'] *uv* **3** (sich erinnern) *an j-n/etw.* помы́слить [pamýßl'it'] *vo о ком/чём* **4** (vorhaben) *an etw. Akk* заду́мывать [sadúmywat'] *uv что*

Denkmal *s* па́мятник [pám'itn'ik] *m*

dennoch *conj* впро́чем [fprótsch'im]

Deodorant *s* дезодора́нт [d'isadaránt] *m*

der, die, das *pron* **1** э́тот [état], э́та [éta], э́то [éta] **2** (bei Personen) кото́рый [katóryj]

derb *adj* гру́бый [grúbyj]

derjenige, diejenige, dasjenige *pron* тот, та, то [tót, tá, tó]

deshalb *adv* потому́ [patamú], поэ́тому [paétamu]

Design *s* диза́йн [d'isájn] *m*, отде́лка [add'élka] *w*

Desinfektion *w* дезинфе́кция [d'is'inf'ékzyja] *w*

Desinfektionsmittel *s* дезинфе́кция [d'is'inf'ékzyja] *w*

desinfizieren *v* дезинфици́ровать [d'is'inf'izýrawat'] *uv/vo*

Dessert *s* десе́рт [d'iß'ért] *m*, сла́дкое [ßlátkaji] *s*

desto **je… ~** чем… тем

deswegen *adv* потому́ [patamú], поэ́тому [paétamu]

deutlich *adj* **1** (Änderung usw.) очеви́дный [atsch'iw'ídnyj] **2** (klar erkennbar) чёткий [tsch'ótk'ij] ♦ *adv* **1** (geschrieben usw.) поня́тно [pan'átna], вразуми́тельно [wrasum'ít'il'na] **2** (hören usw.) отчётливо [attsch'ótl'iwa], вня́тно [wn'átna] **3** (verständlich usw.) я́сно [jáßna], отчётливо [attsch'ótl'iwa]

deutsch *adj* неме́цкий [n'im'ézk'ij] ♦ *adv* по-неме́цки [pan'im'ézk'i]

Deutsch(e) *s* неме́цкий язы́к [n'im'ézk'ij jisýk]

Deutsche *m* не́мец [n'ém'iz] *m*

Deutschland *s* Герма́ния [g'irmán'ija] *w*

Devise *w* деви́за [d'iw'ísa] *w*, валю́та [wal'júta] *w*

Dezember *m* дека́брь [d'ikábr'] *m*

Dezimalkomma *s* десяти́чный раздели́тель [d'iß'it'ítsch'nyj rasd'il'ít'il'], десяти́чная запята́я [d'iß'it'ítsch'naja sap'itája]

Dia *s* диапозити́в [d'iapas'it'íf] *m*, слайд [ßlájt] *m*

Diabetes *m* диабе́т [d'iab'ét] *m*, са́харная боле́знь [ßácharnaja bal'ésn']

Diamant *m* алма́з [almáß] *m*

Diät *w* дие́та [d'ieta] *w* ► **Ich halte ~.** Я на дие́те.

dicht *adj* густо́й [gußtój]

Dichter *m* поэ́т [paét] *m*

Dichtung *w* уплотни́тель [uplatn'ít'il'] *m*

dick *adj* **1** (Brett usw.) то́лстый [tólßtyj] **2** (Person usw.) то́лстый [tólßtyj], ту́чный [tútsch'nyj] **3** (Suppe usw.) густо́й [gußtój]
die *pron* э́ти [ét'i] ► **~ (da)** те
Dieb *m* вор [wór] *m*, вор-домýшник [wardamúschn'ik]
Diebstahl *m* кра́жа [krásha] *w*, воровство́ [warafßtwó] *s*
dienen *v* **1** *j-m/etw.* служи́ть [ßlushýt'] *uv* **2** (Zweck haben) *als etw. Nom, zu etw.* служи́ть [ßlushýt'] *uv чем, для чего*
Dienst *m* дежу́рство [d'ishúrßtwa] *s*, (Leistung) услу́га [ußlúga] *w*, слу́жба [ßlúshba] *w* ► **~e leisten** *j-m/etw.* послужи́ть *vo кому/чему*
Dienstag *m* вто́рник [ftórn'ik] *m*
Dienstleistungen *w Mz* услу́ги [ußlúg'i]
diese *pron* э́ти [ét'i]
Diesel *m* нефть [n'éft'] *w*
dieser, diese, dieses *pron* э́тот [état], э́та [éta], э́то [éta], тот, та, то [tót, tá, tó] ► **dieses Jahr** в э́том году́
diesmal *adv* (на) э́тот раз [(ná) état ráß]
Digitalkamera *w* цифрово́й фотоаппара́т [zyfrawój fataaparát]
Ding *s* вещь [w'éschsch'] *w*
dir *pron* тебе́ [t'ib'é]
direkt *adj* **1** (Verbindung usw.) прямо́й [pr'imój], беспереса́дочный [b'ißp'ir'ißádatsch'nyj], беспоса́дочный [b'ißpaßádatsch'nyj] **2** (Person) прямолине́йный [pr'imal'in'éjnyj], откры́тый [atkrýtyj] **3** (Lösung usw.) прямо́й [pr'imój], прямолине́йный [pr'imal'in'éjnyj] ♦ *adv* **1** (ohne Umstände) пря́мо [pr'áma] **2** (sofort) пря́мо [pr'áma]
Direktor *m* дире́ктор [d'ir'éktar] *m*
Diskothek *w* дискоте́ка [d'ißkat'éka] *w*
Diskussion *w* диску́ссия [d'ißkúßß'ija] *w*
diskutieren *v über etw. Akk* дискути́ровать [d'ißkut'írawat'] *uv о чём, über etw. Akk* обсуди́ть [apßud'ít'] *vo*, разобра́ть [rasabrát'] *vo*
dividieren *v etw. Akk durch etw.* дели́ть [d'il'ít'] *uv что чем*
doch *part* **1** ведь [w'ét'], всё же [fß'ó shé], вот [wót] **2** та́к-таки [táktak'i]
Doktor *m* до́ктор [dóktar] *m*, врач [wrátsch'] *m*
Dollar *m* до́ллар [dóllar] *m*
dolmetschen *v* переводи́ть (у́стно) [p'ir'iwad'ít' (úßna)], *etw. Akk in etw. Akk* перевести́ (на друго́й язы́к) [p'ir'iw'ißt'í (ná drugój jisýk)]
Dolmetscher *m* (у́стный) перево́дчик [(úßnyj) p'ir'iwóttsch'ik], рефере́нт-перево́дчик [r'if'ir'éntp'ir'iwódtsch'ik] *m*
Dom *m* (кафедра́льный) собо́р [(kaf'idrál'nyj) ßabór]
Donner *m* гром [gróm] *m*
Donnerstag *m* четве́рг [tschitw'érk] *m*
doppelt *adj* двойно́й [dwajnój] ♦ *adv* вдвое́ [wdwóji], вдвое, двукра́тно [dwukrátna] ► **~ so viel** в два ра́за бо́льше
Doppelzimmer *s* ко́мната на двои́х [kómnata ná dwaích]
Dorf *s* дере́вня [d'ir'éwn'a] *w*, село́ [ß'iló] *s*
dort *adv* туда́ [tudá], там [tám]
dorthin *adv* туда́ [tudá]
Dose *w* жестя́нка [shyßt'ánka] *w*
Dosenbier *s* ба́ночное пи́во [bánatsch'naji p'íwa]
Dosenöffner *m* консе́рвный нож [kanß'érwnyj nósch]
Draht *m* про́волока [prówalaka] *w*
dramatisch *adj* драмати́ческий [dramat'ítsch'ißk'ij]
draußen *adv* на у́лице [ná úl'izy/dwar'é] ► **nach ~** вон, нару́жу
drehen *v* **1** *etw. Akk* крути́ть [krut'ít'] *uv чем* **2** ***sich*** ~ поверну́ться [paw'irnútza] *vo*, обрати́ться [abrat'ítza] *vo* **3** ***sich*** ~ (Rad usw.) крути́ться [krut'ítza] *uv*, кружи́ться [krushýtza] *uv* **4** (Schiff, Wind usw.) поверну́ться [paw'irnútza] *vo* **5** (formen) *etw. Akk* крути́ть [krut'ít'] *uv*, скрути́ть [ßkrut'ít'] *vo что*, (formen) *etw. Akk* закрути́ть [sakrut'ít'] *vo что* **6** (Film) снима́ть [ßn'imát'] *uv* **7** ***sich*** ~ *um etw.* верте́ться [w'irt'étza] *uv вокруг чего*
drei *num* три [tr'í], тро́е [tróji]
Dreieck *s* треуго́льник [tr'iugól'n'ik] *m*
dreißig *num* три́дцать [tr'ízat']
dreizehn *num* трина́дцать [tr'inázat']
dringend *adj* сро́чный [ßrótsch'nyj], безотлага́тельный [b'isatlagát'il'nyj], неотло́жный [n'iatlóshnyj], э́кстренный [ékßtr'innyj] ♦ *adv* неотло́жно [n'iatlóshna]
drinnen *adv* внутри́ [wnutr'í]
dritt(er,e,es) *num* тре́тий [tr'ét'ij]
Drittel *s* треть [tr'ét'] *w*
Droge *w* нарко́тик [narkót'ik] *m*
drohen *v j-m mit etw.* грози́ть [gras'ít'] *uv кому чем*, угрожа́ть [ugrashát'] *uv кому чем*
Drohung *w* угро́за [ugrósa] *w*
drüben *adv* (сра́зу) напро́тив [(ßrásu) napról'if]
Druck[1] *m* (Kraft usw.) давле́ние [dawl'én'iji] *s*
Druck[2] *m* (Prozess) *etw. Gen* печа́ть [p'itsch'át'] *w*
drucken *v* печа́тать [p'itsch'átat'] *uv*, *etw. Akk* напеча́тать [nap'itsch'átat'] *vo что*, отпеча́тать [atp'itsch'átat'] *vo что*

drücken *v* **1** (in der Hand usw.) *etw. Akk* сжать [shshát'] *vo*, пожáть [pashát'] *vo что*, нажáть [nashát'] *vo* **2** (Knopf usw.) *etw. Akk* нажáть [nashát'] *vo* **3** жать [shát'] *uv*, сжимáть [shshymát'] *uv* **4** (mit der Hand usw.) *auf etw. Akk* толкáть [talkát'] *uv* **5** (zu eng sein) жать [shát'] *uv* **6** *etw. Akk in etw. Akk* вдави́ть [wdaw'ít'] *vo что во что* **7** *j-n/etw. in/an etw. Akk* прижáть [pr'ishát'] *vo кого/что к чему*, придави́ть [pr'idaw'ít'] *vo кого/что к чему*

Druckerei *w* типогрáфия [t'ipagráf'ija] *w*

Druckknopf *m* **1** (zum Verschließen) кнóпка кля́мерная [knópka kl'ám'irnaja] **2** (Maschinenteil usw.) кнóпка [knópka] *w*, (нажимнáя) кнóпка [(nashymnája) knópka]

Drüse *w* железá [shyl'isá] *w*

du *pron* ты [tý]

Dudelsack *m* волы́нка [walýnka] *w*

Duft *m* **1** зáпах [sápach] *m* **2** (eines Parfüms usw.) зáпах [sápach] *m*, аромáт [aramát] *m*

duften *v* пáхнуть [páchnut'] *uv*

dumm *adj* глýпый [glúpyj] ♦ *adv* глýпо [glúpa], сдýру [sdúru]

Dummheit *w* тýпость [túpaßt'] *w*, глýпость [glúpaßt'] *w*

Düne *w* бархáн [barchán] *m*, дю́на [d'júna] *w*

Dünger *m* удобрéние [udabr'én'iji] *s*

dunkel *adj* **1** тёмный [t'ómnyj] **2** (mit dunkler Haut) смýглый [ßmúglyj] ♦ *adv* темнó [t'imnó]

dunkelhaarig *adj* брюнéт [br'un'ét] *m*, темноволóсый [t'imnawalóßyj]

Dunkelheit *w* тьма [t'má] *w*, темнотá [t'imnatá] *w*, потёмки [pat'ómk'i] *Mz*

dünn *adj* **1** (Ast usw.) тóнкий [tónk'ij] **2** (Suppe usw.) жи́дкий [shýtk'ij]

durch *prep etw. Akk* чéрез [tschér'iß] *что*, сквозь [ßkwóß']

durcheinander *adv* наперебóй [nap'ir'ibój]

durcheinanderbringen *v* разбросáть [rasbraßát'] *vo*, *etw. Akk* перемешáть [p'ir'im'ischát'] *vo*

durchfahren[1] *v* (durch Tunnel usw.) *durch etw.* проéхать [prajéchat'] *vo*

durchfahren[2] *v* (durchreisen) объéздить [abjésd'it'] *vo*, побывáть [pabywát'] *vo*, *etw. Akk* изъéздить [isjésd'it'] *vo*

Durchfahrt *w* **1** (Durchfahren) *durch etw.* проéзд [prajést] *m* **2** (Stelle) проéзд [prajést] *m*

Durchfall *m* **1** (Erkrankung) понóс [panóß] *m* **2** (Film usw.) провáл [prawál] *m*

durchfallen *v* **1** *durch etw.* провали́ться [prawal'ítza] *vo через что* **2** *in etw. Dat* провали́ться [prawal'ítza] *vo по чему*

durchführen *v* **1** (durch Stadt usw.) *j-n durch etw.* провести́ [praw'ißt'í] *vo кого где* **2** (Aufgabe usw.) *etw. Akk* совершúть [ßaw'irschýt'] *vo*, осуществи́ть [aßuschsch'ißtw'ít'] *vo*, реализовáть [r'ial'isawát'] *vo* **3** (Vorhaben usw.) *etw. Akk* совершúть [ßaw'irschýt'] *vo что* **4** (Experiment usw.) провести́ [praw'ißt'í] *vo* **5** (realisieren) *etw. Akk* осуществи́ть [aßuschsch'ißtw'ít'] *vo что*

Durchgang *m* прохóд [prachót] *m*

durchgehen *v* **1** *durch etw.* пройти́ [prajt'í] *vo* **2** (lesen usw.) *etw. Akk* пройти́ [prajt'í] *vo что*

Durchmesser *m etw. Dat* диáметр [d'iám'itr] *m чего*, поперéчник [pap'ir'étsch'n'ik] *m чего*

Durchreise *w durch etw.* проéзд [prajést] *m*

durchreisen *v* объéздить [abjésd'it'] *vo*, побывáть [pabywát'] *vo*

Durchschnitt *m* срéдняя величинá [ßr'édn'ija w'il'itsch'iná]

durchschnittlich *adj* срéдний [ßr'édn'ij]

durchsehen *v etw. Akk* осмотрéть [aßmatr'ét'] *vo что*

durchsichtig *adj* прозрáчный [prasrátsch'nyj]

durchsuchen *v j-n/etw.* обыскáть [abyßkát'] *vo кого/что*

dürfen *v* мочь [mótsch'] *uv*, сметь [ßm'ét'] *uv* ► **nicht ~** не мочь

Durst *m* жáжда [sháshda] *w*

durstig *adj* жáждущий [sháshduschsch'ij]

Dusche *w* душ [dúsch] *m* ► **eine ~ nehmen** приня́ть душ

duschen (sich) ~ принимáть душ

Dutzend *s* дю́жина [d'júshyna] *w*

duzen *v j-n* быть на ты [být' ná tý] *с кем*, обращáться на ты [abraschsch'átza ná tý] *к кому*, ты́кать [týkat'] *uv*

D-Zug *m* скóрый пóезд [ßkóryj pójist]

E

Ebbe *w* отли́в [atl'íf] *m*
eben[1] *adj* ра́вный [ráwnyj] ► **~ machen** вы́ровнять *vo*
eben[2] *adv* как раз [kák ráß], и́менно [ím'inna]
eben[3] *part* про́сто [próßta], одни́м сло́вом [adn'ím ßlówam]
Ebene *w* **1** (Land) равни́на [rawn'ína] *w* **2** (geometrische usw.) пло́скость [plóß-kaßt'] *w*
ebenfalls *adv* то́же [tóshy], та́кже [táks-hy]
ebenso *adv* одина́ково [ad'inákawa]
Echo *s* э́хо [écha] *s*, о́тзвук [ótswuk] *m*, отголо́сок [adgalóßak] *m*
echt *adj* настоя́щий [naßtajáschsch'ij], по́длинный [pódl'innyj], неподде́льный [n'ipadd'él'nyj] ♦ *adv* действи́тельно [d'ijßtw'ít'il'na], по-настоя́щему [panaß-tajáschsch'imu] ♦ *part* действи́тельно [d'ijßtw'ít'il'na], на са́мом де́ле [ná ßámam d'él'i]
Ecke *w* у́гол [úgal] *m*
eckig *adj* квадра́тный [kwadrátnyj]
edel *adj* благоро́дный [blagaródnyj]
Edelstein *m* драгоце́нный ка́мень [dra-gazénnyj kám'in'], самоцве́т [ßama-zw'ét] *m*
egal **Es ist mir ~.** Так и быть., Мне без ра́зницы.
Ehe *w* супру́жество [ßuprúshyßtwa] *s*, брак [brák] *m*
Ehefrau *w* жена́ [shyná] *w*
Eheleute *w* супру́ги [ßuprúg'i] *m Mz*
ehemalig *adj* бы́вший [býwschyj], было́й [hylój]
Ehemann *m* муж [músch] *m*
Ehepaar *s* супру́ги [ßuprúg'i] *m Mz*
eher *adv* ра́ньше [rán'schy] ♦ *part* скоре́е [ßkar'éji], бо́лее [ból'iji], ско́рее [ßkór'iji]
Ehre *w* честь [tsch'éßt'] *w*
ehrlich *adj* **1** че́стный [tsch'éßnyj] **2** (offen) и́скренний [íßkr'inn'ij], от-крове́нный [atkraw'énnyj] ♦ *adv* че́стно [tsch'éßna], открове́нно [atkraw'énna], чистосе́рдечно [tsch'ißtaß'érd'itsch'na] ► **E~?** Пра́вда?, Серьёзно?, Неуже́ли?
Ei *s* яи́чко [jiítsch'ka] *m*, яйцо́ [jijzó] *s*
Eiche *w* дуб [dúp] *m*
Eidechse *w* я́щерица [jáschsch'ir'iza] *w*
Eierschale *w* скорлупа́ [ßkarlupá] *w*
Eierstock *m* яи́чник [jiítsch'n'ik] *m*
Eifersucht *w* ре́вность [r'éwnaßt'] *w*
eifersüchtig *adj* ревни́вый [r'iwn'íwyj] ► **~ sein** *auf j-n* ревнова́ть *uv* кого
eigen *adj* со́бственный [ßópßtw'innyj], свой [ßwój]
Eigenschaft *w j-s/etw.* сво́йство [ßwójßt-wa] *s*
eigentlich *part* со́бственно [ßópßtw'inna] ► **~ nicht** не о́чень, не совсе́м
Eigentum *s* иму́щество [imúschsch'ißtwa] *s*
Eigentümer *m etw. Gen* хозя́ин [chas'áin] *m* чего, со́бственник [ßópßtw'inn'ik] *m* чего
Eile *w* спе́шка [ßp'éschka] *w*, го́нка [gón-ka] *w*
eilen *v* спеши́ть [ßp'ischýt'] *uv*
eilig *adj* неотло́жный [n'iatlóshnyj], э́кстренный [ékßtr'innyj] ♦ *adv* **1** бы́стро [býßtra], торопли́во [tarapl'íwa], гало́пом [galópam] **2** (schicken usw.) экспре́сс [ikßpréß], сро́чно [ßrótsch'na] ► **Ich habe es ~.** Спешу́., Тороплю́сь.
Eimer *m* ведро́ [w'idró] *s*
ein *num* оди́н [ad'ín]
einatmen *v* **1** (Atem holen) набра́ть во́здух [nabrát' wósduch] **2** (Dämpfe usw.) *etw. Akk* подыша́ть [padyschát'] *vo*, надыша́ться [nadyschátza] *vo чем* **3** (Rauch usw.) *etw. Akk* вдохну́ть [wdachnút'] *vo*
einbahnig *adj* односторо́нний [adnaß-tarónn'ij]
Einbahnstraße *w* у́лица с одно-сторо́нним движе́нием [úl'iza ß adnaß-tarónn'im dw'ishén'ijim]
Einbettzimmer *s* одноме́стный но́мер [adnam'éßnyj nóm'ir]
einbrechen *v* **1** (Dieb usw.) *in etw. Akk* вломи́ться [wlam'ítza] *vo* **2** (Feind usw.) *in etw. Akk* ворва́ться [warwátza] *vo куда* **3** (Decke usw.) провали́ться [prawal'ítza] *vo*
Einbruch *m* **1** (in ein Haus usw.) взлом [wslóm] *m* **2** (der Aktien usw.) спад [ßpát] *m*, паде́ние [pad'én'iji] *s*, обва́л [abwál] *m*
einchecken *v j-n* пройти́ регистра́цию [prajt'í r'ig'ißtrázyju]
Eindruck *m* впечатле́ние [fp'itsch'atl'én'iji] *s*
Einfahrt *w* въезд [wjést] *m*
einfallen *v* **1** (Idee usw.) *j-m* прийти́ в го́лову [pr'ijt'í w gólawu] **2** (in ein Land usw.) *irgendwohin* вто́ргнуться [ftórgnutza] *vo куда*
einfliegen *v* прилете́ть [pr'il'it'ét'] *vo*
Einfluss *m* влия́ние [wl'iján'iji] *s*
einfrieren *v* **1** (zu Eis werden) замёрзнуть [sam'órsnut'] *vo* **2** (Lebensmittel usw.)

моро́зить [marós'it'] *uv*, замора́живать [samaráshywat'] *uv*, (Lebensmittel usw.) заморо́зить [samarós'it'] *vo*, заледени́ть [sal'id'in'ít'] *vo*

einführen *v* **1** *etw. Akk irgendwohin* ввози́ть [wwas'ít'] *uv что куда*, импорти́ровать [impart'írawat'] *vo/uv что* **2** (Maßnahme usw.) ввести́ [ww'ißt'í] *vo* **3** (ein Produkt) поста́вить [paßtáw'it'] *vo*, предста́вить [pr'iztáw'it'] *vo*

Eingang *m* вход [wchót] *m*, подъе́зд [padjést] *m*

Eingeborene *m* тузе́мец [tus'ém'iz] *m*, коренно́й жи́тель [kar'innój shýt'il']

Eingemachte *s* варе́нье [war'én'ji] *s*

eingeschaltet *adj* включённый [fkl'utsch'ónnyj]

eingießen *v etw. Akk in etw. Akk* нали́ть [nal'ít'] *vo*

einheimisch *adj* ме́стный [m'éßnyj], тузе́мный [tus'émnyj]

Einheit *w* **1** (Verbundenheit) еди́нство [jid'ínßtwa] *s*, сплочённость [ßplatsch'ónnaßt'] *w* **2** (Meter usw.) едини́ца [jid'in'íza] *w* **3** (organisatorisch) отря́д [atr'át] *m*

einheitlich *adj* **1** (Einheit bildend) объединённый [abjid'in'ónnyj] **2** (für alle gleich) одина́ковый [ad'inákawyj], о́бщий [ópschsch'ij] ♦ *adv* в согла́сии [w ßagláß'ii]

einig *adj* единоду́шный [jid'inadúschnyj]

einig(er,e,es) *pron* како́й-нибудь [kakójn'ibut'] ► **einige** не́сколько; **einige Male** не́сколько раз

einigen *v* **1** (Volk usw.) соедини́ть [ßajid'in'ít'] *vo* **2** ***sich*** ~ *über etw. Akk* согласи́ться [ßaglaß'ítza] *vo на что*, совпа́сть [ßafpáßt'] *vo в чём*

einjährig *adj* годи́чный [gad'ítsch'nyj]

Einkauf *m* поку́пка [pakúpka] *w* ► ~/ **Einkäufe machen** покупа́ть *uv*, накупи́ть *vo*

einkaufen *v* покупа́ть [pakupát'] *uv*, накупи́ть [nakup'ít'] *vo*

Einkaufspassage *w* торго́вая галере́я [targówaja gal'ir'éja], пасса́ж [paßßásch] *m*, торго́вый центр [targówyj zéntr]

Einkaufswagen *m* теле́жка для поку́пок [t'il'éshka dl'á pakúpak]

Einkaufszentrum *s* торго́вый це́нтр [targówyj zéntr]

Einkommen *s* дохо́д [dachót] *m*

einladen *v j-n irgendwohin* пригласи́ть [pr'iglaß'ít'] *vo*

Einladung *w* приглаше́ние [pr'iglaschén'iji] *s*

einlegen *v* **1** *etw. Akk in etw. Akk* вложи́ть [wlashýt'] *vo что во что* **2** (Geld) *etw. Akk irgendwo* внести́ [wn'ißt'í] *vo* **3** (Gurken usw.) замаринова́ть [samar'inawát'] *vo*

Einlegesohlen *w Mz* сте́льки [ßt'él'k'i] *w Mz*

Einleitung *w* введе́ние [ww'id'én'iji] *s*, вступле́ние [fßtupl'én'iji] *s*

einloggen *v* ***sich*** ~ регистри́роваться [r'ig'ißtr'írawatza] *vo*

einlösen *v* вы́купить [wýkup'it'] *vo*

einmal *adv* одна́жды [adnáshdy], когда́-то [kagdáta], раз [ráß] ♦ *num* оди́н раз [ad'ín ráß] ► **auf ~** сра́зу, за́лпом, внеза́пно

einmalig *adj* ра́зовый [rásawyj]

einmischen *v* ***sich*** ~ *in etw. Akk* вме́шиваться [wm'éschywatza] *uv*, меша́ться [m'ischátza] *uv во что*, (fremde Angelegenheiten usw.) сова́ться [ßawátza] *uv во что*, вме́шиваться [wm'éschywatza] *uv во что*

einpacken *v* пакова́ть [pakawát'] *uv*, оберну́ть [ab'irnút'] *vo*, *etw. Akk* заверну́ть [saw'irnút'] *vo что*, упако́вывать [upakówywat'] *uv*

Einreisevisum *s* въездна́я ви́за [wjisdnája w'ísa]

einrichten *v* **1** (Wohnung usw.) *etw. Akk* обста́вить [apßtáw'it'] *vo* **2** (Ausschuss usw.) учреди́ть [utsch'r'id'ít'] *vo*, основа́ть [aßnawát'] *vo*

Einrichtung *w* обстано́вка [apßtanófka] *w*, обору́дование (кварти́ры) [abarúdawan'iji (kwart'íry)]

einsam *adj* **1** одино́кий [ad'inók'ij] **2** (Haus usw.) уединённый [ujid'in'ónnyj]

einsammeln *v* собра́ть [ßabrát'] *vo*

einschalten *v* включи́ть [fkl'utsch'ít'] *vo* ► **(Licht) ~** включи́ть *vo* свет, заже́чь *vo* (свет)

einschenken *v etw. Akk in etw. Akk* нали́ть [nal'ít'] *vo*

einschiffen **sich ~** погрузи́ться на кора́бль

einschlafen *v* **1** (in Schlaf sinken) засну́ть [saßnút'] *vo*, усну́ть [ußnút'] *vo* **2** (Bein usw.) цепене́ть [zyp'in'ét'] *uv*, мертве́ть [m'irtw'ét'] *uv*

einschließen *v etw. Akk* включа́ть [fkl'utsch'át'] *что*, содержа́ть [ßad'irshát'] *uv что*

einschließlich *adv etw. Gen* с учётом [ß utsch'ótam], включи́тельно [fkl'utsch'ít'il'na] ♦ *prep etw. Gen* включа́я [fkl'utschája] *что*

Einschreiben *s* заказно́е письмо́ [sakasnóji p'iß'mó]

einseitig *adj* односторóнний [adnaß-tarónn'ij]

einsteigen *v in etw. Akk* сесть [ß'éßt'] *во что*

einstellen *v* **1** (Arbeiter usw.) *j-n* взять [ws'át'] *vo*, приня́ть [pr'in'át'] *vo*, (Arbeiter usw.) *j-n* предлагáть ангажемéнт [pr'idlagát'/pr'idlashýt'angashym'ént] **2** (Maschine usw.) отрегули́ровать [atr'igul'írawat'] **3** (Sender usw.) *etw. Akk* настрóить [naßtróit'] *vo что* **4** (Tätigkeit usw.) *etw. Akk* прекрати́ть [pr'ikrat'ít'] *vo что*, брóсить [bróß'it'] *vo что делать* ► **sich ~** (kommen) яви́ться *vo куда*

Einstellung *w* **1** (von Tätigkeit usw.) застóй [saßtój] *m*, задержáние [sad'irshán'iji] *s* **2** (Meinung) отношéние [atnaschén'iji] *s к кому/чему*, подхóд [patchót] *m к кому/чему*, (Meinung) *zu etw.* подхóд [patchót] *m к чему* **3** (von Software usw.) настрóйка [naßtrójka] *w*

Einstieg *m* посáдка [paßátka] *w*

Einstiegsgebühr *w* начáльная тáкса [natsch'ál'naja tákßa]

einstoßen *v etw. Akk in etw. Akk* вбить [wb'ít'] *vo что во что*, вонзи́ть [wans'ít'] *vo что во что*

einstürzen *v* рýхнуть [rúchnut'] *vo*, (Gebäude usw.) обрýшиться [abrúschytza] *vo*

einteilen *v* **1** (in Stücke) *etw. Akk in etw. Akk* раздели́ть [rasd'il'ít'] *vo* **2** (planen) распредели́ть [raßpr'id'il'ít'] *vo*, распланировать [raßplan'írawat'] *vo*

eintreten *v* **1** *in etw. Akk* войти́ [wajt'í] *vo куда*, вступи́ть [fßtup'ít'] *vo куда* **2** *für j-n/etw.* заступи́ться [saßtup'ítza] *vo за кого/что* **3** настáть [naßtát'] *vo*, наступи́ть [naßtup'ít'] *vo*

Eintritt *m* **1** (Eintreten) вступлéние [fßtupl'én'iji] *s*, вход [wchót] *m* **2** (ins Museum usw.) вход [wchót] *m*, вступлéние [fßtupl'én'iji] *s* **3** (Geld) входнáя плáта [wchadnája pláta] **4** (der Dunkelheit usw.) начáло [natsch'ála] *s* ► **~ frei** вход свобóдный

Eintrittsgeld *s* входнáя плáта [wchadnája pláta], плáта за вход [pláta sá wchót]

Eintrittskarte *w* билéт [b'il'ét] *m*, входнóй билéт [wchadnój/prapußknójb'il'ét]

einverstanden **E~?** Оукéй?, Лáдно?

einwerfen *v etw. Akk in etw. Akk* брóсить [bróß'it'] *vo что во что*

einwickeln *v etw. Akk in etw. Akk* завернýть [saw'irnút'] *vo что во что*

Einwohner *m* обитáтель [ab'itát'il'] *m*, жи́тель [shýt'il'] *m*

einzahlen *v etw. Akk auf etw. Akk* внести́ [wn'ißt'í] *vo*

Einzahlung *w* **1** платёж [plat'ósch] *m* **2** (Betrag) оплáта [aplata] *w*, вы́плата [wýplata] *w*

Einzelheit *w* детáль [d'itál'] *w*, подрóбность [padróbnaßt'] *w*, тóнкость [tónkaßt'] *w*

einzeln *adj* одинóчный [ad'inótsch'nyj]

Einzelzimmer *s* одномéстный нóмер [adnam'éßnyj nóm'ir]

einzig *adj* еди́нственный [jid'ínßtw'innyj] ♦ *adv* тóлько [tól'ka], еди́нственно [jid'ínßtw'inna], исключи́тельно [ißkl'utsch'ít'il'na], лишь [l'ísch] ♦ *num* оди́н [ad'ín] ► **kein ~er** ни оди́н

einzigartig *adj* рéдкостный [r'étkaßnyj], беспримéрный [b'ißpr'im'érnyj], уникáльный [un'ikál'nyj]

Eis *s* **1** (Wasser) лёд [l'ót] *m* **2** (Speiseeis) морóженое [maróshynaji] *s*

Eisbecher *m* морóженое [maróshynaji] *s*

Eisdiele *w* кафé-морóженое [kafema-roshinaji] *s*

Eisen *s* желéзо [shyl'ésa] *s*

Eisenbahn *w* желéзная дорóга [shyl'ésnaja daróga]

Eisenbahnwagen *m* вагóн [wagón] *m*

eisig *adj* ледянóй [l'id'inój], (Wetter usw.) морóзный [marósnyj]

eiskalt *adj* ледянóй [l'id'inój]

Eiter *m* гной [gnój] *m*

Ekel *m* отвращéние [atwraschsch'én'iji] *s*, омерзéние [am'irs'én'iji] *s*

ekelhaft *adj* тошнóтный [taschnótnyj], гáдкий [gátk'ij], отврати́тельный [at-wrat'ít'il'nyj], мéрзкий [m'érßk'ij]

elastisch *adj* эласти́чный [ilaßt'ítsch'nyj], ги́бкий [g'ípk'ij]

Elch *m* лось [lóß'] *m*

Elefant *m* слон [ßlón] *m*

elegant *adj* элегáнтный [il'igántnyj], шикáрный [schykárnyj]

Elektriker *m* элéктрик [il'éktr'ik] *m*, электромонтёр [il'iktramant'ór] *m*

elektrisch *adj* электри́ческий [il'iktr'ítsch'ißk'ij]

Elektrizität *w* электри́чество [il'iktr'ítsch'ißtwa] *s*, электроэнéргия [il'iktrain'érg'ija] *w*

Element *s* **1** (Bestandteil) элемéнт [il'im'ént] *m* **2** (Naturkraft) стихи́я [ßt'ich'íja] *w*

Elend *s* страдáние [ßtradán'iji] *s*

elf *num* оди́ннадцать [ad'ínnazat']

Elfenbein *s* слонóвая кость [ßlanówaja kóßt']

Ellbogen *m* лóкоть [lókat'] *m*

Eltern *Mz* роди́тели [rad'ít'il'i] *m Mz*

E-Mail *w* емáйл [imájl] *m*, имéйл [iméjl] *m* ► **~ schicken** *j-m* отпрáвить емáйл *кому*

Empfang *m* **1** (von Ware usw.) приём [pr'i'óm] *m*, принятие [pr'in'át'iji] *s*, получéние [palutsch'én'iji] *s* **2** (von Gästen usw.) приём [pr'i'óm] *m* **3** (Signal usw.) приём [pr'i'óm] *m* **4** (Veranstaltung) рáут [ráut] *m*, фуршéт [furschét] *m*, (Veranstaltung) приём [pr'i'óm] *m*

empfangen *v* **1** (Gäste usw.) *j-n* встрéтить [fßtr'ét'it'] *vo кого*, привéтствовать [pr'iw'éztwawat'] *uv кого* **2** (ein Kind usw.) зачáть [satsch'át'] *vo*

Empfänger *m* **1** *etw. Gen* получáтель [palutsch'át'il'] *m чего*, (eines Briefes usw.) адресáт [adr'ißát] *m* **2** (Gerät) приёмник [pr'i'ómn'ik] *m*

Empfängnisverhütung *w* противозачáточные срéдства [prat'iwasatsch'átatsch'nyji ßr'éztwa], контрацéпция [kantrazépzyja] *w*

empfehlen *v j-n/etw. j-m* рекомендовáть [r'ikam'indawát'] *vo кого/что кому*

Empfehlung *w* рекомендáция [r'ikam'indázyja] *w*

empfindlich *adj* **1** (leicht beleidigt) обúдчивый [ab'íttsch'iwyj] **2** (gegen Kälte usw.) *gegen etw.* чувствúтельный [tsch'ufßtw'ít'il'nyj] *к чему* **3** (Verlust usw.) ощутúмый [aschsch'ut'ímyj], ощутúтельный [aschsch'ut'ít'il'nyj]

Ende *s* конéц [kan'éz] *m* ► **zu ~ bringen** *etw. Akk* закóнчить *vo*, окóнчить *vo что*; **zu ~ sein** закóнчить *vo*

enden *v* закóнчить [sakóntsch'it'] *vo*

endgültig *adj* дефинитúвный [d'if'in'it'íwnyj], окончáтельный [akantsch'át'il'nyj], крáйний [krájn'ij], (Ergebnis usw.) окончáтельный [akantsch'át'il'nyj]

Endhaltestelle *w* конéчная стáнция [kan'étsch'naja ßtánzyja]

endlich *adv* наконéц-то [nakan'ézta]

Endstation *w* конéчная стáнция [kan'étsch'naja ßtánzyja]

Energie *w* энéргия [in'érg'ija] *w*

eng *adj* **1** ýзкий [úßk'ij] **2** (Zusammenhang usw.) тéсный [t'éßnyj], блúзкий [bl'íßk'ij] ► **~er werden** сýзиться *vo*, сужáться *uv*; **zu ~ sein** душúть *uv*

Engel *m* áнгел [áng'il] *m*

England *s* Áнглия [ángl'ija] *w*

Engländer *m* англичáнин [angl'itsch'án'in] *m*

englisch *adj* англúйский [angl'íjßk'ij] ♦ *adv* по-англúйски [paangl'íjßk'i]

Enkel *m* внук [wnúk] *m*

Enkelin *w* внýчка [wnútsch'ka] *w*

entdecken *v* **1** (Kontinent usw.) *etw. Akk* найтú [najt'í] *vo* **2** (Verbrechen usw.) *etw. Akk* обнарýжить [abnarúshyt'] *vo*, вскрыть [fßkrýt'] *vo*

Entdeckung *w* открытие [atkrýt'iji] *s*

Ente *w* ýтка [útka] *w*

entfernen *v* **1** *etw. Akk* устранúть [ußtran'ít'] *vo* **2** (in Ferne bringen) *etw. Akk von etw.* отодвúнуть [atadw'ínut'] *vo*, удалúть [udal'ít'] *vo* ► **sich ~** *von etw.* удалúться *vo от чего*

entfernt *adj* **1** отдалённый [addal'ónnyj], далёкий [dal'ók'ij], удалённый [udal'ónnyj] **2** (Ähnlichkeit usw.) отдалённый [addal'ónnyj]

Entfernung *w* расстояние [raßßtaján'iji] *s*, дистáнция [d'ißtánzyja] *w*, протяжéние [prat'ishén'iji] *s*

entführen *v etw. Akk* похúтить [pach'ít'it'] *vo что*, *j-n* похúтить [pach'ít'it'] *vo кого*

Entführung *w* похищéние [pach'ischsch'én'iji] *s*, (eines Flugzeugs usw.) угóн [ugón] *m*, захвáт [sachwát] *m*

entgegengesetzt *adj* противопολóжный [prat'iwapalóshnyj]

enthalten *v* **1** *etw. Akk* содержáть [ßad'irshát'] *uv*, заключáть (в себé) [sakl'utsch'át' (w ß'ib'é)] *uv* **2** ***sich ~*** *etw. Gen* отказáться [atkasátza] *vo от чего* **3** ***sich ~*** *etw. Gen* (Abstimmung usw.) воздержáться [wasd'irshátza] *vo от чего*

entladen *v* **1** (Ladung usw.) вы́грузить [wýgrus'it'] *vo что*, сгрузúть [sgrus'ít'] *vo что* **2** (Akkumulator usw.) разрядúть [rasr'id'ít'] *vo*

entlang *prep etw. Dat* óколо [ókala], вдоль [wdól']

entlassen *v* **1** (aus dem Krankenhaus usw.) вы́писать [wýp'ißat'] *vo* **2** (Arbeiter usw.) *j-n* увóлить [uwól'it'] *vo*

entschädigen *v j-n für etw.* возместúть [wasm'ißt'ít'] *vo что кому*, компенсúровать [kamp'inß'írawat'] *vo/uv что кому*, *j-n für etw.* компенсúровать [kamp'inß'írawat'] *vo/uv*, возместúть ущéрб [wasm'ißt'ít' uschsch'érp]

Entschädigung *w* компенсáция [kamp'inßázyja] *w*

entscheiden *v* **1** *etw. Akk* рассудúть [raßßud'ít'] *vo что* **2** ***sich ~*** решúться [r'ischýtza] *vo на что* **3** ***sich ~*** *für j-n/etw.* избрáть [isbrát'] *vo кого/что*

Entscheidung *w* решéние [r'ischén'iji] *s*

Entschluss *m* заключéние [sakl'utsch'én'iji] *s*, вы́вод [wýwat] *m*

entschuldigen *v* **1** (Grund mitteilen) *j-n/etw.* оправдáть [aprawdát'] *vo кого/что* **2** (Verständnis zeigen) *j-n/etw.* извинять [isw'in'át'] *uv*, опрáвдывать [apráwdywat'] *uv кого/что* ► **sich ~** *bei j-m für etw.* извини́ться *vo*; **E~ Sie!** Извини́те!

Entschuldigung *w* **1** (Grund) *für etw.* извине́ние [isw'in'én'iji] *s за что*, оправдáние [aprawdán'iji] *s* **2** (Äußerung) *für etw.* извине́ние [isw'in'én'iji] *s* ► **~!** Извини́те!

entspannen *v* ***sich*** ~ расслáбиться [raßßláb'itza] *vo*

entsprechen *v etw. Dat* отвечáть [atw'itsch'át'] *uv чему*

entsprechend *adj* **1** *etw. Dat* соотвéтствующий [ßaatw'éztwujuschsch'ij], соотвéтственный [ßaatw'éztw'innyj] *чему*, подобáющий [padabájuschsch'ij] **2** (Amt usw.) надлежáщий [nadl'isháschsch'ij] ♦ *adv* соотвéтственно [ßaatw'éztw'inna], соразмéрно [ßarasm'érna]

entstehen *v* основáться [aßnawátza] *vo*, *aus etw.* вы́йти [wýjt'i] *vo из чего*, (sich entwickeln) возни́кнуть [wasn'íknut'] *vo*, появи́ться [pajiw'ítza] *vo*

enttäuschen *v j-n* разочаровáть [rasatsch'arawát'] *vo*

Enttäuschung *w* разочаровáние [rasatsch'arawán'iji] *s*

entweder **~... oder** или ... или

entwenden *v j-m etw. Akk* укрáсть [ukráßt'] *vo*

entwerfen *v* набрáсывать [nabráßywat'] *uv*, наброси́ть [nabróß'it'] *vo*, *etw. Akk* спроекти́ровать [ßprajikt'írawat'] *vo*, приду́мать [pr'idúmat'] *vo*

entwickeln *v* **1** *etw. Akk* развивáть [rasw'iwát'] *uv*, (verbessern) разви́ть [rasw'ít'] *vo* **2** (entstehen lassen) *etw. Akk* разрабóтать [rasrabótat'] *vo* **3** (Druck usw.) прояви́ть [prajiw'ít'] *vo* **4** (Film) прояви́ть [prajiw'ít'] *vo*

Entwicklung *w* эволю́ция [iwal'júzyja] *w*, разви́тие [rasw'ít'iji] *s*

Entwurf *m* **1** (einer Konstruktion usw.) концéпт [kanzépt] *m*, эски́з [ißk'íß] *m* **2** (schriftlicher) наброс́ок [nabróßak] *m*, чернови́к [tsch'irnaw'ík] *m*

Entzündung *w* воспалéние [waßpal'én'iji] *s*

er *pron* он [ón]

erbauen *v* вы́строить [wýßtrait'] *vo*, построи́ть [paßtróit'] *vo*

Erbe[1] *s* наслéдство [naßl'éztwa] *s*

Erbe[2] *m etw. Gen* наслéдник [naßl'édn'ik] *m*

erben *v etw. Akk von j-m* наслéдовать [naßl'édawat'] *uv*, получáть в наслéдство [palutsch'át' w naßl'éztwa], *etw. Akk von j-m* наслéдовать [naßl'édawat'] *vo*, получи́ть в наслéдство [palutsch'ít' w naßl'éztwa]

Erbse **~n** горóх *m*

Erdapfel *m* картóфелина [kartóf'il'ina] *w*

Erdbeben *s* землетрясéние [s'iml'itr'iß'én'iji] *s*

Erdbeere *w* я́года клубни́ки [jágada klubn'ík'i], я́года земляни́ки [jágada s'iml'in'ík'i]

Erde *w* **1** пóчва [pótsch'wa] *w*, землЯ́ [s'iml'á] *w* **2** (Oberfläche) землЯ́ [s'iml'á] *w* **3** (Planet) ЗемлЯ́ [s'iml'á] *w* ► **unter der ~** под землёй

Erdgeschoss *s* пéрвый этáж [p'érwyj itásch]

Erdnuss *w* арáхис [arách'iß] *m*

Erdöl *s* нефть [n'éft'] *w*

Ereignis *s* собы́тие [ßabýt'iji] *s*, слу́чай [ßlútsch'aj] *m*, приключéние [pr'ikl'utsch'én'iji] *s*

erfahren[1] *v etw. Akk, über etw. Akk* узнáть [usnát'] *vo о чём*

erfahren[2] *adj adj* óпытный [óprytnyj], знáющий [snájuschsch'ij] ♦ *adv* óпытно [óprytna], искýсно [ißkúßna]

Erfahrung *w* óпыт [óрyt] *m*

erfinden *v* придýмать [pr'idúmat'] *vo*, сочини́ть [ßatsch'in'ít'] *vo*, (Glühbirne usw.) *etw. Akk* изобрести́ [isabr'ißt'í] *vo*

Erfindung *w* **1** (Gerät usw.) изобретéние [isabr'it'én'iji] *s* **2** (Erdichtung) вы́думка [wýdumka] *w*

Erfolg *m* успéх [ußp'éch] *m* ► **~ haben** *bei etw.* добиться успéха

erfolgreich *adj* успéшный [ußp'éschnyj] ♦ *adv* успéшно [ußp'éschna], с успéхом [ß ußp'écham], удáчно [udátsch'na], благополýчно [blagapalútsch'na]

erforschen *v etw. Akk* исслéдовать [ißßl'édawat'] *uv что*

erfrischen *v* освежи́ть [aßw'ishýt'] *vo* ► **sich ~** *mit etw.* подкрепи́ться *vo*, освежи́ться *vo*

Erfrischung *w* закýска [sakúßka] *w*

ergänzen *v* дополнить [dapóln'it'] *vo*

Ergänzung *w* дополнéние [dapaln'én'iji] *s*, (Zusatz usw.) добавлéние [dabawl'én'iji] *s*, придáча [pr'idátsch'a] *w*

Ergebnis *s etw. Gen* результáт [r'isul'tát] *m чего*

ergreifen *v* **1** (mit der Hand) *etw. Akk* схвати́ть [ßchwat'ít'] *vo что* **2** (beherrschen) *etw. Akk* захвати́ть [sachwat'ít'] *vo что* **3** (anfangen) *etw. Akk* взЯ́ться [ws'átza] *vo*, принЯ́ться [pr'in'átza] *vo за что* **4** (Krankheit usw.) *etw. Akk* овладéть [awlad'ét'] *vo что*, охвати́ть [achwat'ít'] *vo*

erhalten *v* **1** (Brief usw.) *etw. Akk* получи́ть [palutsch'ít'] *vo* **2** (Entwicklung usw.) сохрани́ть [ßachran'ít'] *vo*, удержа́ть [ud'irshát'] *vo* ► **sich ~** сохрани́ться *vo*
erhöhen *v* **1** (Mauer usw.) надстро́ить [naztróit'] *vo* **2** (Wert usw.) *etw. Akk* повы́сить [pawýß'it'] *vo* **3** *sich* ~ (Volumen usw.) повы́ситься [pawýß'itza] *vo* **4** (Spannung usw.) повы́сить [pawýß'it'] *vo* ► **den Lohn ~** *j-m* доба́вить *vo*
erholen *v* **1** *sich* ~ (ausruhen) отдыха́ть [addychát'] *uv* **2** *sich* ~ (gesund werden) *von etw.* попра́виться [papráw'itza] *vo*, вы́здороветь [wýsdaraw'it'] *vo* **3** *sich* ~ *von etw.* попра́виться [papráw'itza] *vo после чего, von etw.* отряхну́ться [atr'ichnútza] *vo*
Erholung *w* **1** (von Krankheit) излече́ние [isl'itsch'én'iji] *s*, выздоровле́ние [wysdarawl'én'iji] *s* **2** (Ausruhen usw.) о́тдых [óddych] *m*
erinnern *v j-n an etw. Akk* припо́мнить [pr'ipómn'it'] *vo кому что* ► **sich ~** *an etw. Akk, etw. Gen* по́мнить *uv что;* **sich ~** *an j-n/etw.* вспо́мнить *vo о ком/чём*
Erinnerung *w* **1** *an j-n/etw.* воспомина́ние [waßpam'inán'iji] *s о ком/чем* **2** *etw. Dat* напомина́ние [napam'inán'iji] *s о чём*
Erkältung *w* просту́да [praßtúda] *w*
erkennen *v* **1** (in der Ferne usw.) распозна́ть [raßpasnát'] *vo*, угада́ть [ugadát'] *vo* **2** (Freund usw.) *j-n/etw.* распозна́ть [raßpasnát'] *vo кого/что*, определи́ть [apr'id'il'ít'] *vo кого/что*, (identifizieren) *j-n/etw.* распозна́ть [raßpasnát'] *vo кого* **3** (Umrisse in Dunkelheit usw.) *etw. Akk* разгада́ть [rasgadát'] *vo кого/что*
erklären *v* **1** *etw. Akk* поясни́ть [pajißn'ít'] *vo*, проясни́ть [prajißn'ít'] *vo*, (Problematik usw.) *etw. Akk j-m* объясни́ть [abjißn'ít'] *vo*, вы́яснить [wýjißn'it'] *vo* **2** (sagen) заяви́ть [sajiw'ít'] *vo*
Erklärung *w* **1** объясне́ние [abjißn'én'iji] *s* **2** (Mitteilung) деклара́ция [d'iklarázyja] *w*, заявле́ние [sajiwl'én'iji] *s*
erkranken *v an etw. Dat* заболе́ть [sabal'ét'] *vo чем*
erkundigen *v* *sich* ~ *nach j-m/etw.* расспроси́ть [raßßpraß'ít'] *vo о чём*, осве́домиться [aßw'édam'itza] *vo о чём*
erlauben *v* разреши́ть [rasr'ischýt'] *vo*, *j-m etw. Akk* позво́лить [paswól'it'] *vo*, разреши́ть [rasr'ischýt'] *vo кому что*
Erlaubnis *w* разреше́ние [rasr'ischén'iji] *s*, позволе́ние [paswal'én'iji] *s*
erlaubt *adj* дозво́ленный [daswól'innyj]
erleben *v* **1** (durchmachen) *etw. Akk* пережи́ть [p'ir'ishýt'] *vo что* **2** (miterleben) *etw. Akk* дожи́ть [dashýt'] *vo до чего* **3** (Alter) *etw. Akk* дожи́ть [dashýt'] *vo до чего*
Erlebnis *s* впечатле́ние [fp'itsch'atl'én'iji] *s*
erledigen *v etw. Akk* устро́ить [ußtróit'] *vo*, (Bestellung usw.) разреши́ть [rasr'ischýt'] *vo*
erleichtern *v* **1** облегчи́ть [abl'ichtsch'ít'] *vo что кому, j-m etw. Akk* облегчи́ть [abl'ichtsch'ít'] *vo что кому*, упрости́ть [upraßt'ít'] *vo что кому*, (einfacher machen) *etw. Akk* облегчи́ть [abl'ichtsch'ít'] *vo что* **2** (seelisch) *etw. Akk* облегчи́ть [abl'ichtsch'ít'] *vo что*
Ermäßigung *w* ски́дка [ßk'ítka] *w*
ermöglichen *v (j-m) etw. Akk* дать возмо́жность [dát' wasmóshnaßt']
ermorden *v j-n* уби́ть [ub'ít'] *vo кого*
ermüden *v* **1** уста́ть [ußtát'] *vo* **2** *j-n* изму́чить [ismútsch'it'] *vo*, утоми́ть [utam'ít'] *vo кого*
Ernährung *w* пита́ние [p'itán'iji] *s*
ernst *adj* серьёзный [ß'ir'ósnyj] ♦ *adv* серьёзно [ß'ir'ósna], всерьёз [fß'ir'óß] ► **Meinen Sie das ~?** Вы э́то серьёзно?, Вы всерьёз?
Ernst *m* серьёзность [ß'ir'ósnaßt'] *w* ► **Im ~?** Пра́вда?, Серьёзно?, Неуже́ли?
ernsthaft *adj* **1** (Versuch usw.) серьёзный [ß'ir'ósnyj] **2** (wichtig usw.) ве́ский [w'éßk'ij], весо́мый [w'ißómyj] ♦ *adv* серьёзно [ß'ir'ósna]
ernstlich *adv* серьёзно [ß'ir'ósna]
Ernte *w* **1** убо́рка (урожа́я) [ubórka (urashája)], жа́тва [shátwa] *w* **2** (geerntete Früchte) урожа́й [urasháj] *m*
ernten *v* **1** (Getreide usw.) *etw. Akk* убра́ть [ubrát'] *vo* **2** (Ergebnisse seiner Bemühungen usw.) пожина́ть [pashynát'] *uv*
eröffnen *v* **1** (Ausstellung usw.) *etw. Akk* откры́ть [atkrýt'] *vo* **2** (Aktion usw.) *etw. Akk* раскрути́ть [raßkrut'ít'] *vo что, etw. Akk* откры́ть [atkrýt'] *vo*
Eröffnung *w* откры́тие [atkrýt'iji] *s*
erpressen *v etw. Akk von j-m* приобрести́ путём угро́з [pr'iabr'ißt'í put'óm ugróß], *j-n* вымога́ть [wymagát'] *uv*, шантажи́ровать [schantashýrawat'] *uv*
erraten *v* угада́ть [ugadát'] *vo*
erregen *v* **1** (emotional) *j-n* взволнова́ть [wswalnawát'] *vo кого* **2** (sexuell) *j-n* возбуди́ть [wasbud'ít'] *vo* **3** (hervorrufen) *etw. Akk* возбуди́ть [wasbud'ít'] *vo*
erreichbar *adj* досту́пный [daßtúpnyj], достижи́мый [daßt'ishýmyj]
erreichen *v* **1** (berühren) *etw. Akk* дотяну́ться [dat'inútza] *vo до чего* **2** (zu Hause usw.) *j-n* заста́ть [saßtát'] *vo кого,*

застúчь [saßt'ítsch'] *vo кого* **3** (Niveau usw.) *etw. Akk* достúчь [daßt'ítsch'] *vo чего* **4** *etw. Akk* достúчь [daßt'ítsch'] *vo чего*, добúться [dab'ítza] *vo чего*, (realisieren) *etw. Akk* достúчь [daßt'ítsch'] *vo что, чего*

errichten *v* основáть [aßnawát'] *vo*, *etw. Akk* постróить [paßtróit'] *vo*

Ersatz *m* **1** *für etw.* заменúтель [sam'in'ít'il'] *m*, суррогáт [ßurragát] *m*, эрзáц [irsáz] *m* **2** *für etw.* вознаграждéние [wasnagrashd'én'iji] *s за что*

Ersatzteile *s Mz* запчáсти [saptsch'áßt'i] *m Mz*

erscheinen *v* появúться [pajiw'ítza] *vo*, взя́ться [ws'átza] *vo*

erschießen *v j-n* застрелúть [saßtr'il'ít'] *vo кого*

erschöpfen *v j-n* изму́чить [ismútsch'it'] *vo кого*, изнурúть [isnur'ít'] *vo кого*, *j-n* обессúлить [ab'ißß'íl'it'] *vo кого*

erschöpft *adj* обессúленный [ab'ißß'íl'innyj], изнурённый [isnur'ónnyj], изму́ченный [ismútsch'innyj]

erschrecken[1] *v* (Angst bekommen) ужасну́ться [ushyßnútza] *vo*, перепугáться [p'ir'ipugátza] *vo*, испугáться [ißpugátza] *vo*, стру́сить [ßtrúß'it'] *vo*

erschrecken[2] *v* (Angst einjagen) испугáть [ißpugát'] *vo*, перепугáть [p'ir'ipugát'] *vo*, напугáть [napugát'] *vo*, пугáть [pugát'] *uv*

ersetzen *v* **1** *j-n/etw. durch j-n/etw.* заменúть [sam'in'ít'] *vo кого/что кем/чем* **2** (Nachfolger usw.) *j-n/etw.* заменúть [sam'in'ít'] *vo кого/что* **3** (Geldverlust usw.) *j-m etw. Akk* возместúть [wasm'ißt'ít'] *vo что кому*, компенсúровать [kamp'inß'írawat'] *vo/uv что кому*

ersparen *v etw. Akk* сэконóмить [ßikanóm'it'] *vo что*, (Geld) сберéчь [sb'ir'étsch'] *vo*

erst *part* **1** (nicht früher als) тóлько [tól'ka], лишь [l'ísch] **2** (vor kurzer Zeit) тóлько [tól'ka]

erst(er,e,es) *num* пéрвый [p'érwyj]

Erste-Hilfe-Kasten *m* аптéчка *w* пéрвой пóмощи [apt'étsch'ka p'érwaj pómaschsch'i]

ersticken *v* **1** душúться [duschýtza] *uv*, удышáться [udyschátza] *uv*, давúться [daw'ítza] *uv*, (sterben) задохну́ться [sadachnútza] *vo* **2** *j-n* задушúть [saduschýt'] *vo кого*, (töten) задушúть [saduschýt'] *vo*, удушúть [uduschýt'] *vo*

erstmals *adv* впервы́е [fp'irwýji], пéрвый раз [p'érwyj ráß]

Ertrag *m* прúбыль [pr'íbyl'] *w*

ertragen *v* вы́нести [wýn'ißt'i] *vo*, перенестú [p'ir'in'ißt'í] *vo*, стерпéть [ßt'irp'ét'] *vo*, *etw. Akk* вы́держать [wýd'irshat'] *vo что*

ertrinken *v* утону́ть [utanút'] *vo*

erwachsen *adj* взрóслый [wsróßlyj]
► **~ werden** вы́расти *vo*

Erwachsene *m* взрóслый [wsróßlyj] *m*

erwägen *v etw. Akk* взвéсить [wsw'éß'it'] *vo*, *etw. Akk* обду́мать [abdúmat'] *vo*

Erwägung *w* размышлéние [rasmyschl'én'iji] *s* ► **in ~ ziehen** *etw. Akk* взвéсить *vo*

erwähnen *v j-n/etw.* упомяну́ть [upam'inút'] *vo о ком/чём*, (Quelle usw.) *etw. Akk* упомяну́ть [upam'inút'] *vo что*

erwärmen *v* **1** *etw. Akk* согрéть [ßagr'ét'] *vo что*, нагрéть [nagr'ét'] *vo что*, обогрéть [abagr'ét'] *vo что* **2** ***sich ~*** (warm werden) согрéться [ßagr'étza] *vo*

erwarten *v* **1** (Besuch usw.) *j-n/etw.* ждать [shdát'] *uv кого/что*, ожидáть [ashydát'] *uv* **2** (voraussetzen usw.) *etw. Akk* ждать [shdát'] *uv чего*, ожидáть [ashydát'] *uv*

Erwartung *w* ожидáние [ashydán'iji] *s*

erwecken *v etw. Akk* возбудúть [wasbud'ít'] *vo*, произвестú [praisw'ißt'í] *vo*, породúть [parad'ít'] *vo*, (Interesse usw.) *etw. Akk* возбуждáть [wasbushdát'] *uv*

erweitern *v* **1** (Weg usw.) *etw. Akk* расшúрить [raßschýr'it'] *vo* **2** (Kenntnisse usw.) *etw. Akk* расшúрить [raßschýr'it'] *vo что* ► **sich ~** расшúриться *vo*

erzählen *v j-m etw. Akk* расскáзывать [raßßkásywat'] *uv*

Erzählung *w* **1** повествовáние [paw'ißtwawán'iji] *s*, расскáзывание [raßßkásywan'iji] *s* **2** (Werk) расскáз [raßßkáß] *m*

erzeugen *v* изготóвить [isgatów'it'] *vo*, изготовля́ть [isgatawl'át'] *uv*, производúть [praiswad'ít'] *uv*, выпускáть [wypußkát'] *uv*

Erzeuger *m von etw.* производúтель [praiswad'ít'il'] *m чего*

Erzeugnis *s* проду́кт [pradúkt] *m*, издéлие [isd'él'iji] *s*

erziehen *v j-n* воспитáть [waßp'itát'] *vo*, обучúть [abutsch'ít'] *vo*, *j-n* воспитáть [waßp'itát'] *vo кого*, образовáть [abrasawát'] *vo*

Erziehung *w* воспитáние [waßp'itán'iji] *s*

es *pron* э́то [éta], онó [anó]

Esel *m* осёл [aß'ól] *m*

essbar *adj* съедóбный [ßjidóbnyj]

essen *v* есть [jéßt'] *uv*, ку́шать [kúschat'] *uv* ► **zu Abend ~** у́жинать *uv*

Essen *s* едá [jidá] *w*, пúща [p'íschsch'a] *w*, питáние [p'itán'iji] *s*

Essig *m* ýксус [úkßuß] *m*
Esszimmer *s* столóвая [ßtalówaja] *w*
Etage *w* этáж [itásch] *m*
Etui *s* пенáл [p'inál] *m*
etwa *adv* приблизи́тельно [pr'ibl'is'ít'il'na]
etwas *adv* немнóго [n'imnówa], слегкá [ßl'ichká], чуть [tsch'út'] ♦ *pron* чтó-то [schtóta], кóе-что [kójitsch'ta], чтó-нибудь [schtón'ibut']
euer, eure *pron* ваш, вáши [wásch, wáschy]
Eule *w* совá [ßawá] *w*
Euro *m* éвро [jéwra] *s*
Europa *s* Еврóпа [jiwrópa] *w*
Europäer *m* европéец [jiwrap'éjiz] *m*
europäisch *adj* европéйский [jiwrap'éjßk'ij]
ewig *adj* вéчный [w'étsch'nyj] ♦ *adv* **1** навéк [naw'ék], навéки [naw'ék'i], навсегдá [nafß'igdá] **2** (für immer) вéчно [w'étsch'na]
existieren *v* существовáть [ßuschsch'ißtwawát'] *uv*
Experiment *s* эксперимéнт [ikßp'ir'im'ént] *m*, óпыт [ópyt] *m*
extra *adv* **1** (noch dazu) впридáчу [fpr'idátsch'u], вдобáвок [wdabáwak] **2** (eingepackt usw.) раздéльно [rasd'él'na], отдéльно [add'él'na]

F

Fabrik *w* завóд [sawót] *m*
Fach *s* **1** (im Schrank usw.) отделéние [add'il'én'iji] *s*, перегорóдка [p'ir'igarótka] *w* **2** (in der Schule usw.) предмéт [pr'idm'ét] *m*
Fachausdruck *m* тéрмин [t'érm'in] *m*
Fächer *m* вéер [w'éjir] *m*
fachlich *adj* специáльный [ßp'izyál'nyj] ♦ *adv* квалифици́ровано [kwal'if'izýrawana], (geschult usw.) профессионáльно [praf'ißß'ianál'na]
Fachmann *m für etw.* специали́ст [ßp'izyal'ißt] *m*
fade *adj* безвкýсный [b'isfkúßnyj], прéсный [pr'éßnyj]
Faden *m* нить [n'ít'] *w*
fähig *adj* **1** (geschickt usw.) умéлый [um'élyj] **2** *zu etw.* спосóбный [ßpaßóbnyj] *на что*
Fähigkeit *w* спосóбность [ßpaßóbnaßt'] *w*
Fahne *w* флаг [flák] *m*, знáмя [snám'a] *s*
Fahrbahn *w* шоссé [schyßé] *s*, проéзжая часть дорóги [prajéshshaja tsch'äßt' daróg'i]
Fähre *w* парóм [paróm] *m*
fahren *v* **1** (sich bewegen) *irgendwohin* éхать [jéchat'] *uv куда* **2** (transportiert werden) *mit etw.* éхать [jéchat'] *uv на чем* **3** *j-n irgendwohin* отвезти́ [atw'ißt'í] *vo*, завезти́ [saw'ißt'í] *vo кого куда*, *j-n/etw. irgendwohin* отвезти́ [atw'ißt'í] *vo кого/что куда* **4** *j-n/etw. irgendwohin* везти́ [w'ißt'í] *uv кого/что куда*, вози́ть [was'ít'] *uv кого/что куда* **5** (Auto) *etw. Akk* води́ть [wad'ít'] *uv* **6** (Fahrrad usw.) *etw. Akk* катáться [katátza] *uv на чём*, éздить [jésd'it'] *uv* **7** (mit der Bahn usw.) *mit etw.* проéхаться [prajéchatza] *vo на чём* **8** *j-n irgendwohin* подвезти́ [padw'ißt'í] *vo кого куда* **9** (mit dem Auto) *in etw. Akk* заéхать [sajéchat'] *vo куда*
Fahrer *m* **1** води́тель [wad'ít'il'] *m*, (Motorradfahrer usw.) гóнщик [gónschyk] *m* **2** (von Beruf usw.) шофёр [schyf'ór] *m*
Fahrgeld *s* плáта за проéзд [pláta sá prajést]
Fahrkarte *w* билéт [b'il'ét] *m*, проезднóй билéт [prajisnój b'il'ét]
Fahrkartenautomat *m* билéтный автомáт [b'il'étnyj aftamát]
Fahrplan *m* расписáние [raßp'ißán'iji] *s*
Fahrpreis *m* плáта за проéзд [pláta sá prajést]
Fahrrad *s* велосипéд [w'ilaß'ip'ét] *m*
Fahrschein *m* билéт [b'il'ét] *m*, проезднóй билéт [prajisnój b'il'ét]
Fahrspur *w* полосá движéния [palaßá dw'ishén'ija]
Fahrstuhl *m* лифт [l'íft] *m*
Fahrt *w* ездá [jisdá] *w* ► **Gute ~.** Счастли́вого пути́!
Fahrzeug *s* автомаши́на [aftamaschýna] *w*, маши́на [maschýna] *w*, (Schiff, Boot usw.) сýдно [ßúdna] *s*
fair *adj* **1** (Mensch usw.) справедли́вый [ßpraw'idl'íwyj], чéстный [tsch'éßnyj] **2** (Behandlung usw.) справедли́вый [ßpraw'idl'íwyj], беспристрáстный [b'ißpr'ißtráßnyj] ♦ *adv* чéстно [tsch'éßna]
Fakt *m/s* факт [fákt] *m*
Fall *m* **1** (das Fallen) падéние [pad'én'iji] *s* **2** (Angelegenheit) слýчай [ßlútsch'aj] *m* **3** (Grammatik) падéж [pad'ésch] *m* ► **im ~, dass…** в слýчае, éсли…
Falle *w* **1** западня́ [sapadn'á] *w*, ловýшка [lawúschka] *w* **2** (Hinterlist usw.) ловýшка [lawúschka] *w*, западня́ [sapadn'á] *w*
fallen *v* **1** (zum Boden) пасть [páßt'] *vo*, упáсть [upáßt'] *vo* **2** (Preise usw.) упáсть [upáßt'] *vo*, провали́ться [prawal'ítza] *vo* **3** (stürzen) упáсть [upáßt'] *vo* **4** (im Krieg)

погибнуть [pag'íbnut'] *vo* **5** (in eine Kategorie) *in etw. Akk* относиться [atnaß'ítza] *uv к чему* ► **~ lassen** *etw. Akk* упустить *vo*, уронить *vo*

falls *conj* если [jéßl'i], раз [ráß] ► **~...** в случае, если...

falsch *adj* **1** (Diamant usw.) фальшивый [fal'schýwyj] **2** (Antwort usw.) плохой [plachój], неправильный [n'ipráw'il'nyj], неверный [n'iw'érnyj] ♦ *adv* **1** (antworten usw.) плохо [plócha], неправильно [n'ipráw'il'na], ошибочно [aschýbatsch'na] **2** (beschuldigen) фальшиво [fal'schýwa], притворно [pr'itwórna]

Falte *w* **1** (Stoff usw.) складка [ßklátka] *w* **2** (Runzel) морщина [marschsch'ína] *w*

falten *v* сложить [ßlashýt'] *vo*

Familie *w* **1** семья [ß'im'já] *w* **2** (biologische Kategorie) семейство [ß'im'éjßtwa] *s*

Familienname *m* фамилия [fam'íl'ija] *w*

fangen *v* **1** (Tier usw.) поймать [pajmát'] *vo* **2** (Ball usw.) схватить [ßchwat'ít'] *vo*, хватать [chwatát'] *uv*

Fantasie *w* **1** (Vorstellungskraft) фантазия [fantás'ija] *w*, воображение [waabrashén'iji] *s* **2** (Vorstellung) воображение [waabrashén'iji] *s*, мечта [m'itsch'tá] *w*

fantastisch *adj* фантастический [fantaßt'ítsch'ißk'ij], замечательный [sam'itsch'át'il'nyj] ♦ *adv* фантастически [fantaßt'ítsch'ißk'i], замечательно [sam'itsch'át'il'na]

Farbe *w* краска [kráßka] *w*, окраска [akráßka] *w*, (blau usw.) цвет [zw'ét] *m*

färben *v* покрасить [pakráß'it'] *vo*, красить [kráß'it'] *uv*, окрашивать [akráschywat'] *uv*, (farbig machen) накрасить [nakráß'it'] *vo*

Farbton *m* оттенок [att'énak] *m*

Fass *s* бочка [bótsch'ka] *w*, баррель [barril'] *m*

Fassade *w* фасад [faßát] *m*

fassen *v* **1** *etw. Akk* зажать [sashát'] *vo что*, (festhalten) ухватить [uchwat'ít'] *vo* **2** (Täter usw.) арестовать [ar'ißtawát'] *vo* **3** (in Worte usw.) отобразить [atabras'ít'] *vo* **4** *sich* **~** опомниться [apómn'itza] *vo*, оправиться [apráw'itza] *vo от чего*

fast *adv* почти [patsch't'í], без малого [b'éß málawa]

Fastenzeit *w* пост [póßt] *m*

faul *adj* **1** (Obst usw.) гнилой [gn'ilój], прелый [pr'élyj] **2** (Mensch usw.) ленивый [l'in'íwyj]

Faust *w* кулак [kulák] *m*

Fax *s/m* телефакс [t'il'ifákß] *m*, (Gerät) факс [fákß] *m*

Faxgerät *s* факс [fákß] *m*

Februar *m* февраль [f'iwrál'] *m*

Feder *w* **1** перо [p'iró] *s* **2** (Schreibgerät) ручка [rútsch'ka] *w*, авторучка [aftarútsch'ka] *w* **3** (aus Stahl usw.) пружина [prushýna] *w*

fegen *v etw. Akk* замести [sam'ißt'í] *vo что*, подмести [padm'ißt'í] *vo что*

fehlen *v* **1** *j-m an etw. Dat* не хватать [n'é chwatát'] **2** (gestohlen werden usw.) отсутствовать [azúztwawat'] *uv* **3** (nicht teilnehmen) *irgendwo* отсутствовать [azúztwawat'] *uv где* **4** *j./etw. j-m* недоставать [n'idaßtawát'] *uv кому чего*

Fehler *m* **1** (Verstoß) ошибка [aschýpka] *w* **2** (an einer Ware usw.) изъян [isján] *m*, дефект [d'if'ékt] *m* **3** (Funktionsfehler usw.) дефект [d'if'ékt] *m*

fehlerhaft *adj* дефектный [d'if'éktnyj], неисправный [n'iißpráwnyj], непригодный [n'ipr'igódnyj], негодный [n'igódnyj]

Fehlgeburt *w* выкидыш [wýk'idysch] *m*

Feier *w* торжество [tarshyßtwó] *s*

feierlich *adj* торжественный [tarshéßtw'innyj], церемониальный [zyr'iman'iál'nyj]

feiern *v* **1** праздновать [prásnawat'] *uv*, отмечать [atm'itsch'át'] *uv*, встречать [fßtr'itsch'át'] *uv*, (Geburtstag usw.) *etw. Akk* отпраздновать [atprásnawat'] *vo* **2** (eine Party haben) кутить [kut'ít'] *uv*

Feiertag *m* праздник [prásn'ik] *m*

feige *adj* трусливый [trußl'íwyj]

Feige *w* инжир [inshýr] *m*

Feile *w* напильник [nap'íl'n'ik] *m*

feilschen *v mit j-m um etw.* торговаться [targawátza] *uv с кем о чём*

fein *adj* **1** мягкий [m'áchk'ij] **2** (Figur usw.) субтильный [ßupt'íl'nyj], хрупкий [chrúpk'ij] ♦ *adv* мелко [m'élka]

Feind *m* враг [wrák] *m*, неприятель [n'ipr'iját'il'] *m*

feindlich *adj* вражеский [wráshyßk'ij]

Feld *s* **1** (Grundstück) поле [pól'i] *s* **2** (im Fragebogen usw.) окошко [akóschka] *s*

Fell *s* шерсть [schérßt'] *w*

Felsen *m* скала [ßkalá] *w*

Fenchel *m* фенхель [f'énch'il'] *m*

Fenster *s* окно [aknó] *s*

Ferien *Mz* каникулы [kan'íkuly] *Mz*

Ferienhaus *s* арендуемая дача для отдыха

Ferienwohnung *w* квартира в курортном комплексе

fern *adj* отдалённый [addal'ónnyj], удалённый [udal'ónnyj]

Fernbedienung *w* дистанционное управление [d'ißtanzyónnaji uprawl'én'iji], пульт [púl't] *m*, ПДУ [pe de

ú], пульт дистанциóнного управлéния [púl't d'ißtanzyónnawa uprawl'én'ija]
Ferngespräch *s* междугорóдный звонóк [m'ishdugaródnyj swanók]
Fernglas *s* бинóкль [b'inókl'] *m*, подзóрная трубá [padsórnaja trubá]
fernsehen *v* смотрéть телевизор [ßmatr'ét' t'il'iw'ísar]
Fernsehen *s* телевидение [t'il'iw'íd'in'iji] *s*
Fernseher *m* телевизор [t'il'iw'ísar] *m*
Fernstraße *w* глáвная дорóга [gláwnaja daróga]
Ferse *w* пятка [p'átka] *w*, пятá [p'itá] *w*
fertig *adj* готóвый [gatówyj], закóнченный [sakóntsch'innyj] ► **(gerade) ~ sein** *mit etw.* (как раз) закóнчить *что*
fest *adj* **1** (Stoff usw.) твёрдый [tw'órdyj] **2** (widerstandsfähig) крéпкий [kr'épk'ij] **3** (klar bestimmt) фиксированный [f'ikß'írawannyj] ♦ *adv* крéпко [kr'épka], плóтно [plótna]
Fest *s* банкéт [bank'ét] *m*, пир [p'ír] *m*, застóлье [saßtól'ji] *s*, (Veranstaltung) торжествó [tarshyßtwó] *s*
Festland *s* **1** (Kontinent) материк [mat'ir'ík] *m* **2** (nicht Meer) сýша [ßúscha] *w*, материк [mat'ir'ík] *m*
festlegen *v* постáвить [paßtáw'it'] *vo*, намéтить [nam'ét'it'] *vo*, (Termin usw.) *etw. Akk* определить [apr'id'il'ít'] *vo*
festlich *adj* прáздничный [prásn'itsch'nyj], выходнóй [wychadnój]
festnehmen *v j-n* задержáть [sad'irshát'] *vo кого*
feststellen *v etw. Akk* установить [ußtanaw'ít'] *vo*, (sagen usw.) констатировать [kanßtat'írawat'] *vo/uv*
Festung *w* крéпость [kr'épaßt'] *w*
fett *adj* **1** (Fleisch usw.) жирный [shýrnyj] **2** (Mensch) тóлстый [tólßtyj], тýчный [tútsch'nyj]
Fett *s* **1** жир [shýr] *m*, (Nahrungsmittel) мáсло [máßla] *s* **2** (pflanzlich usw.) жир [shýr] *m*, сáло [ßála] *s* **3** (Schweinefett usw.) сáло [ßála] *s*
fettig *adj* **1** (Gericht usw.) жирный [shýrnyj], мáсленый [máßl'inyj] **2** (Papier usw.) засáленный [saßál'innyj]
feucht *adj* влáжный [wláshnyj] ♦ *adv* сыро [ßýra]
Feuchtigkeit *w* **1** (der Luft) влáжность [wláshnaßt'] *w* **2** (Wassertropfen usw.) влáга [wlága] *w*
Feuer *s* **1** (Flammen) огóнь [agón'] *m* **2** огóнь [agón'] *m*, костёр [kaßt'ór] *m* ► **das ~ anmachen** развести огóнь, разжéчь огóнь
Feuerlöscher *m* огнетушитель [agn'ituschýt'il'] *m*
feuern *v j-n* снять с рабóты [ßn'át' ß rabóty] *кого*
Feuerwaffe *w* огнестрéльное орýжие [agn'ißtr'él'naji arúshyji]
Feuerwehr *w* пожáрники [pashárn'ik'i], пожáрная komáнда [pashárnaja kamánda]
Feuerwehrmann *m* пожáрный [pashárnyj] *m*, пожáрник [pashárn'ik] *m*
Feuerzeug *s* зажигáлка [sashygálka] *w*
Fieber *s* температýра [t'imp'iratúra] *w*, жар [shár] *m*
Figur *w* **1** (Körper) фигýра [f'igúra] *w* **2** (aus Porzellan usw.) фигýрка [f'igúrka] *w*, статуэтка [ßtatuétka] *w* **3** (eines Films usw.) персонáж [p'irßanásch] *m* **4** (geometrische) фигýра [f'igúra] *w*
Filet *s* филé [f'il'é] *s*, (Lende) эскалóп [ißkalóp] *m*
Filiale *w* филиáл [f'il'iál] *m*
Film *m* **1** (Spielfilm) фильм [f'íl'm] *m* **2** (Schicht) плёнка [pl'ónka] *w*, налёт [nal'ót] *m*
filmen *v* снимáть фильм [ßn'imát' f'íl'm], *etw. Akk* снять [ßn'át'] *vo*, экранизировать [ikran'is'írawat'] *uv/vo*
Filter *m* фильтр [f'íl'tr] *m*
finanziell *adj* финáнсовый [f'inánßawyj]
finden *v* **1** найти [najt'í] *vo*, отыскáть [atyßkát'] *vo*, обнарýжить [abnarúshyt'] *vo* **2** *etw. Akk irgendwie* считáть [schsch'itát'] *uv что каким* ► **(den Weg) ~ irgendwohin** найти дорóгу; **Gefallen ~ an** *j-m/etw.* полюбить *vo кого/что*
Finger *m* пáлец [pál'iz] *m*
finster *adj* мрáчный [mrátsch'nyj], хмýрый [chmúryj] ► **~ ansehen** *j-n* хмýриться *uv на кого*
Firma *w* фирма [f'írma] *w*
Fisch *m* **1** рыба [rýba] *w* **2** ~e Рыбы [rýby] *w Mz*
Fischer *m* рыбáк [rybák] *m*
flach *adj* **1** рóвный [równyj], плóский [plóßk'ij] **2** (Stein usw.) плóский [plóßk'ij] **3** (Teich, Teller usw.) мéлкий [m'élk'ij]
Fläche *w* **1** (sehr große usw.) плóщадь [plóschsch'at'] **2** (Arbeitsfläche usw.) плóщадь [plóschsch'at'] *w* **3** (Ausmaß) плóщадь [plóschsch'at'] *w*
Flagge *w* флаг [flák] *m*, знáмя [snám'a] *s*
Flamme *w* плáмя [plám'a] *s*
Flasche *w* бутылка [butýlka] *w*
Flaschenöffner *m* открывáлка бутылок [atkrywálka butýlak]
Fleck *m* пятнó [p'itnó] *s*

Fledermaus *w* летучая мышь [l'itútsch'aja mýsch]
Fleisch *s* мясо [m'áßa] *s*
Fleischer *m* мясник [m'ißn'ík] *m*
Fleischerei *w* мясной магазин [m'ißnój magas'ín], мясная (лавка) [m'ißnája (láfka)]
fleißig *adj* трудолюбивый [trudal'ub'íwyj], работящий [rabat'áschsch'ij], прилежный [pr'il'éshnyj], усердный [uß'érdnyj]
flicken *v* заштопать [saschtópat'] *vo*, штопать [schtópat'] *uv* ► **den Schlauch ~** заклеить камеру
Fliege *w* **1** муха [múcha] *w* **2** (Krawatte) бабочка [bábatsch'ka] *w*
fliegen *v* **1** летать [l'itát'] *uv*, лететь [l'it'ét'] *uv* **2** *etw. Nom aus etw.* вылететь [wýl'it'it'] *vo что откуда* ► **in die Luft ~** (Gebäude usw.) взорваться *vo*, взлететь на воздух
fliehen *v woher* убежать [ub'ishát'] *vo откуда*, удрать [udrát'] *vo*
fließen *v* течь [t'étsch'] *uv*, струиться [ßtrúitza] *uv*
flirten *v mit j-m* флиртовать [fl'irtawát'] *uv с кем*, кокетничать [kak'étn'itsch'at'] *uv с кем*
Floh *m* блоха [blachá] *w*
Flosse *w* плавник [plawn'ík] *m*
Flöte *w* флейта [fl'éjta] *w*
fluchen *v* выругаться [wýrugatza] *vo*, ругаться [rugátza] *uv*, браниться [bran'ítza] *uv*
Flug *m* полёт [pal'ót] *m*, рейс [réjß] *m*
Flugbegleiter *m* бортпроводник [bart-prawadn'ík] *m*
Flugbegleiterin *w* стюардесса [ßt'uardéßßa] *m*
Flügel *m* **1** (Körperteil) крыло [kryló] *s* **2** (einer Armee usw.) фланг [flánk] *m*
Fluggesellschaft *w* авиакомпания [aw'iakampán'ija] *w*
Flughafen *m* аэропорт [airapórt] *m*, аэродром [airadróm] *m*
Flughafenterminal *m/s* терминал аэропорта [t'irm'inál airapórta]
Flugkarte *w* авиабилет [aw'iab'il'ét] *m*
Flugschein *m* авиабилет [aw'iab'il'ét] *m*
Flugticket *s* авиабилет [aw'iab'il'ét] *m*
Flugzeug *s* самолёт [ßamal'ót] *m*
Flur *m* коридор [kar'idór] *m*
Fluss *m* **1** (Gewässer) река [r'iká] *w* **2** (des Verkehrs usw.) поток [patók] *m*, течение [t'itsch'én'iji] *s*
flüssig *adj* **1** текучий [t'ikútsch'ij], жидкий [shýtk'ij] **2** (Rede usw.) связный [ßw'ásnyj], гладкий [glátk'ij], (Rede usw.) беглый [b'églyj] **3** (Bewegung usw.) плавный [pláwnyj] ♦ *adv* **1** (reden usw.) бегло [b'égla], беспребойно [b'ißpr'ibójna] **2** (zügig) связно [ßw'ásna]
Flüssigkeit *w* **1** жидкость [shýt-kaßt'] *w* **2** (Sprachgewandtheit) беглость [b'églaßt'] *w*
flüstern *v* шептать [schyptát'] *uv*, прошептать [praschyptát'] *vo*, шепнуть [schypnút'] *vo*
Flut *w* **1** прилив [pr'il'íf] *m* **2** (von Geld usw.) *von etw.* поток [patók] *m*, прилив [pr'il'íf] *m чего*
Föhn *m* фен [f'én] *m*
Folge *w* **1** (von Zahlen usw.) последовательность [paßl'édawat'il'naßt'] *w* **2** (einer Tat usw.) *etw. Dat, von etw.* последствие [paßl'éztw'iji] *s чего*, следствие [ßl'éztw'iji] *s чего* **3** (Ergebnis) *etw. Dat, von etw.* результат [r'isul'tát] *m чего* **4** (Film usw.) *von etw.* продолжение [pradals-hén'iji] *s* ► **als ~** *etw. Gen* в результате *чего*
folgen *v* **1** (nachgehen) *j-m/etw.* следовать [ßl'édawat'] *uv кого/что* **2** (einen Verdächtigen usw.) *j-m/etw.* преследовать [pr'ißl'édawat'] *uv кого/что* **3** (in gewisser Reihenfolge) *nach etw.* следовать [ßl'édawat'] *uv* **4** (Chef usw.) *j-m/etw.* слушаться [ßlúschatza] *uv кого/чего*, послушаться [paßlúschatza] *vo кого/чего* **5** (Schluss usw.) *aus etw.* вытекать [wyt'ikát'] *uv из чего*, следовать [ßl'édawat'] *uv из чего*
Folklore *w* фольклор [fal'klór] *m*, традиции [trad'ízyi]
fordern *v* **1** *etw. Akk* требовать [tr'ébawat'] *uv что, чего* **2** *etw. Akk von j-m* требовать [tr'ébawat'] *uv чего* **3** (viel Zeit usw.) *etw. Akk* требовать [tr'ébawat'] *uv чего*, (Zeit usw.) *etw. Akk* потребовать [patr'ébawat'] *vo что* **4** (Unfall – Opfer) *etw. Akk* унести [un'ißt'í] *vo что*
fördern *v* **1** (Entwicklung usw.) *etw. Akk* поддерживать [padd'érshywat'] *uv что* **2** (Kohle usw.) добывать [dabywát'] *uv*, разрабатывать [rasrabátywat'] *uv*
Forderung *w* **1** требование [tr'ébawan'iji] *s* **2** (finanzieller Anspruch) долговое требование [dalgawóji tr'ébawan'iji] ► **~en** *an j-n/etw.* требования
Forelle *w* форель [far'él'] *w*
Form *w* форма [fórma] *w*
Formular *s* бланк [blánk] *m*, формуляр [farmul'ár] *m*
Forschung *w* исследование [ißßl'édawan'iji] *s*

fortgeschritten *adj* **1** (Technik usw.) передовой [p'ir'idawój], продвинутый [pradw'ínutyj] **2** (Stufe usw.) средне-продвинутый [ßr'édn'ipradw'ínutyj], средний [ßr'édn'ij]

Fortschritt *m* **1** прогресс [pragr'éß] *m* **2** (einer Krankheit usw.) развитие [rasw'ít'iji]

fortsetzen *v etw. Akk* продолжать [pradalshát'] *uv что*

Fortsetzung *w* **1** (einer Tätigkeit usw.) *etw. Dat* продолжение [pradalshén'iji] *s чего* **2** (Film usw.) *von etw.* продолжение [pradalshén'iji] *s*

Foto *s* фотография [fatagráf'ija] *w*, снимок [ßn'ímak] *m*

Fotoapparat *m* фотоаппарат [fataaparát] *m*

Fotografie *w* **1** фотография [fatagráf'ija] *w*, снимок [ßn'ímak] *m* **2** (Hobby, Bereich usw.) фотографирование [fatagraf'írawan'iji] *s*

fotografieren *v etw. Akk* фотографировать [fatagraf'írawat'] *uv*, *j-n/etw.* сфотографировать [ßfatagraf'írawat'] *vo*, заснять [saßn'át'] *vo*

fotokopieren *v* копировать [kap'írawat'] *uv*, размножать [rasmnashát'] *uv*, *etw. Akk* снять копию [ßn'át' kóp'iju], *etw. Akk* размножить [rasmnóshyt'] *vo что*

Fracht *w* груз [grúß] *m*, нагрузка [nagrúßka] *w*

Frage *w* вопрос [wapróß] *m* ► *j-m* **eine ~ stellen** задать вопрос *кому*

Fragebogen *m* анкета [ank'éta] *w*

fragen *v j-n nach j-m/etw.* спрашивать [ßpráschywat'] *uv кого о ком/чём*, расспрашивать [raßßpráschywat'] *uv кого о ком/чём*, *j-n nach j-m/etw.* спросить [ßpraß'ít'] *vo кого о чём*

Fragezeichen *s* вопросительный знак [wapraß'ít'il'nyj snák]

Frankreich *s* Франция [fránzyja] *w*

Franzose *m* француз [franzúß] *m*

französisch *adj* французский [franzúßk'ij] ♦ *adv* по-французски [pafranzúsßk'i]

Frau *w* **1** (weibliche Person) женщина [shénschsch'ina] *w* **2** (Gattin) жена [shyná] *w* ► **~ X** Госпожа X

Fräulein *s* девушка [d'éwuschka] *w*

frech *adj* дерзкий [d'érßk'ij], наглый [náglyj] ♦ *adv* дерзко [d'érßka], нагло [nágla]

frei *adj* **1** (Wille usw.) свободный [ßwabódnyj] **2** (uneingeschränkt usw.) вольный [wól'nyj], свободный [ßwabódnyj] **3** (Platz) свободный [ßwabódnyj], вакантный [wakántnyj] **4** (Zeit) свободный [ßwabódnyj] **5** (umsonst) бесплатный [b'ißplátnyj] ♦ *adv* свободно [ßwabódna], вольно [wól'na] ► **~ machen** (Weg usw.) освободить *vo*

Freibad *s* открытый бассейн [atkrýtyj baßß'éjn]

Freiheit *w* свобода [ßwabóda] *w*

Freitag *m* пятница [p'átn'iza] *w*

freiwillig *adj* добровольный [dabrawól'nyj] ♦ *adv* добровольно [dabrawól'na], без принуждения [b'éß pr'inushd'én'ija]

Freizeit *w* свободное время [ßwabódnaji wr'ém'a], досуг [daßúk] *m*

Freizeitpark *m* парк развлечений [párk raswl'itsch'én'ij], развлекательный центр [raswl'ikát'il'nyj zéntr]

fremd *adj* **1** чужой [tsch'ushój] **2** (unbekannt) чужой [tsch'ushój], посторонний [paßtarónn'ij]

Fremde *m* незнакомец [n'isnakóm'iz] *m*

Freude *w* радость [rádaßt'] *w*, удовольствие [udawól'ßtw'iji] *s* ► **~ machen** *j-m* обрадовать *vo кого*

freuen *v* **1** *sich* **~** *über etw. Akk* радоваться [rádawatza] *uv чему* **2** *sich* **~** *auf etw. Akk* ждать с радостью [shdát' ß rádaßt'ju] **3** *j-n* радовать [rádawat'] *кого*, тешить [t'éschyt'] *кого* ► **Freut mich.** Очень приятно.

Freund *m* **1** друг [drúk] *m*, приятель [pr'iját'il'] *m*, товарищ [tawár'ischsch] *m* **2** (Partner) друг [drúk] *m*, парень [pár'in'] *m*, бойфренд [bajfrent] *m*

Freundin *w* **1** подруга [padrúga] *w*, подружка [padrúshka] *w* **2** (Partnerin) девушка [d'éwuschka] *w*, подруга [padrúga] *w*

freundlich *adj* любезный [l'ub'ésnyj], приветливый [pr'iw'étl'iwyj]

Frieden *m* **1** (nicht Krieg) мир [m'ír] *m* **2** (Ungestörtheit) спокойствие [ßpakójßtw'iji] *s*, бесстрастие [b'ißßtráßt'iji] *s*, (Ungestörtheit) покой [pakój] *m*

Friedhof *m* кладбище [kládb'ischsch'i] *s*

frieren *v* **1** (Wetter) морозить [marós'it'] *uv* **2** (Wasser usw.) замёрзнуть [sam'órsnut'] *vo*, замерзать [sam'irsát'] *uv*, мёрзнуть [m'órsnut'] *uv*

frisch *adj* **1** свежий [ßw'éshyj], парной [parnój] **2** (Aussehen usw.) свежий [ßw'éshyj] ♦ *adv* только что [tól'ka schtó], свеже [ßw'éshy]

Friseur *m* парикмахер [par'ikmách'ir] *m*

Friseursalon *m* парикма́херская [par'ikmách'irßkaja] *w*
Frist *w* срок [ßrók] *m*
Frisur *w* причёска [pr'itsch'óßka] *w*
froh *adj* ра́достный [rádaßnyj], отра́дный [atrádnyj], рад [rát] *чему* ► **~ sein** *über etw. Akk* ра́доваться *uv чему*
fröhlich *adj* весёлый [w'iß'ólyj], жизнера́достный [shysn'irádaßnyj]
Frosch *m* лягу́шка [l'igúschka] *w*
Frost *m* моро́з [maróß] *m*
Frucht *w* плод [plót] *m*, я́года [jágada] *w*, заро́дыш [saródysch] *m* ► **Früchte tragen** рожа́ть *uv*
fruchtbar *adj* **1** (Feld usw.) плодоро́дный [pladaródnyj], урожа́йный [urashájnyj] **2** (Frau usw.) пло́дный [plódnyj], ферти́льный [f'irt'íl'nyj] **3** (Schriftsteller usw.) плодови́тый [pladaw'ítyj], плодотво́рный [pladatwórnyj]
früh *adj* **1** ра́нний [ránn'ij] **2** (Gemüse usw.) ра́нний [ránn'ij], скоропе́лый [ßkaraßp'élyj] ♦ *adv* ра́но [rána]
früher *adj* пре́жний [pr'éshn'ij], бы́вший [býwschyj] ♦ *adv* ра́ньше [rán'schy], пре́жде [pr'éshd'i]
frühestens *adv* не ра́ньше [n'é rán'schy] *чего*
Frühling *m* весна́ [w'ißná] *w*
Frühstück *s* за́втрак [sáftrak] *m* ► **Übernachtung mit ~** ночле́г с за́втраком
frühstücken *v* поза́втракать [pasáftrakat'] *vo*, за́втракать [sáftrakat'] *uv*
Fuchs *m* лиси́ца [l'iß'íza] *w*, лиса́ [l'ißá] *w*
fühlen *v etw. Akk* чу́вствовать [tsch'úfßtwawat'] *uv что* ► **sich ~** чу́вствоваться *uv*
führen *v* **1** *j-n irgendwohin* води́ть [wad'ít'] *uv кого куда* **2** (auf die andere Seite usw.) *j-n über etw. Akk* перевести́ [p'ir'iw'ißt'í] *vo кого через что* **3** (begleiten) *j-n irgendwohin* довести́ [daw'ißt'í] *vo кого куда*, *j-n irgendwohin* завести́ [saw'ißt'í] *vo кого куда*, свести́ [ßw'ißt'í] *vo кого куда* **4** (Unternehmen usw.) *etw. Akk* руководи́ть [rukawad'ít'] *uv чем*, управля́ть [uprawl'át'] *uv чем*, заве́довать [saw'édawat'] *uv чем* **5** (im Wettkampf usw.) лиди́ровать [l'id'írawat'] *uv* **6** (Weg) *irgendwohin/durch etw.* вести́ [w'ißt'í] *uv куда/где*
Führer *m* **1** вождь [wóscht'] *m*, (Leiter) ли́дер [l'íd'ir] *m* **2** (Buch) путеводи́тель [put'iwad'ít'il'] *m*
Führerschein *m* води́тельские права́ [wad'ít'il'ßk'iji prawá]
Führung *w* **1** (eines Betriebes usw.) веде́ние [w'id'én'iji] *s*, регули́рование [r'igul'írawan'iji] *s* **2** (Führungsorgane) руково́дство [rukawóztwa] *s*, (Personen) нача́льство [natsch'ál'ßtwa] *s* **3** (Führungsposition) ли́дерство [l'íd'irßtwa] *s* **4** (Besichtigung) осмо́тр с ги́дом [aßmótr ß g'ídam]
füllen *v* напо́лнить [napóln'it'] *vo*
Füllung *w* **1** начи́нка [natsch'ínka] *w*, фарш [fársch] *m* **2** (in Matratzen usw.) наби́вка [nab'ífka] *w* **3** (Tätigkeit) наполне́ние [napaln'én'iji] *s*
Fundbüro *s* бюро́ нахо́док [b'uró nachódak]
fünf *num* пять [p'át'], пя́теро [p'át'ira]
fünft(er,e,es) *num* пя́тый [p'átyj]
fünfzehn *num* пятна́дцать [p'itnázat']
fünfzig *num* пятьдеся́т [p'it'd'iß'át]
Funke *m* и́скра [íßkra] *w*
Funktion *w* **1** (Zweck) *etw. Gen* фу́нкция [fúnkzyja] *w* **2** (Posten) пост [póßt] *m*
funktionieren *v* функциони́ровать [funkzyan'írawat'] *uv*, идти́ [itt'í] *uv* ► **nicht richtig ~** отка́зывать *uv*, рабо́тать неиспра́вно
funktionsfähig *adj* функциона́льный [funkzyanál'nyj], (im Betrieb) функциони́рующий [funkzyan'írujuschsch'ij]
für *prep* **1** (Zweck usw.) *etw.* для [dl'á] *чего*, на [ná] *что*, ра́ди [rád'i] *чего* **2** (Geschenk, Nachricht usw.) *j-n* для [dl'á] *кого* **3** (anstatt usw.) *j-n* вме́сто [wm'éßta] *кого* **4** (Preis usw.) *etw.* за [sá] *сколько* **5** (Zeitdauer usw.) на [ná] ► **Ich brauche ein Zimmer ~ drei Tage.** Мне ну́жен но́мер на три дня.
Furcht *w* у́жас [úshaß] *m*
furchtbar *adj* стра́шный [ßtráschnyj], гро́зный [grósnyj] ♦ *adv* о́чень [ótsch'in'], ужа́сно [ushа́ßna]
fürchten *v* **1** *j-n/etw.* боя́ться [bajátza] *uv кого/чего*, тру́сить [trúß'it'] *uv перед кем/чем*, *etw. Akk* боя́ться [bajátza] *uv чего*, опаса́ться [apaßátza] *uv чего* **2** *für j-n/etw.*, *um j-n/etw.* беспоко́иться [b'ißpakóitza] *uv о ком/чём*, *für j-n/etw.*, *um j-n/etw.* беспоко́иться [b'ißpakóitza] *uv за кого/что*
Fuß *m* **1** стопа́ [ßtapá] *w*, нога́ [nagá] *w* **2** (eines Berges usw.) подно́жие [padnóshyji] *s* **3** (Maß) фут [fút] *m* **4** (Sockel) пята́ [p'itá] *w*, пя́тка [p'átka] *w* ► **zu ~** пешко́м; **Gehen wir zu ~.** Пойдёмте пешко́м!
Fußball *m* футбо́л [fudból] *m*
Fußboden *m* пол [pól] *m*
Fußgänger *m* пешехо́д [p'ischychót] *m*
Fußgängerübergang *m* пешехо́дный перехо́д [p'ischychódnyj p'ir'ichót]
Fußgängerüberweg *m* пешехо́дный перехо́д [p'ischychódnyj p'ir'ichót]

Fußgängerzone *w* пешехóдная зóна [p'ischychódnaja sóna]
Fußknöchel *m* щúколотка [schsch'íkalatka] *w*
Futter[1] *s* (Nahrung) корм [kórm] *m*, фурáж [furásch] *m*
Futter[2] *s* (Stoff) подклáдка [patklátka] *w*, подшúвка [patschýfka] *w*
füttern *v j-n mit etw.* кормúть [karm'ít'] *uv кого чем*, *j-n mit etw.* накормúть [nakarm'ít'] *vo кого чем*

G

Gabel *w* **1** вúлка [w'ílka] *w* **2** (für Heu usw.) вúлы [w'íly] *Mz* **3** (eines Fahrrades usw.) амортизациóнная вúлка [amart'isazyónnaja w'ílka]
gähnen *v* зевáть [s'iwát'] *uv*
Galerie *w* галерéя [gal'ir'éja] *w*
Galle *w* жёлчь [sh'óltsch'] *w*
Gang *m* **1** (Art des Gehens) шаг [schák] *m*, похóдка [pachótka] *w*, ходьбá [chad'bá] *w* **2** (Geschwindigkeit) скóрость [ßkóraßt'] *w* **3** (im Haus usw.) коридóр [kar'idór] *m* **4** (zwischen den Sitzen usw.) прохóд [prachót] *m*, коридóр [kar'idór] *m* **5** (Gericht) блюдо [bl'júda] *s* ► **im Gange sein** протекáть *uv*; **in ~ sein** происходúть *uv*; **in ~ setzen** *etw. Akk* запустúть (в рабóту) *что*
gangbar *adj* проходúмый [prachad'ímyj]
Gans *w* гусь [gúß'] *m*
ganz *adj* **1** (völlig) цéлый [zélyj] **2** (komplett) цéльный [zél'nyj], цéлостный [zélaßnyj] **3** (nicht beschädigt) цéлый [zélyj] ♦ *adv* вполнé [fpaln'é], совсéм [ßafß'ém], совершéнно [ßaw'irschénna], (allein usw.) пóлностью [pólnaßt'ju] ♦ *part* довóльно [dawól'na]
ganztägig *adj* сýточный [ßútatsch'nyj], круглосýточный [kruglaßútatsch'nyj]
gar *adj* удáчно сдéланный [udátsch'na sd'élannyj], хорошó прожáренный [charaschó prashár'innyj] ♦ *part* совсéм [ßafß'ém], вóвсе [wófß'i] ► **~ nicht** вóвсе нет
Garage *w* гарáж [garásch] *m*
Garantie *w* гарáнтия [garánt'ija] *w*
garantieren *v* гарантúровать [garant'írawat'] *vo/uv*
Garderobe *w* гардерóб [gard'iróp] *m*
Gardine *w* занавéска [sanaw'éßka] *w*, гардúна [gard'ína] *w*
Garnitur *w etw. Gen* набóр [nabór] *m*, сервúз [ß'irw'íß] *m*
Garten *m* сад [ßát] *m*, огорóд [agarót] *m*
Gas *s* газ [gáß] *m*
Gashebel *s* газ [gáß] *m*
Gaspedal *s* газ [gáß] *m*
Gasse *w* ýлочка [úlatsch'ka] *w*, ýличка [úl'itsch'ka] *w*
Gast *m* гость [góßt'] *m*
gastfreundlich *adj* гостеприúмный [gaßt'ipr'iímnyj]
Gastgeber *m* хозя́ин [chas'áin] *m*
Gasthaus *s* трактúр [trakt'ír] *m*
Gaststätte *w* трактúр [trakt'ír] *m*
Gebäck *s* хлебобýлочные издéлия [chl'ibabúlatsch'nyji isd'él'ija]
gebären *v etw. Akk* родúть [rad'ít'] *uv/vo* ► **geboren sein/werden** родúться *vo*
Gebärmutter *w* мáтка [mátka] *w*
Gebäude *s* здáние [sdán'iji] *s*, дом [dóm] *m*
geben *v j-m etw.* дать [dát'] *vo что кому* ► **es gibt** есть
Gebet *s* молúтва [mal'ítwa] *w*
Gebiet *s* **1** (Region) территóрия [t'ir'itór'ija] *w*, зóна [sóna] *w*, райóн [rajón] *m*, óбласть [óblaßt'] *w* **2** (einer Tätigkeit usw.) óбласть [óblaßt'] *w*, сфéра [ßf'éra] *w*, круг [krúk] *m*
gebildet *adj* **1** (Bildung besitzend) просвещённый [praßw'ischsch'ónnyj] **2** *aus etw.* сбóрный [sbórnyj], составнóй [ßaßtawnój]
Gebirge *s* гóры [góry] ► **im ~** в горáх
Gebiss *s* зýбы [súby] *m Mz*, чéлюсть [tsch'él'ußt'] *w*
gebraten *adj* жáреный [shár'inyj]
Gebrauch *m etw. Gen* испóльзование [ißpól'sawan'iji] *s чего*, *etw. Gen* применéние [pr'im'in'én'iji] *s*
Gebrauchsanweisung *w* руковóдство [rukawóztwa] *s*, пáмятка [pám'itka] *w*
gebraucht *adj* испóльзованный [ißpól'sawannyj]
gebrochen *adj* слóманный [ßlómannyj]
Gebühr *w für etw.* плáта [pláta] *w*
Geburt *w* **1** (Gebären) рóды [ródy] *m Mz* **2** (einer Tochter usw.) рождéние [rashd'én'iji] *s*
Geburtsjahr *s* год рождéния [gót rashd'én'ija]
Geburtstag *m* день рождéния [d'én' rashd'én'ija]
Gebüsch *s* кустáрник [kußtárn'ik] *m*
Gedächtnis *s* пáмять [pám'it'] *w*
Gedanke *m* мысль [mýßl'] *w*
Gedicht *s* стихотворéние [ßt'ichatwar'én'iji] *s*
Geduld *w* терпéние [t'irp'én'iji] *s*, терпелúвость [t'irp'il'íwaßt'] *w*
geduldig *adj* терпелúвый [t'irp'il'íwyj]

geeignet *adj für etw., zu etw.* пригóдный [pr'igódnyj] *для чего*, гóдный [gódnyj], (passend) *zu etw., für etw.* удóбный [udóbnyj] *для чего* ♦ *adv* соответственно [ßaatw'éztw'inna], умéстно [um'éßna]

Gefahr *w* угрóза [ugrósa] *w*, риск [r'íßk] *m*, опáсность [apáßnaßt'] *w*

gefährlich *adj* рискóвый [r'ißkówyj], рискóванный [r'ißkówannyj], опáсный [apáßnyj], (Abfälle usw.) угрожáющий [ugrashájuschsch'ij] ♦ *adv* опáсно [apáßna]

gefallen *v j-m* нрáвиться [nráw'itza] *uv* ► **Es gefällt mir.** Мне э́то нрáвится.

Gefallen *m* любéзность [l'ub'ésnaßt'] *w*, одолжéние [adalshén'iji] *s*

gefangen nehmen *v j-n* взять в плен [ws'át' w pl'én]

Gefängnis *s* тюрьмá [t'ur'má] *w*

Gefäß *s* **1** (Behälter) сосýд [ßaßút] *m*, бáнка [bánka] *w* **2** (Ader usw.) сосýд [ßaßút] *m*

Geflügel *s* (домáшняя) птúца [(damáschn'ija) pt'íza]

Gefrierschrank *m* морозúльник [maras'íl'n'ik] *m*, лéдник [l'édn'ik] *m*

gefroren *adj* мёрзлый [m'órslyj]

Gefühl *s* **1** (körperlich usw.) чýвство [tsch'úfßtwa] *s*, (Wahrnehmung) ощущéние [aschsch'uschsch'én'iji] *s* **2** (in Fingern usw.) чувствúтельность [tsch'ufßtw'ít'il'naßt'] *w чего* **3** (Emotion) чýвство [tsch'úfßtwa] *s* **4** *für etw.* чýвство [tsch'úfßtwa] *s чего*

gegen *prep* **1** (wirken usw.) *j-n/etw.* прóтив [prót'if] *чего* **2** *etw.* по сравнéнию [pó ßrawn'én'iju] *с чем* **3** (Menge) óколо [ókala] ► **schützen** *j-n/etw. ~ etw.* охранять *кого/что* от *чего*

Gegend *w* зóна [sóna] *w*, райóн [rajón] *m*, óбласть [óblaßt'] *w*

Gegensatz *m zu etw.* противополóжность [prat'iwapalóshnaßt'] *w*, противопоставлéние [prat'iwapaßtawl'én'iji] *s*

gegenseitig *adj* взаúмный [wsaímnyj] ♦ *adv* взаúмно [wsaímna]

Gegenstand *m* **1** (Sache) предмéт [pr'idm'ét] *m* **2** (Thema usw.) *etw. Gen* предмéт [pr'idm'ét] *m чего*

Gegenteil *s von etw.* противополóжность [prat'iwapalóshnaßt'] *w* ► **im ~** наоборóт

gegenüber *prep* **1** (sitzen usw.) *j-m/etw.* прóтив [prót'if], напрóтив [naprót'if] *кого/чего* **2** (Verhalten usw.) *j-m/etw.* по отношéнию к [pó atnaschén'iju/w atnaschén'iik] **3** (verglichen) *etw.* по сравнéнию [pó ßrawn'én'iju] *с чем* ♦ *adv* (срáзу) напрóтив [(ßrásu) naprót'if]

Gegenwart *w* соврéменность [ßawr'im'énnaßt'] *w*

Gegner *m* сопéрник [ßap'érn'ik] *m*, протúвник [prat'íwn'ik] *m*

geheim *adj* **1** секрéтный [ß'ikr'étnyj] **2** (Dokument usw.) тáйный [tájnyj] **3** (Tätigkeit usw.) секрéтный [ß'ikr'étnyj], тáйный [tájnyj] **4** (Agent usw.) тáйный [tájnyj] ♦ *adv* секрéтно [ß'ikr'étna], тайкóм [tajkóm], тáйно [tájna] ► **~ halten** *etw. Akk vor j-m* таить *что перед кем*, замáлчивать *uv*

Geheimnis *s* секрéт [ß'ikr'ét] *m*

Geheimzahl *w* ПИН-кóд [p'inkót] *m*

gehen *v* **1** шагáть [schygát'] *uv*, ступáть [ßtupát'] *uv*, (sich bewegen) *irgendwohin* идтú [itt'í] *uv*, пойтú [pajt'í] *uv* **2** *irgendwohin* зайтú [sajt'í] *vo*, ходúть [ßchad'ít'] *vo куда* **3** (in die Schule usw.) *in etw. Akk* ходúть [chad'ít'] *uv куда* **4** (weg) уйтú [ujt'í] *vo*, идтú [itt'í] *uv*, уходúть [uchad'ít'] *uv* **5** *um etw.* касáться [kaßátza] *uv чего* **6** *mit j-m* встречáться [fßtr'itsch'átza] *uv с кем* **7** (möglich sein) быть возмóжным [být' wasmóshnym] **8** (akzeptabel sein) пойтú [pajt'í] *vo* ► **es geht** *etw. Akk zu tun* мóжно *сделать что*; **Mir geht es gut.** У меня́ всё хорошó.; **Wie geht es Ihnen?** Как поживáете?, Как (вáши) делá?

Gehirn *s* мозг [mósk] *m*

Gehirnerschütterung *w* сотрясéние мóзга [ßatr'iß'én'iji mósga]

Gehör *s* слух [ßlúch] *m*

gehorchen *v j-m/etw.* слýшаться [ßlúschatza] *uv кого/чего*, послýшаться [paßlúschatza] *vo кого/чего*

gehören *v* **1** *j-m* принадлежáть [pr'inadl'ishát'] *uv кому* **2** *zu etw.* принадлежáть [pr'inadl'ishát'] *uv к чему*

Gehweg *m* тротуáр [tratuár] *m*

Geige *w* скрúпка [ßkr'ípka] *w*

Geisel *w* залóжник [salóshn'ik] *m*

Geist[1] *m* (Gedanken usw.) ум [úm] *m*, дух [dúch] *m*

Geist[2] *m* (übernatürliches Wesen) дух [dúch] *m*

geizig *adj* жáдный [shádnyj], скупóй [ßkupój]

gekocht *adj* варёный [war'ónyj]

Gel *s* гель [g'él'] *m*

Geländer *s* перúла [p'ir'íla] *Mz*

Geländewagen *m* внедорóжник [wn'idaróshn'ik] *m*

gelangen *v irgendwohin* дойтú [dajt'í] *vo кудá*

gelb *adj* жёлтый [sh'óltyj]

Geld *s* дéньги [d'én'g'i] *w Mz*

Geldautomat *m* банкомáт [bankamát] *m*

Geldbörse *w* кошелёк [kaschyl'ók] *m*

Geldstrafe *w* штраф [schtráf] *m* ► **mit einer ~ belegen** *j-n* оштрафова́ть *vo кого*
Geldtasche *w* кошелёк [kaschyl'ók] *m*
Gelegenheit *w etw. Akk zu tun* слу́чай [ßlútsch'aj] *m что сделать*
Gelenk *s* суста́в [ßußtáf] *m*
Geliebte[1] *m* люби́мый [l'ub'ímyj] *m*
Geliebte[2] *w* любо́вница [l'ubówn'iza] *w*
gelingen *v* **1** *j-m etw. Nom* уда́ться [udátza] *vo кому что* **2** (Sache usw.) уда́ться [udátza] *vo*, вы́йти [wýjt'i] *vo*, получи́ться [palutsch'ítza] *vo*
gelten *v* **1** (Anordnung usw.) де́йствовать [d'éjßtwawat'] *uv* **2** *für j-n/etw.* каса́ться [kaßátza] *uv кого/чего*, быть обяза́тельным [být' ab'isát'il'nym] *для кого*
Geltung *w* де́йствие [d'éjßtw'iji] *s* ► **zur ~ bringen** *etw. Akk* примени́ть *vo что*
gemahlen *adj* мо́лотый [mólatyj], ру́бленый [rúbl'inyj]
Gemälde *s* ро́спись [róßp'iß'] *w*, карти́на [kart'ína] *w*
gemein *adj* поха́бный [pachábnyj]
Gemeinde *w* **1** (Dorf, Stadt usw.) муниципалите́т [mun'izypal'it'ét] *m*, населённый пункт [naß'il'ónnyj púnkt] **2** (Bezirk) прихо́д [pr'ichót] *m*
gemeinsam *adj* обще́ственный [apschsch'éßtw'innyj], (Mühe usw.) совме́стный [ßawm'éßnyj] ♦ *adv* вме́сте [wm'éßt'i], совме́стно [ßawm'éßna]
Gemeinschaft *w* **1** (von Menschen) о́бщество [ópschsch'ißtwa] *s*, това́рищество [tawár'ischsch'ißtwa] *s* **2** (von Staaten usw.) содру́жество [ßadrúshyßtwa] *s*, соо́бщество [ßaópschsch'ißtwa] *s*
gemischt *adj* сме́шанный [ßm'éschannyj]
Gemüse *s* о́вощи [ówaschsch'i] *m Mz*
gemütlich *adj* ую́тный [ujútnyj]
genau *adj* то́чный [tótsch'nyj] ♦ *adv* **1** (richtig) то́чно [tótsch'na] **2** пунктуа́льно [punktuál'na]
genehmigen *v etw. Akk* одо́брить [adóbr'it'] *vo что*, утверди́ть [utw'ird'ít'] *vo что*
Genehmigung *w* **1** (Urkunde usw.) разреше́ние [rasr'ischén'iji] *s на что*, лице́нзия [l'izéns'ija] *w* **2** одобре́ние [adabr'én'iji] *s*, утвержде́ние [utw'irshd'én'iji] *s*
genesen *v* поправля́ться [paprawl'átza] *uv*, выздора́вливать [wysdaráwl'iwat'] *uv*, выле́чиваться [wyl'étsch'iwatza] *uv*
genießen *v* **1** (erleben) *etw. Akk* провести́ вре́мя [praw'ißt'í wr'ém'a], наслади́ться [naßlad'ítza] *vo*, (erleben) *etw. Akk* наслажда́ться [naßlashdátza] *uv чем* **2** (Anblick) *etw. Akk* любова́ться [l'ubawátza] *uv кем/чем* **3** съесть с наслажде́нием [ßjéßt' ß naßlashd'én'ijim], (Speise, Getränk) *etw. Akk* пола́комиться [palákam'itza] *vo*, пое́сть с аппети́том [pajéßt' ß app'it'ítam]
genug *adv* доста́точно [daßtátatsch'na] ► **Ist das ~?** Э́того хва́тит?
genügen *v* хвати́ть [chwat'ít'] *vo*, хвата́ть [chwatát'] *uv*
genügend *adj* доста́точный [daßtátatsch'nyj] ♦ *adv* дово́льно [dawól'na], доста́точно [daßtátatsch'na]
Genuss *m* удово́льствие [udawól'ßtw'iji] *s*, ра́дость [rádaßt'] *w*
geöffnet *adj* распусти́вшийся [raßpußt'íwschyjß'a], (Fenster usw.) откры́тый [atkrýtyj]
Gepäck *s* кладь [klát'] *w*, бага́ж [bagásch] *m* ► **~ einchecken** сдать бага́ж
Gepäckaufbewahrung *w* ка́мера хране́ния [kám'ira chran'én'ija]
Gepäckstück *s* бага́ж [bagásch] *m*
Gepäckträger *m* носи́льщик [naß'íl'schsch'ik] *m*
gepflegt *adj* опря́тный [apr'átnyj]
gerade[1] (Linie usw.) *adj* **1** (Linie usw.) прямо́й [pr'imój] **2** (Zahl) чётный [tsch'ótnyj] ♦ *adv* пря́мо [pr'áma], ро́вно [równa] ► **~ machen** вы́прямить *vo*
gerade[2] *adv* (in dem Zeitpunkt) как раз [kák ráß], и́менно [ím'inna], (momentan) то́лько что [tól'ka schtó]
geradeaus *adv* пря́мо [pr'áma]
Gerät *s* аппара́т [apparát] *m*, прибо́р [pr'ibór] *m*, (Zange usw.) инструме́нт [inßtrum'ént] *m*, ору́дие [arúd'iji] *s*
geräuchert *adj* копчёный [kaptsch'ónyj]
Geräusch *s* звук [swúk] *m*
gerecht *adj* **1** (Mensch usw.) справедли́вый [ßpraw'idl'íwyj] **2** (Behandlung usw.) справедли́вый [ßpraw'idl'íwyj], беспристра́стный [b'ißpr'ißtráßnyj] ♦ *adv* обосно́ванно [abaßnówanna]
gerechtfertigt *adj* обосно́ванный [abaßnówannyj]
Gericht *s* **1** суд [ßút] *m* **2** блю́до [bl'júda] *s*, ку́шанье [kúschan'ji] *s*
gern *adj etw. Akk tun* с удово́льствием [ß udawól'ßtw'ijim], охо́тно [achótna] *сделать что*, *etw. Akk tun* рад [rát] *делать что*
Gerste *w* ячме́нь [jitsch'm'én'] *m*
Geruch *m* арома́т [aramát] *m*, (Wahrnehmung) за́пах [sápach] *m*
Gerüst *s* леса́ [l'ißá] *Mz*, (Grundkonstruktion usw.) констру́кция [kanßtrúkzyja] *w*

Gesamtheit *w etw. Gen* совоку́пность [ßawakúpnaßt'] *w*
Gesandte *m* посла́нник [paßlánn'ik] *m*, посо́л [paßól] *m*
Gesang *m* вока́лы [wakály] *m Mz*, пе́ние [p'én'iji] *s*
Gesäß *s* ягодицы [jágad'izy] *w Mz*, по́па [pópa] *w*, седа́лище [ß'idál'ischsch'i] *s*
Geschäft *s* **1** (Raum) магази́н [magas'ín] *m* **2** (Transaktion) сде́лка [sd'élka] *w*
geschäftlich *adj* комме́рческий [kamm'értschißk'ij]
Geschäftsführer *m* (отве́тственный) секрета́рь [(atw'éztw'innyj) ß'ikr'itár']
Geschäftsmann *m* тре́йдер [tr'éjd'ir] *m*, бизнесме́н [b'isnißm'en] *m*, коммерса́нт [kamm'irßánt] *m*, торго́вец [targów'iz] *m*
geschehen *v* случи́ться [ßlutsch'ítza] *vo*, соверши́ться [ßaw'irschýtza] *vo*, произойти́ [praisajt'í] *vo*
Geschenk *s* пода́рок [padárak] *m*, дар [dár] *m*
Geschichte *w* исто́рия [ißtór'ija] *w*
geschickt *adj* иску́сный [ißkúßnyj], уме́лый [um'élyj], ло́вкий [lófk'ij], расторо́пный [raßtarópnyj] ♦ *adv* иску́сно [ißkúßna], уме́ло [um'éla]
geschieden *adj* разведённый [rasw'id'ónnyj]
Geschirr *s* **1** посу́да [paßúda] *w* **2** (von Zugtieren) у́пряжь [úpr'isch] *w*
Geschlecht *s* **1** (sexuell) пол [pól] *m* **2** (Familie) род [rót] *m*
geschlechtlich *adj* полово́й [palawój]
Geschlechtsverkehr *m* (полово́е) сноше́ние [(palawóji) ßnaschén'iji], поло́вой акт [palawój ákt], совокупле́ние [ßawakupl'én'iji] *s*
geschlossen *adj* закры́тый [sakrýtyj]
Geschmack *m* **1** (des Essens usw.) вкус [fkúß] *m* **2** (von Erdbeeren usw.) при́вкус [pr'ífkuß] *m* **3** (Sinn) вкус [fkúß] *m* **4** (Vorliebe) вкус [fkúß] *m*
Geschwindigkeit *w* ско́рость [ßkóraßt'] *w*
Geschwister *s* (родно́й) брат [(radnój) brát], (родна́я) сестра́ [(radnája) ß'ißtrá]
Gesellschaft *w* компа́ния [kampán'ija] *w*, о́бщество [ópschsch'ißtwa] *s*, фи́рма [f'írma] *w* ► **~ leisten** *j-m* составля́ть компа́нию *кому*
gesellschaftlich *adj* общи́тельный [apschsch'ít'il'nyj]
Gesetz *s* зако́н [sakón] *m*
gesetzlich *adj* зако́нный [sakónnyj], лега́льный [l'igál'nyj]
Gesicht *s* лицо́ [l'izó] *s*
gespannt *adj* напряжённый [napr'ish'ónnyj], натя́нутый [nat'ánutyj], обострённый [abaßtr'ónnyj]
Gespräch *s* разгово́р [rasgawór] *m*
Gestalt *w* **1** фо́рма [fórma] *w* **2** (in einem Roman usw.) персона́ж [p'irßanásch] *m*
gestehen *v etw. Akk* призна́ться [pr'isnátza] *vo*
gestern *adv* вчера́ [ftsch'irá]
gestrig *adj* вчера́шний [ftsch'iráschn'ij]
Gestrüpp *s* кустáрник [kußtárn'ik] *m*, хворости́нник [chwaraßt'ínn'ik] *m*
gesund *adj* здоро́вый [sdaró wyj] ► **~er Menschenverstand** здра́вый смысл
Gesundheit *w* здоро́вье [sdaró w'ji] *s*
gesundheitlich *adj* медици́нский [m'id'izýnßk'ij]
Getränk *s* напи́ток [nap'ítak] *m*
Getreide *s* хле́бный злак [chl'ébnyj slák], зерновáя культу́ра [s'irnawája kul'túra], хлеб [chl'ép] *m*
getrennt *adj* самостоя́тельный [ßamaßtaját'il'nyj], отде́льный [add'él'nyj], сепара́тный [ß'iparátnyj]
Getriebe *s* **1** (System) коро́бка переда́ч [karópka p'ir'idátsch'] **2** (Betriebsamkeit) оживле́ние [ashywl'én'iji] *s*, суета́ [ßujitá] *w*
Gewalt *w* наси́лие [naß'íl'iji] *s*
gewaltsam *adj* наси́льственный [naß'íl'ßtw'innyj] ♦ *adv* наси́льственно [naß'íl'ßtw'inna]
Gewehr *s* ружьё [rush'ó] *s*, винто́вка [w'intófka] *w*
Gewerbe *s* предпринима́тельство [pr'itpr'in'imát'il'ßtwa] *s*
Gewerkschaft *w* профсою́з [prafßajúß] *m*
Gewicht *s* **1** (Schwere) *etw. Gen* вес [w'éß] *m* **2** (Gegenstand) ги́ря [g'ír'a] *w* **3** (Bedeutung) *etw. Gen* значе́ние [snatsch'én'iji] *s*
Gewinn *m* **1** (Ertrag) при́быль [pr'íbyl'] *w* **2** (im Lotto usw.) вы́игрыш [wýigrysch] *m*
gewinnen *v* **1** (Wettkampf usw.) *etw. Akk, in etw. Dat* вы́играть [wýigrat'] *vo* **2** *etw. Akk aus etw.* извле́чь по́льзу [iswl'étsch' pól'su/wýgadu] *из чего*, *etw. Akk* получи́ть [palutsch'ít'] *vo что* **3** *j-n* расположи́ть к себе́ [raßpalashýt' k ß'ib'é], (erobern) *j-n* покори́ть [pakar'ít'] *vo*, очарова́ть [atsch'arawát'] *vo*
Gewinner *m etw. Gen* призёр [pr'is'ór] *m*
gewiss *adj* не́который [n'ékataryj], определённый [apr'id'il'ónnyj] ♦ *adv* коне́чно [kan'éschna], несомне́нно [n'ißamn'énna], обяза́тельно [ab'isát'il'na], наве́рно [naw'érna]

♦ *part* конéчно [kan'éschna], несомнéнно [n'ißamn'énna]

Gewissen *s* сóвесть [ßów'ißt'] *w* ► **ins ~ reden** *j-m* сдéлать внушéние *кому*, вы́говорить *vo кому*

Gewitter *s* бýря [búr'a] *w*, грозá [grasá] *w*, штóрм [schtórm] *m*

gewöhnen *v* ***sich*** ~ *an etw. Akk* привы́кнуть [pr'iwýknut'] *vo к чему*

Gewohnheit *w* привы́чка [pr'iwýtsch'ka] *w*, нáвык [náwyk] *m* ► **schlechte ~** дурнáя привы́чка

gewöhnlich *adj* **1** обыкновéнный [abyknaw'énnyj], обы́денный [abýd'innyj], повседнéвный [pafß'idn'éwnyj], (normal usw.) обы́чный [abýtsch'nyj] **2** (Zeit usw.) обыкновéнный [abyknaw'énnyj], привы́чный [pr'iwýtsch'nyj], обы́чный [abýtsch'nyj] ♦ *adv* обы́чно [abýtsch'na], обыкновéнно [abyknaw'énna]

Gewürz *s* пря́ность [pr'ánaßt'] *w*, спéция [ßp'ézyja] *w*

Gezeiten *w Mz* прилúвы и отлúвы [pr'il'íwy í atl'íwy]

gierig *adj nach etw.* жáдный [shádnyj], жáждущий [sháshduschsch'ij] *чего*, (Blick usw.) жáдный [shádnyj], áлчный [áltsch'nyj]

gießen *v* **1** (Wasser in die Tasse usw.) *etw. Akk in etw. Akk* налúть [nal'ít'] *vo*, влить [wl'ít'] *vo что куда*, лить [l'ít'] *uv что куда* **2** (durch Gießen verteilen) *etw. Akk in etw. Akk* разлúть [rasl'ít'] *vo* **3** (Blume usw.) *etw. Akk* полúть [pal'ít'] *vo*

Gift *s* яд [ját] *m*, отрáва [atráwa] *w*

giftig *adj* токсúческий [takß'ítsch'ißk'ij], токсúчный [takß'ítsch'nyj], ядовúтый [jidaw'ítyj], отравля́ющий [atrawl'ájuschsch'ij]

Giftschlange *w* ядовúтая змея́ [jidaw'ítaja sm'ijá]

Gipfel *m* **1** (Berg usw.) *etw. Gen* вершúна [w'irschýna] *w* **2** (Wert usw.) пик [p'ík] *m*

Gips *m* гипс [g'ípß] *m*

Girokonto *s* жиросчёт [shyraschsch'ót] *m*

Gitarre *w* гитáра [g'itára] *w*

Gitter *s* решётка [r'isch'ótka] *w*

glänzen *v* **1** (in der Sonne usw.) блестéть [bl'ißt'ét'] *uv*, сверкáть [ßw'irkát'] *uv* **2** заблистáть [sabl'ißtát'] *vo*, засверкáть [saßw'irkát'] *vo* **3** (sich hervortun) *in etw. Dat* выдавáться [wydawátza] *uv*, вы́даться [wýdatza] *vo*, отличáться [atl'itsch'átza] *uv*, отличúться [atl'itsch'ítza] *vo*

glänzend *adj* **1** (Oberfläche usw.) гля́нцевый [gl'ánzywyj] **2** (Haar usw.) гля́нцевый [gl'ánzywyj], блестя́щий [bl'ißt'áschsch'ij]

Glas *s* **1** (Material) стеклó [ßt'ikló] *s* **2** (Gefäß) стакáн [ßtakán] *m*, рю́мка [r'júmka] *w*

gläsern *adj* стекля́нный [ßt'ikl'ánnyj]

glatt *adj* **1** (Oberfläche usw.) глáдкий [glátk'ij] **2** (Gehweg usw.) скóльзкий [ßkól'ßk'ij] ► **~ sein** скользúть *uv*

Glatteis *s* гололéдица [galal'éd'iza] *w*, гололёд [galal'ót] *m*

Glaube *m* вéра [w'éra] *w*

glauben *v* **1** *j-m/etw.* вéрить [w'ér'it'] *uv кому/чему*, *j-m etw. Akk* повéрить [paw'ér'it'] *vo кому/чему* **2** (Ansicht haben) дýмать [dúmat'] *uv* **3** *an etw. Akk* вéрить [w'ér'it'] *uv во что* ► **Ich glaube schon./Das glaube ich nicht.** Дýмаю, что да/нет.

gleich *adj* одинáковый [ad'inákawyj] ♦ *adv* сейчáс же [ß'itscháß shé] ► **~ (sein)** *etw. Nom* равня́ться *uv чему*

gleichen *v* быть похóжим (друг на дрýга) [být' pachóshym (drúk ná drúga)], походúть (друг на дрýга) [pachad'ít' (drúk ná drúga)]

gleichfalls *adv* тáкже [tákshy]

Gleichgewicht *s* равновéсие [rawnaw'éß'iji] *s*

gleichgültig *adj* равнодýшный [rawnadúschnyj], безучáстный [b'isutsch'áßnyj], безразлúчный [b'israsl'ítsch'nyj]

gleichzeitig *adv* срáзу [ßrásu], зáлпом [sálpam]

Gleis *w* (рéльсовый) путь [(r'él'ßawyj) pút']

Gletscher *m* леднúк [l'idn'ík] *m*, áйсберг [ájsb'irk] *m*

Glied *s* **1** (einer Kette) звенó [sw'inó] *s* **2** (Gliedmaße) конéчность [kan'étsch'naßt'] *w* **3** (Penis) член [tsch'l'én] *m*

Glocke *w* кóлокол [kólakal] *m*

Glück *s* счáстье [schsch'áßt'ji] *s* ► **~ haben** везтú; **wenig ~** невезéние *s*; **zum ~** слáва бóгу

glücklich *adj* **1** (Gewinner usw.) везýчий [w'isútsch'ij], удáчный [udátsch'nyj], (Zahl usw.) счастлúвый [schsch'aßtl'íwyj] **2** (Mensch usw.) счастлúвый [schsch'aßtl'íwyj] ♦ *adv* счастлúво [schsch'aßtl'íwa], рáдостно [rádaßna], вéсело [w'éß'ila]

glücklicherweise *part* слáва бóгу [ßláwa bógu]

Glücksspiel *s* азáртная игрá [asártnaja igrá], заключéние парú [sakl'utsch'én'iji par'í]

Glückwunsch *m* поздравле́ние [pasdrawl'én'iji] *s*, пожела́ние [pashylán'iji] *s* ► **Herzlichen ~!** Поздравля́ю!
Glühbirne *w* ла́мпочка [lámpatsch'ka] *w*
glühen *v* пы́хать [pýchat'] *uv*, жа́рить [shár'it'] *uv*
Glühwein *m* глинтве́йн [gl'intw'éjn] *m*
Gold *s* зо́лото [sólata] *s*
golden *adj* золото́й [salatój]
Gott *m* Бог [bók] *m*, бог [bóch] *m*
Gottesdienst *m* богослуже́ние [bagaßlushén'iji] *s*, литурги́я [l'iturg'íja] *w*
Grab *s* моги́ла [mag'íla] *w*
graben *v etw. Akk* копа́ть [kapát'] *uv что*, (Grube usw.) ры́ть [rýt'], долби́ть [dalb'ít'] *uv*, (Loch) вы́копать [wýkapat'] *vo*
Graben *m* я́ма [jáma] *w*, (Straßengraben usw.) кана́ва [kanáwa] *w*
Grad *m* **1** (Temperatur usw.) гра́дус [gráduß] *m*, балл [báll] *m* **2** (Rang) сте́пень [ßt'ép'in'] *w*
Gramm *s* грамм [grám] *m*
Grammatik *w* грамма́тика [grammát'ika] *w*
Grapefruit *w* гре́йпфрут [gr'éjpfrut] *m*
Gras *s* **1** (Rasen) трава́ [trawá] *w* **2** (Pflanze) трава́ [trawá] *w*, злак [slák] *m*, травяно́е расте́ние [traw'inóji raßt'én'iji]
gratis *adv* беспла́тно [b'ißplátna], гра́тис [grát'iß], безвозме́здно [b'iswasm'ésna], да́ром [dáram]
gratulieren *v j-m zu etw.* поздра́вить [pasdráw'it'] *vo кого с чем, j-m zu etw.* поздравля́ть [pasdrawl'át'] *uv кого с чем*
grau *adj* седо́й [ß'idój], се́рый [ß'éryj], седова́тый [ß'idawátyj]
Graupen *w* крупа́ [krupá] *w*
grausam *adj* жесто́кий [shyßtók'ij]
greifen *v* **1** (mit Hand usw.) *nach etw.* потяну́ться [pat'inútza] *vo за чем* **2** (Maßnahmen usw.) *zu etw.* прибе́гнуть [pr'ib'égnut'] *vo к чему*, пойти́ [pajt'í] *vo на что*
Grenze *w* **1** (Landesgrenze) грани́ца [gran'íza] *w* **2** (Trennungslinie) рубе́ж [rub'ésch] *m*, преде́л [pr'id'él] *m* **3** (Beschränkung usw.) *etw. Gen* грани́ца [gran'íza] *w чего*, (Limit usw.) преде́лы [pr'id'ély] *w Mz*, ра́мки [rámk'i] *w Mz*, поро́г [parók] *m*
Grenzübergang *m* пограни́чный перехо́д [pagran'ítsch'nyj p'ir'ichót], погранперехо́д [pagranp'ir'ichót] *m*
Grill *m* гриль [gr'íl'] *m*
Grippe *w* грипп [gr'íp] *m*
grob *adj* **1** (Oberfläche usw.) негла́дкий [n'iglátk'ij], гру́бый [grúbyj], шерохова́тый [schyrachawátyj] **2** (Struktur usw.) гру́бый [grúbyj], кру́пный [krúpnyj] **3** (Manieren usw.) гру́бый [grúbyj] **4** (ungefähr) гру́бый [grúbyj]
groß *adj* **1** (Maß, Menge) большо́й [bal'schój] **2** (hoch usw.) высо́кий [wyßók'ij] **3** (erwachsen) взро́слый [wsróßlyj]
großartig *adj* су́пер [ßúp'ir], замеча́тельный [sam'itsch'át'il'nyj], (Bauwerk usw.) великоле́пный [w'il'ikal'épnyj], (Pläne usw.) великоле́пный [w'il'ikal'épnyj]
Größe *w* **1** (Umfang usw.) величина́ [w'il'itsch'iná] *w* **2** (von Kleider usw.) разме́р [rasm'ér] *m*, но́мер [nóm'ir] *m* **3** (in Physik) величина́ [w'il'itsch'iná] *w*
Großmutter *w* ба́бушка [bábuschka] *w*
Großvater *m* де́душка [d'éduschka] *w*
großzügig *adj* великоду́шный [w'il'ikadúschnyj]
grün *adj* зелёный [s'il'ónyj]
Grund *m* **1** (Oberfläche) земля́ [s'iml'á] *w* **2** (für Tat usw.) *für etw.* по́вод [pówat] *m для чего* ► **auf ~** *etw. Gen* по (причи́не) *чего*
gründen *v* созда́ть [ßasdát'] *vo*
Grundlage *w etw. Gen* основа́ние [aßnawán'iji] *s*, ба́зис [bás'iß] *m*
gründlich *adj* основа́тельный [aßnawát'il'nyj], тща́тельный [tschsch'át'il'nyj] ♦ *adv* суще́ственно [ßuschsch'éßtw'inna], принципиа́льно [pr'inzyp'iál'na], (untersuchen usw.) тща́тельно [tschsch'át'il'na], аккура́тно [akkurátna]
grundsätzlich *adj* основно́й [aßnawnój] ♦ *adv* суще́ственно [ßuschsch'éßtw'inna], принципиа́льно [pr'inzyp'iál'na]
Grundschule *w* нача́льная шко́ла [natsch'ál'naja schkóla]
Grundstück *s* уча́сток [utsch'áßtak] *m* ► **eingezäuntes ~** заго́н *m*
Gruppe *w* **1** вата́га [watága] *w* **2** (von Fachleuten usw.) гру́ппа [grúppa] *w* **3** (Rettungsgruppe usw.) отря́д [atr'át] *m*, кома́нда [kamánda] *w*
Gruß *m* приве́т [pr'iw'ét] *m*
grüßen *v* **1** *j-n* поздоро́ваться [pasdarówatza] *vo с кем, j-n* здоро́ваться [sdarówatza] *uv с кем*, (offiziell, formell) приве́тствовать [pr'iw'éztwawat'] *vo*, встре́тить [fßtr'ét'it'] *vo* **2** *j-n von j-m* передава́ть приве́т [p'ir'idawát' pr'iw'ét] *кому*
gültig *adj* действи́тельный [d'ijßtw'ít'il'nyj]
Gummi *m/s* рези́на [r'is'ína] *w*
Gummiband *s* рези́нка [r'is'ínka] *w*
Gummistiefel *m Mz* рези́новые сапоги́ [r'is'ínawyji ßapag'í]

Gunst *w* благоскло́нность [blagaßklónnaßt'] *w*
günstig *adj* **1** вы́годный [wýgadnyj] **2** (Bedingungen usw.) благоприя́тный [blagapr'ijátnyj] **3** (Augenblick usw.) удо́бный [udóbnyj]
Gurke *w* огуре́ц [agur'éz] *m*
Gurt *m* **1** (Gürtel) по́яс [pójiß] *m* **2** (zum Anschnallen) реме́нь [r'im'én'] *m*
Gürtel *m* по́яс [pójiß] *m*, реме́нь [r'im'én'] *m*
gut *adj* **1** (qualitätvoll usw.) хоро́ший [charóschyj], до́брый [dóbryj] **2** (nett) *zu j-m* хоро́ший [charóschyj] ♦ *adv* хорошо́ [charaschó] ► **ziemlich ~** неплохо́й; **Also ~.** Ну ла́дно.; **G~e Fahrt.** Счастли́вого пути́!
Gutachten *s* экспе́ртное заключе́ние [ikßp'értnaji sakl'utsch'én'iji], оце́нка [azénka] *w*
Gutschein *m* о́рдер [órd'ir] *m*
Gymnasium *s* гимна́зия [g'imnás'ija] *w*
Gymnastik *w* гимна́стика [g'imnáßt'ika] *w*

H

Haar *s* **1** (einzelnes, auf dem Kopf) во́лос [wólaß] *m* **2** (blondes, lockiges usw.) во́лосы [wólaßy] ► **sich die ~e schneiden lassen** подстри́чься *vo*
Haarschnitt *m* стри́жка [ßtr'íshka] *w*
Haarspray *m/s* лак для воло́с [lák dl'á walóß]
haben *v* **1** *etw. Akk* име́ть [im'ét'] *uv что* **2** + *zu* + *Inf.* быть до́лжен [být' dólshyn] *сде́лать что*
hacken *v* **1** *j-n* рубану́ть [rubanút'] *vo*, (verletzen) *in etw. Akk* рассе́чь [raßß'étsch'] *vo* **2** руби́ть [rub'ít'] *uv*, сечь [ß'étsch'] *uv*, (Holz usw.) наколо́ть [nakalót'] *vo*, наруби́ть [narub'ít'] *vo* **3** (ein Beet usw.) окопа́ть [akapát'] *vo*, разрыхли́ть [rasrychl'ít'] *vo* **4** (Fleisch usw.) помоло́ть [pamalót'] *vo*
Hackfleisch *s* ру́бленое мя́со [rúbl'inaji m'áßa]
Hafen *m* порт [pórt] *m*
Hafer *m* овёс [aw'óß] *m*
haften *v* **1** *auf/an etw. Akk* приста́ть [pr'ißtát'] *vo к чему*, прилéчь [pr'il'étsch'] *vo к чему* **2** (für Qualität usw.) *für etw.* руча́ться [rutsch'átza] *uv за что* **3** *für j-n* гаранти́ровать [garant'írawat'] *uv*
Haftung *w* гара́нтия [garánt'ija] *w*
Hagel *m* град [grát] *m*
Hahn *m* **1** (Vogel) пету́х [p'itúch] *m* **2** (Wasserhahn usw.) кран [krán] *m* **3** (an Schusswaffen) куро́к [kurók] *m*
Hähnchen *s* цыплёнок [zypl'ónak] *m*
Hai *m* аку́ла [akúla] *w*
Haken *m* **1** (zum Angeln usw.) крючо́к [kr'utsch'ók] *m*, заце́пка [sazépka] *w* **2** (zum Aufhängen) крюк [kr'júk] *m* **3** (Schwierigkeit) осложне́ние [aßlashn'én'iji] *s*, загво́здка [sagwóstka] *w*
halb *adj* полови́нный [palaw'ínnyj] ♦ *adv* наполови́ну [napalaw'ínu] ► **um ~ fünf** в полпя́того; **vor einer ~en Stunde** полчаса́ (тому́) наза́д
Halbinsel *w* полуо́стров [paluóßtraf] *m*
Halbmesser *m* ра́диус [rád'iuß] *m*
Hälfte *w* полови́на [palaw'ína] *w*, *etw. Gen* пол [pól] *m*
Halle *w* зал [sál] *m*
hallo **H~!** (Я вас) слу́шаю?, Приве́т!, Здра́вствуй!, (Lenkung der Aufmerksamkeit) Алло́!
Hals *m* **1** (Körperteil) го́рло [górla] *s* **2** (einer Flasche usw.) го́рлышко [górlyschka] *s*
Halsband *s* оше́йник [aschéjn'ik] *m*
halt **H~!** Стоя́ть!
Halt *m* остано́вка [aßtanófka] *w*
haltbar *adj* про́чный [prótsch'nyj]
halten *v* **1** (in der Hand) *etw. Akk* держа́ть [d'irshát'] *uv что* **2** (fest sein usw.) держа́ть [d'irshát'] *uv* **3** (in einer Lage usw.) держа́ть [d'irshát'] *uv* **4** сохрани́ть [ßachran'ít'] *vo*, (in Ordnung usw.) сохраня́ть [ßachran'át'] *uv* **5** *j-n irgendwohin* держа́ть [d'irshát'] *uv кого где* **6** (Zug usw.) *irgendwo* остана́вливаться [aßtanáwl'iwatza] *uv* **7** ***sich ~*** (sich nicht entfernen) *irgendwohin* остава́ться [aßtawátza] *uv* **8** *j-n/etw. für j-n/etw.* счита́ть [schsch'itát'] *uv кого/что кем/чем* **9** (Haustier usw.) *etw. Akk* разводи́ть [raswad'ít'] *uv* **10** ***sich ~*** *an etw. Akk* (Anweisungen usw.) соблюда́ть [ßabl'udát'] *uv что* **11** (frisch bleiben usw.) вы́держать [wýd'irshat'] *vo*, не испо́ртиться [n'é ißpórt'itza] ► **das Wort ~** держа́ть сло́во; **~ (können)** *etw. Akk* удержа́ть *vo что*; **Halt die Klappe!** Замолчи́!, Заткни́сь!; **sich ~** *an etw. Dat* (mit der Hand) держа́ться *uv за что*
Halter *m* держа́тель [d'irshát'il'] *m*, кронште́йн [kranschtejn] *m*
Haltestelle *w* ста́нция [ßtánzyja] *w*
Hammer *m* молото́к [malatók] *m*
Hand *w* рука́ [ruká] *w*
Handbuch *s* инстру́кция [inßtrúkzyja] *w*, руково́дство [rukawóztwa] *s*, посо́бие [paßób'iji] *s*, мануа́л [manuál] *m*
Handel *m* торго́вля [targówl'a] *w*

handeln *v* **1** (tun) действовать [d'éjßtwawat'] *uv* **2** (Buch) *von etw., über etw. Akk* повéствовать [paw'éßtwawat'] *uv о чём* **3** (über Preis usw.) *mit j-m über etw. Akk* торговáться [targawátza] *uv с кем о чём* **4** (Geschäft betreiben) *mit etw.* торговáть [targawát'] *uv чем*

Handfläche *w* ладóнь [ladón'] *w*

Handgelenk *s* запя́стье [sap'áßt'ji] *s*

Handgepäck *s* ручнáя кладь [rutsch'nája klát'], ручнóй багáж [rutsch'nój bagásch]

Händler *m* торгóвец [targów'iz] *m*, трéйдер [tr'éjd'ir] *m*

Handlung *w* **1** акт [ákt] *m*, дéйствие [d'éjßtw'iji] *s* **2** (eines Films usw.) сюжéт [ß'ushét] *m*

Handschellen *w Mz* окóвы [akówy] *Mz*, нарýчники [narútsch'n'ik'i] *m Mz* ► **~ anlegen** *j-m* надéть нарýчники *кому*

Handschrift *w* **1** (schön usw.) пóчерк [pótsch'irk] *m* **2** (Urkunde usw.) автóграф [aftógraf] *m*, рýкопись [rúkap'iß'] *w*

Handschuh *m* перчáтка [p'irtsch'átka] *w*

Handschuhfach *s* вещевóй я́щик [w'ischsch'iwój jáschsch'ik], перчáточный я́щик [p'irtsch'átatsch'nyj jáschsch'ik]

Handtasche *w* сýмка [ßúmka] *w*

Handtuch *s* полотéнце [palat'énzy] *s*

Handwerk *s* ремеслó [r'im'ißló] *s*

Handwerker *m* ремéсленник [r'im'éßl'inn'ik] *m*

Handy *s* моби́льник [mab'íl'n'ik] *m*

Hang *m* **1** (steil usw.) склон [ßklón] *m* **2** (Tendenz) *zu etw.* склóнность [ßklónnaßt'] *w*, влечéние [wl'itsch'én'iji] *s к чему*

hängen[1] *v* (im Schrank usw.) **1** висéть [w'iß'ét'] *uv* **2** (nicht verzichten) *an etw. Dat* цепля́ться [zypl'átza] *uv за что*, настáивать [naßtáiwat'] *uv на чём* **3** (an Mutter usw.) *an j-m* привязáться [pr'iw'isátza] *vo к кому*, прикипéть [pr'ik'ip'ét'] *vo к кому*

hängen[2] *v* **1** (Bild usw.) *etw. Akk* повéсить [paw'éß'it'] *vo что* **2** (Wäsche usw.) *etw. Akk* вéшать [w'éschat'] *uv что что* **3** (hinrichten) *j-n* вéшать [w'éschat'] *uv кого*

harmlos *adj* простодýшный [praß-tadúschnyj], безхи́тростный [b'isch'ítraßnyj]

hart *adj* **1** (Holz usw.) твёрдый [tw'órdyj], чёрствый [tsch'órßtwyj] **2** (Schlag usw.) си́льный [ß'íl'nyj] **3** (unnachgiebig) твёрдый [tw'órdyj] **4** (Tag usw.) трýдный [trúdnyj], тяжёлый [t'ish'ólyj] ♦ *adv* твёрдо [tw'órda], си́льно [ß'íl'na]

hartnäckig *adj* неустýпчивый [n'iußtúptsch'iwyj], упóрный [upórnyj]

Hase *m* зáяц [sájiz] *m*

Haselnuss *w* фундýк [fundúk] *m*, леснóй орéх [l'ißnój ar'éch]

Hass *m* нéнависть [n'énaw'ißt'] *w*

hassen *v j-n/etw.* не терпéть [n'é t'irp'ét'], ненави́деть [n'inaw'íd'it'], *j-n/etw.* ненави́деть [n'inaw'íd'it'] *uv*

hässlich *adj* уродли́вый [uradl'íwyj], безобрáзный [b'isabrásnyj], некраси́вый [n'ikraß'íwyj]

Haufen *m* кýча [kútsch'a] *w*

häufig *adj* чáстый [tsch'áßtyj] ♦ *adv* нерéдко [n'ir'étka], зачастýю [satsch'aßtúju]

Hauptbahnhof *m* глáвный вокзáл [gláwnyj wagsál]

Hauptgericht *s* горя́чее блю́до [gar'átsch'iji bl'júda]

hauptsächlich *part* глáвным óбразом [gláwnym óbrasam]

Hauptstadt *w* столи́ца [ßtal'íza] *w*

Hauptstelle *w* центрáльное управлéние [zyntrál'naji uprawl'én'iji]

Hauptstraße *w* глáвня ýлица [gláwn'a/zyntrál'najaúl'iza]

Haus *s* дом [dóm] *m* ► **nach ~(e)** домóй; **zu ~e** дóма

Hausaufgaben *w Mz* домáшние задáния [damáschn'iji sadán'ija]

Häuserblock *m* блок дóмов [blók dómaf], квартáл [kwartál] *m*

Hausfrau *w* домохозя́йка [damachas'ájka] *w*, хозя́йка [chas'ájka] *w*

hausgemacht *adj* домáшнего изготовлéния [damáschn'iwa isgatawl'én'ija]

Haushalt *m* (домáшнее) хозя́йство [(damáschn'iji) chas'ájßtwa]

Haushaltsgerät *s* прибóр [pr'ibór] *m*

Haushaltswaren *Mz* бытовы́е товáры [bytawýji tawáry], промтовáры [pramtawáry] *m Mz*

Haustier *s* (домáшний) питóмец [(damáschn'ij) p'itóm'iz]

Haut *w* **1** (Körpergewebe) кóжа [kósha] *w* **2** (von Pfirsich usw.) шелухá [schyluchá] *w*

Havarie *w* авáрия [awár'ija] *w*

Hebel *m* рычáг [rytsch'ák] *m*, рычажóк [rytsch'ashók] *m*, рýчка [rútsch'ka] *w*

heben *v etw. Akk* подня́ть [padn'át'] *vo*

Hecke *w* живáя и́згородь [shywája ísgarat']

Heer *s* áрмия [árm'ija] *w*, вóйско [wójßka] *s*

Heft *s* тетрáдь [t'itrát'] *w*

heftig *adj* **1** (stark) интенси́вный [intinß'íwnyj] **2** (Leidenschaft usw.) си́льный [ß'íl'nyj] ♦ *adv* **1** (sehr energisch usw.) ре́зко [r'éßka], с си́лой [ß ß'ílaj], бу́рно [búrna] **2** (regnen usw.) си́льно [ß'íl'na]
Heidelbeere *w* я́года черни́ки [jágada tsch'irn'ík'i]
heilen *v* зажива́ть [sashywát'] *uv*, (Wunde usw.) залечи́ться [sal'itsch'ítza] *vo*
heilig *adj* **1** (Person) свято́й [ßw'itój] **2** (Sakrament usw.) свяще́нный [ßw'ischsch'énnyj] **3** (Ort usw.) свято́й [ßw'itój]
heim *adv* домо́й [damój]
Heim *s* **1** дом [dóm] *m* **2** (für Obdachlose usw.) прию́т [pr'ijút] *m*
Heimat *w* ро́дина [ród'ina] *w*, оте́чество [at'étsch'ißtwa] *s*
heiraten *v* **1** (Ehe schließen) вступи́ть в брак [fßtup'ít' w brák], вступа́ть в брак [fßtupát' w brák] *uv*, зарегистри́роваться [sar'ig'ißtr'írawatza] *vo*, пожени́ться [pashyn'ítza] *vo* **2** (die Ehe eingehen) *j-n* вступи́ть в брак [fßtup'ít' w brák] *с кем*, (Ehefrau werden) *j-n* вы́йти за́муж [wýjt'i sámusch] *за кого*, (Ehemann werden) *j-n* жени́ться [shyn'ítza] *vo/uv на ком*
heiser *adj* хри́плый [chr'íplyj], охри́плый [achr'íplyj]
heiß *adj* **1** (Gegenstand usw.) горя́чий [gar'átsch'ij] **2** (Liebe usw.) горя́чий [gar'átsch'ij], стра́стный [ßtráßnyj] ♦ *adv* жа́рко [shárka] ► **Mir ist ~.** Мне жа́рко.
heißen *v irgendwie* называ́ться [nasywátza] *uv* ► **das heißt** или (же); **willkommen ~** *j-n* встре́тить *vo кого*, приня́ть *vo кого*, приве́тствовать *uv кого*; **Ich heiße…** Меня́ зову́т…; **Wie heißt du?** Как тебя́ зову́т?
heiter *adj* **1** (Stimmung) весёлый [w'iß'ólyj], жизнера́достный [shysn'irádaßnyj] **2** (Tag usw.) я́сный [jáßnyj]
heizen *v* **1** *irgendwo* топи́ть [tap'ít'] *uv где* **2** (Zimmer usw.) отопи́ть [atap'ít'] *vo*
Heizung *w* отопле́ние [atapl'én'iji] *s*
Hektar *s/m* гекта́р [g'iktár] *m*
Held *m* геро́й [g'irój] *m*
helfen *v j-m mit etw.* помо́чь [pamótsch'] *vo кому в чём*, помога́ть [pamagát'] *uv*
hell *adj* **1** (Farbe usw.) све́тлый [ßw'étlyj], (Licht usw.) я́ркий [járk'ij] **2** све́тлый [ßw'étlyj] ♦ *adv* я́рко [járka], я́сно [jáßna]
Helm *m* шлем [schl'ém] *m*, ка́ска [káßka] *w*
Hemd *s* руба́шка [rubáschka] *w*
Henkel *m* у́хо [úcha] *s*, ру́чка [rútsch'ka] *w*, ушко́ [uschkó] *s*
Henne *w* ку́рица [kúr'iza] *w*
her *adv* сюда́ [ß'udá]
heraus *adv aus etw.* вне [wn'é], снару́жи [ßnarúshy], (vom Sprecher) вон [wón], нару́жу [narúshu]
herausfinden *v etw. Akk* найти́ [najt'í] *vo что*
herausnehmen *v* вы́таскать [wýtaßkat'] *vo*, вы́нуть [wýnut'] *vo*
Herberge *w* общежи́тие [apschsch'ishýt'iji] *s*, ночле́жный дом [natsch'l'éshnyj dóm]
Herbst *m* о́сень [óß'in'] *w*
Herd *m* плита́ [pl'itá] *w*
Herde *w* ста́до [ßtáda] *s*, гурт [gúrt] *m*
Herdplatte *w* плита́ [pl'itá] *w*
herein *adv* внутрь [wnútr'], вглубь [wglúp'] ► **H~!** Войди́те!
hereinkommen *v in etw. Akk* войти́ [wajt'í] *vo куда*, вступи́ть [fßtup'ít'] *vo куда* ► **Kommen Sie herein.** Проходи́те!
Hering *m* **1** (Fisch) сельдь [ß'él't'] *w*, сала́ка [ßaláka] *w* **2** (Pflock) ко́лышек для пала́ток [kólyschyk dl'á palátak]
Herkunft *w* происхожде́ние [praißchashd'én'iji] *s*
Herpes *m* ге́рпес [g'érp'iß] *m*, лиша́й [l'ischáj] *m*
Herr *m* **1** господи́н [gaßpad'ín] *m* **2** (Besitzer) хозя́ин [chas'áin] *m* ► **~ X** Господи́н X
herrlich *adj* великоле́пный [w'il'ikal'épnyj], отли́чный [atl'ítsch'nyj] ♦ *adv* краси́во [kraß'íwa]
herrschen *v* ца́рствовать [zárßtwawat'] *uv*, вла́ствовать [wláßtwawat'] *uv*, (in einem Land usw.) цари́ть [zyr'ít'] *uv*, (in einem Land usw.) госпо́дствовать [gaßpóztwawat'] *uv*
herstellen *v* **1** (Produkt usw.) изгото́вить [isgatów'it'] *vo*, изготовля́ть [isgatawl'át'] *uv*, производи́ть [praiswad'ít'] *uv*, выпуска́ть [wypußkát'] *uv* **2** (Ordnung usw.) установи́ть [ußtanaw'ít'] *vo*, назна́чить [nasnátsch'it'] *vo*
Hersteller *m von etw.* производи́тель [praiswad'ít'il'] *m чего*
herunter *adv* вниз [wn'íß]
hervorragend *adj* **1** замеча́тельный [sam'itsch'át'il'nyj], выдаю́щийся [wydajúschsch'ijß'a] **2** (Persönlichkeit usw.) выдаю́щийся [wydajúschsch'ijß'a], отли́чный [atl'ítsch'nyj]
Herz *s* **1** (Organ) се́рдце [ß'érzi] *s* **2** (Karten) че́рви [tsch'érw'i] *m Mz*

herzlich *adj* серде́чный [ßird'etschnyj], раду́шный [radúschnyj], и́скренний [íßkr'inn'ij] ♦ *adv* серде́чно [ßird'étsch'na], тёпло [t'ópla], от всего́ се́рдца [ót fßiwó ß'értza], (lachen usw.) от души́ [ót duschý]

Heu *s* се́но [ß'éna] *s*

heucheln *v etw. Akk* симули́ровать [ß'imul'írawat'] *uv*

heute *adv* сего́дня [ß'iwódn'a]

heutig *adj* **1** (Tag usw.) сего́дняшний [ß'iwódn'ischn'ij] **2** (Entwicklung usw.) совреме́нный [ßawr'im'énnyj]

Hexe *w* ба́ба-яга́ [bábaigá] *w*, ве́дьма [w'éd'ma] *w*, колду́нья [kaldún'ja] *w*

hier *adv* здесь [sd'éß'], вот [wót], тут [tút] ▶ **~ (durch)** э́тим путём; **von ~ (aus)** отсю́да

hierher *adv* сюда́ [ß'udá]

Hilfe *w* **1** (Unterstützung usw.) по́мощь [pómaschsch'] *w*, соде́йствие [ßad'éjßtw'iji] *s* **2** (Text) подска́зка [pazkáßka] *w* ▶ **erste ~** пе́рвая по́мощь, ско́рая по́мощь

Hilfsmittel *s* посо́бие [paßób'iji] *s*

Himbeere *w* я́года мали́ны [jágada mal'íny]

Himmel *m* не́бо [n'éba] *s*

hin *adv* туда́ [tudá]

hinabsteigen *v* спусти́ться [ßpußt'ítza] *vo*

hinaufsteigen *v etw. Akk* подня́ться [padn'átza] *vo*

hinaus *adv* вон [wón], нару́жу [narúshu]

hindern *v* **1** *j-n an etw. Dat* воспрепя́тствовать [waßpr'ip'áztwawat'] *vo кому/чему в чём*, (nicht erlauben) *j-n an etw. Dat* препя́тствовать [pr'ip'áztwawat'] *uv кому/чему сделать что* **2** (im Wege stehen) *j-n* меша́ть [m'ischát'] *uv кому*

Hindernis *s* **1** *für etw.* препя́тствие [pr'ip'áztw'iji] *s чему*, прегра́да [pr'igráda] *w*, *in etw. Dat* препя́тствие [pr'ip'áztw'iji] *s*, поме́ха [pam'écha] *w* **2** (in Athletik usw.) препя́тствие [pr'ip'áztw'iji] *s*

hineingehen *v* **1** *in etw. Akk* зайти́ [sajt'í] *vo куда* **2** (Gepäck usw.) *in etw. Akk* вмести́ться [wm'ißt'ítza] *vo куда*

Hinfahrt *w* доро́га туда́ [daróga tudá]

hinfallen *v* упа́сть [upáßt'] *vo*

hinlegen *v* **1** *etw. Akk irgendwohin* положи́ть [palashýt'] *vo что куда* **2** *sich ~* лечь [l'étsch'] *vo*, ложи́ться [lashýtza] *vo*

hinten *adv* позади́ [pasad'í] ▶ **nach ~** наза́д; **von ~** сза́ди

hinter *prep etw. Dat* за [sá] *чем* ▶ **fallen ~** *etw. Akk* запа́сть *vo*

hinter(er,e,es) *adj* за́дний [sádn'ij]

Hintergrund *m* фон [fón] *m*, за́дний план [sádn'ij plán]

hinunter *adv* вниз [wn'íß] ▶ **die Treppe ~** вниз

Hinweis *m* **1** (Warnung usw.) предупрежде́ние [pr'idupr'ishd'én'iji] *s* **2** (Rat usw.) подска́зка [pazkáßka] *w* **3** (auf eine Quelle usw.) *auf etw. Akk* ссы́лка [ßßýlka] *w на что*

hinweisen *v auf etw. Akk* предупреди́ть [pr'idupr'id'ít'] *vo о чём*, *auf etw.* указа́ть [ukasát'] *vo на что*, сосла́ться [ßaßlátza] *vo на что*

hinzufügen *v etw. Akk* доба́вить [dabáw'it'] *vo что*

Hirsch *m* оле́нь [al'én'] *m*

Hirt *m* пасту́х [paßtúch] *m*

historisch *adj* **1** (geschichtlich) истори́ческий [ißtar'ítsch'ißk'ij] **2** (bedeutend usw.) истори́ческий [ißtar'ítsch'ißk'ij], знамена́тельный [snam'inát'il'nyj]

Hitze *w* жа́рко [shárka] *s*, жар [shár] *m*, жара́ [shyrá] *w*, (Wetter) жара́ [shyrá] *w*

Hobby *s* хо́бби [chób'i] *s*

hoch *adj* **1** (Berg usw.) высо́кий [wyßók'ij] **2** (Summe usw.) высо́кий [wyßók'ij], большо́й [bal'schój] ♦ *adv* **1** (nach oben) высоко́ [wyßakó] **2** высоко́ [wyßakó], о́чень [ótsch'in']

Hochland *s* возвы́шенность [waswýschynnaßt'] *w*

höchstens *adv* максима́льно [makß'imál'na], не бо́льше [n'é ból'schy]

Hochwasser *s* наводне́ние [nawadn'én'iji] *s*, полово́дье [palawód'ji] *s*

Hochzeit *w* сва́дьба [ßwád'ba] *w*

hochziehen *v* подня́ть [padn'át'] *vo*

Hocker *m* сту́льчик [ßtúl'tsch'ik] *m*

Hoden *m* семенни́к [ß'im'inn'ík] *m*

Hof *m* **1** (Platz) двор [dwór] *m* **2** (landwirtschaftlicher) уса́дьба [ußád'ba] *w*

hoffen *v auf etw. Akk* наде́яться [nad'éjitza] *uv на что*

hoffentlich *part* аво́сь [awóß']

Hoffnung *w auf etw. Akk* наде́жда [nad'éshda] *w на что*

höflich *adj* ве́жливый [w'éshl'iwyj]

Höflichkeit *w* ве́жливость [w'éshl'iwaßt'] *w*

Höhe *w* **1** (Maß) высота́ [wyßatá] *w* **2** (Summe usw.) разме́р [rasm'ér] *m* **3** (über dem Meeresspiegel) высота́ над у́ровнем мо́ря [wyßatá nát úrawn'im mór'a]

Höhepunkt *m* кульмина́ция [kul'm'inázyja] *w*, верши́на [w'irschýna] *w*

höher *adj* высший [wýßschyj], выше [wýschy] ♦ *adv* выше [wýschy]
hohl *adj* по́лый [pólyj]
Höhle *w* **1** пещéра [p'ischsch'éra] *w* **2** (eines Tieres) норá [nará] *w*, берлóга [b'irlóga] *w*
holen *v etw. Akk* сходи́ть [ßchad'ít'] *vo за чем*, сбéгать [sb'égat'] *vo за чем*, (Brot usw.) *j-n/etw.* сбéгать [sb'égat'] *vo за чем*, сходи́ть [ßchad'ít'] *vo за кем/чем*
Hölle *w* ад [át] *m*
Holz *s* дéрево [d'ér'iwa] *s*
hölzern *adj* деревя́нный [d'ir'iw'ánnyj]
Honig *m* мёд [m'ót] *m*
hören *v* **1** (wahrnehmen) *etw. Akk* слы́шать [ßlýschat'] *uv* **2** (erfahren) *etw. Akk* разузнáть [rasusnát'] *vo*, узнáть [usnát'] *vo*, прослы́шать [praßlýschat'] *vo что, о чём*
Hörer *m* трýбка [trúpka] *w*
Horizont *m* горизóнт [gar'isónt] *m*
Horn *s* рог [rók] *m*
Hose *w* брю́ки [br'júk'i] *Mz*
Hotel *s* гости́ница [gaßt'ín'iza] *w*, отéль [atél'] *m*
hübsch *adj* краси́вый [kraß'íwyj], хорóший [charóschyj] ♦ *adv* краси́во [kraß'íwa], хорошó [charaschó]
Hubschrauber *m* вертолёт [w'irtal'ót] *m*
Huf *m* копы́то [kapýta] *s*
Hufeisen *s* подкóва [patkówa] *w*
Hüfte *w* бок [bók] *m*
Hügel *m* холм [chólm] *m*, хóлмик [chólm'ik] *m*, бугóр [bugór] *m*, горá [gará] *w*
Huhn *s* кýрица [kúr'iza] *w*
Humor *m* ю́мор [júmar] *m*
Hund *m* собáка [ßabáka] *w*
hundert *num* сто [ßtó]
Hunger *m* гóлод [gólat] *m* ► **Ich habe ~.** Мне хóчется есть.
hungern *v* **1** голодáть [galadát'] *uv* **2** *nach etw.* жáждать [sháshdat'] *uv чего*, стреми́ться [ßt'im'ítza] *uv к чему*
hungrig *adj* голóдный [galódnyj] ► **Ich bin ~.** Мне хóчется есть.
Hupe *w* клáксон [klákßan] *m*, гудóк [gudók] *m*
hupen *v* затруби́ть [satrub'ít'] *vo*, труби́ть [trub'ít'] *uv*, (Hupe usw.) гудéть [gud'ét'] *uv*
hüpfen *v* пры́гать [prýgat'] *uv*, подпры́гивать [patprýg'iwat'] *uv*
husten *v* кáшлять [káschl'it'] *uv*
Husten *m* кáшель [káschyl'] *m*
Hut *m* шля́па [schl'ápa] *w*
hüten *v* **1** (Kinder usw.) *j-n* смотрéть [ßmatr'ét'] *uv за кем* **2** (Schafe usw.) *etw. Akk* пасти́ [paßt'í] *uv* **3** *sich* ~ *vor j-m/etw.* уберéчься [ub'ir'étsch'ß'a] *vo от кого/чего*, берéчься [b'ir'étsch'ß'a] *uv кого/чего* ► **Kinder** *j-s* ~ смотрéть за детьми́ *кого*
Hütte *w* **1** (Berghütte usw.) шалáш [schylásch] *m*, гóрный прию́т [górnyj pr'ijút], (primitive) лачýга [latsch'úga] *w*, хи́жина [ch'íshyna] *w* **2** (Hüttenwerk) металлурги́ческий завóд [m'itallurg'ítsch'ißk'ij sawót], плави́льня [plaw'íl'n'a] *w*
Hygiene *w* гигиéна [g'ig'ijéna] *w*
hygienisch *adj* гигиени́ческий [g'ig'ijin'ítsch'ißk'ij]

I

ich *pron* я [já]
ideal *adj* идеáльный [id'iál'nyj]
Idee *w* **1** (Gedanke) мысль [mýßl'] *w* **2** (Leitbild) идéя [id'éja] *w* **3** (Vorstellung usw.) сознáние [ßasnán'iji] *s*
Idiot *m* дурáк [durák] *m*, идиóт [id'iót] *m*, глупéц [glup'éz] *m*, балбéс [balb'éß] *m*
Igel *m* ёж [jósch] *m*
ihm *pron* емý [jimú]
ihn *pron* егó [jiwó]
ihr *pron* **1** (3. Person Sg. possessiv) её [ji'ó] **2** (3. Person Pl. possessiv) их [ích] **3** *I~, I~e* ваш, вáши [wásch, wáschy] **4** (2. Person Pl., Duzen) вы [wý] **5** (einer Frau usw.) ей [jéj]
im ~ **Gebirge** в горáх; ~ **Gegenteil** наоборóт; ~ **schlimmsten/besten Fall** в хýдшем/лýчшем слýчае
Imbiss *m* **1** (Gericht) вторóй зáвтрак [ftarój sáftrak], пóлдник [póldn'ik] *m* **2** (Bahnhof) буфéт [buf'ét] *m*, бистрó [b'ißtró] *s*
immer *adv* всё врéмя [fß'ó wr'ém'a], постоя́нно [paßtajánna], (stets) всегдá [fß'igdá] ► **wer auch ~** ктó-нибудь; **für/auf ~** навéки
impfen *v* прививáть [pr'iw'iwát'] *uv*, дéлать приви́вку [d'élat' pr'iw'ífku]
importieren *v etw. Akk irgendwohin* ввози́ть [wwas'ít'] *uv что куда*, импорти́ровать [impart'írawat'] *vo/uv что*
in *prep* **1** (einem Raum usw.) в [w] **2** (der Wüste usw.) на [ná] *что* **3** (Richtung) в [w] **4** (die Stadt usw.) в [w], до [dó] *чего*, на [ná] **5** (Dauer) чéрез [tschér'iß], спустя́ [ßpußt'á] ► **~ Sicherheit sein** находи́ться в безопáсном мéсте
indisch *adj* инди́йский [ind'íjßk'ij]
Industrie *w* промы́шленность [pramýschl'innaßt'] *w*
industriell *adj* промы́шленный [pramýschl'innyj]

Infektion *w* зара́за [sarása] *w*
Information *w* информа́ция [infarmázyja] *w*, сообще́ние [ßaapschsch'én'iji] *s*, информацио́нное бюро́ [infarmazyónnaji b'uró]
informieren *v j-n über etw. Akk* докла́дывать [dakládywat'] *uv кому о чём*, сообща́ть [ßaapschsch'át'] *uv кому о чём*, *j-n über etw. Akk* информи́ровать [infarm'írawat'] *uv/vo кого о чём*, осве́домить [aßw'édam'it'] *vo кого о чём*
Ingenieur *m* инжене́р [inshyn'ér] *m*
Inhaber *m etw. Gen* хозя́ин [chas'áin] *m чего*, со́бственник [ßópßtw'inn'ik] *m чего*
Inhalt *m* содержа́ние [ßad'irshán'iji] *s*, содержи́мое [ßad'irshýmaji] *s*, (eines Dreiecks usw.) пло́щадь [plóschsch'at'] *w*
Inhaltsverzeichnis *s* содержа́ние [ßad'irshán'iji] *s*, оглавле́ние [aglawl'én'iji] *s*
Injektion *w* инъе́кция [injékzija] *w*, уко́л [ukól] *m*
Injektionsspritze *w* шприц [schpr'íz] *m*
Inland *s* страна́ [ßtraná] *w*, ро́дина [ród'ina] *w*, центра́льная часть [zyntrál'naja tsch'áßt']
inmitten *adv* посреди́ [paßr'id'í] ♦ *prep etw. Gen* среди́ [ßr'id'í], во вре́мя [wó wr'ém'a]
innen *adv* внутри́ [wnutr'í], изнутри́ [isnutr'í] ► **von ~** изнутри́
inner(er,e,es) *adj* вну́тренний [wnútr'inn'ij]
innerhalb *prep* **1** *etw. Gen* внутри́ [wnutr'í] *чего* **2** *etw. Gen* в тече́ние [w t'itsch'én'iji] *чего*
Insekt *s* насеко́мое [naß'ikómaji] *s*
Insel *w* о́стров [óßtraf] *m*
insgesamt *adv* в ито́ге [w itóg'i], в конце́ концо́в [w kanzé kanzóf], всего́ [fßiwó], итого́ [ilagó]
Institut *s* институ́т [inßt'itút] *m*
Instrument *s* **1** инструме́нт [inßtrum'ént] *m*, ору́дие [arúd'iji] *s* **2** (Geige usw.) инструме́нт [inßtrum'ént] *m*
intelligent *adj* интеллиге́нтный [int'ill'ig'éntnyj]
interessant *adj* интере́сный [int'ir'éßnyj] ♦ *adv* интере́сно [int'ir'éßna] ► **~e Sache** интере́сный факт
Interesse *s an etw. Dat* интере́с [int'ir'éß] *m к чему* ► *j-s* **~ wecken** заинтересова́ть *vo кого чем*; **Ich habe kein ~.** Меня́ э́то не интересу́ет.
interessieren *v* **1** (Interesse haben) *j-n* интересова́ть [int'ir'ißawát'] *uv* **2** (j-n gewinnen suchen) *j-n für etw., an etw. Dat* заинтересова́ть [saint'ir'ißawát'] *vo кого чем* ► **sich ~** *für j-n/etw.* интересова́ться *uv кем/чем*
interessiert *adj an etw. Dat* увлечённый [uwl'itsch'ónnyj] *чем* ♦ *adv* с интере́сом [ß int'ir'éßam], увлечённо [uwl'itsch'ónna]
international *adj* междунаро́дный [m'ishdunaródnyj]
Internet *s* Интерне́т [inirnét] *m*
Internetanschluss *m* подключе́ние к Интерне́ту [patkl'utsch'én'iji k intirnétu]
Interview *s* интервью́ [intirw'jú] *s*
inzwischen *adv* пока́ [paká], ме́жду тем [m'éshdu t'ém]
irgendein *pron* како́й-то [kakójta], како́й-нибудь [kakójn'ibut'], како́й-либо [kakójl'iba], не́который [n'ékataryj]
irgendwann *adv* иногда́ [inagdá], когда́-нибудь [kagdán'ibut'], когда́-то [kagdáta]
irgendwie *adv* **1** (auf irgendeine Weise) ка́к-нибудь [kákn'ibud'] **2** (seltsam, bekannt usw.) ка́к-то [kákta]
irgendwo *adv* где́-то [gd'éta], где́-нибудь [gd'én'ibut'], где́-либо [gd'él'iba]
irgendwohin *adv* куда́-то [kudáta], куда́-нибудь [kudán'ibud'], куда́-либо [kudál'iba]
irren *v* ***sich ~*** *in etw. Dat* ошиба́ться [aschybátza] *uv*
Irrtum *m* оши́бка [aschýpka] *w*, заблужде́ние [sablushd'én'iji] *s* ► **über seinen ~ aufklären** *j-n* вы́вести из заблужде́ния *кого*

J

Ja *part* **1** (Zustimmung) да [dá], ну (да) [nú (dá)] **2** ведь [w'ét'], всё же [fß'ó shé], вот [wót]
Jacke *w* ку́ртка [kúrtka] *w*
Jagd *w* **1** охо́та [achóta] *w*, ло́вля [lówl'a] *w*, про́мысел [prómyß'il] *m*, обла́ва [abláwa] *w* **2** (nach dem Geld usw.) *nach etw.* пого́ня [pagón'a] *w за кем/чем*
jagen *v* **1** (Wildtiere usw.) лови́ть [law'ít'] *uv* **2** *j-n* пресле́довать [pr'ißl'édawat'] *uv*
Jäger *m* е́герь [jég'ir'] *m*, охо́тник [achótn'ik] *m*
Jahr *s* год [gót] *m* ► **in diesem ~** в э́том году́; **voriges ~** в про́шлом году́
Jahrestag *m etw. Gen* годовщи́на [gadawschsch'ína] *w*, юбиле́й [jub'il'éj] *m*
Jahreszeit *w* вре́мя го́да [wr'ém'a góda]
Jahrhundert *s* столе́тие [ßtal'ét'iji] *s*, век [w'ék] *m*

jährlich *adj* годи́чный [gad'ítsch'nyj], годово́й [gadawój] ♦ *adv* в год [w gót]
Jahrzehnt *s* десятиле́тие [d'iß'it'il'ét'iji] *s*
Januar *m* янва́рь [jinwár'] *m*
je ~... **desto** чем... тем
Jeans *Mz* джи́нсы [dshýnßy] *Mz*
jed(er,e,es) *pron* ка́ждый [káshdyj], (beliebige Person) кто уго́дно [któ ugódna] ► **jedes Mal** вообще́; **jedes Mal wenn** когда́ (бы) ни
jedenfalls *adv* так и э́так [ták í étak]
jedermann *pron* ка́ждый [káshdyj]
jederzeit *adv* когда́ уго́дно [kagdá ugódna]
jedoch *conj* одна́ко [adnáka]
jemand *pron* кто́-нибудь [któn'ibut'], кто́-либо [któl'iba], кто́-то [któta]
jenseits *prep etw. Gen* до [dó]
jetzt *adv* тепе́рь [t'ip'ér'], сейча́с [ß'itscháß], ны́не [nýn'i] ► **bis ~** уже́, до сих пор; **für ~** пока́, ещё
jeweils *adv* вообще́ [waapschsch'é]
Joghurt *m/s* йо́гурт [jógurt] *m*
Johannisbeere *w* сморо́дина [ßmaród'ina] *w*
Journalist *m* журнали́ст [shurnal'íßt] *m*
jucken *v* чеса́ться [tsch'ißátza] *uv*, зуде́ть [sud'ét'] *uv*
Jude *m* евре́й [jiwr'éj] *m*
Jugend *w* **1** (Zeit) мо́лодость [móladaßt'] *w*, ю́ность [júnaßt'] *w* **2** (Menschen) молодёжь [malad'ósch] *w*
Jugendliche *m* несовершенноле́тний [n'ißaw'irschynnal'étn'ij] *m*
Juli *m* ию́ль [ijúl'] *m*
jung *adj* молодо́й [maladój], ю́ный [júnyj] ► **~er Mann** ю́ноша *m*
Junge[1] *m* ма́льчик [mál'tsch'ik] *m*, ю́ноша [júnascha] *m*, па́рень [pár'in'] *m*
Junge[2] *s* детёныш [d'it'ónysch] *m*
Juni *m* ию́нь [ijún'] *m*
Juwelier *m* ювели́р [juw'il'ír] *m*

K

Kabel *s* ка́бель [káb'il'] *m*, шнур [schnúr] *m*
Kabeljau *m* треска́ [tr'ißká] *w*
Kabine *w* **1** (für Passagiere usw.) каби́на [kab'ína] *w* **2** (zum Umkleiden usw.) каби́на [kab'ína] *w*, каби́нка [kab'ínka] *w*
Käfer *m* жук [shúk] *m*
Kaffee *m* ко́фе [kóf'i] *m*
Käfig *m* кле́тка [kl'étka] *w*
kahl *adj* го́лый [gólyj], лы́сый [lýßyj]
Kai *m* мол [mól] *m*, пирс [p'írß] *m*, на́бережная [náb'ir'ishnaja] *w*
Kaiser *m* ке́сарь [k'éßar'] *m*
Kajüte *w* каю́та [kajúta] *w*
Kakao *m* кака́о [kakáa] *s*
Kalb *s* телёнок [t'il'ónak] *m*, теле́ц [t'il'éz] *m*
Kalbfleisch *s* теля́тина [t'il'át'ina] *w*
Kalender *m* календа́рь [kal'indár'] *m*
Kalk *m* и́звесть [ísw'ißt'] *w*
kalt *adj* холо́дный [chalódnyj] ♦ *adv* хо́лодно [chóladna] ► **~es Büfett** холо́дный буфе́т, шве́дский стол
Kälte *w* хо́лод [chólat] *m*
Kamera *w* **1** (Video) ка́мера [kám'ira] *w*, кинока́мера [k'inakám'ira] *w* **2** (fotografisch) фотоаппара́т [fataaparát] *m*
Kamin *m* ками́н [kam'ín] *m*
Kamm *m* расчёска [raschsch'óßka] *w*, гре́бень [gr'éb'in'] *m*, (Gebirge usw.) хребе́т [chr'ib'ét] *m*
kämmen *v* расчёсывать [raschsch'óßywat'] *uv*, причёсывать [pr'itsch'óßywat'] *uv*, *j-n/etw.* причеса́ть [pr'itsch'ißát'] *vo кого/что* ► **sich ~** причеса́ться *vo*
Kammer *w* **1** (Abstellraum) кладова́я [kladawája] *w*, ка́мера [kám'ira] *w* **2** (im Gerät usw.) ка́мера [kám'ira] *w* **3** (eines Parlaments) пала́та [paláta] *w*
Kampf *m* **1** бой [bój] *m*, борьба́ [bar'bá] *w*, дуэ́ль [duél'] *w*, (Schlägerei) дра́ка [dráka] *w* **2** (Wettkampf) встре́ча [fßtr'étsch'a] *w*
kämpfen *v* **1** (mit Waffen) воева́ть [wajiwát'] *uv* **2** (um Macht usw.) *mit j-m/etw.* состяза́ться [ßaßt'isátza] *uv с кем/чем*, соревнова́ться [ßar'iwnawátza] *uv с кем/чем* **3** (wetteifern) *mit j-m* сопе́рничать [ßap'érn'itsch'at'] *uv с кем* **4** (mit Problemen usw.) *mit etw.* боро́ться [barótza] *uv*
Kanal *m* **1** (zwischen Meeren usw.) кана́л [kanál] *m* **2** (für Abwässer) у́личный водосто́к [úl'itsch'nyj wadaßtók] **3** (Wasserleitung usw.) кана́л [kanál] *m* **4** (TV) телекана́л [t'il'ikanál] *m* **5** (diplomatischer usw.) кана́л [kanál] *m*
Kaninchen *s* кро́лик [król'ik] *m*
Kanister *m* кани́стра [kan'íßtra] *w*, бидо́н [b'idón] *m*
Kanne *w* **1** (für Tee usw.) ча́йник [tsch'ájn'ik] *m* **2** (Milchkanne usw.) бидо́н [b'idón] *m*
Kanone *w* **1** пу́шка [púschka] *w*, га́убица [gáub'iza] *w* **2** (Könner) *in etw. Dat* ма́стер [máßt'ir] *m чего в чём*, маста́к [maßták] *m в чём*
Kante *w* грань [grán'] *w*

Kantine *w* столóвая [ßtalówaja] *w*, буфéт [buf'ét] *m*
Kap *s* мыс [mýß] *m*
Kapazität *w* **1** (Leistungsfähigkeit) мóщность [móschsch'naßt'] *w* **2** (Volumen usw.) вместúмость [wm'ißt'ímaßt'] *w* **3** (Autorität) величинá [w'il'itsch'iná] *w*, авторитéт [aftar'it'ét] *m*
Kapelle *w* **1** (Bau) чacóвня [tsch'aßówn'a] *w* **2** (Band) оркéстр [ark'éßtr] *m*, мýзыка [músyka] *w*, музыкáльная грýппа [musykál'naja grúppa]
Kapital *s* **1** (Geld usw.) капитáл [kap'itál] *m* **2** (verfügbare Geldsumme) капитáльная сýмма [kap'itál'naja ßúmma], капитáл [kap'itál] *m*
Kapitän *m* капитáн [kap'itán] *m*
Kapitel *s* главá [glawá] *w*
kaputt *adj* испóрченный [ißpórtsch'innyj], слóманный [ßlómannyj], повреждённый [pawr'ishd'ónnyj] ► **~ machen** *etw. Akk* разбúть *vo*
kaputtgehen *v* сломáться [ßlamátza] *vo*
kaputtmachen *v etw. Akk* сломáть [ßlamát'] *vo*
Kapuze *w* капюшóн [kap'uschón] *m*
Karosserie *w* кýзов [kúsaf] *m*
Karpfen *m* карп [kárp] *m*, сазáн [ßasán] *m*
Karriere *w* карьéра [kar'jéra] *w*
Karte *w* **1** (Plastikkarte usw.) кáрта [kárta] *w* **2** (für Kino usw.) билéт [b'il'ét] *m*, входнóй билéт [wchadnój/prapußknójb'il'ét] **3** (für Skat usw.) кáрта [kárta] *w* **4** (geografisch) кáрта [kárta] *w*
Kartoffel *w* картóфелина [kartóf'il'ina] *w*
Käse *m* сыр [ßýr] *m*
Kasse *w* **1** (Zahlstelle) кácca [káßßa] *w* **2** (im Kino usw.) (билéтная) кácca [(b'il'étnaja) káßßa] *w*, кácca [káßßa] *w*
Kassette *w* кассéта [kaßß'éta] *w*
kassieren *v* инкассúровать [inkaßß'írawat'] *vo/uv*
Kassierer *m* кассúр [kaßß'ír] *m*
Kastanie *w* каштáн [kaschtán] *m*
Kasten *m* шкаф [schkáf] *m*, (zum Aufbewahren) ящик [jáschsch'ik] *m*
Kathedrale *w* собóр [ßabór] *m*
Katze *w* кóшка [kóschka] *w*
kauen *v etw. Akk* жевáть [shywát'] *uv что*, (Nahrung usw.) *etw. Akk* грызть [grýßt'] *uv*, кусáть [kußát'] *uv*
Kauf *m* покýпка [pakúpka] *w*, кýпля [kúpl'a] *w*
kaufen *v etw. Akk* купúть [kup'ít'] *vo что*
Käufer *m* покупáтель [pakupát'il'] *m*
Kaufhaus *s* универмáг [un'iw'irmák] *m*
Kaugummi *m* жвáчка [shwátsch'ka] *w*, жевáтельная резúнка [shywat'él'naja r'is'ínka]
kaum *adv* éле [jél'i], едвá [jidwá] ♦ *conj* едвá [jidwá], (как) тóлько [(kák) tól'ka]
Kegel *m* **1** (Körper) кóнус [kónuß] *m* **2** (Spielfigur) кéгля [k'égl'a] *w*
Kehle *w* гóрло [górla] *s*
kehren *v* **1** *etw. Akk* заместú [sam'ißt'í] *vo что*, подместú [padm'ißt'í] *vo что* **2** (zu Haufen usw.) перемещáть [p'ir'im'ischsch'át'] *uv*
Keil *m* клин [kl'ín] *m*
Keilriemen *m* клиновóй ремéнь [kl'inawój r'im'én']
kein *pron* **1** (nicht ein) никакóй [n'ikakój] **2** (von beiden) ни oдúн [n'í ad'ín] **3** (nicht einmal) мéньше чем... [m'én'schy tsch'óm]
keineswegs *adv* никáк [n'ikák]
Keller *m* подвáл [padwál] *m*, пóгреб [pógr'ip] *m*
Kellner *m* официáнт [af'izyánt] *m*
kennen *v j-n/etw.* знать [snát'] *uv кого/что*
kennenlernen *v* **1** *j-n* узнáть [usnát'] *vo кого*, (neue Freunde usw.) *j-n* познакóмиться [pasnakóm'itza] *vo с кем* **2** *j-n/etw.* узнáть [usnát'] *vo кого/что*, познáть [pasnát'] *vo кого/что*
Kenntnis **~se** знáния
Kennzeichen *s* мéтка [m'étka] *w*, знак [snák] *m*
Keramik *w* керáмика [k'irám'ika] *w*
Kerl *m* мужчúна [muschsch'ína] *m*
Kern *m* **1** кóсточка [kóßtatsch'ka] *w*, (von Obst) ядрó [jidró] *s* **2** (Nusskern usw.) ядрó [jidró] *s*, сéмя [ß'ém'a] *s* **3** (Zentrum) ядрó [jidró] *s*
Kerze *w* свечá [ßw'itsch'á] *w*, свéчка [ßw'étsch'ka] *w*
Kessel *m* **1** (zum Wasserkochen) чáйник [tsch'ájn'ik] *m* **2** (Gaskessel usw.) котёл [kat'ól] *m* **3** (Tal) котловúна [katlaw'ína] *w*
Kette *w* **1** (eisern usw.) цепь [zép'] *w* **2** (Schmuck) цепóчка [zypótsch'ka] *w* **3** (Reihe von Dingen usw.) сеть [ß'ét'] *w*, ряд [r'át] *m* **4** (im Gewebe usw.) оснóва [aßnówa] *w*
Keule *w* **1** (zum Schlagen usw.) пáлица [pál'iza] *w*, дубúна [dub'ína] *w* **2** (bei Schlachtvieh) бедрó [b'idró] *s*, óкорок [ókarak] *m*
Kiefer *m* чéлюсть [tsch'él'ußt'] *w*
Kilogramm *s* килогрáмм [k'ilagrám] *m*
Kilometer *m* киломéтр [k'ilam'étr] *m*

Kind *s* ребёнок [r'ib'ónak] *m* ► **ein ~ wickeln** перепеленáть ребёнка
Kinderarzt *m* педиáтр [p'id'iátr] *m*, дéтский врач [d'ézk'ij wrátsch']
Kindergarten *m* дéтский сад [d'ézk'ij ßát]
Kinderwagen *m* коля́ска [kal'áßka] *w*
Kindheit *w* дéтство [d'éztwa] *s*
Kinn *s* подборóдок [padbaródak] *m*
Kino *s* кинотеáтр [k'inat'iátr] *m*, кинó [k'inó] *s*
Kiosk *m* ларёк [lar'ók] *m*, киóск [k'ióßk] *m*
Kirche *w* **1** (Gebäude) цéрковь [zérkaf'] *w*, костёл [kaßt'ól] *m* **2** (Glaubensgemeinschaft) цéрковь [zérkaf'] *w*
Kirsche *w* **1** черéшня [tsch'ir'éschn'a] *w* **2** (saure) ви́шня [w'íschn'a] *w*
Kissen *s* поду́шка [padúschka] *w*, (zum Sitzen usw.) поду́шечка [padúschytsch'ka] *w*
Kiste *w* я́щик [jáschsch'ik] *m*
Klage *w* иск [íßk] *m* ► **~ erheben** *gegen j-n* предъяви́ть иск
Klammer *w* **1** (Gerät) зажи́м [sashým] *m* **2** (Schriftzeichen) скóбка [ßkópka] *w*
Klang *m* звук [swúk] *m*
klar *adj* **1** прозрáчный [prasrátsch'nyj], чи́стый [tsch'íßtyj] **2** (Himmel usw.) я́сный [jáßnyj] **3** (Bedeutung usw.) поня́тный [pan'átnyj] ► **sich ~ werden** *über etw. Akk* уясни́ть *vo* что
klären *v etw. Akk* вы́яснить [wýjißn'it'] *vo*, разъясни́ть [rasißn'ít'] *vo*, *etw. Akk* объясни́ть [abjißn'ít'] *vo*
Klarheit *w* я́сно [jáßna] *s*, (einer Beschreibung usw.) я́сность [jáßnaßt'] *w*, чёткость [tsch'ótkaßt'] *w*, очеви́дность [atsch'iw'ídnaßt'] *w*
Klasse *w* **1** (Kategorie) класс [kláß] *m*, грýппа [grúppa] *w*, ранг [ránk] *m* **2** (Zimmer) класс [kláß] *m* **3** (Schüler) класс [kláß] *m*
klassisch *adj* класси́ческий [klaßß'ítschißk'ij]
Klavier *s* фортепиáно [fartip'iana] *s*, роя́ль [rajál'] *m*
Klebeband *s* скотч [ßkótsch'] *m*
kleben *v* **1** *etw. Akk* склéить [ßkl'éit'] *vo что*, спая́ть [ßpaját'] *vo что*, (befestigen) *etw. Akk an/auf etw. Akk* приклéить [pr'ikl'éit'] *vo что к чему*, прилепи́ть [pr'il'ip'ít'] *vo что к чему* **2** (Klebkraft haben) лепи́ть [l'ip'ít'] *uv*, клéить [kl'éit'] *uv* **3** (klebrig sein) *an etw. Dat* прилипáть [pr'il'ipát'] *uv*, ли́пнуть [l'ípnut'] *uv*
klebrig *adj* клéйкий [kl'éjk'ij]
Klebstoff *m* клей [kl'éj] *m*
Kleid *s* плáтье [plát'ji] *s*
Kleider *s Mz* одéжда [ad'éshda] *w*, костю́м [kaßt'júm] *m*
Kleiderbügel *m* вéшалка [w'éschalka] *w*
Kleiderschrank *m* шкаф [schkáf] *m*, платянóй шкаф [plat'inój schkáf]
Kleidung *w* одéжда [ad'éshda] *w*, костю́м [kaßt'júm] *m*
klein *adj* мáлый [málуj], мéлкий [m'élk'ij]
kleiner *adj* мéньший [m'én'schyj]
Kleingeld *s* мéлочь [m'élatsch'] *w*, размéнные монéты [rasm'énnyji man'éty]
Kleinigkeit *w* **1** мéлочь [m'élatsch'] *w* **2** (Angelegenheit) пустя́к [pußt'ák] *m*, мéлочь [m'élatsch'] *w*
kleinlich *adj* приди́рчивый [pr'id'írtsch'iwyj], педанти́чный [p'idant'ítsch'nyj]
klettern *v* **1** (auf eine Leiter usw.) *auf etw. Akk* лáзить [lás'it'] *uv* **2** (hinauf) *auf etw. Akk* влезть [wl'éßt'] *vo* **3** (herauskommen usw.) *aus etw.* вы́лезти [wýl'ißt'i] *vo* **4** (durchs Fenster usw.) *irgendwohin* влезть [wl'éßt'] *vo*, взобрáться [wsabrátza] *vo* **5** (im Gebirge usw.) лезть [l'éßt'] *uv*
Klima *s* кли́мат [kl'ímat] *m*
Klimaanlage *w* кондиционéр [kand'izyan'ér] *m*
Klinge *w* лéзвие [l'ésw'iji] *s*, клинóк [kl'inók] *m*
Klingel *w* звонóк [swanók] *m*
klingeln *v* звони́ть [swan'ít'] *uv*, зазвони́ть [saswan'ít'] *vo*
klingen *v* **1** (hörbar sein) звучáть [swutsch'át'] *uv* **2** (Glocke) зазвони́ть [saswan'ít'] *vo*, звенéть [sw'in'ét'] *uv* **3** (Eindruck vermitteln) *irgendwie* создáть впечатлéние [ßasdát' fp'itsch'atl'én'iji]
Klinik *w* кли́ника [kl'ín'ika] *w*
Klinke *w* рýчка [rútsch'ka] *w*
klopfen *v* **1** (ans Fenster usw.) *an etw. Akk* стучáть [ßtutsch'át'] *uv во что, к кому*, постучáть [paßtutsch'át'] *vo*, (ans Fenster usw.) *an etw. Akk* постучáть [paßtutsch'át'] *vo во что*, постучáться [paßtutsch'átza] *vo во что* **2** (Fleisch) *etw. Akk* отби́ть [adb'ít'] *vo что*
Klosett *s* унитáз [un'itáß] *m*, (Raum) туалéт [tual'ét] *m*, убóрная [ubórnaja] *w*
Kloß *m* кнéдлик [kn'édl'ik] *m*
Kloster *s* монасты́рь [manaßtýr']
klug *adj* остроýмный [aßtraúmnyj]
Knall *m* треск [tr'éßk] *m*, удáр [udár] *m*
knapp *adj* **1** (Kleidung) тéсный [t'éßnyj] **2** (gekürzt) крáткий [krátk'ij]
Kneipe *w* кабáк [kabák] *m*, трактúр [trakt'ír] *m*, паб [páp] *m*
Knie *s* колéно [kal'éna] *s*

knien *v* стоя́ть на коле́нях [ßtaját' ná kal'én'ich] ► **sich (nieder)knien** (в)стать на коле́ни

Knoblauch *m* чесно́к [tsch'ißnók] *m*

Knöchel *m* щи́колотка [schsch'íkalatka] *w*

Knochen *m* кость [kóßt'] *w*

Knopf *m* **1** (an Kleidungsstücken) пу́говица [púgaw'iza] *w* **2** (Schalter usw.) кно́пка [knópka] *w*

Knospe *w* по́чка [pótsch'ka] *w*, глазо́к [glasók] *m*

Knoten *m* у́зел [ús'il] *m*

Knotenpunkt *m* **1** (im Verkehr usw.) перекрёсток [p'ir'ikr'óßtak] *m*, пересече́ние [p'ir'iß'itsch'én'iji] *s* **2** (Verknüpfung) у́зел [ús'il] *m*, пункт [púnkt] *m* **3** (von Aktivitäten usw.) центр [zéntr] *m*

Koch *m* по́вар [pówar] *m*

kochen *v* **1** (im Wasser usw.) *etw. Akk* кипяти́ть [k'ip'it'ít'] *uv*, вари́ть [war'ít'] *uv*, гото́вить [gatów'it'] *uv* **2** (zubereiten) свари́ть [ßwar'ít'] *vo*, пригото́вить [pr'igatów'it'] *vo*, (zubereiten) гото́вить [gatów'it'] *uv*, приготовля́ть [pr'igatawl'át'] *uv* **3** (Wasser usw.) кипе́ть [k'ip'ét'] *uv*, бурли́ть [burl'ít'] *uv*

Kochherd *m* плита́ [pl'itá] *w*

Kochplatte *w* конфо́рка [kanfórka] *w*, пли́тка [pl'ítka] *w*

Koffer *m* чемода́н [tsch'imadán] *m*

Kofferraum *m* бага́жник [bagáshn'ik] *m*

Kohl *m* **1** (Weißkohl usw.) капу́ста [kapúßta] *w* **2** (Pflanze) капу́ста [kapúßta] *w*, брю́ква [br'júkwa] *w* **3** (Rosenkohl usw.) саво́йская капу́ста [ßawójßkaja kapúßta]

Kohle *w* **1** (Brennstoff) у́голь [úgal'] *m* **2** (Geld) ба́бки [bápk'i] *w Mz*, бабло́ [babló] *s*

Kohlrabi *m* кольра́би [kal'ráb'i] *w*

Kollege *m* сотру́дник [ßatrúdn'ik] *m*, колле́га [kall'éga] *m*, сослу́живец [ßaßlushýw'iz] *m*

komisch *adj* коми́ческий [kam'ítsch'ißk'ij], коми́чный [kam'ítsch'nyj] ♦ *adv* смешно́ [ßm'ischnó]

Komma *s* **1** (Satzzeichen) запята́я [sap'itája] *w* **2** (in Zahlen) десяти́чный раздели́тель [d'iß'it'ítsch'nyj rasd'il'ít'il'], десяти́чная запята́я [d'iß'it'ítsch'naja sap'itája]

kommen *v* **1** *irgendwohin* прийти́ [pr'ijt'í] *vo куда* **2** (gelangen) *irgendwohin* дойти́ [dajt'í] *vo куда* **3** (Ansicht usw.) *zu etw.* прийти́ [pr'ijt'í] *vo к чему* **4** (verlieren) *um etw.* лиши́ться [l'ischýtza] *vo кого/чего* **5** (entfallen) *auf j-n/etw.* приходи́ться [pr'ichad'ítza] *uv* **6** (Zeit) наста́ть [naßtát'] *vo*, наступи́ть [naßtup'ít'] *vo* ► **gelegen ~** *j-m etw. Nom* пригоди́ться *vo кому*, быть кста́ти *кому*; **Komm schon!** Ну!, Дава́й(те)!

Kommunikation *w* коммуника́ция [kammun'ikázyja] *w*

kommunizieren *v mit j-m* догова́риваться [dagawár'iwatza] *uv*

Komödie *w* коме́дия [kam'éd'ija] *w*

Kompass *m* ко́мпас [kómpaß] *m*

komplett *adj* компле́ктный [kampl'éktnyj] ♦ *adv* по́лностью [pólnaßt'ju] ► **~er Service** ко́мплексное обслу́живание, всё включено́

Kompliment *s* комплиме́нт [kampl'im'ént] *m*

kompliziert *adj* сло́жный [ßlóshnyj] ♦ *adv* сло́жно [ßlóshna]

Komponist *m* компози́тор [kampas'ítar] *m*

Konditorei *w* конди́терская [kand'ít'irßkaja] *w*

Kondom *s/m* презервати́в [pr'is'irwat'íf] *m*, кондо́м [kandóm] *m*

Konfitüre *w* джем [dshém] *m*, пови́дло [paw'ídla] *s*, мармела́д [marm'ilát] *m*

König *m* коро́ль [karól'] *m*

Königin *w* короле́ва [karal'éwa] *w*

können[1] *v* (beherrschen usw.) *etw. Akk* мочь [mótsch'] *uv сделать что*

können[2] *v* (fähig sein) *tun etw. Akk* уме́ть [um'ét'] *uv делать что*, суме́ть [ßum'ét'] *uv делать что*, знать [snát'] *uv* ► **Ich kann nicht mehr.** Я уже́ бо́льше не могу́.

konservativ *adj* консервати́вный [kanß'irwat'íwnyj]

Konserve *w* жестя́нка [shyßt'ánka] *w*

Konstruktion *w* **1** (Bauteil) констру́кция [kanßtrúkzyja] *w* **2** (Konstruieren) констру́кция [kanßtrúkzyja] *w*, построе́ние [paßtrajén'iji] *s*

Konsul *m* ко́нсул [kónßul] *m*

Konsulat *s* ко́нсульство [kónßul'ßtwa] *s*, ко́нсульское учрежде́ние [kónßul'ßkaji utsch'r'ishd'én'iji]

Kontakt *m* конта́кт [kantákt] *m*, сноше́ние [ßnaschén'iji] *s*, обще́ние [apschsch'én'iji] *s* ► **in ~ stehen** *mit j-m* обща́ться *uv с кем*; **~ aufnehmen** *mit j-m* связа́ться *vo с кем*

kontaktieren *v j-n* связа́ться [ßw'isátza] *vo с кем*

Kontaktlinse **~n** конта́ктные ли́нзы

Konto *s* счёт [schsch'ót] *m*, акка́унт [akkáunt] *m* ► **laufendes ~** теку́щий счёт

Kontoauszug *m* выписка со счёта [wýp'ißka ßa schsch'óta]

Kontostand *m* остáток [aßtátak] *m*

Kontrolle *w* **1** (gründliche usw.) провéрка [praw'érka] *w*, повéрка [paw'érka] *w*, (Überprüfung) контрóль [kantról'] *m* **2** (Zollkontrolle usw.) провéрка [praw'érka] *w*, досмóтр [daßmótr] *m* **3** (Beherrschung) *über etw. Akk* контрóль [kantról'] *m*

Kontrolleur *m* **1** ревизóр [r'iw'isór] *m*, контролёр [kantral'ór] *m* **2** (in der Straßenbahn usw.) контролёр [kantral'ór] *m*, ревизóр [r'iw'isór] *m*

kontrollieren *v* **1** (überwachen) *etw. Akk* проверя́ть [praw'ir'át'] *uv*, провéрить [praw'ér'it'] *vo*, контроли́ровать [kantral'írawat'] *uv*, проконтроли́ровать [prakantral'írawat'] *vo* **2** (Gebiet usw.) управля́ть [uprawl'át'] *uv*, контроли́ровать [kantral'írawat'] *uv*

Konzert *s* концéрт [kanzért] *m*

Kopf *m* **1** головá [galawá] *w* **2** (oberer Teil) голóвка [galófka] *w*, капитéль [kap'ítel'] *m* **3** (Salat usw.) кочáн [katsch'án] *m* **4** (einer Zeitung usw.) заглáвие [sagláw'iji] *s*

Kopfhörer *m Mz* наýшники [naúschn'ik'i] *m Mz*

Kopie *w* кóпия [kóp'ija] *w*

kopieren *v* **1** (eine Kopie herstellen) копи́ровать [kap'írawat'] *uv*, (nach Muster usw.) скопи́ровать [ßkap'írawat'] *vo*, снять кóпию [ßn'át' kóp'iju] **2** (Formular usw.) *etw. Akk* снять кóпию [ßn'át' kóp'iju]

Korb *m* корзи́на [kars'ína] *w*

Korken *m* прóбка [própka] *w*

Korkenzieher *m* штóпор [schtópar] *m*

Korn *s* **1** (Frucht) зернó [s'irnó] *s* **2** (Roggen usw.) хлеб [chl'ép] *m*, зернó [s'irnó] *s* **3** (einer Waffe) мýшка [múschka] *w*

Körper *m* тéло [t'éla] *s*

korrekt *adj* **1** (richtig) прáвильный [práw'il'nyj] **2** (Benehmen usw.) коррéктный [karr'éktnyj], прáвильный [práw'il'nyj]

Korrektur *w* **1** (eines Fehlers usw.) попрáвка [papráfka] *w* **2** (Fahnenkorrektur usw.) прáвка [práfka] *w*, корректýра [karr'iktúra] *w*

Korridor *m* коридóр [kar'idór] *m*

korrigieren *v* попрáвить [papráw'it'] *vo*, (ändern) корректи́ровать [karr'ikt'írawat'] *uv*, скорректи́ровать [ßkarr'ikt'írawat'] *vo*

Kosmetik *w* космéтика [kaßm'ét'ika] *w*

Kost *w* пи́ща [p'ischsch'a] *w*

kostbar *adj* бесцéнный [b'ißzénnyj]

kosten *v* **1** (Speise) *etw. Akk* попрóбовать [papróbawat'] *vo*, отвéдать [atw'édat'] **2** (Preis haben) *wie viel* стóить [ßtóit'] *uv* ► **Was/Wie viel kostet es?** Скóлько это стóит?

Kosten *Mz* затрáты [satráty]

kostenfrei *adj* бесплáтный [b'ißplátnyj]

kostenlos *adj* бесплáтный [b'ißplátnyj] ♦ *adv* бесплáтно [b'ißplátna], грáтис [grát'iß], безвозмéздно [b'iswasm'ésna], дáром [dáram]

Kostüm *s* костю́м [kaßt'júm] *m*

Kot *m* помёт [pam'ót] *m*, какáшки [kakáschk'i] *w Mz*

Kotelett *s* (натурáльная) котлéта [(naturál'naja) katl'éta]

Krach *m* шум [schúm] *m*

Kraft *w* си́ла [ß'íla] *w*

Kraftstoff *m* тóпливо [tópl'iwa] *s*

Kraftwerk *s* электростáнция [il'iktraßtánzyja] *w*

Kragen *m* вóрот [wórat] *m*, воротни́к [waratn'ík] *m*, воротничóк [waratn'itsch'ók] *m*

Kralle *w* **1** (eines Vogels usw.) кóготь [kógat'] *m* **2** (Vorrichtung) блокирáтор [blak'irátar] *m*

Krampf *m* спазм [ßpásm] *m*, сýдорога [ßúdaraga] *w*

krank *adj* больнóй [bal'nój]

Krankenhaus *s* больни́ца [bal'n'íza] *w*

Krankenschwester *w* медсестрá [m'iz'ißtrá] *w*

Krankenversicherung *w* медици́нское страховáние [m'id'izýnßkaji ßtrachawán'iji], медстрахóвка [m'iztrachófka] *w*

Krankenwagen *m* неотлóжка [n'iatlóshka] *w*, скóрая [ßkóraja] *w*

Krankheit *w* заболевáние [sabal'iwán'iji] *s*

kratzen *v* **1** (ritzen) царáпать [zyrápat'] *uv*, *etw. Akk* царáпать [zyrápat'] *uv*, исцарáпывать [ißzyrápywat'] *uv* **2** (Eis usw.) ободрáть [abadrát'] *vo* **3** (reiben) чесáть [tsch'ißát'] *uv*, (wegen Juckreizes) почесáть [patsch'ißát'] *vo*

Kraut *s* **1** (Heilpflanze usw.) травá [trawá] *w* **2** (der Kartoffeln usw.) зéлень [s'él'in'] *w*, ботвá [batwá] *w*

Krawatte *w* гáлстук [gálßtuk] *m*

Krebs *m* **1** (Tier) рак [rák] *m* **2** (Krankheit) рак [rák] *m* **3** (Sternzeichen) Рак [rák] *m*

Kredit *m* креди́т [kr'id'ít] *m*

Kreditkarte *w* креди́тная кáрта [kr'id'ítnaja kárta]

Kreide *w* мел [m'él] *m*

Kreis *m* круг [krúk] *m*, кольцó [kal'zó] *s*

kreisen *v um etw.* кружи́ть [krushýt'] *uv вокруг чего*

Kreislauf *m* круговоро́т [krugawarót] *m*, циркуля́ция [zyrkul'ázyja] *w*

Kreisverkehr *m* кругово́е движе́ние [krugawóji dw'ishén'iji]

Kreuz *s* **1** крест [kr'éßt] *m* **2** (im Kartenspiel) тре́фы [tr'éfy] *w Mz*

Kreuzfahrt *w* экскурсио́нный круи́з [ikßkurß'iónnyj kruíß]

Kreuzung *w* **1** (Straßen usw.) перекрёсток [p'ir'ikr'óßtak] *m* **2** (Pflanze usw.) по́месь [póm'iß'] *w*, гибри́д [g'ibr'ít] *m*

kriechen *v* **1** ползти́ [palßt'í] *uv*, лезть [l'éßt'] *uv*, (liegend usw.) по́лзать [pólsat'] *uv* **2** *aus etw.* вы́лезти [wýl'ißt'i] *vo* **3** *vor j-m* подли́зываться [padl'ísywatza] *uv к кому*, (sich erniedrigen usw.) *vor j-m* по́лзать [pólsat'] *uv перед кем*, пресмыка́ться [pr'ißmykátza] *uv*, (unterwürfig sein) *vor j-m* выслу́живаться [wyßlúshywatza] *uv*

Krieg *m* война́ [wajná] *w*

kriegen *v* **1** (Krankheit) схвати́ть [ßchwat'ít'] *vo что* **2** (hineinpressen usw.) *etw. Akk irgendwohin* помести́ть [pam'ißt'ít'] *vo что куда*

Krise *w* кри́зис [kr'ís'iß] *m*

Kritik *w* кри́тика [kr'ít'ika] *w*, оце́нка [azénka] *w*, разбо́р [rasbór] *w*

kritisch *adj* крити́ческий [kr'it'ítsch'ißk'ij]

kritisieren *v* раскритикова́ть [raßkr'it'ikawát'] *vo*, подве́ргнуть кри́тике [padw'érgnut' kr'ít'ik'i], критикова́ть [kr'it'ikawát'] *uv*

Krone *w* **1** (königliche usw.) коро́на [karóna] *w* **2** (Währungseinheit) кро́на [króna] *w*

Krug *m* кувши́н [kuwschýn] *m*

krumm *adj* криво́й [kr'iwój]

Küche *w* ку́хня [kúchn'a] *w* ► **häusliche ~** дома́шняя ку́хня

Kuchen *m* десе́рт [d'iß'ért] *m*, пиро́жное [p'iróshnaji] *s*, пиро́г [p'irók], пиро́г [p'irók] *m*

Kugel *w* **1** (Körper) шар [schár] *m* **2** (Geschoss) пу́ля [púl'a] *w*, (Kügelchen) ша́рик [schár'ik] *m*, гра́нула [granula] *w* **3** (Eiskugel usw.) ша́рик [schár'ik] *m*

Kugelschreiber *m* (ша́риковая) ру́чка [(schár'ikawaja) rútsch'ka], ша́риковая авторучка [schár'ikawaja aftarútsch'ka]

Kuh *w* коро́ва [karówa] *w*

kühl *adj* **1** прохла́дный [prachládnyj] **2** (Getränk usw.) прохлади́тельный [prachlad'ít'il'nyj]

kühlen *v* **1** (Getränk usw.) студи́ть [ßtud'ít'] *uv*, охлажда́ть [achlashdát'] *uv что*, (Wein usw.) остуди́ть [aßtud'ít'] *vo* **2** (Lebensmittel usw.) охлади́ть [achlad'ít'] *vo*, остуди́ть [aßtud'ít'] *vo*

Kühler *m* радиа́тор охлажде́ния [rad'iátar achlashd'én'ija], охлади́тель [achlad'ít'il'] *m*, кулёр [kul'ór] *m*

Kühlschrank *m* холоди́льник [chalad'íl'n'ik] *m*

Kultur *w* культу́ра [kul'túra] *w*

Kümmel *m* тмин [tm'ín] *m*

kümmern *v* ***sich*** **~** *um j-n/etw.* уха́живать [ucháshywat'] *uv за кем/чем, um j-n/etw.* позабо́титься [pasabót'itza] *vo о ком/чём*, (behilflich sein usw.) занима́ться [san'imátza] *uv кем/чем*

Kunde *m* зака́зчик [sakástsch'ik] *m*, клие́нт [kl'ijént] *m*, покупа́тель [pakupát'il'] *m*

kündigen *v etw. Akk* расто́ргнуть [raßtórgnut'] *vo что*

Kunst *w* **1** (Gestalten) иску́сство [ißkúßßtwa] *s* **2** (Geschick) уме́ние [um'én'iji] *s* ► **bildende ~** изобрази́тельное иску́сство

Kunsthandwerk *s* куста́рное произво́дство [kußtárnaji/r'im'éßl'innajipraiswóztwa], худо́жественные ремёсла [chudóshyßtw'innyji r'im'óßla]

Künstler *m* худо́жник [chudóshn'ik] *m*

künstlich *adj* иску́сственный [ißkúßßtw'innyj]

Kunststoff *m* пла́стик [pláßt'ik] *m*, пластма́сса [plaßtmáßßa] *w*

Kupfer *s* медь [m'ét'] *w*

Kuppel *w* ку́пол [kúpal] *m*, лу́ковица [lúkaw'iza] *w*

Kupplung *w* сцепле́ние [ßzypl'én'iji] *s*

Kürbis *m* ды́ня [dýn'a] *w*, ты́ква [týkwa] *w*

Kurort *m* куро́рт [kurórt] *m*

Kurs *m* **1** (Lehrgang) курс [kúrß] *m* **2** (Richtung) курс [kúrß] *m* **3** (einer Währung) обме́нный курс (валю́ты) [abm'énnyj kúrß (wal'júty)]

Kurve *w* **1** (Linie) крива́я (ли́ния) [kr'iwája (l'ín'ija)], кривизна́ [kr'iw'isná] *w* **2** (scharfe usw.) поворо́т [pawarót] *m*

kurz *adj* **1** (Gegenstand usw.) коро́ткий [karótk'ij], кра́ткий [krátk'ij] **2** (zeitlich) коро́ткий [karótk'ij], кра́ткий [krátk'ij] **3** (nicht ausführlich) кра́ткий [krátk'ij] ♦ *adv* **1** (geschnitten usw.) ко́ротко [kóratka] **2** (besprechen usw.) ко́ротко [kóratka], вкра́тце [fkrátzy] **3** сжа́то [shsháta], кра́тко [krátka] ► **~ weggehen** *irgendwohin* отлучи́ться *vo куда*; **vor ~em** неда́вно

kürzen *v* **1** (kürzer machen) *etw. Akk* укороти́ть [ukarat'ít'] *vo что* **2** (Geld) *etw.*

Akk редуци́ровать [r'iduzýrawat'] *uv*, сокраща́ть [ßakraschsch'át'] *uv*

kürzlich *adv* неда́вно [n'idáwna]

Kurzschluss *m* коро́ткое замыка́ние [karótkaji samykán'iji]

Kuss *m* поцелу́й [pazylúj] *m*

küssen *v j-n/etw.* поцелова́ть [pazylawát'] *vo кого/что*, *j-n* целова́ть [zylawát'] *uv*

Küste *w* побере́жье [pab'ir'éshji] *s*

Kuvert *s* конве́рт [kanw'ért] *m*

L

lächeln *v* улыбну́ться [ulybnútza] *vo*

Lächeln *s* улы́бка [ulýpka] *w*

lachen *v über j-n/etw.* смея́ться [ßm'ijátza] *uv над кем/чем*, *über j-n/etw.* засмея́ться [saßm'ijátza] *vo над кем/чем*

Lachen *s* смех [ßm'éch] *m*

lächerlich *adj* смешно́й [ßm'ischnój], (absurd) смехотво́рный [ßm'ichatwórnyj]

Lachs *m* лосо́сь [laßóß'] *m*, сёмга [ß'ómga] *w*

Lack *m* лакиро́вка [lak'irófka] *w*, лак [lák] *m*

Ladegerät *s* заря́дник [sar'ádn'ik] *m*, заря́дное устро́йство [sar'ádnaji uß-trójßtwa]

laden *v* **1** (beladen) *etw. Akk auf etw. Akk* нагрузи́ть [nagrus'ít'] *vo* **2** (Waffe) зарядить [sar'id'ít'] *vo* **3** (Batterie) заряди́ть [sar'id'ít'] *vo*

Laden *m* магази́н [magas'ín] *m*, ла́вка [láfka] *w*

Ladung *w* **1** (Frachtgut) груз [grúß] *m* **2** (von Munition) заря́д [sar'át] *m*, ша́шка [scháschka] *w* **3** (elektrische) заря́д [sar'át] *m* **4** (Warenmenge usw.) по́рция [pórzyja] *w*

Lage *w* положе́ние [palashén'iji] *s*, пози́ция [pas'ízyja] *w*

Lager *s* **1** (Unterkunft) ла́герь [lág'ir'] *m* **2** (für Vorräte usw.) склад [ßklát] *m*, храни́лище [chran'íl'ischsch'i] *s*, (für Vorräte usw.) кладова́я [kladawája] *w* **3** (Gesteinsschicht) залега́ние [sal'igán'iji] *s* **4** (Maschinenelement) подши́пник [patschýpn'ik] *m*

lagern *v* **1** (im Wald usw.) располага́ться ла́герем [raßpalagátza lág'ir'im] **2** (Vorräte usw.) *etw. Akk irgendwohin* храни́ть [chran'ít'] *uv*, складирова́ть [ßklad'írawat'] *vo/uv*

Laib *m* бато́н [batón] *m*, буха́нка [buchán-ka] *w*

Laken *s* простыня́ [praßtyn'á] *w*

Lamm *s* ягнёнок [jign'ónak] *m*

Lammfleisch *s* ягня́тина [jign'át'ina] *w*

Lampe *w* ла́мпа [lámpa] *w*, (Taschenlampe usw.) фона́рь [fanár'] *m*

Land *s* **1** (Festland) земля́ [s'iml'á] *w*, су́ша [ßúscha] *w* **2** (Grundstück) земля́ [s'iml'á] *w* **3** (ländliches Gebiet) дере́вня [d'ir'éwn'a] *w* **4** (Staat) страна́ [ßtraná] *w*, земля́ [s'iml'á] *w*

landen *v* приземли́ться [pr'is'iml'ítza] *vo*, приста́ть [pr'ißtát'] *vo*

Landkarte *w* ка́рта [kárta] *w*

Landschaft *w* ме́стность [m'éßnaßt'] *w*, край [kráj] *m*

Landung *w* приземле́ние [pr'is'iml'én'iji] *s*, поса́дка [paßátka] *w*

Landwirt *m* земледе́лец [s'iml'id'él'iz] *m*

Landwirtschaft *w* земледе́лие [s'iml'id'él'iji] *s*, се́льское хозя́йство [ß'élßkaji chas'ájßtwa]

lang *adj* дли́нный [dl'ínnyj], (zeitlich) продолжи́тельный [pradalshýt'il'nyj], до́лгий [dólg'ij]

lange *adv* до́лго [dólga]

Länge *w* длина́ [dl'iná] *w*

Langeweile *w* ску́ка [ßkúka] *w*

langfristig *adj* долгосро́чный [dalgaß-rótsch'nyj]

langsam *adj* ме́дленный [m'édl'innyj] ♦ *adv* ме́дленно [m'édl'inna]

längst *adv* давно́ [dawnó]

langweilen *v j-n* надоеда́ть [nadajidát'] *uv кому* ► **sich ~** скуча́ть *uv*

langweilig *adj* ну́дный [núdnyj], зану́дный [sanúdnyj], ску́чный [ßkútsch'nyj]

Lappen *m* **1** (zum Abwischen usw.) тря́пка [tr'ápka] *w* **2** (eines Organs usw.) до́ля [dól'a] *w*

Lärm *m* шум [schúm] *m*

lassen *v* **1** (erlauben) *j-n etw. Akk zu tun* позво́лить [paswól'it'] *vo кому сделать что* **2** (nicht ändern) *etw. Akk* оста́вить [aßtáw'it'] *vo* **3** (nicht wegnehmen) *j-m etw. Akk* оста́вить [aßtáw'it'] *vo что кому* ► **Das lässt sich leicht reparieren.** Э́то мо́жно легко́ испра́вить.; **sich ~** *etw. Akk tun* (veranlassen) заказа́ть себе́ *что*

Last *w* **1** (auf dem Wagen usw.) груз [grúß] *m* **2** (in Kilogramm usw.) нагру́зка [nagrúß-ka] *w* **3** (Sorge usw.) балла́ст [balláßt] *m*, бре́мя [br'ém'a] *s*

lästig *adj* ну́дный [núdnyj], назо́йливый [nasójl'iwyj], надое́дливый [nada-jédl'iwyj], неприя́тный [n'ipr'ijátnyj]

Lastwagen *m* грузови́к [grusaw'ík] *m*, грузово́й автомоби́ль [grusawój afta-mab'íl']

Laub *s* листва́ [l'ißtwá] *w*

Lauf *m* **1** (physische Aktivität) бег [b'ék] *m* **2** (einer Maschine usw.) *etw. Gen* ход [chót] *m* **3** (eines Gewehrs) ствол [ßtwól] *m* ► **im ~e** *etw. Gen* в течéние *чего*, во врéмя *чего*, на протяжéнии *чего*

laufen *v* **1** (Person usw.) бежáть [b'ishát'] *uv*, убегáть [ub'igát'] *uv* **2** (hinüberlaufen) *über etw. Akk* перебежáть [p'ir'ib'ishát'] *vo* **3** (zu Fuß gehen) идтú [itt'í] *uv*, тóпать [tópat'] *uv* **4** (in Gang sein) рабóтать [rabótat'] *uv* **5** (Gefäß usw.) течь [t'étsch'] *uv*, пропускáть [prapußkát'] *uv*

Laune *w* **1** (gute usw.) настроéние [naßtrajén'iji] *s* **2** (Einfall) каприз [kapr'íß] *m*, причýда [pr'itsch'úda] *w*, прúхоть [pr'íchat'] *w*

launisch *adj* каприúзный [kapr'ísnyj], своенрáвный [ßwajinráwnyj]

Laus *w* вошь [wósch] *w*

laut *adj* грóмкий [grómk'ij], шýмный [schúmnyj], шумлúвый [schuml'íwyj] ♦ *adv* вслух [fßlúch], грóмко [grómka] ► **~er stellen** *etw. Akk* (Radio usw.) увелúчить (грóмкость) *чего*

läuten *v* звенéть [sw'in'ét'] *uv*

Lautsprecher *m* репродýктор [r'ipradúktar] *m*, громкоговорúтель [gramkagawar'ít'il'] *m*

lauwarm *adj* тепловáтый [t'iplawátyj], тёплый [t'óplyj]

Lawine *w* лавúна [law'ína] *w*

leben *v* жить [shýt'] *uv*

Leben *s* жизнь [shýsn'] *w* ► **am ~** живóй, в живы́х

lebendig *adj* живóй [shywój] ♦ *adv* зáживо [sáshywa], при жúзни [pr'í shýsn'i]

Lebensmittel *s* **1** продýкт питáния [pradúkt p'itán'ija] *m* **2** продýкты (питáния) [pradúkty (p'itán'ija)]

Lebensmittelgeschäft *s* продовóльственный магазúн [pradawól'ßtw'innyj/praduktówyjmagas'ín]

Leber *w* пéчень [p'étsch'in'] *w*

lebhaft *adj* **1** (Kind usw.) живóй [shywój], (Mensch) бóдрый [bódryj], подвúжный [padw'íshnyj] **2** (Fantasie usw.) бýйный [bújnyj], необýзданный [n'iabúsdannyj] **3** (Erinnerung usw.) живóй [shywój] ♦ *adv* жúво [shýwa], оживлённо [ashywl'ónna]

lecken *v* **1** лизáть [l'isát'] *uv*, облúзывать [abl'ísywat'] *uv*, *etw. Akk* облизнýть [abl'isnút'] *vo*, слизнýть [ßl'isnút'] *vo* **2** (Fass usw.) течь [t'étsch'] *uv*, пропускáть [prapußkát'] *uv*

lecker *adj* вкýсный [fkúßnyj], приятный [pr'ijátnyj]

Leckerbissen *m* лáкомство [lákamßtwa] *s*

Leder *s* вы́деланная кóжа [wýd'ilannaja kósha], кóжа [kósha] *w*

ledig *adj* холостóй [chalaßtój], неженáтый [n'ishynátyj]

leer *adj* **1** (Gefäß usw.) пустóй [pußtój] **2** (Blatt usw.) чúстый [tsch'íßtyj] ► **~e Batterie** разряженная батарéя

leeren *v etw. Akk* опорóжнить [aparóshn'it'] *vo что*

legal *adj* закóнный [sakónnyj] ♦ *adv* легáльно [l'igál'na]

legen *v* **1** *etw. Akk irgendwohin* уложúть [ulashýt'] *vo что куда*, *etw. Akk irgendwohin* положúть [palashýt'] *vo что куда* **2** (in Mappe usw.) *etw. Akk in etw. Akk* заложúть [salashýt'] *vo что куда* **3** (Fundament usw.) уложúть [ulashýt'] *vo*, (Gleise usw.) уклáдывать [ukládywat'] *uv* **4** (Eier) снестú [ßn'ißt'í] *vo*, нанестú [nan'ißt'í] *vo*

Lehm *m* ил [íl] *m*

Lehrbuch *s* учéбник [utsch'ébn'ik] *m*

lehren *v j-n etw. Akk* учúть [utsch'ít'] *uv кого что*

Lehrer *m* учúтель [utsch'ít'il'] *m*

Leiche *w* труп [trúp] *m*

leicht *adj* **1** (wenig wiegend) лёгкий [l'óchk'ij] **2** (Aufgabe usw.) простóй [praßtój], лёгкий [l'óchk'ij] **3** (Berührung usw.) нéжный [n'éshnyj], лёгкий [l'óchk'ij] **4** (Husten usw.) лёгкий [l'óchk'ij], небольшóй [n'ibal'schój], незначúтельный [n'isnatsch'ít'il'nyj] - ♦ *adv* **1** (ohne Problem) легкó [l'ichkó] **2** (einfach) легкó [l'ichkó] **3** (erreichbar usw.) легкó [l'ichkó] **4** (nur wenig) слегкá [ßl'ichká], слáбо [ßlába], легкó [l'ichkó] **5** (berühren usw.) слегкá [ßl'ichká], нéжно [n'éshna] ► **ein ~er Hang** полóгий скат

leiden *v* **1** *an/unter etw. Dat* страдáть [ßtradát'] *uv* **2** (Beleidigung usw.) *etw. Akk* стерпéть [ßt'irp'ét'] *vo*, пережúть [p'ir'ishýt'] *vo*

Leidenschaft *w* страсть [ßtráßt'] *w*

leider *part* к сожалéнию [k ßashyl'én'iju], к несчáстью [k n'ischsch'áßt'ju]

leidtun *v j-m etw. Nom* огорчáть [agartsch'át'] *uv что кого* ► **Es tut mir leid.** Сожалéю.

leihen *v j-m etw. Akk* одолжúть [adalshýt'] *vo что кому*, ссудúть [ßßud'ít'] *vo что кому*, *j-m etw. Akk* одолжúть [adalshýt'] *vo кому что* ► **sich ~** *etw. Akk von j-m* перехватúть *vo*, взять *что у кого*, взять на прокáт

Leim *m* (птúчий) клей [(pt'ítsch'ij) kl'éj]

Leine *w* поводо́к [pawadók] *m* ► **den Hund an der ~ haben** держа́ть соба́ку на поводке́

leise *adj* ти́хий [t'ích'ij], бесшу́мный [b'ißschúmnyj] ♦ *adv* ти́хо [t'ícha] ► **~r stellen** уба́вить *vo*

leisten *v j-m etw. Akk* предоста́вить [pr'idaßtáw'it'] *vo кому что*, доста́вить [daßtáw'it'] *vo*, оказа́ть [akasát'] *vo* ► **Dienste ~** *j-m/etw.* послужи́ть *vo кому/чему*; **sich** *etw. Akk* **~ können** (finanziell usw.) мочь позво́лить *что*

Leistung *w* **1** (sportliche usw.) результа́т [r'isul'tát] *m* **2** (einer Maschine usw.) мо́щность [móschsch'naßt'] *w* **3** (Betrag) посо́бие [paßób'iji] *s*

leiten *v* **1** (Firma usw.) *etw. Akk* управля́ть [uprawl'át'] *uv чем, etw. Akk* вести́ [w'ißt'í] *uv что* **2** *j-n irgendwohin* довести́ [daw'ißt'í] *vo кого куда, j-n irgendwohin* завести́ [saw'ißt'í] *vo кого куда*, свести́ [ßw'ißt'í] *vo кого куда* **3** (Wasser usw.) вести́ [w'ißt'í] *uv* **4** (durchziehen usw.) *etw. Akk durch etw.* вести́ [w'ißt'í] *vo что куда*, тяну́ть [t'inút'] *vo что куда* **5** (leitfähig sein) проводи́ть [prawad'ít']

Leiter[1] *m* **1** нача́льник [natsch'ál'n'ik] *m*, руководи́тель [rukawad'ít'il'] *m* **2** (einer Bewegung usw.) вождь [wóscht'] *m* **3** (Stoff) проводни́к [prawadn'ík] *m*

Leiter[2] *w* ле́стница [l'éßn'iza] *w*, стремя́нка [ßtr'im'ánka] *w*

Leitung *w* **1** (einer Firma usw.) веде́ние [w'id'én'iji] *s*, регули́рование [r'igul'írawan'iji] *s* **2** (Hauptvertreter) нача́льство [natsch'ál'ßtwa] *s* **3** (Telefonleitung usw.) про́вод [prówat] *m*

lenken *v* **1** (Richtung bestimmen) *etw. Akk* напра́вить [napráw'it'] *vo что* **2** (zum Ziel) *etw. Akk irgendwohin* напра́вить [napráw'it'] *vo что куда*

Lenkrad *s* руль [rúl'] *m*

lernen *v* **1** (Fertigkeiten erwerben) *etw. Akk* учи́ться [utsch'ítza] *uv что* **2** (für eine Prüfung usw.) гото́виться [gatów'itza] *uv к чему*, учи́ться [utsch'ítza] *uv*, обуча́ться [abutsch'átza] *uv чему*, изуча́ть [isutsch'át'] *uv что* **3** (durch Erfahrungen) *aus etw.* извле́чь уро́к [iswl'étsch' urók] *из чего* **4** (Handwerk) *etw. Akk* вы́учиться [wýutsch'itza] *vo чему*, обучи́ться [abutsch'ítza] *vo чему*

lesbisch *adj* лесбия́нский [l'isb'ijánßk'ij]

lesen *v* **1** (ein Buch usw.) *etw. Akk* чита́ть [tsch'itát'] *uv*, прочита́ть [pratsch'itát'] *vo* **2** (Vorlesungen halten) чита́ть (ле́кции) [tsch'itát' (l'ékzyi)]

Leser *m* чита́тель [tsch'itát'il'] *m*

letzt(er,e,es) *adj* **1** (in einer Reihe) после́дний [paßl'édn'ij] **2** (Woche usw.) про́шлый [próschlyj] **3** (neuester) после́дний [paßl'édn'ij] ► **das letzte Mal** (в) про́шлый раз; **zum letzten Mal** (в) после́дний раз

leuchten *v* **1** (Lampe usw.) свети́ть [ßw'it'ít'] *uv* **2** (mit Taschenlampe usw.) *auf etw. Akk* освети́ть [aßw'it'ít'] *vo что*, посвети́ть [paßw'it'ít'] *vo*

Leuchtturm *m* мая́к [maják] *m*

Leute *Mz* лю́ди [l'júd'i] *Mz*

Licht *s* **1** (Lichtschein) свет [ßw'ét] *m* **2** (Lampe) свети́льник [ßw'it'íl'n'ik] *m*, фона́рь [fanár'] *m*, ла́мпа [lámpa] *w*

Lid *s* ве́ко [w'éka] *s*

Lidschatten *m* тень для век [t'én' dl'á w'ék]

lieb *adj* дорого́й [daragój], (in der Anrede usw.) ми́лый [m'ílyj] ► **Das ist ~ von Ihnen.** Э́то любе́зно с ва́шей стороны́.

Liebe *w* любо́вь [l'ubóf'] *w* ► **~ machen** *mit j-m* занима́ться любо́вью

lieben *v j-n/etw.* люби́ть [l'ub'ít'] *uv* ► **sich ~** люби́ть друг дру́га

lieber *adv* лу́чше [lútsch'schy] ► **Ich möchte ~…** Я бы лу́чше…

Liebhaber *m* **1** (Geliebter) любо́вник [l'ubówn'ik] *m* **2** люби́тель [l'ub'ít'il'] *m*, цени́тель [zyn'ít'il'] *m*

Liebling *m* **1** ду́шенька [dúschyn'ka] *w*, голу́бчик [galúbtsch'ik] *m* **2** (Anrede) голу́бчик [galúbtsch'ik] *m*, мила́шка [m'iláschka] *m,w*, люби́мый [l'ub'ímyj] *m* **3** (Favorit) фавори́т [fawar'ít] *m*, люби́мец [l'ub'ím'iz] *m*

liebst(er,e,es) **am liebsten** лу́чше (всего́)

Lied *s* пе́сня [p'éßn'a] *w*

liefern *v j-m etw. Akk* доста́вить [daßtáw'it'] *vo что кому*

Lieferung *w* поста́вка [paßtáfka] *w*

Lieferwagen *m* пика́п [p'ikáp] *m*

Liege *w* спа́льное ме́сто [ßpál'naji m'éßta]

liegen *v* **1** (Mensch) лежа́ть [l'ishát'] *uv* **2** (Sache) *irgendwo* лежа́ть [l'ishát'] *uv* **3** (Problem usw.) *in etw. Dat* корени́ться [kar'in'ítza] *uv в чём*, состоя́ть [ßaßtaját'] *uv в чём* **4** (an Umständen usw.) *an j-m/etw.* зави́сеть [saw'íß'it'] *uv от чего* **5** (schätzen) *j-m an etw. Dat* быть ва́жный [být' wáshnyj] *что/кто для кого* **6** (wichtig sein) *an etw. Dat* быть ва́жным [být' wáshnym]

Liegestuhl *m* лежа́к [l'ishák] *m*, раскладу́шка [raßkladúschka] *w*

Lift *m* лифт [l'íft] *m*

Likör *m* ликёр [l'ik'ór] *m*, нали́вка [nal'ífka] *w*

Limo *w/s* лимона́д [l'imanát] *m*

Limonade *w* лимона́д [l'imanát] *m*

Linie *w* **1** (Strich) черта́ [tsch'irtá] *w*, ли́ния [l'ín'ija] *w* **2** (Verkehrsstrecke) ли́ния [l'ín'ija] *w*, рейс [réjß] *m*

link(er,e,es) *adj* ле́вый [l'éwyj]

links *adv* нале́во [nal'éwa] ► **nach ~** (wohin) нале́во, вле́во; **von ~** сле́ва

Linse *w* **1** (Samen) чечеви́ца [tsch'itsch'iw'íza] *w* **2** (optisch) ли́нза [l'ínsa] *w*

Lippe *w* губа́ [gubá] *w*

Lippenstift *m* губна́я пома́да [gubnája pamáda]

Liste *w etw. Gen* спи́сок [ßp'íßak] *m*, о́пись [óp'iß'] *w чего*

Liter *m/s* литр [l'ítr] *m*

Literatur *w* литерату́ра [l'it'iratúra] *w*

Lkw *m* фу́ра [fúra] *w*, грузови́к [grusaw'ík] *m*, грузово́й автомоби́ль [grusawój aftamab'íl']

loben *v j-n für etw.* хвали́ть [chwal'ít'] *uv*, *j-n für etw.* похвали́ть [pachwal'ít'] *vo кого за что*, *j-n/etw.* восхваля́ть [waßchwal'át'] *uv кого/что*, расхва́ливать [raßchwál'iwat'] *uv кого/что*

Loch *s* дыра́ [dyrá] *w*, проко́л [prakól] *m*

Locke *w* ло́кон [lókan] *m*

Lockenwickler *m* бигуди́ [b'igud'í] *w Mz*

locker *adj* **1** (nicht befestigt) свобо́дный [ßwabódnyj], (Schraube usw.) разбо́лтанный [rasbóltannyj], ослáбленный [aßlábl'innyj] **2** (Boden usw.) сыпу́чий [ßypútsch'ij] **3** (Atmosphäre usw.) свобо́дный [ßwabódnyj], споко́йный [ßpakójnyj] **4** (Gebäck usw.) возду́шный [wasdúschnyj], пуши́стый [puschýßtyj] **5** (Mensch) раско́ванный [raßkówannyj]

Löffel *m* **1** ло́жка [lóshka] *w* **2** (kleiner) ча́йная ло́жка [tsch'ájnaja lóshka]

logisch *adj* логи́ческий [lag'ítsch'ißk'ij], логи́чный [lag'ítsch'nyj]

Lohn *m* зарпла́та [sarpláta] *w*, за́работня пла́та [sárabatn'a pláta] ► **den ~ erhöhen** *j-m* доба́вить *vo*

lohnen *v* ***sich* ~** окупи́ться [akup'ítza] *vo*

lokal *adj* ме́стный [m'éßnyj], лока́льный [lakál'nyj]

Lokal *s* заведе́ние [saw'id'én'iji] *s*

Lokomotive *w* локомоти́в [lakamat'íf] *m*

Los *s* **1** (Lotterieschein) лотере́йный биле́т(ик) [lat'ir'éjnyj b'il'ét(ík)] **2** (Losen) жре́бий [shr'éb'ij] *m*

löschen *v* **1** (Brand usw.) потуши́ть [patuschýt'] *vo*, (Feuer) туши́ть [tuschýt'] *uv*, гаси́ть [gaß'ít'] *uv* **2** (Daten) удали́ть [udal'ít'] *vo*, стере́ть [ßt'ir'ét'] *vo*

lose *adj* свобо́дный [ßwabódnyj], разбо́лтанный [rasbóltannyj], осла́бленный [aßlábl'innyj]

lösen *v* **1** (Krawatte usw.) *etw. Akk* освободи́ть [aßwabad'ít'] *vo что* **2** (Problem usw.) *etw. Akk* разреши́ть [rasr'ischýt'] *vo что*, (Rätsel usw.) отгада́ть [adgadát'] *vo*, разгада́ть [rasgadát'] *vo*, расшифрова́ть [raßschyfrawát'] *vo*

losfahren *v* отпра́виться [atpráw'itza] *vo*

loslassen *v etw. Akk* отпусти́ться [atpußt'ítza] *vo*

Lösung *w* **1** (einer Aufgabe) *etw. Gen* реше́ние [r'ischén'iji] *s* **2** (eines Geheimnisses usw.) развя́зка [rasw'äßka] *w* **3** (Flüssigkeit) раство́р [raßtwór] *m*

loswerden *v j-n/etw.* изба́виться [isbáw'itza] *vo кого/чего*

Lotterie *w* лотере́я [latir'éja] *w*

Löwe *m* **1** (Tier) лев [l'éf] *m* **2** (Sternzeichen) Лев [l'éf] *m*

Luchs *m* рысь [rýß'] *w*

Lücke *w* лазе́йка [las'éjka] *w*, пробе́л [prab'él] *m*

Luft *w* во́здух [wósduch] *m* ► **sich in ~ auflösen** испари́ться *vo*, улизну́ть *vo*

lüften *v* прове́тривать [praw'étr'iwat'] *uv*, прове́трить [praw'étr'it'] *vo*, вентили́ровать [w'int'il'írawat'] *uv*

Lüfter *m* вентиля́тор [w'int'il'átar] *m*

Luftmatratze *w* надувно́й матра́с [naduwnój matráß]

Luftpost *w* авиапо́чта [aw'iapótsch'ta] *w*

Lüge *w* ложь [lósch] *w*

lügen *v j-m* солга́ть [ßalgát'] *vo кому*, *j-m* врать [wrát'] *uv*, лгать [lgát'] *uv*

Lunge *w* лёгкие [l'óchk'iji] *s Mz*

Lungenentzündung *w* воспале́ние лёгких [waßpal'én'iji l'óchk'ich]

Lust *w an etw. Akk* жела́ние [shylán'iji] *s сделать что*, охо́та [achóta] *w* ► **~ haben** *etw. Akk zu tun* хоте́ться *uv сделать что*; **~ zu essen** апети́т *m*

lustig *adj* смешно́й [ßm'ischnój], заба́вный [sabáwnyj], (amüsant) весёлый [w'iß'ólyj] ► **sich** *über j-n/etw.* **~ machen** подсме́иваться *uv*, подшу́чивать *uv над кем/чем*

lutschen *v* **1** (Bonbon usw.) *etw. Akk* соса́ть [ßaßát'] *uv* **2** (Daumen usw.) *an etw. Dat* соса́ть [ßaßát'] *uv*

Luxus *m* ро́скошь [róßkasch] *w*, люкс [l'júkß] *m*

M

machen *v* **1** (durchführen) де́лать [d'élat'] *uv что*, соверша́ть [ßaw'irschát'] *uv что*, предпринима́ть [pr'itpr'in'imát'] *uv что*, (durchführen) *etw. Akk* сде́лать [sd'élat'] *vo* **2** (entstehen lassen) соверша́ть [ßaw'irschát'] *uv*, де́лать [d'élat'] *uv*, (schaffen usw.) сде́лать [sd'élat'] *vo* **3** (erzeugen) производи́ть [praiswad'ít'] *uv*, изготовля́ть [isgatawl'át'] *uv* **4** *etw. Akk irgendwie* сде́лать [sd'élat'] *vo что чем* **5** *sich ~ an etw. Akk* взя́ться [ws'átza] *vo за что* **6** (Summe) составля́ть [ßaßtawl'át'] *uv* ▶ **eine Aufnahme** *von etw.* ~ сфотографи́ровать *vo что*; **einen Kopfsprung ~** пры́гнуть вниз голово́й; **geltend ~** *etw. Akk* (Rechte usw.) применя́ть *uv*, осуществля́ть *uv*; **Macht es nicht!** Не де́лайте э́того!; **sich bekannt ~** *mit etw.* ознако́миться *vo с чем*; **Spaß ~** *j-m etw. Nom* интересова́ть *uv что кого*; **unmöglich ~** *etw. Akk* воспрепя́тствовать *vo чему*; **Und was soll ich ~?** Что мне де́лать?

Macht *w* **1** власть [wláßt'] *w*, могу́щество [magúschsch'ißtwa] *s*, си́ла [ß'íla] *w* **2** (Staat) держа́ва [d'irsháwa] *w*

mächtig *adj* **1** (Herrscher usw.) могу́чий [magútsch'ij], могу́щественный [magúschsch'ißtw'innyj] **2** (groß) мо́щный [móschsch'nyj], могу́чий [magútsch'ij], масси́вный [maßß'íwnyj]

Mädchen *s* де́вушка [d'éwuschka] *w*

Magazin *s* **1** (einer Waffe) магази́н [magas'ín] *m* **2** (Zeitschrift) журна́л [shurnál] *m*

Magen *m* желу́док [shylúdak] *m*

mager *adj* **1** (Mensch) худо́й [chudój] **2** (Fleisch) нежи́рный [n'ishýrnyj]

Magnet *m* магни́т [magn'ít] *m*

mahlen *v* моло́ть [malót'] *uv*, размоло́ть [rasmalót'] *vo*, размельчи́ть [rasm'il'tsch'ít'] *vo*

Mahlzeit *w* блю́до [bl'júda] *s* ▶ **~!** Прия́тного аппети́та!

Mai *m* май [máj] *m*

Mais *m* кукуру́за [kukurúsa] *w*

Make-up *s* макия́ж [mak'ijásch] *m*

mal *adv* умно́жено на [umnóshyna ná]

Mal **das nächste ~** в сле́дующий раз; **zum ersten ~** впервы́е

malen *v* расписа́ть [raßp'ißát'] *vo*, рисова́ть [r'ißawát'] *uv*

Maler *m* **1** (Künstler) живопи́сец [shywap'ß'iz] *m* **2** (Handwerker) маля́р [mal'ár] *m*

Malerei *w* жи́вопись [shýwap'iß'] *w*

manchmal *adv* иногда́ [inagdá]

Mandarine *w* мандари́н [mandar'ín] *m*

Mandel *w* **1** (Samen) минда́ль [m'indál'] *w*, минда́лина [m'indál'ina] *w* **2 ~n** гла́нды [glándy] *w Mz*, нёбные минда́лины [n'óbnyji m'indál'iny]

Mangel *m* **1** (Unvollkommenheit) недоста́ток [n'idaßtátak] *m чего* **2** (Knappheit) *an etw. Dat* недоста́ток [n'idaßtátak] *m чего* **3** (an einem Produkt usw.) изъя́н [isján] *m*, дефе́кт [d'if'ékt] *m* **4** (Defekt usw.) дефе́кт [d'if'ékt] *m*

Mann *m* мужчи́на [muschsch'ína] *m*

männlich *adj* **1** мужско́й [mushßkój] **2** (Eigenschaft usw.) возмужа́лый [wasmushályj], мужско́й [mushßkój]

Mannschaft *w* кома́нда [kamánda] *w*

Mantel *m* **1** (Kleidung) пальто́ [pal'tó] *s* **2** (Reifen) покры́шка (ши́ны) [pakrýschka (schýny)]

Mappe *w* па́пка [pápka] *w*

Märchen *s* ска́зка [ßkáßka] *w*

Margarine *w* маргари́н [margar'ín] *m*

Mark *s* **1** (Gewebe) мя́коть [m'ákat'] *w*, ко́стный мозг [kóßnyj mósk] **2** (aus Tomaten usw.) па́ста [páßta] *w*, пюре́ [p'uré] *s*

Marke *w* **1** (Ware) ма́рка [márka] *w*, бренд [brent] *m* **2** (Wertzeichen) ма́рка [márka] *w* **3** (Zeichen usw.) знак [snák] *m*, отме́тка [atm'étka] *w*

Markt *m* **1** (Straßenmarkt usw.) ры́нок [rýnak], база́р [basár], торг [tórk] *m* **2** (Platz) ры́нок [rýnak] *m*, база́р [basár] *m* **3** (Warenverkehr) ры́нок [rýnak] *m*, база́р [basár] *m*

Markthalle *w* кры́тый ры́нок [krýtyj rýnak]

Marmelade *w* мармела́д [marm'ilát] *m*

Marmor *m* мра́мор [mrámar] *m*

März *m* март [márt] *m*

Maschine *w* **1** маши́на [maschýna] *w* **2 ~n** (Maschinenausstattung) станки́ [ßtank'í]

Maß *s* **1** (Größe) ме́ра [m'éra] *w* **2** (Grad usw.) *etw. Gen* ме́ра [m'éra] *w*, сте́пень [ßt'ép'in'] *w чего*

Massage *w* масса́ж [maßßásch] *m*

Masse *w* ма́сса [máßßa] *w*

Maßeinheit *w* едини́ца [jid'in'íza] *w*

mäßig *adj* уме́ренный [um'ér'innyj], (im Essen usw.) возде́ржанный [wasd'érshannyj], мя́гкий [m'áchk'ij]

Maßnahme *w* мероприя́тие [m'irapr'iját'iji] *s*, ме́ра [m'éra] *w*

Maßstab *m* **1** (Verhältnis) масшта́б [maßschtáp] *m* **2** (zum Vergleich) крите́рий [kr'itér'ij] *m*, мери́ло [m'ir'íla] *s*, ме́рка [m'érka] *w*

Mast *m* **1** (Telefonmast usw.) столб [ßtólp] *m* **2** (auf dem Schiff) ма́чта [mátsch'ta] *w*

Material *s* материáл [mat'ir'jal] *m*
Materie *w* материáл [mat'ir'jal] *m*
Matratze *w* матрáс [matráß] *m*
Matte *w* мат [mát] *m*
Mauer *w* стенá [ßt'iná] *w*
Maurer *m* кáменщик [kám'inschsch'ik] *m*
Maus *w* мышь [mýsch] *w*
Maut *w* (мытный) сбор [(mýtnyj) sbór]
Mayonnaise *w* майонéз [majjanéß] *m*
Mechaniker *m* механик [m'ichán'ik] *m*
Medikament *s* медикамéнт [m'id'ikam'ént] *m*, лекáрство [l'ikárßtwa] *s*
Medizin *w* медицина [m'id'izýna] *w*
Meer *s* мóре [mór'i] *s* ► **am ~** на мóре
Meerrettich *m* хрен [chr'én] *m*
Mehl *s* **1** мукá [muká] *w* **2** (Holzmehl usw.) пýдра [púdra] *w*
mehr *adv* **1** бóльше [ból'schy] **2** (brauchen usw.) ещё [jischsch'ó]
Mehrheit *w j-s/etw.* большинствó [bal'schynßtwó] *s кого/чего*
mehrmals *num* многокрáтно [mnaga-krátna], нéсколько раз [n'éßkal'ka ráß], не (один) раз [n'é (ad'ín) ráß], неоднокрáтно [n'iadnakrátna]
Mehrwertsteuer *w* НДС [en dé eß]
Meile *w* миля [m'íl'a] *w*
mein, meine *pron* мой, моя, моё, мои [mój, majá, ma'ó, maí]
meinen *v* **1** дýмать [dúmat'] *uv* **2** *etw. Akk irgendwie* имéть в видý [im'ét' w w'idú] ► **Was ~ Sie damit?** Что вы имéете в видý?
Meinung *w über etw. Akk* взгляд [wsgl'át] *m на что*, мнéние [mn'én'iji] *s*
meistens *adv* в большинствé слýчаев [w bal'schynßtw'é ßlútsch'ajif], бóльшей чáстью [ból'schyj tsch'äßt'ju], как прáвило [kák práw'ila], обыкновéнно [abyknaw'énna]
Meister *m* **1** (Weltmeister usw.) чемпиóн [tsch'imp'ión] *m* **2** (Könner) *in etw. Dat* мáстер [máßt'ir] *m чего*, ас [áß] *m чего*
Meisterschaft *w* **1** (Weltmeisterschaft usw.) чемпионáт [tsch'imp'ianát] *m* **2** (Meisterhaftigkeit) мастерствó [maßt'irßtwó] *s*
melden *v* **1** (öffentlich usw.) *etw. Akk* сообщить [ßaapschsch'ít'] *vo*, объявить [abiw'ít'] *vo*, заявить [sajiw'ít'] *vo* **2** (benachrichtigen) *j-m etw. Akk* доложить [dalashýt'] *vo кому что* **3 sich ~** (beim Chef usw.) *bei j-m* являться [jiwl'átza] *uv где* **4 sich ~** (anrufen, schreiben usw.) *bei j m* отозвáться [ataswátza] *vo кому* **5 sich ~** (Schüler usw.) поднять рýку [padn'át' rúku]
Meldung *w* **1** (amtliche) сообщéние [ßaapschsch'én'iji] *s* **2** (dienstliche) *über etw. Akk* сообщéние [ßaapschsch'én'iji] *s о чём*, извещéние [isw'ischsch'én'iji] *s о чём*, рáпорт [rápart] *m*
Melodie *w* аудиологотип [aud'ialagat'íp] *m*
Melone *w* арбýз [arbúß] *m*
Menge *w* **1** мнóжество [mnóshyßtwa] *s* **2** (von Ideen usw.) (цéлая) кýча [(zélaja) kútsch'a] **3** (von Elementen) мнóжество [mnóshyßtwa] *s*, класс [kláß] *m* ► **eine ~** *von etw.* ýйма *w*, *чего* навáлом
Mensch *m* человéк [tsch'ilaw'ék] *m*
Menschheit *w* человéчество [tsch'ilaw'étsch'ißtwa] *s*
menschlich *adj* **1** (Körper, Wesen usw.) человéческий [tsch'ilaw'étsch'ißk'ij], людскóй [l'uzkój], человéчный [tsch'ilaw'étsch'nyj] **2** (Behandlung usw.) гумáнный [gumánnyj]
Menstruation *w* менструáция [m'inßtruázyja] *w*
Menü *s* меню [m'in'jú] *s*
merken *v* **1** *j-n/etw.* замéтить [sam'ét'it'] *vo кого/что* **2 sich ~** *etw. Akk* запóмнить [sapómn'it'] *vo*, пóмнить [pómn'it'] *uv кого/что о ком/чём*
Merkmal *s* при́знак [pr'ísnak] *m*
merkwürdig *adj* стрáнный [ßtránnyj] ♦ *adv* стрáнно [ßtránna]
Messe *w* **1** (Gottesdienst) мécca [m'éßßa] *w* **2** (Ausstellung) ярмарка [jármarka] *w*
messen *v* **1** (Größe bestimmen) *j-n/etw.* измéрить [ism'ér'it'] *vo кого/что*, *j-n/etw.* мéрить [m'ér'it'] *uv*, измерять [ism'ir'át'] *uv* **2** (Größe haben) *wie viel* имéть размéр [im'ét' rasm'ér]
Messer *s* нож [nósch] *m*
Messing *s* латýнь [latún'] *w*
Metall *s* метáлл [m'itáll] *m*
Meter *m/s* метр [m'étr] *m*
Methode *w* мéтод [m'état] *m*
Metzger *m* мясни́к [m'ißn'ík] *m*
Metzgerei *w* мяснóй магази́н [m'ißnój magas'ín], мяснáя (лáвка) [m'ißnája (láfka)]
Miete *w* **1** (Geld) плáта за наём [pláta sá na'óm], квартплáта [kwartpláta] *w*, арéндная плáта [ar'éndnaja pláta] **2** (Verhältnis) сдáча (внаём) [sdátsch'a (wna'óm)] *w*, арéнда [ar'énda] *w*
mieten *v etw. Akk* снять [ßn'át'] *vo что*, арендовáть [ar'indawát'] *vo/uv что*, взять напрокáт [ws'át' naprakát]
Mieter *m* съёмщик [ß'ómschsch'ik] *m*, жилéц [shyl'éz] *m*, арендáтор [ar'indátar] *m*
Migräne *w* мигрéнь [m'igr'én'] *w*
Mikrofon *s* микрофóн [m'ikrafón] *m*

Mikrowelle *w* микроволно́вая печь [m'ikrawalnówaja p'étsch'], микроволно́вка [m'ikrawalnófka] *w* ► **in der ~ aufwärmen** *etw. Akk* подогре́ть/пригото́вить *что* в микрово́лновой пе́чке
Mikrowellengerät *s* микроволно́вая печь [m'ikrawalnówaja p'étsch'], микроволно́вка [m'ikrawalnófka] *w*
Mikrowellenofen *m* микроволно́вая печь [m'ikrawalnówaja p'étsch'], микроволно́вка [m'ikrawalnófka] *w*
Milch *w* молоко́ [malakó] *s*
Milchgeschäft *s* моло́чная [maloschnaja] *w*
milde *adj* **1** (gütig) снисходи́тельный [ßn'ißchad'ít'il'nyj] **2** (Klima usw.) уме́ренный [um'ér'innyj], мя́гкий [m'áchk'ij], отло́гий [atlóg'ij] **3** (Essen usw.) то́нкий [tónk'ij]
militärisch *adj* во́инский [wóinßk'ij], арме́йский [arm'éjßk'ij], солда́тский [ßaldázk'ij]
Milliarde *w* миллиа́рд [m'ill'iárt] *m*
Million *w* миллио́н [m'ill'ión] *m*
Milz *w* селезёнка [ß'il'is'ónka] *w*
Minderheit *w* меньшинство́ [m'in'schynßtwó] *s*
minderjährig *adj* несовершенноле́тний [n'ißaw'irschynnal'étn'ij]
minderwertig *adj* второсте́пенный [ftaraßt'ip'énnyj], неполноце́нный [n'ipalnazénnyj], нека́чественный [n'ikátsch'ißtw'innyj], недоброка́чественный [n'idabrakátsch'ißtw'innyj]
mindestens *adv* по кра́йней ме́ре [pó krájn'ij/m'én'schyjm'ér'i], минима́льно [m'in'imál'na], ми́нимум [m'ín'imum], наиме́нее [naim'én'iji]
Mineral *s* минера́л [m'in'irál] *m*
Mineralwasser *s* минера́лка [m'in'irálka] *w*
minimal *adj* **1** (Wert usw.) минима́льный [m'in'imál'nyj] **2** (Schaden usw.) ничто́жный [n'itsch'tóshnyj], минима́льный [m'in'imál'nyj]
Minister *m* мини́стр [m'in'íßtr] *m*
Ministerium *s* министе́рство [m'in'ißt'érßtwa] *s*
Ministerpräsident *m* премье́р-мини́стр [pr'im'jérm'in'íßtr] *m*
minus *adv* ми́нус [m'ínuß]
Minute *w* мину́та [m'inúta] *w*
Minze *w* мя́та [m'áta] *w*
mischen *v* **1** *etw. Akk* меси́ть [m'iß'ít'] *uv* **2** *sich* **~** (Einflüsse usw.) сме́шиваться [ßm'éschywatza] *uv*, заме́шиваться [sam'éschywatza] *uv* **3** *sich* **~** (unter Menge usw.) вмеша́ться [wm'ischátza] *vo*, затеря́ться [sat'ir'átza] *vo*
Mischung *w etw. Gen* смесь [ßm'éß'] *w*, ассорти́ [aßßart'í] *s*
Missbrauch *m* злоупотребле́ние [slaupatr'ibl'én'iji] *s*, развраще́ние [raswraschsch'én'iji] *s*, (sexueller usw.) испо́льзование [ißpól'sawan'iji] *s*
missbrauchen *v j-n/etw.* злоупотреби́ть [slaupatr'ib'ít'] *vo кого/что*
Misserfolg *m* неуда́ча [n'iudátsch'a] *w*, срыв [ßrýf] *m*, неуспе́х [n'iußp'éch] *m*
Misstrauen *s* недове́рие [n'idaw'ér'iji] *s*
misstrauisch *adj* подозри́тельный [padasr'ít'il'nyj], мни́тельный [mn'ít'il'nyj], недове́рчивый [n'idaw'értsch'iwyj]
Missverständnis *s* недоразуме́ние [n'idarasum'én'iji] *s*
missverstehen *v etw. Akk* пло́хо поня́ть [plócha pan'át'] *что*
mit *prep j-m/etw.* с [ß] ♦ *pron* с собо́й [ß ßabój]
Mitarbeiter *m* сотру́дник [ßatrúdn'ik] *m*, колле́га [kall'éga] *m*, сослужи́вец [ßaßlushýw'iz] *m*
mitbringen *v etw. Akk irgendwohin/j-m* принести́ [pr'in'ißt'í] *vo*, донести́ [dan'ißt'í] *vo*, *j-n* привести́ [pr'iw'ißt'í] *vo кого/что куда*
miteinander *adv* друг с дру́гом [drúk ß drúgam]
mitfahren *v bei j-m* пое́хать [pajéchat'] *vo с кем*
Mitgefühl *s* сочу́вствие [ßatschúßtw'iji] *s*
Mitglied *s etw. Gen* член [tsch'l'én] *m чего*
Mitleid *s* сострада́ние [ßaßtradán'iji] *s*, сожале́ние [ßashyl'én'iji] *s*, жа́лость [shálaßt'] *w*, сочу́вствие [ßatschúßtw'iji] *s*
mitnehmen *v* **1** *etw. Akk* взять *что* с собо́й [ws'át' ß ßabój] **2** (mit dem Auto usw.) *j-n/etw. irgendwohin* взять [ws'át'] *vo кого/что куда*, увезти́ [uw'ißt'í] *vo кого/что куда*, (mit dem Auto) *j-n irgendwohin* подвезти́ [padw'ißt'í] *vo кого куда*
Mittag *m* по́лдень [póld'in'] *m* ► **zu ~ essen** обе́дать *uv*
Mittagessen *s* обе́д [ab'ét] *m*
Mitte *w etw. Gen* середи́на [ß'ir'id'ína] *w* ► **in der ~** *etw. Gen* посереди́не, в це́нтре, посреди́
mitteilen *v j-m etw. Akk* сообщи́ть [ßaapschsch'ít'] *vo кому что*, извести́ть [isw'ißt'ít'] *vo кого о чём*, *j-m etw.* сообщи́ть [ßaapschsch'ít'] *vo*, пересказа́ть [p'ir'ißkasát'] *vo что кому*
Mitteilung *w* сообще́ние [ßaapschsch'én'iji] *s*, изве́стие [isw'éßt'iji] *s*

Mittel *s* **1** (Hilfsmittel) сре́дство [ßr'éztwa] *s* **2** (Arzneimittel usw.) *gegen etw.* лека́рство [l'ikárßtwa] *s от чего,* медикаме́нт [m'id'ikam'ént] *m* **3** (Substanz) сре́дство [ßr'éztwa] *s* **4** (finanzielle) сре́дства [ßr'éztwa]

mittels *prep j-s/etw.* посре́дством [paßr'éztwam] *кого/чего,* путём [put'óm] *чего*

mitten *adv* в середи́ну [w ß'ir'id'ínu] ♦ *prep in etw. Dat* посереди́не [paß'ir'id'ín'i], в це́нтре [w zéntr'i], посереди́ [paß'ir'id'í], (irgendwohin) *in etw. Akk* в середи́ну [w ß'ir'id'ínu]

Mitternacht *w* по́лночь [pólnatsch'] *w*

mittler(er,e,es) *adj* сре́дний [ßr'édn'ij]

Mittwoch *m* среда́ [ßr'idá] *w*

Mixer *m* бле́ндер [bl'énd'ir] *m*

Möbel *s Mz* ме́бель [m'éb'il'] *w*

Mode *w* мо́да [móda] *w*

Modell *s* **1** (von Gebäude usw.) маке́т [mak'ét] *m,* моде́ль [madel'] *w* **2** (von Gebäude usw.) маке́т [mak'ét] *m,* моде́ль [madel'] *w* **3** (Frau) манеке́нщица [man'ik'énschsch'iza] *w,* моде́ль [madel'] *w,* (Mann) манеке́нщик [man'ik'énschsch'ik] *m* **4** (Erzeugnis) моде́ль [madel'] *w* **5** (Grundlage usw.) образе́ц [abras'éz] *m,* моде́ль [madel'] *w*

modern *adj* **1** (Frisur usw.) мо́дный [módnyj] **2** (Entwicklung usw.) совреме́нный [ßawr'im'énnyj]

mögen[1] *v* (verlangen) *etw. Akk von j-m* хоте́ть [chat'ét'] *uv что от кого* ► **Ich möchte (mit)… sprechen.** Я хоте́л бы говори́ть с…

mögen[2] *v* (gernhaben) *j-n/etw.* люби́ть [l'ub'ít'] *uv кого/что* ► **am liebsten ~** *j-n/etw.* люби́ть бо́льше всего́ *кого/что*

möglich *adj* **1** возмо́жный [wasmóshnyj] **2** (potenziell) возмо́жный [wasmóshnyj], вероя́тный [w'irajátnyj] ► **es ist ~** *etw. Akk zu tun* мо́жно *сделать что;* **so bald wie ~** как мо́жно скоре́е

möglicherweise *adv* допу́стим [dapúßt'im], мо́жет быть [móshyt být'] ♦ *part* допу́стим [dapúßt'im], мо́жет быть [móshyt být']

Möglichkeit *w* возмо́жность [wasmóshnaßt'] *w*

Mohn *m* мак [mák] *m*

Möhre *w* морко́вь [markóf'] *w*

Moment *m* **1** (kurzer usw.) мину́точка [m'inútatsch'ka] *w,* миг [m'ík] *m* **2** (Punkt) моме́нт [mam'ént] *m,* мгнове́ние [mgnaw'én'iji] *s*

Monat *m* ме́сяц [m'éß'iz] *m*

monatlich *adj* ме́сячный [m'éß'itsch'nyj] ♦ *adv* в ме́сяц [w m'éß'iz], ежеме́сячно [jishym'éß'itsch'na]

Mönch *m* мона́х [manách] *m*

Mond *m* луна́ [luná] *w*

Montag *m* понеде́льник [pan'id'él'n'ik] *m*

Moor *s* боло́то [balóta] *s,* тряси́на [tr'iß'ína] *w*

Mord *m* убийство [ub'íjßtwa] *s*

Mörder *m* уби́йца [ub'íjza] *m*

morgen *adv* за́втра [sáftra]

Morgen *m* у́тро [útra] *s* ► **am ~** у́тром; **Guten ~.** До́брое у́тро.

Morgendämmerung *w* рассве́т [raßßw'ét] *m*

morgens *adv* у́тром [útram], с утра́ [ß utrá]

Moschee *w* мече́ть [m'itsch'ét'] *w*

Moskitonetz *s* моски́тная се́тка [maßk'ítnaja ß'étka], се́тка про́тив комаро́в [ß'étka prót'if kamaróf]

Motiv *s* побужде́ние [pabushd'én'iji] *s,* моти́в [mat'íf] *m*

Motor *m* дви́гатель [dw'ígat'il'] *m,* мото́р [matór] *m*

Motorhaube *w* капо́т [kapót] *m*

Motorrad *s* мотоци́кл [matazýkl] *m,* байк [bájk] *m*

Möwe *w* ча́йка [tsch'ájka] *w*

Mücke *w* кома́р [kamár] *m*

müde *adj* уста́лый [ußtályj] ► **~ machen** *j-n* измучить *vo,* утоми́ть *vo кого;* **~ sein** быть со́нным; **~ werden** уста́ть *vo*

Mühe *w* уси́лие [uß'íl'iji] *s,* труд [trút] *m*

Mühle *w* ме́льница [m'él'n'iza] *w*

Müll *m* отхо́ды [atchódy] *m Mz,* отбро́сы [adbróßy] *m Mz,* ути́ль [ut'íl'] *m,* му́сор [múßar] *m*

Mülleimer *m* му́сорное ведро́ [múßarnaji w'idró], урна́ для му́сора [urná dl'á múßara], му́сорный я́щик [múßarnyj jáschsch'ik]

multiplizieren *v etw. Akk mit etw.* умно́жить [umnóshyt'] *vo*

Mund *m* рот [rót] *m*

mündlich *adj* у́стный [úßnyj], слове́сный [ßlaw'éßnyj] ♦ *adv* верба́льно [w'irbál'na], слове́сно [ßlaw'éßna]

Mündung *w* у́стье [úßt'ji] *s*

Mundwasser *s* ополаскиватель рта [apaláßk'iwat'il' rtá]

Münzautomat *m* моне́тный автома́т [man'étnyj aftamát]

Münze *w* моне́та [man'éta] *w*

Muschel *w* **1** (Tier) ми́дия [m'íd'ija] *w* **2** (Schale) ра́ковина [rákaw'ina] *w,* раку́шка [rakúschka] *w*

Museum *s* музе́й [mus'éj] *m*

Musik *w* му́зыка [músyka] *w*
musikalisch *adj* музыка́льный [musykál'nyj]
Musiker *m* музыка́нт [musykánt] *m*
Muskel *m* му́скул [múßkul] *m*, мы́шца [mýschza] *w*
Muslim *m* мусульма́нин [mußul'mán'in] *m*
müssen *v etw. Akk tun* быть до́лжен [být' dólshyn] *сде́лать что* ► **Ich muss auf die Toilette.** Мне ну́жно в туале́т.
Muster *s* **1** образе́ц [abras'éz] *m*, моде́ль [madel'] *w*, исто́чник [ißtótsch'n'ik] *m* **2** (eines Stoffes usw.) узо́р [usór] *m* **3** (Vorbild) *an etw. Dat* образе́ц [abras'éz] *m чего* **4** (einer Ware usw.) образе́ц [abras'éz] *m*
Mut *m* сме́лость [ßm'élaßt'] *w*, хра́брость [chrábraßt'] *w*, отва́га [atwága] *w*, му́жество [múshyßtwa] *s*
mutig *adj* сме́лый [ßm'élyj], отва́жный [atwáshnyj]
Mutter[1] *w* (Frau) мать [mát'] *w*, ма́терь [mát'ir'] *w*
Mutter[2] *w* (Schraube) га́йка [gájka] *w*
Muttersprachler *m* носи́тель языка́ [naß'ít'il' jisyká]
Mütze *w* ша́пка [schápka] *w*

N

Nabel *m* пупо́к [pupók] *m*
nach *prep* **1** (räumlich usw.) на [ná] *что* **2** (später) по́сле [póßl'i] **3** (Vorbild) *etw.* по [pó] *чему*
nachahmen *v j-n/etw.* подде́лать [padd'élat'] *vo что*, подража́ть [padrashát'] *uv кому*, *j-n* подража́ть [padrashát'] *uv кому*, имити́ровать [im'it'írawat'] *uv кого*
Nachbar *m* сосе́д [ßaß'ét] *m*
nachdem *conj* по́сле того́, как [póßl'i tagó, kák]
nachdenken *v über etw. Akk* ду́мать [dúmat'] *uv о чём над чем, über etw. Akk* заду́маться [sadúmatza] *vo нед чем,* поду́мать [padúmat'] *vo о чём, über etw. Akk* ду́мать [dúmat'] *uv о чём*
Nachfolger *m j-s* прее́мник [pr'ijémn'ik] *m* ► *j-s* **~ sein** смени́ть *vo кого*
Nachfrage *w nach etw.* спрос [ßpróß] *m*
Nachkomme *m* пото́мок [patómak] *m*
nachkommen *v j-m* не отстава́ть [n'é aztawát'] *от кого*
nachlassen *v* **1** (in Leistung) сба́вить оборо́ты [sbáw'it' abaróty], осла́бить [aßláb'it'] *vo что*, (Intensität) ослабе́ть [aßlab'ét'] *vo*, (Interesse usw.) га́снуть [gáßnut'] *uv* **2** (Rabatt) *j-m wie viel* сба́вить (цену́) [sbáw'it' (zynú)]
nachlässig *adj* небре́жный [n'ibr'éshnyj], сде́ланный небре́жно [sd'élannyj n'ibr'éshna/kójikak], хала́тный [chalátnyj], неря́шливый [n'ir'áschl'iwyj] ♦ *adv* небре́жно [n'ibr'éshna], неаккура́тно [n'iakkurátna], неря́шливо [n'ir'áschl'iwa]
Nachmittag *m* послеобе́денное вре́мя [paßl'iab'éd'innaji wr'ém'a]
nachmittags *adv* по́сле обе́да [póßl'i ab'éda] ► **~ um drei** в три часа́ дня
Nachname *m* фами́лия [fam'íl'ija] *w*
Nachricht *w* **1** но́вость [nówaßt'] *w*, весть [w'éßt'] *w*, изве́стие [isw'éßt'iji] *s*, новь [nóf'] *w* **2** (E-Mail usw.) сообще́ние [ßaapschsch'én'iji] *s*, запи́ска [sap'íßka] *w*
Nachspeise *w* десе́рт [d'iß'ért] *m*
nächst(er,e,es) *adj* **1** (in Reihenfolge usw.) сле́дующий [ßl'édujuschsch'ij] **2** (in der Zukunft) сле́дующий [ßl'édujuschsch'ij], дальне́йший [dal'n'éjschyj], после́дующий [paßl'édujuschsch'ij], очередно́й [atsch'ir'idnój] **3** (in der Nähe) ближа́йший [bl'ishájschyj]
Nacht *w* ночь [nótsch'] *w* ► **über ~** но́чью, за́ ночь; **Gute ~!** Споко́йной но́чи!
Nachteil *m* невы́года [n'iwýgada] *w*, недоста́ток [n'idaßtátak] *m*, (Mangel usw.) ми́нус [m'ínuß] *m*
Nachtisch *m* десе́рт [d'iß'ért] *m*, сла́дкое [ßlátkaji] *s*
nachts *adv* но́чью [nótsch'ju]
nachweisen *v etw. Akk* доказа́ть [dakasát'] *vo что*
nachzahlen *v etw. Akk* доплати́ть [daplat'ít'] *vo что*
Nacken *m* ше́я [schéja] *w*, заты́лок [satýlak] *m*
nackt *adj* **1** (Körper) го́лый [gólyj], наго́й [nagój], обнажённый [abnash'ónnyj] **2** (Stelle usw.) го́лый [gólyj]
Nadel *w* **1** (Nähnadel) игла́ [iglá] *w* **2** (Stecknadel) була́вка [buláfka] *w* **3** (eines Kompasses usw.) стре́лка [ßtr'élka] *w*
Nagel *m* **1** (Metallstift) гвоздь [gwóst'] *m* **2** (Fingernagel) но́готь [nógat'] *m*
Nagellack *m* лак для ногте́й [lák dl'á nakt'éj]
nahe *adj* недалёкий [n'idal'ók'ij], бли́зкий [bl'íßk'ij], (nicht weit entfernt) бли́зкий [bl'íßk'ij], бли́жний [bl'íshn'ij] ♦ *adv* **1** (nicht weit entfernt) бли́зко

[bl'íßka], вблизи́ [wbl'is'í], недалеко́ [n'idal'ikó] **2** (verwandt usw.) бли́зко [bl'íßka]

Nähe *w* бли́зость [bl'ísaßt'] *w* ► **aus der ~** вблизи́, с бли́зкого расстоя́ния

nähen *v* **1** (Kleid usw.) строчи́ть [ßtratsch'ít'] *uv*, шить [schýt'] *uv*, сшить [ßschýt'] *vo* **2** (befestigen) *etw. Akk* приши́ть [pr'ischýt'] *vo что*

nähern *v j-m etw. Akk* прибли́зить [pr'ibl'ís'it'] *vo что к кому/чему* ► **sich ~** *j-m/etw.* прибли́зиться *uv к кому/чему*, подъезжа́ть *uv*

Nähmaschine *w* шве́йная маши́(н)ка [schw'éjnaja maschý(n)ká]

Nahrung *w* еда́ [jidá] *w*, пита́ние [p'itán'iji] *s*

Nahrungsmittel *s* проду́кт пита́ния [pradúkt p'itán'ija] *m*

Naht *w* шов [schóf] *m*

naiv *adj* наи́вный [naíwnyj]

Name *m* и́мя [ím'a] *s*, назва́ние [naswán'iji] *s*

Namenstag *m* имени́ны [im'in'íny] *Mz*

nämlich *adv* то есть [tó jéßt']

Narbe *w* шрам [schrám] *m*, рубе́ц [rub'éz] *m*

Nase *w* нос [nóß] *m* ► **Ich habe davon die ~ voll.** Мне э́то всё осточерте́ло.

Nasenloch *s* ноздря́ [nasdr'á] *w*

nass *adj* мо́крый [mókryj] ♦ *adv* сы́ро [ßýra]

Nation *w* наро́д [narót] *m*, на́ция [názyja] *w*

national *adj* национа́льный [nazyanál'nyj], наро́дный [naródnyj]

Nationalität *w* национа́льность [nazyanál'naßt'] *w*

Natur *w* **1** (Tiere, Pflanzen usw.) приро́да [pr'iróda] *w* **2** (einer Person) нату́ра [natúra] *w*, темпера́мент [t'imp'irám'int] *m*

natürlich *adj* **1** приро́дный [pr'iródnyj], натура́льный [naturál'nyj] **2** (Tod usw.) натура́льный [naturál'nyj], есте́ственный [jißt'éßtw'innyj] ♦ *part* коне́чно [kan'éschna], есте́ственно [jißt'éßtw'inna], разуме́ется [rasum'éjitßja]

Navigation *w* навига́ция [naw'igázyja] *w*

Navigationsgerät *s* систе́ма спу́тниковой навига́ции [ß'ißt'éma ßpútn'ikawaj naw'igázyi]

Nebel *m* **1** тума́н [tumán] *m*, мгла [mglá] *w* **2** (im Weltraum) тума́нность [tumánnaßt'] *w*

Nebelscheinwerfer *m Mz* противотума́нная фа́ра [prat'iwatumánnaja fára]

neben *prep* **1** (an der Seite) *etw. Dat* ря́дом [r'ádam] **2** (zusätzlich) *etw. Dat* кро́ме [króm'i] *чего*, сверх [ßw'érch] *чего*

nebenan *adv* ря́дом [r'ádam], о́коло [ókala], во́зле [wósl'i]

Nebenfluss *m* прито́к [pr'itók] *m*

Nebenkosten *Mz* накладны́е расхо́ды [nakladnýji/dapaln'ít'il'nyjiraßchódy], побо́чные затра́ты [pabótsch'nyji satráty]

nebensächlich *adj* второстепе́нный [ftaraßt'ip'énnyj], побо́чный [pabótsch'nyj]

Neffe *m* племя́нник [pl'im'ánn'ik] *m*

negativ *adj* отрица́тельный [atr'izát'il'nyj], негати́вный [n'igat'íwnyj]

nehmen *v* **1** (in die Hand) *etw. Akk* взять [ws'át'] *vo что* **2** (Essen usw.) взять [ws'át'] *vo* **3** (Essen usw.) (по)е́сть [(pó)jéßt'], (по)пи́ть [(pó)p'ít'] **4** (Pillen usw.) *etw. Akk* принима́ть [pr'in'imát'] *uv* **5** (Risiko usw.) взять на себя́ [ws'át' ná ß'ib'á] **6** (Einstellung) заня́ть [san'át'] *vo* **7** (schöpfen usw.) набра́ть [nabrát'] *vo* **8** (essen usw.) съесть [ßjéßt'] *vo* ► **in Anspruch ~** (Zeit) взять *vo*; **Wir ~ ein Taxi.** Пое́дем на такси́.

neidisch *adj* зави́стливый [saw'íßtl'iwyj]

neigen *v* **1** (Kopf usw.) *etw. Akk* склони́ть [ßklan'ít'] *vo*, опусти́ть [apußt'ít'] *vo*, (senken) *etw. Akk* наклони́ть [naklan'ít'] *vo* **2** *zu j-m/etw.* тяготе́ть [t'igat'ét'], проявля́ть скло́нность [prajiwl'át' ßklónnaßt'] *к кому/чему*, (Vorliebe haben) *zu etw.* тяготе́ть [t'igat'ét'] *к чему* **3** (Ansicht) *zu etw.* склоня́ться [ßklan'átza] *uv* **4** ***sich ~*** (zu Ende gehen) подходи́ть к концу́ [patchad'ít' k kanzú]

nein *part* нет [n'ét]

Nektarine *w* нектари́на [n'iktar'ína] *w*

Nelke *w* **1** (Blume) гвозди́ка [gwasd'íka] *w* **2** (Gewürz) гвозди́ка [gwasd'íka] *w*

nennen *v* **1** (einen Namen geben) *j-n/etw. irgendwie* назва́ть [naswát'] *vo* **2** (bezeichnen) *j-n irgendwie* звать [swát'] *uv кого кем*, называ́ть [nasywát'] *uv*, именова́ть [im'inawát'] *uv кого кем* **3** (namentlich) перечи́слить [p'ir'itsch'íßl'it'] *vo*, поименова́ть [paim'inawát'] *vo*

Neoprenanzug *m* неопре́н [n'iapr'én] *m*

Nerv *m* нерв [n'érf] *m* ► **~en** (System) не́рвы *m Mz*

nervös *adj wegen etw.* не́рвный [n'érwnyj]

Nest *s* гнездо́ [gn'isdó] *s*

nett *adj* **1** (Person) любе́зный [l'ub'ésnyj] **2** (angenehm) ми́лый [m'ílyj]

Netz *s* сеть [ß'ét'] *w*

neu *adj* нóвый [nówyj] ♦ *adv* по-нóвому [panówamu], (eröffnet usw.) недáвно [n'idáwna], тóлько что [tól'ka schtó]
neuerdings *adv* недáвно [n'idáwna]
neuest(er,e,es) *adj* недáвный [n'idáwnyj], (Nachricht usw.) новéйший [naw'éjschyj], послéдний [paßl'édn'ij]
neugierig *adj* любопы́тный [l'ubapýtnyj]
Neuigkeit *w* нóвость [nówaßt'] *w*, весть [w'éßt'] *w*, извéстие [isw'éßt'iji] *s*, новь [nóf'] *w*
Neujahr *s* Нóвый год [nówyj gót]
neulich *adv* недáвно [n'idáwna]
neun *num* дéвять [d'éw'it']
neunt(er,e,es) *num* девя́тый [d'iw'átyj]
neunzehn *num* девятнáдцать [d'iw'itnázat']
neunzig *num* девянóсто [d'iw'inóßta]
neutral *adj* нейтрáльный [n'ijtrál'nyj]
nicht *part* нет [n'ét], не [n'é] ► **eigentlich ~** не óчень, не совсéм; **~ (ein)mal** ни, и; **noch ~** ещё нет, покá нет; **überhaupt ~** вóвсе нет; **warum ~** пожáлуй; **N~ wahr?** Прáвда?, Не прáвда ли?
Nichte *w* племя́нница [pl'im'ánn'iza] *w*
Nichtraucher *m* некуря́щий [n'ikur'áschsch'ij] *m*
nichts *pron* ничтó [n'ischtó], ничегó [n'itschiwó] ► **(Das) Macht ~!** Ничегó!; **N~ zu danken.** Нé за что.
Nichtschwimmer *m* не умéющий плáвать [n'é um'éjuschsch'ij pláwat']
nie *adv* никогдá [n'ikagdá]
Niederlage *w* поражéние [parashén'iji] *s*, прóигрыш [próigrysch] *m*
Niederschläge *w Mz* осáдки [aßátk'i] *m Mz*
niedlich *adj* прелéстный [pr'il'éßnyj], очаровáтельный [atsch'arawát'il'nyj], миловúдный [m'ilaw'ídnyj], ми́лый [m'ílyj]
niedrig *adj* ни́зкий [n'íßk'ij] ♦ *adv* ни́зко [n'íßka]
niemals *adv* никогдá [n'ikagdá]
niemand *pron* никтó [n'iktó]
Niere *w* пóчка [pótsch'ka] *w*
niesen *v* чихну́ть [tsch'ichnút'] *vo*
nirgends *adv* нигдé [n'igd'é]
nirgendwo *adv* нигдé [n'igd'é]
nirgendwohin *adv* никудá [n'ikudá]
noch[1] *adv* **1** (dauern usw.) (всё) ещё [(fß'ó) jischsch'ó], до сих пор [dó ß'ích pór] **2** (ein Bier usw.) ещё [jischsch'ó] ► **~ einer** слéдующий; **~ einmal** ещё (раз); **~ nicht** ещё нет, покá нет; **~ schlimmer/mehr** ещё хýже/пýще
noch[2] *conj* ни [n'í] ► **weder… ~** ни… ни…
nochmals *adv* ещё (раз) [jischsch'ó (ráß)]
Nonne *w* монáхиня [manách'in'a] *w*
Norden *m* сéвер [ß'éw'ir] *m*
nördlich *adj* сéверный [ß'éw'irnyj]
normal *adj* нормáльный [narmál'nyj]
Not *w* **1** (Armut) нищетá [n'ischsch'itá] *w*, (Mangel an Geld usw.) бéдность [b'édnaßt'] *w* **2** нуждá [nushdá] *w*, затруднéние [satrudn'én'iji] *s*
Notar *m* нотáриус [natár'iuß] *m*
Notarzt *m* врач скóрой пóмощи [wrátsch' ßkóraj/ n'iatlóshnajpómaschsch'i]
Notaufnahme *w* отделéние неотлóжной пóмощи [add'il'én'iji n'iatlóshnaj/ ßkórajpómaschsch'i]
Notausgang *m* запаснóй вы́ход [sapaßnój wýchat], аварúйный вы́ход [awar'íjnyj wýchat]
Notdienst *m* скóрая пóмощь [ßkóraja pómaschsch']
Note *w* **1** (Notenzeichen) нóта [nóta] *s* **2** (in der Schule) оцéнка [azénka] *w*
Notfall *m* крáйняя необходи́мость [krájn'ija n'iapchad'ímaßt'], критúческое положéние [kr'it'ítsch'ißkaji palashén'iji], нуждá [nushdá] *w*
notieren *v etw. Akk* записáть [sap'ißát'] *vo что*, записáть [sap'ißát'] *vo*, замéтить [sam'ét'it'] *vo*
nötig *adj* необходи́мый [n'iapchad'ímyj], нýжный [núshnyj] ► **Das ist nicht ~.** Э́то не нýжно.
Notiz *w* замéтка [sam'étka] *w*, отмéтка [atm'étka] *w*, помéтка [pam'étka] *w*
Notizblock *m* блокнóт [blaknót] *m*
Notlage *w* нуждá [nushdá] *w*, затруднéние [satrudn'én'iji] *s*
Notlandung *w* вы́нужденная посáдка [wýnushd'innaja paßátka]
notwendig *adj* необходи́мый [n'iapchad'ímyj], нýжный [núshnyj] ♦ *adv* обязáтельно [ab'isát'il'na], неизбéжно [n'iisb'éshna], непремéнно [n'ipr'im'énna] ► **~ sein** нáдо, понáдобиться *vo*, желáтельно; **wenn ~** éсли понáдобится
November *m* ноя́брь [najábr'] *m*
nüchtern *adj* трéзвый [tr'éswyj]
Nudeln *w Mz* лапшá [lapschá] *w*, вермишéль [w'irm'ischél'] *w*
Null *w* ноль [nól'] *m* ► **Temperaturen unter ~** температýры ни́же нуля́
Nummer *w* **1** (zwei usw.) цúфра [zýfra] *w*, нóмер [nóm'ir] *m*, числó [tsch'ißló] *s* **2** (Schuhe usw.) нóмер [nóm'ir] *m* **3** (Zeitschrift usw.) нóмер [nóm'ir] *m*
Nummernschild *s* государственный регистрациóнный знак [gaßudárßtw'innyj r'ig'ißtrazyónnyj snák]

nun *adv* тепéрь [t'ip'ér'], сейчáс [ß'itscháß], ны́не [nýn'i]

nur *adv* тóлько [tól'ka] ► **nicht ~** не тóлько; **~ dass** тóлько (что не)

Nuss *w* opéx [ar'éch] *m*

nutzen *v* **1** (Nutzen ziehen) *etw. Akk* испóльзовать [ißpól'sawat'] *vo/uv*, употреби́ть [upatr'ib'ít'] *vo что* **2** (Nutzen bringen) *j-m* принести́ вы́годы [pr'in'ißt'í wýgady]

nützlich *adj* полéзный [pal'ésnyj], *für j-n/etw.* благотвóрный [blagatwórnyj] *для кого/чего*

nutzlos *adj* бесполéзный [b'ißpal'ésnyj], напрáсный [napráßnyj] ♦ *adv* бесполéзно [b'ißpal'ésna], напрáсно [napráßna], понапрáсну [panapráßnu], зря [sr'á]

O

ob *conj* ли [l'í]

obdachlos **~ sein** быть бездóмным

oben *adv* **1** (höher) наверху́ [naw'irchú] **2** (an der oberen Stelle) сверху́ [ßw'irchú] **3** (auf dem Himmel usw.) наверху́ [naw'irchú], вверху́ [ww'irchú] **4** (im Stockwerk) в вéрхнем этажé [w w'érchn'im itashé] **5** (im Text) вы́ше [wýschy] ► **~ ohne** тóплес

Ober *m* официáнт [af'izyánt] *m*

ober(er,e,es) *adj* вéрхний [w'érchn'ij]

Oberfläche *w etw. Gen* повéрхность [paw'érchnaßt'] *w*

Oberschenkel *m* бедрó [b'idró] *s*

objektiv *adj* объекти́вный [abjikt'íwnyj] ♦ *adv* беспристрáстно [b'ißpr'ißtráßna], объекти́вно [abikt'íwna]

Obst *s* фру́кты [frúkty] *m Mz*

obwohl *conj* хоть [chót'], хотя́ [chat'á]

oder *conj* и́ли [íl'i] ► **O~?** Прáвда?, Не прáвда ли?

Ofen *m* **1** (im Zimmer usw.) печь [p'étsch'] *w*, пéчка [p'étsch'ka] *w* **2** (zum Backen usw.) духóвка [duchófka] *w*, печь [p'étsch'] *w*, пéчка [p'étsch'ka] *w* **3** (Schmelzofen, Glutofen usw.) печь [p'étsch'] *w*

offen *adj* **1** откры́тый [atkrýtyj] **2** (unverhohlen) откры́тый [atkrýtyj], нескрывáемый [n'ißkrywájimyj] **3** (noch unbezahlt) (покá) неоплáченный [(paká) n'ipaplátsch'innyj] ♦ *adv* откровéнно [atkraw'énna], откры́то [atkrýta]

offensichtlich *adj* я́вный [jáwnyj], очеви́дный [atsch'iw'ídnyj], налицó [nal'izó], (klar usw.) очеви́дный [atsch'iw'ídnyj] ♦ *adv* я́вно [jáwna], очеви́дно [atsch'iw'ídna], ви́димо [w'íd'ima]

öffentlich *adj* публи́чный [publ'ítsch'nyj], общéственный [apschsch'éßtw'innyj] ♦ *adv* откры́то [atkrýta], публи́чно [publ'ítsch'na]

offiziell *adj* официáльный [af'izyál'nyj], деловóй [d'ilawój] ♦ *adv* официáльно [af'izyál'na], администрати́вно [adm'in'ißtrat'íwna]

öffnen *v* **1** (Tür usw.) *etw. Akk* откры́ть [atkrýt'] *vo что* **2** (Bluse usw.) *etw. Akk* расстегну́ть [raßßt'ignút'] *vo*, (Reißverschluss) расстегну́ть (мóлнию) [raßßt'ignút' (móln'iju)] *vo*

Öffner *m* открывáлка [atkrywálka] *w*

Öffnung *w* отвéрстие [atw'érßt'iji] *s*, проём [pra'óm] *m*

Öffnungszeiten *w Mz* врéмя рабóты [wr'ém'a rabóty]

oft *adv* чáсто [tsch'áßta]

ohne *prep j-n/etw.* без [b'éß] *кого/чего* ♦ *conj etw. Akk zu tun* без тогó, чтóбы [b'éß tagó, schtóby], *etw. Akk zu tun* и дáже [í dáshy]

Ohr *s* у́хо [úcha] *s*

Ohrring *m* серьгá [ß'ir'gá] *w*

ökologisch *adj* экологи́ческий [ikalag'ítsch'ißk'ij]

Oktober *m* октя́брь [akt'ábr'] *m*

Öl *s* **1** (Flüssigkeit) мáсло [máßla] *s* **2** (Rohstoff) нефть [n'éft'] *w*

Olive *w* масли́на [maßl'ína] *w*, оли́ва [al'íwa] *w*

Omelett *s* омлéт [aml'ét] *m*

Onkel *m* дя́дя [d'ád'a] *m*

Oper *w* óпера [óp'ira] *w*

Operation *w* оперáция [ap'irázyja] *w*

Opfer *s* **1** (Geschädigte) *etw. Gen* жéртва [shértwa] *w чего* **2** (an die Götter usw.) жéртва [shértwa] *w кому*

opfern *v etw. Akk* пожéртвовать [pashértwawat'] *vo*, жéртвовать [shértwawat'] *uv*

Opposition *w* оппози́ция [appas'ízyja] *w*

Optiker *m* óптик [ópt'ik] *m*

orange *adj* орáнжевый [aránshywyj]

Orange *w* апельси́н [ap'il'ß'ín] *m*

Orchester *s* оркéстр [ark'éßtr] *m*

Orden *m* óрден [órd'in] *m*

ordentlich *adj* **1** (ordnungsliebend) чистоплóтный [tsch'ißtaplótnyj] **2** (angemessen) поря́дочный [par'ádatsch'nyj], здорóвый [sdarówyj], (vorschriftsmäßig) действи́тельный [d'ijßtw'ít'il'nyj], устанóвленный [ußtanówl'innyj] ♦ *adv* **1** (angemessen) как слéдует [kák ßl'édujit] **2** (angemessen) надлежáщим образом [nadl'isháschsch'im óbrasam], как следует [kák ßl'édujit] **3** (viel) здорово [sdórawa]

ordnen *v etw. Akk* расположить [raßpalashýt'] *vo что*, упорядочить [upar'ádatsch'it'] *vo, etw. Akk* равнять [rawn'át'] *uv*, составлять [ßaßtawl'át'] *uv* ► **sich ~** построиться *vo*

Ordnung *w* **1** (Harmonie) порядок [par'ádak] *m* **2** (Verkehrsordnung usw.) правила [práw'ila], регламент [r'iglám'int] *m* **3** (Tagesordnung usw.) режим [r'ishým] *m*, распорядок [raßpar'ádak] *m* ► **in ~ bringen** *etw. Akk* привести в порядок *что*, навести порядок *в чём*; **Ich bin in ~.** Я в порядке.

Organ *s* **1** (im Körper) орган [órgan] *m* **2** (Gruppe von Personen) орган [órgan] *m*, (Kollegium usw.) состав [ßaßtáf] *m*, совет [ßaw'ét] *m*

organisieren *v etw. Akk* организовать [argan'isawát'] *vo/uv*

Orgasmus *m* оргазм [argásm] *m*

Orgel *w* орган [argán] *m*

orientieren *v* ***sich*** **~** сориентироваться [ßar'ijint'írawatza] *vo*, ориентироваться [ar'ijint'írawatza] *uv/vo в чём*

original *adj* оригинальный [ar'ig'inál'nyj]

Original *s* оригинал [ar'ig'inál] *m*, подлинник [pódl'inn'ik] *m*

Orkan *m* ураган [uragán] *m*

Ort *m* место [m'éßta] *s*

örtlich *adj* местный [m'éßnyj], локальный [lakál'nyj] ♦ *adv* местами [m'ißtám'i], кое-где [kójigd'i]

Osten *m* восток [waßtók] *m* ► **im ~** на востоке

Ostern *s* Пасха [páßcha] *w*

Österreich *s* Австрия [áfßtr'ija] *w*

Österreicher *m* австриец [afßtr'íjiz] *m*

österreichisch *adj* австрийский [afßtr'íjßk'ij]

östlich *adj* восточный [waßtótsch'nyj]

Ozean *m* океан [ak'ián] *m*

P

paar **ein ~** пара, несколько

Paar *s* **1** (Personen) чета [tsch'itá] *w*, пара [pára] *w* **2** (Schuhe usw.) пара [pára] *w*

packen *v* **1** (in Papier usw.) паковать [pakawát'] *uv*, обернуть [ab'irnút'] *vo* **2** (Koffer) *etw. Akk* собирать вещи [ßab'irát' w'éschsch'i] *uv* **3** (fest usw.) *etw. Akk* схватить [ßchwat'ít'] *vo* **4** (Arm usw.) *etw. Akk* зажать [sashát'] *vo что*, (schnell, fest usw.) *etw. Akk* схватить [ßchwat'ít'] *vo что*

Packung *w* **1** (Hülle usw.) упаковка [upakófka] *w*, обёртка [ab'órtka] *w* **2** (Menge) упаковка [upakófka] *w*

Paket *s* **1** (Verpacktes) пакет [pak'ét] *m* **2** (Sendung) посылка [paßýlka] *w* **3** (Ware) упаковка [upakófka] *w*

Palast *m* дворец [dwar'éz] *m*

Palme *w* пальма [pál'ma] *w*

Panne *w* поломка [palómka] *w*

Pantoffel *m* тапочка [tápatsch'ka] *w*, шлёпанец [schl'ópan'iz] *m*

Panzer *m* **1** (von Schildkröte usw.) панцирь [pánzyr'] *m*, щит [schsch'ít] *m* **2** (Kampffahrzeug) танк [tánk] *m*

Papier *s* бумага [bumága] *w* ► **~e** (личные) документы

Pappe *w* картон [kartón] *m*

Paprika *m* **1** (Schote) перец [p'ér'iz] *m* **2** (Gewürz) красный перец [kráßnyj p'ér'iz]

Papst *m* папа [pápa] *m*

Paradies *s* рай [ráj] *m*

Parfüm *s* духи [duch'í] *Mz*, парфюм [parf'júm] *m*

Park *m* парк [párk] *m*

parken *v* **1** (abstellen) *irgendwo* ставить на стоянку [ßtáw'it' ná ßtajánku] *где* **2** (abgestellt sein) *irgendwo* парковать [parkawát'] *uv где*

Parkkralle *w* блокиратор [blak'irátar] *m*

Parkplatz *m* автостоянка [aftaßtajánka] *w*, паркинг [párk'ink] *m*, парковка [parkófka] *w*

Parkscheibe *w* парковочный диск [parkówatsch'nyj d'íßk]

Parkuhr *w* парковочный автомат [parkówatsch'nyj aftamát], паркомат [parkamát] *m*

Parlament *s* парламент [parlám'int] *m*

Partei *w* партия [párt'ija] *w*

Parterre *s* первый этаж [p'érwyj itásch]

Partner *m* партнёр [partn'ór] *m*, (Begleiter) компаньон [kampan'jon] *m*, собеседник [ßab'iß'édn'ik] *m*, (Ehepartner) друг [drúk] *m*

Party *w* вечеринка [w'itsch'ir'ínka] *w*, тусовка [tußófka] *w*, пирушка [p'irúschka] *w*, парти [párt'i] *s*

Pass *m* **1** (zum Reisen) паспорт [páßpart] *m*, загранпаспорт [sagranpáßpart] *m* **2** (im Gebirge) перевал [p'ir'iwál] *m*, теснина [t'ißn'ína] *w*

Passage *w* **1** (Ladenpassage) торговая галерея [targówaja gal'ir'éja], пассаж [paßßásch] *m* **2** (eines Textes usw.) пассаж [paßßásch] *m*, отрывок [atrýwak] *m*

Passagier *m* пассажир [paßßashýr] *m*

passen *v* **1** (Kleidung) *j-m* сидéть [ßid'ét'] *uv кому* **2** (Farben usw.) *zu etw.* лáдить [lád'it'] *uv*, сочетáться [ßatsch'itátza] *uv*, (Farben usw.) *zu etw.* подходи́ть [patchad'ít'] *uv* **3** (gefallen) *j-m* годи́ться [gad'ítza] *uv кому на что*

passend *adj* **1** (geeignet) подходя́щий [patchad'áschsch'ij] **2** (Name usw.) мéткий [m'étk'ij], подходя́щий [patchad'áschsch'ij] ♦ *adv* соответственно [ßaatw'éztw'inna], умéстно [um'éßna]

passieren *v* случи́ться [ßlutsch'ítza] *vo*, соверши́ться [ßaw'irschýtza] *vo*

Passwort *s* парóль [paról'] *m*

Paste *w* пáста [páßta] *w*

Pate *m* крёстный (отéц) [kr'óßnyj (at'éz)], кум [kúm] *m*

Patenkind *s* крéстник [kr'éßn'ik] *m*

Patient *m* пациéнт [pazient] *m*

Pauschalreise *w* комплéксный тур [kampl'ékßnyj túr], организóванная турпоéздка [argan'isówannaja turpajéstka]

Pause *w* **1** (während Tätigkeit) пáуза [páusa] *w*, переры́в [p'ir'irýf] *m*, перемéна [p'ir'im'éna] *w*, перекýр [p'ir'ikúr] *m* **2** (während Vorstellung usw.) антрáкт [antrákt] *m* **3** (in Rede usw.) пáуза [páusa] *w* ▶ **Machen wir eine ~.** Сдéлаем переры́в.

Pech *s* невезéние [n'iw'is'én'iji] *s*

Pedal *s* педáль [p'idál'] *w*

peinlich *adj* нелóвкий [n'ilófk'ij], досáдный [daßádnyj] ♦ *adv* нелóвко [n'ilófka], неудóбно [n'iudóbna] ▶ **sich ~ fühlen** чýвствовать нелóвкость *uv*, конфýзиться *uv*

Pelz *m* шерсть [schérßt'] *w*, шýба [schúba] *w*

Penis *m* пéнис [p'én'iß] *m*, фáллос [fállaß] *m*

Pension *w* **1** пéнсия [p'énß'ija] *w* **2** (Gebäude usw.) пансионáт [panß'ianát] *m* **3** (Verpflegung) пансиóн [panß'ión] *m*

perfekt *adj* идеáльный [id'iál'nyj] ♦ *adv* в совершéнстве [w ßaw'irschénßtw'i]

Periode *w* период [p'ir'íat] *m*

Perle *w* **1** жéмчуг [shémtsch'uk] *m*, жемчýжина [shymtsch'úshyna] *w* **2** (aus Glas usw.) би́сер [b'íß'ir] *m*, бýсина [búß'ina] *w*, бýсинка [búß'inka] *w*

Person *w* **1** (Mensch) лицó [l'izó] *s* **2** (juristische usw.) субъéкт [ßubjékt] *m*

Personalausweis *m* удостоверéние [udaßtaw'ir'én'iji] *s*, докумéнт [dakum'ént] *m*

Personaldaten *w Mz* ли́чные дáнные [l'ítsch'nyji dánnyji]

persönlich *adj* индивидуáльный [ind'iw'iduál'nyj], ли́чный [l'ítsch'nyj] ♦ *adv* ли́чно [l'ítsch'na]

Perspektive *w* **1** (Sicht) перспекти́ва [p'irßp'ikt'íwa] *w*, рáкурс [rákurß] *m* **2** (Zukunft) *etw. Gen* перспекти́ва [p'irßp'ikt'íwa] *w чего*

Perücke *w* пари́к [par'ík] *m*

Petersilie *w* петрýшка [p'itrúschka] *w*

Pfad *m* тропá [trapá] *w*, тропи́нка [trap'ínka] *w*, дорóжка [daróshka] *w*

Pfand *s* авáнс [awánß] *m*, залóг [salók] *m*, заклáд [saklát] *m*

Pfanne *w* сковородá [ßkawaradá] *w*

Pfeffer *m* пéрец [p'ér'iz] *m*

Pfeife *w* **1** (Musikinstrument) дýдка [dútka] *w* **2** (zum Rauchen) трýбка [trúpka] *w* **3** (eines Schiedsrichters usw.) дýдка [dútka] *w*

pfeifen *v* **1** свистнуть [ßw'íßnut'] *vo*, просвистéть [praßw'ißt'ét'] *vo*, свистáть [ßw'ißtát'] *uv*, свистéть [ßw'ißt'ét'] *uv* **2** (mit Pfeife) сви́стнуть [ßw'íßnut'] *vo* **3** (missachten) *etw. Akk* плевáть [pl'iwát'] *uv на что*

Pfeil *m* **1** (Geschoss) стрелá [ßtr'ilá] *w* **2** (Zeichen) стрéлка [ßtr'élka] *w*

Pfeiler *m* столб [ßtólp] *m*

Pferd *s* лóшадь [lóschat'] *w*

Pfirsich *m* пéрсик [p'érß'ik] *m*

Pflanze *w* растéние [raßt'én'iji] *s*

pflanzen *v etw. Akk* посади́ть [paßad'ít'] *vo*

Pflaster *s* **1** (Straßenbelag) мостовáя [maßtawája] *w*, пли́тка [pl'ítka] *w* **2** (Verband) плáстырь [pláßtyr'] *m*

Pflaume *w* сли́ва [ßl'íwa] *w*

Pflege *w j-s* забóта [sabóta] *w о ком*

pflegen *v j-n/etw.* ухáживать [uchászhywat'] *uv за кем/чем*, забóтиться [sabót'itza] *uv о ком/чём*

Pflicht *w* обя́занность [ab'ásannaßt'] *w*, долг [dólk] *m*, пови́нность [paw'ínnaßt'] *w*

pflücken *v* рвать [rwát'], (Früchte usw.) собирáть [ßab'irát'] *uv*, сорвáть [ßarwát'] *vo*

Pflug *m* плуг [plúk] *m*

pflügen *v* пахáть [pachát'] *uv*, вспáхивать [fßpách'iwat'] *uv*

Pförtner *m* швейцáр [schw'ijzár] *m*, дежýрный [d'ishúrnyj] *m*, портьé [part'jé] *m*, вахтёр [wacht'ór] *m*

Pfote *w* лáпа [lápa] *w*, лáпка [lápka] *w*

Pfund *s* фунт [fúnt] *m*

Pfütze *w* лýжа [lúsha] *w*

Phase *w* фáза [fása] *w*

Pickel *m* **1** (Arbeitsgerät) ки́рка [k'írka] *w* **2** (in der Haut) прыщ [prýschsch] *m*

Picknick *s* пикни́к [p'ikn'ík] *m*

Pille *w* **1** пилю́ля [p'il'júl'a] *w*, порошо́к [paraschók] *m от чего* **2** (Verhütungsmittel) противозача́точная табле́тка [prat'iwasatsch'átatsch'naja tabl'étka]

Pilot *m* лётчик [l'óttsch'ik] *m*

Pilz *m* **1** (Röhrling usw.) гриб [gr'íp] *m* **2** (parasitisch) грибо́к [gr'ibók] *m*

pinkeln *v* пи́сать [p'íßat'] *uv*, мочи́ться [matsch'ítza] *uv*, попи́сать [pap'íßat'] *vo*

Pinsel *m* кисть [k'íßt'] *w*

Pinzette *w* пинце́т [p'inzét] *m*

Piste *w* горнолы́жная тра́сса [garnalýshnaja tráßa]

Pistole *w* пистоле́т [p'ißtal'ét] *m*

Pkw *m* автомаши́на [aftamaschýna] *w*, маши́на [maschýna] *w*, автомоби́ль [aftamab'íl'] *m*

Plakat *s* афи́ша [af'íscha] *w*

Plan *m* **1** (Vorhaben) план [plán] *m* **2** (Landkarte usw.) ма́лый план [málуj plán]

planen *v etw. Akk* плани́ровать [plan'írawat'] *uv*, заплани́ровать [saplan'írawat'] *vo*

Planet *m* плане́та [plan'éta] *w*

planmäßig *adv* системати́чески [ß'ißt'imat'ítsch'ißk'i], системати́чно [ß'ißt'imat'ítsch'na]

platt *adj* пло́ский [plóßk'ij]

Platte *w* **1** (Holzplatte usw.) доска́ [daßká] *w* **2** (aus Metall usw.) доска́ [daßká] *w*, плита́ [pl'itá] *w* **3** (Bauteil) пане́ль [panél'] *w* **4** (Schallplatte) грампласти́нка [grampłaßt'ínka] *w* **5** (zum Servieren) подно́с [padnóß] *m*, блю́до [bl'júda] *s* **6** (Festplatte) (жёсткий) диск [(sh'óßtk'ij/chárt) d'íßk]

Platten *m* проко́л ши́ны [prakól schýny]
► **Ich habe einen ~.** Я проколо́л ши́ну.

Plattenspieler *m* граммофо́н [grammafón] *m*

Platz *m* **1** (umbaute Fläche) пло́щадь [plóschsch'at'] *w* **2** (Teil eines Raumes) ме́сто [m'éßta] *s* **3** (Kapazität usw.) ме́сто [m'éßta] *s*

platzen *v* ло́пнуть [lópnut'] *vo*, (Blase usw.) опа́сть [apáßt'] *vo*, спасть [ßpáßt'] *vo*, тре́снуть [tr'éßnut'] *vo*

platzieren *v etw. Akk irgendwohin* установи́ть [ußtanaw'ít'] *vo что куда*, *j-n/etw. irgendwohin* расположи́ть [raßpalashýt'] *vo что где*, размести́ть [rasm'ißt'ít'] *vo что где*

Platzkarte *w* плацка́рта [plazkárta] *w*

plaudern *v* болта́ть [baltát'] *uv*, пустосло́вить [pußtaßlów'it'] *uv*, куда́хтать [kudáchtat'] *uv*, *mit j-m über etw. Akk* поговори́ть [pagawar'ít'] *vo с кем о чём*

Plombe *w* пло́мба [plómba] *w*

plötzlich *adj* внеза́пный [wn'isápnyj] ♦ *adv* вдруг [wdrúk], внеза́пно [wn'isápna]

plus *adv* плюс [pl'júß]

Pokal *m* бока́л [bakál] *m*, (Trophäe) ку́бок [kúbak] *m*

polieren *v etw. Akk* полирова́ть [pal'irawát'] *uv*, глянцева́ть [gl'inzywát'] *uv*, *etw. Akk* наполи́ровать [napal'írawat'] *vo*

Politik *w* поли́тика [pal'ít'ika] *w*

Politiker *m* поли́тик [pal'ít'ik] *m*

politisch *adj* полити́ческий [pal'it'ítsch'ißk'ij]

Polizei *w* мили́ция [m'il'ízyja] *w*, поли́ция [pal'ízyja] *w*

Polizeidienststelle *w* полице́йский уча́сток [pal'izéjßk'ij utsch'áßtak]

Polizeiwache *w* полице́йский уча́сток [pal'izéjßk'ij utsch'áßtak]

Polizist *m* полисме́н [pal'ißm'én] *m*, милиционе́р [m'il'izyan'ér] *m*, полице́йский [pal'izéjßk'ij] *m*

Polohemd *s* руба́шка по́ло [rubáschka póla]

Pope *m* поп [póp] *m*

Porree *m* поре́й [par'éj] *m*

Portemonnaie *s* кошелёк [kaschyl'ók] *m*

Portion *w* по́рция [pórzyja] *w*

Porto *s* почто́вая опла́та [patsch'tówaja apláta]

Porträt *s* портре́т [partr'ét] *m*

Porzellan *s* фарфо́р [farfór] *m*

Position *w* **1** (räumliche) *etw. Gen* пози́ция [pas'ízyja] *w* **2** (Haltung) по́за [pósa] *w* **3** (einer Liste) статья́ [ßtat'já] *w*

positiv *adj* **1** (Antwort usw.) положи́тельный [palashýt'il'nyj] **2** (Wirkung usw.) позити́вный [pas'it'íwnyj] **3** (Zahl usw.) положи́тельный [palashýt'il'nyj]

Post *w* по́чта [pótsch'ta] *w*

Postamt *s* по́чта [pótsch'ta] *w*

Posten *m* **1** (Betrag) статья́ [ßtat'já] *w* **2** (Stellung) пост [póßt] *m*, до́лжность [dólshnaßt'] *w*

Postfach *s* абоне́нтский я́щик [aban'énzk'ij jáschsch'ik]

Postkarte *w* откры́тка [atkrýtka] *w*

Postleitzahl *w* почто́вый и́ндекс [patsch'tówyj índikß]

Postsendung *w* почто́вое отправле́ние [patsch'tówaji atprawl'én'iji], бандеро́ль [band'iról'] *w*

prahlen *v mit etw.* хвали́ться [chwal'ítza] *uv чем*, хва́статься [chwáßtatza] *uv чем*

praktisch *adj* практи́ческий [prakt'ítsch'ißk'ij] ♦ *adv* **1** (eigentlich) в су́щности [w ßúschsch'naßt'i], по су́ти де́ла [pó ßút'i d'éla], (orientiert usw.) практи́чески [prakt'ítsch'ißk'i] **2** (im Prinzip usw.) факти́чески [fakt'ítsch'ißk'i], действи́тельно [d'ijßtw'ít'il'na], (quasi) по су́ти [pó ßút'i], в су́щности [w ßúschsch'naßt'i]

Präservativ *s* презервати́в [pr'is'irwat'íf] *m*, кондо́м [kandóm] *m*

Präsident *m* президе́нт [pr'is'id'ént] *m*

Praxis *w* **1** (praktische Anwendung) пра́ктика [prákt'ika] *w* **2** (Berufserfahrung) пра́ктика [prákt'ika] *w*, о́пыт [ópyt] *m*

Preis *m* **1** (Betrag) цена́ [zyná] *w*, сто́имость [ßtóimaßt'] *w* **2** (für Beschaffung usw.) *etw. Gen* цена́ [zyná] *w* **3** (Belohnung) приз [pr'íß] *m*, пре́мия [pr'ém'ija] *w*

Presse *w* **1** (Maschine) пресс [pr'éß] *m* **2** (Zeitung usw.) пре́сса [pr'éßßa] *w*

Priester *m* свяще́нник [ßw'ischsch'énn'ik] *m*

Prinz *m* принц [pr'ínz] *m*

Prinzessin *w* принце́сса [pr'inzéßßa] *w*

Prinzip *s* при́нцип [pr'ínzyp] *m*

privat *adj* прива́тный [pr'iwátnyj], ча́стный [tsch'áßnyj], (Besitz usw.) ча́стный [tsch'áßnyj], ли́чный [l'ítsch'nyj]

pro *prep* в [w], на [ná], с [ß]

Probe *w* испыта́ние [ißpytán'iji] *s на что*, тест [téßt] *m*

proben *v* репети́ровать [r'ip'it'írawat'] *uv*

probieren *v etw. Akk* испыта́ть [ißpytát'] *vo*

Problem *s* пробле́ма [prabl'éma] *w*

Produkt *s* **1** (neues usw.) проду́кт [pradúkt] *m*, изде́лие [isd'él'iji] *s* **2** (einer Multiplikation) произведе́ние [praisw'id'én'iji] *s*

Produktion *w* произво́дство [praiswóztwa] *s*, изготовле́ние [isgatawl'én'iji] *s*, вы́пуск [wýpußk] *m*, проду́кция [pradúkzyja] *w* ► **landwirtschaftliche ~** сельскохозя́йственные проду́кты

Produzent *m* **1** *von etw.* производи́тель [praiswad'ít'il'] *m чего* **2** (von Filmen usw.) продю́сер [prad'jußar] *m*

produzieren *v* изгото́вить [isgatów'it'] *vo*, изготовля́ть [isgatawl'át'] *uv*, производи́ть [praiswad'ít'] *uv*, выпуска́ть [wypußkát'] *uv*

Professor *m* профе́ссор [praf'éßßar] *m*

Programm *s* **1** (Ablauf) *etw. Gen* програ́мма [pragrámma] *w* **2** (Computer) програ́мма [pragrámma] *w* **3** (TV) телекана́л [t'il'ikanál] *m*

Prospekt *m* рекла́мный букле́т [r'iklámnyj bukl'ét/praßp'ékt], рекла́мная брошю́ра [r'iklámnaja braschura]

Prostituierte *w* проститу́тка [praßt'itútka] *w*

Protest *m* проте́ст [prat'éßt] *m*

protestieren *v* **1** (öffentlich usw.) *gegen etw.* протестова́ть [prat'ißtawát'] *uv против чего* **2** (zurückweisen) *gegen j-n/etw.* возрази́ть [wasras'ít'] *vo против кого/чего*, протестова́ть [prat'ißtawát'] *vo*

Provinz *w* прови́нция [praw'ínzyja] *w*

Prozent *s* проце́нт [prazént] *m*

Prozess *m* **1** (Rechtsstreit) (суде́бный) проце́сс [(ßud'ébnyj) prazéß] **2** (Vorgang) проце́сс [prazéß] *m*

prüfen *v* **1** (Bremsen usw.) прове́рить [praw'ér'it'] *vo*, (Qualität) *etw. Akk* прове́рить [praw'ér'it'] *vo что*, протести́ровать [prat'ißt'írawat'] *vo кого/что* **2** прове́рить [praw'ér'it'] *vo*, проэкзаменова́ть [praiksam'inawát'], *j-n in etw. Dat* экзаменова́ть [iksam'inawát'] *uv кого по чему*, *j-n in etw. Dat* проэкзаменова́ть [praiksam'inawát'] *vo кого по чему*

Prüfung *w* **1** (Qualität usw.) испыта́ние [ißpytán'iji] *s на что*, тест [téßt] *m* **2** (Kenntnisse) экза́мен [igsám'in] *m* **3** (im Theater usw.) репети́ция [r'ip'it'ízyja] *w*

prügeln *v j-n* бить [b'ít'] *uv кого* ► **sich ~** *mit j-m* дра́ться *uv с кем*

Publikum *s* пу́блика [públ'ika] *w*

Puder *m* **1** (Kosmetik usw.) пу́дра [púdra] *w* **2** (Kinderpuder usw.) присы́пка [pr'ißýrka] *w*

Pullover *m* сви́тер [ßw'ítir] *m*, пуло́вер [pulów'ir] *m*, фуфа́йка [fufájka] *w*

Pulver *s* порошо́к [paraschók] *m*

Pumpe *w* возду́шный насо́с [wasdúschnyj naßóß], насо́с [naßóß] *m*

pumpen *v* че́рпать [tsch'érpat'] *uv*, *etw. Akk* наса́сывать [naßáßywat'] *uv что*, кача́ть [katsch'át'] *uv что*, (Wasser usw.) наче́рпать [natsch'érpat'] *vo*

Punkt *m* **1** то́чка [tótsch'ka] *w* **2** (Tupfen) горо́шек [garóschyk] *m*, кра́пинка [kráp'inka] *w* **3** (Bewertung) очко́ [atsch'kó] *s*, балл [báll] *m*

pünktlich *adj* пунктуа́льный [punktuál'nyj], (Ankunft usw.) аккура́тный [ak:urátnyj] ♦ *adv* во́время [wówr'im'a]

Pupille *w* зрачо́к [sratsch'ók] *m*

Puppe *w* **1** ку́кла [kúkla] *w* **2** (eines Schmetterlings usw.) ку́колка [kúkalka] *w* **3** (aus Papier usw.) ку́кла [kúkla] *w*, манеке́н [man'ik'én] *m*

Pute *w* инде́йка [ind'éjka] *w*

putzen *v etw. Akk* вы́чистить [wýtsch'ißt'it'] *vo что* ► **sich die Zähne ~** почи́стить зу́бы *vo*

Putzfrau *w* убо́рщица [ubórschsch'iza] *w*

Q

Quadrat *s* квадрáт [kwadrát] *m*
Qual *w* мучéние [mutsch'én'iji] *s*
quälen *v* **1** мýчить [mútsch'it'] *uv*, истязáть [ißt'isát'] *uv*, тирáнить [t'irán'it'] **2** (seelisch) *j-n* мýчить [mútsch'it'] *uv кого*, терзáть [t'irsát'] *uv кого*
Qualifikation *w* **1** *für etw.* квалификáция [kwal'if'ikázyja] *w* **2** (Wettbewerb) квалификáция [kwal'if'ikázyja] *w*
Qualität *w* сорт [ßórt] *m*, кáчество [kátsch'ißtwa] *s*
Qualle *w* медýза [m'idúsa] *w*
Quantität *w* колúчество [kal'ítsch'ißtwa] *s*, мнóжество [mnóshyßtwa] *s*
Quark *m* творóг [twarók] *m*, твóрог [twórak] *m*
Quatsch *m* чушь [tsch'úsch] *w*, глýпости [glúpaßt'i], болтовня́ [baltawn'á] *w*, пустослóвие [pußtaßlów'iji] *s*
Quelle *w* **1** (eines Flusses usw.) истóчник [ißtótsch'n'ik] *m* **2** *etw. Gen* истóчник [ißtótsch'n'ik] *m чего*
quer *adj* поперéчный [pap'ir'étsch'nyj] ♦ *prep durch etw., über etw. Akk* поперёк [pap'ir'ók] *чего*, сквозь [ßkwóß'] *что*, чéрез [tschér'iß] *что*
Querstraße *w* поперéчная ýлица [pap'ir'étsch'naja/p'ir'iß'ikájuschsch'ajaúl'iza]
Quittung *w* квитáнция [kw'itánzyja] *w*, распúска [raßp'íßka] *w*, кáссовый чек [káßßawyj/tawárnyjtsch'ék], талóн (из кáссы) [talón (íß káßßy)]

R

Rabatt *m* рабáт [rabát] *m*, скúдка [ßk'ítka] *w*
Rabe *m* грач [grátsch'] *m*
Rache *w* мщéние [mschsch'én'iji] *s*, месть [m'éßt'] *w*
rächen *v* **1** *j-n/etw.* отомстúть [atamßt'ít'] *vo за кого/что* **2** *sich* ~ *an j-m (für etw.)* отомстúть [atamßt'ít'] *vo кому (за что)* **3** *sich* ~ (Irrtum usw.) *j-m* поплатúться [paplat'ítza] *vo*, расплатúтся [raßplat'ítßja] *vo*
Rad *s* колесó [kal'ißó] *s*
Radieschen *s* редúска [r'id'íßka] *w*
Radio *s* рáдио [rád'ia] *s*, радиовещáние [rad'iaw'ischsch'án'iji] *s*, радиоприёмник [rad'iapr'i'ómn'ik] *m*
Rahmen *m* **1** рáма [ráma] *w* **2** (einer Tätigkeit usw.) сфéра [ßf'éra] *w*, пóле [pól'i] *s* **3** (Gepräge) рáмки [rámk'i] *w Mz* ► **im ~** *etw. Gen* в рáмках *чего*
Rakete *w* ракéта [rak'éta] *w*
Rand *m* **1** (Kante) край [kráj] *m* **2** (eines Gefäßes usw.) край [kráj] *m*, грань [grán'] *w*
Rang *m* **1** (Posten usw.) положéние [palashén'iji] *s* **2** (militärischer) звáние [swán'iji] *s*, дóлжность [dólshnaßt'] *w* **3** (im Theater usw.) ряд [r'át]
rasch *adj* **1** (Gang usw.) бы́стрый [býßtryj], скóрый [ßkóryj] **2** (Genesung usw.) скóрый [ßkóryj], немéдленный [n'im'édl'innyj] ♦ *adv* рéзко [r'éßka], стремúтельно [ßtr'im'ít'il'na]
Rasen *m* газóн [gasón] *m*
Rasierapparat *m* электробрúтва [il'iktrabr'ítwa] *w*
rasieren *v j-n/etw.* брить [br'ít'] *uv кого/что*, побрúть [pabr'ít'] *vo кого/что* ► **sich ~** побрúться *vo*
Rasse *w* **1** (Tier) порóда [paróda] *w* **2** (Mensch) рáса [ráßa] *w*
Rast *w* óтдых [óddych], (Pause) óтдых [óddych] *m*, переды́шка [p'ir'idýschka] *w*
Raststätte *w* моторéст [matar'éßt] *m*, придорóжный ресторáн [pr'idaróshnyj r'ißtarán]
Rat *m* **1** (Ratschlag) совéт [ßaw'ét] *m* **2** (Gremium) совéт [ßaw'ét] *m*, муниципалитéт [mun'izypal'it'ét] *m*
raten *v* **1** *j-m etw. Akk* посовéтовать [paßaw'étawat'] *vo кому что* **2** *etw. Akk* отгáдывать [adgádywat'] *uv что*
Rathaus *s* рáтуша [rátuscha] *w*
Ratschlag *m* совéт [ßaw'ét] *m*
Rätsel *s* **1** (Denkaufgabe) загáдка [sagátka] *w* **2** (Geheimnis) тáйна [tájna] *w*, секрéт [ß'ikr'ét] *m*, загáдка [sagátka] *w*
rätselhaft *adj* загáдочный [sagádatsch'nyj], таи́нственный [taínßtw'innyj]
Ratte *w* кры́са [krýßa] *w*
rau *adj* **1** (Oberfläche usw.) неглáдкий [n'iglátk'ij], грýбый [grúbyj], шероховáтый [schyrachawátyj] **2** (Klima usw.) сурóвый [ßurówyj] **3** (Sitten usw.) грýбый [grúbyj] **4** (Geräusch usw.) рéзкий [r'éßk'ij], пронзúтельный [prans'ít'il'nyj]
Raub *m* грабёж [grab'ósch] *m*, разбóй [rasbój] *m*
Räuber *m* грабúтель [grab'ít'il'] *m*, взлóмщик [wslómschsch'ik] *m*, разбóйник [rasbójn'ik] *m*
Raubtier *s* хúщник [ch'íschsch'n'ik] *m*
Rauch *m* дым [dým] *m*
rauchen *v* курúть [kur'ít'] *uv* ► **R~ verboten** Курúть запрещáется.

Raucher *m* курильщик [kur'íl'schsch'ik] *m*

Raum *m* **1** (im Haus) помещение [pam'ischsch'én'iji] *s*, комната [kómnata] *w*, номер [nóm'ir] *m* **2** (leerer usw.) помещение [pam'ischsch'én'iji] *s*, отсек [az'ék] *m*, пространство [praßtránßtwa] *s*, (leerer usw.) место [m'éßta] *s* **3** (Gebiet) пространство [praßtránßtwa] *s*

räumen *v* **1** (abräumen) *etw. Akk* убрать [ubrát'] *vo* **2** (ausräumen) освободить [aßwabad'ít'] *vo*, (Zimmer usw.) покинуть [pak'ínut'] *vo*

Raureif *m* обледенение [abl'id'in'én'iji] *s*

reagieren *v auf etw. Akk* откликнуться [atkl'íknutza] *vo на что*, реагировать [r'iag'írawat'] *uv*, отреагировать [atr'iag'írawat'] *vo на что*

rechnen *v* **1** (Rechenaufgabe) *etw. Akk* вычислять [wytsch'ißl'át'] *uv что*, подсчитывать [patschsch'ítywat'] *uv что*, вычислить [wýtsch'ißl'it'] *vo что*, подсчитать [patschsch'itát'] *vo что* **2** (Risiko usw.) *mit etw.* учитывать [utsch'ítywat'] *uv что* **3** (annehmen) *mit etw.* рассчитывать [raschschítawyt'] *uv на что* **4** *mit etw.* рассчитывать [raschschítawyt'] *uv на что*, полагаться [palagátza] *uv на что*

Rechnung *w* фактура [faktúra] *w*, (im Restaurant usw.) счёт [schsch'ót] *m*

Recht *s* **1** (Rechtsordnung) право [práwa] *s* **2** (Berechtigung) *zu etw.* право [práwa] *s на что* ▶ **~ geben** *j-m zu etw.* давать право *кому на что*; **Sie haben ~.** Вы правы.

recht(er,e,es) *adj* правый [práwyj]

rechtfertigen *v* **1** (entschuldigen) *etw. Akk* оправдать [aprawdát'] *vo что* **2** (eine Tat usw.) оправдать [aprawdát'], подтвердить [pattw'ird'ít'] *vo*

rechtlich *adj* правовой [prawawój]

rechts *adv* вправо [fpráwa], направо [napráwa], *von etw.* вправо [fpráwa] *от чего* ▶ **nach ~** вправо, направо; **von ~** справа

Rechtsanwalt *m* адвокат [adwakát] *m*

Rechtschreibung *w* правописание [prawap'ißán'iji] *s*

rechtzeitig *adj* своевременный [ßwajiwr'ém'innyj] ♦ *adv* вовремя [wówr'im'a], заблаговременно [sablagawr'ém'inna]

Recycling *s* (вторичная) переработка [(ftar'ítsch'naja) p'ir'irabótka], рециклинг [r'izykl'ínk] *m*

Rede *w* выступление [wyßtupl'én'iji] *s*, речь [r'étsch'] *w*

reden *v* **1** (etwas äußern) *mit j-m von etw., über etw. Akk* говорить [gawar'ít'] *uv с кем о чём* **2** (sich unterhalten) *mit j-m von etw., über etw. Akk* переговорить [p'ir'igawar'ít'] *vo с кем*

reduzieren *v* редуцировать [r'iduzýrawat'] *uv/vo*, ограничить [agran'ítsch'it'] *vo*

Regal *s* полка [pólka] *w*

Regel *w* правило [práw'ila] *s*, постановление [paßtanawl'én'iji] *s*

regelmäßig *adj* регулярный [r'igul'árnyj] ♦ *adv* регулярно [r'igul'árna], периодически [p'ir'iad'ítsch'ißk'i]

regeln *v etw. Akk* регулировать [r'igul'írawat'] *uv что*

Regelung *w* регулирование [r'igul'írawan'iji] *s*

Regen *m* дождь [dóscht'] *m*

Regenbogen *m* радуга [ráduga] *w*

Regenmantel *m* дождевик [dashd'iw'ík] *m*, плащ-дождевик [plaschsch'dashd'iw'ík] *m*

Regenschauer *m* кратковременный дождь [kratkawr'ém'innyj dóscht']

Regenschirm *m* зонтик [sónt'ik] *m*

regieren *v* царить [zyr'ít'] *uv*, царствовать [zárßtwawat'] *uv*, господствовать [gaßpóztwawat'] *uv*, править [práw'it'] *uv кем/чем*

Regierung *w* **1** (Organ) правительство [praw'ít'il'ßtwa] *s* **2** (Tätigkeit) правление [prawl'én'iji] *s*

Region *w* регион [r'ig'ión] *m*, район [rajón] *m*, область [óblaßt'] *w*

regional *adj* региональный [r'ig'ianál'nyj], местный [m'éßnyj], областной [ablaßnój]

Regisseur *m* постановщик [paßtanówschsch'ik] *m*, режиссёр [r'ishyßß'ór] *m*

registrieren *v* **1** (amtlich) *j-n/etw.* зарегистрировать [sar'ig'ißtr'írawat'] *vo кого/что* **2** (bemerken) *j-n/etw.* заметить [sam'ét'it'] *vo кого/что* **3** (statistisch usw.) *etw. Akk* регистрировать [r'ig'ißtr'írawat'] *uv*, учитывать [utsch'ítywat'] *uv*

regnen *v* дождить [dashd'ít'] *uv*

reiben *v* **1** (Hände usw.) *etw. Akk* тереть [t'ir'ét'] *uv*, потирать [pat'irát'] *uv* **2** тереть [t'ir'ét'] *uv*, цепляться [zypl'átza] *uv*, (Gemüse usw.) *etw. Akk* тереть [t'ir'ét'] *uv*, натереть [nat'ir'ét'] *vo что* **3** (raspeln) очистить [atsch'íßt'it'] *vo*, начистить [natsch'íßt'it'] *vo*

reich *adj* богатый [bagátyj]

reichen *v* **1** (geben) *j-m etw. Akk* подать [padát'] *vo кому что* **2** (Menge usw.) хватить [chwat'ít'] *vo*, хватать [chwatát'] *uv*

Reichtum *m* богатство [bagáztwa] *s*, имущество [imúschsch'ißtwa] *s*

reif *adj* **1** (Käse usw.) зрéлый [sr'élyj], (Obst usw.) спéлый [ßp'élyj] **2** (Mensch usw.) взрóслый [wsróßlyj], зрéлый [sr'élyj] ► ~ **werden** созрéть *vo*, назрéть *vo*

Reifen *m* **1** (авто)шúна [(afta)schýna] *w*, покрышка [pakrýschka] *w*, резúна [r'is'ína] *w*, баллóн [ballón] *m* **2** (aus Metall) óбруч [óbrutsch'] *m* ► **platter ~** пустáя шúна, спýщенный баллóн

Reifenpanne *w* прокóл шúны [prakól schýny]

Reihe *w* **1** (von Gegenständen) óчередь [ótsch'ir'it'] *w* **2** (im Theater usw.) ряд [r'át], ряд [r'át] *m* **3** (Schlange usw.) óчередь [ótsch'ir'it'] *w* **4** (von Zahlen) послéдовательность [paßl'édawat'il'naßt'] *w*

Reihenfolge *w* послéдовательность [paßl'édawat'il'naßt'] *w*, ряд [r'át] *m*, очерёдность [atsch'ir'ódnaßt'] *w*

rein *adj* **1** (Gold usw.) самoрóдный [ßamaródnyj], чúстый [tsch'íßtyj] **2** (Gefühl usw.) настоя́щий [naßtajáschsch'ij], чúстый [tsch'íßtyj], (Unsinn usw.) чúстый [tsch'íßtyj], совершéнный [ßaw'irschénnyj]

reinigen *v* **1** *etw. Akk* вы́чистить [wýtsch'ißt'it'] *vo что*, (Kleidung usw.) *etw. Akk* чúстить [tsch'íßt'it'] *uv* **2** (von Zusatzstoffen usw.) очищáть [atsch'ischsch'át'] *uv*, очúстить [atsch'íßt'it'] *vo*

Reinigung *w* **1** чúстка [tsch'íßtka] *w*, убóрка [ubórka] *w* **2** (Geschäft) химчúстка [ch'imtsch'íßtka] *w*

Reinigungsmittel *s* мóющее срéдство [mójuschsch'iji ßr'éztwa]

Reis *m* рис [r'íß] *m*

Reise *w* путешéствие [put'ischéßtw'iji] *s*, поéздка [pajéstka] *w*, тур [túr] *m* ► **Gute ~.** Счастлúвого путú!

Reisebüro *s* турагéнтство [turag'énztwa] *s*, туроперáтор [turap'irátar] *m*

Reisebus *m* (турустúческий) автóбус [(tur'ißt'ítsch'ißk'ij) aftóbuß], автóбус (дáльнего слéдования) [aftóbuß (dál'n'iwa ßl'édawan'ija)]

Reiseführer *m* гид [g'ít] *m*, экскурсовóд [ikßkurßawót] *m*

reisen *v* путешéствовать [put'ischéßtwawat'] *uv*

Reisende *m* путешéственник [put'ischéßtw'inn'ik] *m*, пассажúр [paßßashýr] *m*

Reisepass *m* пáспорт [páßpart] *m*, загранпáспорт [sagranpáßpart] *m*

Reiseschecks *m Mz* дорóжные чéки [daróshnyji tsch'ék'i]

reißen *v* **1** (Papier usw.) *etw. Akk* разорвáть [rasarwát'] *vo* **2** (in Stücke) *etw. Akk* разорвáть [rasarwát'] *vo*, рвать [rwát'] *uv* **3** *an etw. Dat* рвану́ть [rwanút'] *vo за что*, дёрнуть [d'órnut'] *vo за что*

Reißverschluss *m* (застёжка-)мóлния [(saßt'óshka)móln'ija] *w*

Reiten *s* кóнный спорт [kónnyj ßpórt]

reizen *v* раздражúть [rasdrashýt'] *vo*

Reklamation *w* рекламáция [r'iklamázyja] *w*

Reklame *w* реклáма [r'ikláma] *w*

reklamieren *v etw. Akk* рекламúровать [r'iklam'írawat'] *uv что*

rekonstruieren *v* реконструúровать [r'ikanßtruírawat'] *uv/vo*, *etw. Akk* реконструúровать [r'ikanßtruírawat'] *что*

Rekord *m* рекóрд [r'ikórt] *m*

relativ *adj* сравнúтельный [ßrawn'ít'il'nyj] ♦ *adv* относúтельно [atnaß'ít'il'na]

Religion *w* религия [r'il'íg'ija] *w*

religiös *adj* религиóзный [r'il'ig'iósnyj]

rennen *v* бежáть [b'ishát'] *uv*, убегáть [ub'igát'] *uv*

Rennen *s* гóнки [gónk'i] *w Mz*, соревновáние [ßar'iwnawán'iji] *s*, состязáние [ßaßt'isán'iji] *s*

Rente *w* пéнсия [p'énß'ija] *w*

Rentner *m* пенсионéр [p'inß'ian'ér] *m*

Reparatur *w* ремóнт [r'imónt] *m*, почúнка [patsch'ínka] *w*

Reparaturwerkstatt *w* ремóнтная мастерскáя [r'imóntnaja maßt'irßkája]

reparieren *v etw. Akk* испрáвить [ißpráw'it'] *vo*, отремонтúровать [atr'imant'írawat'] *vo*, починúть [patsch'in'ít'] *vo*

Reporter *m* репортёр [r'ipart'ór] *m*

Republik *w* респýблика [r'ißpúbl'ika] *w*

Reserve *w* резéрв [r'is'érf] *m*, запáс [sapáß] *m*

Reserverad *s* запáска [sapáßka] *w*, запаснáя шúна [sapaßnája schýna]

Reservereifen *m* запáска [sapáßka] *w*, запаснáя шúна [sapaßnája schýna]

reservieren *v etw. Akk* бронúровать [bran'írawat'] *uv/vo*, забронúровать [sabran'írawat'] *vo*

Reservierung *w* бронúрование [bran'írawan'iji] *s*, брóня [brón'a] *w*

Respekt *m vor j-m* уважéние [uwashén'iji] *s*, почёт [patsch'ót] *m*, почтéние [patsch't'én'iji] *s*, (Achtung) респéкт [r'ißp'ékt] *m*

respektieren *v etw. Akk* соблюдáть [ßabl'udát'] *uv что*, уважáть [uwashát'] *uv что*

Rest *m* **1** (beim Verbrauch) *etw. Gen* оста́ток [aßtátak] *m чего,* (nach Entnahme usw.) изли́шек [isl'íschyk] *m* **2** (die Anderen) *j-s/etw.* остально́й [aßtal'nój]

Restaurant *s* рестора́н [r'ißtarán] *m*

retten *v j-n/etw. vor j-m/etw.* сбере́чь [sb'ir'étsch'] *vo кого/что от чего, j-n/etw. vor j-m/etw.* спасти́ [ßpaßt'í] *vo кого/что от кого/чего*

Rettung *w* спасе́ние [ßpaß'én'iji] *s*

Rettungsring *m* спаса́тельный круг [ßpaßát'il'nyj krúk]

Rettungswagen *m* неотло́жка [n'iatlóshka] *w,* ско́рая [ßkóraja] *w*

Rezept *s* **1** (Heilmittel) предписа́ние [pr'itp'ißán'iji] *s,* реце́пт [r'izépt] *m* **2** (Gericht) *für etw.* реце́пт [r'izépt] *m*

Rezeption *w* приёмная [pr'i'ómnaja] *w,* конто́рка портье́ [kantórka part'jé], приёмная сто́йка [pr'i'ómnaja ßtójka]

R-Gespräch **~ führen** звони́ть за счёт вызыва́емого абоне́нта

richten *v* **1** (Fernrohr usw.) *etw. Akk auf j-n/etw.* напра́вить [napráw'it'] *vo что на кого/что,* навести́ [naw'ißt'í] *vo что на кого/что* **2** (Augen usw.) устреми́ть [ußtr'im'ít'] *vo* **3** *etw. Akk irgendwohin* направля́ть [naprawl'át'] *uv что куда* **4** (eine Tätigkeit usw.) *etw. Akk auf etw. Akk* обрати́ть [abrat'ít'] *vo что на кого/что,* напра́вить [napráw'it'] *vo что на кого/что* **5** (seine Anstrengung usw.) *auf etw. Akk* устремля́ться [ußtr'iml'átza] *uv куда,* направля́ться [naprawl'átza] *uv куда* **6** (vor dem Gericht usw.) *j-n* суди́ть [ßud'ít'] *uv кого*

Richter *m* судья́ [ßud'já] *m*

richtig *adj* **1** (nicht falsch) пра́вильный [práw'il'nyj] **2** (entsprechend usw.) поря́дочный [par'ádatsch'nyj], здоро́вый [sdarówyj] ♦ *adv* **1** (korrekt) хорошо́ [charaschó], молоде́ц [malad'éz] **2** (viel) здо́рово [sdórawa]

Richtung *w* направле́ние [naprawl'én'iji] *s*

riechen *v* **1** *etw. Akk* почу́вствовать [patsch'úfßtwawat'] *vo,* почу́five [patsch'újit'] *vo,* (durch den Geruchssinn) обоня́ть [aban'át'] *uv, etw. Akk* чу́вствовать [tsch'úfßtwawat'] *uv что* **2** (Rosen usw.) *nach etw.* па́хнуть [páchnut'] *uv чем,* нести́ [n'ißt'í] *uv чем* **3** *an etw. Dat* понюхать [pan'júchat'] *vo что*

Riese *m* гига́нт [g'igánt] *m*

riesig *adj* **1** гига́нтский [g'igánzk'ij], велика́нский [w'il'ikánßk'ij], огро́мный [agrómnyj], мо́щный [móschsch'nyj] **2** (Summe usw.) огро́мный [agrómnyj], колосса́льный [kalaßßál'nyj]

Riff *s* утёс [ut'óß] *m*

Rind *s* бык [býk] *m*

Rinde *w* кора́ [kará] *w*

Rindfleisch *s* говя́дина [gaw'ád'ina] *w*

Ring *m* **1** (Schmuck) кольцо́ [kal'zó] *s,* пе́рстень [p'érßt'in'] *m* **2** (Boxring usw.) ринг [r'ínk] *m*

Ringstraße *w* кольцева́я доро́га [kal'zywája daróga]

ringsum *adv* вокру́г [wakrúk], кру́гом [krúgam]

Rippe *w* ребро́ [r'ibró] *m*

Risiko *s* риск [r'íßk] *m,* (einer Ansteckung usw.) угро́за [ugrósa] *w* ▶ **~** *etw. Gen* **eingehen** рискова́ть *uv что*

riskant *adj* риско́ванный [r'ißkówannyj] ♦ *adv* риско́ванно [r'ißkówanna]

riskieren *v etw. Akk* рискова́ть [r'ißkawát'] *uv что*

Riss *m* **1** тре́щина [tr'éschsch'ina] *w,* брешь [br'ésch] *w* **2** (Zeichnung) чертёж [tsch'irt'ósch] *m,* набро́сок [nabróßak] *m*

Rock *m* ю́бка [júpka] *w*

Roggen *m* рожь [rósch] *w*

roh *adj* **1** (Gemüse usw.) сыро́й [ßyrój] **2** (Diamant usw.) необрабо́танный [n'iabrabótannyj], (Material) сыро́й [ßyrój] **3** (Tat usw.) жесто́кий [shyßtók'ij], брута́льный [brutál'nyj], зве́рский [sw'érßk'ij]

Rohr *s* **1** (Hohlkörper) труба́ [trubá] *w* **2** (Pflanze) тростни́к [traßn'ík] *m*

Röhre *w* тру́бка [trúpka] *w,* труба́ [trubá] *w*

Rohstoff *m* сырьё [ßyr'ó] *s*

Rolle *w* **1** (Papier usw.) сви́ток [ßw'ítak] *m,* руло́н [rulón] *m* **2** (Schauspiel) роль [ról'] *w* **3** (des Flaschenzuges) блок [blók] *m,* ро́лик [ról'ik] *m,* (Möbelrolle usw.) колёсико [kal'óß'ika] *s* **4** (Rad) ро́лик [ról'ik] *m,* ва́лик [wál'ik] *m,* рол [ról] *m* **5** (Purzelbaum) кувыро́к [kuwyrók] *m* **6** (Fleischrolle usw.) руле́тик [rul'ét'ik] *m*

rollen *v* **1** (Fass usw.) *etw. Akk* ката́ть [katát'] *uv,* враща́ть [wraschsch'át'] *uv што,* (Fass usw.) *etw. Akk* ката́ть [katát'] *uv что,* (Fass usw.) *etw. Akk* кати́ть [kat'ít'] *uv что* **2** (sich rollend bewegen) ска́тываться [ßkátywatza] *uv* **3** (Teig usw.) *etw. Akk* раска́тывать [raßkátywat'] *uv что,* валя́ть [wal'át'] *uv что*

Rollstuhl *m* инвали́дная коля́ска [inwal'ídnaja kal'áßka]

Rolltreppe *w* эскала́тор [ißkalátar] *m*

Roman *m* рома́н [ramán] *m*

Röntgenaufnahme *w* рентгеногра́мма [r'ing'inagramma] *w,* рентге́новский сни́мок [r'ing'enafßk'ij ßn'ímak]

rosa *adj* ро́зовый [rósawyj]

Rose *w* ро́за [rósa] *w*

Rosenkohl *m* брюссéльская капýста [br'ußß'él'ßkaja kapúßta]
rosig *adj* рóзовый [rósawyj]
Rosinen *w Mz* изюм [is'júm] *m*
Rosmarin *m* розмарин [rasmar'ín] *m*
Rost *m* **1** (Feuerung usw.) (колосникóвая) решётка [(kalaßn'ikówaja) r'isch'ótka] **2** (zum Grillen) решётка [r'isch'ótka] *w* **3** (Eisenoxid) ржáвчина [rsháftsch'ina] *w*
rot *adj* крáсный [kráßnyj], áлый [ályj], багрóвый [bagrówyj], (Haar usw.) рыжий [rýshyj] ► **~ werden** покраснéть *vo*
Route *w* маршрýт [marschrút] *m*
Rübe *w* свёкла [ßw'ókla] *w*, рéпа [r'épa] *w*
Rücken *m* спинá [ßp'iná] *w*, хребéт [chr'ib'ét] *m*
Rückfahrkarte *w* обрáтный билéт [abrátnyj b'il'ét]
Rückfall *m* рецидив [r'izyd'íf] *m*
Rückkehr *w* возвращéние [waswraschsch'én'iji] *s*
Rucksack *m* рюкзáк [r'uksák] *m*, рáнец [rán'iz] *m*
Rückseite *w* изнáнка [isnánka] *w*, (eines Gebäudes) зад [sát] *m*
Rücksicht *w* внимáние [wn'imán'iji] *s* ► **mit ~** *auf etw. Akk* с учётом *кого/чего*
Rückspiegel *m* зéркало зáднего вида [s'érkala sádn'iwa w'ída]
rückwärts *adv* назáд [nasát], зáдом [sádam]
Rückwärtsgang *m* зáдний ход [sádn'ij chót]
Rudel *s* стáя [ßtája] *w*
Ruder *s* **1** веслó [w'ißló] *s* **2** (Steuerruder) руль [rúl'] *m*
Ruderboot *s* гребнáя лóдка [gr'ibnája/w'iß'él'najalótka]
rudern *v* грести [gr'ißt'í] *uv*
Ruf *m* **1** (guter usw.) репутáция [r'iputázyja] *w* **2** (Ausruf usw.) зов [sóf] *m*
rufen *v* **1** (schreien usw.) *j-n* кричáть [kr'itsch'át'] *uv на кого* **2** (Arzt usw.) *j-n* призвáть [pr'iswát'] *vo*, вызвать [wýswat'] *vo*
Ruhe *w* **1** (Ungestörtheit) спокóйствие [ßpakójßtw'iji] *s*, бесстрáстие [b'ißßtráßt'iji] *s*, (Ungestörtheit) покóй [pakój] *m* **2** (Untätigkeit) покóй [pakój] *m* **3** (Erholung) óтдых [óddych] *m*, передышка [p'ir'idýschka] *w*, привáл [pr'iwál] *m* **4** (Stille) тихо [t'ícha] *s*, тишинá [t'ischyná] *w*
ruhig *adj* **1** спокóйный [ßpakójnyj] **2** (gelassen) спокóйный [ßpakójnyj], бесстрáстный [b'ißßtráßnyj] **3** (Atmosphäre usw.) спокóйный [ßpakójnyj], мирный [m'írnyj] ♦ *adv* спокóйно [ßpakójna], мирно [m'írna]
rühren *v* **1** (Suppe usw.) *etw. Akk* мешáть [m'ischát'] *uv*, помешáть [pam'ischát'] *vo* **2** ***sich*** **~** двинуться [dw'ínutza] *vo* **3** (innerlich) *j-n* растрóгать [raßtrógat'] *vo*, умилить [um'il'ít'] *vo*
Ruine *w* развáлина [raswál'ina] *w*, руина [ruína] *w*
rund *adj* крýглый [krúglyj]
Runde *w* тур [túr] *m*, рáунд [ráunt] *m*, (in einem Rennen) круг [krúk] *m*
Rundreise *w* обзóрная экскýрсия [absórnaja ikßkúrß'ija]
Rüssel *m* **1** (des Elefanten) хóбот [chóbat] *m*, (eines Schweines) рыло [rýla] *s*, пятачóк [p'itatsch'ók] *m* **2** (der Insekten) хоботóк [chabatók] *m*
russisch *adj* рýсский [rúßßk'ij], российский [raßß'íjßk'ij] ♦ *adv* по-рýсски [parúßßk'i]
Russland *s* Россия [raßß'íja] *w*
rutschen *v* **1** (auf dem Gehweg) скользить [ßkal's'ít'] *uv*, (auf Rutsche usw.) *auf etw. Dat* скатиться [ßkat'ítza] *vo* **2** скользнýть [ßkal'snút'] *vo*, подскользнýться [pazkalsnútza] *vo* **3** (herunterrutschen) соскользнýть [ßaßkal'snút'] *vo*, съéхать [ßjéchat'] *vo*
rutschig *adj* скóльзкий [ßkól'ßk'ij]

S

Saal *m* зал [sál] *m*
Sache *w* **1** (Gegenstand) вещь [w'éschsch'] *w* **2** (Sachverhalt) дéло [d'éla] *s* ► **~n** вéщи
sachlich *adj* деловóй [d'ilawój], содержáтельный [ßad'irshát'il'nyj]
Sachschaden *m* материáльный ущéрб [mat'ir'jal'nyj uschsch'érp]
Sack *m* мешóк [m'ischók] *m*
säen *v* сéять [ß'éjit'] *uv*, насéивать [naß'éiwat'] *uv*
Safe *m/s* сейф [ß'éjf] *m*
Saft *m* сок [ßók] *m*
Säge *w* пилá [p'ilá] *w*
sagen *v* **1** (aussprechen) *etw. Akk* произнести [praisn'ißt'í] *vo что*, говорить [gawar'ít'] *uv что* **2** *j-m etw. Akk* сказáть [ßkasát'] *vo кому что*, рассказáть [raßßkasát'] *vo что о ком/чём*, высказать [wýßkasat'] *vo кому что* ► **kurz gesagt** прóсто
sägen *v* **1** (arbeiten) пилить [p'il'ít'] *uv* **2** (Baumstamm usw.) *etw. Akk* нарéзать [nar'ésat'] *vo что*
Sahne *w* сливки [ßl'ífk'i] *w Mz*
Saison *w* сезóн [ß'isón] *m*
Sakko *m/s* пиджáк [p'idshák] *m*

Salami *w* саля́ми [ßal'ám'i] *w*
Salat *m* сала́т [ßalát] *m*
Salbe *w* крем [kr'ém] *m*, мазь [máß'] *w*
Salbei *m/w* шалфе́й [schylf'éj] *m*
Salz *s* соль [ßól'] *w*
salzen *v etw. Akk* соли́ть [ßal'ít'] *uv*, *etw. Akk* посоли́ть [paßal'ít'] *vo*
salzig *adj* солёный [ßal'ónyj]
Salzstreuer *m* соло́нка [ßalónka] *w*
Samen *m* се́мя [ß'ém'a] *s*
sammeln *v* собира́ть [ßab'irát'] *uv что*, коллекциони́ровать [kall'ikzyan'írawat'] *uv что*
Sammlung *w* **1** (von Gemälden usw.) колле́кция [kall'ékzija] *w* **2** (von Altpapier usw.) сбор [sbór] *m* **3** (von Müll usw.) вы́воз му́сора [wýwaß múßara]
Samstag *m* суббо́та [ßubóta] *w*
Sand *m* песо́к [p'ißók] *m*
Sandalen *w Mz* босоно́жки [baßanóshk'i] *w Mz*, санда́лии [ßandál'ii] *w Mz*
sanft *adj* **1** (nicht stark usw.) не́жный [n'éshnyj], лёгкий [l'óchk'ij] **2** (Geschmack usw.) то́нкий [tónk'ij] ♦ *adv* слегка́ [ßl'ichká], не́жно [n'éshna]
Sänger *m* певе́ц [p'iw'éz] *m*
Sardine *w* сарди́на [ßard'ína] *w*
Sarg *m* гроб [gróp] *m*
satt *adj* сы́тый [ßýtyj]
Sattel *m* сиде́нье [ß'id'én'ji] *s*, (Pferd usw.) седло́ [ß'idló] *s*
Satz *m* **1** (Aussage) предложе́ние [pr'idlashén'iji] *s* **2** (Teller usw.) *von etw.* набо́р [nabór] *m*, серви́з [ß'irw'íß] *m* **3** (Gebühr usw.) тари́ф [tar'íf] *m*, та́кса [tákßa] *w*, расце́нка [raßzénka] *w* **4** (im Tennis usw.) сет [ßet] *m* **5** (Bodensatz) оса́док [aßádak] *m*
sauber *adj* чи́стый [tsch' íßtyj] ► **machen** *etw. Akk* чи́стить *uv*
säubern *v* **1** (Wasser usw.) очища́ть [atsch'ischsch'át'] *uv*, очи́стить [atsch'íßt'it'] *vo* **2** (Partei usw.) *etw. Akk* вы́чистить [wýtsch'ißt'it'] *vo*
sauer *adj* **1** ки́слый [k'íßlyj] **2** *auf j-n* серди́тый [ß'ird'ítyj], разозлённый [rasasl'ónnyj]
Sauerkirsche *w* ви́шня [w'íschn'a] *w*
Sauerstoff *m* кислоро́д [k'ißlarót] *m*
Säule *w* **1** (Stütze usw.) столб [ßtólp] *m*, коло́нна [kalónna] *w* **2** (Rauchsäule usw.) столб [ßtólp] *m*
Säure *w* кислота́ [k'ißlatá] *w*
Schach *s* **1** (Spiel) ша́хматы [scháchmaty] *m Mz* **2** (Stellung) шах [schách] *m*
Schachtel *w* **1** (große) коро́бка [karópka] *w* **2** (Packung usw.) *etw. Gen* па́чка [pátsch'ka] *w*
schade **Das ist ~.** Как жа́лко!
Schädel *m* че́реп [tsch'ér'ip] *m*
schaden *v j-m/etw.* нанести́ уще́рб [nan'ißt'í uschsch'érp] *кому/чему*, *j-m/etw.* вреди́ть [wr'id'ít'] *vo кому/чему*
Schaden *m* **1** уще́рб [uschsch'érp] *m*, вред [wr'ét] *m*, уро́н [urón] *m* **2** (Fehler) дефе́кт [d'if'ékt] *m*
schädlich *adj* вре́дный [wr'édnyj], вредоно́сный [wr'idanóßnyj]
Schaf *s* овца́ [afzá] *w*
schaffen[1] *v* (hervorbringen) созда́ть [ßasdát'] *vo что*, сотвори́ть [ßatwar'ít'] *vo что*, (hervorbringen) создава́ть [ßasdawát'] *uv*
schaffen[2] *v* **1** (bewältigen) *etw. Akk* суме́ть [ßum'ét'] *vo что*, *etw. Akk* спра́виться [ßpráw'itza] *vo с чем* **2** (rechtzeitig machen) успе́ть [ußp'ét'] *vo*, *etw. Akk* успе́ть [ußp'ét'] *что* (во́время) **3** (rechtzeitig kommen) *etw. Akk* успе́ть [ußp'ét'] *vo к чем,на что*
Schaffner *m* конду́ктор [kandúktar] *m*, проводни́к [prawadn'ík] *m*
Schal *m* шарф [schárf] *m*
Schale *w* **1** (Frucht) шелуха́ [schyluchá] *w*, (von Orange usw.) кора́ [kará] *w* **2** (einer Nuss) скорлупа́ [ßkarlupá] *w* **3** (Ei) скорлупа́ [ßkarlupá] *w* **4** (kleines Gefäß) блю́до [bl'júda] *s*, ми́ска [m'íßka] *w*
schälen *v* чи́стить [tsch'íßt'it'] *uv*, очища́ть [atsch'ischsch'át'] *uv*, лущи́ть [luschsch'ít'], отре́зать [atr'ésat'] *vo*
Schallplatte *w* грампласти́нка [gramplaßt'ínka] *w*
schalten *v* **1** (Kamera usw.) *etw. Akk auf etw. Akk* переключи́ть [p'ir'ikl'utsch'ít'] *vo что на что* **2** (Gang) переключа́ть [p'ir'ikl'utsch'át'] *uv* ► **den ersten/zweiten Gang ~** включи́ть пе́рвую/втору́ю ско́рость
Schalter *m* **1** выключа́тель [wykl'utsch'át'il'] *m*, включа́тель [fkl'utsch'át'il'] *m* **2** (zur Abfertigung) око́шко [akóschka] *s*
schämen *v* **1** ***sich ~*** *für j-n/etw.* стыди́ться [ßtyd'ítza] *uv* **2** ***sich ~*** (scheu sein) стесня́ться [ßt'ißn'átza] *uv*
Schande *w* позо́р [pasór] *m*
scharf *adj* **1** о́стрый [óßtryj] **2** (Foto usw.) чёткий [tsch'ótk'ij] ♦ *adv* бы́стро [býßtra]
Schatten *m etw. Gen* тень [t'én'] *w*
schätzen *v* **1** (bestimmen) *etw. Akk* оцени́ть [azyn'ít'] *vo* **2** (taxieren) *etw. Akk* расцени́ть [raßzyn'ít'] *vo что*, (Wert) *etw. Akk* оцени́ть [azyn'ít'] *vo* **3** (hochachten) *j-n/etw.* цени́ть [zyn'ít'] *uv*, уважа́ть [uwashát'] *uv кого/что*, (hochachten) *j-n/etw.* цени́ть [zyn'ít'] *uv*

кого/что **4** (Verdienst usw.) *etw. Akk* оценить [azyn'ít'] *vo*, оценивать [azén'iwat'] *uv*
Schätzung *w* **1** (von Entfernung usw.) приблизительное определение [pr'ibl'is'ít'il'naji apr'id'il'én'iji] **2** (des Preises) оценка [azénka] *w*
schauen *v* **1** *auf j-n/etw.* смотреть [ßmatr'ét'] *uv* **2** (dreinblicken) *irgendwie* принимать *какой* вид [pr'in'imát' w'ít]
Schauer *m* кратковременный дождь [kratkawr'ém'innyj dóscht']
Schaufel *w* лопата [lapáta] *w*
Schaufenster *s* витрина [w'itr'ína] *w*
Schaum *m* пена [p'éna] *w*
Schauspieler *m* актёр [akt'ór] *m*
Scheck *m* чек [tsch'ék] *m*
Scheibe *w* **1** (Gegenstand) диск [d'íßk] *m* **2** (aus Metall) плита [pl'itá] *w*, пластина [plaßt'ína] *w* **3** (Brot usw.) *etw. Gen* кусочек [kußótsch'ik] *m*, (Wurst usw.) кружок [krushók] *m*
Scheibenwischer *m* стеклоочиститель [ßt'iklaatsch'ißt'ít'il'] *m*
Scheide *w* **1** (Schwert) ножны [nóshny] *w Mz* **2** (Vagina) влагалище [wlagál'ischsch'i] *s*
Scheidung *w* развод [raswót] *m*
Schein *m* **1** (Urkunde) свидетельство [ßw'id'ét'il'ßtwa] *s* **2** (Geld) купюра [kup'júra] *w*, банкнот [banknót] *m*, бумажка [bumáshka] *w* **3** (des Lichts) свет [ßw'ét] *m* **4** (Eindruck usw.) видимость [w'íd'imaßt'] *w*
scheinbar *adj* мнимый [mn'ímyj] ♦ *adv* с виду [ß w'ídu], на вид [ná w'ít], внешне [wn'éschn'i]
scheinen *v* **1** (Licht ausstrahlen) светить [ßw'it'ít'] *uv* **2** (vorkommen) *j-m irgendwie* казаться [kasátza] *uv*
Scheinwerfer *m* прожектор [prashéktar] *m*
Schenkel *m* бедро [b'idró] *s*
schenken *v j-m etw. Akk* подарить [padar'ít'] *vo кому что*
Schere *w* **1** (Werkzeug) ножницы [nóshn'izy] *w Mz* **2** (bei Krebsen) клешня [kl'ischn'á] *w*
Scherz *m* шутка [schútka] *w* ► **~e machen** шутить *uv*
Scheune *w* сарай [ßaráj] *m*
Schicht *w* **1** (Masse) слой [ßlój] *m*, пласт [pláßt] *m* **2** (Gesellschaftsschicht usw.) слой [ßlój] *m* **3** (Arbeitsabschnitt) смена [ßm'éna] *w*
schicken *v* **1** *j-m etw. Akk* послать [paßlát'] *vo кому что*, *j-m etw. Akk* отправить [atpráw'it'] *vo* **2** *j-n irgendwohin* послать [paßlát'] *vo*, направить [napráw'it'] *vo кого куда*
Schicksal *s* судьба [ßud'bá] *w*, доля [dól'a] *w*
schieben *v* **1** *etw. Akk irgendwohin* толкать [talkát'] *uv* **2** (heimlich usw.) *etw. Akk irgendwohin* положить [palashýt'] *vo что куда*
Schiedsrichter *m* арбитр [arb'ítr] *m*, судья [ßud'já] *m*
schief *adj* косой [kaßój], наклонный [naklónnyj] ♦ *adv* криво [kr'íwa]
Schienbein *s* голень [gól'in'] *w*
Schiene *w* **1** (für einen Zug usw.) рельсы [r'él'ßy] *m Mz*, колея [kal'ijá] *w* **2** (für Frakturen) шина [schýna] *w*, лубок [lubók] *m*
schießen *v* **1** (losschießen) выстрелить [wýßtr'il'it'] *vo* **2** (sich bewegen) *von etw.* помчаться [pamtsch'átza] *vo откуда* **3** (Tränen in die Augen) брызнуть [brýsnut'] *vo*, навернуться [naw'irnútza]
Schiff *s* корабль [karábl'] *m* ► **mit einem ~ fahren** плыть *uv*
Schifffahrt *w* судоходство [ßudachóztwa] *s*
Schild[1] *m* щит [schsch'ít] *m*
Schild[2] *s* **1** (mit Warnung usw.) указатель [ukasát'il'] *m* **2** (Reklameschild usw.) вывеска [wýw'ißka] *w* **3** (Türschild usw.) табличка [tabl'ítsch'ka] *w*
Schilf *s* тростник [traßn'ík] *m*, камыш [kamýsch] *m*
Schimmel *m* плесень [pl'éß'in'] *w*
schimpfen *v mit j-m* бранить [bran'ít'] *uv кого*, ругаться [rugátza] *uv с кем*, ругать [rugát'] *uv кого*, грубить [grub'ít'] *uv кого*
Schinken *m* ветчина [w'ittsch'iná] *w*
Schirm *m* **1** (Regenschutz) зонтик [sónt'ik] *m* **2** (einer Lampe usw.) абажур [abashúr] *m*
Schlacht *w* битва [b'ítwa] *w*, сражение [ßrashén'iji] *s*
schlachten *v* зарезать [sar'ésat'] *vo*, забить [sab'ít'] *vo*
Schlaf *m* сон [ßón] *m*
Schlafanzug *m* пижама [p'ishâma] *w*
schlafen *v* **1** (gut, lange usw.) спать [ßpát'] *uv* **2** (koitieren) *mit j-m* переспать [p'ir'ißpát'] *vo с кем*
Schlafsack *m* спальный мешок [ßpál'nyj m'ischók], спальник [ßpál'n'ik] *m*
Schlaftablette *w* снотворное [ßnatwórnaji] *s*, снотворное средство [ßnatwórnaji ßr'éztwa]
Schlafwagen *m* спальный вагон [ßpál'nyj wagón]
Schlafzimmer *s* спальня [ßpál'n'a] *w*
Schlag *m* **1** (mit Faust usw.) удар [udár] *m* **2** (des Herzens usw.) битьё [b'it'ó] *w*, биение [b'ijén'iji] *s* ► **~ (mit der Faust)** удар (кулаком)

Schlaganfall *m* удáр [udár] *m*
schlagen *v* **1** (Schlag geben) *j-n* удáрить [udár'it'] *vo кого* **2** (prügeln) *j-n* бить [b'ít'] *uv кого* **3** (an den Tisch usw.) *an etw. Akk* удáрить [udár'it'] *vo*, (an die Tür usw.) *an etw. Akk* бить [b'ít'] *uv*, стучáть [ßtutsch'át'] *uv во что*, (an die Tür usw.) *auf/an etw. Akk* ударя́ть [udar'át'] *uv по чему, во что* **4** (Herz) пульсúровать [pul'ß'írawat'] *uv* **5** (Uhr) пробúть [prab'ít'] *vo*, (Uhr usw.) бить [b'ít'] *uv* **6** (im Wettkampf, Krieg) *j-n* победúть [pab'id'ít'] *vo* **7** (Eiweiß usw.) взбить [wsb'ít'] *vo*, (Sahne usw.) взбивáть [wsb'iwát'] *uv* ► **k.o. ~** *j-n* нокаутúровать *vo кого*
Schläger *m* **1** (für Baseball usw.) битá [b'itá] *w*, (Tennis usw.) ракéтка [rak'étka] *w* **2** (Raufbold) драчýн [dratsch'ún] *m*
Schlagzeile *w* заголóвок [sagalówak] *m*
Schlamm *m* грязь [gr'áß'] *w*
Schlange *w* **1** (Tier) змея́ [sm'ijá] *w* **2** (Reihe) óчередь [ótsch'ir'it'] *w* ► **in der ~ warten** *auf etw. Akk* стоя́ть в óчереди
schlank *adj* стрóйный [ßtrójnyj], тóнкий [tónk'ij]
schlau *adj* хúтрый [ch'ítryj], ýшлый [úschlyj], проны́рливый [pranýrl'iwyj], лóвкий [lófk'ij]
Schlauch *m* **1** (Röhre) шланг [schlánk] *m* **2** (bei Reifen) кáмера [kám'ira] *w*, (Weinschlauch usw.) мех [m'éch] *m*
Schlauchboot *s* надувнáя лóдка [naduwnája lótka]
schlecht *adj* плохóй [plachój] ♦ *adv* **1** (minderwertig) плóхо [plócha] **2** (körperlich unwohl) плóхо [plócha], нехорошó [n'icharaschó] ► **~ werden** испóртиться *vo*; **Mir ist ~.** Меня́ тошнúт., Мне нездорóвится., Мне плóхо., Мне нехорошó.
Schleife *w* лéнта [l'énta] *w*, (im Haar usw.) бант [bánt] *m*, бáнтик [bánt'ik] *m*
schleppen *v* **1** *etw. Akk* волóчь [walótsch'] *uv что*, (schleifen) таскáть [taßkát'] *uv*, волочúть [walatsch'ít'] *uv* **2** (Koffer usw.) *etw. Akk* таскáться [taßkátza] *uv с чем*, тащúться [taschsch'ítza] *uv с чем* **3** (mit Gewalt hinbringen) *j-n irgendwohin* таскáть [taßkát'] *uv кого куда*, тащúть [taschsch'ít'] *uv кого куда*, (mitnehmen) *j-n irgendwohin* таскáть [taßkát'] *uv кого кам*
schließen *v* **1** (Fenster usw.) *etw. Akk* закры́ть [sakrýt'] *vo* **2** (Betrieb) закры́ть [sakrýt'] *vo* **3** (mit dem Schlüssel) заперéть [sap'ir'ét'] *vo* **4** (Vertrag) заключúть [sakl'utsch'ít'] *vo* **5** (Tatsache usw.) заключúть [sakl'utsch'ít'] *vo*, умозаключúть [umasakl'utsch'ít'] *vo*
Schließfach *s* запирáющийся шкáфчик [sap'irájuschsch'ijß'a schkáftsch'ik]
schließlich *adv* наконéц [nakan'éz], в концé концóв [w kanzé kanzóf] ♦ *part* в концé концóв [w kanzé kanzóf]
Schlitten *m* сáнки [ßánk'i] *Mz*
Schlittschuh *m* конькú [kan'k'í] *m Mz* ► **~ laufen** катáться на конькáх
Schloss *s* **1** (Türschloss) замóк [samók] *m* **2** (Palast) зáмок [sámak] *m*
Schlucht *w* овráг [awrák] *m*
Schluck *m etw. Gen* глотóк [glatók] *m чего*
schlucken *v* **1** (Wasser usw.) *etw. Akk* проглотúть [praglat'ít'] *vo* **2** (Firma usw.) захватúть [sachwat'ít'] *vo*, поглотúть [paglat'ít'] *vo*
Schluss *m* **1** (einer Ära usw.) конéц [kan'éz] *m* **2** (gezogener usw.) заключéние [sakl'utsch'én'iji] *s*, вы́вод [wýwat] *m* ► **zu dem ~ kommen** заключúть *vo*, сдéлать вы́вод
Schlüssel *m* **1** (zum Schließen) ключ [kl'útsch'] *m* **2** (Lösung) *zu etw.* ключ [kl'útsch'] *m к чему*
schmackhaft *adj* вкýсный [fkúßnyj]
schmal *adj* ýзкий [úßk'ij], хрýпкий [chrúpk'ij], тóнкий [tónk'ij]
schmecken *v* **1** (Beigeschmack haben) *nach etw.* быть на вкус [být' ná fkúß] *какой* **2** (lecker sein) *j-m etw. Akk* нрáвиться [nráw'itza] *uv кому что* ► **Es schmeckt mir nicht.** Мне э́то не нрáвится.
schmeicheln *v j-m* польстúть [pal'ßt'ít'] *vo кому*, *j-m* льстить [l'ßt'ít'] *uv*
schmelzen *v* **1** (zergehen) тáять [tájit'] *uv*, растопúться [raßtap'ítza] *vo* **2** (Erz usw.) расплáвить [raßpláw'it'] *vo*, растопúть [raßtap'ít'] *vo*, (Erz usw.) плáвить [pláw'it'] *uv*, расплавля́ть [raßplawl'át'] *uv*
Schmerz *m* боль [ból'] *w*, (seelisch) гóре [gór'i] *s*
Schmetterling *m* бáбочка [bábatsch'ka] *w*
Schminke *w* макия́ж [mak'ijásch] *m*
schminken *v j-n/etw.* наносúть космéтику [nanaß'ít' kaßm'ét'iku/mak'ijásch], гримировáть [gr'im'irawát'] *uv кого/что* ► **sich ~** крáситься *uv*
Schmuck *m* драгоцéнность [dragazénnaßt'] *w*, (Zierde) украшéние [ukraschén'iji] *s*
schmücken *v etw. Akk mit etw.* украшáть [ukraschát'] *uv*, декорúровать [d'ikar'irawat'] *uv*
Schmutz *m* грязь [gr'áß'] *w*
schmutzig *adj* **1** (unsauber) гря́зный [gr'ásnyj], испáчканный [ißpátsch'kannyj], (unsauber) испáчканный

[ißpátsch'kannyj], замáранный [samárannyj] **2** (Raum usw.) грязный [gr'ásnyj] **3** (Details usw.) отвратительный [atwrat'ít'il'nyj] **4** (Wort usw.) пóшлый [póschlyj], нахáльный [nachál'nyj] ► **~ machen** *etw. Akk* запáчкать *vo*

Schnabel *m* клюв [kl'júf] *m*

Schnaps *m* спиртнóе [ßp'irtnóji] *s*, самогóн [ßamagón] *m*

schnarchen *v* храпéть [chrap'ét'] *uv*

Schnauze *w* рыло [rýla] *s*, пятачóк [p'itatsch'ók] *m*, нос [nóß] *m*, мóрда [mórda] *w*

Schnecke *w* улитка [ul'ítka] *w*

Schnee *m* снег [ßn'ék] *m*

schneiden *v* **1** (mit Messer) рéзать [r'ésat'] *uv* **2** нарéзать [nar'ésat'] *vo*, порéзать [par'ésat'] *vo* **3** (in Teile) *etw. Akk* разрéзать [rasr'ésat'] *vo* **4** (verletzen) *j-n mit etw.* порéзать [par'ésat'] *vo* **5** (mit Schere) подстричь [paztr'ítsch'] *vo*, остричь [aßtr'ítsch'] *vo* **6** (mit Schere) стричь [ßtr'ítsch'] *uv* **7** (Haar) *j-n* подстричь [paztr'ítsch'] *vo*, постричь [paßtr'ítsch'] *vo* **8** (Schaf usw.) стричь [ßtr'ítsch'] *uv* **9** (Film usw.) смонтировать [ßmant'írawat'] *vo* ► **sich die Haare ~ lassen** подстричься *vo*; **sich ~** *an etw. Dat, in etw. Akk* (Schnittwunde) порéзаться *vo чем*

Schneider *m* портнóй [partnój] *m*

schneien *v* идти [itt'í] *uv*, пáдать [pádat'] *uv*

schnell *adj* **1** (Bewegung usw.) быстрый [býßtryj], скóрый [ßkóryj] **2** (Erledigung usw.) скóрый [ßkóryj], немéдленный [n'im'édl'innyj] ♦ *adv* **1** (sich bewegen usw.) быстро [býßtra] **2** (eilig usw.) быстро [býßtra]

Schnellstraße *w* автомагистрáль [aftamag'ißtrál'] *w*, автострáда [aftaßtráda] *w*, автодорóга [aftadaróga] *w*

Schnitt *m* **1** (Kleider) покрóй [pakrój] *m*, фасóн [faßón] *m* **2** (im Film) монтáж [mantásch] *m* **3** (Haar) стрижка [ßtr'íshka] *w* **4** (mit dem Messer usw.) рéзание [r'ésan'iji] *s*

Schnittlauch *m* шнитт-лýк [schn'itlúk] *m*

Schnitzel *s* шницель [schn'ízyl'] *m*

Schnorchel *m* шнóркель [schnórk'il'] *m*, дыхáтельная трýбка [dychát'il'naja trúpka]

Schnuller *m* сóска-пустышка [ßóßka-pußtýschka] *w*, сóска [ßóßka] *w*

Schnupfen *m* нáсморк [náßmark] *m*

Schnur *w* шнурóк [schnurók] *m*, канáт [kanát] *m*

Schnurrbart *m* усы [ußý] *m Mz*

Schnürsenkel *m* шнурóк для ботинок [schnurók dl'á bat'ínak]

Schock *m* шок [schók] *m*, потрясéние [patr'iß'én'iji] *s*

Schokolade *w* шоколáд [schakalát] *m* ► **heiße ~** горячий шоколáд

schon *adv* ужé [ushé]

schön *adj* **1** (Person) красивый [kraß'íwyj], хорóший [charóschyj] **2** (Sache) красивый [kraß'íwyj] **3** (Gehalt usw.) приличный [pr'il'ítsch'nyj] ♦ *adv* хорошó [charaschó], красиво [kraß'íwa] ► **~es Wetter** хорóшая погóда; **Das Wetter ist ~.** Сегóдня хорóшая погóда.

schonen *v j-n/etw.* щадить [schsch'ad'ít'] *uv*, берéчь [b'ir'étsch'] *uv кого*

Schönheit *w* красотá [kraßatá] *w*

Schornstein *m* (дымовáя) трубá [(dymawája) trubá]

schräg *adj* косóй [kaßój], наклóнный [naklónnyj] ♦ *adv* вкось [fkóß']

Schrank *m* шкаф [schkáf] *m*

Schranke *w* **1** шлагбáум [schlagbáum] *m* **2** *etw. Gen* граница [gran'íza] *w чего*

Schraube *w* винт [w'ínt] *m*, болт [bólt] *m*

schrauben *v etw. Akk irgendwohin* привинтить [pr'iw'int'ít'] *vo что куда*

Schraubenmutter *w* гáйка [gájka] *w*

Schraubenschlüssel *m* ключ [kl'jútsch'] *m*

Schraubenzieher *m* отвёртка [atw'órtka] *w*

Schrecken *m* ýжас [úshaß] *m*, кошмáр [kaschmár] *m*, (Person) грозá [grasá] *w*, угрóза [ugrósa] *w*

schrecklich *adj* **1** стрáшный [ßtráschnyj], ужáсный [usháßnyj], грóзный [grósnyj] **2** (Qualität usw.) ужáсный [usháßnyj], кошмáрный [kaschmárnyj], óчень плохóй [ótsch'in' plachój] ♦ *adv* óчень [ótsch'in'], ужáсно [usháßna], стрáшно [ßtráschna], до невозмóжности [dó n'iwasmóshnaßt'i]

Schrei *m* выкрик [wýkr'ik] *m*, (kreischender) вопль [wópl'] *m*

schreiben *v* **1** (aufzeichnen) писáть [p'ißát'] *uv* **2** (formulieren) *etw. Akk* написáть [nap'ißát'] *vo* ► **Maschine ~** писáть *uv*; **S~ Sie es mir auf die Rechnung.** Запишите мне это на мой счёт.

Schreibtisch *m* письменный стол [p'íß'm'innyj ßtól]

Schreibwaren *Mz* канцтовáры [kanztawáry] *m Mz*

schreien *v* **1** вопить [wap'ít'] *uv*, верезжáть [w'ir'ishshát'] *uv*, (laut sprechen) кричáть [kr'itsch'át'] *uv* **2** (Eule) кричáть [kr'itsch'át'] *uv*

Schrift *w* **1** (System) письмо́ [p'iß'mó] *s* **2** (lesbar usw.) по́черк [pótsch'irk] *m* **3** (Druckschrift) шрифт [schr'íft] *m*

schriftlich *adj* пи́сьменный [p'íß'm'innyj] ♦ *adv* пи́сьменно [p'íß'm'inna], в пи́сьменной фо́рме [w p'íß'm'innaj fórm'i]

Schriftsteller *m* писа́тель [p'ißát'il'] *m*

Schritt *m* **1** (Bewegung) шаг [schák] *m* **2** (Tempo) шаг [schák] *m*, темп [temp] *m* **3** (Körpergegend) пах [pách] *m* **4** (Handlung) опера́ция [ap'irázyja] *w*, акт [ákt] *m*

Schrott *m* лом [lóm] *m*

Schublade *w* я́щик [jáschsch'ik] *m*

schüchtern *adj* стесни́тельный [ßt'ißn'ít'il'nyj], стыдли́вый [ßtydl'íwyj], засте́нчивый [saßt'éntsch'iwyj], ро́бкий [rópk'ij]

Schuh *m* ту́фля [túfl'a] *w*, башма́к [baschmák] *m*, боти́нок [bat'ínak] *m* ▶ **~e** о́бувь *w*

schuld **~ sein** *an etw. Dat* отвеча́ть *uv за что*

Schuld *w* **1** (Verantwortung usw.) *an etw. Dat* вина́ [w'iná] *w за что* **2** (Fehler) вина́ [w'iná] *w* **3** (Betrag) долг [dólk] *m* ▶ *j-m* **die ~** *an etw. Dat* **geben** вини́ть *uv кого в чём*; **Es ist nicht meine ~!** Я не винова́т!

schulden *v j-m etw. Akk* име́ть долги́ [im'ét' dalg'í]

schuldig *adj* **1** *etw. Gen* винова́тый [w'inawátyj] *в чём*, вино́вный [w'inównyj] *в чём* **2** (Summe) невозвращённый [n'iwaswraschsch'ónnyj], неопла́ченный [n'iaplátsch'innyj]

Schule *w* шко́ла [schkóla] *w* ▶ **in der ~** в шко́ле

Schüler *m* учени́к [utsch'in'ík] *m*, шко́льник [schkól'n'ik] *m*

Schuljahr *s* класс [kláß] *m*, курс [kúrß] *m*

Schulter *w* плечо́ [pl'itsch'ó] *s*

Schuppe *w* **1** (von Fisch usw.) чешуя́ [tsch'ischujá] *w* **2** **~n** пе́рхоть [p'érchat'] *w*

Schürze *w* фа́ртук [fártuk] *m*

Schuss *m* **1** (aus Pistole usw.) вы́стрел [wýßtr'il] *m* **2** (im Fußball usw.) уда́р [udár] *m*

Schüssel *w* блю́дце [bl'útzy] *s*, ми́ска [m'íßka] *w*, блю́до [bl'úda] *s*

Schusswaffe *w* огнестре́льное ору́жие [agn'ißtr'él'naji arúshyji]

Schuster *m* сапо́жник [ßapóshn'ik] *m*

schütteln *v etw. Akk* тряхну́ть [tr'ichnút'] *vo что, чем*, потрясти́ [patr'ißt'í] *vo что, чем*, *j-n/etw.* трясти́ [tr'ißt'í] *uv кем/чем* ▶ **den Kopf ~** мота́ть голово́й; **sich ~** (vor Lachen usw.) задрожа́ть *vo*, трясти́сь *uv*, лихора́дить *uv*

schütten *v etw. irgendwohin* сы́пать [ßýpat'] *uv что куда*

Schutz *m* **1** *gegen etw., vor etw. Dat* охра́на [achrána] *w от чего* **2** (Naturschutz usw.) охра́на [achrána] *w*

schützen *v j-n/etw.* охраня́ть [achran'át'] *uv*, бере́чь [b'ir'étsch'] *uv*

schwach *adj* **1** сла́бый [ßlábyj], бесси́льный [b'ißß'íl'nyj] **2** (schlecht) сла́бый [ßlábyj] ♦ *adv* сла́бо [ßlába]

Schwäche *w* **1** (Gefühl usw.) сла́бость [ßlábaßt'] *w* **2** (charakterliche usw.) сла́бое ме́сто [ßlábaji m'éßta]

Schwager *m* шу́рин [schúr'in] *m*, зять [s'át'] *m*, де́верь [d'éw'ir'] *m*, своя́к [ßwaják] *m*

Schwamm *m* гу́бка [gúpka] *w*, моча́лка [matsch'álka] *w*

Schwan *m* ле́бедь [l'éb'it'] *m*

schwanger *adj* бере́менная [b'ir'ém'innaja]

Schwanz *m* хвост [chwóßt] *m*

schwarz *adj* чёрный [tsch'órnyj] ♦ *adv* незако́нно [n'isakónna]

schwarzfahren *v* е́хать за́йцем [jéchat' sájzym]

Schwebebahn *w* кана́тная доро́га [kanátnaja daróga]

Schwefel *m* се́ра [ß'éra] *w*

schweigen *v* молча́ть [maltsch'át'] *uv*

Schwein *s* свинья́ [ßw'in'já] *w*

Schweinefleisch *s* свини́на [ßw'in'ína] *w*

Schweiß *m* пот [pót] *m*

Schweiz *w* Швейца́рия [schw'ijzár'ija] *w*

Schweizer *m* швейца́рец [schw'ijzár'iz] *m*

schweizerisch *adj* швейца́рский [schw'ijzárßk'ij]

Schwellung *w* о́пухоль [ópuchal'] *w*, отёк [at'ók] *m*

schwer *adj* **1** (Gewicht) тяжёлый [t'ish'ólyj] **2** (intensiv) уси́ленный [uß'íl'innyj], интенси́вный [intinß'íwnyj] ♦ *adv* гру́зно [grúsna]

Schwert *s* меч [m'étsch'] *m*

Schwester *w* сестра́ [ß'ißtrá] *w*

Schwiegermutter *w* свекро́вь [ßw'ikróf'] *w*, тёща [t'óschsch'a] *w*

Schwiegersohn *m* зять [s'át'] *m*

Schwiegertochter *w* сноха́ [ßnachá] *w*

Schwiegervater *m* тесть [t'éßt'] *m*, свёкор [ßw'ókar] *m*

schwierig *adj* **1** тяжёлый [t'ish'ólyj], тру́дный [trúdnyj] **2** (Zeit usw.) тре́бовательный [tr'ébawat'il'nyj] ♦ *adv* нелегко́ [n'il'ichkó]

Schwierigkeit *w* **1** тру́дность [trúdnaßt'] *w*, препя́тствие [pr'ip'áztw'iji] *s*, (Problem usw.) затрудне́ние [satrudn'én'iji] *s*,

(Problem) затруднéние [satrudn'én'iji] *s* **2** (Eigenschaft) *etw. Gen* трýдность [trúdnaßt'] *w чего*

Schwimmbad *s* плáвательный бассéйн [pláwat'il'nyj baßß'éjn]

Schwimmbecken *s* бассéйн [baßß'éjn] *m*

schwimmen *v* **1** (Mensch) плáвать [pláwat'] *uv* **2** (Papierschiff) плыть [plýt'] *uv*

Schwimmen *s* плáвание [pláwan'iji] *s*

Schwimmer *m* **1** пловéц [plaw'éz] *m* **2** (Hilfsmittel) поплавóк [paplawók] *m*

Schwimmflossen *w Mz* лáсты [láßty] *m Mz*

Schwimmweste *w* спасжилéт [ßpashshyl'ét] *m*

schwindelig ~ **werden** чýвствовать головокружéние

schwindeln *v j-m* кружи́ться [krushýtza] *uv*, крути́ться [krut'ítza] *uv*, (Kopf) *j-m* закружи́ться [sakrushýtza] *vo* ► **Mir schwindelt.** У меня́ крýжится головá.

schwitzen *v* вспотéть [fßpat'ét'] *vo*, потéть [pat'ét'] *uv*

schwul *adj* голубóй [galubój] *m*

sechs *num* шесть [schéßt']

sechst(er,e,es) *num* шестóй [schyßtój]

sechzehn *num* шестнáдцать [schißtnázat']

sechzig *num* шестьдеся́т [schyßt'd'iß'át]

See[1] *m* óзеро [ós'ira] *s*

See[2] *w* мóре [mór'i] *s* ► **an der ~** на мóре

Seeigel *m* морскóй ёж [marßkój jósch]

Seele *w* душá [duschá] *w*

seelisch *adj* душéвный [duschéwnyj]

Seemann *m* моря́к [mar'ák] *m*, матрóс [matróß] *m*

Segel *s* пáрус [páruß] *m*

sehen *v j-n/etw.* ви́деть [w'íd'it'] *uv*

Sehenswürdigkeit *w* достопримечáтельность [daßtapr'im'itsch'át'il'naßt'] *w*

sehr *adv* óчень [ótsch'in'], в значи́тельной стéпени [w snatsch'ít'il'naj ßt'ép'in'i]

Seide *w* шёлк [sch'ólk] *m*

Seife *w* мы́ло [mýla] *s*

Seil *s* канáт [kanát] *m*, трос [tróß] *m*

Seilbahn *w* каби́нка канáтной дорóги [kab'ínka kanátnaj daróg'i]

sein[1] *v* **1** (existieren) быть [být'] *uv* **2** (vorkommen) быть [být'] *uv*, находи́ться [nachad'ítza] *uv*, оказáться [akasátza] **3** (über Eigenschaften usw.) быть [být'] *uv* ► **auf ~** не спать; **ähnlich ~** *j-m/etw.* быть похóжим *на кого/что*; **wach ~** бóдрствовать *uv*; **Ist das Ihr Ernst?** Вы э́то серьёзно?, Вы всерьёз?; **Mir ist kalt.** Мне хóлодно.; **Was ist (los)?** Что происхóдит?, Что такóе?; **Wo ist das?** Где э́то (нахóдится)?

sein[2] *pron* егó [jiwó]

seit *conj* с тех пор как [ß t'éch pór kák] ♦ *prep* с [ß]

Seite *w* **1** (Fläche usw.) сторонá [ßtaraná] *w* **2** (Buch usw.) страни́ца [ßtran'íza] *w*, (linke, rechte usw.) сторонá [ßtaraná] *w* **3** (Seitenteil usw.) бок [bók] *m* **4** (einer Zeitung usw.) страни́ца [ßtran'íza] *w* **5** (Standpunkt) *etw. Gen* сторонá [ßtaraná] *w чего*

seitlich *adj* боковóй [bakawój]

Sekretär *m* **1** (einer Partei usw.) секретáрь [ß'ikr'itár'] *m* **2** (Möbelstück) секретéр [ß'ikr'iter] *m*

Sekretärin *w* секретáрша [ß'ikr'itárscha] *w*

Sekt *m* игри́стое винó [igr'íßtaji w'inó]

Sekunde *w* секýнда [ß'ikúnda] *w*

selbst *adj* **1** (persönlich) сáмый [ßámyj] **2** (allein) сам [ßám]

Selbstbedienung *w* самообслýживание [ßamaapßlúshywan'iji] *s*

Selbstmord *m* самоуби́йство [ßamaub'íjßtwa] *s*

selbstständig *adj* незави́симый [n'isaw'íß'imyj]

selbstverständlich *adj* естéственный [jißt'éßtw'innyj], я́вный [jáwnyj] ♦ *part* конéчно [kan'éschna], естéственно [jißt'éßtw'inna], разумéется [rasum'éjitßja]

Sellerie *m* сельдерéй [ß'il'd'ir'éj] *m*

selten *adj* рéдкий [r'étk'ij] ♦ *adv* и́зредка [ísr'itka]

seltsam *adj* óчень стрáнный [ótsch'in' ßtránnyj], удиви́тельный [ud'iw'ít'il'nyj], стрáнный [ßtránnyj] ♦ *adv* стрáнно [ßtránna]

Semester *s* семéстр [ß'im'éßtr] *m*, полугóдие [palugód'iji] *s*

Seminar *s* семинáрий [ß'im'inár'ij] *m*, семинáр [ß'im'inár] *m*

senden *v* **1** (Brief usw.) *j-m etw. Akk* послáть [paßlát'] *vo кому что*, *j-m etw. Akk* отпрáвить [atpráw'it'] *vo* **2** (ausstrahlen) трансли́ровать [tranßl'írawat'] *vo/uv*

Sendung *w* **1** (Ware) посы́лка [paßýlka] *w* **2** (Ausstrahlen) передáча [p'ir'idátsch'a] *w* **3** (Programm) передáча [p'ir'idátsch'a] *w*, прогрáмма [pragrámma] *w*

Senf *m* горчи́ца [gartsch'íza] *w*

senken *v* **1** (Augen usw.) потупля́ть [patupl'át'] *uv*, опускáть [apußkát'] *uv*, (Kopf usw.) опусти́ть [apußt'ít'] *vo*, потýпить [patúp'it'] *vo* **2** (nach unten) спусти́ть [ßpußt'ít'] *vo* **3** (Summe usw.) *etw. Akk* сни́зить [ßn'ís'it'] *vo*, сба́вить [sbáw'it'] *vo* ▶ **sich ~** спуска́ться *uv*

September *m* сентя́брь [ß'int'ábr'] *m*

Serie *w* **1** (Fotos usw.) се́рия [ß'ér'ija] *w* **2** (Geschehnisse usw.) ряд [r'át] *m* **3** (TV usw.) сериа́л [ß'ir'iál] *m*

Service[1] *s* (Geschirr) серви́з [ß'irw'íß] *m*, сервиро́вка [ß'irw'irófka] *w*

Service[2] *m/s* (Dienst) обслу́живание [apß-lúshywan'iji] *s*, се́рвис [ßerw'iß] *m*

servieren *v* сервирова́ть [ß'irw'irawát'] *vo/uv*

Serviette *w* салфе́тка [ßalf'étka] *w*

Sessel *m* кре́сло [kr'éßla] *s*

setzen *v* **1** *j-n irgendwohin* усади́ть [ußad'ít'] *vo* **2** *sich* **~** сесть [ß'éßt'] *vo*, присе́сть [pr'iß'éßt'] *vo* **3** (außer Betrieb usw.) *etw. Akk in etw. Akk* ввести́ [ww'ißt'í] *vo что во что* ▶ **in Gang ~** *etw. Akk* запусти́ть (в рабо́ту) *что*

Sex *m* секс [ß'ékß] *m*

Shampoo *s* шампу́нь [schympún'] *m*

sich *pron* себя́ [ß'ib'á] ▶ **mit ~** (bringen usw.) с собо́й

sicher *adj* **1** (gefahrlos) безопа́сный [b'isapáßnyj] **2** (gesichert) обеспе́ченный [ab'ißp'étsch'innyj] **3** (ohne Zweifel usw.) несомне́нный [n'ißamn'énnyj] ♦ *adv* безопа́сно [b'isapáßna] ♦ *part* несомне́нно [n'ißamn'énna] ▶ **sich** *etw. Gen* **~ sein** быть уве́рен *в чём*

Sicherheit *w* **1** уве́ренность [uw'ér'innaßt'] *w* **2** (Selbstsicherheit) убеждённость [ub'ishd'ónnaßt'] *w* **3** (Zustand) безопа́сность [b'isapáßnaßt'] *w* **4** (Platz) безопа́сное ме́сто [b'isapáßnaji m'éßta] **5** (von Betrieb usw.) *etw. Gen* безопа́сность [b'isapáßnaßt'] *w чего* **6** (Geld usw.) зало́г [salok] *m*, закла́д [saklát] *m* ▶ **in ~ sein** находи́ться в безопа́сном ме́сте

Sicherheitsgurt *m* реме́нь безопа́сности [r'im'én' b'isapáßnaßt'i] ▶ **den ~ anlegen** застегну́ть реме́нь безопа́сности, застегну́ть ремни́

Sicherheitsnadel *w* англи́йская була́вка [angl'ijßkaja bulàfka]

sichern *v* **1** (schützen) *j-n/etw.* предохраня́ть [pr'idachran'át'] *uv*, страхова́ть [ßtrachawát'] *uv кого/что*, (vor Gefahr) *etw. Akk* предохрани́ть [pr'idachran'ít'] *vo*, обезопа́сить [ab'isapáß'it'] *vo* **2** (Wagen, Waffe usw.) *etw. Akk irgendwohin* укрепи́ть [ukr'ip'ít'] *vo* **3** (garantieren) *etw. Akk* обеспе́чить [ab'ißp'étsch'it'] *vo что*

Sicherung *w* **1** предохрани́тель [pr'idachran'ít'il'] *m* **2** (Schutz) охране́ние [achran'én'iji] *s*, обеспе́чение [ab'ißp'étsch'in'iji] *s* ▶ **Die ~ ist herausgesprungen.** Вы́шибло предохрани́тель.

Sicht *w* взгляд [wsgl'át] *m*

sichtbar *adj* ви́димый [w'íd'imyj], ви́дный [w'ídnyj]

sie *pron* **1** (Fem. Singular) она́ [aná] **2** (Plural) они́ [an'í]

Sie *pron* вы [wý]

sieben *num* семь [ß'ém'], се́меро [ß'ém'ira]

siebent(er,e,es) *num* седьмо́й [ß'id'mój]

siebt(er,e,es) *num* седьмо́й [ß'id'mój]

siebzehn *num* семна́дцать [ß'imnázat']

siebzig *num* се́мьдесят [ß'ém'd'iß'it]

Sieg *m* побе́да [pab'éda] *w*

siegen *v in etw. Dat* вы́играть [wýigrat'] *vo*

Sieger *m* победи́тель [pab'id'ít'il'] *m*

siezen *v j-n* обраща́ться на вы [abraschsch'átza ná wý] *к кому*

Signal *s* сигна́л [ß'ignál] *m*

Silbe *w* слог [ßlók] *m*

Silber *s* серебро́ [ß'ir'ibró] *s*

singen *v* петь [p'ét'] *uv*

sinken *v* **1** (Flugzeug usw.) снижа́ться [ßn'ishátza] *vo*, па́дать [pádat'] *uv* **2** (Wasser usw.) сбыть [sbýt'], пасть [páßt'] **3** (Boot) затону́ть [satanút'] *vo* **4** (Wert usw.) упа́сть [upáßt'] *vo*, па́дать [pádat'] *uv*, снижа́ться [ßn'ishátza] *uv*

Sinn *m* **1** (Sehkraft usw.) о́рган чувств [órgan tsch'úfßtf] **2** (Gerechtigkeit usw.) *für etw.* чу́вство [tsch'úfßtwa] *s чего* **3** (Gedanken usw.) ум [úm] *m*, дух [dúch] *m* **4** (Bedeutung) смысл [ßmýßl] *m* **5** (Zweck) *etw. Gen* смысл [ßmýßl] *m* ▶ **~ ergeben** име́ть смысл

sinnlich *adj* **1** (Wahrnehmung usw.) чу́вственный [tsch'úfßtw'innyj], сенсо́рный [ß'inßórnyj] **2** (Lippen usw.) похотли́вый [pachatl'íwyj], чу́вственный [tsch'úfßtw'innyj]

sinnlos *adj* бессмы́сленный [b'ißßmýßl'innyj], бесполе́зный [b'ißpal'ésnyj], напра́сный [napráßnyj], абсу́рдный [apßúrdnyj]

sinnvoll *adj* **1** (Lösung usw.) изобрета́тельный [isabr'itát'il'nyj], нахо́дчивый [nachóttsch'iwyj], дога́дливый [dagádl'iwyj], (Lösung usw.) замыслова́тый [samyßlawátyj] **2** (Sinn habend) осмы́сленный [aßmýßl'innyj], име́ющий смысл [im'éjuschsch'ij ßmýßl] ♦ *adv* осмы́сленно [aßmýßl'inna]

Sitte *w* обыкнове́ние [abyknaw'én'iji] *s*

Situation *w* положе́ние [palashén'iji] *s*

Sitz *m* **1** (Sitzgelegenheit) сиде́нье [ß'id'én'ji] *s* **2** (Institution) местопребыва́ние [m'ißtapr'ibywán'iji] *s* **3** (Haltung) пози́ция си́дя [pas'ízyja ß'íd'a]
sitzen *v* сиде́ть [ß'id'ét'] *uv*
Sitzplatz *m* ме́сто [m'éßta] *s*
Ski *m* лы́жа [lýsha] *w* ► **~ fahren** ката́ться на лы́жах
Skifahrer *m* лы́жник [lýshn'ik] *m*
Skilift *m* подъёмник [pad'ómn'ik] *m*
Skipass *m* ски-па́сс [ßk'ipáß] *m*
Skipiste *w* горнолы́жная тра́сса [garnalýshnaja tráßa]
Skistöcke *m Mz* лы́жные па́лки [lýshnyji pálk'i]
Skizze *w* эски́з [ißk'íß] *m*, зарисо́вка [sar'ißófka] *w*, набро́сок [nabróßak] *m*
Skulptur *w* скульпту́ра [ßkul'ptúra] *w*
so *adv* **1** (auf diese Weise) так [ták], (вот) так [(wót) ták] **2** (so sehr) так [ták] ► **und ~ weiter** и тому́ подо́бное, и так да́лее
sobald *conj* едва́ [jidwá]
Socke *w* носо́к [naßók] *m*
Sofa *s* дива́н [d'iwán] *m*, софа́ [ßafá] *w*
sofort *adv* мгнове́нно [mgnaw'énna], неме́дленно [n'im'édl'inna] ► **Jetzt ~?** Пря́мо сейча́с (же)?
sofortig *adj* мгнове́нный [mgnaw'énnyj], неме́дленный [n'im'édl'innyj], сро́чный [ßrótsch'nyj]
sogar *adv* да́же [dáshy]
Sohle *w* подо́шва [padóschwa] *w*, подмётка [padm'ótka] *w*
Sohn *m* сын [ßýn] *m*
solange *adv* (до тех пор) пока́ [(dó t'éch pór) paká]
solch(er,e,es) *pron* тако́й [takój]
Soldat *m* солда́т [ßaldát] *m*, военнослу́жащий [wajinnaßlúshaschschij] *m*
sollen *v* быть до́лжен [být' dólshyn] *сде́лать что* ► **Sag ihnen, sie ~ warten!** Скажи́ им, пуска́й они́ подожду́т!
Sommer *m* ле́то [l'éta] *s*
Sonderangebot *s* (промо-)а́кция [(prama)ákzyja]
sondern *conj* но [nó], а [á]
Sonnabend *m* (NoD) суббо́та [ßubóta] *w*
Sonne *w* со́лнце [ßonzi] *s*
Sonnenaufgang *m* восхо́д со́лнца [waßchót ßónza]
Sonnenblume *w* подсо́лнечник [pazóln'itsch'n'ik] *m*
Sonnenbrand *m* со́лнечный ожо́г [ßóln'itsch'nyj ashók]
Sonnencreme *w* (солнце)защи́тный крем [(ßalnzy)saschsch'ítnyj kr'ém]
Sonnenstich *m* со́лнечный уда́р [ßóln'itsch'nyj udár]
Sonnenuntergang *m* зака́т со́лнца [sakát/sachótßónza]
sonnig *adj* со́лнечный [ßóln'itsch'nyj]
Sonntag *m* воскресе́нье [waßkr'iß'én'ji] *s*
sonst *adv* вообще́ [waapschsch'é]
Sorge *w* **1** *um j-n/etw.* забо́та [sabóta] *w о ком/чём* **2** *für j-n* забо́та [sabóta] *w о ком* ► **sich ~n machen** *um j-n/etw.* трево́житься *uv о ком/чём, за кого/что*; **~n** муче́ние *s*
sorgen *v* **1** *für j-n/etw.* уха́живать [ucháshywat'] *uv за кем/чем*, забо́титься [sabót'itza] *uv о ком/чём*, (sich kümmern) *für etw.* следи́ть [ßl'id'ít'] *uv за чем* **2** (Problem lösen usw.) *für etw.* позабо́титься [pasabót'itza] *vo о чём* **3** *sich ~ um j-n/etw.* беспоко́иться [b'ißpakóitza] *uv о ком/чём, за кого/что*, трево́житься [tr'iwóshytza] *uv о ком/чём, за кого/что*
Sorgfalt *w* тща́тельность [tschsch'át'il'naßt'] *w*, аккура́тность [akkurátnaßt'] *w*
sorgfältig *adj* тща́тельный [tschsch'át'il'nyj] ♦ *adv* тща́тельно [tschsch'át'il'na]
Sorte *w* сорт [ßórt] *m*, поро́да [paróda] *w*, разнови́дность [rasnaw'ídnaßt'] *w*, (Typ usw.) вид [w'ít] *m*
Sortiment *s* ассорти́ [aßßart'í] *s*, колле́кция [kall'ékzija] *w*, набо́р [nabór] *m*, ассортиме́нт [aßßart'im'ént] *m*
Soße *w* со́ус [ßóuß] *m*
Souvenir *s* сувени́р [ßuw'in'ír] *m*
soviel *conj* пока́ [paká]
sowie *conj* **1** (beides) и та́кже [í tákshy] **2** (gleich usw.) едва́ [jidwá]
sowieso *adv* так и э́так [ták í étak] ♦ *part* всё равно́ [fß'ó rawnó], всё-таки [fß'ótak'i], и так [í ták]
sowohl **~ – als auch** как – так и
sozial *adj* социа́льный [ßazyál'nyj]
Spalte *w* **1** (Riss) сква́жина [ßkwáshyna] *w*, щель [schsch'él'] *w* **2** (in einem Text) столбе́ц [ßtalb'éz] *m*, коло́нка [kalónka] *w* **3** (Gaumenspalte usw.) расще́лина [raßschsch'él'ina] *w*
spalten *v* рассе́чь [raßß'étsch'] *vo*, (Atomkerne usw.) расщепля́ть [raßschsch'ipl'át'] *uv*, *etw. Akk* расщепи́ть [raßschsch'ip'ít'] *vo*
Spanien *s* Испа́ния [ißpán'ija] *w*
spanisch *adj* испа́нский [ißpánßk'ij] ♦ *adv* по-испа́нски [paißpánßk'i]
spannen *v* **1** (Seil usw.) *etw. Akk* натяну́ть [nat'inút'] *vo*, *etw. Akk* напря́чь [napr'átsch'] *vo* **2** (einspannen) *etw. Akk* сжать [shshát'] *vo*

Spannung *w* **1** (Anspannung) напряже́ние [napr'ishén'iji] *s*, (Erwartung usw.) напряжённость [napr'ish'ónnaßt'] *w* **2** (elektrische) напряже́ние [napr'ishén'iji] *s*

sparen *v* **1** *auf etw. Akk* копи́ть [kap'ít'] *uv на что*, сберега́ть [sb'ir'igát'] *uv что*, эконо́мить [ikanóm'it'] *uv на что* **2** (Wasser usw.) *etw. Akk* эконо́мить [ikanóm'it'] *uv*, бере́чь [b'ir'étsch'] *uv что*

Spargel *m* спа́ржа [ßpársha] *w*

Sparkasse *w* сберка́сса [sb'irkáßßa] *w*, сберба́нк [sb'irbánk] *m*, сберега́тельная ка́сса [sb'ir'igát'il'naja káßßa]

sparsam *adj* **1** (Person) эконо́мный [ikanómnyj], бережли́вый [b'ir'ishl'íwyj], расчётливый [raschsch'ótl'iwyj] **2** (Wagen usw.) экономи́чный [ikanam'ítsch'nyj] ♦ *adv* бере́жливо [b'ir'éshl'iwa], эконо́мно [ikanómna], бе́режно [b'ér'ishna]

Spaß *m* шу́тка [schútka] *w*, развлече́ние [raswl'itsch'én'iji] *s*, поте́ха [pat'écha] *w*, заба́ва [sabáwa] *w*

spät *adv* по́здно [pósna]

spätestens *adv* не по́зже [n'é póshshy], не поздне́е [n'é pasn'éji]

Spatz *m* воробе́й [warab'éj] *m*

spazieren *v* гуля́ть [gul'át'] *uv* ► **~ gehen** пройти́сь *vo*

Spaziergang *m* прогу́лка [pragúlka] *w*

Speck *m* копчёное са́ло [kaptsch'ónaji ßála], (Schweinespeck) шпик [schp'ík] *m*

Speichel *m* слюна́ [ßl'uná] *w*

Speicher *m* **1** (Computer) па́мять [pám'it'] *w* **2** (für Getreide) амба́р [ambár] *m*

Speise *w* блю́до [bl'júda] *s*, ку́шанье [kúschan'ji] *s*

Speisekarte *w* меню́ [m'in'jú] *s*

Speisesaal *m* столо́вая [ßtalówaja] *w*

Speisesoda *w* питьева́я со́да [p'it'jiwája ßóda]

Speisewagen *m* ваго́н-рестора́н [wagónr'ißtarán] *m*

Spende *w* дар [dár], поже́ртвование [pashértwawan'iji]

sperren *v* пересе́чь [p'ir'iß'étsch'] *vo*, прегради́ть [pr'igrad'ít'] *vo*, закры́ть [sakrýt'] *vo*

Spezialität *w* специа́льный това́р [ßp'izyál'nyj tawár], фи́рменное блю́до [f'írm'innaji bl'júda]

speziell *adv* специа́льно [ßp'izyál'na]

Spiegel *m* **1** (Glas) зе́ркало [s'érkala] *s* **2** (Oberfläche) (во́дная) пове́рхность [(wódnaja) paw'érchnaßt']

Spiel *s* **1** (Spielen) игра́ [igrá] *w* **2** (Match) матч [mátsch'] *m*, встре́ча [fßtr'étsch'a] *w* ► **auf dem ~ stehen** быть поста́вленный на ка́рту

spielen *v* **1** (Kinder usw.) *mit etw.* игра́ть [igrát'] *uv с чем* **2** (Spiele usw.) *etw. Akk* игра́ть [igrát'] *uv во что* **3** (Instrument) *etw. Akk* игра́ть [igrát'] *uv на чём* **4** (im Theater usw.) выступа́ть [wyßtupát'] *uv* **5** *j-n/etw.* сыгра́ть [ßygrát'] *vo кого/что*, испо́лнить [ißpóln'it'] *vo*, (Schauspieler) игра́ть [igrát'] *uv* **6** (Film usw.) *etw. Akk* пока́зывать [pakásywat'] *uv* **7** (Wettkampf austragen) сыгра́ть [ßygrát'] *vo*, разыгра́ть [rasygrát'] *vo* **8** (leichtfertig) *mit etw.* игра́ть [igrát'] *uv с чем*, заи́грывать [saígrywat'] *vo с чем*

Spielkarte *w* ка́рта [kárta] *w*

Spielkasino *s* игрово́й зал [igrawój sál]

Spielplatz *m* де́тский городо́к [d'ézk'ij garadók]

Spielzeug *s* игру́шка [igrúschka] *w*

Spinat *m* шпина́т [schp'inát] *m*

Spinne *w* пау́к [paúk] *m*

spinnen *v* **1** (Flachs usw.) прясть [pr'áßt'] *uv* **2** (verrückt sein) шале́ть [schyl'ét'] *uv*

Spirale *w* спира́ль [ßp'irál'] *w*

spitz *adj* о́стрый [óßtryj]

Spitze *w* **1** (eines Pfeils usw.) остриё [aßtr'i'ó] *s*, наконе́чник [nakan'étsch'n'ik] *m* **2** (Turm usw.) *etw. Gen* верши́на [w'irschýna] *w* **3** (Vorderteil) *etw. Gen* голова́ [galawá] *w чего* **4** (Posten) верху́шка [w'irchúschka] *w* **5** (Gewebe) кру́жево [krúshywa] *s*

Splitter *m* **1** (im Finger usw.) зано́за [sanósa] *w* **2** оско́лок [aßkólak] *m*

Sport *m* спорт [ßpórt] *m*

Sportler *m* спортсме́н [ßparzm'én] *m*

sportlich *adj* спорти́вный [ßpart'íwnyj]

Sportplatz *m* площа́дка [plaschsch'átka] *w*

spotten *v über j-n/etw.* глуми́ться [glum'ítza] *uv над кем/чем*, смея́ться [ßm'ijátza] *uv над кем/чем*, издева́ться [isd'iwátza] *uv над кем/чем*, *über j-n/etw.* осме́ивать [aßm'éiwat'] *uv кого/что*

Sprache *w* **1** (Sprachfähigkeit) речь [r'étsch'] *w* **2** (als Kommunikation) язы́к [jisýk] *m*

Spray *m/s* спрей [ßpr'éj] *m*, балло́нчик [ballóntsch'ik] *m*

sprechen *v* **1** *mit j-m von etw., über etw. Akk* говори́ть [gawar'ít'] *uv с кем о чём*, разгова́ривать [rasgawár'iwat'] *uv с кем* **2** (sich unterhalten) *mit j-m von etw., über etw. Akk* переговори́ть [p'ir'igawar'ít'] *vo с кем*

► **Ich spreche kein Englisch/Deutsch/Französisch.** Я не говорю́ по-англи́йски/по-неме́цки/по-францу́зски.

Sprecher *m* **1** (Vertreter) представи́тель [pr'iztaw'ít'il'] *m* **2** (im Fernsehen usw.) ди́ктор [d'íktar] *m*

Sprechzimmer *s* кабине́т врача́ [kab'in'ét wratsch'á]

springen *v* **1** (einen Sprung machen) пры́гнуть [prýgnut'] *vo* **2** (Sprünge machen) пры́гать [prýgat'] *uv*, скака́ть [ßkakát'] *uv* **3** *aus etw.* вы́прыгнуть [wýprygnut'] *vo из чего* **4** *über etw. Akk* перепры́гнуть [p'ir'iprýgnut'] *vo что* **5** (anbrechen) ло́пнуть [lópnut'] *vo* **6** (Glas usw.) потре́скаться [patr'éßkatza] *vo*, тре́снуть [tr'éßnut'] *vo*

Spritze *w* **1** (für Injektionen) шприц [schpr'íz] *m* **2** (Dosis von Impfstoff usw.) инъе́кция [injékzija] *w*, уко́л [ukól] *m* **3** (zum Versprühen) ручно́й насо́с [rutsch'nój naßóß]

spritzen *v* **1** бры́згать [brýsgat'] *uv*, набры́згивать [nabrýsg'iwat'] *uv* **2** (mit Pestiziden usw.) опры́скивать [apryßk'iwat'] *uv* **3** (sprudeln) бры́згать [brýsgat'] *uv* **4** (Fett usw.) бры́згать [brýsgat'] *uv* **5** (mit Farbe) распыля́ть [raßpyl'át'] *uv* **6** (Medikament usw.) *j-m etw. Akk* сде́лать уко́л [sd'élat' ukól] *кому*

sprühen *v* распыля́ть [raßpyl'át'] *uv*

Sprung *m* прыжо́к [pryshók] *m*, скачо́к [ßkatsch'ók] *m*

spucken *v* плю́нуть [pl'júnut'] *vo*

Spülbecken *s* мо́йка [mójka] *w*

spülen *v* **1** (Toilette) смыть [ßmýt'] *vo* **2** (Wäsche) полоска́ть [palaßkát'] *uv*, промыва́ть [pramywát'] *uv* **3** (Geschirr usw.) *etw. Akk* ополосну́ть [apalaßnút'] *vo*, обмы́ть [abmýt'] *vo*

Spülmaschine *w* посудомо́ечная маши́на [paßudamójitsch'naja maschýna], посудомо́йка [paßudamójka] *w*

Spur *w* **1** (im Boden) след [ßl'ét] *m* **2** (Zeichen) *etw. Gen* след [ßl'ét] *m* **3** (einer Tätigkeit usw.) след [ßl'ét] *m*, оста́ток [aßtátak] *m* **4** (Fleck usw.) след [ßl'ét] *m*

spüren *v etw. Akk* чу́вствовать [tsch'úfßtwawat'] *uv что*

Staat *m* госуда́рство [gaßudárßtwa] *s*

staatlich *adj* госуда́рственный [gaßudárßtw'innyj]

Staatsangehörigkeit *w* гражда́нство [grashdánßtwa] *s*

Staatsanwalt *m* прокуро́р [prakurór] *m*

Stab *m* **1** (aus Holz usw.) прут [prút] *m* **2** (Offiziere) штаб [schtáp] *m* **3** (Experten) штаб [schtáp] *m*

Stachel *m* **1** (einer Pflanze) шип [schýp] *m*, колю́чка [kal'jútsch'ka] *w*, игла́ [iglá] *w* **2** (des Igels usw.) игла́ [iglá] *w* **3** (einer Wespe usw.) жа́ло [shála] *s*

Stadt *w* го́род [górat] *m*

Stadtplan *m* план го́рода [plán górada] *m*

Stadtviertel *s* райо́н [rajón] *m*

Stahl *m* сталь [ßtál'] *w*

Stall *m* хлев [chl'éf] *m*, коню́шня [kan'júschn'a] *w*

Stamm *m* **1** (Baum usw.) ство́л [ßtwól] *m* **2** (Menschengruppe) пле́мя [pl'ém'a] *s*

stammen *v aus etw.* происходи́ть [praißchad'ít'] *uv откуда*

Stand *m* кио́ск [k'ióßk] *m*

ständig *adj* беспреры́вный [b'ißpr'irýwnyj], постоя́нный [paßtajánnyj], неуста́нный [n'iußtánnyj] ♦ *adv* всё вре́мя [fß'ó wr'ém'a], постоя́нно [paßtajánna], непреры́вно [n'ipr'irýwna]

Stange *w* **1** (aus Metall usw.) шест [schéßt] *m*, жердь [shérd'] *w* **2** (zum Abstoßen usw.) жердь [shérd'] *w* **3** (Stütze usw.) трость [tróßt'] *w*, па́лка [pálka] *w* **4** (aus Metall usw.) прут [prút] *m*

Stapel *m etw. Gen* ку́ча [kútsch'a] *w чего*

stark *adj* **1** (körperlich) си́льный [ß'íl'nyj], здоро́вый [sdaróẃyj] **2** (Gefühl) си́льный [ß'íl'nyj] **3** (wirksam) си́льный [ß'íl'nyj]
► **~e Regenfälle** проливно́й дождь

Stärke *w* **1** (eines Menschen) си́ла [ß'íla] *w* **2** (Substanz) крахма́л [krachmál] *m*

Start *m* взлёт [wsl'ót] *m*, (Wettlauf) старт [ßtárt] *m*

starten *v* **1** (Rennfahrer usw.) стартова́ть [ßtartawát'] *vo*, взять старт [ws'át' ßtárt] **2** *bei etw.* взять уча́стие [ws'át' utsch'áßt'iji] *в чём* **3** (Motor usw.) завести́ [saw'ißt'í] *vo*, запусти́ть [sapußt'ít'] *vo*, (Motor usw.) запуска́ть [sapußkát'] *uv*, заводи́ть [sawad'ít'] *uv* **4** (Vorhaben usw.) *etw. Akk* раскрути́ть [raßkrut'ít'] *vo что*, *etw. Akk* откры́ть [atkrýt'] *vo*

Station *w* **1** (Haltestelle) ста́нция [ßtánzyja] *w* **2** (in Krankenhaus) отделе́ние [add'il'én'iji] *s*

Stativ *s* штати́в [schtat'íf] *m*

statt *adv etw. Gen* вме́сто [wm'éßta] *чего*

stattfinden *v* состоя́ться [ßaßtajátza] *vo*, происходи́ть [praißchad'ít'] *uv*, состоя́ться [ßaßtajátza] *uv*

Statue *w* ста́туя [ßtátuja] *w*

Stau *m* про́бка [própka] *w*, зато́р [satór] *m*

Staub *m* пыль [pýl'] *m* ► **~ wischen** *irgendwo, von etw.* стере́ть пыль

staubsaugen *v etw. Akk* пропылесо́сить [prapyl'ißóß'it'] *vo*

Staubsauger *m* пылесо́с [pyl'ißóß] *m*

staunen *v über etw. Akk* изумля́ться [isuml'átza] *uv чему*, поража́ться [paras-hátza] *uv чем*

Stausee *m* водохрани́лище [wad-achran'íl'ischsch'i] *s*

stechen *v* **1** (mit Messer usw.) *j-n mit etw.* ткнуть [tknút'] *vo*, *j-n mit etw.* уколо́ть [ukalót'] *vo кого чем*, (mit Nadel usw.) *mit etw. in j-n/etw.* ты́кать [týkat'] *uv*, вонза́ть [wansát'] *uv* **2** (Insekten) *j-n* ужа́лить [ushál'it'] *vo кого*, *j-n* укуси́ть [ukuß'ít'] *vo*, (Wespen usw.) *j-n* изжа́лить [ishshál'it'] *vo* **3** (Dornen usw.) коло́ть [kalót'] *uv*

Steckdose *w* розе́тка [ras'étka] *w*

stecken *v* **1** *etw. Akk in etw. Akk* затолкну́ть [satalknút'] *vo что во что*, *etw. Akk irgendwohin* всу́нуть [fßúnut'] *vo что куда* **2** (festsitzen) *irgendwo* вя́знуть [w'ásnut'] *vo где*, застрева́ть [saßtr'iwát'] *vo где* ► **in die Steckdose ~** *etw. Akk* включи́ть что в розе́тку

Stecker *m* ште́псель [schtepß'il'] *m*, ште́псельная ви́лка [scht'épß'il'naja w'ílka] ► **den ~ herausziehen** вы́ключить что из розе́тки

Stecknadel *w* була́вка [buláfka] *w*

stehen *v* **1** стоя́ть [ßtaját'] *uv* **2** (Kleidung) *j-m* идти́ [itt'í] *uv кому*

stehlen *v* **1** красть [kráßt'] *uv*, *j-m etw. Akk* укра́сть [ukráßt'] *vo что у кого* **2** *sich ~* кра́сться [kráßtza] *uv*, подкра́дываться [patkrádywatza] *uv*

steif *adj* **1** (Material usw.) жёсткий [sh'óßtk'ij] **2** (Glieder usw.) оцепене́лый [azyp'in'élyj] **3** (Mensch usw.) чо́порный [tsch'óparnyj], церемо́нный [zyr'imónnyj]

Steigbügel *m* стре́мя [ßtr'ém'a] *s*

steigen *v* **1** (Flugzeug usw.) поднима́ться [padn'imátza] *uv*, (Nebel usw.) подня́ться [padn'átza] *vo* **2** (Wasserspiegel usw.) подня́ться [padn'átza] *vo* **3** (Preise usw.) поднима́ться [padn'imátza] *vo*

steigern *v* **1** (Spannung usw.) повы́сить [pawýß'it'] *vo*, увели́чить [uw'il'ítsch'it'] *vo* **2** (Adjektiv usw.) образова́ть сте́пени сравне́ния [abrasawát' ßt'ép'in'i ßrawn'én'ija]

steil *adj* обры́вистый [abrýw'ißtyj], круто́й [krutój], отве́сный [atw'éßnyj]

Stein *m* ка́мень [kám'in'] *m*

steinern *adj* ка́менный [kám'innyj]

Stelle *w* ме́сто [m'éßta] *s*

stellen *v* **1** (auf den Tisch usw.) *etw. Akk irgendwohin* поста́вить [paßtáw'it'] *vo* **2** *sich ~* (ans Fenster usw.) *irgendwohin* встать [fßtát'] *vo* **3** (Wecker usw.) настро́ить [naßtróit'] *vo*, (Werte usw.) отрегули́ровать [atr'igul'írawat'] *vo* **4** (Falle usw.) устро́ить [ußtróit'] *vo*, поста́вить [paßtáw'it'] *vo* **5** *sich ~* (widersprechen) *j-m* вы́ступить [wýßtup'it'] *vo против кого/чего*

Stellung *w* **1** (in der Gesellschaft) ста́тус [ßtátuß] *m*, (Stand) положе́ние [palashén'iji] *s* **2** (Einstellung) пози́ция [pas'ízyja] *w*

Stempel *m* ште́мпель [schtemp'il'] *m*, штамп [schtámp] *m*

sterben *v an etw. Dat* умере́ть [um'ir'ét'] *vo от чего*, поги́бнуть [pag'íbnut'] *vo*

Stern *m* **1** звезда́ [sw'isdá] *w* **2** (Zeichen usw.) звёздочка [sw'ósdatsch'ka] *w*

stets *adv* всё вре́мя [fß'ó wr'ém'a], постоя́нно [paßtajánna]

Steuer[1] *s* руль [rúl'] *m*, штурва́л [schturwál] *m*

Steuer[2] *w auf etw. Akk* нало́г [nalók] *m с чего*

steuern *v* **1** (Fahrzeug) *etw. Akk* води́ть [wad'ít'] *uv что*, (Schiff usw.) рули́ть [rul'ít'] *uv* **2** (Gerät usw.) *etw. Akk* управля́ть [uprawl'át'] *uv чем* **3** (sich richten) *irgendwohin* направля́ться [naprawl'átza] *uv куда* **4** (Schiff – Kurs nehmen) плыть [plýt'] *uv*

Steuerung *w* управле́ние [uprawl'én'iji] *s*

Stich *m* стежо́к [ßt'ishók] *m* ► *j-n* **im ~ lassen** разочарова́ть *vo кого*, подвести́ *vo кого*

sticken *v etw. Akk mit etw.* вы́шить [wýschyt'] *vo что на чём*

Stiefel *m* сапо́г [ßapók] *m*

Stiefmutter *w* ма́чеха [mátsch'icha] *w*, неродна́я мать [n'iradnája mát']

Stiefvater *m* о́тчим [óttsch'im] *m*

Stiel *m* **1** (einer Schaufel etc.) топори́ще [tapar'íschsch'i] *s*, черено́к [tsch'ir'inók] *m* **2** (einer Pflanze) сте́бель [ßt'éb'il'] *m*, (Stängel) стебелёк [ßt'ib'il'ók] *m*, плодоно́жка [pladanóshka] *w*

Stift *m* **1** (Schreibgerät) каранда́ш [karandásch] *m* **2** (Verbindungsteil) штифт [scht'íft] *m*

Stil *m* стиль [ßt'íl'] *m*

still *adj* ти́хий [t'ích'ij], бесшу́мный [b'ißschúmnyj] ♦ *adv* ти́хо [t'ícha]

Stille *w* ти́хо [t'ícha] *s*, тишина́ [t'ischyná] *w*

Stimme *w* го́лос [gólaß] *m*

stimmen *v* **1** (bei Abstimmung) *für etw., gegen etw.* голосова́ть [galaßawát'] *uv за что, против чего* **2** (Geige usw.) *etw. Akk* настра́ивать [naßtráiwat'] *uv*, *etw. Akk* настро́ить [naßtróit'] *vo что* ► **Stimmt so.** Сда́чи не на́до.

Stimmung *w* настрое́ние [naßtrajón'iji] *s*

stinken *v* воня́ть [wan'át'] *uv*, ду́рно па́хнуть [dúrna páchnut'], *nach etw.* воня́ть [wan'át'] *uv чем*, *nach etw.* попа́хивать [papách'iwat'] *vo*

Stirn *w* лоб [lóp] *m*

Stock[1] *m* **1** (Zweig) па́лка [pálka] *w* **2** (Stütze usw.) клю́ка́ [kl'uká] *w*, трость [tróßt'] *w*, па́лка [pálka] *w* **3** (als Waffe) клю́ка́ [kl'uká] *w*, па́лка [pálka] *w*

Stock[2] *m* (Geschoss) эта́ж [itásch] *m*

Stockwerk *s* эта́ж [itásch] *m*

Stoff *m* **1** (aus Baumwolle usw.) ткань [tkán'] *w*, мате́рия [mat'ér'ija] *w*, (aus Baumwolle usw.) полотно́ [palatnó] *s* **2** (chemischer usw.) вещество́ [w'ischsch'ißtwó] *s*, (fester usw.) материа́л [mat'ir'jal] *m* **3** (für ein Buch usw.) те́ма [t'éma] *w*, сюже́т [ß'ushét] *m*

stolpern *v über etw. Akk* споткну́ться [ßpatknútza] *uv о что*

stolz *adj* **1** (mit Recht) *auf j-n/etw.* го́рдый [górdyj] *кем/чем* **2** (hochmütig) го́рдый [górdyj]

Stolz *m* го́рдость [górdaßt'] *w*

stopfen *v* **1** зашто́пать [saschtópat'] *vo*, што́пать [schtópat'] *uv* **2** (hineinstecken) *etw. Akk irgendwohin* напиха́ть [nap'ichát'] *vo что куда*

Stöpsel *m* про́бка [própka] *w*, заты́чка [satýtsch'ka] *w*

stören *v* **1** *j-n* побеспоко́ить [pab'ißpakóit'] *vo кого*, помеша́ть [pam'ischát'] *vo кому*, (mit Lärm usw.) *j-n* беспоко́ить [b'ißpakóit'] *uv кого* **2** (beeinträchtigen) *etw. Akk* нару́шить [narúschyt'] *vo* **3** (missfallen) *j-n* меша́ть [m'ischát'] *uv кому* ► **nicht ~** *etw. Akk j-n* не меша́ть *что кому*

stornieren *v* отмени́ть [atm'in'ít'] *vo*

Stornierung *w* отме́на [atm'éna] *w*

Störung *w* **1** (der Ruhe usw.) наруше́ние [naruschén'iji] *s* **2** (technische) поло́мка [palómka] *w* **3** (gesundheitliche) расстро́йство [raßßtrójßtwa] *s*, наруше́ние [naruschén'iji] *s*

Stoß *m* захва́т [sachwát] *m*

Stoßdämpfer *m* глуши́тель [gluschýt'il'] *m*, амортиза́тор [amart'isátar] *m*

stoßen *v* **1** *etw. Akk in etw. Akk* вбить [wb'ít'] *vo что во что*, вонзи́ть [wans'ít'] *vo что во что* **2** *j-n/etw.* толкну́ть [talknút'] *vo кого/что*, *j-n/etw.* подви́нуть [padw'ínut'] *vo*, передви́нуть [p'ir'idw'ínut'] *vo* **3** (mit Kopf usw.) *gegen/an etw.* натолкну́ться [natalknútza] *vo*, уда́риться [udár'itza] *vo*, налете́ть [nal'it'ét'] *vo на что* **4** (Wand usw.) *gegen etw.* нае́хать [najéchat'] *vo на кого/что*, наткну́ться [natknútza] *vo на что* **5** (beschädigen usw.) *an etw.* натолкну́ться [natalknútza] *vo на что* **6** (begegnen) *auf j-n/etw.* столкну́ться [ßtalknútza] *vo*, встре́титься [fßtr'ét'itza] *vo с кем/чем* **7** (Problem usw.) *auf etw. Akk* столкну́ться [ßtalknútza] *vo с чем*, натолкну́ться [natalknútza] *vo на что*, (Probleme usw.) *auf etw. Akk* наткну́ться [natknútza] *vo на что*

Stoßstange *w* ба́мпер [bámp'ir] *m*

Stoßzeit *w* пик [p'ík] *m*

strafbar *adj* престу́пный [pr'ißtúpnyj], (Tat usw.) наказу́емый [nakasújimyj]

Strafe *w* **1** наказа́ние [nakasán'iji] *s* **2** (Geldbuße) пе́ня [p'én'a] *w*

Strahl *m* луч [lútsch'] *m*

strahlen *v* сия́ть [ß'iját'] *uv*

Strand *m* пляж [pl'ásch] *m*

Strandliege *w* лежа́к [l'ishák] *m*, шезло́нг [schyslónk] *m*

Straße *w* **1** (in Stadt) у́лица [úl'iza] *w* **2** (Verkehrsweg) доро́га [daróga] *w*

Straßenbahn *w* трамва́й [tramwáj] *m*

Straßenzoll *m* (мы́тный) сбор [(mýtnyj) sbór]

Strauch *m* куст [kúßt] *m*, куста́рник [kußtárn'ik] *m*, за́росль [sáraßl'] *w*

Strauß[1] *m* (Blumen) буке́т [buk'ét] *m*

Strauß[2] *m* (Vogel) стра́ус [ßtráuß] *m*

Strecke *w* **1** (Rennstrecke usw.) тра́сса [tráßa] *w* **2** (in Geometrie) отре́зок прямо́й [atr'ésak pr'imój]

streicheln *v* гла́дить [glád'it'] *uv*, погла́живать [pagláshywat'] *uv*, *j-n/etw.* погла́дить [paglád'it'] *vo кого/что*

streichen *v* **1** (Wort usw.) *etw. Akk* перечеркну́ть [p'ir'itsch'irknút'] *vo* **2** (Wände usw.) кра́сить [kráß'it'] *uv*, раскра́сить [raßkráß'it'] *vo*

Streichholz *s* спи́чка [ßp'ítsch'ka] *w*

Streifen *m* **1** полоса́ [palaßá] *w* **2** (eines Landes usw.) по́яс [pójiß] *m*, полоса́ [palaßá] *w* **3** (Stoff usw.) *etw. Gen* поло́ска [palóßka] *w*, ле́нта [l'énta] *w*, полоса́ [palaßá] *w чего*

Streik *m für etw.* забасто́вка [sabaßtófka] *w*

Streit *m* ссо́ра [ßßóra] *w*, раздо́р [rasdór] *m*, ра́сприя [ráßpr'a] *w*, размо́лвка [rasmólfka] *w*

streiten *v mit j-m um/über etw. Akk* спо́рить [ßpór'it'] *uv с кем о чём*, (diskutieren) *mit j-m über etw. Akk* спо́рить [ßpór'it'] *uv с кем о чём* ► **(sich) ~** *über etw. Akk* ссо́риться *uv из-за чего*

streng *adj* **1** (Person usw.) стро́гий [ßtróg'ij] **2** (Regeln usw.) твёрдый [tw'órdyj], стро́гий [ßtróg'ij]

Strich *m* **1** (Linie) чёрточка [tsch'órtatsch'ka] *w* **2** (Pinselstrich usw.) мазо́к [masók] *m*

stricken *v* вяза́ть [w'isát'] *uv*, (Pullover usw.) связа́ть [ßw'isát'] *vo*

Strickjacke *w* кардига́н [kard'igán] *m*

Stroh *s* соло́ма [ßalóma] *w*
Strohhalm *m* соло́минка [ßalóm'inka] *w*, соло́мка [ßalómka] *w*
Strom *m* тече́ние [t'itsch'én'iji] *s* ► **(elektrischer) ~** ток *m*; **Der ~ ist ausgefallen.** Нет электри́чества.
Stromausfall *m* недоо́тпуск электроэне́ргии [n'idaótpußk il'iktrain'érg'ii], сбой в пода́че электроэне́ргии [sbój w padátsch'i il'iktrain'érg'ii]
strömen *v* **1** (Flüssigkeit usw.) течь [t'étsch'] *uv*, стру́иться [ßtrúitza] *uv* **2** (Menschen usw.) вали́ться [wal'ítza] *uv*, броса́ться [braßátza] *uv*
Strudel *m* **1** (von Wasser usw.) водоворо́т [wadawarót] *m*, вихрь [w'íchr'] *m* **2** (Speise) штру́дель [schtrúd'il'] *m*
Strumpf *m* чуло́к [tsch'ulók] *m*
Strumpfhose *w* колго́тки [kalgótk'i] *Mz*
Stück *s* **1** (Teil eines Ganzen) *von etw.* кусо́к [kußók] *m* **2** (einzige Sache) шту́ка [schtúka] *w*
Student *m* студе́нт [ßtud'ént] *m*, уча́щийся [utsch'áschsch'ijß'a] *m*
studieren *v an etw. Dat* учи́ться [utsch'ítza] *uv где*
Studium *s* учёба [utsch'óba] *w* ► **das ~ abschließen** зако́нчить (учёбу)
Stufe *w* ступе́нь [ßtup'én'] *w*
Stuhl *m* **1** (Möbel) стул [ßtúl] *m* **2** (Kot) стул [ßtúl] *m*
stumm *adj* немо́й [n'imój], бесслове́сный [b'ißßlaw'éßnyj]
stumpf *adj* тупо́й [tupój]
Stunde *w* **1** (60 Minuten) час [tsch'áß] *m* **2** (Unterricht) уро́к [urók] *m*
stur *adj* насто́йчивый [naßtójtsch'iwyj], упо́рный [upórnyj]
Sturm *m* вихрь [w'íchr'] *m*
stürmen *v in etw. Akk* ворва́ться [warwátza] *vo куда*, ввали́ться [wwal'ítza] *vo куда*, (eilen) гна́ться [gnátza] *uv*, мча́ться [mtsch'átza] *uv*
Sturz *m* **1** (in die Tiefe usw.) паде́ние [pad'én'iji] *s* **2** (Machtverlust usw.) упа́док [upádak] *m* **3** (der Aktien usw.) спад [ßpát] *m*, паде́ние [pad'én'iji] *s*, обва́л [abwál] *m* **4** (Türsturz usw.) переме́ычка [p'ir'imýtsch'ka] *w*, перекла́дина [p'ir'iklád'ina] *w*
stürzen *v* **1** (stolpern usw.) упа́сть [upáßt'] *vo* **2** (fallen) срыва́ться [ßrywátza] *uv* **3** (wegeilen) *aus etw.* вы́скочить [wýßkatsch'it'] *vo из чего*, вы́бежать [wýb'ishat'] *vo из чего* **4** (in ein Zimmer usw.) *irgendwohin* ввали́ться [wwal'ítza] *vo куда*, ворва́ться [warwátza] *vo куда*, (springen) *irgendwohin* бро́ситься [bróß'itza] *vo во что*, влете́ть [wl'it'ét'] *vo куда* **5** (Aktienkurse usw.) упа́сть [upáßt'] *vo* **6** (Regierung usw.) све́ргнуть [ßw'érgnut'] *vo* **7** ***sich ~*** *in etw. Akk* (anfangen) набро́ситься [nabróß'itza] *vo на что* **8** ***sich ~*** (angreifen) *auf j-n/etw.* напа́сть [napáßt'] *vo на кого/что*, набро́ситься [nabróß'itza] *vo на кого/что*
Substanz *w* материа́л [mat'ir'jal] *m*
subtrahieren *v etw. Akk von etw.* отчи́слить [attsch'íßl'it'] *vo что от чего*
suchen *v* **1** (Verlorenes usw.) *j-n/etw.* иска́ть [ißkát'] *uv кого/что* **2** (dringend usw.) *j-n/etw.* иска́ть [ißkát'] *uv кого/что*, (Täter usw.) *nach j-m/etw.* разы́скивать [rasýßk'iwat'] *uv кого/что*
Süden *m* юг [júk] *m*
südlich *adj* ю́жный [júshnyj]
Summe *w* **1** (bezahlte usw.) су́мма [ßúmma] *w* **2** (einer Addition) су́мма [ßúmma] *w*, ито́г [itók] *m*
summen *v* жужжа́ть [shushshát'] *uv*, зуде́ть [sud'ét'] *uv*, (Maschine usw.) рокота́ть [rakatát'] *uv*
Sumpf *m* топь [tóp'] *w*, боло́то [balóta] *s*, тряси́на [tr'iß'ína] *w*
Sünde *w* грех [gr'éch] *m*
Supermarkt *m* суперма́ркет [ßup'irmárk'it] *m*
Suppe *w* суп [ßúp] *m*
Surfbrett *s* доска́ для сёрфинга [daßká dl'á ß'órf'inga]
surfen *v* ры́скать [rýßkat'] *uv*, (Surfing betreiben) ката́ться на сёрфе [katátza ná ß'órf'i]
süß *adj* сла́дкий [ßlátk'ij]
Süßigkeiten *w Mz* ла́комства [lákamßtwa] *s Mz*
Süßstoff *m* замени́тель са́хара [sam'in'ít'il' ßáchara]
Süßwaren *Mz* сла́сти [ßláßt'i] *w Mz*, сла́дости [ßládaßt'i] *w Mz*, пече́нье [p'itsch'én'ji] *s*
Sweatshirt *s* толсто́вка [talßtófka] *w*
sympathisch *adj* симпати́чный [ß'impat'ítsch'nyj], располага́ющий [raßpalagájuschsch'ij]
Synagoge *w* синаго́га [ß'inagóga] *w*
System *s* **1** систе́ма [ß'ißt'éma] *w* **2** (Staatsordnung) строй [ßtrój] *m*
systematisch *adj* системати́ческий [ß'ißt'imat'ítsch'ißk'ij], упоря́доченный [upar'ádatsch'innyj] ♦ *adv* системати́чески [ß'ißt'imat'ítsch'ißk'i], системати́чно [ß'ißt'imat'ítsch'na]

T

Tabak *m* таба́к [tabák] *m*
Tabakladen *m* таба́чный кио́ск [tabátsch'nyj k'ióßk]
Tabelle *w* табли́ца [tabl'íza] *w*
Tablett *s* подно́с [padnóß] *m*, блю́до [bl'júda] *s*
Tablette *w* табле́тка [tabl'étka] *w*
Tafel *w* **1** (zum Schreiben) доска́ [daßká] *w* **2** (Schokolade usw.) пли́тка [pl'ítka] *w*, пли́точка [pl'ítatsch'ka] *w*
Tag *m* су́тки [ßútk'i] *Mz*, день [d'én'] *m* ► **eines ~es** одна́жды, когда́-то, раз; **während des ~es** днём; **Guten ~.** До́брый день!, Здра́вствуйте!
Tageszeitung *w* ежедне́вная газе́та [jishydn'éwnaja gas'éta]
täglich *adj* дневно́й [dn'iwnój], (Besucher usw.) ежедне́вный [jishydn'éwnyj], повседне́вный [pafß'idn'éwnyj], каждодне́вный [kashdadn'éwnyj] ♦ *adv* ежедне́вно [jishydn'éwna] ► **zweimal/ dreimal ~** два/три ра́за в день
tagsüber *adv* днём [dn'óm], в тече́ние дня [w t'itsch'én'iji dn'á]
Taille *w* та́лия [tál'ija] *w*
Tal *s* доли́на [dal'ína] *w*
Talent *s für etw.* спосо́бность [ßpaßóbnaßt'] *w*, дарова́ние [darawán'iji] *s*, тала́нт [talánt] *m к чему́, für etw.* спосо́бности [ßpaßóbnaßt'i] *w Mz к чему*
Tampon *m* тампо́н [tampón] *m*
Tank *m* цисте́рна [zyßt'érna] *w*, танк [tánk] *m*, (für Benzin usw.) бак [bák] *m*, бензоба́к [b'insabák] *m*
tanken *v* заправля́ть [saprawl'át'] *uv*, заправля́ться [saprawl'átza]
Tankstelle *w* автозапра́вка [aftasapráfka] *w*, бензоколо́нка [b'insakalónka] *w*, (бензо)запра́вочная ста́нция [(b'insa)sapráwatsch'naja ßtánzyja]
Tante *w* тётя [t'ót'a] *w*
Tanz *m* та́нец [tán'iz] *m*, пля́ска [pl'áßka] *w*
tanzen *v* танцева́ть [tanzywát'] *uv*
Tapete *w* обо́и [abói] *Mz*
tapfer *adj* му́жественный [múshyßtw'innyj], бра́вый [bráwyj], хра́брый [chrábryj]
Tarif *m* тари́ф [tar'íf] *m*
Tasche *w* **1** (Behälter) су́мка [ßúmka] *w* **2** (in Kleidungsstücken) карма́н [karmán] *m*
Taschendieb *m* карма́нник [karmánn'ik] *m*
Taschenlampe *w* (электри́ческий) фона́рик [(il'iktr'ítsch'ißk'ij) fanár'ik]
Taschenmesser *s* перочи́нный нож [p'iratsch'ínnyj nósch]
Taschenrechner *m* калькуля́тор [kal'kul'átar] *m*
Taschentuch *s* (носово́й) плато́к [(naßawój) platók]
Tasse *w* ча́шка [tsch'áschka] *w*, кру́жка [krúshka] *w*
Tastatur *w* клавиату́ра [klaw'iatúra] *w*
Taste *w* **1** (eines Gerätes usw.) (нажимна́я) кно́пка [(nashymnája) knópka] **2** (eines Computers usw.) кла́виша [kláw'ischa] *w*
Tat *w* посту́пок [paßtúpak] *m*, де́ло [d'éla] *s*
Tätigkeit *w* **1** (Sichbeschäftigen) де́ятельность [d'éjit'il'naßt'] *w* **2** (Funktionieren) акти́вность [akt'íwnaßt'] *w*
Tatsache *w* факт [fákt] *m*
Tau *m* роса́ [raßá] *w*
taub *adj* глухо́й [gluchój]
Taube[1] *w* (Vogel) го́лубь [gólup'] *m*
Taube[2] *m* (Person) глухо́й [gluchój] *m*
tauchen *v* **1** *in etw. Akk* погружа́ться [pagrushátza] *uv во что*, (Ente usw.) нырну́ть [nyrnút'] *vo* **2** (als Taucher) ныря́ть [nyr'át'] *uv* **3** *etw. Akk in etw. Akk* погрузи́ть [pagrus'ít'] *vo что во что* **4** (in den Saft usw.) *etw. Akk in etw. Akk* намочи́ть [namatsch'ít'] *vo что во что*
Tauchen *s* ныря́ние [nyr'án'iji] *s*, да́йвинг [dájw'ink] *m*, подво́дное пла́вание [padwódnaji pláwan'iji]
Taucherbrille *w* (водола́зная) ма́ска [(wadalásnaja) máßka]
tauen *v* та́ять [tájit'] *uv*, (zergehen) растопи́ться [raßtap'ítza] *vo*
Taufe *w* крести́ны [kr'ißt'íny] *Mz*, (Ritual) креще́ние [kr'ischsch'én'iji] *s*
tauschen *v* **1** *etw. Akk gegen etw.* смени́ть [ßm'in'ít'] *vo что на что* **2** (Blick usw.) обменя́ться [abm'in'átza] *vo*, поменя́ться [pam'in'átza] *vo* ► **Wollen wir ~?** Мы поменя́емся места́ми?
täuschen *v* **1** (irreführen) *j-n* вводи́ть в заблужде́ние [wwad'ít' w sablushd'én'iji] *кого*, обма́нывать [abmánywat'] *uv кого*, (irreführen) *j-n* обману́ть [abmanút'] *vo кого* **2** (Augen) обма́нывать [abmánywat'] *uv кого* ► **sich ~** *in etw. Dat* ошиба́ться *uv*
tausend *num* ты́сяча [týß'itsch'a]
Tauwetter *s* о́ттепель [ótt'ip'il'] *w*, та́яние [tájin'iji] *s*
Taxi *s* такси́ [takß'í] *s*
Taxifahrer *m* такси́ст [takß'íßt] *m*
Technik *w* те́хника [t'échn'ika] *w*
Techniker *m* те́хник [t'échn'ik] *m*
technisch *adj* техни́ческий [t'ichn'ítsch'ißk'ij]
Tee *m* чай [tsch'áj] *m*

Teekanne *w* чайник [tsch'ájn'ik] *m*
Teelöffel *m* чайная ложка [tsch'ájnaja lóshka]
Teich *m* пруд [prút] *m*, озеркó [as'irkó] *s*, озерцó [as'irzó] *s*
Teig *m* тéсто [t'éßta] *s*
Teigwaren *w Mz* макарóнные издéлия [makarónnyji isd'él'ija]
Teil *m von etw., etw. Gen* часть [tsch'áßt'] *w*
teilen *v* **1** (in Teile) *etw. Akk in etw. Akk* делúть [d'il'ít'] *uv что на что* **2** (aufteilen) *etw. Akk mit j-m* делúться [d'il'ítza] *uv чем с кем, etw. Akk mit j-m* поделúться [pad'il'ítza] *vo чем с кем* **3** (gemeinsam nutzen) *etw. Akk mit j-m* делúть [d'il'ít'] *uv что с кем* ► **sich ~** *in etw. Akk* делúться *uv на что*
teilnehmen *v* **1** (Teilnehmer sein) *an etw. Dat* учáствовать [utsch'áßtwawat'] *uv в чём*, присýтствовать [pr'ißúztwawat'] *uv где*, (Teilnehmer sein) *an etw. Dat* принять учáстие [pr'in'át' utsch'áßt'iji] *в чём* **2** *an etw. Dat* принимáть учáстие [pr'in'imát' utsch'áßt'iji] *в чём* ► **an einem Wettkampf** *gegen j-n* **~** соревновáться *uv с кем*
Teilnehmer *m* учáстник соревновáния [utsch'áßn'ik ßar'iwnawán'ija/ßaßt'isán'ija], *etw. Gen* учáстник [utsch'áßn'ik] *m чего*
teilweise *adv* отчáсти [attsch'áßt'i]
Telefon *s* телефóн [t'il'ifón] *m*
Telefonat *s* звонóк [swanók] *m*, телефóнный разговóр [t'il'ifónnyj rasgawór]
Telefonbuch *s* спрáвочник [ßpráwatsch'n'ik] *m*
Telefongespräch *s* звонóк [swanók] *m*, телефóнный разговóр [t'il'ifónnyj rasgawór]
telefonieren *v mit j-m* звонúть [swan'ít'] *uv кому*
Telefonzelle *w* телефóнная бýдка [t'il'ifónnaja bútka]
Teller *m* тарéлка [tar'élka] *w*
Tempel *m* собóр [ßabór] *m*, храм [chrám] *m*
Temperatur *w* температýра [t'imp'iratúra] *w* ► **erhöhte ~** температýра *w*, жар *m*
Tempo *s* темп [temp] *m*, скóрость [ßkóraßt'] *w*
Tempomat *m* круúз-контрóль [kruískantról'] *m*, темпомáт [t'impamát] *m*
Tennis *s* тéннис [t'én'iß] *m*
Teppich *m* ковер [kaw'or] *m*
Termin *m* **1** (Datum) срок [ßrók] *m* **2** (bei Arzt usw.) *mit j-m* встрéча [fßtr'étsch'a] *w с кем* ► **(letzter) ~** (крáйний) срок
Terrasse *w* террáса [t'irráßa] *w*
Test *m* испытáние [ißpytán'iji] *s на что*, тест [téßt] *m*, (in der Schule) провéрка [praw'érka] *w*, контрóльная (рабóта) [kantról'naja (rabóta)]
teuer *adj* дорогóй [daragój] ► **~ werden** подорожáть *vo*
Teufel *m* чёрт [tsch'órt] *m*, дьявол [d'jáwal] *m*, лукáвый [lukáwyj] *m*
Text *m* текст [t'ékßt] *m*
Theater *s* теáтр [t'iátr] *m*
Thema *s* тéма [t'éma] *w*, сюжéт [ß'ushét] *m*
Theorie *w* теóрия [t'iór'ija] *w*
Thermometer *s* термóметр [t'irmóm'itr] *m*, грáдусник [grádußn'ik] *m*
Thymian *m* тимьян [t'im'ján] *m*, чабрéц [tsch'abr'éz] *m*
tief *adj* глубóкий [glubók'ij] ♦ *adv* глубокó [glubakó]
Tiefe *w* **1** глубинá [glub'iná] *w* **2** (tiefe Stelle usw.) глубинá [glub'iná] *w*, глубь [glúp'] *w*, бéздна [b'ésna] *w*
tiefgefroren *adj* заморóженный [samaróshynnyj], морóженый [maróshynyj]
Tiefland *s* низúна [n'is'ína] *w*
Tier *s* живóтное [shywótnaji] *s*
Tierarzt *m* ветеринáр [w'it'ir'inár] *m*
Tinte *w* чернúла [tsch'irn'íla] *s Mz*
Tintenfisch *m* сéпия [ßep'ija] *w*, каракáтица [karakát'iza] *w*
tippen *v* **1** (schreiben) писáть [p'ißát'] *uv* **2** *an etw. Akk* постýкать [paßtúkat'] *vo во что, по чему*, постучáть [paßtutsch'át'] *vo во что, по чему*, *an etw. Akk* постýкивать [paßtúk'iwat'] *uv*, стучáть [ßtutsch'át'] *uv* **3** (raten) давáть [dawát'] *uv* **4** (auf Sieger usw.) прогнозúровать [pragnas'írawat'] **5** (im Wettbüro usw.) стáвить [ßtáw'it'] *uv*
Tisch *m* стол [ßtól] *m*
Tischler *m* столяр [ßtal'ár] *m*
Titel *m* звáние [swán'iji] *s*, (Werk) назвáние [naswán'iji] *s*, (Würde usw.) тúтул [t'ítul] *m*
Toast *m* тост [tóßt] *m*
Tochter *w* дочь [dótsch'] *w*
Tod *m* смерть [ßm'ért'] *w*, гúбель [g'íb'il'] *w*
tödlich *adj* **1** смертéльный [ßm'irt'él'nyj] **2** (Dosis usw.) смертонóсный [ßm'irtanóßnyj]
Toilette *w* туалéт [tual'ét] *m*, убóрная [ubórnaja] *w*
Toilettenpapier *s* туалéтная бумáга [tual'étnaja bumága]
toll *adj* сýпер [ßúp'ir], сýперский [ßúp'irßk'ij], клáссный [kláßßnyj], клёвый [kl'ówyj] ♦ *adv* прекрáсно [pr'ikráßna]

Tomate *w* помидóр [pam'idór] *m*, томáт [tamát] *m*
Ton[1] *m* (Erde) глúна [gl'ína] *w*
Ton[2] *m* (Klang) тон [tón] *m*
Tonne *w* тóнна [tónna] *w*
Tönung *w* оттéнок [att'énak] *m*
Topf *m* кастрю́ля [kaßtr'júl'a] *w*, горшóк [garschók] *m*
Tor *s* **1** ворóта [waróta] *Mz* **2** (Treffer) гол [gól] *m*
Torte *w* торт [tórt] *m*
Torwart *m* вратáрь [wratár'] *m*, голкúпер [galk'íp'ir] *m*
tot *adj* мёртвый [m'órtwyj]
töten *v* убúть [ub'ít'] *vo*, умертвúть [um'irtw'ít'] *vo*
Tourismus *m* турúзм [tur'ísm] *m*
Tourist *m* турúст [tur'ißt] *m*, (Besucher einer Sehenswürdigkeit usw.) посетúтель достопримечáтельностей [paß'it'ít'il' daßtapr'im'itsch'át'il'naßt'ij]
Tradition *w* традúция [trad'ízyja] *w*
tragen *v* **1** (Koffer usw.) нестú [n'ißt'í] *uv* **2** (mitbringen) *etw. Akk irgendwohin* занестú [san'ißt'í] *vo что куда* **3** (umstellen usw.) *j-n/etw. irgendwohin* перенестú [p'ir'in'ißt'í] *vo кого/что куда* **4** (Kleider) носúть [naß'ít'] *uv* **5** (Gewicht) нестú [n'ißt'í] *uv* **6** (bei sich haben) носúть [naß'ít'] *uv* **7** (Baum usw.) *etw. Akk* родúть [rad'ít'] *uv*, рожáть [rashát'] *uv* ► **die Verantwortung** *für etw.* ~ нестú ответственность; **Früchte** ~ рожáть *uv*; ~ **(können)** *etw. Akk* унестú *vo*, понестú *vo что*
Träger *m* **1** (Bauteil) бáлка [bálka] *w* **2** (für Kleider) бретéлька [br'itel'ka] *w* **3** (eines Preises usw.) носúтель [naß'ít'il'] *m*
tragisch *adj* трагúческий [trag'ítsch'ißk'ij], трагúчный [trag'ítsch'nyj]
Tragödie *w* трагéдия [trag'éd'ija] *w*
Trainer *m* трéнер [tr'én'ir] *m*
trainieren *v* **1** (sich vorbereiten) тренировáть [tr'in'irawát'] *uv* **2** (Muskeln usw.) размя́ть [rasm'át'] *vo*
Traktor *m* трáктор [tráktar] *m*
trampen *v* путешéствовать автостóпом [put'ischéßtwawat' aftaßtópam]
Träne *w* слезá [ßl'isá] *w*
Transport *m* трáнспорт [tránßpart] *m*, транспортирóвка [tranßpart'irófka] *w*, перевóзка [p'ir'iwóßka] *w*, перевóз [p'ir'iwóß] *m*
transportieren *v* **1** *etw. Akk irgendwohin* транспортúровать [tranßpart'írawat'] *vo/uv что куда*, *etw. Akk irgendwohin* достáвить [daßtáw'it'] *vo что куда*, перепрáвить [p'ir'ipráw'it'] *vo* **2** *j-n/etw. irgendwohin* везтú [w'ißt'í] *uv кого/что куда*, возúть [was'ít'] *uv кого/что куда*
Traube *w* кисть [k'íßt'] *w*, гроздь [gróßt'] *w* ► **~n** виногрáд *m*
trauen *v* **1** (Vertrauen haben) *j-m/etw.* доверя́ть [daw'ir'át'] *uv кому* **2** (ehelich verbinden) *j-n* соединúть брáком [ßajid'in'ít' brákam], обвенчáть [abw'intsch'át'] **3** ***sich*** ~ *etw. Akk zu tun* осмéлиться [aßm'él'itza] *vo сделать что*, отвáжиться [atwáshytza] *vo*, (sich wagen) осмéливаться [aßm'él'iwatza] *uv на что*, отвáживаться [atwáshywatza] *uv на что*
Trauer *w* **1** (Gefühl) печáль [p'itsch'ál'] *w*, грусть [grúßt'] *w* **2** (gehaltene) трáур [tráur] *m*
Traum *m* сон [ßón] *m*, сновидéние [ßnaw'id'én'iji] *s*
träumen *v* **1** *von j-m/etw.* снúться [ßn'ítza] *uv* **2** *von j-m/etw.* мечтáть [m'itsch'tát'] *uv о ком/чём*
traurig *adj* грýстный [grúßnyj]
treffen *v* **1** (Ziel) *etw. Akk* попáсть [papáßt'] *vo в кого/что* **2** (begegnen) *j-n* встрéтить [fßtr'ét'it'] *vo кого* **3** (erschüttern) рáнить [rán'it'] *vo* ► **sich** ~ *mit j-m* встрéтиться *vo с кем*, сойтúсь *vo с кем*
Treffen *s* встрéча [fßtr'étsch'a] *w* ► **ein ~ verabreden** назнáчить рандевý/встрéчу
treiben *v* **1** *j-n/etw. irgendwohin* загнáть [sagnát'] *vo*, согнáть [ßagnát'] *vo кого/что куда*, (Kühe usw.) гнать [gnát'] *uv* **2** (veranlassen) *j-n zu etw./in etw. Akk* довестú [daw'ißt'í] *vo кого до чего* **3** (sich befassen) *etw. Akk* занимáться [san'imátza] *uv чем*
Treibstoff *m* тóпливо [tópl'iwa] *s*
trennen *v* **1** *j-n/etw.* отделúть [add'il'ít'] *vo* **2** ***sich*** ~ *von j-m* разойтúсь [rasajt'íß'] *vo* **3** (Kabel usw.) разомкнýть [rasamknút'] *vo*, разъединúть [rasid'in'ít'] *vo*
Trennung *w* разлýка [raslúka] *w*, разры́в [rasrýf] *m*
Treppe *w* лéстница [l'éßn'iza] *w*
Tretboot *s* вóдный велосипéд [wódnyj w'ilaß'ip'ét]
treten *v* **1** (in Pfütze usw.) *auf/in etw. Akk* наступúть [naßtup'ít'] *vo на что* **2** (in Bauch usw.) *j-n/etw., in etw. Akk* удáрить ногóй [udár'it' nagój] *vo в кого/что*, бить ногáми [b'ít' nagám'i] *uv во что*, (Tritt versetzen) *j-n/etw.* забúть [sab'ít'] *vo*, удáрить [udár'it'] *vo* **3** (auf dem Fahrrad usw.) *etw. Akk, auf etw. Akk* крутúть педáли [krut'ít' p'idál'i]
treu *adj* **1** (zuverlässig) *j-m* вéрный [w'érnyj] **2** (genau) вéрный [w'érnyj]
Trichter *m* ворóнка [warónka] *w*
Trick *m* трюк [tr'júk] *m*

Trickfilm *m* мультфи́льм [mul'tf'íl'm] *m*, мультипликацио́нный фильм [mul't'ipl'ikazyónnyj f'íl'm]
trinkbar *adj* питьево́й [p'it'jiwój]
trinken *v* **1** *etw. Akk* пить [p'ít'] *uv, etw. Akk* напи́ться [nap'ítza] *vo* **2** (Durst stillen) напи́ться [nap'ítza] *vo*, вы́пить [wýp'it'] *vo* **3** *auf j-n/etw.* вы́пить [wýp'it'] *vo за кого/что*, подня́ть тост [padn'át' tóßt] *за кого/что*
Trinkgeld *s* чаевы́е [tsch'ajiwýji] *Mz* ► ~ **geben** *j-m* дать чаевы́е *кому*
Trinkwasser *s* питьева́я вода́ [p'it'jiwája wadá]
trocken *adj* сухо́й [ßuchój]
Trockenheit *w* су́хость [ßúchaßt'] *w*, (Trockenzeit) за́суха [sáßucha] *w*
trocknen *v* **1** (trocken werden) вы́сохнуть [wýßachnut'] *vo* **2** (trocken machen) суши́ть [ßuschýt'] *uv, etw. Akk* вы́сушить [wýßuschyt'] *vo*
Trommel *w* бараба́н [barabán] *m*
Trompete *w* труба́ [trubá] *w*
Tropen *Mz* тро́пики [tróp'ik'i] *Mz*
tropfen *v* ка́пать [kápat'] *uv*
Tropfen *m* ка́пля [kápl'a] *w*
trösten *v j-n* уте́шить [ut'éschyt'] *vo*
trotz *prep etw. Gen* вопреки́ [wapr'ik'í] *чему*
trotzdem *conj* всё-таки [fß'ótak'i], впро́чем [fprótsch'im]
trüb *adj* **1** (Wasser usw.) му́тный [mútnyj] **2** (Himmel) па́смурный [páßmurnyj] **3** (Ort usw.) безра́достный [b'isrádaßnyj]
tschüss **T~!** Пока́!
T-Shirt *s* ма́йка [májka] *w*, футбо́лка [fudbólka] *w*
Tube *w* тю́бик [t'júb'ik] *m*
Tuch *s* **1** (Kopftuch usw.) плато́к [platók] *m*, га́лстук [gálßtuk] *m* **2** (Gewebe) мате́рия [mat'ér'ija] *w* **3** (auf Tisch) ска́терть [ßkát'irt'] *w* **4** (Bettwäsche) простыня́ [praßtyn'á] *w*
Tulpe *w* тюльпа́н [t'ul'pán] *m*
tun *v* де́лать [d'élat'] *uv что*, соверша́ть [ßaw'irschát'] *uv что*, предпринима́ть [pr'itpr'in'imát'] *uv что, etw. Akk* устро́ить [ußtróit'] *vo что* ► **so ~, als ob...** де́лать вид, что...; *j-s* **Bestes ~** сде́лать ма́ксимум
Tunnel *m* тонне́ль [tann'él'] *m*
Tür *w* дверь [dw'ér'] *w*
Türknauf *m* ру́чка-кноб [rútsch'kaknap]
Turm *m* **1** (Bau) ба́шня [báschn'a] *w* **2** (Schachfigur) ладья́ [lad'já] *w*, тура́ [turá] *w*
turnen *v* упражня́ться [uprashn'átza] *uv*
Turnschuhe *m Mz* ке́ды [k'édy] *w Mz*, кроссо́вки [kraßßófki] *w Mz*
Tüte *w* фу́нтик [fúnt'ik] *m*, кулёк [kul'ók] *m*, паке́т [pak'ét] *m*, мешо́к [m'ischók] *m*
typisch *adj* типи́чный [t'ip'ítsch'nyj]

U

U-Bahn *w* метро́ [m'itró] *s*, метрополите́н [m'itrapal'iten] *m*
übel *adv* то́шно [tóschna], (körperlich) пло́хо [plócha], нехорошо́ [n'icharaschó]
Übelkeit *w* расстро́йство желу́дка [raßßtrójßtwa shylútka]
üben *v etw. Akk* упражня́ться [uprashn'átza] *uv, etw. Akk* пройти́ упражне́ния [prajt'í uprashn'én'ija]
über *prep* **1** (höher) *etw. Dat* над [nát] *кем/чем* **2** (dem Niveau) свы́ше [ßwýschy] *кого/чего*, над [nát] **3** (quer über) че́рез [tschér'iß] **4** (sprechen usw.) *etw. Akk* о [ó] *ком/чём*, про [pró] *кого/что* **5** (eine Oberfläche) *etw. Akk* пове́рх [paw'érch] *чего*, че́рез [tschér'iß] *что* **6** (auf der Oberfläche) по [pó] **7** (mehr als) *wie viel* бо́лее [ból'iji] *чего*
überall *adv* везде́ [w'isd'é], повсю́ду [pafß'júdu]
Überblick *m* **1** (Kenntnisse) представле́ние [pr'iztawl'én'iji] *s о чём о чём* **2** (Zusammenfassung) обзо́р [absór] *m чего*, обозре́ние [abasr'én'iji] *s* ► **einen (guten) ~** *über etw. Akk* **haben** ориенти́роваться *uv/vo в чём*
übereinstimmen *v mit etw.* совпада́ть [ßafpadát'] *uv с чем*, соотве́тствовать [ßaatw'éztwawat'] *uv чему*
überfahren[1] *v* (See usw.) *etw. Akk* переплы́ть [p'ir'iplýt'] *vo*
überfahren[2] *v* (Fußgänger usw.) *j-n/etw.* задави́ть [sadaw'ít'] *vo кого/что*
Überfall *m* нападе́ние [napad'én'iji] *s*
überfallen *v j-n* напа́сть [napáßt'] *vo*
überflüssig *adj* избы́точный [isbýtatsch'nyj], изли́шний [isl'íschn'ij]
Überführung *w* **1** (Brücke) путепрово́д [put'iprawót] *m*, (für Fußgänger) надзе́мный перехо́д [nads'émnyj p'ir'ichót] **2** (Transportieren) перево́з [p'ir'iwóß] *m*, тра́нспорт [tránßpart] *m*
überfüllt *adj* перепо́лненный [p'ir'ipóln'innyj], запружённый [saprush'ónnyj], битко́м наби́тый [b'itkóm nab'ítyj]
Übergang *m* **1** (Bahnübergang usw.) пере́езд [p'ir'ijést] *m*, (für Fußgänger usw.) перехо́д [p'ir'ichót] *m* **2** (Umwandlung) перехо́д [p'ir'ichót] *m на что*
übergeben *v* **1** (abgeben) *j-m etw. Akk* отда́ть [addát'] *vo кому что*, (weiterleiten)

j-m etw. Akk передáть [p'ir'idát'] *vo кому что* **2 sich ~** стошни́ть [ßtaschn'ít'] *vo*, вы́рвать [wýrwat'] *vo*

überhaupt *part* совсéм [ßaffß'ém], вóвсе [wóffß'i], (eigentlich) вообщé [waapschsch'é] ► **~ nicht** вóвсе нет

überholen *v j-n* обогнáть [abagnát'] *vo кого*

überlasten *v etw. Akk* перегрузи́ть [p'ir'igrus'ít'] *vo что*

überleben *v* вы́жить [wýshyt'] *vo*

übermäßig *adj* чрезмéрный [tsch'r'ism'érnyj], изли́шний [isl'íschn'ij] ♦ *adv* чрезмéрно [tsch'r'ism'érna], сли́шком [ßl'íschkam]

übermorgen *adv* послезáвтра [paßl'isáftra]

übernachten *v irgendwo* переночевáть [p'ir'inatsch'iwát'] *vo*

Übernachtung *w* ночлéг [natsch'l'ék] *m*, ночёвка [natsch'ófka] *w* ► **~ mit Frühstück** ночлéг с зáвтраком

übernehmen *v* **1** (Besitz usw.) *etw. Akk* приня́ть [pr'in'át'] *vo* **2** (Leitung usw.) *etw. Akk* взя́ться [ws'átza] *vo за что* **3** (Pflicht usw.) приня́ть (на себя́) [pr'in'át' (ná ß'ib'á)] **4** (Methode usw.) переня́ть [p'ir'in'át'] *vo*, заи́мствовать [saímßtwawat'] *vo*

überprüfen *v etw. Akk* провéрить [praw'ér'it'] *vo*

überqueren *v etw. Akk* переéхать [p'ir'ijéchat'] *vo*, (zu Fuß) *etw. Akk* перейти́ [p'ir'ijt'í] *vo*

Überquerung *w* проéзд [prajést] *m через что*, пересечéние [p'ir'iß'itsch'én'iji] *s чего*, перелёт [p'ir'il'ót] *m*

überraschen *v* **1** (erstaunen) *j-n mit etw.* удиви́ть [ud'iw'ít'] *vo кого чем* **2** (ertappen) *j-n* засти́чь врасплóх [saßt'ítsch' wraßplóch], застýкать [saßtúkat'] *vo*

überrascht *adj von etw.* удивлённый [ud'iwl'ónnyj]

Überraschung *w* сюрпри́з [ß'urpr'íß] *m*

überreden *v j-n (zu etw.)* уговори́ть [ugawar'ít'] *vo кого на что*, (etwas zu tun) *j-n zu etw.* уговори́ть [ugawar'ít'] *vo кого к чему*

Überschrift *w* заглáвие [sagláw'iji] *s*, заголóвок [sagalówak] *m*

Überschwemmung *w* потóп [patóp] *m*, наводнéние [nawadn'én'iji] *s*, половóдье [palawód'ji] *s*

übersetzen *v* перевести́ [p'ir'iw'ißt'í] *vo*

Übersetzer *m* перевóдчик [p'ir'iwóttsch'ik] *m*

Übersetzung *w* перевóд [p'ir'iwót] *m с чего на что*

überspringen *v* **1** (Sprung machen) *etw. Akk* перепры́гнуть [p'ir'iprýgnut'] *vo что* **2** (auslassen) *etw. Akk* пропусти́ть [prapußt'ít'] *vo*

übertragen *v* **1** (Gegenstände usw.) *etw. Akk irgendwohin* перенести́ [p'ir'in'ißt'í] *vo* **2** (Besitz usw.) *etw. Akk auf j-n* перевести́ [p'ir'iw'ißt'í] *vo что на кого* **3** (Krankheit usw.) *etw. Akk auf j-n* перенести́ [p'ir'in'ißt'í] *vo что на кого*, (Krankheiten usw.) распространя́ть [raßpraßtran'át'] *uv* **4** (senden) передавáть [p'ir'idawát'] *uv*, трансли́ровать [tranßl'írawat'] *uv* **5** (Befugnis usw.) *etw. auf j-n* перенести́ [p'ir'in'ißt'í] *vo что на кого*, переложи́ть [p'ir'ilashýt'] *vo что на кого*

übertreiben *v etw. Akk* преувели́чить [pr'iuw'il'ítsch'it'] *vo что*, преувели́чивать [pr'iuw'il'ítsch'iwat'] *uv*, (zu weit treiben) *etw. Akk* переборщи́ть [p'ir'ibarschsch'ít'] *vo в чём*

Übertreibung *w* преувеличéние [pr'iuw'il'itsch'én'iji] *s*

überweisen *v etw. Akk* перевести́ [p'ir'iw'ißt'í] *vo*

Überweisung *w* **1** (von Geld) перевóд [p'ir'iwót] *m*, перечислéние [p'ir'itsch'ißl'én'iji] *s* **2** (Geldsumme) оплáта [aplàta] *w*, вы́плата [wýplata] *w*

überwiegend *adj* преобладáющий [pr'iabladájuschsch'ij] ♦ *adv* глáвным óбразом [gláwnym óbrasam]

überzeugen *v j-n von etw.* убеди́ть [ub'id'ít'] *vo кого в чём*, переубеди́ть [p'ir'iub'id'ít'] *vo кого*

überzeugend *adj* убеди́тельный [ub'id'ít'il'nyj]

Überzeugung *w* убеждéние [ub'ishd'én'iji] *s*, (Meinung) увéренность [uw'ér'innaßt'] *w*, воззрéние [wassr'én'iji] *s*

überziehen *v* **1** *etw. mit etw.* покры́ть [pakrýt'] *vo что чем*, обтяну́ть [apt'inút'] *vo что чем* **2** (Konto usw.) перерасхóдовать [p'ir'iraßchódawat'] *vo* **3** (Zeit) протяну́ть [prat'inút'] *vo*, затяну́ть [sat'inút'] *vo*

üblich *adj* обыкновéнный [abyknaw'énnyj], привы́чный [pr'iwýtsch'nyj], обы́чный [abýtsch'nyj] ♦ *adv* обы́чно [abýtsch'na]

übrig *adj* остáвшийся [aßtáwschyjß'a] ♦ *adv* ли́шний [l'íschn'ij]

übrigens *part* впрóчем [fprótsch'im], в концé концóв [w kanzé kanzóf], кстáти [kßtát'i], мéжду прóчим [m'éshdu prótsch'im]

Übung *w* **1** (Turnen) тренирóвка [tr'in'irófka] *w* **2** (Bewegungen) упражнéние [uprashn'én'iji] *s* **3** (Aufgabe) упражнéние [uprashn'én'iji] *s* **4** (Training) упражнéние [uprashn'én'iji] *s*, тренирóвка [tr'in'irófka] *w*, (Training) разýчивание [rasútsch'iwan'iji] *s*, подготóвка [padgatófka] *w* **5** (militärische usw.) учéбный сбор [utsch'ébnyj sbór] **6** (Kräftigung usw.) тренирóвка [tr'in'irófka] *w*, упражнéние [uprashn'én'iji] *s*

Ufer *s* бéрег [b'ér'ik] *m*

Uhr *w* **1** (Uhrzeit) час [tsch'áß] *m* **2** (Armbanduhr usw.) часы́ [tsch'aßý] *m Mz* ► **um sieben ~** в семь часóв

Ultraschall *m* ультразвýк [ul'traswúk] *m*

Ultraschalluntersuchung *w* сонográфия [ßanagráf'ija] *w*

um *prep* **1** (räumlich) *etw. Akk* вокрýг [wakrúk] *чего*, крýгом [krúgam] *чего* **2** (drei Uhr usw.) в [w] **3** (bei Differenzangaben) на [ná] *что* **4** (sich handeln usw.) *etw.* о [ó] *ком/чём*, про [pró] *кого/что* ♦ *conj* **~... zu** чтóбы [schtóby] ► **~ halb fünf** в полпя́того; **Spätestens ~ fünf bin ich da.** Я придý в четвёртом часý.; **~ drei Uhr** в три часá

umarmen *v j-n* обня́ть [abn'át'] *vo кого*

umbinden *v etw. Akk mit etw.* обвязáть [abw'isát'] *vo*

umbringen *v* убить [ub'ít'] *vo*, умертви́ть [um'irtw'ít'] *vo*

umdrehen *v* **1** (um die Achse) *etw. Akk* вращáть [wraschsch'át'] *uv что*, вертéть [w'irt'ét'] *uv что*, поворáчивать [pawarátsch'iwat'] *uv*, (um die Achse) *etw. Akk* повернýть [paw'irnút'] *vo что* **2** (Seite usw.) *etw. Akk* перевернýть [p'ir'iw'irnút'] *vo что* ► **sich ~** повернýться *vo*

Umfang *m* **1** (Kugelumfang usw.) периметр [p'ir'ím'itr] *m* **2** (einer Stimme usw.) охвáт [achwát] *m*, (eines Grundstücks usw.) объём [ab'óm] *m чего*

umfangreich *adj* обши́рный [apschýrnyj], объёмистый [ab'óm'ißtyj] ♦ *adv* обши́рно [apschýrna]

umgeben *v etw. Akk mit etw.* огороди́ть [agarad'ít'] *vo что чем*, окружи́ть [akrushýt'] *vo что чем* ► **~ sein** *von etw.* быть окружённым *чем*

Umgebung *w etw. Gen* окрéстность [akr'éßnaßt'] *w*

umgehen[1] *v* (sorgfältig usw.) *irgendwie mit etw.* поступáть [paßtupát'] *uv*, дéйствовать [d'éjßtwawat'] *uv*, (benutzen) *mit etw.* пóльзоваться [pól'sawatza] *uv чем*, (manipulieren) *mit etw. irgendwie* обращáться [abraschsch'átza] *uv с чем*

umgehen[2] *v* (herumgehen usw.) *etw. Akk* обойти́ [abajt'í] *vo что*

Umgehungsstraße *w* обхóд [apchót] *m*

umgekehrt *adj* противопoлóжный [prat'iwapalóshnyj], обрáтный [abrátnyj], проти́вный [prat'íwnyj] ♦ *adv* наоборóт [naabarót]

umkehren *v* **1** (Richtung usw.) перевернýть [p'ir'iw'irnút'] *vo* **2** (ins Gegenteil) *etw. Akk* повернýть [paw'irnút'] *vo*

Umkreis *m* окрýжность [akrúshnaßt'] *w*

Umleitung *w* объéзд [abjést] *m*

umrechnen *v etw. Akk in etw. Akk* пересчитáть [p'ir'ischsch'itát'] *vo*, *etw. Akk in etw. Akk* перевести́ [p'ir'iw'ißt'í] *vo*

umrühren *v etw. Akk* мешáть [m'ischát'] *uv*, помешáть [pam'ischát'] *vo*

umschalten *v* **1** (Kamera usw.) *etw. Akk auf etw. Akk* переключи́ть [p'ir'ikl'utsch'ít'] *vo что на что* **2** (Gang) переключи́ть (скóрость) [p'ir'ikl'utsch'ít' (ßkóraßt')]

Umschlag *m* **1** (für Briefe) конвéрт [kanw'ért] *m* **2** (zu Heilzwecken) компрéсс [kampr'éß] *m*

umsonst *adv* **1** дáром [dáram], безвозмéздно [b'iswasm'ésna] **2** напрáсно [napráßna], впустýю [fpußtúju], дáром [dáram]

umsteigen *v in etw. Akk* пересéсть [p'ir'iß'éßt'] *vo*

Umstieg *m* перехóд [p'ir'ichót] *m*

Umtausch *m* обмéн [abm'én] *m*

umtauschen *v* обменя́ть [abm'in'át'] *vo*

Umweg *m* обхóд [apchót] *m*, окóлица [akól'iza] *w*

Umwelt *w* окружáющая средá [akrush ájuschsch'aja ßr'idá]

umweltfreundlich *adj* экологи́чески дружелю́бный [ikalag'ítsch'ißk'i drushyl'júbnyj]

umwenden *v* перевернýть [p'ir'iw'irnút'] *vo что*

umwerfen *v* свали́ть [ßwal'ít'] *vo*, сбить [sb'ít'] *vo*, *j-n/etw.* сбить [sb'ít'] *vo*, *j-n/etw.* повали́ть [pawal'ít'] *vo*

umziehen *v* **1** (in neue Wohnung usw.) переéхать [p'ir'ijéchat'] *vo*, пересели́ться [p'ir'iß'il'ítza] *vo* **2** (Umzug durchführen) *etw. Akk* перемещáть [p'ir'im'ischsch'át'] *uv*, перемести́ть [p'ir'im'ißt'ít'] *vo* **3** (Kleidung wechseln) *j-n* переодéть [p'ir'iad'ét'] *vo кого* ► **sich ~** переодéться *vo*

Umzug *m* **1** (Wohnungswechsel) переселéние [p'ir'iß'il'én'iji] *s*, перемещéние [p'ir'im'ischsch'én'iji] **2** (Parade usw.) шéствие [schéßtw'iji] *s*

unabhängig *adj von j-m/etw.* независимый [n'isaw'íß'imyj]

unangenehm *adj* **1** неприя́тный [n'ipr'ijátnyj] **2** (Situation usw.) нелóвкий [n'ilófk'ij] ♦ *adv* неприя́тно [n'ipr'ijátna]

♦ *pron* смущённый [ßmuschsch'ónnyj], сам не свой [ßám n'é ßwój] ► **~ sein** *j-m gegenüber* быть злым *к кому*
unanständig *adj* пóшлый [póschlyj], вульгáрный [wul'gárnyj]
unbedingt *adj* безуслóвный [b'isußlównyj] ♦ *adv* любóй ценóй [l'ubój zynój], вся́чески [fß'átsch'ißk'i]
unbegrenzt *adj* неограни́ченный [n'iagran'ítsch'innyj], безлими́тный [b'isl'im'ítnyj], анли́м [anl'ím] *m*
unbekannt *adj* неизвéстный [n'iisw'éßnyj]
unbequem *adj* неудóбный [n'iudóbnyj]
und *conj* и [í] ► **ab ~ zu** временáми, подчáс; **~ so weiter** и томý подóбное, и так дáлее
undankbar *adj* нелёгкий [n'il'óchk'ij], (Mensch usw.) неблагодáрный [n'iblagadárnyj]
unecht *adj* **1** фальши́вый [fal'schýwyj], поддéльный [padd'él'nyj] **2** (Zuneigung usw.) притвóрный [pr'itwórnyj]
unendlich *adj* бесконéчный [b'ißkan'éschnyj], безграни́чный [b'isgran'ítsch'nyj], безбрéжный [b'isbr'éshnyj] ♦ *adv* до бесконéчности [dó b'ißkan'étsch'naßt'i], без концá [b'éß kanzá]
unentbehrlich *adj* нýжный [núshnyj], потрéбный [patr'ébnyj], непремéнный [n'ipr'im'énnyj], незамени́мый [n'isam'in'ímyj]
unentschieden *adj* ничéйный [n'itsch'éjnyj]
unerträglich *adj* невыноси́мый [n'iwynaß'ímyj], нестерпи́мый [n'ißt'irp'ímyj], неснóсный [n'ißnóßnyj]
unerwartet *adj* неожи́данный [n'iashýdannyj] ♦ *adv* неожи́данно [n'iashýdanna], внезáпно [wn'isápna]
unfähig *adj* **1** (unbegabt) неумéлый [n'ium'élyj], несвéдущий [n'ißw'éduschsch'ij] **2** (nicht imstande) *zu etw.* неспосóбный [n'ißpaßóbnyj] *к чему*
Unfall *m* авáрия [awár'ija] *w*, (Verletzung) трáвма [tráwma] *w* ► **einen ~ haben** (Auto) потерпéть авáрию
ungeduldig *adj* нетерпели́вый [n'it'irp'il'íwyj] ♦ *adv* нетерпели́во [n'it'irp'il'íwa]
ungefähr *adj* приблизи́тельный [pr'ibl'is'ít'il'nyj] ♦ *adv* приблизи́тельно [pr'ibl'is'ít'il'na] ♦ *prep* óколо [ókala]
ungenau *adj* нетóчный [n'itótsch'nyj]
ungenügend *adj* недостáточный [n'idaßtátatsch'nyj], неудовлетвори́тельный [n'iudawl'itwar'ít'il'nyj]
ungerade *adj* нечётный [n'itsch'ótnyj]
ungerecht *adv* несправедли́во [n'ißpraw'idl'íwa]
ungern *adv* нéхотя [n'échat'a]
ungeschickt *adj* нелóвкий [n'ilófk'ij], неуклю́жий [n'iukl'júshyj], неповорóтливый [n'ipawarótl'iwyj]
ungesund *adj* нездорóвый [n'isdaróvyj]
ungewiss *adj* неопределённый [n'iapr'id'il'ónnyj]
ungewöhnlich *adj* необы́чный [n'iabýtsch'nyj], непривы́чный [n'ipr'iwýtsch'nyj], (Fähigkeit usw.) необычáйный [n'iabytsch'ájnyj], (Mensch usw.) необыкновéнный [n'iabyknaw'énnyj]
unglaublich *adj* невероя́тный [n'iw'irajátnyj] ♦ *adv* невероя́тно [n'iw'irajátna]
ungleich *adj* рáзный [rásnyj]
Unglück *s* **1** (Tragödie usw.) бедá [b'idá] *w*, катастрóфа [kataßtrófa] *w* **2** (Pech usw.) несчáстье [n'ischsch'áßt'ji] *s*
unglücklich *adj* несчáстный [n'ischsch'áßnyj]
ungültig *adj* недействи́тельный [n'id'ijßtw'ít'il'nyj]
unhöflich *adj* неприли́чный [n'ipr'il'ítsch'nyj], невéжливый [n'iw'éshl'iwyj]
Uniform *w* фóрма [fórma] *w*, мунди́р [mund'ír] *m*
Universität *w* университéт [un'iw'irß'it'ét] *m*, вуз [wúß] *m*
unklar *adj* непоня́тный [n'ipan'átnyj], нечёткий [n'itsch'ótk'ij]
unmittelbar *adj* непосрéдственный [n'ipaßr'éztw'innyj] ♦ *adv* непосрéдственно [n'ipaßr'éztw'inna]
unmöglich *adj* невозмóжный [n'iwasmóshnyj]
unnötig *adj* ненýжный [n'inúshnyj], ли́шний [l'íschn'ij]
Unordnung *w* беспоря́док [b'ißpar'ádak] *m*
unpünktlich *adj* **1** (Zahlung usw.) опоздáвший [apasdáwschyj], запоздáлый [sapasdályj] **2** (Mensch usw.) непунктуáльный [n'ipunktuál'nyj]
Unruhe *w* **1** беспокóйство [b'ißpakójßtwa] *s*, волнéние [waln'én'iji] *s*, тревóга [tr'iwóga] *w* **2 ~n** (Arbeiterunruhen usw.) волнéния [waln'én'ija], смýта [ßmúta] *w*, (in der Gesellschaft) волнéния [waln'én'ija] *s Mz*
uns *pron* нас [náß]

unschuldig *adj* невино́вный [n'iw'inównyj], безви́нный [b'isw'ínnyj], неви́нный [n'iw'ínnyj]

unser *pron* наш, на́ша, на́ше [násch, náscha, náschy]

unsicher *adj* **1** (Situation usw.) ша́ткий [schátk'ij], сомни́тельный [ßamn'ít'il'nyj] **2** (Mensch) неуве́ренный [n'iuw'ér'innyj]

unsichtbar *adj* неви́димый [n'iw'íd'imyj], незри́мый [n'isr'ímyj]

Unsinn *m* глу́пость [glúpaßt'] *w*, ерунда́ [jirundá] *w*, чепуха́ [tsch'ipuchá] *w*, бред [br'ét] *m*

unsympathisch *adj* несимпати́чный [n'iß'impat'ítsch'nyj], неприя́тный [n'ipr'ijátnyj]

unten *adv* **1** внизу́ [wn'isú] **2** (im Text usw.) ни́же [n'íshy] ► **nach ~** вниз; **von ~** сни́зу

unter *prep* **1** (dem Tisch usw.) *etw. Dat* под [pat] *кем/чем*, ни́же [n'íshy] *чего* **2** (zwischen) среди́ [ßr'id'í]

unter(er,e,es) *adj* ни́жний [n'íshn'ij]

unterbrechen *v* **1** (Tätigkeit usw.) *etw. Akk* задержа́ть [sad'irshát'] *vo*, приостанови́ть [pr'iaßtanaw'ít'] *vo что* **2** (Sprecher usw.) *j-n* прерва́ть [pr'irwát'] *vo кого*

Unterbrechung *w* переры́в [p'ir'irýf] *m*, прекраще́ние [pr'ikraschsch'én'iji] *s*

unterbringen *v j-n* посели́ть [paß'il'ít'] *vo кого*

unterdrücken *v* **1** (Gefühle usw.) подави́ть [padaw'ít'] *vo*, преодоле́ть [pr'iadal'ét'] *vo* **2** (Volk usw.) угнета́ть [ugn'itát'] *uv*, притесня́ть [pr'it'ißn'át'] *uv* **3** (Aufstand usw.) *etw. Akk* подави́ть [padaw'ít'] *vo*, репресси́ровать [r'ipr'ißß'írawat'] *uv/vo* **4** (Bemühung usw.) подави́ть [padaw'ít'] *vo*, заглуши́ть [sagluschýt'] *vo*

untereinander *adv* взаи́мно [wsaímna]

Unterführung *w* подзе́мный перехо́д [pads'émnyj p'ir'ichót], (für Verkehrsmittel) тонне́ль [tann'él'] *m*

Untergang *m* ги́бель [g'íb'il'] *w*, исчезнове́ние [ischsch'isnaw'én'iji] *s*, (einer Zivilisation usw.) коне́ц [kan'éz] *m*

untergehen *v* **1** (Sonne) зайти́ [sajt'í] *vo* **2** (Schiff) затону́ть [satanút'] *vo* **3** (Unternehmen usw.) идти́ ко дну [itt'í ka dnú], (zugrunde gehen) исче́знуть [ischsch'ésnut'] *vo*

unterhalb *prep* внизу́ [wn'isú]

Unterhalt *m* **1** (für Kind) алиме́нты [al'im'énty] *Mz*, де́ньги на содержа́ние [d'én'g'i ná ßad'irshán'iji] **2** (Mittel) сре́дства к существова́нию [ßr'éztwa k ßuschsch'ißtwawán'iju] **3** (Einkommensquelle usw.) пропита́ние [prap'itán'iji] *s*

unterhalten *v* **1** (Verwandte usw.) *j-n* содержа́ть [ßad'irshát'] *uv кого*, корми́ть [karm'ít'] *uv* **2** (mit Erzählungen usw.) *j-n mit etw.* развлека́ть [raswl'ikát'] *uv кого чем*, смеши́ть [ßm'ischýt'] *uv кого чем* **3** ***sich ~*** *über etw. Akk* разгова́ривать [rasgawár'iwat'] *uv с кем о чём*

Unterhaltung *w* **1** (von Geräten usw.) ухо́д [uchót] *m* **2** (Zeitvertreib) развлече́ние [raswl'itsch'én'iji] *s*

Unterhemd *s* ма́йка [májka] *w*

Unterhose *w* трусы́ [trußý] *Mz*

Unterkunft *w* размеще́ние [rasm'ischsch'én'iji] *s*

unternehmen *v etw. Akk* предприня́ть [pr'itpr'in'át'] *vo*

Unternehmen *s* **1** (Firma usw.) предприя́тие [pr'itpr'iját'iji] *s* **2** (Tätigkeit) предпринима́тельство [pr'itpr'in'imát'il'ßtwa] *s*

Unterricht *m* заня́тия [san'át'ija] *s*

unterrichten *v* учи́ть [utsch'ít'] *uv*, преподава́ть [pr'ipadawát'] *uv*

unterscheiden *v* **1** (Unterschied feststellen) *j-n/etw. (von j-m/etw.)* различи́ть [rasl'itsch'ít'] *vo*, *j-n/etw. von j-m/etw.* отличи́ть [atl'itsch'ít'] *vo* **2** ***sich ~*** *in etw. Dat, von etw.* различа́ться [rasl'itsch'átza] *uv чем, по чему* **3** ***sich ~*** *in etw. Dat* (in Meinungen) отлича́ться [atl'itsch'átza] *uv чем*, различа́ться [rasl'itsch'átza] *uv чем* **4** (anders machen) *j-n/etw. von j-m/etw.* вы́делить [wýd'il'it'] *vo кого/что*

Unterschied *m* ра́зница [rásn'iza] *w*, разли́чие [rasl'ítsch'iji] *s*

unterschiedlich *adj von etw.* ино́й [inój], ра́зный [rásnyj] ♦ *adv* ина́че [inátsch'i], по-ра́зному [parásnamu], по-друго́му [padrugómu]

unterschreiben *v etw. Akk* подписа́ть [patp'ißát'] *vo что*, расписа́ться [raßp'ißátza] *vo*

Unterschrift *w* по́дпись [pótp'iß'] *w*

unterstreichen *v* подчеркну́ть [pattsch'irknút'] *vo*

unterstützen *v* **1** (helfen) *j-n* поддержа́ть [padd'irshát'] *vo кого*, подде́рживать [padd'érshywat'] *uv кого* **2** (ein Projekt usw.) *etw. Dat* присоедини́ться [pr'ißajid'in'ítza] *vo к чему*

untersuchen *v* **1** (Struktur usw.) *etw. Akk* иссле́довать [ißßl'édawat'] *uv что* **2** (Problem usw.) *etw. Akk* рассма́тривать [raßßmátr'iwat'] *uv что* **3** (Patienten usw.) *j-n* осмотре́ть [aßmatr'ét'] *vo* **4** (überprüfen) *etw. Akk* обсле́довать [apßl'édawat'] *vo/uv*

что **5** (auf Fehler usw.) *etw. Akk* осмотре́ть [aßmatr'ét'] *vo что*
Untersuchung *w* **1** (eines Gebietes usw.) иссле́дование [ißßl'édawan'iji] *s* **2** (ärztliche) (медици́нское) обсле́дование [(m'id'izýnßkaji) apßl'édawan'iji], медосмо́тр [m'idaßmótr] *m* **3** (polizeiliche) обсле́дование [apßl'édawan'iji] *s*, расследование [raßßl'édawan'iji] *s*
Unterteil *s/m* низ [n'íß] *m*
Unterwäsche *w* (ни́жнее) бельё [(n'íshn'iji) b'il'ó]
unterwegs **Ich bin schon ~.** Уже́ подъезжа́ю.
unverantwortlich *adj* безотве́тственный [b'isatw'éztw'innyj]
unvorsichtig *adj* неосторо́жный [n'iaßtaróshnyj], неосмотри́тельный [n'iaßmatr'ít'il'nyj], непредусмотри́тельный [n'ipr'idußmatr'ít'il'nyj]
unwohl *adv* то́шно [tóschna]
unzufrieden *adj mit etw.* недово́льный [n'idawól'nyj] *чем*
Urin *m* моча́ [matsch'á] *w*
Urkunde *w* удостовере́ние [udaßtaw'ir'én'iji] *s*, спра́вка [ßpráfka] *w*, аттеста́т [att'ißtát] *m*, квита́нция [kw'itánzyja] *w*
Urlaub *m* о́тдых [óddych] *m*, о́тпуск [ótpußk] *m*, отгу́л [adgúl] *m*
Ursache *w etw. Gen* причи́на [pr'itsch'ína] *w чего*
Ursprung *m* происхожде́ние [praißchashd'én'iji] *s*
ursprünglich *adj* первонача́льный [p'irwanatsch'ál'nyj], изнача́льный [isnatsch'ál'nyj] ♦ *adv* первонача́льно [p'irwanatsch'ál'na], исхо́дно [ißchódna]
Urteil *s* **1** верди́кт [w'ird'íkt] *m*, пригово́р [pr'igawór] *m* **2** (Stellungnahme) сужде́ние [ßushd'én'iji] *s*, умозаключе́ние [umasakl'utsch'én'iji] *s*
Urwald *m* де́вственный лес [d'éfßtw'innyj/dr'imútsch'ij/p'irwabýtnyjl'éß]

V

Vagina *w* влага́лище [wlagál'ischsch'i] *s*
Vase *w* ва́за [wása] *w*
Vater *m* оте́ц [at'éz] *m*
vegetarisch *adj* вегетариа́нский [w'ig'itar'jianßk'ij]
Vene *w* ве́на [w'éna] *w*
Ventil *s* кла́пан [klápan] *m*
Ventilator *m* вентиля́тор [w'int'il'átar] *m*
verabreden *v etw. Akk* договори́ть [dagawar'ít'] *vo* ► **sich ~** *mit j-m* назна́чить встре́чу *с кем*; **sich ~** *zu etw., auf etw. Akk* договори́ться *vo о чём*, сговори́ться *vo о чём*
Verabredung *w* рандеву́ [randiwu] *s*, встре́ча [fßtr'étsch'a] *w*, свида́ние [ßw'idán'iji] *s*
verabschieden *v* ***sich ~*** *von j-m* прости́ться [praßt'ítza] *vo с кем*, попроща́ться [papraschsch'átza] *vo с кем*
veraltet *adj* устаре́лый [ußtar'élyj], устаре́вший [ußtar'éwschyj]
verändern *v* преобразова́ть [pr'iabrasawát'] *vo*
Veränderung *w* измене́ние [ism'in'én'iji] *s*
veranstalten *v etw. Akk* организова́ть [argan'isawát'] *vo/uv что*
Veranstaltung *w* мероприя́тие [m'irapr'iját'iji] *s*
verantwortlich *adj j-m für etw.* отве́тственный [atw'éztw'innyj] *кому за что* ♦ *adv* отве́тственно [atw'éztw'inna] ► **~ sein** *für etw.* отвеча́ть *uv за что*
Verantwortung *w für etw.* отве́тственность [atw'éztw'innaßt'] *w за что*
Verband *m* банда́ж [bandásch] *m*, повя́зка [paw'áßka] *w*, (Bandage) бинт [b'int] *m*
Verbandkasten *m* апте́чка *w* пе́рвой по́мощи [apt'étsch'ka p'érwaj pómaschsch'i]
verbessern *v etw. Akk* улу́чшить [ulútsch'schyt'] *vo что*, усоверше́нствовать [ußaw'irschénßtwawat'] *vo что*
Verbesserung *w* **1** улучше́ние [ulutsch'schén'iji] *s*, усоверше́нствование [ußaw'irschénßtwawan'iji] *s* **2** (eines Fehlers usw.) исправле́ние [ißprawl'én'iji] *s*, попра́вка [paprафka] *w*
verbieten *v j-m etw. Akk* запрети́ть [sapr'it'ít'] *vo (кому) что делать*
verbilligt *adj* льго́тный [l'gótnyj]
verbinden *v* **1** перевяза́ть [p'ir'iw'isát'] *vo*, завяза́ть [saw'isát'] *vo*, (mit Verband) забинтова́ть [sab'intawát'] *vo* **2** (Schnüre usw.) *etw. Akk* связа́ть [ßw'isát'] *vo* **3** (mehrere Teile usw.) *etw. Akk mit etw.* соедини́ть [ßajid'in'ít'] *vo* **4** (Ganzes bilden) *etw. Akk mit etw.* присоедини́ть [pr'ißajid'in'ít'] *vo*, прицепи́ть [pr'izyp'ít'] *vo* **5** (miteinander, zusammenschalten) соедини́ть [ßajid'in'ít'] *vo* **6** (telefonisch) *j-n mit j-m* соедини́ть [ßajid'in'ít'] *vo*, *j-n* соедини́ть [ßajid'in'ít'] *vo кого с кем*, переключи́ть

[p'ir'ikl'utsch'ít'] *vo кого* **7 *sich* ~** (in Zusammenhang stehen) *mit etw.* свя́зываться [ßw'ásywatza] *uv с чем*, сочета́тьсяя [ßatsch'itát'ß'ija] *с чем* **8 *sich* ~** (telefonisch usw.) *mit j-m* связа́ться [ßw'isátza] *vo с кем* ► **sich ~** (zu einem Ganzen) соедини́ться *vo*, объедини́ться *vo*

Verbindung *w* **1** (zwischen zwei Teilen) соедине́ние [ßajid'in'én'iji] *s* **2** (Verkehrsverbindung usw.) связь [ßw'áß'] *w* **3** (Beziehung usw.) *zwischen etw.* свя́зующее звено́ [ßw'isújuschsch'iji sw'inó] *между чем*, связь [ßw'áß'] *w между чем* **4** (von einem Gerät usw.) подключе́ние [patkl'utsch'én'iji] *s*, соедине́ние [ßajid'in'én'iji] *s*, присоедине́ние [pr'ißajid'in'én'iji] *s*, смы́чка [ßmýtsch'ka] *w* **5** (chemische) соедине́ние [ßajid'in'én'iji] *s*

Verbot *s etw. Gen* запре́т [sapr'ét] *m*, запреще́ние [sapr'ischsch'én'iji] *s*

verboten *adj* запрещённый [sapr'ischsch'ónnyj]

Verbrauch *m* расхо́дование [raßchódawan'iji] *s*

verbrauchen *v etw. Akk* израсхо́довать [israßchódawat'] *vo*, истра́тить [ißtrát'it'] *vo*, (Vorräte usw.) затра́тить [satrát'it'] *vo*

Verbrechen *s* преступле́ние [pr'ißtupl'én'iji] *s*

Verbrecher *m* престу́пник [pr'ißtúpn'ik] *m*

verbreiten *v* **1** *etw. Akk* передава́ть [p'ir'idawát'] *uv*, распространя́ть [raßpraßtran'át'] *uv*, (Nachricht usw.) распространи́ть [raßpraßtran'ít'] *vo* **2** (Ideen usw.) распространя́ть [raßpraßtran'át'] *uv* ► **sich ~** (Nachricht usw.) распространи́ться *vo*

verbreitern *v etw. Akk* расши́рить [raßschýr'it'] *vo*

verbrennen *v* **1** (verbrannt werden) сгоре́ть [sgar'ét'] *vo* **2** (Abfall usw.) сжечь [shshétsch'] *vo*, (Reisig usw.) *etw. Akk* сжига́ть [shshygát'] *uv* **3** (verbrauchen) сжечь [shshétsch'] *vo* **4** (durch Feuer zerstören) *etw. Akk* сжечь [shshétsch'] *vo что*, вы́жечь [wýshyt'] *vo* **5** (verletzen) *j-n* обже́чь [abshétsch'] *vo кого* **6 *sich* ~** *an etw. Dat* обже́чься [abshétsch'ß'a] *vo* **7 *sich* ~** (an Brennnessel usw.) обже́чься [abshétsch'ß'a] *vo*, обгоре́ть [abgar'ét'] *vo* **8** (in Flammen umkommen) сгоре́ть [sgar'ét'] *vo*, поги́бнуть в огне́ [pag'íbnut' w agn'é] **9** (als Ketzer usw.) *j-n* сжечь (на костре́) [shshétsch' (ná kaßtr'é)] *кого*

Verbrennung *w* **1** (Prozess) сгора́ние [sgarán'iji] *s* **2** (Wunde) ожо́г [ashók] *m*

verbringen *v* пробы́ть [prabýt'] *vo*, проводи́ть [prawad'ít'], прожи́ть [prashýt'] *vo*

verbunden *adj* **1** *mit etw.* соединённый [ßajid'in'ónnyj], свя́занный [ßw'ásannyj] *с чем* **2** (innere Kohärenz) *mit etw.* свя́занный [ßw'ásannyj]

Verdacht *m* подозре́ние [padasr'én'iji] *s*

verdächtig *adj* подозри́тельный [padasr'ít'il'nyj], (einer Tat usw.) *etw. Gen* подозрева́емый [padasr'iwájimyj] *в чём*

Verdächtige *m* подозрева́емый [padasr'iwájimyj] *m*

Verdauung *w* пищеваре́ние [p'ischsch'iwar'én'iji] *s*

verderben *v* **1** (Essen) испо́ртиться [ißpórt'itza] *vo*, по́ртиться [pórt'itza] *uv* **2** (Freude usw.) *etw. Akk* испо́ртить [ißpórt'it'] *vo*, расстро́ить [raßßtróit'] *vo* ► **sich den Magen ~** расстро́ить желу́док

verdienen *v* **1** (Gehalt erwerben) зарабо́тать [sarabótat'] *vo* **2** (Gewinn erzielen) *an j-m/etw.* нажи́ться [nashýtza] *vo на ком/чём* **3** (als Belohnung) *etw. Akk* заслужи́ть [saßlushýt'] *vo*, (Anerkennung) *etw. Akk* получи́ть [palutsch'ít'] *vo*, завоева́ть [sawajiwát'] *vo*, приобрести́ [pr'iabr'ißt'í] *vo*

verdoppeln *v etw. Akk* удво́ить [udwóit'] *vo что*

verehren *v j-n/etw.* поклоня́ться [paklan'átza] *uv кому/чему*

Verein *m* о́бщество [ópschsch'ißtwa] *s*, ассоциа́ция [aßßaziázija] *w*, объедине́ние [abid'in'én'iji] *s*

Vereinbarung *w* догово́р [dagawór] *m*, сго́вор [sgówar] *m*, соглаше́ние [ßaglaschén'iji] *s*

vereinfachen *v etw. Akk* упрости́ть [upraßt'ít'] *vo что*

vereinigen *v* объедини́ть [abid'in'ít'] *vo*, соедини́ть [ßajid'in'ít'] *vo*, совмести́ть [ßawm'ißt'ít'] *vo*

Vereinigung *w* объедине́ние [abid'in'én'iji] *s*

Verfahren *s* ме́тод [m'état] *m*

Verfassung *w* конститу́ция [kanßt'itúzyja] *w*

verfolgen *v* **1** (beschatten) *j-n* просле́живать [praßl'éshywat'] *uv кого*, следи́ть [ßl'id'ít'] *uv за кем*, (Wild usw.) высле́живать [wyßl'éshywat'] *uv кого* **2** (Polizei usw.) *j-n* пресле́довать [pr'ißl'édawat'] *uv* **3** (Gegner usw.) пресле́довать [pr'ißl'édawat'] *uv*, репресси́ровать [r'ipr'ißß'írawat'] *uv* **4** (strafrechtlich) пресле́довать (в суде́бном поря́дке) [pr'ißl'édawat' (w ßud'ébnam par'átk'i)]

verführen *v j-n* соблазня́ть [ßablasn'át'] *uv кого, j-n* соблазни́ть [ßablasn'ít'] *vo кого*

vergangen *adj* **1** (Woche usw.) исте́кший [ißt'ékschyj], мину́вший [m'inúwschyj], (Woche usw.) про́шлый [próschlyj] **2** (Zeiten usw.) про́шлый [próschlyj], проше́дший [praschétschyj], мину́вший [m'inúwschyj]

Vergangenheit *w* про́шлое [próschlaji] *s*, (Zeitform) проше́дшее вре́мя [praschétschyji wr'ém'a]

vergeblich *adj* напра́сный [napráßnyj], (Bemühungen usw.) бесполе́зный [b'ißpal'ésnyj] ♦ *adv* впусту́ю [fpußtúju], вту́не [ftún'i], по́пусту [pópußtu], напра́сно [napráßna]

vergehen *v* **1** (Zeit) пройти́ [prajt'í] *vo* **2** (Empfindung) пройти́ [prajt'í] *vo*, ко́нчиться [kóntsch'itza] *vo*, мину́ть [m'inút'] *vo*, переста́ть [p'ir'ißtát'] *vo*

vergessen *v* **1** (sich nicht erinnern) *etw. Akk* забы́ть [sabýt'] *vo* **2** (liegen lassen) *etw. Akk irgendwo* оста́вить [aßtáw'it'] *vo что где*

vergewaltigen *v j-n* изнаси́ловать [isnaß'ílawat'] *vo кого*

Vergewaltigung *w* изнаси́лование [isnaß'ílawan'iji] *s*

vergiften *v j-n* отрави́ть [atraw'ít'] *vo*

Vergiftung *w* отравле́ние [atrawl'én'iji] *s*

Vergleich *m* **1** *mit etw.* сравне́ние [ßrawn'én'iji] *s* **2** (Benennung usw.) сравне́ние [ßrawn'én'iji] *s* ► **im ~ zu** *etw.* по сравне́нию *с чем*

vergleichen *v* **1** (Unterschiede) *j-n/etw. mit j-m/etw.* сравни́ть [ßrawn'ít'] *vo кого/что с кем/чем*, противопоста́вить [prat'iwapaßtáw'it'] *vo кого/что*, све́рить [ßw'ér'it'] *vo что с чем* **2** (angleichen) *j-n/etw. mit j-m/etw.* уподо́бить [upadób'it'] *vo кого/что кому/чему*, сравни́ть [ßrawn'ít'] *vo кого/что с кем/чем*, (Ähnlichkeiten) *etw. Akk mit etw.* уподо́бить [upadób'it'] *vo что чему* ► **zu ~ sein** *mit etw.* мочь равня́ться *с кем*

vergnügen *v* **sich ~** развлека́ться [raswl'ikátza] *uv*

Vergnügen *s* **1** (Freude) удово́льствие [udawól'ßtw'iji] *s* **2** (Amüsement usw.) развлече́ние [raswl'itsch'én'iji] *s*, поте́ха [pat'écha] *w*, заба́ва [sabáwa] *w* ► **mit ~** *etw. Akk tun* с удово́льствием, охо́тно *сделать что*

vergrößern *v* увели́чить [uw'il'ítsch'it'] *vo*

vergünstigt *adj* льго́тный [l'gótnyj]

verhaften *v j-n* арестова́ть [ar'ißtawát'] *vo кого*

Verhalten *s* поведе́ние [paw'id'én'iji] *s*, обраще́ние [abraschsch'én'iji] *s*

Verhältnis *s* **1** (Verwandtschaft usw.) отноше́ние [atnaschén'iji] *s* **2** (Liebschaft) *mit j-m* связь [ßw'áß'] *w*, *mit j-m* рома́н [ramán] *m с кем*

verhandeln *v* вести́ перегово́ры [w'ißt'í p'ir'igawóry], обсужда́ть [apßushdát'] *uv*

Verhandlung *w* **1** (Besprechung) перегово́ры [p'ir'igawóry] *m Mz* **2** (vor Gericht) суде́бное разбира́тельство [ßud'ébnaji rasb'irát'il'ßtwa], слу́шание [ßlúschan'iji] *s*, разбира́тельство [rasb'irát'il'ßtwa] *s*, заседа́ние [saß'idán'iji] *s*

verheiratet *adj* жена́тый [shynátyj], за́мужем [sámushym], заму́жняя [samúshn'ija]

verhindern *v etw. Akk* предупреди́ть [pr'idupr'id'ít'] *vo чему*, *etw. Akk* помеша́ть [pam'ischát'] *vo чему*

Verhör *s* допро́с [dapróß] *m*

Verhütungsmittel *s* контрацепти́вы [kantrazypt'íwy] *m Mz*

verirren *v* **sich ~** заблуди́ться [sablud'ítza] *vo*, потеря́ть доро́гу [pat'ir'át' darógu]

Verkauf *m* прода́жа [pradásha] *w*

verkaufen *v etw. Akk j-m für etw.* прода́ть [pradát'] *vo кому что за что*

Verkäufer *m* продаве́ц [pradaw'éz] *m*

Verkaufsstand *m* кио́ск [k'ióßk] *m*

Verkehr *m* движе́ние [dw'ishén'iji] *s*

Verkehrsmittel *s* тра́нспортное сре́дство [tránßpartnaji ßr'éztwa]

Verkehrszeichen *s* доро́жный знак [daróshnyj snák]

verkehrt *adj* противополо́жный [prat'iwapalóshnyj]

verkleben *v etw. Akk mit etw.* залепи́ть [sal'ip'ít'] *vo*

verkleinern *v etw. Akk* уме́ньшить [um'én'schyt'] *vo*

verkomplizieren *v* осложни́ть [aßlashn'ít'] *vo*

verkürzen *v etw. Akk* укороти́ть [ukarat'ít'] *vo что*

Verlag *m* изда́тельство [isdát'il'ßtwa] *s*

verlangen *v* **1** *etw. Akk* тре́бовать [tr'ébawat'] *uv что, чего*, (fordern) *etw. Akk* тре́бовать [tr'ébawat'] *uv чего, что* **2** (Konzentration usw.) *etw. Akk* тре́бовать [tr'ébawat'] *uv чего*, (Situation usw.) *etw. Akk* потре́бовать [patr'ébawat'] *vo что* **3** *nach etw.* жа́ждать [sháshdat'] *uv чего*, стреми́ться [ßt'im'ítza] *uv к чему*

verlängern *v* **1** (räumlich) *etw. Akk* удлини́ть [udl'in'ít'] *vo что* **2** (zeitlich) *etw. Akk* продли́ть [pradl'ít'] *vo*

Verlängerung *w* **1** (räumliche) удлинéние [udl'in'én'iji] *s* **2** (der Gültigkeit usw.) пролонгáция [pralangázyja] *w*

verlangsamen *v etw. Akk* замéдлить [sam'édl'it'] *vo*

verlassen *v* **1** *sich* ~ *auf j-n/etw.* положи́ться [palashýtza] *vo на кого/что*, понадéяться [panad'éjitza] *vo на кого/что*, *auf j-n/etw.* надéяться [nad'éjitza] *uv на кого/что* **2** *j-n/etw.* поки́нуть [pak'ínut'] *vo кого/что*, брóсить [bróß'it'] *vo кого/что*

verlaufen *v* **1** (ablaufen) происходи́ть [praißchad'ít'] *uv* **2** (Veranstaltung usw.) произойти́ [praisajt'í] *vo* **3** *sich* ~ (Hund usw.) пропáсть [prapáßt'] *vo*, потеря́ться [pat'ir'átza] *vo*, (in der Stadt usw.) заблуди́ться [sablud'ítza] *vo*, потеря́ть дорóгу [pat'ir'át' darógu]

Verleih *m* прокáтный пункт [prakátnyj púnkt], пункт прокáта [púnkt prakáta]

verleihen *v* **1** (einen Titel usw.) *j-m etw. Akk* присвóить [pr'ißwóit'] *vo что кому*, удостóить [udaßtóit'] *vo кого чем*, (Preis usw.) *j-m etw. Akk* удостóить [udaßtóit'] *vo кого чего* **2** (Eigenschaft usw.) *etw. Akk etw. Dat* придавáть [pr'idawát'] *uv*

verletzen *v* **1** (beschädigen) *j-n* порáнить [parán'it'] *vo кого* **2** (kränken) рáнить [rán'it'] *vo* **3** (Gesetz usw.) нарýшить [narúschyt'] *vo*, нарушáть [naruschát'] *uv*

verletzt *adj* рáненый [rán'inyj]

Verletzung *w* **1** ранéние [ran'én'iji] *s*, (Wunde) рáна [rána] *w*, трáвма [tráwma] *w* **2** (Verstoß) *etw. Gen* нарушéние [naruschén'iji] *s чего* ► **~ des Gesetzes** нарушéние закóна

verlieben *v* *sich* ~ *in j-n* влюби́ться [wl'ub'ítza] *vo в кого*

verlieren *v* **1** (aus Unachtsamkeit) *etw. Akk* потеря́ть [pat'ir'át'] *vo* **2** (Vertrauen usw.) *etw. Akk* лиши́ться [l'ischýtza] *vo кого/чего* **3** (durch Fehler usw.) *etw. Akk* лиши́ться [l'ischýtza] *vo чего* **4** (Kampf usw.) *etw. Akk gegen j-n* проигрáть [praigrát'] *vo* **5** (Geld) *bei etw.* прогадáть [pragadát'] *vo*, потерпéть ýбыток [pat'irp'ét' ubýtak] **6** *sich* ~ (in der Stadt usw.) заблуди́ться [sablud'ítza] *vo* ► **Luft ~** (Reifen) утéчь *vo*; **verloren gehen** потеря́ться *vo*, исчéзнуть *vo*

verlobt *adj* обручённый [abrutsch'ónnyj]

Verlust *m etw. Gen* потéря [pat'ér'a] *w чего*, утрáта [utráta] *w*

vermehren *v* **1** (Eigentum usw.) *etw. Akk* размнóжить [rasmnóshyt'] *vo* **2** (Pflanzen usw.) размножáть [rasmnashát'] *uv* ► **sich ~** размнóжиться *vo*

vermeiden *v etw. Akk* избежáть [isb'ishát'] *vo чего*, остерéчься [aßt'ir'étsch'ß'a] *vo чего*

vermieten *v etw. Akk an j-n* сдать в арéнду [sdát' w ar'éndu] ► **Zimmer zu ~** кóмнаты в арéнду

vermindern *v* убáвить [ubáw'it'] *vo*

vermischen *v etw. Akk* перемешáть [p'ir'im'ischát'] *vo что*, смеси́ть [ßm'iß'ít'] *vo*, *etw. Akk* меси́ть [m'iß'ít'] *uv*

vermissen *v j-n/etw.* обнарýжить отсýтствие [abnarúshyt' azúztw'iji], *j-n/etw.* недоставáть [n'idaßtawát'] *uv кому чего*

Vermögen *s* **1** (Reichtum) имýщество [imúschsch'ißtwa] *s*, богáтство [bagáztwa] *s*, достоя́ние [daßtaján'iji] *s* **2** (einer Firma usw.) акти́вы [akt'íwy] *m Mz*

vermuten *v* считáть [schsch'itát'] *uv*, полагáть [palagát'] *uv*

Vermutung *w* дoгáдка [dagátka] *w*, гадáние [gadán'iji] *s*

vernachlässigen *v etw. Akk* упусти́ть [upußt'ít'] *vo что*, запусти́ть [sapußt'ít'] *vo что*

vernichten *v* уничтóжить [un'itsch'tóshyt'] *vo*, истреби́ть [ißtr'ib'ít'] *vo*, уничтожáть [un'itsch'tashát'] *uv*

Vernunft *w* ум [úm] *m*, рáзум [rásum] *m*, рассýдок [raßßúdak] *m*

vernünftig *adj* рационáльный [razyanál'nyj], рассýдочный [raßßúdatsch'nyj], разýмный [rasúmnyj]

veröffentlichen *v etw. Akk* обнарóдовать [abnaródawat'] *vo*, *etw. Akk* опубликовáть [apubl'ikawát'] *vo*

verpacken *v* паковáть [pakawát'] *uv*, обернýть [ab'irnút'] *vo*

Verpackung *w* упакóвка [upakófka] *w*, обёртка [ab'órtka] *w*

verpassen *v* **1** *etw. Akk* пропусти́ть [prapußt'ít'] *vo что*, опоздáть [apasdát'] *vo на что* **2** (Chance usw.) просрóчить [praßrótsch'it'] *vo* **3** (Niederlage usw.) *j-m etw. Akk* дать [dát'] *vo что кому* ► **Ich habe den Bus verpasst.** Я не успéл на автóбус.

Verpflegung *w* питáние [p'itán'iji] *s*

verpflichten *v j-n zu etw.* обязáть [abshisát'] *vo*, обя́зывать [abw'ásywat'] *vo* ► **sich ~** *zu etw.* обязáться *vo сделать что*

Verpflichtung *w* обязáтельство [ab'isát'il'ßtwa] *s*, долг [dólk] *m*, обя́занность [ab'ásannaßt'] *w*

verraten *v* **1** (Geheimnis usw.) *j-m etw. Akk* вы́дать [wýdat'] *vo кому что* **2** (Identität usw.) *j-n* вы́дать [wýdat'] *vo кого* **3** (Verrat begehen) *j-n/etw.* измени́ть [ism'in'ít'] *vo кому/чему*, предáть [pr'idát'] *vo кого/что*

Verräter *m* измéнник [ism'énn'ik] *m*, предáтель [pr'idát'il'] *m*

verringern *v etw. Akk* снúзить [ßn'ís'it'] *vo*, сбáвить [sbáw'it'] *vo*, (Risiko usw.) *etw. Akk* умéньшить [um'én'schyt'] *vo*, понúзить [pan'ís'it'] *vo*

verrückt *adj* сумасшéдший [ßumaß-schétschyj], безýмный [b'isúmnyj], сумасбрóдный [ßumasbródnyj], без-рассýдный [b'israßßúdnyj] ♦ *adv* су-масбрóдно [ßumasbródna], бéшено [b'éschyna]

versammeln *v* собрáть [ßabrát'] *vo* ► **sich ~** собрáться *vo*

Versammlung *w* **1** (Menschen) стечéние [ßt'itsch'én'iji] *s* **2** (Sitzung) собрáние [ßabrán'iji] *s* **3** (politische) ассамблéя [aßßambl'éja] *w*, собрáние [ßabrán'iji] *s*

versäumen *v* **1** (Unterricht usw.) *etw. Akk* пропустúть [prapußt'ít'] *vo* **2** (vergessen zu tun usw.) упустúть (из вúду) [upußt'ít' (íß w'ídu)], проглядéть [pragl'id'ét'] *vo*

verschieben *v* **1** (Stelle wechseln) *etw. Akk irgendwohin* сдвúнуть [sdw'ínut'] *vo*, подвúнуть [padw'ínut'] *vo что куда*, (Stelle wechseln) *etw. Akk irgendwohin* передвúнуть [p'ir'idw'ínut'] *vo что куда* **2** (zeitlich) *etw. Akk* отложúть [atlashýt'] *vo*, отсрóчить [azrótsch'it'] *vo* **3** (Handel treiben) *etw. Akk* спекулúровать [ßp'ikul'írawat'] *uv*

verschieden *adj* разлúчный [rasl'ítsch'nyj], разнообрáзный [rasnaa-brásnyj], рáзный [rásnyj], разнорóдный [rasnaródnyj]

verschlechtern *v etw. Akk* ухýдшить [uchútschyt'] *vo* ► **sich ~** ухýдшиться *vo*, испóртиться *vo*

verschlimmern *v* усложнúть [ußlashn'ít'] *vo*, *etw. Akk* ухýдшить [uchútschyt'] *vo*

verschlucken *v etw. Akk* проглотúть [pra-glat'ít'] *vo*

Verschluss *m* **1** (einer Flasche) крышка [krýschka] *w*, колпачóк [kalpatsch'ók] *m* **2** (eines Kleides usw.) застёжка [saßt'óshka] *w* **3** (einer Kamera usw.) затвóр [satwór] *m*

verschmutzen *v* **1** *etw. Akk* запáчкать [sapátsch'kat'] *vo*, испáчкать [iß-pátsch'kat'] *vo* **2** (Umwelt) загрязнúть [sagr'isn'ít'] *vo*

Verschmutzung *w* загрязнéние [sa-gr'isn'én'iji] *s*

verschreiben *v* предписáть [pr'itp'ißát'] *vo*, прописáть [prap'ißát'] *vo*

verschütten *v* **1** просы́пать [praßýpat'] *vo*, пролúть [pral'ít'] *vo* **2** (Lawine usw.) *j-n* завалúть [sawal'ít'] *vo кого*

verschwenden *v* **1** (Geldmittel usw.) *etw. Akk* трáтить [trát'it'] *uv что*, *etw. Akk* расточúть [raßtatsch'ít'] *vo*, промотáть [pramatát'] *vo* **2** (Zeit usw.) трáтить [trát'it'] *uv*, терять [t'ir'át'] *uv*, истрáчивать [ißtrátsch'iwat'] *uv*

Verschwendung *w von etw.* трáта [tráta] *w*

verschwinden *v* исчéзнуть [ischsch'ésnut'] *vo*, (untergehen usw.) терáться [t'ir'átza] *uv*, исчезáть [ischsch'isát'] *uv*, блёкнуть [bl'óknut'] *uv* ► **Verschwinde!** Провáливай!

Versehen *s* недосмóтр [n'idaßmótr] *m*, оплóшность [aplóschnaßt'] *w* ► **aus ~** по ошúбке

versichern *v* **1** (Versicherung abschließen) *j-n/etw.* застраховáть [saßtrachawát'] *vo кого/что* **2** (bestätigen) *j-n etw. Gen* завéрить [saw'ér'it'] *vo кого в чём*, увéрить [uw'ér'it'] *vo кого в чём* ► **sich ~** *etw. Gen* увéриться *vo в чём*; **sich ~** *gegen etw.* (Versicherung abschließen) застраховáться *vo*

Versicherung *w* страхóвка [ßtrachóf-ka] *w*, страховáние [ßtrachawán'iji] *s*, пóлис [pól'iß] *m* ► **eine ~ abschließen** заключúть договóр страховáния

versinken *v* затонýть [satanút'] *vo*

versöhnen *v* **1** *j-n mit j-m* помирúть [pam'ir'ít'] *vo кого с кем*, примирúть [pr'im'ir'ít'] *vo кого с кем* **2** *j-n* успокóить [ußpakóit'] *vo кого* **3** ***sich*** **~** *mit j-m* помирúться [pam'ir'ítza] *vo с кем*, при-мирúться [pr'im'ir'ítza] *vo с кем*

versorgen *v* **1** (beliefern) *j-n/etw. mit etw.* снабжáть [ßnabshát'] *uv кого/что чем* **2** (finanziell usw.) *j-n* обеспéчить [ab'ißp'étsch'it'] *vo*

Versorgung *w mit etw.* снабжéние [ßnabshén'iji] *s*, *mit etw.* доставлéние [daßtawl'én'iji] *s чего*, снабжéние [ßn-abshén'iji] *s чем*, *mit etw.* обеспéчение [ab'ißp'étsch'in'iji] *s чего*

verspäten *v* **1** ***sich*** **~** (zu spät kommen) опоздáть [apasdát'] *vo*, запоздáть [sa-pasdát'] *vo*, задержáться [sad'irshátza] *vo* **2** ***sich*** **~** (später eintreten) задержáться [sad'irshátza] *vo*, замéдлиться [sam'édl'itza] *vo*

verspätet *adj* пóздний [pósn'ij], опоздáвший [apasdáwschyj], за-поздáлый [sapasdályj], (Tätigkeit usw.) опоздáвший [apasdáwschyj]

Verspätung *w* задéржка [sad'érshka] *w*, перебóй [p'ir'ibój] *m*, опоздáние [apas-dán'iji] *s*

versprechen *v* **1** *j-m etw. Akk* обещáть [ab'ischsch'át'] *vo кому что* **2** ***sich*** **~** обмóлвиться [abmólw'itza] *vo*, ого-ворúться [agawar'ítza] *vo*

Versprechen *s* обещáние [ab'ischsch'án'iji] *s*, (Zusicherung) обязáтельство [ab'isát'il'ßtwa] *s*

Verstand *m* ум [úm] *m*, рáзум [rásum] *m*, рассýдок [raßßúdak] *m*

verständigen *v* сообщи́ть [ßaapschsch'ít'] *vo кому, j-n von etw.* извести́ть [isw'ißt'ít'] *vo кого о чём*, увéдомить [uw'édam'it'] *vo кого о чём* ► **sich ~** *irgendwie* договори́ться *vo*, объясни́ться *vo*

verständlich *adj* поня́тный [pan'átnyj], вразуми́тельный [wrasum'ít'il'nyj] ♦ *adv* поня́тно [pan'átna], вразуми́тельно [wrasum'ít'il'na]

verstärken *v* **1** (Mauer usw.) *etw. Akk* уси́лить [uß'íl'it'] *vo что* **2** *etw. Akk* укрепи́ть [ukr'ip'ít'] *vo что* **3** (zahlenmäßig) *etw. Akk* попóлнить [papóln'it'] *vo* **4** увели́чить [uw'il'ítsch'it'] *vo*, повы́сить [pawýß'it'] *vo* -, уси́лить [uß'íl'it'] *vo* **5** *etw. Akk* уси́ливать [uß'íl'iwat'] *uv*, (Spannung usw.) увели́чить [uw'il'ítsch'it'] *vo* **6** (Eindruck usw.) *etw. Akk* увели́чить [uw'il'ítsch'it'] *vo*, уси́лить [uß'íl'it'] ► **sich ~** уси́литься *vo*

Verstauchung *w* вы́вих [wýw'ich] *m*

verstecken *v etw. Akk vor j-m* скрыть [ßkrýt'] *vo что перед кем*, спря́тать [ßpr'átat'] *vo что перед кем*, (Drogen usw.) *etw. Akk* укрывáть [ukrywát'] *vo*, скрывáть [ßkrywát'] *vo что*

versteckt *adj* скры́тый [ßkrýtyj], подспýдный [pazpúdnyj]

verstehen *v* **1** *j-n/etw.* понимáть [pan'imát'] *uv что* **2** *etw. Akk* поня́ть [pan'át'] *vo что*, сообрази́ть [ßaabras'ít'] *vo что*, изучи́ть [isutsch'ít'] *vo*, пости́чь [paßt'ítsch'] *vo что* **3** *j-n/etw.* разбирáться [rasb'irátza] *uv в ком/чём* ► **Ich verstehe nicht.** Не понимáю.

verstopft *adj* запружённый [saprush'ónnyj], запóлненный [sapóln'innyj]

Verstopfung *w* запóр [sapór] *m*

Verstoß *m* простýпок [praßtúpak] *m*

Versuch *m um etw.* попы́тка [papýtka] *w*

versuchen *v etw. Akk* попрóбовать [papróbawat'] *vo*, попытáться [papytátza] *vo*, (sich bemühen) *etw. Akk* пытáться [pytátza] *uv*, прóбовать [próbawat'] *uv*

Versuchung *w* искушéние [ißkuschén'iji] *s*

verteidigen *v* **1** (schützen) оборони́ть [abaran'át'] *uv*, защищáть [saschsch'ischsch'át'] *uv* **2** (Ansichten usw.) *j-n/etw.* защищáть [saschsch'ischsch'át'] *uv кого/что*, отстáивать [aztáiwat'] *uv* **3** (Titel usw.) удержáть [ud'irshát'] *vo*

Verteidigung *w* защи́та [saschsch'íta] *w*

verteilen *v* **1** (an mehrere Personen) *etw. Akk an/unter j-n* раздáть [rasdát'] *vo*, (Lebensmittel usw.) раздавáть [rasdawát'] *uv*, (Ware usw.) распространя́ть [raßpraßtran'át'] *uv*, распространи́ть [raßpraßtran'ít'] *vo* **2** (über eine Fläche) *etw. Akk irgendwohin* расстáвить [raßßtáw'it'] *vo*, *etw. Akk irgendwohin* разложи́ть [raslashýt'] *vo*

vertiefen *v* **1** (einen Graben usw.) *etw. Akk* углуби́ть [uglub'ít'] *vo* **2** ***sich ~*** *in etw. Akk* (sich konzentrieren) погрузи́ться [pagrus'ítza] *vo во что*

Vertrag *m* **1** договóр [dagawór] *m* **2** (Staatsvertrag) договóр [dagawór] *m*, контрáкт [kantrákt] *m*

vertragen *v etw. Akk* вы́держать [wýd'irshat'] *vo*

Vertrauen *s* довéрие [daw'ér'iji] *s*

vertraulich *adj* секрéтный [ß'ikr'étnyj]

vertreten *v* **1** (einspringen) *j-n* замещáть [sam'ischsch'át'] *vo*, заменя́ть [sam'in'át'] *uv кого* **2** (als Beauftragter) *j-n/etw.* защищáть [saschsch'ischsch'át'] *uv* **3** (eine Meinung usw.) выдвигáть [wydw'igát'] *uv*, пропаганди́ровать [prapagand'írawat'] *uv*, (verkünden) защищáть [saschsch'ischsch'át'] *uv*

Vertreter *m* **1** (Ersatz) замести́тель [sam'ißt'ít'il'] *m* **2** представи́тель [pr'iztaw'ít'il'] *m* **3** (einer Theorie usw.) *etw. Gen* ревни́тель [r'iwn'ít'il'] *m*, сторóнник [ßtarónn'ik] *m*, побóрник [pabórn'ik] *m*

vertrocknen *v* засóхнуть [saßóchnut'] *vo*

Verunreinigung *w* нечистотá [n'itsch'ißtatá] *w*

verursachen *v* вы́звать [wýswat'] *vo*, *etw. Akk* причини́ть [pr'itsch'in'ít'] *vo что*

verurteilen *v* **1** (zu Strafe) *j-n zu etw.* осуди́ть [aßud'ít'] *vo кого на что*, приговори́ть [pr'igawar'ít'] *кого к чему* **2** (kritisieren) осуди́ть [aßud'ít'] *vo*

vervollständigen *v* допóлнить [dapóln'it'] *vo*

verwalten *v etw. Akk* хозя́йничать [chas'ájn'itsch'at'] *uv*, хозя́йствовать [chas'ájßtwawat'] *uv*

Verwaltung *w* управлéние [uprawl'én'iji] *s*, вéдомство [w'édamßtwa] *s*, администрáция [adm'in'ißtrázyja] *w*, администрати́вное управлéние [adm'in'ißtrat'íwnaji uprawl'én'iji]

verwandeln *v etw. Akk in etw. Akk* превратить [pr'iwrat'ít'] *vo что во что*

verwandt *adj* рóдственный [róztw'innyj], бли́зкий [bl'íßk'ij], (Familienmitglied) *mit j-m* рóдственный [róztw'innyj], в родствé [w raztw'é] *с кем*

Verwandte *m* рóдственник [róztw'inn'ik] *m*

Verwandtschaft *w* родство́ [raztwó] *s*, свойство́ [ßwajßtwó] *s*, родня́ [radn'á] *w*

verwechseln *v j-n/etw. mit j-m/etw.* перепу́тать [p'ir'iputat'] *vo кого/что с кем/чем*

verwenden *v* **1** *etw. Akk* употреби́ть [upatr'ib'ít'] *vo что*, испо́льзовать [ißpól'sawat'] *vo/uv что*, примени́ть [pr'im'in'ít'] *vo что* **2** (Mühe, Geld usw.) *etw. Akk auf etw. Akk* вложи́ть [wlashýt'] *vo что во что*

Verwendung *w etw. Gen* испо́льзование [ißpól'sawan'iji] *s чего*, *etw. Gen* примене́ние [pr'im'in'én'iji] *s*

verwirklichen *v etw. Akk* осуществи́ть [aßuschsch'ißtw'ít'] *vo* ► **sich ~** осуществи́ться *vo*, испо́лниться *vo*, сбы́ться *vo*

verwirren *v* **1** *j-n* запу́тать [sapútat'] *vo*, (durcheinanderbringen) *j-n* опу́тать [apútat'] *vo* **2** дезориенти́ровать [d'isar'ijint'írawat'] *vo/uv* **3** (Fäden usw.) спу́тать [ßpútat'] *vo*, запу́тать [sapútat'] *vo*

verwundet *adj* ра́неный [rán'inyj]

verzeihen *v j-m etw. Akk* прости́ть [praßt'ít'] *vo кому что*

Verzeihung *w* проще́ние [praschsch'én'iji] *s*, отпуще́ние [atpuschsch'én'iji] *s* ► **~!** Извини́те!

verzichten *v auf etw. Akk* поки́нуть [pak'ínut'] *vo что*, отступи́ть [aztup'ít'] *vo от чего*, *auf etw. Akk* отказа́ться [atkasátza] *vo от чего*, отре́чься [atr'étsch'ß'a] *vo от чего*

verzieren *v etw. Akk mit etw.* укра́сить [ukráß'it'] *vo что чем*, разукра́сить [rasukráß'it'] *vo что чем*

Verzierung *w* украше́ние [ukraschén'iji] *s*

verzögern *v* **1** *j-n/etw.* задержа́ть [sad'irshát'] *vo кого/что* **2** (Prozess usw.) *etw. Akk* задержа́ть [sad'irshát'] *vo*, приостанови́ть [pr'iaßtanaw'ít'] *vo* **3** *sich* **~** (später eintreten) задержа́ться [sad'irshátza] *vo*, заме́длиться [sam'édl'itza] *vo*

Verzögerung *w* заде́ржка [sad'érshka] *w*, перебо́й [p'ir'ibój] *m*

verzweifelt *adj* отча́янный [attsch'ájinnyj] ♦ *adv* отча́янно [attsch'ájinna]

Videokamera *w* видеока́мера [w'id'iakám'ira] *w*

Vieh *s* скот [ßkót] *m*, скоти́на [ßkat'ína] *w*, (lebendes Inventar) дома́шний скот [damáschn'ij ßkót]

viel *adv* **1** (große Menge) мно́го [mnówa] *чего* **2** (schlimmer usw.) *irgendwie* намно́го [namnówa], гора́здо [garásda] ► **so ~** сто́лько; **~e** мно́го *чего*; **wie ~** ско́лько; **wie ~e** ско́лько

vielleicht *part* возмо́жно [wasmóshna], допу́стим [dapúßt'im], мо́жет быть [móshyt být'], очеви́дно [atsch'iw'ídna]

vielmals *num* зачасту́ю [satsch'aßtúju], мно́го раз [mnówa ráß]

vier *num* четы́ре [tsch'itýr'i], че́тверо [tsch'étw'ira]

viert(er,e,es) *num* четвёртый [tsch'itw'órtyj]

Viertel *s* **1** (vierter Teil) че́тверть [tsch'étw'irt'] *w*, (одна́) четвёртая [(adná) tsch'itw'órtaja], (vierter Teil) (одна́) четвёртая [(adná) tsch'itw'órtaja], четвёртая часть [tsch'itw'órtaja tsch'áßt'] **2** (in der Stadt) райо́н [rajón] *m*

vierzehn *num* четы́рнадцать [tschitýrnazat']

vierzig *num* со́рок [ßórak]

Villa *w* ви́лла [w'ílla] *w*, особня́к [aßabn'ák] *m*

violett *adj* фиоле́товый [f'ial'étawyj]

Visitenkarte *w* визи́тная ка́рточка [w'is'ítnaja kártatsch'ka], визи́тка [w'is'ítka] *w*

Visum *s* ви́за [w'ísa] *w*

Vogel *m* пти́ца [pt'íza] *w*

Volk *s* **1** наро́д [narót] *m*, на́ция [názyja] *w* **2** (Bevölkerung) наро́д [narót] *m*

voll *adj* **1** (gefüllt) *etw. Gen* по́лный [pólnyj] *чего* **2** (komplett) по́лный [pólnyj] ♦ *adv* вовсю́ [wafß'jú]

vollenden *v etw. Akk* зако́нчить [sakóntsch'it'] *vo*, око́нчить [akóntsch'it'] *vo что*

völlig *adj* соверше́нный [ßaw'irschénnyj], абсолю́тный [apßal'jútnyj], по́лный [pólnyj] ♦ *adv* вполне́ [fpaln'é], совсе́м [ßafß'ém], соверше́нно [ßaw'irschénna], (ganz) по́лностью [pólnaßt'ju]

volljährig *adj* совершенноле́тний [ßaw'irschynnal'étn'ij]

vollkommen *adj* **1** (Lösung usw.) идеа́льный [id'iál'nyj] **2** (Unsinn usw.) соверше́нный [ßaw'irschénnyj], абсолю́тный [apßal'jútnyj], по́лный [pólnyj]

vollständig *adj* по́лный [pólnyj]

Volumen *s* объём [ab'óm] *m*

von *prep* **1** с [ß], из [íß] **2** (Oberfläche usw.) из [íß] **3** (Anfang) с [ß] **4** (Urheber usw.) от [ót] **5** (reden, hören usw.) *etw.* о [ó] *ком/чём*, про [pró] *кого/что* ► **geöffnet ~... bis...** откры́то с... до...; **~ vorne** спе́реди

vor *prep* **1** (auf dem Weg usw.) *j-m/etw.* пе́ред [p'ér'it] *кем/чем* **2** (einem Zeitpunkt) *etw. Dat* пе́ред [p'ér'it] *кем/чем* **3** (zwei Jahren usw.) (тому́) наза́д [(tamú) nasát] **4** (fliehen usw.) пе́ред [p'ér'it] ► **~ allem** (Betonung) пре́жде всего́, (zuerst) в пе́рвую о́чередь; **~ einer halben Stunde** полчаса́ (тому́) наза́д

Voraus **im ~** зара́нее, ава́нсом

voraussagen *v etw. Akk* предсказа́ть [pr'izkasát'] *vo что*

voraussetzen *v* предполага́ть [pr'itpalagát'] *uv*, счита́ть [schsch'itát'] *uv*

Voraussetzung *w* **1** (Idee usw.) предположе́ние [pr'itpalashén'iji] *s* **2** (Bedingung) *für etw.* предпосы́лка [pr'itpaßýlka] *w*

vorbei *adv* **1** (gehen usw.) ми́мо [m'íma] **2** (vergangen) позади́ [pasad'í] ♦ *prep an etw. Dat* ми́мо [m'íma]

vorbeifahren *v an etw. Dat* прое́хать (ми́мо) [prajéchat' (m'íma)], *an j-m/etw.* прое́хать [prajéchat'] *vo*

vorbeigehen *v an j-m/etw.* пройти́ [prajt'í] *vo*, минова́ть [m'inawát'] *vo*

vorbereiten *v etw. Akk für j-n* пригото́вить [pr'igatów'it'] *vo что для кого*, разде́лать [rasd'élat'] *vo что*, *etw. Akk* подгото́вить [padgatów'it'] *vo* ► **sich ~** *auf etw. Akk* пригото́виться *vo к чему*, подгото́виться *vo к чему*

Vorbereitung *w auf/für etw.* подгото́вка [padgatófka] *w*, приготовле́ние [pr'igatawl'én'iji] *s*, разрабо́тка [rasrabótka] *w* ► **~en** приготовле́ния

Vorbild *s* образе́ц [abras'éz] *m*

vorder(er,e,es) *adj* антерио́рый [ant'ir'ióryj], пере́дний [p'ir'édn'ij]

Vorfahrt *w* преиму́щество (в движе́нии) [pr'iimúschsch'ißtwa (w dw'ishén'ii)]

vorgestern *adv* позавчера́ [pasaftsch'Irá]

vorhaben *v etw. Akk zu tun* собира́ться [ßab'irátza] *uv сделать что*, гото́виться [gatów'itza] *uv к чему*, *etw. Akk zu tun* заду́мывать [sadúmywat'] *uv что*

Vorhang *m* **1** (zu Hause usw.) за́навес [sánaw'iß] *m*, што́ра [schtóra] *w* **2** (im Theater usw.) за́навес [sánaw'iß] *m*

vorher *adv* ра́ньше [rán'schy]

Vorhersage *w* прогно́з [pragnóß] *m*

vorig *adj* про́шлый [próschlyj], предыду́щий [pr'idydúschsch'ij], (früher) предыду́щий [pr'idydúschsch'ij], пре́жний [pr'éshn'ij]

vorkommen *v* **1** (plötzlich usw.) появи́ться [pajiw'ítza] *vo* **2** (Tierart usw.) *irgendwo* встреча́ться [fßtr'itsch'átza] *uv где* **3** *sich* ~ *wie j./etw.* чу́вствовать себя́ [tsch'úfßtwawat' ß'ib'á]

vorläufig *adj* вре́менный [wr'ém'innyj], провизо́рный [praw'isórnyj], предвари́тельный [pr'idwar'ít'il'nyj] ♦ *adv* пока́ [paká], ещё [jischsch'ó]

Vorlesung *w* ле́кция [l'ékzyja] *w*, докла́д [daklát] *m*

vorletzt(er,e,es) *adj* предпосле́дний [pr'itpaßl'édn'ij]

Vormittag *m* пе́рвая полови́на дня [p'érwaja palaw'ína dn'á] ► **am ~** в пе́рвой полови́не дня

vormittags *adv* в пе́рвой полови́не дня [w p'érwaj palaw'ín'i dn'á] ► **um zehn Uhr ~** в де́сять часо́в у́тра

vorn *adj* пере́дний [p'ir'édn'ij] ♦ *adv* впереди́ [fp'ir'id'í]

Vorname *m* и́мя [ím'a] *s*

Vorrat *m* запа́с [sapáß] *m*

Vorrichtung *w* устро́йство [ußtrójßtwa] *s*, аппара́т [apparát] *m*

Vorschlag *m* прое́кт [praekt] *m*, (Antrag) предложе́ние [pr'idlashén'iji] *s*

vorschlagen *v* предложи́ть [pr'idlashýt'] *vo*

Vorschrift *w* постановле́ние [paßtanawl'én'iji] *s*

Vorschuss *m* ава́нс [awánß] *m*

Vorsicht **~!** Осторо́жно!, Внима́ние!

vorsichtig *adj* осторо́жный [aßtaróshnyj], бе́режный [b'ér'ishnyj] ♦ *adv* осторо́жно [aßtaróshna], бере́жливо [b'ir'éshl'iwa]

Vorsitzende *m* председа́тель [pr'iz'idát'il'] *m*

Vorspeise *w* заку́ска [sakúßka] *w*

Vorstadt *w* при́город [pr'ígarat] *m*, предме́стье [pr'idm'éßt'ji] *s*

vorstellen *v* **1** *j-n j-m* предста́вить [pr'iztáw'it'] *vo кому кого* **2** *sich* ~ (Namen nennen) предста́виться [pr'iztáw'itza] *vo* **3** *sich* ~ (sich ausmalen) предста́вить себе́ [pr'iztáw'it' ß'ib'é], вообрази́ть [waabras'ít'] *vo*

Vorstellung *w* **1** (Bekanntmachen) представле́ние [pr'iztawl'én'iji] *s* **2** (Ahnung) *von etw.* представле́ние [pr'iztawl'én'iji] *s*, поня́тие [pan'át'iji] *s о ком/чём*, о́браз [óbraß] *m* **3** (Aufführung) представле́ние [pr'iztawl'én'iji] *s*, сеа́нс [ß'iánß] *m*

Vorteil *m* вы́года [wýgada] *w*

Vortrag *m* **1** (wissenschaftlicher) ле́кция [l'ékzyja] *w*, докла́д [daklát] *m* **2** (eines Gedichts usw.) чте́ние [tsch't'én'iji] *s*, декламáция [d'iklamázyja] *w*

vorübergehend *adj* вре́менный [wr'ém'innyj] ♦ *adv* вре́менно [wr'ém'inna]

Vorurteil *s* предрассу́док [pr'idraßßúdak] *m*
Vorwahl *w* код набо́ра [kót nabóra]
Vorwand *m für etw.* предло́г [pr'idlók] *m для чего*
vorwärts *adv* вперёд [fp'ir'ót]
Vorwurf *m* упрёк [upr'ók] *m*
vorzeitig *adj* досро́чный [daß-rótsch'nyj], преждевре́менный [pr'ishd'iwr'ém'innyj] ♦ *adv* преждевре́менно [pr'ishd'iwr'ém'inna]
vorziehen *v etw. Akk etw. Dat* предпочита́ть [pr'itpatsch'itát'] *uv что чему*, выдвига́ть [wydw'igát'] *uv что*
Vulkan *m* вулка́н [wulkán] *m*

W

Waage *w* **1** (Gerät) весы́ [w'ißý] *Mz* **2** (Sternzeichen) Весы́ [w'ißý] *Mz*
wach *adj* бо́дрствующий [bódrßtwu-juschsch'ij]
Wachs *s* воск [wóßk] *m*
wachsen *v* **1** (größer werden) вы́расти [wýraßt'i] *vo*, расти́ [raßt'í] *uv* **2** (entstehen) вы́расти [wýraßt'i] *vo*, отрасти́ [atraßt'í] *vo*
Wade *w* икра́ [ikrá] *w*
Waffe *w* ору́жие [arúshyji] *s*
wagen *v etw. Akk zu tun* осме́литься [aßm'él'itza] *vo сделать что*, отва́житься [atwáshytza] *vo*
Wagen *m* **1** (Eisenbahn) ваго́н [wagón] *m* **2** (Auto) маши́на [maschýna] *w*, автомаши́на [aftamaschýna] *w*, автомоби́ль [aftamab'íl'] *m*
Wagenheber *m* автодомкра́т [afta-damkrát] *m*, автомоби́льный домкра́т [aftamab'íl'nyj damkrát] *m*
Wahl *w* **1** (Auswahl) вы́бор [wýbar] *m*, отбо́р [adbór] *m* **2** (Abstimmung) вы́бор [wýbar] *m* ► **~en** вы́боры *m Mz*
wählen *v* **1** выбира́ть [wyb'irát'] *uv*, подбира́ть [padb'irát'] *uv*, (Möglichkeit usw.) вы́брать [wýbrat'] *vo*, подобра́ть [pada-brát'] *vo* **2** (eine Telefonnummer) набра́ть [nabrát'] *vo* **3** (abstimmen) *j-n* выбира́ть [wyb'irát'] *uv кого*, *j-n* избра́ть [isbrát'] *vo кого*
wahr *adj* правди́вый [prawd'íwyj], пра́вый [práwyj] ► **~ werden** осуществи́ться *vo*, испо́лниться *vo*, сбы́ться *vo*; **Das ist nicht ~.** Вот и не пра́вда.; **Nicht ~?** Пра́вда?, Не пра́вда ли?
während *conj* пока́ [paká] ♦ *prep* в тече́ние [w t'itsch'én'iji] *чего*, во вре́мя [wó wr'ém'a] *чего*, на протяже́нии [ná prat'ishén'ii] *чего*
Wahrheit *w* правота́ [prawatá] *w*, (Tatbestand) пра́вда [práwda] *w*
wahrscheinlich *adj* вероя́тный [w'irajátnyj], правдоподо́бный [pra-wdapadóbnyj], предполага́емый [pr'itpalagájimyj] ♦ *part* ви́димо [w'íd'ima], возмо́жно [wasmóshna], вероя́тно [w'irajátna], по-ви́димому [paw'íd'imamu]
Währung *w* валю́та [wal'júta] *w*
Waise *w* сирота́ [ß'iratá] *m,w*
Wald *m* лес [l'éß] *m*
Wand *w* стена́ [ßt'iná] *w*
wandern *v* **1** путеше́ствовать [put'ischéßtwawat'] *uv*, стра́нствовать [ßtránßtwawat'] *uv*, (in den Bergen usw.) отпра́виться в похо́д [atpráw'itza w pachót] **2** (ziellos usw.) броди́ть [brad'ít'] *uv*
Wanderung *w* **1** скита́ние [ßk'itán'iji] *s*, (го́рный) похо́д [(górnyj) pachót] **2** (ruhige, ohne Ziel usw.) скита́ние [ßk'itán'iji] *s*
Wange *w* щека́ [schsch'iká] *w*
wann *adv* когда́ [kagdá] ► **~ auch immer** когда́ уго́дно
Wanne *w* ва́нна [wánna] *w*
Wanze *w* **1** (Insekt) клоп [klóp] *m* **2** (zum Abhören) жучо́к [shutsch'ók] *m*
Wappen *s* герб [g'érp] *m*
Ware *w* това́р [tawár] *m*
warm *adj* **1** тёплый [t'óplyj] **2** (Empfang usw.) горя́чий [gar'átsch'ij] ♦ *adv* **1** тепло́ [t'ipló] **2** (empfangen usw.) горячо́ [gar'itsch'ó], раду́шно [radúschna], серде́чно [ß'ird'étsch'na] ► **~ machen** *etw. Akk* согре́ть *vo что*, нагре́ть *vo что*, обогре́ть *vo что*
Wärme *w* тепло́ [t'ipló] *s*
wärmen *v* **1** (warm machen) *etw. Akk* согре́ть [ßagr'ét'] *vo что* **2** (heizen) греть [gr'ét'] *uv* **3** (Kleider usw.) греть [gr'ét'] *uv*, согрева́ть [ßagr'iwát'] *uv* **4** (erwärmen) разогре́ть [rasagr'ét'] *vo*
warnen *v j-n vor etw. Dat* предупрежда́ть [pr'idupr'ishdát'] *uv кого о чём/от чего*, предостерега́ть [pr'idaßt'ir'igát'] *uv кого от кого/чего*
Warnung *w* предостереже́ние [pr'idaßt'ir'ishén'iji] *s*, *vor etw. Dat* предупрежде́ние [pr'idupr'ishd'én'iji] *s о чём*
warten *v auf j-n/etw.* ждать [shdát'] *uv кого/что*, *auf j-n/etw.* подожда́ть [padashdát'] *vo*, потерпе́ть [pat'irp'ét'] *vo кого/что*
Warteraum *m* зал ожида́ния [sál ashy-dán'ija]

Wartezimmer *s* зал ожида́ния [sál ashydán'ija]
Wartung *w* ухо́д [uchót] *m*
warum *adv* почему́ [patsch'imú], заче́м [satsch'ém]
was *pron* **1** (Frage) что [schtó] **2** (Nebensatz) что [schtó], ра́зве [rásw'i] ► **~ (auch) immer** что (бы) ни; **~ für ein** како́й
Waschanlage *w* автомо́йка [aftamójka] *w*
Waschbecken *s* умыва́льник [umywál'n'ik] *m*
Wäsche *w* **1** (schmutzige) сти́рка [ßt'írka] *w* **2** (Textilien) бельё [b'il'ó] *s*
Wäscheklammer *w* прище́пка [pr'ischsch'épka] *w*
waschen *v* **1** (Wäsche) *etw. Akk* стира́ть [ßt'irát'] *uv что, etw. Akk* вы́стирать [wýßt'irat'] *vo что*, постира́ть [paßt'irát'] *vo что* **2** (reinigen) *etw. Akk* умы́ть [umýt'] *vo*, вы́мыть [wýmyt'] *vo* **3** (Gemüse usw.) постира́ть [paßt'irát'] *vo*, помы́ть [pamýt'] *vo*
Wäscherei *w* пра́чечная [pratschischnaja] *w*
Wäschetrockner *m* суши́льная маши́на [ßuschýl'naja maschýna]
Waschküche *w* пра́чечная [pratschischnaja] *w*
Waschmaschine *w* стира́льная маши́на [ßt'irál'naja maschýna]
Waschpulver *s* стира́льный порошо́к [ßt'irál'nyj paraschók]
Waschraum *m* умыва́лка [umywálka] *w*
Wasser *s* **1** (H_2O) вода́ [wadá] *w* **2** (kölnisches usw.) вода́ [wadá] *w*, лосьо́н [laß'ón] *m*
wasserdicht *adj* водонепроница́емый [wadan'ipran'izájimyj]
Wasserfall *m* водопа́д [wadapát] *m*
Wasserhahn *m* водопрово́дный кран [wadaprawódnyj krán] *m*
Wasserkocher *m* электрочайник [il'iktratsch'ájn'ik] *m*
Wasserleitung *w* водопрово́д [wadaprawót] *m*
Wassermelone *w* арбу́з [arbúß] *m*
Wasserski *m Mz* во́дные лы́жи [wódnyji lýshy]
Wassersportarten *w Mz* во́дные ви́ды спо́рта [wódnyji w'ídy ßpórta]
Watte *w* ва́та [wáta] *w*
weben *v* ткать [tkát'] *uv*, *etw. Akk* соткать [ßatkát'] *vo*, вы́ткать [wýtkat'] *vo*
Wechsel *m* **1** (abwechselnd) чередова́ние [tsch'ir'idawán'iji] *s* **2** (Änderung) сме́на [ßm'éna] *w* **3** (Ablösung) сме́на [ßm'éna] *w*, заме́на [sam'éna] *w* **4** (Wertpapier) ве́ксель [w'ékß'il'] *m*
Wechselgeld *s* ме́лочь (обра́тно) [m'élatsch' (abrátna)]
Wechselkurs *m* обме́нный курс (валю́ты) [abm'énnyj kúrß (wal'júty)]
wechseln *v* **1** (ersetzen) *etw. Akk für etw.* обменя́ть [abm'in'át'] *vo что на что*, замени́ть [sam'in'ít'] *vo что чем* **2** (Geld usw.) обменя́ть [abm'in'át'] *vo* **3** (Berufe usw.) смени́ть [ßm'in'ít'] *vo*, чередова́ть [tsch'ir'idawát'] *uv* **4** (Kleingeld) *etw. Akk* разменя́ть [rasm'in'át'] *vo*, разме́нивать [rasm'én'iwat'] *uv* **5** (Schalter) переключи́ть [p'ir'ikl'utsch'ít'] *vo* ► **sich ~** *bei etw.* чередова́ться *uv*
Wechselstube *w* обме́нный пункт [abm'énnyj púnkt]
wecken *v* **1** *j-n* разбуди́ть [rasbud'ít'] *vo кого* **2** (Interesse usw.) возбуди́ть [wasbud'ít'] *vo* ► *j-s* **Interesse ~** заинтересова́ть *vo кого чем*
Wecker *m* буди́льник [bud'íl'n'ik] *m*
weder **~… noch** ни… ни…
weg *adv* прочь [prótsch'] ► **Er ist schon ~.** Он уже́ ушёл прочь.
Weg *m* доро́га [daróga] *w*, путь [pút'] *m* ► **welchen ~** куда́
wegen *prep j-s/etw.* из-за [issa] *кого/чего*, ввиду́ [ww'idú] *чего* ► **~ des schlechten Wetters…** из-за пло́хой пого́ды
wegfahren *v* уе́хать [ujéchat'] *vo*
weggehen *v* уйти́ [ujt'í] *vo*
weglaufen *v* убежа́ть [ub'ishát'] *vo*, отбежа́ть [adb'ishát'] *vo*
wegnehmen *v j-m etw. Akk* взять [ws'át'] *vo кому что*, забра́ть [sabrát'] *vo кому что*, отня́ть [atn'át'] *vo что*, брать [brát'] *uv что у кого*
wegwerfen *v* **1** (Kippe usw.) отбро́сить [adbróß'it'] *vo*, отки́нуть [atk'ínut'] *vo* **2** (zum Abfall tun) бро́сить [bróß'it'] *vo*, вы́кинуть [wýk'inut'] *vo что*, вы́бросить [wýbraß'it'] *vo что*
wegwischen *v* стере́ть [ßt'ir'ét'] *vo что с чего*
wehtun *v* **1** боле́ть [bal'ét'] *uv* **2** (absichtlich usw.) *j-m* оби́деть [ab'íd'it'] *vo кого*
Weibchen *s* са́мка [ßámka] *w*
weiblich *adj* же́нский [shénßk'ij]
weich *adj* **1** (nicht hart) мя́гкий [m'áchk'ij] **2** (geschmeidig) не́жный [n'éshnyj], шелкови́стый [schylkaw'ißtyj] ♦ *adv* мя́гко [m'áchka] ► **~ gekocht** всмя́тку; **~ machen** *etw. Akk* смягчи́ть *vo что*, смягча́ть *uv*
Weihnachten *s* Рождество́ [rashd'ißtwó] *s*

weil *conj* так как [ták kák], поскóльку [paßkól'ku]
Weile *w* минýточка [m'inútatsch'ka] *w*, миг [m'ík] *m*, момéнт [mam'ént] *m*
Wein *m* винó [w'inó] *s*
Weinberg *m* виногрáдник [w'inagrádn'ik] *m*
weinen *v* плáкать [plákat'] *uv*
Weinstube *w* вúнный ресторáн [w'ínnyj r'ißtarán]
Weintraube *w* я́года виногрáда [jágada w'inagráda]
weise *adj* мýдрый [múdryj], ýмный [úmnyj]
Weise *w* **1** (Methode usw.) спóсоб [ßpóßap] *m*, мéтод [m'état] *m*, (Methode usw.) манéра [man'éra] *w*, мóдус [móduß] *m* **2** (Melodie) напéв [nap'éf] *m*, пéсенка [p'éß'inka] *w*
weiß *adj* бéлый [b'élyj]
weit *adv* **1** (entfernt usw.) далекó [dal'ikó], вдалú [wdal'í] **2** (geöffnet usw.) ширóко [schyróka] ► **bei ~em** далекó (не); **von ~em** издалекá
weiter *adj* послéдующий [paßl'édujuschsch'ij] ♦ *adv* **1** (entfernt) дáльше [dál'schy], дáлее [dál'iji] **2** (fortsetzen) дáльше [dál'schy] ► **und so ~** и томý подóбное, и так дáлее
weitergehen *v* **1** продвúнуться [pradw'ínutza] *vo*, продвигáться [pradw'igátza] *uv* **2** (Prozess usw.) продолжáть [pradalshát'] *vo*
weitermachen *v etw. Akk, in etw. Dat* продолжáть [pradalshát'] *vo что, etw. Akk* продолжáть [pradalshát'] *uv что*
Weizen *m* пшенúца [pschyn'íza] *w*
welch(er,e,es) *pron* какóй [kakój], котóрый [katóryj]
welken *v* вя́нуть [w'ánut'] *uv*, увядáть [uw'idát'] *uv*
Welle *w* **1** (Wasser) волнá [walná] *w* **2** (Maschinenteil) вал [wál] *m*, ось [óß'] *w*
Welt *w* мир [m'ír] *m*
Weltall *s* кóсмос [kóßmaß] *m*
Weltraum *m* кóсмос [kóßmaß] *m*, вселéнная [fß'il'énnaja] *w*
wenden *v* **1** (Seite usw.) перевернýть [p'ir'iw'irnút'] *vo что* **2** (Auto usw.) *etw. Akk* повернýть [paw'irnút'] *vo что*, (in andere Richtung) *etw. Akk* перевернýть [p'ir'iw'irnút'] *vo что* **3** (Auto, Schwimmer usw.) повернýться [paw'irnútza] *vo* **4** *sich ~ an j-n/etw.* обратúться [abrat'ítza] *vo к кому* ► **An wen soll ich mich ~?** К комý мне обратúться?
wenig *adv* мáло [mála] ► **am ~sten** наимéнее; **ein ~** *etw. Gen* немнóжко *s*; **~e** мáло; **~er werden** убáвиться *vo*, стать мéньше
weniger *adv* мéнее [m'én'iji], (zahlbar) мéньше [m'én'schy]
wenigstens *part* по крáйней мéре [pó krájn'ij m'ér'i]
wenn *conj* **1** (konditional) éсли [jéßl'i], éсли бы [jéßl'i bý] **2** (Bedingung) когдá (же) [kagdá (shé)] ♦ *adv* когдá [kagdá] ► **auch ~** хотя́ и
wer *pron* кто [któ]
Werbespot *m* реклáма [r'iklámа] *w*
Werbung *w* **1** (Werben) реклáма [r'iklámа] *w* **2** (eines Produktes) реклáма [r'iklámа] *w*, пропагáнда [prapagánda] *w*
werden *v etw. Akk* стать [ßtát'] *vo*
werfen *v* **1** бросáть [braßát'] *uv*, швыря́ть [schwyr'át'] *uv*, *etw. Akk* кúнуть [k'ínut'] *vo*, брóсить [bróß'it'] *vo что/чем* **2** (Schatten usw.) *etw. Akk irgendwohin* брóсить [bróß'it'] *vo что куда* **3** *etw. Akk irgendwohin* брóсить [bróß'it'] *vo что куда*, швырнýть [schwyrnút'] *vo что куда* **4** (in Baseball usw.) подкúнуть [patk'ínut'] *vo*, подбрóсить [padbróß'it'] ► **sich ~** *irgendwohin* брóситься *vo во что*
Werk *s* **1** (Schöpfung usw.) произведéние [praisw'id'én'iji] *s*, сочинéние [ßatsch'in'én'iji] *s* **2** (Mechanismus) машúнка [maschýnka] *w*
Werkstatt *w* мастерскáя [maßt'irßkája] *w*
Werktag *m* рабóчий день [rabótsch'ij d'én']
Werkzeug *s* **1** инструмéнт [inßtrum'ént] *m*, орýдие [arúd'iji] *s* **2** (Gesamtheit von Werkzeugen) инструмéнты [inßtrum'énty], снасть [ßnáßt'] *w*, принадлéжности [pr'inadl'éshnaßt'i] ► **~e** принадлéжности, снасть *w*, орýдия
wert *adj etw. Gen* достóйный [daßtójnyj] *чего* ► **~ sein** *etw. Gen* (verdienen) заслýживать внимáния
Wert *m* значéние [snatsch'én'iji] *s*
wertvoll *adj* цéнный [zénnyj], драгоцéнный [dragazénnyj]
Wesen *s* сýщность [ßúschsch'naßt'] *w*, натýра [natúra] *w*, (Kern) суть [ßút'] *w*, существó [ßuschsch'ißtwó] *s*
wesentlich *adj* сущéственный [ßuschsch'éßtw'innyj] ♦ *adv* значúтельно [snatsch'ít'il'na], сущéственно [ßuschsch'éßtw'inna]
Wespe *w* осá [aßá] *w*
wessen *pron* чей [tsch'éj]
Weste *w* жилéт [shyl'ét] *m*
Westen *m* зáпад [sápat] *m* ► **im ~** на зáпаде

westlich *adj* за́падный [sápadnyj]

Wettbewerb *m* соревнова́ние [ßar'iwnawán'iji] *s*, состяза́ние [ßaßt'isán'iji] *s*, турни́р [turn'ír] *m*, встре́ча [fßtr'étsch'a] *w*

Wette *w* ста́вка [ßtáfka] *w*, пари́ [par'í] *s*

wetten *v* **1** *um etw.* заключи́ть пари́ [sakl'utsch'ít' par'í] **2** *auf etw. Akk* сде́лать ста́вку [sd'élat' ßtáfku] *на что*

Wetter *s* пого́да [pagóda] *w*

Wettervorhersage *w* прогно́з пого́ды [pragnóß pagódy]

Wettkampf *m* соревнова́ние [ßar'iwnawán'iji] *s*, состяза́ние [ßaßt'isán'iji] *s*, турни́р [turn'ír] *m*, встре́ча [fßtr'étsch'a] *w* ► **an einem ~** *gegen j-n* **teilnehmen** соревнова́ться *uv с кем*

wichtig *adj* ва́жный [wáshnyj], (Folgen usw.) серьёзный [ß'ir'ósnyj] ► **das ~ste ist** пре́жде всего́

wickeln *v* мота́ть [matát'] *uv* ► **ein Kind ~** перепелена́ть ребёнка

widersprechen *v* **1** *j-m/etw.* возража́ть [wasrashát'] *uv кому/чему*, оппони́ровать [appan'írawat'] *uv*, (Behauptung usw.) *j-m/etw.* сопротивля́ться [ßaprat'iwl'átza] *uv кому/чему*, (widerreden) *j-m* сопротивля́ться [ßaprat'iwl'átza] *uv* **2** (in Widerspruch stehen) *etw. Dat* противоре́чить [prat'iwar'étsch'it'] *uv чему*, расходи́ться [raßchad'ítza] *uv с чем*

Widerspruch *m* противоре́чие [prat'iwar'étsch'iji] *s*, разногла́сие [rasnagláß'iji] *s*

Widerstand *m* **1** (Trotz) *gegen j-n/etw.* сопротивле́ние [ßaprat'iwl'én'iji] *s кому/чему*, противоде́йствие [prat'iwad'éjßtw'iji] *s* **2** (Bewegung) сопротивле́ние [ßaprat'iwl'én'iji] *s* **3** (Kraft) сопротивле́ние [ßaprat'iwl'én'iji] *s*

widerstehen *v* **1** (Änderung usw.) *etw. Dat* сопротивля́ться [ßaprat'iwl'átza] *vo чему*, проти́виться [prat'íw'itza] *vo чему* **2** (Angriff, Anprall usw.) *etw. Dat* вы́держать [wýd'irshat'] *vo*, воздержа́ться [wasd'irshátza] *vo от чего*, устоя́ть [ußtaját'] *vo от чего*

Widerwille *m gegen etw.* неохо́та [n'iachóta] *w*, нежела́ние [n'ishylán'iji] *s*, *gegen j-n/etw.* отвраще́ние [atwraschsch'én'iji] *s к кому/чему*, неприя́знь [n'ipr'ijásn'] *w*

widmen *v* **1** (Zeit usw.) *etw. Akk j-m/etw.* удели́ть [ud'il'ít'] *vo что кому/чему*, уделя́ть [ud'il'át'] *uv что кому/чему*, посвяти́ть [paßw'it'ít'] *vo что кому/чему*, посвяща́ть [paßw'ischsch'át'] *uv что кому/чему* **2** ***sich ~*** *etw. Dat* (teilnehmen usw.) занима́ться [san'imátza] *uv чем*, (Tätigkeit usw.) заня́ться [san'átza] *vo* **3** ***sich ~*** (behilflich sein usw.) *j-m/etw.* занима́ться [san'imátza] *uv кем/чем*

wie[1] *adv* как [kák] ► **~ viele** ско́лько; **W~ ist es?** Ну како́е (э́то)?; **W~ geht es Ihnen?** Как пожива́ете?, Как (ва́ши) дела́?

wie[2] *conj* **1** (Ähnlichkeit) как [kák] **2** (beides) и та́кже [í tákshy] ► **~ (zum Beispiel)** как (наприме́р); **W~ Sie wollen.** Как хоти́те.

wieder *adv* втори́чно [ftar'ítsch'na], повто́рно [paftórna], опя́ть [ap'át'], сно́ва [ßnówa]

wiederherstellen *v* возобнови́ть [wasabnaw'ít'] *vo*

wiederholen *v* **1** (nochmals machen) *etw. Akk* повтори́ть [paftar'ít'] *vo что*, повторя́ть [paftar'át'] *uv что* **2** (um es zu betonen) повтори́ть [paftar'ít'] *vo*, сно́ва сказа́ть [ßnówa ßkasát'] **3** (Lernstoff usw.) *etw. Akk* повтори́ть [paftar'ít'] *vo*

Wiederholung *w* **1** *etw. Gen* повторе́ние [paftar'én'iji] *s чего* **2** (des Lernstoffes) повторе́ние [paftar'én'iji] *s* **3** (eines Ereignisses) повторе́ние [paftar'én'iji] *s*

wiederkommen *v* верну́ться [w'irnútza] *vo*

wiegen *v* **1** (Gewicht haben) ве́сить [w'éß'it'] *uv сколько* **2** (Gewicht feststellen) *j-n/etw.* взве́шивать [wsw'éschywat'] *uv кого/что*, взве́сить [wsw'éß'it'] *vo кого/что*

Wiese *w* луг [lúk] *m*

wievielmal *pron* ско́лько раз [ßkól'ka ráß]

wild *adj* **1** ди́кий [d'ík'ij] **2** (zornig usw.) лю́тый [l'jútyj] ♦ *adv* ди́ко [d'íka]

Wild *s* **1** (wild lebend) зве́ри [sw'ér'i] *m Mz* **2** (Fleisch) дичь [d'ítsch'] *w* ► **jagdbares ~** (охо́тничья) дичь

Wille *m* во́ля [wól'a] *w*

willkommen *adj* жела́нный [shylánnyj] ► **W~!** Добро́ пожа́ловать!

Wimper *w* ресни́ца [r'ißn'íza] *w*

Wimperntusche *w* тушь для ресни́ц [túsch dl'á r'ißn'íz]

Wind *m* ве́тер [w'ét'ir] *m*

Windel *w* пелёнка [p'il'ónka] *w*, подгу́зник [padgúsn'ik] *m*

windig *adj* ве́треный [w'étr'inyj]

Windjacke *w* ветро́вка [w'itrófka] *w*

Windschutzscheibe *w* лобово́е стекло́ [labawóji ßt'ikló]

Winkel *m* **1** у́гол [úgal] *m* **2** (Augenwinkel) уголо́к [ugalók] *m* **3** (verborgener) закоу́лок [sakaúlak] *m*

winken *v* **1** (Fahne usw.) *mit etw.* маха́ть [machát'] *uv чем* **2** *j-m* маха́ть [machát'] *uv кому чем*

Winter *m* зима́ [s'imá] *w*

winzig *adj* ма́лый [málуj], небольшо́й [n'ibal'schój], ма́ленький [mál'in'k'ij], щу́плый [schsch'úplyj]
wir *pron* мы [mý]
Wirbel *m* **1** водоворо́т [wadawarót] *m*, о́мут [ómut] *m*, вихрь [w'íchr'] *m* **2** (Knochen) позвоно́к [paswanók] *m*
Wirbelsäule *w* позвоно́чник [paswanótsch'n'ik] *m*
wirken *v* **1** (Wirkung haben) возде́йствовать [wasd'éjßtwawat'] *vo/uv, auf j-n/etw.* влия́ть [wl'iját'] *на кого/что* **2** (Eindruck machen) *auf j-n irgendwie* производи́ть впечатле́ние [praiswad'ít' fp'itsch'atl'én'iji] **3** (Medikament usw.) поде́йствовать [pad'éjßtwawat'] *vo* ► **zu ~ beginnen** поде́йствовать *vo*
wirklich *adj* **1** реа́льный [r'iál'nyj], действи́тельный [d'ijßtw'ít'il'nyj], и́стинный [íßt'innyj], настоя́щий [naßtajáschsch'ij] **2** (wie es sein soll) настоя́щий [naßtajáschsch'ij], по́длинный [pódl'innyj] ♦ *adv* **1** (in Wirklichkeit) действи́тельно [d'ijßtw'ít'il'na], на са́мом де́ле [ná ßámam d'él'i] **2** (in der Tat) действи́тельно [d'ijßtw'ít'il'na], в са́мом де́ле [w/náßámam d'él'i], по-настоя́щему [panaßtajáschsch'imu] ♦ *part* действи́тельно [d'ijßtw'ít'il'na], на са́мом де́ле [ná ßámam d'él'i] ► **W~?** Пра́вда?, Серьёзно?, Неуже́ли?
Wirklichkeit *w* действи́тельность [d'ijßtw'ít'il'naßt'] *w*, реа́льность [r'iál'naßt'] *w*
wirksam *adj* **1** (Maßnahme, Plan usw.) де́йственный [d'éjßtw'innyj] **2** (im Betrieb) функциони́рующий [funkzyan'írujuschsch'ij]
Wirkung *w* возде́йствие [wasd'éjßtw'iji] *s*
Wirt *m* трakти́рщик [trakt'írschsch'ik] *m*, каба́тчик [kabáttsch'ik] *m*
Wirtschaft *w* хозя́йство [chas'ájßtwa] *s*, эконо́мика [ikanóm'ika] *w*
wirtschaftlich *adj* экономи́ческий [ikanam'ítsch'ißk'ij], хозя́йственный [chas'ájßtw'innyj]
wischen *v* **1** *etw. Akk (von etw.)* стере́ть [ßt'ir'ét'] *vo что (с чего)* **2** (reinigen) *etw. Akk* вы́тереть [wýt'ir'it'] *vo что*, (Tafel) *etw. Akk* стере́ть [ßt'ir'ét'] *vo*
wissen *v etw. Akk, von etw.* знать [snát'] *uv что*
Wissenschaft *w* нау́ка [naúka] *w*
Wissenschaftler *m* учёный [utsch'ónyj] *m*
wissenschaftlich *adj* нау́чный [naútsch'nyj]
Witwe *w* вдова́ [wdawá] *w*
Witwer *m* вдове́ц [wdaw'éz] *m*
Witz *m* анекдо́т [an'igdót] *m*
witzig *adj* остроу́мный [aßtraúmnyj], прико́льный [pr'ikól'nyj], шутли́вый [schutl'íwyj], коми́ческий [kam'ítsch'ißk'ij]
wo *adv* где [gd'é] ► **ach ~** куда́ (там); **~ (auch) immer** где уго́дно
Woche *w* неде́ля [n'id'él'a] *w*
Wochenende *s* выходны́е [wychadnýji] *m Mz*, уик-э́нд [uiként] *m*
Wochenendhaus *s* да́ча [dátsch'a] *w*
Wochentag *m* рабо́чий день [rabótsch'ij d'én']
woher *adv* отку́да [atkúda] ► **W~ kommen Sie?** Отку́да вы (ро́дом)?
wohin *adv* куда́ [kudá]
wohl *part* ви́димо [w'íd'ima], возмо́жно [wasmóshna], вероя́тно [w'irajátna], по-ви́димому [paw'íd'imamu]
wohnen *v irgendwo* жить [shýt'] *uv*, прожива́ть [prashywát'] *uv* ► **Ich wohne im Hotel Alcron.** Я живу́ в гости́нице Алкро́н.
Wohnmobil *s* автодо́м [aftadóm] *m*
Wohnsitz *m* местожи́тельство [m'ißtashýt'il'ßtwa] *s*
Wohnung *w* кварти́ра [kwart'íra] *w*
Wohnwagen *m* автода́ча [aftadátsch'a] *w*, прице́п-да́ча [pr'izepdátsch'a] *w*
Wohnzimmer *s* жила́я ко́мната [shylája kómnata], гости́ная [gaßt'ínaja] *w*
Wolf *m* волк [wólk] *m*
Wolke *w* ту́ча [tútsch'a] *w*
Wolkenkratzer *m* небоскрёб [n'ibaßkr'óp] *m*
wolkig *adv* о́блачно [óblatsch'na]
Wolle *w* шерсть [schérßt'] *w*
wollen *v* **1** (vorhaben) *etw. Akk zu tun* хоте́ть [chat'ét'] *uv* **2** (verlangen) хоте́ть [chat'ét'] *uv что от кого* ► **Was ~ Sie?** Что вы хоти́те?
Wort *s* сло́во [ßlówa] *s*
Wörterbuch *s* слова́рь [ßlawár'] *m*
Wortschatz *m* слова́рный запа́с [ßlawárnyj sapáß], ле́ксика [l'ékß'ika] *w*
Wrack *s* обло́мки [ablómk'i] *m Mz*, о́стов [óßtaf] *m*
Wunde *w* ра́на [rána] *w*
Wunder *s* чу́до [tsch'úda] *s*
wunderbar *adj* великоле́пный [w'il'ikal'épnyj], отли́чный [atl'ítsch'nyj] ♦ *adv* чуде́сно [tsch'ud'éßna], превосхо́дно [pr'iwaßchódna]
wundern *v* ***sich*** **~** *über etw. Akk* удивля́ться [ud'iwl'átza] *uv чему*
Wunsch *m* пожела́ние [pashylán'iji] *s*, жела́ние [shylán'iji] *s*, (Verlangen) запро́с [sapróß] *m*, про́сьба [próß'ba] *w*
wünschen *v* **1** (erhoffen) *j-m etw. Akk* жела́ть [shylát'] *uv кому чего, инф.* **2** ***sich*** **~** *etw.*

Akk хотéть [chat'ét'] *uv что* **3** (guten Appetit usw.) *j-m etw. Akk* пожелáть [pashylát'] *vo кому чего*

würdig *adj* **1** (Person usw.) респектáбельный [r'ißp'iktáb'il'nyj], достóйный [daßtójnyj] **2** (wert) *etw. Gen* достóйный [daßtójnyj] *чего*

Wurf *m* бросóк [braßók] *m*

Würfel *m* **1** куб [kúp] *m*, (Kubus) кýбик [kúb'ik] *m* **2** (zum Spielen) кýбик [kúb'ik] *m*, кость [kóßt'] *w*

Wurm *m* червь [tsch'érf'] *m*, червя́к [tsch'irw'ák] *m*

Wurst *w* колбáска [kalbáßka] *w*, (Schinkenwurst usw.) колбасá [kalbaßá] *w*

Würstchen *s* сосúска [ßaß'ißka] *w*

Wurzel *w* кóрень [kór'in'] *m*

Wüste *w* пусты́ня [pußtýn'a] *w*

Wut *w* я́рость [járaßt'] *w*, бéшенство [b'éschynßtwa] *s*, злость [slóßt'] *w*, досáда [daßáda] *w*

wütend *adj* я́ростный [járaßnyj], бéшеный [b'éschynyj], вспы́льчивый [fßpýl'tsch'iwyj], раздражúтельный [rasdrashýt'il'nyj]

Z

zäh *adj* **1** (Fleisch usw.) жёсткий [sh'óßtk'ij] **2** (mit Ausdauer usw.) упóрный [upórnyj], настóйчивый [naßtójtsch'iwyj]

Zahl *w* **1** (Zahlwort usw.) цúфра [zýfra] *w*, нóмер [nóm'ir] *m*, числó [tsch'ißló] *s* **2** (Angabe) цúфра [zýfra] *w*, числó [tsch'ißló] *s* **3** *etw. Gen* колúчество [kal'ítsch'ißtwa] *s*, чúсленность [tsch'ißl'innaßt'] *w*

zahlen *v j-m für etw* платúть [plat'ít'] *uv кому за что*, *j-m für etw.* заплатúть [saplat'ít'] *vo кому за что* ► **Bitte ~!** Счёт, пожáлуйста!

zählen *v* **1** *bis wie viel* насчитáть [naschsch'itát'] *vo до чего*, (Stimmen usw.) просчитáть [praschsch'itát'] *vo*, пересчитáть [p'ir'ischsch'itát'] *vo* **2** (Anzahl feststellen) считáть [schsch'itát'] *uv* **3** (zuordnen) *j-n/etw. zu j-m/etw.* относúть [atnaß'ít'] *uv* **4** (gehören) *zu j-m/etw.* включáться [fkl'utsch'átza] *uv* **5** (Anzahl haben) насчúтывать [naschsch'ítywat'] *uv* **6** *auf etw. Akk* рассчúтывать [raschschítawyt'] *uv на что*, полагáться [palagátza] *uv на что*

zahlreich *adj* многочúсленный [mnagatsch'ißl'innyj]

Zahlung *w* платёж [plat'ósch] *m*

zahm *adj* ручнóй [rutsch'nój]

Zahn *m* зуб [súp] *m* ► **sich die Zähne putzen** почúстить зýбы *vo*

Zahnarzt *m* зубнóй врач [subnój wrátsch']

Zahnbürste *w* зубнáя щётка [subnája schsch'ótka]

Zahnfüllung *w* плóмба [plómba] *w*

Zahnpasta *w* зубнáя пáста [subnája páßta]

Zahnspange *w* брéкеты [br'ék'ity] *m*

Zahnstocher *m* зубочúстка [subatsch'ißtka] *w*

Zange *w* клéщи [kl'éschsch'i] *Mz*, щипцы́ [schsch'ipzý] *Mz*

Zapfen *m* **1** (Tannenzapfen usw.) шúшка [schýschka] *w* **2** (Lagerzapfen usw.) пáлец [pál'iz] *m*, цáпфа [zápfa] *w*

zart *adj* **1** (körperlich) хрýпкий [chrúpk'ij], слáбый [ßlábyj] **2** (Struktur usw.) мя́гкий [m'áchk'ij] **3** (empfindlich usw.) нéжный [n'éshnyj]

zärtlich *adj* нéжный [n'éshnyj]

Zauber *m* **1** (Zauberkraft) колдовствó [kaldafßtwó] *s* **2** (Reiz) обая́ние [abaján'iji] *s*

Zaun *m* забóр [sabór] *m*, ограждéние [agrashd'én'iji] *s*

Zebrastreifen *m* пешехóдный перехóд [p'ischychódnyj p'ir'ichót]

Zecke *w* клещ [kl'éschsch] *m*

Zehe *w* **1** (am Fuß) пáлец (на ногé) [pál'iz (ná nag'é)] **2** (von Knoblauch) зубóк [subók] *m* ► **auf den ~n** (gehen usw.) на цы́почках; **große ~** большóй пáлец

zehn *num* дéсять [d'éß'it']

zehnt(er,e,es) *num* деся́тый [d'iß'átyj]

Zehntel *s* (однá) деся́тая [(adná) d'iß'átaja]

Zeichen *s* **1** (Geste usw.) сигнáл [ß'ignál] *m* **2** (Symbol) знак [snák] *m* **3** (zum Unterscheiden) мéтка [m'étka] *w*, знак [snák] *m* **4** (Anzeichen) примéта [pr'im'éta] *w*, прúзнак [pr'ísnak] *m*, знак [snák] *m* **5** (Buchstabe usw.) знак [snák] *m*

zeichnen *v* рисовáть [r'ißawát'] *uv*, нарисовáть [nar'ißawát'] *vo*, (Dreieck usw.) чертúть [tsch'irt'ít'] *uv*

Zeichnung *w* рисýнок [r'ißúnak] *m*

zeigen *v* **1** (vorzeigen usw.) *j-m etw. Akk* показáть [pakasát'] *vo что кому*, предъявúть [pr'idjiw'ít'] *vo что кому* **2** (in einer Richtung) *auf j-n/etw.* показáть [pakasát'] *vo на кого/что* **3** ***sich*** **~** (sich sehen lassen) показáться [pakasátza] *vo* **4** ***sich*** **~** (Wahrheit usw.) оказáться [akasátza] *vo* **5** (Kvalität usw.) *etw. Akk* показáть [pakasát'] *vo* **6** (Freude usw.) *etw. Akk* проявúть [prajiw'ít'] *vo что*, показáть [pakasát'] *vo что*, оказáть [akasát'] *vo что* **7** (Fähigkeit usw.) *etw. Akk* показáть [pakasát'] *vo что*, проявúть [prajiw'ít'] *vo что*, оказáть [akasát'] *vo*

Zeile *w* строкá [ßtraká] *w*

Zeit *w* **1** (Größe) врéмя [wr'ém'a] *s* **2** (Zeitraum) врéмя [wr'ém'a] *s*, порá [pará] *w* **3** (Zeitpunkt) врéмя [wr'ém'a] *s* **4** (Ära) эпóха [ipócha] *w* ► **in letzter ~** в послéднее врéмя; **Abfahrtszeit/Ankunftszeit** врéмя отправлéния/прибы́тия

zeitgenössisch *adj* совремéнный [ßawr'im'énnyj], ны́нешний [nýn'ischn'ij]

Zeitpunkt *m* момéнт [mam'ént] *m*, мгновéние [mgnaw'én'iji] *s*

Zeitschrift *w* журнáл [shurnál] *m*

Zeitung *w* газéта [gas'éta] *w*

Zelle *w* **1** (im Gefängnis usw.) темнúца [t'imn'íza] *w*, тюрéмная кáмера [t'ur'émnaja kám'ira], (im Gefängnis usw.) кáмера [kám'ira] *w* **2** (in Lebewesen) клéтка [kl'étka] *w*

Zelt *s* палáтка [palátka] *w* ► **ein ~ aufstellen** разбúть палáтку

Zentimeter *m/s* сантимéтр [ßant'im'étr] *m*

zentral *adj* центрáльный [zyntrál'nyj]

Zentrale *w* **1** (einer Organisation usw.) центр [zéntr] *m* **2** (Telefonzentrale) центрáльная телефóнная стáнция [zyntrál'naja t'il'ifónnaja ßtánzyja], коммутáтор [kammutátar] *m*

Zentrum *s* **1** центр [zéntr] *m* **2** (Einrichtung) центр [zéntr] *m*, пункт [púnkt] *m*

zerbrechen *v* лóпнуть [lópnut'] *vo*

zerbrechlich *adj* хрýпкий [chrúpk'ij]

Zeremonie *w* обря́д [abr'át] *m*, церемóния [zyr'imón'ija] *w*

zerreißen *v* **1** (in Stücke) *etw. Akk* разорвáть [rasarwát'] *vo*, рвать [rwát'] *uv* **2** (Seil usw.) разорвáть [rasarwát'] *vo* **3** (zerfleischen) разорвáть [rasarwát'] *vo*

zerschlagen *v etw. Akk* разбúть [rasb'ít'] *vo* ♦ *adj* разбúтый [rasb'ítyj], бúтый [b'ítyj]

zerstören *v* уничтóжить [un'itsch'tóshyt'] *vo*

Zerstörung *w* разрушéние [rasruschén'iji] *s*, дестрýкция [d'ißtrúkzyja] *w*

Zettel *m* **1** (mit Notiz usw.) ярлы́к [jirlýk] *m*, этикéтка [it'ik'étka] *w*, (Notizzettel usw.) листóк [l'ißtók] *m*, (Stück Papier) листóк [l'ißtók] *m* **2** (Kassenzettel usw.) квитáнция [kw'itánzyja] *w*

Zeuge *m* свидéтель [ßw'id'ét'il'] *m*

Zeugnis *s* сертификáт [ß'irt'if'ikát] *m*, удостоверéние [udaßtaw'ir'én'iji] *s*, аттестáт [att'ißtát] *m*, (vom Arbeitgeber) рекомендáция [r'ikam'indázyja] *w*

Ziege *w* козá [kasá] *w*

Ziegel *m* **1** (Baustein) кирпúч [k'irp'ítsch'] *m* **2** (zum Dachdecken) черепúца [tsch'ir'ip'íza] *w*

ziehen *v* **1** (Handwagen usw.) *etw. irgendwohin* тянýть [t'inút'] *uv* **2** (Bremse usw.) *an etw. Dat* потянýть [pat'inút'] *vo за что* **3** (herbeischleppen) *etw. Akk irgendwohin* притащúть [pr'itaschsch'ít'] *vo что куда*, приволóчь [pr'iwalótsch'] *vo что куда*, (schleppen) *etw. Akk irgendwohin* дотянýть [dat'inút'] *vo что куда* **4** *etw. Akk aus etw.* вы́нуть [wýnut'] *vo что откуда* **5** (Los usw.) разыгрáть [rasygrát'] *vo*, вы́брать по жрéбию [wýbrat' pó shr'éb'iju] **6** (Waffe) вы́хватить [wýchwat'it'] *vo*, вы́тащить [wýtaschsch'it'] *vo*, обнажúть [abnashýt'] *vo* ► **Nutzen ~** *aus etw.* извлекáть пóльзу/вы́году *из чего*

Ziel *s* цель [zél'] *w* ► **ans ~ führen** *j-n* (Fahrer usw.) наводúть *uv кого*

ziemlich *adv* значúтельно [snatsch'ít'il'na] ♦ *part* довóльно [dawól'na]

Zigarette *w* сигарéта [ß'igar'éta] *w*, папирóса [pap'iróßa] *w*

Zigarre *w* сигáра [ß'igára] *w*

Zimmer *s* помещéние [pam'ischsch'én'iji] *s*, кóмната [kómnata] *w*, нóмер [nóm'ir] *m* ► **~ zu vermieten** кóмнаты в арéнду

Zimmermädchen *s* гóрничная [górn'itsch'naja] *w*

Zimt *m* корúца [kar'íza] *w*

Zinn *s* óлово [ólawa] *s*

Zins *m* процéнт [prazént] *m*

Zirkus *m* цирк [zýrk] *m*

Zitrone *w* лимóн [l'imón] *m*

Zitronenlimonade *w* лимонáд [l'imanát] *m*

zittern *v* трепетáть [tr'ip'itát'] *uv*, трястúсь [tr'ißt'íß'] *uv*, дрожáть [drashát'] *uv*, содрогáтся [ßadragátßja] *uv*

zögern *v* колебáться [kal'ibátza] *uv*, мéшкать [m'éschkat'] *uv с чем*, мéдлить [m'édl'it'] *uv с чем*, мя́ться [m'átza] *uv*

Zoll *m* пóшлина [póschl'ina] *w*

Zollabfertigung *w* тамóженное оформлéние [tamóshynnaji afarml'én'iji]

Zollamt *s* тамóжня [tamóshn'a] *w*

Zollbeamte *m* тамóженник [tamóshynn'ik] *m*

Zoo *m* зоопáрк [saapárk] *m*

Zopf *m* косá [kaßá] *w*, косúчка [kaß'ítsch'ka] *w*

zu[1] *prep etw.* к [k]

zu[2] *adv* (schwer usw.) слишком [ßl'íschkam] *какой*
Zubehör *s* аксессуáры [akß'ißßuáry] *m Mz*
Zubereitung *w von etw.* приготовлéние [pr'igatawl'én'iji] *s чего*
Zucchini *w* кабачóк [kabatsch'ók] *m*, цукúни [zuk'ín'i] *m*, цуккúни [zukk'ín'i] *m*
züchten *v etw. Akk* вырáщивать [wyráschsch'iwat'] *uv*, растúть [raßt'ít'] *uv что*
Zucker *m* сáхар [ßáchar] *m*
Zuckermelone *w* дыня [dýn'a] *w*
Zuckerwürfel *m* кубик сáхара [kúb'ik ßáchara]
zudecken *v* **1** (bedecken) *j-n/etw. mit etw.* закрыть [sakrýt'] *vo кого/что чем*, прикрыть [pr'ikrýt'] *vo*, накрыть [nakrýt'] *vo кого/что чем* **2** (mit Deckel usw.) *etw. Akk mit etw.* прикрыть [pr'ikrýt'] *vo что чем*
zuerst *adv* во-пéрвых [wap'érwych], прéжде всегó [pr'éshd'i fßiwó]
Zufall *m* слýчай [ßlútsch'aj] *m*, случáйность [ßlutsch'ájnaßt'] *w*
zufällig *adj* **1** случáйный [ßlutsch'ájnyj], нечаянный [n'itsch'ajánnyj] **2** (Auswahl usw.) случáйный [ßlutsch'ájnyj] ♦ *adv* случáйно [ßlutsch'ájna]
zufrieden *adj mit j-m/etw.* довóльный [dawól'nyj] *кем/чем*, (Lächeln usw.) довóльный [dawól'nyj], удовлетворённый [udawl'itwar'ónnyj]
Zug *m* **1** (Verkehrsmittel) пóезд [pójist] *m* **2** (Wesenszug) чертá [tsch'irtá] *w* **3** (militärische Abteilung) взвод [wswót] *m* **4** (im Schach usw.) ход [chót] *m*
Zugang *m* подхóд [patchót] *m*, подъéзд [padjést] *m*
zugänglich *adj* достýпный [daßtúpnyj] ► **für die Öffentlichkeit ~** публúчно достýпный
zugeben *v* **1** (hinzufügen) *etw. Akk irgendwohin* добáвить [dabáw'it'] *vo что куда* **2** допустúть [dapußt'ít'] *vo что*, предположúть [pr'itpalashýt'] *vo что*, признáть [pr'isnát'] *vo*
zugleich *adv* одноврéменно [adnawr'ém'inna]
zuhören *v j-m/etw.* слýшать [ßlúschat'] *uv кого/что*, *j-m/etw.* прислýшиваться [pr'ißlúschywatza] *uv к кому/чему*
zukleben *v* **1** (Umschlag usw.) *etw. Akk* запечáтать [sap'itsch'átat'] *vo* **2** *etw. Akk mit etw.* залепúть [sal'ip'ít'] *vo* ► **mit Klebeband ~** *etw. Akk* заклéить лéнтой
zuknöpfen *v* застегнýть [saßt'ignút'] *vo*
Zukunft *w* бýдущее [búduschsch'iji] *s*
zukünftig *adj* бýдущий [búduschsch'ij]
zulassen *v etw.* допустúть [dapußt'ít'] *vo*, стерпéть [ßt'irp'ét'] *vo*
zuletzt *adv* наконéц [nakan'éz]
zum **~ Beispiel** напримéр; **~ dritten Mal** в трéтий раз; **~ letzten Mal** (в) послéдний раз
zumachen *v etw. Akk* закрыть [sakrýt'] *vo*
Zündkerze *w* свечá [ßw'itsch'á] *w*
zunehmen *v* **1** (an Gewicht) толстéть [talßt'ét'] *uv*, полнéть [paln'ét'] *uv*, жирéть [shyr'ét'] *uv*, (dicker werden) потолстéть [patalßt'ét'] *vo* **2** (mehr werden) прибывáть [pr'ibywát'] *uv*, нарастáть [naraßtát'] *uv*
Zuneigung *w* симпáтия [ß'impát'ija] *w*, расположéние [raßpalashén'iji] *s*
Zunge *w* язык [jisýk] *m*
zurück *adv* **1** обрáтно [abrátna], назáд [nasát] **2** (zurückgeblieben) позадú [pasad'í]
zurückerstatten *v j-m etw. Akk* оплатúть [aplat'ít'] *vo что кому*
zurückfahren *v* éхать зáдним хóдом [jéchat' sádn'im chódam], въéхать зáдним хóдом [wjéchat' sádn'im chódam] *куда*
zurückgeben *v j-m etw. Akk* вернýть [w'irnút'] *vo*, сдать [sdát'] *vo кому что*
zurückkommen *v* вернýться [w'irnútza] *vo*
zurücklegen *v* пробежáть [prab'ishát'] *vo*, (zu Fuß) *etw. Akk* пройтú [prajt'í] *vo что*
zurücktreten *v* **1** (nach hinten) отступáть [aztupát'] *uv*, пятиться [p'át'itza] *uv*, (nach hinten) отойтú [atajt'í] *vo* **2** (von einem Amt usw.) уйтú в отстáвку [ujt'í w aztáfku], подáть в отстáвку [padát' w aztáfku], уйтú в отстáвку [ujt'í/padát'/padawát'w aztáfku]
zurzeit *adv* моментáльно [mam'intál'na]
zusammen *adv* **1** вмéсте [wm'éßt'i], совмéстно [ßawm'éßna] **2** (verbinden usw.) вмéсте [wm'éßt'i] **3** (betragen usw.) всегó [fßiwó]
zusammenarbeiten *v mit j-m* сотрýдничать [ßatrúdn'itsch'at'] *uv с кем*
zusammenbrechen *v* **1** (Mensch) свалúться [ßwal'ítza] *vo* **2** (Brücke usw.) рýшиться [rúschytza] *uv*, разрушáться [rasruschátza] *uv*
zusammendrücken *v etw. Akk* сжать [shshát'] *vo*
Zusammenfassung *w* резюмé [r'is'ume] *s*
Zusammenhang *m* свя́зность [ßw'ásnaßt'] *w*, *zwischen etw. Dat* связь [ßw'áß'] *w*
zusammenhängen *v mit etw.* имéть отношéние [im'ét' atnaschén'iji] *к чему*

zusammensetzen *v etw. Akk* собра́ть [ßabrát'] *vo*, соста́вить [ßaßtáw'it'] *vo* ▸ **sich ~** *aus etw.* состоя́ть *uv из чего*

Zusammenstoß *m* столкнове́ние [ßtalknaw'én'iji] *s*

zusammenstoßen *v* столкну́ться [ßtalknútza] *vo*, наткну́ться [natknútza] *vo*

zusammentreffen *v mit j-m* встре́титься [fßtr'ét'itza] *vo с кем*, сойти́сь [ßajt'íß'] *vo с кем*

zusätzlich *adj* **1** доба́вочный [dabáwatsch'nyj] **2** (als Zusatz usw.) доба́вочный [dabáwatsch'nyj], дополни́тельный [dapaln'ít'il'nyj] ♦ *adv* **1** (als Zusatz) *zu etw.* вдоба́вок [wdabáwak] *к чему* **2** (übrig) вприда́чу [fpr'idátsch'u], вдоба́вок [wdabáwak]

Zuschauer *m* зри́тель [sr'ít'il'] *m*

Zuschlag *m* допла́та [dapláta] *w*, наце́нка [nazénka] *w*, надба́вка [nadbáfka] *w*, приба́вка [pr'ibáfka] *w*

Zustand *m j-s/etw.* состоя́ние [ßaßtaján'iji] *s*

zuständig *adj* компете́нтный [kamp'it'éntnyj], надлежа́щий [nadl'isháschsch'ij]

zusteigen *v in etw. Akk* войти́ [wajt'í] *vo куда*

zustellen *v j-m etw. Akk* доста́вить [daßtáw'it'] *vo что кому*

zustimmen *v j-m/etw.* соглаша́ться [ßaglaschátza] *uv с кем* ▸ **nicht ~** *j-m/etw.* не соглаша́ться *uv с кем/чем*

Zustimmung *w* согла́сие [ßagláß'iji] *s*, разреше́ние [rasr'ischén'iji] *s*

Zutat *w* ингредие́нт [ingr'id'ijént] *m*, добавле́ние [dabawl'én'iji] *s*, при́месь [pr'ím'iß'] *w*

zuteilen *v* **1** (vergeben) *j-m etw. Akk* назна́чить [nasnátsch'it'] *vo* **2** (als Anteil usw.) *j-m etw. Akk* распредели́ть [raßpr'id'il'ít'] *vo*

Zutritt *m zu etw.* до́пуск [dópußk] *m во что, к чему*, (Erlaubnis usw.) до́ступ [dóßtup] *m* ▸ **~** *zu etw.* **bekommen** получи́ть до́ступ

zuverlässig *adj* надёжный [nad'óshnyj] ♦ *adv* надёжно [nad'óshna]

zuziehen *v* **1** (Vorhang usw.) *etw. Akk* затяну́ть [sat'inút'] *vo* **2** (Schlinge usw.) затяну́ть [sat'inút'] *vo* **3** (als Einwohner) *irgendwohin* пересели́ться [p'ir'iß'il'ítza] *vo*, перее́хать [p'ir'ijéchat'] *vo куда* **4 sich ~** *etw. Akk* (Schaden usw.) причини́ть (себе́) [pr'itsch'in'ít' (ß'ib'é)]

Zwang *m* **1** (rücksichtsloser usw.) давле́ние [dawl'én'iji] *s* **2** (innerer) побужде́ние [pabushd'én'iji] *s*

zwanzig *num* два́дцать [dwázat']

zwar *conj* пусть [púßt'], хотя́ [chat'á] ▸ **und ~** а и́менно

Zweck *m* цель [zél'] *w* ▸ **Es hat keinen ~.** Э́то не име́ет значе́ния.

zwei *num* два [dwá]

Zweibettzimmer *s* двухме́стный но́мер [dwuchm'éßnyj nóm'ir]

zweifach *adj* двойно́й [dwajnój]

Zweifel *m* сомне́ние [ßamn'én'iji] *s* ▸ **ohne ~** несомне́нно

zweifelhaft *adj* сомни́тельный [ßamn'ít'il'nyj]

zweifellos *adv* несомне́нно [n'ißamn'énna] ♦ *part* бесспо́рно [b'ißßpórna], несомне́нно [n'ißamn'énna]

zweifeln *v an j-m/etw.* сомнева́ться [ßamn'iwátza] *uv*

Zweig *m* **1** ветвь [w'étf'] *w*, ве́тка [w'étka] *w* **2** (Abteilung usw.) о́трасль [ótraßl'] *w*

zweimal *num* два ра́за [dwá rása], два́жды [dwáshdy]

zweit(er,e,es) *num* второ́й [ftarój] ▸ **zum zweiten Mal** во второ́й раз

Zwerg *m* **1** (in Märchen) ка́рлик [kárl'ik] *m*, гном [gnóm] *m* **2** (kleiner Mensch) короты́ш [karatýsch] *m*, короты́шка [karatýschka] *m,w*, недоме́рок [n'idam'érak] *m*, ши́бздик [schýbsd'ik] *m*

Zwiebel *w* **1** (Gemüse) лук [lúk] *m* **2** (einer Blume usw.) лу́ковица [lúkaw'iza] *w*, лу́ковичка [lúkaw'itsch'ka] *w*

Zwilling *m* **1** близне́ц [bl'isn'éz] *m* **2 ~e** Близнецы́ [bl'isn'izý] *m Mz*

zwingen *v j-n zu etw.* заста́вить [saßtáw'it'] *vo*, прину́дить [pr'inúd'it'] *vo кого к чему*, *j-n zu etw.* заста́вить [saßtáw'it'] *vo кого сделать что*, *j-n zu etw.* заставля́ть [saßtawl'át'] *uv*

zwischen *prep* ме́жду [m'éshdu]

Zwischenlandung *w* промежу́точная поса́дка [pram'ishútatsch'naja paßátka]

zwölf *num* двена́дцать [dw'inázat']

Zylinder *m* цили́ндр [zyl'índr] *m*